THE
BOOK ®

Ford Escort & Orion
Gör-det-själv handbok

John S Mead

(3389-344-3AF2/1737-2AE6)

Modeller som behandlas
Ford Escort kombikupé, sedan, kombi, van och cabriolet, samt Ford Orion,
inklusive specialmodeller
1297cc, 1392cc, 1596cc, 1597cc och 1796cc bensinmotorer

Behandlar inte RS2000, Cosworth eller dieselmotorer

© Haynes Publishing 2002

ABCDE
FGHI

Tryckt i USA

Haynes Publishing Nordiska AB
Box 1504, 751 45 UPPSALA, Sverige

Haynes Publishing
Sparkford, Yeovil, Somerset BA22 7JJ, England

Haynes North America, Inc
861 Lawrence Drive, Newbury Park, California 91320, USA

Editions Haynes
4, Rue de l'Abreuvoir
92415 COURBEVOIE CEDEX, France

En bok i **Haynes serie Gör-det-själv handböcker**

ISBN **1 85960 939 2**

Innehåll

Innehåll

REPARATIONER & RENOVERINGAR

Motor och sammanhörande system

Kraftöverföring

Bromsar och fjädring

Karossutrustning

Kopplingsscheman

REFERENSER

Register

De senaste versionerna av Ford Escort och Orion introducerades i september 1990. I likhet med föregångarna var modellutbudet stort och omfattade både Escort 3 och 5 dörrars kombikupé, 5-dörrars kombi, cabriolet och van samt den traditionella 4-dörrars sedanen Orion med konventionell bagagelucka.

Med 1994 års modell, i enlighet med Fords policy om förstärkt produktidentitet, utgick märkesnamnet Orion och samtliga modeller i utbudet fick namnet Escort.

Vilken motor som är monterad beror på modell. Till att börja med var alternativen i Escort och Orion 1.3 liter HCS toppventilsmotor och 1.4 eller 1.6 liter CVH motorer med överliggande kamaxel. Med 1992 års modell kom den nya 1.8 liters DOHC 16-ventils Zetec (ursprungligen känd som Zeta) motorn, följd ett år senare av en 1.6 liters version. Med årsmodell 1995 infördes en förbättrad version av CVH-motorn kallad PTE. 1996 års version av HCS-motorn förbättrades och döptes om till Endura-E, samtidigt som Zetec bytte namn till Zetec-E. I grunden är dessa senare omarbetningar av motorerna en anpassning till striktare krav på rena avgaser. Samtliga motorer har elektronisk styrning av systemen för tändning och bränsle för att ge högre effektivitet och prestanda och senare modeller har omfattande system för avgasrening för att efterleva den striktaste standard som för närvarande finns. Bränsle-systemet varierar med modell och kan vara antingen förgasare, CFi (central bränsleinsprutning), EFi (elektronisk bränsleinsprutning) eller SEFi (sekventiell elektronisk bränsleinsprutning).

En fyr- eller femväxlad manuell växellåda eller en CTX automatisk växellåda är monterad beroende på modell. Samtliga växellådstyper inkluderar en integrerad differential för att överföra drivkraften direkt till framhjulen.

Både främre och bakre fjädringskomponenterna är omkonstruerade för att ge en högklassig väghållning och utmärkt komfort. Skivbromsar fram och trumbromsar bak är monterade på de flesta bilar som tas upp i denna handbok, bakre skivbromsar och/eller ABS förekommer på vissa modeller.

Som med tidigare versioner av denna modellserie är samtliga modeller konstruerade för att vara ekonomiska och med inriktning på enkelt underhåll och goda prestanda.

Escort 1.4 LX kombikupé - 1993 års modell

Orion 1.8 Ghia Si 16V - 1993 års modell

Tack till . . .

Stort tack riktas till Champion Spark Plug, som tillhandahållit bilderna av tändstiftens skick och Duckhams Oils som försett oss med smörjningsdata. Vissa andra bilders copyright tillhör Ford Motor Company och används med deras tillstånd. Tack riktas även till Draper Tools Limited som tillhandahållit vissa verktyg, samt alla i Sparkford som medverkat i framställningen av denna handbok.

Din nya handbok

Syftet med denna handbok är att på ett flertal sätt hjälpa dig att få ut mesta möjliga av din bil. Den är till stor nytta när du ska avgöra vilka arbeten som ska utföras (även om du väljer att låta en verkstad göra själva jobbet). Den ger även information om rutinunderhåll och service och anger en logisk handlingsväg och diagnosmetoder när slumpmässiga fel uppstår. Vi hoppas att du kommer att använda handboken till att själv utföra det mesta av arbetet. Ofta går det snabbare än att boka in bilen på en verkstad och sedan åka dit två gånger, en gång för avlämnandet och en gång för upphämtandet. Men kanske viktigast av allt, en hel del pengar kan sparas genom att undvika verkstadens fasta kostnader utöver arbetskraft och driftskostnader.

Handboken innehåller teckningar och beskrivningar som förklarar funktionen för olika delar så att deras uppbyggnad lättare kan förstås. Arbeten beskrivs med text och bilder i en tydlig stegvis ordningsföljd.

Vi är stolta över hur korrekt den information som finns i denna handbok är. Biltillverkare kan dock gör ändringar vid tillverkningen av en speciell bil som de inte informerar oss om. Författaren och förlaget tar inget ansvar för förluster, skador eller personskador som orsakas av felaktigheter eller brister i den givna informationen.

Att arbeta på din bil kan vara farligt. Den här sidan visar potentiella risker och faror och har som mål att göra dig uppmärksam på och medveten om vikten av säkerhet i ditt arbete.

Allmänna faror

Skållning

• Ta aldrig av kylarens eller expansionskärlets lock när motorn är het.
• Motorolja, automatväxellådsolja och styrservovätska kan också vara farligt varma om motorn just varit igång.

Brännskador

• Var försiktig så att du inte bränner dig på avgassystem och motor. Bromsskivor och -trummor kan också vara heta efter körning.

Lyftning av fordon

• Vid arbete nära eller under ett lyft fordon, använd alltid extra stöd i form av pallbockar eller använd ramper. *Arbeta aldrig under en bil som endast stöds av en domkraft.*
• När muttrar eller skruvar med högt åtdragningsmoment skall lossas eller dras, bör man lossa dem något innan bilen lyfts och göra den slutliga åtdragningen när bilens hjul åter står på marken.

Brand och brännskador

• Bränsle är mycket brandfarligt och bränsleångor är explosiva.
• Spill inte bränsle på en het motor.
• Rök inte och använd inte öppen låga i närheten av en bil under arbete. Undvik också gnistbildning (elektrisk eller från verktyg).
• Bensinångor är tyngre än luft och man bör därför inte arbeta med bränslesystemet med fordonet över en smörjgrop.
• En vanlig brandorsak är kortslutning i eller överbelastning av det elektriska systemet. Var försiktig vid reparationer eller ändringar.
• Ha alltid en brandsläckare till hands, av den typ som är lämplig för bränder i bränsle- och elsystem.

Elektriska stötar

• Högspänningen i tändsystemet kan vara farlig, i synnerhet för personer med hjärtbesvär eller pacemaker. Arbeta inte med eller i närheten av tändsystemet när motorn går, eller när tändningen är på.

• Nätspänning är också farlig. Se till att all nätansluten utrustning är jordad. Man bör skydda sig genom att använda jordfelsbrytare.

Giftiga gaser och ångor

• Avgaser är giftiga. De innehåller koloxid vilket kan vara ytterst farligt vid inandning. Låt aldrig motorn vara igång i ett trångt utrymme, t ex i ett garage, med stängda dörrar.
• Även bensin och vissa lösnings- och rengöringsmedel avger giftiga ångor.

Giftiga och irriterande ämnen

• Undvik hudkontakt med batterisyra, bränsle, smörjmedel och vätskor, speciellt frostskyddsvätska och bromsvätska. Sug aldrig upp dem med munnen. Om någon av dessa ämnen sväljs eller kommer in i ögonen, kontakta läkare.
• Långvarig kontakt med använd motorolja kan orsaka hudcancer. Bär alltid handskar eller använd en skyddande kräm. Byt oljeindränkta kläder och förvara inte oljiga trasor i fickorna.
• Luftkonditioneringens kylmedel omvandlas till giftig gas om den exponeras för öppen låga (inklusive cigaretter). Det kan också orsaka brännskador vid hudkontakt.

Asbest

• Asbestdamm kan ge upphov till cancer vid inandning, eller om man sväljer det. Asbest kan finnas i packningar och i kopplings- och bromsbelägg. Vid hantering av sådana detaljer är det säkrast att alltid behandla dem som om de innehöll asbest.

Speciella faror

Flourvätesyra

• Denna extremt frätande syra bildas när vissa typer av syntetiskt gummi i t ex O-ringar, tätningar och bränsleslangar utsätts för temperaturer över 400 °C. Gummit omvandlas till en sotig eller kladdig substans som innehåller syran. *När syran väl bildats är den farlig i flera år. Om den kommer i kontakt med huden kan det vara tvunget att amputera den utsatta kroppsdelen.*
• Vid arbete med ett fordon, eller delar från ett fordon, som varit utsatt för brand, bär alltid skyddshandskar och kassera dem på ett säkert sätt efteråt.

Batteriet

• Batterier innehåller svavelsyra som angriper kläder, ögon och hud. Var försiktig vid påfyllning eller transport av batteriet.
• Den vätgas som batteriet avger är mycket explosiv. Se till att inte orsaka gnistor eller använda öppen låga i närheten av batteriet. Var försiktig vid anslutning av batteriladdare eller startkablar.

Airbag/krockkudde

• Airbags kan orsaka skada om de utlöses av misstag. Var försiktig vid demontering av ratt och/eller instrumentbräda. Det kan finnas särskilda föreskrifter för förvaring av airbags.

Dieselinsprutning

• Insprutningspumpar för dieselmotorer arbetar med mycket högt tryck. Var försiktig vid arbeten på insprutningsmunstycken och bränsleledningar.

⚠️ *Varning: Exponera aldrig händer eller annan del av kroppen för insprutarstråle; bränslet kan tränga igenom huden med ödesdigra följder*

Kom ihåg...

ATT

• Använda skyddsglasögon vid arbete med borrmaskiner, slipmaskiner etc, samt vid arbete under bilen.

• Använda handskar eller skyddskräm för att skydda händerna.

• Om du arbetar ensam med bilen, se till att någon regelbundet kontrollerar att allt står väl till.

• Se till att inte löst sittande kläder eller långt hår kommer i vägen för rörliga delar.

• Ta av ringar, armbandsur etc innan du börjar arbeta på ett fordon - speciellt med elsystemet.

• Försäkra dig om att lyftanordningar och domkraft klarar av den tyngd de utsätts för.

ATT INTE

• Ensam försöka lyfta för tunga delar - ta hjälp av någon.

• Ha för bråttom eller ta osäkra genvägar.

• Använda dåliga verktyg eller verktyg som inte passar. De kan slinta och orsaka skador.

• Låta verktyg och delar ligga så att någon riskerar att snava över dem. Torka upp olje- och bränslespill omgående.

• Låta barn eller husdjur leka nära en bil under arbetets gång.

Följande sidor är avsedda som hjälp till att lösa vanligen förekommande problem. Mer detaljerad felsöknings-information finns i slutet av boken och beskrivningar för reparationer finns i de olika huvudkapitlen.

Om bilen inte startar och startmotorn inte går runt

☐ Om bilen har automatväxellåda, kontrollera att växelväljaren står på "P" eller "N".

☐ Öppna motorhuven och kontrollera att batterikablarna är rena och väl åtdragna vid polerna.

☐ Slå på strålkastarna och försök starta motorn. Om dessa försvagas mycket vid startförsöket är batteriet troligen mycket urladdat. Använd startkablar (se nästa sida).

Om bilen inte startar trots att startmotorn går runt som vanligt

☐ Finns det bränsle i tanken?

☐ Finns det fukt i elsystemet eller under huven? Slå av tändningen, torka bort all synlig fukt med en trasa. Spraya på en vattenavvisande aerorol (t ex WD40) på tändnings- och bränslesystemets elektriska kontakter, som de som visas nedan. Var extra uppmärksam på tändspolen. tändspolens kontakter och tändkablarna. (Dieselmotorer har normalt sett inte problem med fukt.)

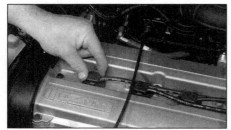

A Kontrollera att tändkablarna är väl anslutna på tändstiften.

B Kontrollera även att kablarna är väl anslutna till tändspolen.

C Kontrollera att alla elkontakter, som denna till luftmängdsmätarens givare, är väl anslutna.

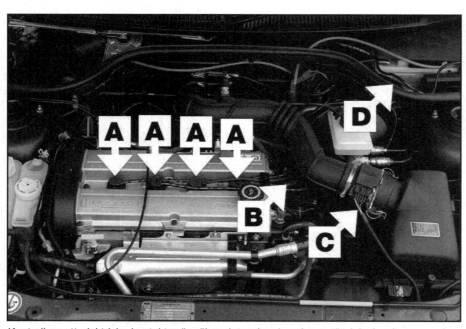

Kontrollera att elektriska kontakter är väl anslutna (med avslagen tändning) och spraya dem med en vattenavvisande spray som WD40 om du misstänker att ett problem beror på fukt.

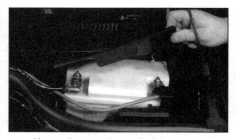

D Kontrollera att batterikablarnas anslut-ningar är i gott skick och sitter åt som de ska.

Starthjälp

När en bil startas med hjälp av ett laddningsbatteri, observera följande:

✔ Innan det fulladdade batteriet ansluts, slå av tändningen.

✔ Se till att all elektrisk utrustning (lysen, värme, vindrutetorkare etc.) är avslagen.

✔ Observera eventuella speciella föreskrifter som är tryckta på batteriet.

✔ Kontrollera att laddningsbatteriet har samma spänning som det urladdade batteriet i bilen.

✔ Om batteriet startas med startkablar från batteriet i en annan bil, får bilarna INTE VIDRÖRA varandra.

✔ Växellådan ska vara i neutralläge (PARK för automatväxellåda).

1 Anslut den ena änden av den röda startkabeln till den positiva (+) polen på det urladdade batteriet.

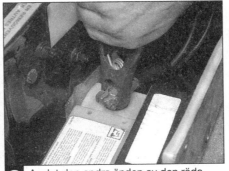

2 Anslut den andra änden av den röda startkabeln till den positiva (+) polen på det fulladdade batteriet.

3 Anslut den ena änden av den svarta startkabeln till den negativa (-) polen på det fulladdade batteriet.

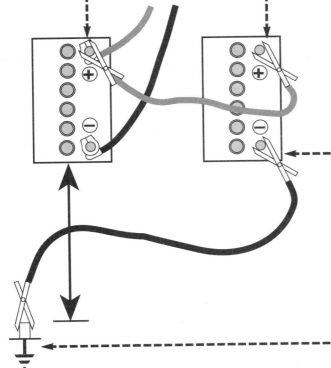

4 Anslut den andra änden av den svarta kabeln till en bult eller ett fäste på motorblocket, på ett visst avstånd från batteriet, på den bil som ska startas.

5 Se till att startkablarna inte kommer i kontakt med fläkten, drivremmarna eller andra rörliga delar av motorn.

6 Starta motorn med laddningsbatteriet och låt den gå på tomgång. Slå på lysen, bakrutevärme och värmefläktsmotor och koppla sedan loss startkablarna i omvänd ordning mot anslutning. Slå sedan av lysen etc.

Hjulbyte

Vissa av detaljerna som beskrivs här varierar beroende på modell, exempelvis placeringen av domkraft och reservhjul. Grundprinciperna är dock gemensamma för alla bilar.

Varning: Byt inte hjul i ett läge där du riskerar att bli överkörd av annan trafik. På starkt trafikerade vägar är det klokt att uppsöka en parkeringsficka eller mindre avtagsväg för hjulbyte. Det är lätt att glömma bort resterande trafik när man koncentrerar sig på det arbete som ska utföras.

Förberedelser

☐ När en punktering inträffar, stanna så snart det är säkert att göra detta.
☐ Parkera på plan, fast mark och om möjligt, på betryggande avstånd från annan trafik.

☐ Använd varningsblinkers vid behov
☐ Om du har en varningstriangel (obligatoriskt i Sverige), använd denna till att varna andra trafikanter.
☐ Dra åt handbromsen och lägg i ettan eller backen.

☐ Blockera hjulet diagonalt motsatt det som ska tas bort - ett par medelstora stenar räcker.
☐ Om marken är mjuk, använd en plankstump till att sprida belastningen under domkraftens fot.

Hjulbyte

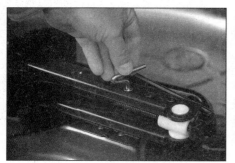

1 Lyft upp bagageutrymmets klädsel (vid behov) och ta ut reservhjul, verktyg och domkraft från sina platser.

2 Ta loss fälgnavets dekor genom att dra det rakt ut (plastdekor) eller genom att bända ut navdekoren.

3 Lossa varje hjulmutter ett kvarts varv med hjälp av verktygslådans hjulmutternyckel.

4 Placera domkraftens lyfthuvud under tröskelns förstärkta domkraftsfäste närmast det hjul som ska bytas. Ställ domkraftens fot på fast mark och vrid handtaget medsols till dess att hjulet går fritt från marken. Skruva ur hjulmuttrarna och ta av hjulet.

5 Montera reservhjulet och skruva i muttrarna. Dra åt dem lätt med hjulmutternyckeln och ställ ned bilen på marken.

6 Dra åt hjulmuttrarna rejält i visad följd och tryck fast navdekoren. Lägg det punkterade hjulet och verktygen i bagageutrymmet och fäst dem på plats. Hjulmuttrarna ska sedan vid första bästa tillfälle slackas och därefter dras åt med momentnyckel till angivet åtdragningsmoment.

Och till sist . . .

☐ Ta bort hjulblockeringen.
☐ Lägg tillbaka domkraft och verktyg på sin plats i bilen.
☐ Kontrollera lufttrycket i det just monterade däcket. Om det är lågt eller om du inte har en lufttrycksmätare med dig, kör långsamt till närmaste bensinstation och kontrollera/justera lufttrycket.
☐ Reparera eller byt det trasiga däcket så snart som möjligt.

Att hitta läckor

Pölar på garagegolvet (eller där bilen parkeras) eller våta fläckar i motorrummet tyder på läckor som man måste försöka hitta. Det är inte alltid så lätt att se var läckan är, särskilt inte om motorrummet är mycket smutsigt. Olja eller andra vätskor kan spridas av fartvinden under bilen och göra det svårt att avgöra var läckan egentligen finns.

 Varning: De flesta oljor och andra vätskor i en bil är giftiga. Vid spill bör man tvätta huden och byta indränkta kläder så snart som möjligt

 Lukten kan vara till hjälp när det gäller att avgöra varifrån ett läckage kommer och vissa vätskor har en färg som är lätt att känna igen. Det är en bra idé att tvätta bilen ordentligt och ställa den över rent papper över natten för att lättare se var läckan finns. Tänk på att motorn ibland bara läcker när den är igång.

Olja från sumpen

Motorolja kan läcka från avtappningspluggen . . .

Olja från oljefiltret

. . . eller från oljefiltrets packning.

Växellådsolja

Växellådsolja kan läcka från tätningarna i ändarna på drivaxlarna.

Frostskydd

Läckande frostskyddsvätska lämnar ofta kristallina avlagringar liknande dessa.

Bromsvätska

Läckage vid ett hjul är nästan alltid bromsvätska.

Servostyrningsvätska

Servostyrningsvätska kan läcka från styrväxeln eller dess anslutningar.

Bogsering

När allt annat misslyckats kan du komma att behöva bogsering hem - eller det kan naturligtvis hända att du bogserar någon annan. Bogsering längre sträckor ska överlämnas till en verkstad eller bärgningsfirma. Bogsering är relativt enkelt, men kom ihåg följande:

☐ Använd en riktig bogserlina - de är inte dyra. Kontrollera vad lagen säger om bogsering.
☐ Tändningen ska vara påslagen när bilen bogseras så att rattlåset är öppet och blinkers och bromsljus fungerar.

☐ Fäst bogserlinan endast i de monterade bogseröglorna.
☐ Innan ni börjar bogsera, lossa handbromsen och lägg i neutralläge på växellådan.
☐ Notera att det kommer att krävas större bromspedaltryck än normalt eftersom servon bara är aktiv när motorn är igång.
☐ På bilar med servostyrning krävs också större rattkraft.
☐ Föraren i den bogserade bilen måste alltid hålla bogserlinan spänd så att ryck undviks.

☐ Kontrollera att båda förarna känner till den planerade färdvägen.
☐ Kom ihåg att laglig maxfart vid bogsering är 30 km/tim och håll distansen till ett minimum. Kör mjukt och sakta långsamt ned vid korsningar.
☐ För bilar med automatväxellåda gäller vissa speciella föreskrifter. Vid minsta tvekan, bogsera inte en bil med automatväxellåda eftersom detta kan skada växellådan.

Inledning

Det finns några mycket enkla kontroller som bara behöver ta några minuter att utföra men kan spara dig mycket obehag och pengar.

Dessa "Veckokontroller" kräver ingen större kunskap eller några speciella verktyg. Den lilla tid det tar kan vara mycket väl använd, exempelvis:

☐ Håll ett öga på däckens skick och lufttryck,

det inte bara hjälper till att förhindra att de slits ut i förtid, det kan även rädda ditt liv.

☐ Många haverier orsakas av elektriska problem. Batterirelaterade fel är speciellt vanliga och en snabb kontroll med regelbundna mellanrum förebygger de flesta av dessa problem.

☐ Om din bil börjar läcka bromsolja kanske

du blir medveten om detta för första gången den gång du verkligen behöver bromsa - och de inte fungerar så bra. Regelbunden kontroll av bromsoljenivån ger en förvarning.

☐ Om nivån för motorolja eller kylvätska blir för låg är exempelvis kostnaderna för en reparation av motorn mycket högre än att åtgärda läckan.

Kontrollpunkter under motorhuven

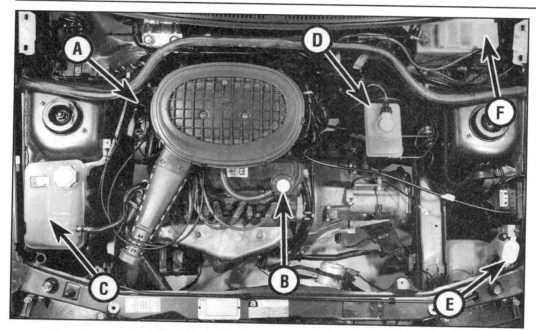

◀ 1.3 liter HCS & Endura E

A Motoroljans mätsticka
B Motoroljans påfyllningslock
C Kylvätskans expansionskärl
D Bromsoljebehållare
E Vindrutespolarvätske-
behållarens påfyllningslock
F Batteri

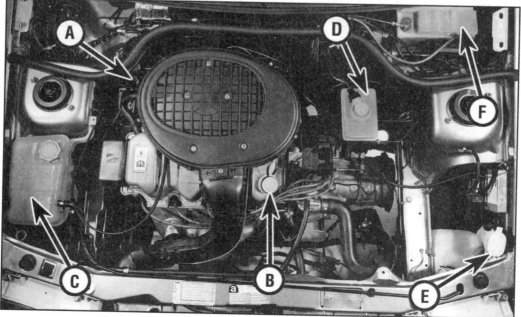

◀ 1.4 och 1.6 liter CVH (förgasare)

A Motoroljans mätsticka
B Motoroljans påfyllningslock
C Kylvätskans expansionskärl
D Bromsoljebehållare
E Vindrutespolarvätske-
behållarens påfyllningslock
F Batteri

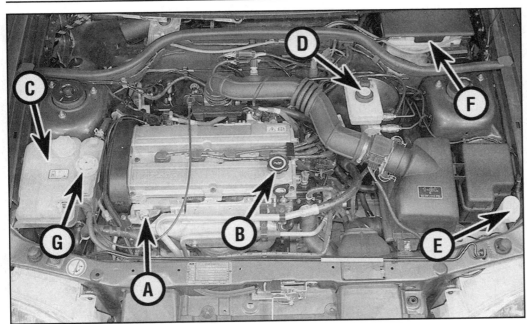

◀ 1.6 & 1.8 liter Zetek och Zetec-E

A *Motoroljans mätsticka*
B *Motoroljans påfyllningslock*
C *Kylvätskans expansionskärl*
D *Bromsoljebehållare*
E *Vindrutespolarvätske-behållarens påfyllningslock*
F *Batteri*
G *Servostyrningens oljebehållare*

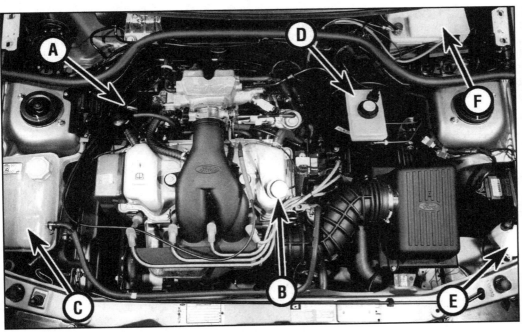

◀ 1.6 liter CVH (bränsle-insprutning)

A *Motoroljans mätsticka*
B *Motoroljans påfyllningslock*
C *Kylvätskans expansionskärl*
D *Bromsoljebehållare*
E *Vindrutespolarvätske-behållarens påfyllningslock*
F *Batteri*

Motorns oljenivå

Innan du börjar

✔ Kontrollera att bilen verkligen står på plan mark.

✔ Kontrollera oljenivån innan bilen körs, eller minst 5 minuter efter det att motorn stängts av.

HAYNES TiPS *Om oljenivån kontrolleras omedelbart efter körning finns olja kvar i motorns övre delar, vilket leder till en felaktig avläsning på mätstickan!*

Korrekt olja

Moderna motorer ställer höga krav på oljan. Det är mycket viktigt att rätt olja för just din bil används (Se "Smörjmedel, vätskor och däckens lufttryck").

Bilvård

● Om det är tätt mellan oljepåfyllningarna ska du kontrollera om oljeläckage förekommer. Placera rent papper under bilen över natten och leta efter fläckar på morgonen. Om bilen inte läcker olja kan det vara så att motorn förbränner den saknade oljan (se "Felsökning").

● Håll alltid oljenivån mellan övre och nedre märkena på mätstickan (**se bild 3**). Om nivån är för låg kan allvarliga motorskador inträffa. Oljetätningar kan sprängas om motorn överfylls med olja.

1 Mätstickans överdel är ofta ljust färgad för att vara lätt att hitta (se "*Kontrollpunkter under motorhuven*" på sidorna 0.10 och 0.11 för exakt plats). Dra ut mätstickan.

2 Använd en ren trasa eller pappershandduk och torka av all olja från mätstickan. Stick in den rena mätstickan så långt det går i röret och dra ut den igen.

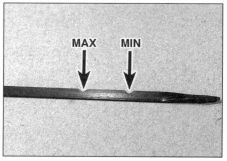

3 Notera oljenivån på mätstickans ände, den ska vara mellan övre märket("MAX") och nedre ("MIN"). Cirka 0,5 till 1,0 liter olja höjer nivån från nedre till övre märket.

4 Olja fylls på genom påfyllningslocket. Skruva upp locket och fyll på behövlig mängd. En tratt minskar spillet. Fyll på långsamt och kontrollera nivån på mätstickan ofta. Fyll inte på för mycket (se "*Bilvård*").

Kylvätskenivå

⚠ *Varning: FÖRSÖK INTE skruva loss expansionskärlets trycklock när motorn är varm, det finns en mycket stor risk för skållning. Lämna inte öppna kärl med kylvätska stående eftersom vätskan är giftig.*

Bilvård

● Regelbunden påfyllning av kylvätska ska inte behövas. Om detta förekommer är det troligen en läcka. Kontrollera vid kylaren, alla slangar och anslutningar om fukt förekommer och åtgärda efter behov.

● Det är viktigt att frostskyddsmedel finns i kylsystemet hela året, inte bara under vintermånaderna. Fyll inte på med rent vatten eftersom frostskyddet då blir för utspätt.

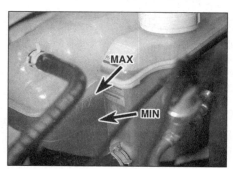

1 Kylvätskenivån varierar med motorns temperatur. När motorn är kall ska nivån vara upp till märket (vid pilen) på expansionskärlets sida. När motorn är varm kan nivån stiga över märket.

2 Om påfyllning behövs, **vänta till dess att motorn är kall.** Skruva upp expansionskärlets lock sakta för att utjämna trycket mellan kylsystemet och luften och skruva sedan av locket helt.

3 Fyll på med en blandning av vatten och frostskydd i expansionskärlet så att nivån kommer till det övre märket. Skruva på locket ordentligt.

Bromsoljenivå

Varning:
● *Bromsolja kan skada dina ögon och förstöra lackerade ytor, så var ytterst försiktig i hanteringen.*
● *Använd aldrig bromsolja som stått i ett öppnat kärl under någon längre tid i och med att den tar upp fukt från luften, vilket kan leda till livsfarlig förlust av bromseffekt.*

HAYNES TiPS
● Se till att bilen står på plan mark.
● Nivån i oljebehållaren sjunker något i takt med att bromsklossarna slits, nivån får dock aldrig understiga märket "MIN".

Säkerheten främst!

● Om bromsolja måste fyllas på med jämna mellanrum är detta ett tecken på läckage i systemet. Detta måste omedelbart undersökas.

● Om läckage misstänks ska bilen inte köras förrän bromsarna kontrollerats. Ta aldrig risker med bromsar.

1 Märkena "MAX" och "MIN" finns på behållarens framsida. Nivån måste alltid vara mellan dessa två märken.

2 Om påfyllning behövs, torka först rent runt öppningen så att smuts inte tränger in i systemet när du öppnar locket.

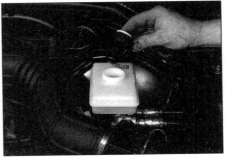

3 Skruva av locket och lyft det försiktigt, se till att inte nivågivarens flottör skadas. Inspektera behållaren – om oljan är smutsig måste hydraulsystemet dräneras och fyllas med färsk olja (se kapitel 1).

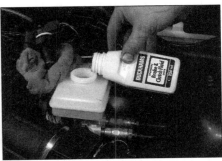

4 Fyll på oljan försiktigt, se till att inte spilla på kringliggande delar. Använd endast specificerad bromsolja. Att blanda typer kan leda till skador på bromsarna. Efter påfyllning till korrekt nivå, skruva på locket och torka bort eventuellt spill.

Servostyrningens oljenivå

Innan du börjar:
✔ Parkera bilen på plan mark.
✔ Ställ ratten rakt fram.
✔ Motorn ska vara avstängd.

HAYNES TiPS
Kontrollen är bara exakt om ratten inte rubbas sedan motorn stängts av.

Säkerheten främst!
● Behovet av regelbunden påfyllning indikerar en läcka som omedelbart ska spåras och åtgärdas.

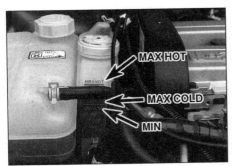

1 Oljebehållaren är placerad bredvid expansionskärlet på höger sida i motorrummet. När motorn är kall ska oljenivån vara upp till märket "MAX COLD" på behållaren. När den är varm ska oljan vara upp till märket "MAX HOT". Oljenivån får aldrig tillåtas sjunka under märket "MIN".

2 Om påfyllning behövs, torka rent runt behållarens påfyllningslock och skruva av locket från behållaren.

3 Använd endast specificerad typ av olja och fyll inte på för mycket. När nivån är korrekt ska locket skruvas på ordentligt.

Däckens skick och lufttryck

Det är väldigt viktigt att däcken är i bra skick och har korrekt lufttryck - däckhaverier är farliga i alla hastigheter.

Däckslitage påverkas av körstil - hårda inbromsningar och accelerationer eller snabb kurvtagning bidrar till högt slitage. Generellt sett slits framdäcken ut snabbare än bakdäcken. Axelvis byte mellan fram och bak kan jämna ut slitaget, men om detta är för effektivt kan du komma att behöva byta alla fyra däcken samtidigt.

Ta bort spikar och stenar som bäddats in i mönstret innan dessa tränger igenom och orsakar punktering. Om borttagandet av en spik avslöjar en punktering, stick tillbaka spiken i hålet som markering, byt omedelbart hjul och låt en däckverkstad reparera däcket.

Kontrollera regelbundet att däcken är fria från sprickor och blåsor, speciellt i sidoväggarna. Ta av hjulen med jämna mellanrum och rensa bort all smuts och lera från inre och yttre ytor. Kontrollera att inte fälgarna visar spår av rost, korrosion eller andra skador. Lättmetallfälgar skadas lätt av kontakt med trottoarkanter vid parkering, stålfälgar kan bucklas. En ny fälg är oftast enda sättet att korrigera allvarliga skador.

Nya däck måste alltid balanseras vid monteringen, men det kan vara nödvändigt att balansera om dem i takt med slitage eller om balansvikterna på fälgkanten lossnar.

Obalanserade däck slits snabbare och de ökar även slitaget på fjädring och styrning. Obalans i hjulen indikeras normalt av vibrationer, speciellt vid vissa hastigheter, i regel kring 80 km/tim. Om dessa vibrationer bara känns i styrningen är det troligt att enbart framhjulen behöver balanseras. Om istället vibrationerna känns i hela bilen kan bakhjulen vara obalanserade. Hjulbalansering ska utföras av en däckverkstad eller annan verkstad med lämplig utrustning.

1 Mönsterdjup – visuell kontroll
Originaldäcken har slitagevarningsband (B) som uppträder när mönsterdjupet slitits ned till ca 1,6 mm. Bandets lägen anges av trianglar på däcksidorna (A).

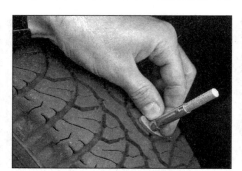

2 Mönsterdjup – manuell kontroll
Mönsterdjupet kan även avläsas med ett billigt verktyg kallat mönsterdjupmätare.

3 Lufttryckskontroll
Kontrollera regelbundet lufttrycket i däcken när dessa är kalla. Justera inte lufttrycket omedelbart efter det att bilen har körts eftersom detta leder till felaktiga värden.

Däckslitage

Slitage på sidorna

Lågt däcktryck (slitage på båda sidorna)
Lågt däcktryck orsakar överhettning i däcket eftersom det ger efter för mycket, och slitagebanan ligger inte rätt mot underlaget. Detta orsakar förlust av väggrepp och ökat slitage.
Kontrollera och justera däcktrycket
Felaktig cambervinkel (slitage på en sida)
Reparera eller byt ut fjädringsdetaljer
Hård kurvtagning
Sänk hastigheten!

Slitage i mitten

För högt däcktryck
För högt däcktryck orsakar snabbt slitage ii mitten av däckmönstret samt minskar väggrepp och ger stötigare gång samt fara för skador i korden.
Kontrollera och justera däcktrycket

Om du någon gång måste ändra däcktrycket till högre tryck, specificerade för max lastvikt eller ihållande hög hastighet, glöm inte att minska trycket efteråt.

Ojämt slitage

Framdäcken kan slitas ojämt till följd av felaktig hjulinställning. De flesta bilåterförsäljare och verkstäder kan kontrollera och justera hjulinställningen för en rimlig summa.
Felaktig camber- eller castervinkel
Reparera eller by ut fjädringsdetaljer
Defekt fjädring
Reparera eller byt ut fjädringsdetaljer
Obalanserade hjul
Balansera hjulen
Felaktig toe-inställning
Justera framhjulsinställningen
Notera: *Den fransiga ytan i mönstret, ett typiskt tecken på toe-förslitning, kontrolleras bäst genom att man känner med handen över däcket*

Spolarvätskenivå*

På modeller som har strålkastar- och bakluckespolare används vindrutespolarens vätskebehållare.

Spolarvätsketillsatser håller inte bara rutan ren i dåligt väder, de förhindrar även att systemet fryser när det är kallt - det är ofta då spolningen behövs som bäst. Fyll inte på med bara vatten eftersom detta späder ut spolvätskan så att den riskerar att frysa i kyla.

Under inga förhållanden får kylvätskefrost-skydd användas i spolningen - den kan missfärga eller skada lackeringen.

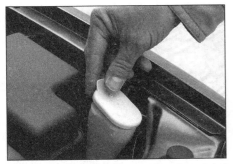  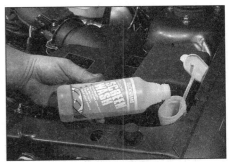

1 Spolarvätskebehållaren är placerad i motorrummets främre vänstra sida. Kontrollera nivån genom att täcka över hålet i påfyllningslocket med fingret och dra ut lock och mätsticka/rör.

2 Studera vätskenivån i röret, den indikerar vätskemängden i behållaren.

3 Vid påfyllning av behållaren ska en spolarvätsketillsats fyllas på med den mängd som rekommenderas på flaskan.

Batteri

Varning: innan du utför något arbete på bilens batteri, studera föreskrifterna i "Säkerheten främst!" i början av denna handbok.

✔ Kontrollera att batteriklammern är i gott skick och väl åtdragen. Korrosion på klammern och batteriet kan avlägsnas med bikarbonat upplöst i vatten. Skölj alla rengjorda delar noga med rent vatten. Metalldelar som skadats ska först målas med zinkbaserad grundfärg och sedan lackas.
✔ Regelbunden kontroll (cirka var tredje månad) av batteriets laddningsstatus är en god idé, se beskrivningen i kapitel 5A.
✔ Om batteriet är urladdat och du måste ha starthjälp, se *"Reparationer vid vägkanten"*.

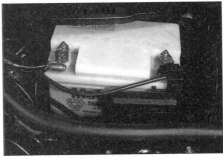 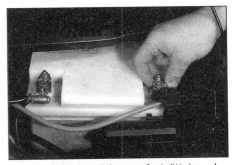

1 Batteriet är placerat i motorrummets bakre vänstra hörn. Batteriets ytterhölje ska inspekteras regelbundet vad gäller skador som sprickor etc.

2 Kontrollera polskornas fastsättning, den ska vara god för bra elektrisk kontakt. Du ska inte kunna rubba dem. Kontrollera även att batterikablarna inte är spruckna eller slitna.

HAYNES TiPS

Batterikorrosion kan hållas till ett minimum genom att man lägger på ett lager vaselin på polskor och poler sedan de skruvats ihop.

3 Om korrosion (vita fluffiga avlagringar) förekommer, lossa kablarna från polerna och rengör polerna med en liten stålborste. Biltillbehörsaffärer säljer ett verktyg för rengöring av batteripoler . . .

4 . . . och polskor.

Glödlampor och säkringar

✔ Kontrollera alla yttre glödlampor samt signalhornet. Se relevanta delar av kapitel 12 för detaljer om någon krets inte fungerar.

✔ Inspektera alla åtkomliga kabelage, kontakter och clips vad gäller fastsättning och tecken på skavningar eller andra skador.

HAYNES TiPS *Om du ska kontrollera bromsljus och blinkers utan medhjälpare, backa upp mot en garagedörr och tänd dem. Återskenet visar om de fungerar korrekt.*

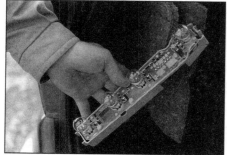

1 Om en enstaka blinkers, bromsljus eller strålkastare slutar fungera är det troligen så att glödlampan bränt och måste bytas ut, se kapitel 12 för detaljer. Om bägge bromsljusen upphört att fungera kan det vara kontakten som är defekt eller i behov av justering (se kapitel 12).

2 Om mer än en blinkers eller strålkastare inte fungerar är det troligt att säkringen är bränd, eller att det är ett fel i kretsen (se kapitel 12). Säkringarna finns i säkringsdosan under instrumentbrädan på förarsidan. Lyft av locket för att inspektera säkringarna.

3 Byt en bränd säkring genom att dra ut den och sticka in en ny med samma klassning (se kapitel 12). Om säkringen bränner igen är det viktigt att du tar reda på varför - en komplett beskrivning över kontrollproceduren finns i kapitel 12.

Torkarblad

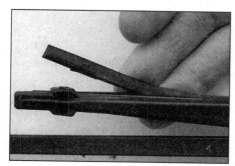

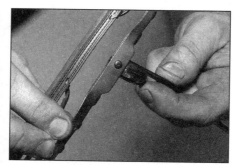

1 Kontrollera torkarbladens skick. Om de är spruckna eller slitna eller om den svepta glasytan är kladdig, byt torkarblad. Torkarblad ska bytas varje år som rutinåtgärd.

2 Torkarblad tas av genom att man dra undan dess arm från rutan tills den låser. Vrid bladet 90°, tryck på låsfliken med fingrarna och dra ut bladet från armens hake.

Smörjmedel och vätskor

Motor:
Modeller före juli 1998:
  Rekommenderad olja . . . . Multigrade motorolja, viskositet SAE 5W/30, enligt Fords specifikation
    WSS-M2C913-A eller WSS-M2C912-A1
  Alternativ olja . . . . Multigrade motorolja, viskositet SAE 5W/40 till 10W/40, till ACEA-A3 eller A1
  Modeller fr.o.m. juli 1998* . . . . Multigrade motorolja, viskositet SAE 5W/30, enligt Fords specifikation
    WSS-M2C913-A eller WSS-M2C912-A1

Kylsystem:
Modeller före september 1998
(blå/grön kylvätska)** . . . . Etylenglykolbaserad frostskyddsvätska enligt Fords specifikation ESD-M97B49-A
Modeller fr.o.m. september 1998
(orange kylvätska)** . . . . Monoetylenglykolbaserad frostskyddsvätska enligt Fords specifikation
  WSS-M97B44-D

Manuell växellåda:
Typ B5 . . . . SAE 80 högtrycks växellådsolja enligt Fords specifikation SQM2C-9008-A
Typ IB5 . . . . SAE 75W/90 syntetisk växellådsolja enligt Fords specifikation WSD-M2C200-B
Typ MTX-75 . . . . Växellådsolja enligt Fords specifikation ESD-M2C186-A

Automatväxellåda . . . . Växellådsolja enligt Fords specifikation ESP-M2C166-H eller
Tutela WSD-M2C199-A

Bromssystem . . . . Hydraulolja enligt Fords specifikation ESD-M6C57-A, Super DOT 4 eller likvärdig

Servostyrning . . . . Växellådsolja enligt Fords specifikation ESD-M2C186-A

Hjullagerfett . . . . Fett enligt Fords specifikation SAM-1C9111-A

Multigrade motorolja, viskositet SAE 5W/40 till 10W/40, till ACEA-A3 eller A1 kan användas endast vid påfyllning.
**Blanda inte de två kylvätsketyperna.*

Däckens lufttryck

Sedan, kombikupé och kombi:	Fram	Bak
Normal last*	2.0 bar	1.8 bar
Full last*	2.5 bar	2.8 bar
Van modell "55":		
Normal last*	2.0 bar	1.8 bar
Full last*	2.4 bar	3.0 bar
Van modell "75":		
Normal last*	2.4 bar	2.6 bar
Full last*	2.6 bar	3.5 bar

Observera: *Normal last avser upp till 3 personer. För ihållande högfartskörning över 160 km/t krävs förhöjt lufttryck. Se den ägarhandbok som medföljer bilen. Lufttrycken gäller endast för fabriksmonterade däck och kan avvika om annan typ av däck är monterade. Kontrollera korrekt lufttryck med de däckens tillverkare eller återförsäljare.*

Anteckningar

Kapitel 1
Rutinunderhåll och service

Innehåll

Svårighetsgrader

| Enkelt, passar novisen med lite erfarenhet | Ganska enkelt, passar nybörjaren med viss erfarenhet | Ganska svårt, passar kompetent hemmekaniker | Svårt, passar hemmekaniker med erfarenhet | Mycket svårt, för professionell mekaniker |

Smörjmedel och vätskor

Se slutet av "Veckokontroller"

Volymer

Motorolja

Vid byte av olja och filter:

HCS och Endura-E	3,25 liter
CVH och PTE	3,50 liter
Zetec och Zetec-E	4,25 liter
Volymskillnad mellan mätstickans min och max hack	0,5 till 1,0 liter

Kylsystem

1.3 liter HCS och Endura-E	7,1 liter
1.4 liter CVH	7,6 liter
1.6 liter CVH	7,8 liter
1.4 liter PTE	7,6 liter
1.6 och 1.8 Zetec	7,4 liter
1.6 och 1.8 Zetec-E	7,0 liter

Bränsletank
55,0 liter

Manuell växellåda

Typ B5 (fyrväxlad)	2,8 liter
Typ B5 (femväxlad)	3,1 liter
Typ iB5 (femväxlad)	2,8 liter
Typ MTX-75	2,4 liter

Automatväxellåda

Utan oljekylare	3,5 liter
Med oljekylare	3,6 liter

Motor

Vevaxelns rotationsriktning	Medsols (sett från bilens högra sida)

Kylsystem

Frostskydd med standard 40% frostskydd i kylvätskan:

Börjar frysa vid	-25°C
Stelfrusen vid	-30°C (med 50% frostskydd -37°C)
Kylvätskans specifika vikt vid standard 40% frostskyddsmedel i blandningen och 15°C - utan andra tillsatser i kylvätskan	1,061

Bränslesystem

Tomgångsvarvtal*:

1.3 liter HCS motor (förgasare)	750 ± 50 rpm (med gående kylfläkt)
1.4 liter CVH motor (förgasare)	800 ± 50 rpm (med gående kylfläkt)
1.6 liter CVH motor (förgasare)	800 ± 50 rpm (med gående kylfläkt)
1.6 liter CVH motor (bränsleinsprutning):	
Tomgångsvarvtal	900 ± 50 rpm
Grundtomgång	750 ± 50 rpm

Tomgångsblandningens CO-halt*:

1.3 liter HCS motor (förgasare)	1,0 ± 0,5%
1.4 liter CVH motor (förgasare)	1,0 ± 0,5%
1.6 liter CVH motor (förgasare)	1,5 ± 0,5%
1.6 liter CVH motor (bränsleinsprutning)	0,8 ± 0,25%

*Observera: Tomgångens varvtal och CO-halt är endast justerbara på ovanstående motorer. På alla andra motorer styrs dessa parametrar av motorn styrsystem och kan endast kontrolleras och justeras med specialiserad testutrustning.

Tändsystem

Tändföljd:

HCS och Endura-E	1-2-4-3 (Cylinder 1 vid motorns kamkedja)
Alla andra motorer	1-3-4-2 (Cylinder 1 vid motorns kamrem)

Tändstift*:

1.3 liter HCS och Endura-E	Champion RS9YCC
1.4 liter CVH och PTE	Champion RC9YCC4
1.6 liter CVH (förgasare)	Champion RC9YCC
1.6 liter CVH (EFi bränsleinsprutning)	Champion RC9YCC4
1.6 och 1.8 liter Zetec och Zetec E	Champion RE7PYC5

Elektrodavstånd*:

Alla 1.3 liter motorer	0,9 mm
1.4 liter CVH och PTE	1,0 mm
1.6 liter CVH (förgasare)	0,8 mm
1.6 liter CVH (EFi bränsleinsprutning)	1,0 mm
1.6 och 1.8 liter Zetec och Zetec-E	1,3 mm

Tändkablar:

Maximum resistans per tändkabel	30 000 ohm

Champions rekommendationer är korrekta i skrivande stund. Om tveksamhet råder, kontakta en reservdelsåterförsäljare för aktuell information. Informationen om tändstiftstyp och elektrodavstånd är rekommendationer från Champion Spark Plug. Om annan typ av tändstift används, se tillverkarens rekommendationer.

Koppling

Pedalens fria spel, 1996 års modeller och framåt	145 ± 5 mm

Bromssystem

Minimum tjocklek på bromsklossars belägg (fram och bak)	1,5 mm
Minimum tjocklek på bromsbackars belägg	1,0 mm
Minimum tjocklek på bromsskiva	Se kapitel 9

Däck

Lufttryck	Se "Veckokontroller"

Åtdragningsmoment

	Nm
Drivremskåpans förband	8
Drivremmens justering:	
Justerbult (rörlig arm)	22
Låsande centralbult	22
Pinjongens justermutter	12
Generatorns fästbultar	25
Motoroljans dräneringsplugg	25
Påfyllnings/nivåplugg i manuell växellåda:	
Växellådor B5 och iB5	20
Växellåda MTX-75	45
Tändstift:	
HCS och Endura-E	17
CVH och PTE	25
Zetec och Zetec-E	15
Hjulmuttrar	85
Säkerhetsbältens ankarbultar	38

Tillverkarens rekommenderade underhållsschema för dessa bilar beskrivs nedan - observera att schemats startpunkt är bilens registreringsdatum. Angivna intervall är det minimum som rekommenderas för en Escort/Orion som körs dagligen under "normala" förhållanden. Om du vill hålla bilen i konstant toppskick kan det vara värt att utföra en del av dessa arbeten oftare. I och med att regelbundet underhåll förbättrar effektivitet, prestanda och andrahandsvärde för din bil uppmuntrar vi detta. Om du använder bilen utanför ramen för det "normala", rekommenderas också tätare underhåll - de viktigaste punkterna tas upp i schemat. Dessa tätare intervall gäller speciellt om du ofta kör i dammiga områden, drar släp/husvagn, sitter stilla med motorn på tomgång eller kör långsamt under långa perioder (tät trafik ...), eller mest kör korta sträckor i temperaturer under 0 grader.

När bilen är ny ska allt underhållsarbete utföras av en Fordverkstad så att fabriksgarantin upprätthålls. I många fall är första servicen utan kostnad för ägaren. Observera att denna första gratisservice (utförd av säljaren efter 250 mil eller 3 månader efter leverans), om än viktig, inte ingår i det normala underhållsschemat, vilket gör att den inte tas upp i denna bok.

Lägg märke till att från och med 1992 års modell utökades serviceintervallen av tillverkaren till de som anges i detta schema. Även om dessa intervall kan tillämpas på tidigare modeller kan ägare av dessa observera skillnader mellan detta schema och det som finns i den serviceguide som medföljde bilen.

Var 400:e km eller varje vecka

☐ Se *"Veckokontroller"*.

Var 16 000:e km eller var 12:e månad, det som inträffar först

☐ Kontrollera drivremmen (avsnitt 3).
☐ Kontrollera slangarnas skick och om det finns läckor under motorhuven (avsnitt 4).
☐ Kontrollera skicket på all elektrisk ledningsdragning under motorhuven (avsnitt 5).
☐ Kontrollera skicket på alla komponenter i luftkonditioneringen (avsnitt 6).
☐ Kontrollera ventilspelet - endast motorerna HCS och Endura-E (avsnitt 7).
☐ Byt motorns olja och filter (avsnitt 8).
☐ Kontrollera kopplingspedalens spel, justera vid behov - 1996 års modell och senare (avsnitt 9).
☐ Kontrollera oljenivån i manuell växellåda (avsnitt 10).
☐ Kontrollera tomgångens varvtal och blandning - endast motorerna HCS och CVH, där möjligt (avsnitt 11).
☐ Kontrollera styrning, fjädring och hjul (avsnitt 12).
☐ Kontrollera drivknutar och drivaxeldamasker (avsnitt 13).
☐ Kontrollera avgassystemet (avsnitt 14).
☐ Kontrollera bottenplattan och samtliga ledningar för bränsle och bromsolja (avsnitt 15).
☐ Kontrollera bromsarna (avsnitt 16).
☐ Kontrollera alla hjulmuttrars åtdragning (avsnitt 17).
☐ Kontrollera dörrar, bak/bagagelucka samt motorhuv och smörj deras lås och gångjärn (avsnitt 18).
☐ Kontrollera säkerhetsbältena (avsnitt 19).
☐ Kontrollera skicket på kaross, lack och dekor (avsnitt 20).
☐ Provkörning (avsnitt 21).
☐ Kontroll av oljenivå i automatväxellåda (avsnitt 22).

Observera: *Om bilen används regelbundet för mycket korta (under 16 km) stopp/start körningar, ska olja och filter bytas mellan servicetillfällena (d.v.s. var 8 000:e km eller var 6:e månad). Rådfråga en Fordverkstad om tvivel finns på denna punkt.*

Var 32 000:e km eller vartannat år, det som inträffar först

Utför allt ovanstående plus följande:
☐ Byt tändstiften - samtliga motorer utom Zetec och Zetec-E (avsnitt 23).

Var 48 000:e km eller vart 3:e år, det som inträffar först

Utför allt ovanstående plus följande:
☐ Byt tändstiften - endast Zetec och Zetec-E (avsnitt 23).
☐ Byt kylvätska (avsnitt 24).
☐ Byt luftfilter (avsnitt 25).
☐ Kontrollera avgasreningen (avsnitt 26).
☐ Byt olja i automatväxellådan.
☐ Kontrollera handbromsens justering (avsnitt 28).

Observera: *Om bilen regelbundet används under dammiga eller förorenade förhållanden ska luftfiltret bytas oftare.*

Var 96 000:e km

Utför allt ovanstående plus följande:
☐ Byt kamrem (avsnitt 29).
☐ Byt bränslefilter (avsnitt 30).

Vart 3:e år (oavsett körsträcka)

☐ Byt bromsolja (avsnitt 31).

Motorrummet - 1.3 liter HCS förgasarmotor

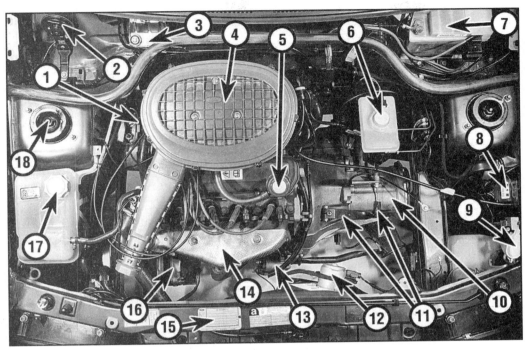

1 Placering för motoroljans mätsticka
2 Stöldlarmets signalhorn
3 Vindrutetorkarmotor
4 Luftrenare
5 Motoroljans påfyllningslock
6 Behållare till bromsarnas huvudcylinder
7 Batteri
8 Tändningsmodul
9 Spolarvätskans behållare
10 Växellåda
11 Kopplingens manöverarm och vajer
12 Kylarfläkt
13 Startmotor
14 Avgasrörets värmesköld/luftavvisare
15 Bilens märkplåt
16 Generator
17 Expansionskärl
18 Övre fjäderbensfäste

Motorrummet - 1.4 liters PTE SEFi bränsleinsprutad motor

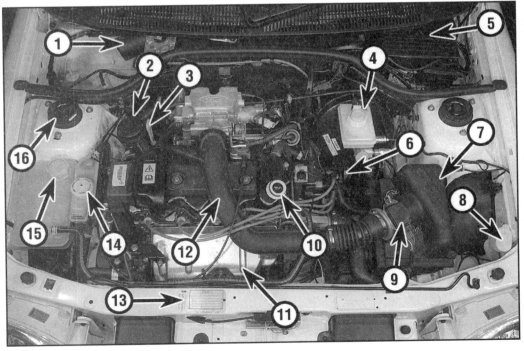

1 Vindrutetorkarmotor
2 Filtret till vevhusventilationen
3 Placering för motoroljans mätsticka
4 Behållare till bromsarnas huvudcylinder
5 Batteri
6 EDIS tändspole
7 Luftrenarens hus
8 Spolarvätskans behållare
9 Givare till luftmängdsmätaren
10 Motoroljans påfyllningslock
11 Avgasrörets värmesköld
12 Trumma för luftintag
13 Bilens märkplåt
14 Oljebehållare till servostyrning
15 Expansionskärl
16 Övre fjäderbensfäste

Motorrummet - 1.6 liter CVH förgasarmotor

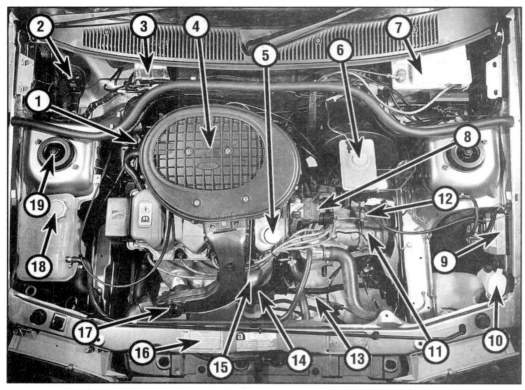

1 Placering för motoroljans
mätsticka
2 Stöldlarmets signalhorn
3 Vindrutetorkarmotor
4 Luftrenare
5 Motoroljans påfyllningslock
6 Behållare till bromsarnas
huvudcylinder
7 Batteri
8 DIS tändspole
9 Tändmodul
10 Spolarvätskans behållare
11 Växellåda
12 Kopplingsvajer
13 Kylfläkt
14 Startmotorn
15 Avgasrörets
värmesköld/luftavvisare
16 Bilens märkplåt
17 Styrventil för intagsluftens
temperaturreglering
18 Expansionskärl
19 Övre fjäderbensfäste

Motorrummet - 1.6 liter CVH EFi bränsleinsprutad motor

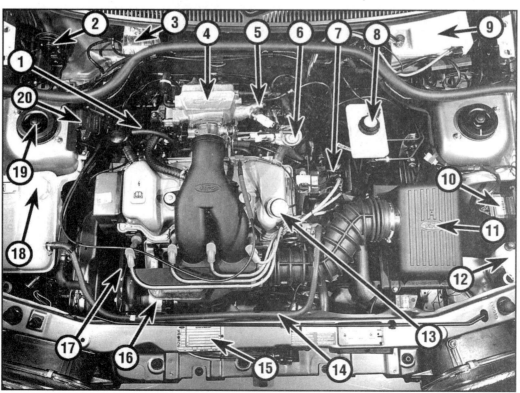

1 Placering för motoroljans
mätsticka
2 Stöldlarmets signalhorn
3 Vindrutetorkarmotor
4 Trottelhus
5 Givare till intagsluftens
temperaturmätare
6 Bränsletrycksregulator
7 EDIS tändspole
8 Behållare till bromsarnas
huvudcylinder
9 Batteri
10 Tändmodul
11 Luftrenarhus
12 Spolarvätskans behållare
13 Motoroljans påfyllningslock
14 Kylfläkt
15 Bilens märkplåt
16 Startmotor
17 Drivrem
18 Expansionskärl
19 Övre fjäderbensfäste
20 Givare för MAP

Motorrummet - 1.6 liters Zetec SEFi bränsleinsprutad motor

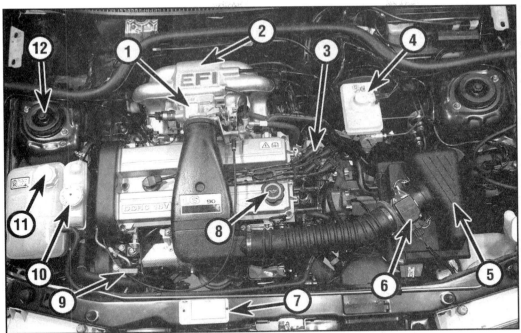

1 Trottelhus
2 Insugsrör
3 EDIS tändspole
4 Behållare till bromsarnas huvudcylinder
5 Luftrenarhus
6 Givare till luftmängdsflödesmätaren
7 Bilens märkplåt
8 Motoroljans påfyllningslock
9 Placering för motoroljans mätsticka
10 Oljebehållare till servostyrningen
11 Expansionskärl
12 Övre fjäderbensfäste

Motorrummet - 1.6 liters Zetec-E SEFi bränsleinsprutad motor

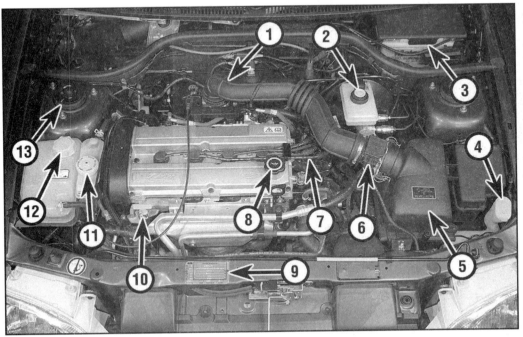

1 Trumma för luftintag
2 Behållare till bromsarnas huvudcylinder
3 Batteri
4 Vindrutespolarbehållare
5 Luftrenarhus
6 Givare till luftmängdsflödesmätaren
7 EDIS tändspole
8 Motoroljans påfyllningslock
9 Bilens märkplåt
10 Placering för motoroljans mätsticka
11 Oljebehållare till servostyrningen
12 Expansionskärl
13 Övre fjäderbensfäste

Främre undersidan av 1.6 liters CVH EFi motor

1 Drivaxel
2 Motoroljans dräneringsplugg
3 Signalhorn
4 Generator
5 Nedåtgående avgasrör
6 Syresensor
7 Växellåda
8 Bromsok
9 Fjädringens bärarm
10 Styrstag
11 Växlingsstag
12 Värmesköld
13 Stabiliseringsstag (växellåda)
14 Katalysator

Främre undersidan av 1.6 liters Zetec SEFi motor

1 Drivaxel
2 Signalhorn
3 Generator
4 Nedåtgående avgasrör
5 Växellåda
6 Bromsok
7 Fjädringens bärarm
8 Styrstag
9 Växlingsstag
10 Stabiliseringsstag (växellåda)
11 Katalysator
12 Motoroljans dräneringsplugg

Bakre undersidan av en 1.3 liters kombikupé

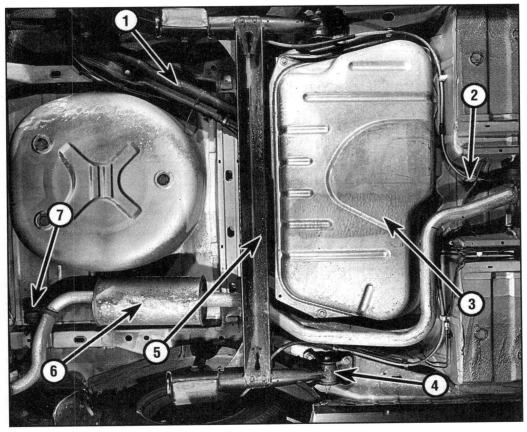

1 Bränslepåfyllningsrör
2 Handbromsens vajerjustering
3 Bränsletank
4 Fjädringsinfästning
5 Bakaxelbalk
6 Ljuddämpare
7 Stöd/isolering för avgassystemet

Beskrivningar av underhållsarbete

1 Inledning

Detta kapitel är avsett att hjälpa hemma-mekaniker att hålla sin bil vid bästa prestanda, säkerhet, driftsekonomi och livslängd.

På följande sidor finns avsnitt som specifikt tar upp varje post på underhållsschemat. Inspektioner, justeringar, byte av delar och andra nyttiga saker tas upp. Se inkluderade bilder av motorrummet och bottenplattan för placeringen av de olika delarna.

Underhåll av bilen enligt schemat för tid/körsträcka och följande avsnitt ger ett planerat underhållsprogram som bör resultera i lång och pålitlig tjänstgöring. Detta är en totalomfattande plan vilket innebär att om man följer vissa punkter på schemat men hoppar över andra, så får man inte samma reslutat.

När du arbetar med din bil kommer du att finna att många punkter kan - och ska - utföras tillsammans i och med arbetets art eller därför att två annars oberoende delar finns i närheten av varandra. Om bilen exempelvis lyfts av någon orsak, inspektera då avgassystem, fjädring, och styrning.

Första steget i detta underhåll är att förbereda dig själv innan det egentliga arbetet påbörjas. Läs igenom alla relevanta avsnitt, gör upp en lista och skaffa de delar och verktyg som behövs. Om du stöter på problem med ett moment, rådfråga reservdels försäljaren eller Fords serviceavdelning.

2 Intensivunderhåll

1 Om serviceschemat följs från det att bilen är ny, vätskenivåerna kontrolleras regelbundet och slitdelar byts enligt denna bok, kommer motorn att hållas i relativt gott skick och behovet av ytterligare arbete kommer att vara minimerat.

2 Det finns möjligheter att motorn periodvis går dåligt på grund av bristen på regelbundet underhåll. Detta är mer troligt med en begagnad bil som inte fått tätt och regelbundet underhåll. I sådana fall kan extra arbeten behöva utföras, förutom det normala underhållet.

3 Om motorn misstänks vara sliten ger ett kompressionsprov (se relevant del av kapitel 2) värdefull information gällande de inre huvuddelarnas skick. Ett kompressionsprov kan användas som beslutsgrund för att avgöra omfattningen på det kommande arbetet. Om provet avslöjar allvarligt inre slitage kommer underhåll enligt detta kapitel inte att nämnvärt förbättra prestanda. Det kan t o m vara så att underhåll är ett slöseri med tid och pengar, såvida inte ett omfattande renoveringsarbete (se kapitel 2D) utförs först.

4 Följande är vad som oftast krävs för att förbättra prestanda på en motor som går allmänt illa:

I första hand

a) Rengör, inspektera och testa batteriet (Se "Veckokontroller").
b) Kontrollera alla motorrelaterade vätskor (Se "Veckokontroller").
c) Kontrollera skicket på drivremmen (avsnitt 3).

d) Kontrollera ventilspelet och justera vid behov på motorerna HCS och Endura-E (avsnitt 7).
e) Byt tändstift och inspektera/rengör tändkablarna (avsnitt 23).
f) Kontrollera luftfiltrets skick och byt vid behov (avsnitt 25).
g) Kontrollera och justera vid behov förgasarens inställningar för varvtal och blandning - där tillämpligt (avsnitt 11).
h) Byt bränslefilter - bränsleinsprutade modeller (avsnitt 30).

i) Kontrollera skicket på samtliga slangar och leta efter läckor (avsnitt 4).
5 Om ovanstående inte ger tillfredsställande resultat, gör följande:

I andra hand

Allt under "I första hand", plus följande:
a) Kontrollera laddningen (kapitel 5A).
b) Kontrollera tändningen (kapitel 5B).
c) Kontrollera bränslesystemet (kapitel 4).
e) Byt tändkablar (avsnitt 23).

Var 16 000:e km eller en gång om året

3 Drivrem - kontroll och byte

Allmänt

1 Vilken typ av drivrem man har beror på vilken motor som sitter i bilen och om bilen har servostyrning och/eller luftkonditionering. Drivremmen är antingen av typen V-rem eller plan flerribbad (även kallad "polyvee"). Drivremmen är placerad på motorn högra sida och driver generator, vattenpump (och i förekommande fall styrservopump och luftkonditioneringens kompressor) från vevaxelns remskiva.
2 Gott skick och korrekt spänning på drivremmen är av avgörande betydelse för motorns funktion. I och med konstruktionen och de höga belastningar drivremmar utsätts för blir de slappa och slitna med tiden. De måste därför inspekteras regelbundet.

Kontroll

3 Stäng av motorn, öppna och stötta motorhuven och leta upp drivremmen på motorns högra sida (Obs! Var mycket försiktig och använd handskar för att minimera risken för brännskador om motorn nyligen körts). För att lättare komma åt; hissa upp höger framhjul med domkraft, stötta rejält med pallbock och ta av höger framhjul och demontera nedre

drivremskåpan från hjulhusets insida **(se bild)**.
4 Använd inspektionslampa eller liten ficklampa och snurra på motorn med en blocknyckel kopplad på remskivebulten, kontrollera hela drivremmens längd vad gäller sprickor eller delningar i gummit och trasiga ribbor. Leta även efter fransningar och glaseringar, de senare gör remmen glansig. Kontrollera bägge sidorna, det innebär att du måste vrida drivremmen så att du kan inspektera undersidan. Där du inte kan se remmen, känn med fingertopparna. Om du tvekar det minsta angående drivremmens skick, byt den (och fortsätt på paragraf 19).

> **HAYNES TIPS** *Det är mycket lättare att dra runt motorn om tändstiften skruvas ur först (se avsnitt 23).*

Drivremmens spänning

5 Det är endast nödvändigt att spänna drivremmar av V-typ. De platta drivremmarna är försedda med en automatisk spännare som upprätthåller korrekt remspänning.
6 När drivremmen är av V-typ använder Fords mekaniker en speciell spänningstolk vid kontroll, men för hemmamekaniker är det tillräckligt att kontrollera spänningen med ett fast fingertryck. Detta läggs mitt mellan remskivorna på remmens längsta fria sträcka.

7 Om justering krävs, gör följande, beroende på typ av arrangemang.

V-rem med justering i form av rörlig arm

8 Öppna motorhuven, hissa upp höger framhjul med domkraft, stötta rejält med pallbock och ta av höger framhjul, demontera nedre drivremskåpan från hjulhusets insida.
9 Tryck ganska hårt med fingret mitt emellan remskivorna på remmens längsta fria sträcka och studera avböjningen, den bör vara 2,0 mm åt vardera hållet (total rörelse om 4 mm). Om justering krävs, slacka på generatorfästets och drivremsjusteringens bultar och vrid generatorn efter behov så att korrekt spänning erhålles. Dra åt bultarna igen **(se bilder)**.
10 Montera drivremskåpan, sätt på hjulet och ställ ned bilen på marken.
11 Kör motorn i cirka 5 minuter och kontrollera remspänningen igen.

V-rem med kuggstångsjustering

12 Öppna motorhuven, hissa upp höger framhjul med domkraft, stötta rejält med pallbock och ta av höger framhjul och demontera nedre drivremskåpan från hjulhusets insida.
13 Kontrollera justeringen enligt beskrivning i paragraf 9. Om justering krävs, lossa bultarna

3.3 Demontering av nedre drivremskåpan (vid pilen) från hjulhusets insida

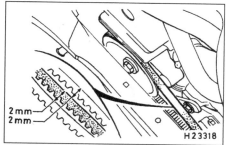

3.9a Kontroll av drivremmens justering - drivrem av V-typ
Måttet 4 mm är den totala remrörelsen och motsvarar 2 mm nedtryckning

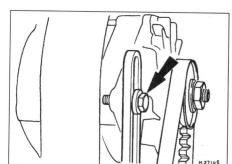

3.9b Justerbult (vid pilen) till generatorns övre fäste/glidarm - rem av V-typ med justering i form av glidarm

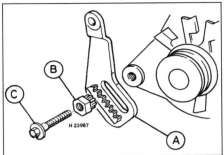

3.13 Drivremsjustering av kuggstångstyp

A Justerarm
B Pinjongmutter (justering)
C Centrumbult (låsning)

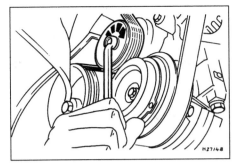

**3.23 Automatisk drivremsspännare -
drivrem av typen polyvee**

*Släpp upp spänningen genom att
vrida medsols*

4 Slangar och läckor -
kontroll under motorhuven

*Varning: Byte av slangar i luftkonditione-
ringsanläggningen måste överlåtas till en
Fordverkstad eller en specialist på luft-
konditionering som har utrustning att
tömma systemet på ett säkert sätt.
Demontera aldrig komponenter i luft-
konditioneringssystemet förrän det tömts.*

Allmänt

1 Höga temperaturer i motorrummet kan göra att slangar av plast och gummi som används i motorn samt hjälpaggregat och avgassystem, slits ut. Inspektion måste ske med jämna mellanrum vad gäller sprickor, lösa anslut-ningar, materialförhårdnader och läckor.
2 Kontrollera noga både övre och nedre kylarslangar liksom de mindre slangarna och rören i kylsystemet, glöm inte bort värme-elementets rör/slangar från motorn till torpedplåten. Inspektera alla slangar utmed hela längden, byt alla som är spruckna, svullna eller på annat sätt slitna. Sprickor kan vara lättare att upptäcka om slangen kläms. Om du använder annat frostskyddsmedel än det Ford specificerar och därmed måste byta kylvätska vart annat år, är det en god idé att samtidigt byta alla slangar, oavsett deras synbara skick.
3 Kontrollera att alla slanganslutningar är täta. En läcka i kylsystemet visar sig vanligen som vita eller rostfärgade avlagringar i närheten av läckan. Om de fjäderclips som låser slangarna i detta system ser ut att slacka, ska de bytas för att förhindra risken av läckor.
4 Vissa andra slangar är monterade med slangklämmor. Där dessa används, kontrol-lera att de inte förlorat spänsten så att slangarna börjar läcka. Om slangklämmor inte används, kontrollera att slangen inte expanderat och/eller hårdnat på fästet och därmed kan läcka.
5 Kontrollera alla vätskebehållare, lock, dräneringspluggar och anslutningar etc, leta efter tecken på läckor av olja, växellåds- och/eller bromsolja, styrservons hydraulolja, och kylvätska. Om bilen regelbundet parkeras på samma plats kan en inspektion av marken under bilen snabbt nog avslöja läckor men ignorera pölar av rent vatten som lämnas när luftkonditioneringen används. Så snart en läcka påträffas ska källan spåras och åtgärdas. Där olja läckt en tid krävs vanligen tvätt med ånga eller högtrycksvatten eller liknande för att ta bort smutsansamlingar så att läckans exakta plats kan hittas när motorn körs igen.

till generatorn och justerarmen. Lossa den centrala låsbulten på pinjongen och vrid pinjongmuttern efter behov till korrekt remspänning **(se bild)**. Håll kvar i önskat läge, dra åt centrumbulten så att armen låses och ställer spänningen.
14 Dra åt armens och generatorfästets bultar rejält.
15 Montera drivremskåpa och hjul och ställ ned bilen på marken.
16 Kör motorn i cirka 5 minuter och kontrollera remspänningen igen.

Platt drivrem av typen "polyvee"

17 Som sagts ovan spännes denna typ av drivrem automatiskt, regelbundna kontroller behövs inte och manuell "justering" kan inte utföras.
18 Om du misstänker att drivremmen slirar eller slackar eller att spännaren är defekt, måste spännaren bytas. Gör det genom att demontera remmen enligt nedan och skruva loss spännaren. När den nya spännaren monteras, kontrollera att den är korrekt uppriktad på sina fästen och åtdragen till angivet moment.

Byte

19 Öppna motorhuven, hissa upp höger fram-hjul med domkraft, stötta rejält med pallbock och ta av höger framhjul och demontera nedre drivremskåpan från hjulhusets insida.
20 Drivremmens dragning runt remskivorna beror på typ av drivrem och vilken utrustning som finns monterad. Innan drivremmen demonteras är det en god idé att skissa upp hur den är dragen, detta minskar problemen vid monteringen.
21 Om det är den befintliga drivremmen som ska monteras, märk den eller anteckna till-verkarens markeringar på den plana ytan, så att den kan monteras med samma rotations-riktning.

22 Vid byte av en drivrem av V-typ, lossa spännaren helt, efter typ enligt beskrivningen ovan. Dra av remmen från remskivorna, montera den nya remmen med korrekt dragning. När remmen är på plats, justera spänningen enligt föregående beskrivning.
23 För byte av en "polyvee" drivrem, sträck in handen mellan karossen och motorn (ovanför vevaxelns remskiva), och aptera en block-nyckel på sexkanten i centrum av den automatiska spännarens remskiva. Vrid rems-kivan medsols för att släppa upp fjädertrycket på remmen och dra av remmen från vevaxelns remskiva och lossa sedan spännaren **(se bild)**. Observera att vissa modeller har en självhakande spännare som stannar i lossat läge. Arbeta från hjulhus eller motorrum beroende på vad som går lättast, anteckna dragningen och lossa remmen från rem-skivorna och dra ut den.
24 Inspektera remskivorna, spåren ska vara rena, avlägsna alla spår av olja eller fett. Kontrollera att spännaren arbetar korrekt med ett starkt fjädertryck när remskivan vrids medsols och en mjuk återgång till gränsläget när den släpps.
25 Om den ursprungliga drivremmen monteras, använd märken/anteckningar från demonteringen för att se till att den monteras med samma rotationsriktning. Montera driv-remmen genom att placera den på rem-skivorna så att den är centrerad i spåren utan överlappning på sidorna med korrekt dragning. Starta högst upp, arbeta nedåt och avsluta på vevaxelns remskiva. Vrid spän-narens remskiva medsols, trä på remmen på vevaxelremskivan och lossa på spännaren.
26 Aptera en blocknyckel på vevaxelns remskivebult, vrid vevaxeln minst två hela varv medsols så att drivremmen sätter sig på remskivorna och kontrollera att drivremmen är korrekt monterad.
27 Montera drivremskåpan, sätt på hjulet och ställ ned bilen på marken.

Vakuumslangar

6 Det är ganska vanligt att vakuumslangar, speciellt de i avgasreningen, är färgkodade eller markerade med ingjutna färgränder. Olika system kräver slangar med olika väggtjocklek, kollapsmotstånd och temperaturmotstånd. Vid byte av vakuumslangar, se till att de nya är tillverkade i samma material.

7 Ofta är det enda effektiva sättet att kontrollera en slang att ta ut den ur bilen. Om mer än en slang demonteras, se till att tydligt märka dem, så att de kan monteras på sina rätta platser.

8 Vid kontroll av vakuumslangar, se till att inkludera eventuella T-kopplingar av plast i kontrollen. Se efter om anslutningarna är spruckna och kontrollera att slangarna inte förlorat formen där de anslutits eftersom detta kan orsaka läckage.

9 En stump vakuumslang med en innerdiameter på en kvarts tum, kan användas som stetoskop för att upptäcka vakuumläckor. Håll ena änden i örat och sök runt vakuumslangar och anslutningar, vakuumläckor har ett karakteristiskt väsande ljud.

 Varning: Vid letande med vakuumstetoskop, var försiktig så att du inte kommer åt delar i rörelse, exempelvis drivremmen till hjälppaggregaten, kylarens elektriska fläkt, etc.

Bränsleslangar

 Varning: Det finns vissa föreskrifter som måste följas vid inspektion och underhåll av delar i bränslesystem. Arbeta i ett väl ventilerat utrymme, tillåt inga nakna lågor (cigaretter, pilotlågar, etc) eller nakna glödlampor nära arbetsområdet. Torka omedelbart upp eventuella spill och förvara inte bränsleindränkta trasor där de kan fatta eld.

10 Kontrollera samtliga bränsleslangars skick vad gäller skavningar och åldrande. Leta efter sprickor där slangarna är böjda och strax före anslutningar, exempelvis de till bränslefiltret.

11 Använd alltid högkvalitativa bränsleslangar, vanligen märkta med ordet "Fluoroelastomer" vid byte. Använd under inga omständigheter oförstärkt vakuumslang, genomskinliga plaströr eller vattenslangar till att leda bränsle.

12 Fjäderclips är vanligen förekommande på bränsleledningar. Dessa förlorar ofta med tiden sin spänst och kan missformas vid demonteringen. Byt fjäderclips mot skruvade slangklämmor när en bränsleslang byts.

Metallrör

13 Sektioner med metallrör används ofta som bränsleledning mellan filtret och motorn. Kontrollera noga att rören inte böjts eller veckats och att sprickbildningar inte uppstått.

14 Om en sektion av ett bränslerör måste bytas ska endast sömlösa stålrör användas eftersom koppar och aluminium saknar den nödvändiga styrkan att motstå motorns normala vibrationer.

15 Kontrollera bromsrören där de ansluter till huvudcylindern och ABS hydraulenhet (om monterad), leta efter sprickor och lösa anslutningar. Varje tecken på läckage av bromsolja kräver en omedelbar total inspektion av hela bromssystemet

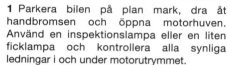

5 Motorrummets kabelage - kontroll

1 Parkera bilen på plan mark, dra åt handbromsen och öppna motorhuven. Använd en inspektionslampa eller en liten ficklampa och kontrollera alla synliga ledningar i och under motorutrymmet.

2 Vad du letar efter är ledningar som uppvisar tydliga skador i form av skavmärken mot vassa kanter eller rörliga delar i fjädring och styrning, växlingsmekanism och/eller hjälppaggregatens drivrem. Sök även efter ledningar som kläms mellan vårdslöst monterade komponenter, eller är nedsmälta efter att ha tvingats i kontakt med heta motordelar, kylvätskeledningar, etc. I nästan alla fall är skador av denna typ från början orsakade av felaktig dragning vid hopsättning efter tidigare arbeten.

3 Beroende på problemets omfattning kan skadade ledningar repareras genom sammanfogning eller insplitsning av en ny längd, lödd för att ge god kontakt och väl isolerad på lämpligt sätt. Om skadan är mer omfattande kan, med tanke på bilens framtida pålitlighet, bästa långsiktiga lösningen vara att byta hela kabelhärvesektionen, oavsett hur dyrt detta kan se ut att vara.

4 När själva skadan reparerats, se till att kabelhärvan dras korrekt, så att den går fri från andra delar, utan att sträckas eller komma i beknip och att den hängs upp, undan från riskabla platser, med de clips, styrningar och kabelband som medföljer härvan.

5 Kontrollera alla kontakter, se till att de är rena, sitter väl och att de hålls på plats av spärrflikar eller clips. Om någon kontakt visar yttre tecken på korrosion (ansamlingar av vita eller gröna avlagringar eller roststrimmor) eller förmodas vara smutsig, ska kontakten i fråga dras ur och rengöras med rengörare för elektriska kontakter. Om stiften är svårt korroderade måste kontakten bytas. Notera att detta kan innebära ett byte av hela kabelhärvesektionen - kontrollera detaljerna med en Fordverkstad.

6 Om rengöringen tar bort all korrosion och kontakten är i ett tillfredsställande skick är det klokt att packa in kontakten med ett lämpligt

material som håller ute smuts och fukt, och hindrar korrosion. En Fordverkstad kan troligen rekommendera en lämplig produkt.

7 Kontrollera skicket på batteripoler och polskor - gör om anslutningarna eller byt ledningar om defekter påträffas. Använd samma teknik för att försäkra dig om att alla jordpunkter i motorrummet ger god elektrisk kontakt via rena fogar, metall mot metall, och att de är väl åtdragna. (Förutom jordanslutningen till motorns lyftögla och den från växellådan till karossen/batteriet finns det andra på olika ställen så kontrollera noga).

8 Se avsnitt 23 för detaljer kring kontroll av tändkablarna.

6 Luftkonditionering - kontroll

 Varning: Luftkonditioneringssystemet arbetar under högt tryck. Lossa inga anslutningar eller komponenter innan trycket släppts ut. Köldmediat måste släppas ut i en godkänd behållare hos en Fordverkstad eller luftkonditioneringsspecialist som är kapabel att hantera köldmedia. Använd alltid skyddsglasögon vid isärtagning av delar i luftkonditioneringssystem.

1 Följande kontroll ska utföras regelbundet för att se till att luftkonditioneringen fortsätter att arbeta med optimal effektivitet:

a) *Kontrollera drivremmen. Om den är sliten ska den bytas (se avsnitt 3).*
b) *Kontrollera systemets slangar. Leta efter sprickor, bubblor, förhårdnader och övriga ålderskrämpor. Kontrollera att inte slangar och anslutningar läcker olja. Om det finns minsta tecken på skador eller läckor ska slangarna i fråga bytas.*
c) *Se efter om det finns löv, insekter eller annat skräp i kondenserarens flänsar. Rengör med tryckluft eller borste vid behov.*
d) *Kontrollera att inte dräneringsröret på förångarens framsida är igensatt - observera att det är normalt att en klar vätska (vatten) droppar ur detta rör när anläggningen körs. Det kan vara i sådan omfattning att en ganska stor pöl kan lämnas under bilen när den parkeras.*

 Varning: Använd alltid skyddsglasögon när du arbetar med tryckluft!

2 Det är klokt att köra systemet minst en halvtimme varje månad, speciellt vintertid. Långa perioder av driftstopp kan leda till att packningarna förhårdnar och därmed brister.

8.2 Dessa verktyg behövs vid byte av motorns olja och oljefilter

8.7a Oljepluggens placering i sumpen på motorerna HCS och CVH

8.7b Urskruvande av oljepluggen på en Zetec motor

3 I och med att system för luftkonditionering är komplexa, liksom verktygen för arbete med dem, har djupgående felsökning och reparationer inte inkluderats i denna handbok.

4 Den vanligaste orsaken till dålig kylning är helt enkelt låg laddning av köldmedia. Om en märkbar minskning av kalluftsutmatningen uppstår hjälper följande snabba kontroll dig att avgöra om köldmedianivån är för låg:

5 Varmkör motorn till normal arbetstemperatur.

6 Ställ in luftkonditioneringens väljare på kallaste läget och fläkten på högsta fart. Öppna dörrarna - för att se till att inte systemet slår av så snart passagerarutrymmet kylts ned.

7 När kompressorn startar kommer kopplingen till den att avge ett hörbart klick och kopplingscentrum börjar rotera. Känn på kompressorns in- och utloppsrör. Ena sida ska vara kall, den andra varm. Om det inte finns en tydlig skillnad mellan rören är något fel med kompressorn eller systemet. Det kan vara lite köldmedia, det kan vara något annat. Ta bilen till en Fordverkstad eller specialist på luftkonditionering.

8.9 Skruva ur oljefiltret från CVH-motorn med en bandnyckel

8.10 Smörj filtrets o-ring med ren motorolja innan filtret skruvas in

7 Ventilspel (motorerna HCS och Endura-E) - justering

Se kapitel 2A.

8 Motorns olja och filter -byte

1 Regelbundna oljebyten är det bästa förebyggande underhåll en hemmamekaniker kan ge motorn, i och med att gammal olja blir utspädd och förorenad vilket ger förtida motorslitage.

2 Se till att du har alla nödvändiga verktyg innan detta arbete påbörjas **(se bild)**. Du ska även ha trasor eller gamla tidningar nära till hands för upptorkning av eventuellt spill. Undvik skållningsrisken och skydda dig från möjliga hudirritationer och skadlig

föroreningar i oljan genom att använda handskar vid detta arbete.

3 Åtkomsten av undersidan förbättras i hög grad om bilen kan lyftas, köras upp på ramper eller ställas på pallbockar. (se *"Lyftning och stödpunkter"*).

⚠️ *Varning: Arbeta aldrig under en bil som bara stöttas med en domkraft, eller av tegelstenar, träklossar eller liknande.*

4 Om detta är första gången du byter olja, kryp under bilen och bekanta dig med läget för oljepluggen som finns på sumpens baksida. Motor och avgassystem kommer att vara heta under själva arbetet. Försök förutse potentiella problem när motor och andra delar är svala.

5 Oljan ska helst bytas med motorn varmkörd till normal arbetstemperatur, just efter en färd (oljetemperaturvisaren ska vara inom den normala sektorn). Varm olja och sediment rinner lättare ut. Parkera bilen på plan, fast mark, dra åt handbromsen och lägg i ettan eller backen (manuell växellåda), eller "P" (automatväxellåda). Öppna motorhuven, skruva loss oljepåfyllningslocket från ventilkåpan och dra ut oljans mätsticka (se *"Veckokontroller"*).

6 Ställ framvagnen på pallbockar (se *"Lyftning och stödpunkter"*). Ta av höger framhjul så att oljefiltret blir åtkomligt. Om mer arbetsutrymme krävs, demontera drivremskåpan.

7 Se till att inte vidröra heta avgasdelar, placera dräneringskärlet under oljepluggen och skruva ur den **(se bilder)**. Om möjligt, försök hålla pluggen tryckt mot sumpen när de sista gängvarven skruvas ur för hand.

 HAYNES TIPS *När oljepluggen släpper från gängorna, dra snabbt undan den så att oljestrålen hamnar i spilloljekärlet, inte i din overallärm!*

8 Ge den gamla oljan tid att rinna ut, det kan bli nödvändigt att flytta något på spilloljekärlet när oljestrålen minskar till ett droppande. Kontrollera pluggens tätningsbricka och byt vid behov. När all olja runnit ut, torka ren pluggen och gängorna i sumpen och skruva i pluggen och dra den till angivet moment.

9 Flytta spilloljekärlet till under filtret, använd en passande filteravdragare och skruva loss oljefiltret från motorblocket, var beredd på ett visst oljespill **(se bild)**. Kontrollera det gamla filtret, försäkra dig om att o-ringen inte fastnat på motorn. Om så skulle vara fallet, lossa den försiktigt. Dra ut filtret genom hjulhuset, se till att spilla så lite olja som möjligt.

10 Använd en ren luddfri trasa och torka rent blocket runt filterfästet. Om inga instruktioner medföljer det nya filtret ska det monteras som följande: Lägg på ett tunt lager ren motorolja på o-ringen **(se bild)**. Skruva in filtret så att det sätter sig och dra åt ytterligare ett halvt till tre kvarts varv, *inte mer*. Dra endast åt filtret för hand - använd inget som helst verktyg.

11 Ta undan den gamla oljan och alla verktyg från bilens undersida, sätt på hjulet och ställ ned bilen på marken.

12 Fyll motorn med olja, använd rätt klass och typ, se *"Smörjmedel, vätskor och däckens lufttryck"*. Häll i halva den angivna mängden först, vänta ett par minuter så att den hinner rinna ned i sumpen. Fortsätt sedan fylla på olja med en liten mängd i taget till dess att nivån når upp till mätstickans nedre märke. Ytterligare 0,5 till 1 liter olja höjer nivån till det övre strecket.

13 Starta motorn. Oljetryckslampan lyser några sekunder längre än vanligt innan filtret fyllts med olja, rusa inte motorn innan lampan slocknat. Låt motorn gå ett par minuter, leta under tiden efter läckor runt filtret och pluggen.

14 Stäng av motorn, vänta några minuter så att olja hinner sjunka ned i sumpen. Med fullt filter och cirkulerad olja ska nivån kontrolleras. Fyll på mer olja om så behövs.

15 Sluthantera den gamla oljan på ett säkert sätt, se *"Allmänt om reparationer"*.

10.1 Påfyllnings-/ nivåpluggen i en manuell växellåda skruvas ur

10.2 Påfyllning av olja i en växellåda av typen BC

enligt specifikationerna i början av kapitel 6 ska kopplingen justeras enligt följande:

4 Leta upp vajerjusteringen, den är en bult som löper genom en öppning nära kopplingspedalens överdel.

5 Vrid justeraren medsols för att öka pedalvägen och motsols för att minska den.

6 Kontrollera pedalvägen och justera efter behov till dess att inställningen är korrekt.

9 Kopplingspedalens spel (1996 års modell och senare) - justering

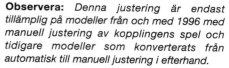

Observera: *Denna justering är endast tillämplig på modeller från och med 1996 med manuell justering av kopplingens spel och tidigare modeller som konverterats från automatisk till manuell justering i efterhand.*

1 Spelet i kopplingspedalen kontrolleras genom mätning av pedalens rörelseväg. Innan detta utförs, låt vajern sätta sig genom att trampa ned och släppa upp pedalen ett antal gånger (minst 10 om det finns nya delar i kopplingen eller om ny vajer monterats).

2 Kontrollera att det inte finns några hinder under kopplingspedalen och mät avståndet från tredje spåret i pedalgummit till golvet med pedalen uppsläppt. Tryck pedalen i golvet och mät upp avståndet mellan golvet och tredje spåret igen.

3 Subtrahera det andra måttet från det första för att erhålla pedalvägen. Om den inte är

10 Oljenivå i en manuell växellåda - kontroll

1 Den manuella växellådan saknar mätsticka. För kontroll av oljenivån, ställ bilen plant på fyra pallbockar (se *"Lyftning och stödpunkter"*). På den nedre främre sidan av växellådshuset sitter nivå/påfyllningspluggen. Skruva ur den - en insexnyckel krävs förmodligen **(se bild)**. Om oljenivån är korrekt ska den nå upp till hålets underkant.

2 Om växellådan behöver mer olja (om olja inte når upp till hålkanten), fyll på mer, använd exempelvis en plastflaska och en slang **(se bild)**. När oljan börjar rinna ur nivåhålet finns rätt mängd i växellådan.

3 Skruva in pluggen och dra den till angivet moment. Kör bilen en kort sträcka och leta efter läckage.

4 Behov av regelbunden påfyllning kan bara orsakas av läckage, åtgärda detta snarast.

11 Tomgångens varvtal och blandning (motorerna HCS & CVH) - kontroll och justering

Allmänt

1 Många av de motorer som finns i Escort/Orion är försedda med en eller annan

typ av bränsleinsprutning som helt regleras av motorns styrsystem. På de flesta av dessa bilar går det inte att justera tomgångens varvtal och blandning utan speciell testutrustning av en typ som i regel bara finns hos Fordverkstäder eller specialister på bränsleinsprutning. Men dessa sofistikerade system är till sin natur sådana att de ytterst sällan (eller aldrig) förlorar justeringen, så det är ett underhållsarbete mindre att bekymra sig om.

2 På motorer med förgasare och 1.6 liter EFi bränsleinsprutning är vissa kontroller och justeringar nödvändiga som en del av underhållet. Dessa beskrivs nedan.

Kontroll och justering av tomgångens varvtal och blandning - förgasarmotorer

3 Innan följande kontroller och justeringar utförs, kontrollera att tändstiften är i gott skick och har korrekt elektrodavstånd (se avsnitt 23). För att kunna utföra dessa kontroller/justeringar krävs en tillförlitlig varvräknare och ett instrument för avgasanalys (CO-mätare).

4 Kontrollera att alla elektriska komponenter är frånslagna under arbetet.

5 Anslut varvräknaren enligt tillverkarens anvisningar och stick in analysinstrumentets sond i avgasrörets mynning. Som tidigare angivet är dessa instrument nödvändiga för en precis justering. Om de inte är tillgängliga kan en grovinställning utföras som en tillfällig åtgärd, under förutsättning att en kontroll snarast utförs med varvräknare och CO-mätare (eller av en Fordverkstad).

6 Varmkör motorn på snabb tomgång till normal arbetstemperatur och kylfläkten startar. Stäng av motorn och dra ur kontakten till fläktmotorn från termostatbrytaren. Koppla tillfälligt förbi termostaten till fläktomkopplarens multikontakt **(se bild)** så att fläkten kan arbeta kontinuerligt (om detta är specificerat). Var noga med att inte komma för nära fläkten vid arbetet i motorrummet.

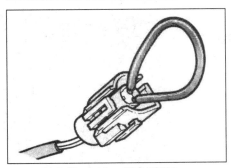

11.6 Kontakten till kylfläktens termobrytare med tillfällig förbikoppling

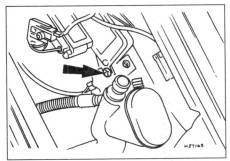

11.16 Justerskruv (vid pilen) för CO-halten på 1.6 liters EFi motor

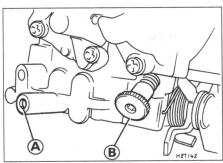

11.11 Justerskruvar på förgasare för blandning (A) och varvtal (B)

11.18 Skruv (vid pilen) i trottelhuset för tomgångens grundvarvtal på 1.6 liters EFi motorn

16 Varmkör motorn till normal arbetstemperatur på snabb tomgång till dess att kylarfläkten startar. Mät CO-halten och jämför med specifikationerna. Om CO-halten inte är korrekt kan den justeras sedan förseglingen över justerskruven avlägsnats **(se bild)**,vrid justerskruven i behövlig riktning.

17 Kontrollera det grundläggande tomgångsvarvtalet genom att först koppla ur kontakten från tomgångsregleringens ventil. Öka motorvarvet till 2000 rpm, håll det i 30 sekunder och släpp upp trotteln helt och kontrollera om det grundläggande tomgångsvarvtalet är enligt specifikationerna.

18 Om justering krävs, avlägsna förseglingen med en tunn skruvmejsel så att justerskruven i trottelhuset blir åtkomlig. Vrid skruven i behövlig riktning, motsols ökar tomgångsvarvtalet **(se bild)**.

19 Upprepa beskrivningen i paragraf 17 för att kontrollera och vid behov justera tomgångens varvtal och montera sedan en ny försegling.

20 Anslut tomgångsregleringens kontakt och kontrollera att tomgångsvarvtalet under en kort stund stiger till cirka 900 rpm, innan det sjunker igen till normalt varvtal.

21 Avsluta med att koppla ur varvräknare och CO-mätare men låt motorn gå på tomgång i 5 minuter så att motorstyrningsmodulen hinner lära sig de nya värdena innan motorn stängs av.

7 Koppla i förekommande fall ur trottelns manövervakuumrör och plugga änden, se kapitel 4A för återfinnande av manöverenheten.

8 Kontrollera att belysning och andra strömförbrukare (utom kylarfläkten) är avstängda och starta sedan motorn. Öka varvtalet till 3000 rpm under 30 sekunder, upprepa detta med 3 minuters mellanrum under arbetet. Detta gör att överflödigt bränsle från insugsröret evakueras.

9 Se till att trotteln är helt uppsläppt, låt mätarna stabiliseras under en period om 3 - 5 sekunder och kontrollera att tomgångsvarvtalet håller specificerat värde. Om en justering krävs, vrid på tomgångens justerskruv till dess att varvtalet är det korrekta. Varje kontroll och justering måst fullbordas inom 30 sekunder efter det att mätarna stabiliserats.

10 Om justering av blandningen krävs måste förseglingspluggen avlägsnas från förgasaren så att justerskruven för blandning blir åtkomlig. Gör detta genom att lossa bränslefällan från luftrenarens sida, kontrollera att vevhusventilationens fälla sitter kvar. Peta ut förseglingen (med en tunn skruvmejsel) och flytta luftrenaren, med styrrören för vakuum och avgasrening anslutna.

11 Vrid justerskruven för blandningen medsols för magrare blandning eller motsols för fetare, till dess att CO-halten är enligt specifikationerna **(se bild)**. Om inte en CO-mätare används, gör blandningen magrare enligt beskrivning och berika den sedan till dess att maximalt rent gående varvtal erhålles.

12 Vid behov, justera tomgångsvarvtalet och kontrollera CO-halten igen. Upprepa efter behov till dess att både varvtal och CO-halt är korrekta.

13 Där så krävs enligt lag (som i vissa europeiska länder) ska en ny försegling monteras på blandningsskruven.

14 Koppla ur varvräknaren och CO-mätaren, sätt luftrenaren på plats och avsluta med att koppla in kylarfläktens termobrytare.

Kontroll och justering av grundinställningen för tomgångens varvtal och blandning - 1.6 liter EFi motorer

15 Följ beskrivningen i paragraferna 4 - 6 ovan och fortsätt sedan enligt följande:

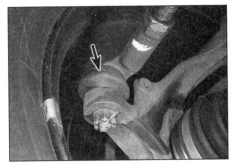
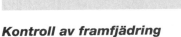

12.2a Kontrollera skicket på dammskyddet (vid pilen) till styrstagets kulled

12 Styrning, fjädring och hjul - kontroll

Kontroll av framfjädring och styrning

1 Klossa bakhjulen och ställ framvagnen på pallbockar (se *"Lyftning och stödpunkter"*).

2 Inspektera kulledernas dammskydd och styrdamaskerna, leta efter sprickor, skavningar och andra defekter **(se bilder)**.

12.2b Kontrollera skicket på dammskyddet (vid pilen) till bärarmens kulled . . .

12.2c . . . och kontrollera skicket på styrväxelns damasker

Slitage på dessa delar leder till förlust av smörjning och intrång av smuts och vatten vilket snabbt sliter ut kulleder och styrväxel.

3 Kontrollera i förekommande fall skicket på styrservons slangar, de ska inte vara skavda eller på annat sätt defekta. Kontrollera också att anslutningar mellan rör och slangar är täta. Leta även efter tecken på läckage under tryck från styrväxeldamaskerna, vilket indikerar packningshaveri inne i styrväxeln.

4 Greppa hjulet i lägena klockan 12 och klockan 6 och försök gunga på det. Ett ytterst litet kännbart spel kan förekomma, men om glappet är tydligt krävs ytterligare tester för att hitta orsaken. Fortsätt gunga hjulet medan en medhjälpare trycker ned bromspedalen. Om glappet då elimineras eller minskar betydligt är det troligen fråga om defekta hjullager. Om glappet kvarstår när bromsarna ligger an finns slitaget i fjädringens leder eller fästen.

5 Greppa sedan hjulet i klockan 9 och klockan 3 och försök gunga det. Märkbart glapp kan orsakas av slitna hjullager eller styrstagsändar. Om styrstagets yttre kulled glappar är den synliga rörelsen tydlig. Om inre leden misstänks kan det avgöras genom att känna på styrväxeldamaskerna och greppa styrstaget. Om hjulet sedan gungas kommer rörelser att kännas vid inre leden om slitaget är där.

6 Använd en stor skruvmejsel eller ett plattjärn och leta efter glapp i fjäderbenens bussningar genom att bryta mot relevant del och delens fäste. Ett visst spel är att förvänta i och med gummit i bussningarna men för stort glapp bör synas tydligt. Kontrollera även skicket på synliga gummidetaljer; leta efter sprickor, delningar eller föroreningar.

7 Med bilen stående på marken, låt medhjälparen vrida ratten fram och tillbaka med ungefär ett åttondels varv vardera vägen. Det ska inte förekomma något, eller bara ett ytterst litet spel mellan ratt och hjul. Om så inte är fallet, studera de ovan nämnda lederna

noga och kontrollera även om rattstångens universalknutar är slitna samt om slitaget finns i själva styrväxeln.

Kontroll av bakvagnens fjädring

8 Klossa framhjulen och ställ bakvagnen på pallbockar (se *"Lyftning och stödpunkter"*). Ta av bakhjulen.

9 Kontrollera bakhjulslagren på samma sätt som framhjulens (paragraf 4).

10 Använd en stor skruvmejsel eller ett plattjärn och leta efter glapp i fjäderbenens bussningar genom att bryta mot relevant del och delens fäste. Ett visst spel är att förvänta i och med gummit i bussningarna men för stort glapp bör synas tydligt. Kontrollera skicket på stötdämparna och deras fästen. På van-modeller, kontrollera skicket på bladfjädrarna, leta efter spår av sprickor, förvridning eller andra skador.

Kontroll och balansering av hjul

11 Ta av hjulen med regelbundna mellanrum, rengör fälgarnas in- och utsidor och se efter om de har några skador. Lätt-metallsfälgar skadas lätt av kontakter med trottoarkanter och stålfälgar kan bucklas. Fälgbyte är oftast den enda möjliga åtgärden vid skador.

12 Hjulbalansen ska bibehållas, inte bara för att undvika onödigt däcksslitage. Även slitage på styrning och fjädring minskar med välbalanserade hjul. Obalans märks normalt som vibrationer i karossen och speciellt i ratten i många fall. Notera att även skador i fjädringen och styrningen ökar däcksslitaget. Orunda eller skeva däck, skadade fälgar och slitage på eller feljusteringar av hjullager ökar också slitaget. Balansering av hjulen eliminerar normalt inte vibrationer orsakade av den typen av slitage.

13 Hjulbalansering kan utföras med hjulen på eller av bilen. Om balanserade hjul tas av från bilen, se till att märka upp relationen mellan hjul och nav så att hjulet kan sättas tillbaka på sin ursprungliga plats.

13 Drivaxlarnas gummidamasker och drivknutar - kontroll

1 Drivaxlarnas gummidamasker är ytterst viktiga i och med att de förhindrar att smuts, vatten och främmande föremål kommer in i drivknutarna och skadar dem. Föroreningar utifrån kan orsaka att damaskerna slits ut i

13.2 Kontrollera för hand om det finns sprickor eller fettläckor i drivknutarnas damasker

förtid vilket gör det klokt att då och då tvätta dem med tvål och vatten.

2 Med bilen på pallbockar (se *"Lyftning och stödpunkter"*), vrid ratten mellan fulla utslag och snurra långsamt på ett framhjul i taget. Studera skicket på ytterknutens damask, kläm den så att vecken öppnas. Leta efter tecken på sprickor, delningar och gammalt gummi som kan släppa ut fett och in vatten och smuts **(se bild)**. Kontrollera även fastsättning och skick på damaskens clips. Upprepa kontrollen på inre drivknutarna. Om skador påträffas ska damaskerna bytas enligt beskrivning i kapitel 8.

3 Kontrollera samtidigt ytterknutarnas allmänna skick. Håll först i drivaxeln och försök snurra hjulet. Varje märkbar rörelse indikerar slitage i knuten, slitage i drivaxelns splines eller lös fästmutter på drivaxeln. Kontrollera innerknutarna genom att hålla i innerknutens ok och försök vrida på drivaxeln.

14 Avgassystemet - kontroll

1 Med kall motor (minst tre timmar efter det att bilen körts), kontrollera hela avgassystemet från motorn till mynningen. Om möjligt ska detta göras med bilen upplyft för obegränsad åtkomst men om lyft inte finns tillgänglig ska bilen ställas på pallbockar (se *"Lyftning och stödpunkter"*).

2 Kontrollera att rör och fogar inte visar spår av läckor, allvarlig korrosion eller skador. Se till att alla fästen och gummiupphängningar är i bra skick och väl åtdragna. Om något fäste ska bytas, se till att utbytesdelen är av rätt typ **(se bild)**. Läcka i en fog eller på annan plats visar sig vanligen som en svart sotfläck i

14.2 Om någon av avgassystemets gummiupphängningar ska bytas, se till att ersättningsdelarna är av korrekt typ - färgen är en god vägledning. De som är närmast katalysatorn är mer värmetåliga än de övriga

närheten. **Observera:** *Avgastätningsmassa ska inte användas i systemet före katalysatorn - även om massan inte innehåller tillsatser som kan skada katalysatorn, kan bitar av massan lossna och hamna i elementet och orsaka lokal överhettning.*

3 Inspektera samtidigt bottenplattans skick vad gäller hål, korrosion, öppna sömmar, etc. som kan låta avgaser komma in i passagerarutrymmet. Täta alla hål med silikon eller spackel.

4 Skaller och annat oväsen kan ofta härledas till avgassystemet, speciellt då gummifästena. Försök att rucka på systemet, ljuddämpare och katalysator. Om någon del kan vidröra kaross eller fjädring ska upphängningarna bytas.

5 Kontrollera motorgången genom att titta i avgasrörets mynning, avlagringarna här är ett tecken på hur motorn arbetar. Insidan av avgasrörets mynning ska vara torr och variera i färg från mörkgrå till ljust gråbrun. Om de är svarta och sotiga eller täckta med vita avlagringar måste bilens bränslesystem undersökas noga.

1 Ställ bilen på pallbockar eller över en smörjgrop och inspektera hela bottenplattan och hjulhusen, leta efter tecken på skador och korrosion. Titta speciellt på undersidan av trösklarna och andra platser där lera kan byggas upp. Där korrosion och rost förekommer, knacka och tryck på panelen med en skruvmejsel och avgör om rostangreppet är så allvarligt att reparation krävs. Om inte, avlägsna rosten och lägg på

ett nytt lager underredsmassa. Se kapitel 11 för mer detaljerade beskrivningar.

2 Inspektera samtidigt de PVC-täckta nedre panelernas skick, leta efter genomträngande stenskott.

3 Inspektera samtidigt bränsle- och bromsledningar på bottenplattan vad gäller skador, rost, korrosion och läckor. Kontrollera även att de är korrekt upphängda i sina respektive fästen. Där sådant finns, kontrollera PVC-skyddslagret på ledningarna.

Observera: *Detaljerade foton av bromssystemet finns i kapitel 9.*

1 Arbeten som beskrivs i detta avsnitt ska utföras med angivna mellanrum eller när fel på bromsarna misstänks. Vart och ett av följande symptom kan indikera en möjlig defekt i bromssystemet:

a) *Bilen drar åt endera sidan när bromspedalen trycks ned.*
b) *Bromsarna avger skrapande eller släpande ljud vid användningen.*
c) *För lång pedalväg för bromspedalen.*
d) *Bromsoljan kräver upprepade påfyllningar.*

2 En noggrann inspektion ska göras för att bekräfta bromsbeläggens tjocklek enligt följande:

Skivbromsar

3 Ställ upp fram- eller bakvagnen (efter tillämplighet) på pallbockar (se *"Lyftning och stödpunkter"*). I de fall bakre skivbromsar är monterade, ställ hela bilen på pallbockar.

4 Gör bromsoken mer åtkomliga genom att ta av hjulen.

5 Titta genom okets inspektionshål och kontrollera att tjockleken på vardera friktionsbeläggen inte understiger det minimum som anges i specifikationerna. **Observera:** *Kom ihåg att friktionsmaterialet vanligtvis är fäst på en stödplatta av metall.*

6 Om det är svårt att avgöra den exakta tjockleken eller om du har den minsta oro för klossarnas skick, ta ut dem ur oken för en närmare kontroll (se kapitel 9).

7 Kontrollera resterande ok på samma sätt.

8 Om någon av klossarna är slitna under gränsen ska *alla fyra* klossarna i den änden av bilen bytas som en komplett sats (dvs alla främre eller alla bakre klossarna).

9 Mät bromsskivans tjocklek med mikrometer för att försäkra dig om att de är tjänstdugliga. Om någon skiva är tunnare än specifikationerna ska den bytas (se kapitel 9). Kontrollera alltid skivornas allmänna skick. Leta efter djupa repor och missfärgningar orsakade av överhettning. Om sådana

förekommer, demontera skivan och låt svarva om den eller byt mot en ny (se kapitel 9).

10 Innan hjulen sätts på, kontrollera samtliga bromsrör och slangar (se kapitel 9). Kontrollera i synnerhet slangarna nära oken där de utsätts för flest rörelser. Böj dem mellan fingrarna (men inte helt dubbelt eftersom höljet då kan skadas) och kontrollera att detta inte avslöjar dolda skador.

Bakre trumbromsar

11 Klossa framhjulen och ställ bakvagnen på pallbockar (se *"Lyftning och stödpunkter"*).

12 Förbättra åtkomsten genom att ta av bakhjulen.

13 Kontrollera bromsbackarnas beläggningstjocklek utan att demontera trumman genom ett peta ur gummipluggarna från sköldarna och inspektera med en ficklampa. Kontrollera att beläggens tjocklek inte underskrider specifikationerna.

14 Om det är svårt att exakt avgöra tjockleken eller om du oroar dig för skicket på backarna, demontera trummorna för en mer utförlig inspektion (se kapitel 9).

15 När trumman demonterats, kontrollera att backarnas fjädrar är korrekt monterade och om hjulcylindrarna läcker bromsolja. Kontrollera friktionsytorna i trumman vad gäller repor och missfärgningar. Om skadorna är för stora ska trumman svarvas om eller bytas.

16 Innan hjulen sätts på, kontrollera samtliga bromsledningar och slangar (se kapitel 9). Avsluta med att dra åt handbromsen och kontrollera att den låser hjulen. Handbromsen kräver periodisk justering. Om spaken har för långt slag, se avsnitt 28.

1 Dra åt handbromsen.

2 Demontera navkapslarna, använd fälgnyckelns platta bakdel (på vissa modeller måste de skruvas loss med en specialnyckel).

3 Kontrollera att hjulmuttrarna är åtdragna till angivet moment.

4 Montera navkapslarna.

1 Kontrollera att dörrar, motorhuv och baklucka stänger ordentligt. Kontrollera också

huvens säkerhetslås och dörrarnas stoppband.
2 Smörj gångjärn, stoppband, låsplatta och huvlås med lite olja eller fett.

19 Säkerhetsbälten - kontroll

1 Kontrollera att säkerhetsbältena fungerar korrekt och att själva bältena inte är fransiga eller skadade. Kontrollera att de rullas upp smidigt utan kärvning in i rullarna.
2 Kontrollera att säkerhetsbältenas ankarbultar är korrekt åtdragna, dra dem vid behov till angivet moment.

20 Kaross, lackering och dekor - kontroll

1 Bästa tidpunkten att utföra denna kontroll är efter det att bilen tvättats så att småmärken eller repor framträder tydligt och inte döljs av en smutshinna.
2 Börja i ett främre hörn och kontrollera lackeringen runt hela bilen, leta efter småskråmor och mer allvarliga bucklor. Kontrollera all dekor och se till att den sitter väl fast utmed hela längden.
3 Kontrollera fastsättningen av alla dörrlås, speglar, emblem, stötfångare, grill och navkapslar. Allt som befinns vara löst eller i behov av mer uppmärksamhet ska åtgärdas enligt anvisningar i relevanta kapitel av denna handbok.
4 Korrigera eventuella problem med lack eller plåt enligt beskrivningarna i kapitel 11.

21 Provkörning

Bromssystem

1 Kontrollera att bilen inte drar snett vid inbromsning och att hjulen inte låser för snabbt vid hård inbromsning.
2 Kontrollera att det inte uppstår vibrationer i ratten vid inbromsning.
3 Kontrollera handbromsens funktion, att den har en kort spakrörelse och att den håller bilen stilla i en backe.
4 Stäng av motorn och testa bromsservon enligt följande: Tryck ned bromspedalen fyra -

fem gånger för att upphäva vakuumet och starta motorn. När motorn startat ska det finnas ett märkbart spel i bromspedalen medan vakuumet byggs upp. Kör motorn minst två minuter och stäng sedan av den. Om bromspedalen nu trycks ned ska det vara möjligt att höra ett väsande från servon. Efter fyra eller fem tramp ska inget mer väsande höras och pedalen ska kännas betydligt fastare

Styrning och fjädring

5 Leta efter onormalt uppträdande i styrning, fjädring, väghållning och vägkänsla.
6 Kör bilen och kontrollera att det inte finns ovanliga vibrationer eller ljud.
7 Kontrollera att styrningen känns positiv, utan glapp eller kärvningar och lyssna efter missljud i fjädringen vid kurvor och gupp.

Drivlinan

8 Kontrollera prestanda i motor, växellåda och drivaxlar.
9 Kontrollera att motorn startar korrekt, kall som varm.
10 Lyssna efter ovanliga ljud från motor och växellåda.
11 Kontrollera att motorn går rent på tomgång och att den inte tvekar vid gaspådrag.
12 På modeller med manuell växellåda, kontrollera att alla växlar kan läggas i mjukt och utan missljud samt att spaken inte är osedvanligt vag eller hackig.
13 På modeller med automatväxellåda, kontrollera att växlingarna är ryckfria och utan varvtalsökningar mellan växlarna. Kontrollera att alla lägen kan väljas med stillastående bil. Om problem påträffas ska dessa överlåtas till en Fordverkstad.
14 Lyssna efter metalliska klick i framvagnen när bilen körs långsamt i en cirkel med fulla rattutslag. Kontrollera i bägge riktningarna. Om klick hörs indikerar detta slitage i en drivknut, byt om det behövs.

Koppling

15 Kontrollera att kopplingspedalen rör sig mjukt genom hela pedalvägen och att kopplingen fungerar korrekt utan spår av slir eller hugg. Om rörelsen är ojämn eller stel på sina ställen, kontrollera kopplingsvajerns dragning, den får inte ha skarpa krökar.
16 Inspektera kopplingsvajern i båda inneränderna, leta efter slitage och fransning.
17 Kontrollera vid behov kopplingspedalens självjusteringsmekanism enligt beskrivning i kapitel 6.

Instrument och elektrisk utrustning

18 Kontrollera funktionen hos alla instrument och all elektrisk utrustning.
19 Försäkra dig om att instrumentavläsningarna är korrekta och slå på all elektrisk utrustning i tur och ordning, kontrollera att den fungerar korrekt.

22 Oljenivå i automatväxellåda - kontroll

1 Oljenivån i automatväxellådan ska noggrant upprätthållas. För låg nivå kan leda till slir och förlust av drivkraft medan för hög nivå kan leda till skumbildning, oljeförlust och skador på växellådan.
2 Automatväxellådans oljenivå ska endast kontrolleras med varm motor (normal arbetstemperatur). Om bilen nyss körts mer än 16 km (25 i kylig väderlek) och oljetemperaturen är cirka 72 - 80°C är växellådan varmkörd.
Varning: Om bilen nyss körts en längre sträcka med hög fart, i stadstrafik i varmt väder eller dragit släp kan inte en korrekt nivåavläsning utföras. Om någon av dessa omständigheter föreligger, låt oljan svalna i cirka 30 minuter.
3 Parkera på plan mark, dra åt handbromsen och starta motorn. Låt den gå på tomgång, tryck ned bromspedalen och för växelväljaren tre gånger genom samtliga lägen, börja och sluta på P.
4 Låt motorn gå på tomgång i en minut och (med motorn gående på tomgång) dra ut mätstickan ur röret. Lägg märke till oljans färg och skick.
5 Torka av mätstickan med en ren trasa och stick in den i röret till dess att locket sätter sig.
6 Dra ut mätstickan igen och notera oljenivån. Den ska vara mellan märkena "MIN" och "MAX". Om nivån är vid "MIN", stäng av motorn och fyll på med specificerad olja för automatväxellådan genom mätstickans rör, använd vid behov en ren tratt . Det är mycket viktigt att smuts inte kommer in i oljan vid påfyllning.
7 Fyll på lite olja i taget och kontrollera under tiden nivån enligt föregående beskrivning till dess att korrekt nivå erhålles.
8 Behovet av regelbunden påfyllning av olja i automatväxellådan indikerar en läcka som omedelbart måste spåras och åtgärdas.
9 Samtidigt som nivån kontrolleras ska även oljans skick studeras. Om oljan är svart eller mörkt rödbrun eller om den luktar bränd ska den bytas. Om du är osäker på skicket, köp lite färsk olja och jämför lukt och färg med den befintliga oljan.

Var 32 000:e km eller vartannat år

23 Tändstift - byte

Observera: *Byte av tändstift med denna intervall behövs endast med motorerna HCS, Endura-E, CVH och PTE. Med motorerna Zetec och Zetec-E rekommenderas bytesintervallen 48 000 km eller 3 år.*

Kontroll och byte av tändstift

1 Det är vitalt för korrekt motorgång, full prestanda och god driftsekonomi att tändstiften presterar maximalt. Den viktigaste faktorn för detta är att de monterade tändstiften passar motorn. Lämpliga stift anges i specifikationerna i detta kapitels början, på avgasreningsetiketten på huvens insida (endast på vissa modeller/marknader) samt i ägarhandboken. Om korrekt typ används och motorn är i bra skick behöver tändstiften normalt ingen uppmärksamhet mellan de schemalagda bytena. Rengöring av stift är sällan nödvändig och ska inte göras utan specialverktyg eftersom det är lätt att skada elektroderna.

2 Demontering och montering av tändstift kräver en tändstiftshylsa med förlängare som kan vridas av ett spärrskaft eller liknande. Hylsan är inklädd med gummi för att skydda porslinsisolatorn och hålla stiftet medan du skruvar i det i gängen. Man behöver även en tolksats för att kontrollera och justera elektrodavståndet, samt en momentnyckel för att dra de nya stiften till angivet moment **(se bild).**

3 För urskruvande av tändstift; öppna motorhuven, tändstiften är lätt åtkomliga på motorns översida. Notera att tändkablarna sitter på clips, på vissa motorer i en ränna på ventilkåpan. Undvik hopblandning av kablarna genom att bara byta ett stift i taget.

4 Om märkena på originaltändkablarna inte syns, märk dem 1 - 4 motsvarande den cylinder de leder till (cylinder 1 finns på motorns kamdrivningssida). Dra av kablarna genom att greppa i tändhatten, inte själva kabeln, som annars kan drabbas av bruten ledning.

5 Det är klokt att avlägsna eventuellt vatten i tändstiftshålen med en trasa och torka rent i dem eller blåsa bort skräp med tryckluft innan stiften skruvas ur, så att inte smuts och vatten ramlar ned i cylindern.

⚠ Varning: Använd alltid skyddsglasögon när du arbetar med tryckluft!

6 Skruva ur tändstiften, se till att hylsan hålls i linje med stiftet - om hylsan tvingas åt endera sida kan tändstiftets porslinsisolator brytas av. Om något problem uppstått vid urskruvandet av något stift, kontrollera topplockets gängor och koniska tätningsytor vad gäller slitage, korrosion eller skador. Om detta påträffas, fråga en Fordverkstad om bästa sättet att reparera topplocket.

7 När varje stift skruvats ur, undersök det enligt följande (detta ger en bra indikation på motorns skick): Om stiftets isolatorspets är täck med avlagringar som är ljus- eller lätt gråbruna är blandningen korrekt och det är troligt att motorn är i bra skick.

8 Om stiftets isolatorspets är täckt med hårda svarta avlagringar indikerar det en för fet blandning. Om stiftet är svart och oljigt är det troligt att motorn är ganska sliten, förutom att blandningen är för fet.

9 Om stiftets isolatorspets är ren och vit, utan avlagringar, indikerar detta en mager blandning.

10 Om du byter tändstift, köp de nya och kontrollera först av allt att de inte har sprucken isolering eller skadade gängor. När tändstift byts som rutinunderhåll, ska även tändkablarna kontrolleras enligt nedan.

11 Elektrodavståndet är mycket viktigt på tändstift. Om det är för stort eller för litet påverkas gnistans storlek avsevärt. Avståndet ska vara enligt specifikationerna i detta kapitel. Nya tändstift har inte nödvändigtvis korrekt elektrodavstånd inställt, kontrollera stiften innan de skruvas i.

12 Elektrodavståndet är korrekt när en trådtolk eller bladmått har en tät, glidande passning mellan elektroderna **(se bilder).**

13 Ställ in elektrodavståndet genom att mäta med bladmått och vid behov böja ytterelektroden så att avståndet blir korrekt **(se bild).** Mittelektroden ska aldrig böjas eftersom detta kan spräcka isoleringen och orsaka att stiftet upphör att fungera, i bästa fall. Om ytterelektroden inte är rakt över mittelektroden, böj den försiktigt rätt. Specialverktyg för justering av elektrodavstånd finns i de flesta tillbehörsbutiker och från vissa tillverkare.

14 Innan stiften skruvas i, kontrollera att de gängade anslutningshylsorna är åtdragna och att utsidorna är rena. Bruna fläckar på

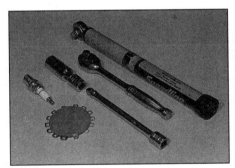

23.2 Verktyg som krävs vid byte av tändstift

23.12a Mätning av elektrodavståndet med ett bladmått

23.12b Användning av tolk av trådtyp för mätning av elektrodavståndet

23.13 Justera elektrodavståndet genom att försiktigt böja endast den yttre elektroden

porslinet omedelbart ovanför metalldelen är ganska vanliga och betyder inte nödvändigtvis en läcka mellan kroppen och isolatorn.

15 Lägg på en klick kopparbaserat fett eller antikärvmedel på stiftgängorna och skruva in dem för hand där så är möjligt. Var noga med att stiften tar rätt gäng i och med att topplocket är av aluminium.

Undvik att stiften tar snedgäng genom att använda en slangstump av gummi som träs på stiftets ände. Den flexibla slangen fungerar som en universalknut och hjälper till att föra stiftet i rätt läge i hålet och om stiftet börjar ta snedgäng kommer slangen att glida på stiftet vilket förhindrar gängskador.

16 När stiften sitter rätt i gängorna ska de skruvas i så att de precis berör tätningsytan och sedan dras till angivet moment. Om en momentnyckel inte finns tillgänglig - detta är ett fall då en dylik starkt rekommenderas - dra åt varje stift med *maximalt* 1/4 varv (motorerna CVH och PTE) eller 1/16 varv (motorerna HCS och Endura-E) efter kontakt mellan stift och tätningsyta. HCS och Endura-E har tändstift med konisk tätningsyta så de får *ALDRIG* dras för hårt - de koniska tätningsytorna gör dem praktiskt taget omöjliga att skruva ur om de dras för hårt.

17 Anslut tändkablarna på sina rätta platser, tryck fast tändhattarna med en skruvande rörelse till dess att de sitter fast på stiften och ventilkåpan.

Kontroll av tändkablar

18 Tändkablarna ska alltid kontrolleras vid byte av tändstift. Börja med att inspektera dem med motorn igång. Starta motorn i ett mörklagt garage (se till att det är väl ventilerat) och studera kablarna. Se till att inte komma i kontakt med rörliga delar. Om det finns ett brott på ledaren kommer du att se en liten gnista eller ljusbåge i det skadade området

19 Tändkablarna ska inspekteras en i taget, så att inte tändföljden blandas ihop. Den är synnerligen viktig för motorns korrekta gång. Varje original tändkabel ska vara märkt med cylinderns nummer. Om märkningen är oläslig kan en tejpbit markeras med rätt nummer och lindas runt kabeln (märkningen ska vara 1 - 4 med 1 närmast kamdrivningen). Lossa sedan kablarna.

20 Kontrollera om det finns korrosion i tändhattens insida, den ser i så fall ut som ett vitt pulver. Avlägsna så mycket som möjligt av det. Om korrosionen är för allvarlig eller om rengöringen lämnar anslutningen för anfrätt för fortsatt bruk måste tändkabeln bytas.

Tryck tillbaka tändhatt och kabel på stiftet. Hatten ska sitta väl på änden - om inte, dra av hatten och kläm försiktigt ihop kontakten med en tång så att den passar tätt på tändstiftet.

21 Använd ren trasa och torka av hela kabelns längd från ansamlat smuts och fett. När den är ren, kontrollera om kabeln har brännmärken, sprickor eller andra skador. Böj inte kabeln för skarpt, ledaren kan brista.

22 Lossa kabeln från tändspolen genom att trycka ihop plastspärrarna och dra ur änden. Kontrollera fastheten i anslutningen och om korrosion förekommer. Om en mätare med korrekt mätområde finns tillgänglig, mät upp motståndet i den lossade tändkabeln mellan spolens och stiftets ändar. Om motståndet i någon av tändkablarna överstiger specifikationerna ska samtliga bytas som en uppsättning. Montera kabeln på spolen, observera att varje anslutning är märkt med respektive cylindernummer, så det är ingen risk för att en sammanblandning ska störa tändföljden.

23 Inspektera resterande tändkablar och se till att var och en är säkert fast i bägge ändar efter avslutad kontroll. Om det finns tecken på ljusbågar, allvarlig korrosion i anslutningar, brännmärken, sprickor eller andra skador observeras, byt till en ny sats tändkablar. Om nya tändkablar ska monteras, byt dem då en i taget så att de inte blandas ihop och stör tändföljden.

Var 48 000:e km eller vart 3:e år

24 Kylvätska - byte

Observera: *Om frostskyddsvätskan som används är av Fords eget märke, eller av likvärdig kvalitet, kan bytesintervallet förlängas. Om bilens historik är okänd, om du vet att frostskyddsvätska av lägre kvalitet finns i systemet, eller om du helt enkelt föredrar att följa konventionella serviceintervall, ska kylvätskan bytas regelbundet (i typfallet vart tredje år) enligt beskrivningen här. Se även "Frostskydd - anmärkningar vid byte" längre fram i detta avsnitt.*

⚠️ *Varning: Låt inte kylvätska komma i kontakt med huden eller lackerade ytor på bilen. Spola omedelbart av förorenade områden med stora mängder vatten. Förvara inte ny eller begagnad kylvätska där barn eller husdjur kan komma åt den - de attraheras av den söta lukten. Även en mycket liten mängd svald kylvätska kan vara dödlig! Torka omedelbart upp spill, håll kärl med*

kylvätska förslutna och reparera omedelbart kylsystemet så snart läckor uppmärksammas.

Varning: Skruva aldrig upp expansionskärlets lock när motorn går eller just stängts av. Kylsystemet är då hett och ånga och skållhet kylvätska som släpps ut kan orsaka allvarliga personskador.

Avtappning av kylvätska

 Varning: Vänta till dess att motorn är kall innan detta arbete påbörjas.

1 Tappa ur kylsystemet genom att först skruva loss expansionskärlets lock (se avsnittet "Veckokontroller").

2 Om mer arbetsutrymme önskas, ställ framvagnen på pallbockar (se "Lyftning och stödpunkter").

3 Demontera i förekommande fall nedre kylarskyddet (8 eller 9 skruvar), placera ett stort kärl under och skruva ur kylarens dräneringsplugg - du kan göra det med ett litet mynt eftersom pluggen har ett spår för detta **(se bild)**. Rikta så mycket som möjligt av strålen i kärlet.

Urspolning av systemet

4 Med tiden kan kylsystemet gradvis tappa effektivitet i takt med att kylaren sätts igen med rost, kalkavlagringar från vattnet och andra sediment (se även "Frostskydd - anmärkningar vid byte" längre fram i detta avsnitt). Minimera detta genom att endast använda högklassigt frostskyddsmedel och rent mjukt vatten. När en del av kylsystemet demonteras ska systemet spolas ur, liksom när kylvätskan byts.

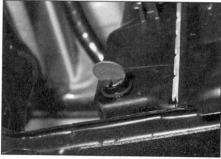

24.3 Använd ett litet mynt för att skruva ur kylarens dräneringsplugg

5 När kylvätskan runnit ut, skruva i pluggen och fyll systemet med rent vatten. Skruva på expansionskärlets lock, starta motorn och varmkör den. Stäng av motorn, låt den svalna och tappa ur systemet igen. Upprepa efter behov till dess att endast rent vatten tappas ur och avsluta med att fylla på angiven frostskyddsblandning enligt nedanstående beskrivning.

6 Om endast rent och mjukt vatten och högkvalitativt frostskydd (om än inte enligt Fords specifikationer) används och kylvätskan bytts med rekommenderade mellanrum är ovanstående nog för att hålla kylsystemet rent under en avsevärd tidrymd. Men om systemets underhåll blivit eftersatt krävs en mer genomgripande rengöring enligt följande.

7 Tappa först ur kylvätskan, lossa sedan övre och nedre kylarslangarna. Stick in en vattenslang i övre kylarslangen och låt vatten cirkulera genom kylaren till dess att det rinner rent ur nedre öppningen.

8 Spola motorn genom att sticka in slangen i termostathusets utlopp och låt vatten cirkulera till dess att det rinner rent ur nedre utloppet. Om efter en rimlig tid vattnet fortfarande inte är rent ska kylaren spolas med ett bra rengöringsmedel.

9 I allvarliga fall av förorening kan baklänges spolning bli nödvändig. Gör detta genom att demontera kylaren (kapitel 3). Vänd den sedan upp och ned och stick in vattenslangen i det nedre utloppet. Spola till dess att vattnet rinner rent ur det övre utloppet. Värmeelementet kan spolas ur på liknande sätt.

10 Användning av kemiska rengöringsmedel ska ses som en sista utväg. Normalt ska regelbundet byte av kylvätska förhindra allvarlig förorening av kylsystemet.

Påfyllning av kylvätska

11 När kylsystemet tömts och spolats, se till att alla öppnade anslutningar monterats korrekt och att kylarens dräneringsplugg är ordentligt iskruvad. Montera kylarens nedre skydd, observera att det styrs på plats med tre clips i framkanten och skruva fast det ordentligt. Om bilen lyfts upp, ställ ned den på marken.

12 Förbered en tillräcklig mängd specificerad kylvätskeblandning (se nedan), gör i ordning ett litet överskott för extra påfyllning.

13 Fyll långsamt på systemet genom expansionskärlet eftersom det är systemets högsta punkt. All luft i systemet ska trängas ut ur kärlet av den stigande vätskenivån. Långsam påfyllning minskar risken av att luftbubblor fångas och låser systemet.

14 Fortsätt fylla på till dess att nivån når MAX-märket och täck över påfyllningshålet så att inte vätska stänker ut.

15 Starta motorn och varmkör den på tomgång tills den uppnår normal arbetstemperatur och kylfläkten startar. Studera

temperaturvisaren och se efter om det finns tecken på att motorn överhettar. Om nivån i kärlet sjunker betydligt, fyll på till MAX-märket för att minimera mängden luft cirkulerande i systemet.

16 Stäng av motorn och låt den svalna *helt* (om möjligt över natten), ta av övertäckningen av expansionskärlets påfyllningshål och fyll på till MAX-märket. Skruva på locket ordentligt och spola bort eventuellt spill från motorrum och kaross.

17 Efter påfyllningen, kontrollera noga alla delar i systemet (särskild de anslutningar som rubbats vid dränering och spolning), se till att det inte finns några läckor. Färskt frostskyddsmedel har en tendens att söka upp läckor och avslöjar snabbt svaga punkter i systemet.

18 Om symptom på överhettning uppstår, som inte fanns innan dränering och spolning, beror dessa nästan säkert på att en luftbubbla fångats någonstans i systemet, vilket orsakar en låsning som begränsar kylvätskeflödet. Detta beror vanligen på att påfyllningen var för snabb. I vissa fall kan låset tas bort med knackningar och klämningar på slangarna. Om problemet kvarstår, stoppa motorn, låt den svalna helt och skruva loss expansionskärlets lock eller slangar och avlufta systemet.

Frostskyddsblandning

19 Om det frostskydd som används inte är enligt Fords specifikationer, ska det bytas med rekommenderade mellanrum (i typfallet en gång om året). Detta är nödvändigt, inte bara för att upprätthålla frostskyddet utan också för att förhindra den korrosion som annars skulle uppstå när korrosionshämmarna gradvis tappar sin verkan. Använd alltid ett etylenglykolbaserat frostskydd lämpat för kylsystem av blandade metaller.

20 Om det frostskydd som används är enligt Fords specifikation anges skyddsgraden i detta kapitels specifikationer. *Standardblandningen* i Sverige är 50 volymprocent frostskydd och 50 volymprocent rent mjukt vatten. Om du använder en annan typ av frostskydd, följ tillverkarens anvisningar för korrekt blandning. Det är alltid klokt att blanda mer än systemets angivna kapacitet så att reserv finns för eventuell påfyllning.

21 Innan frostskydd tillförs ska systemet vara tömt och helst spolat och alla slangar ska kontrolleras. Som tidigare nämnt, färskt frostskydd hittar snabbt systemets svaga punkter.

22 Efter påfyllning av frostskydd, fäst en etikett på expansionskärlet som anger typ och koncentration samt påfyllningsdatum för frostskyddet. Efterföljande påfyllningar ska alltid göras med samma typ och koncentration. Om påfyllning sker med Fordspecificerat frostskydd, lägg märke till att 50/50 är tillåtet ut bekvämlighetssynpunkt.

23 Använd inte motorfrostskydd i spol-

vätskan, det skadar lacken. Använd speciell spolarvätska i den blandning som tillverkaren rekommenderar.

Frostskydd - anmärkningar vid byte

24 Från och med ungefär september 1998 fylldes alla nya Escort modeller med en helt ny typ av frostskyddsvätska vid tillverkningen. Denna nya frostskyddsvätska (som är orange) är en koncentration av monoetylenglykol och organiska tillsatser och den sägs vara överlägsen i jämförelse med den traditionella typen av etylenglykolbaserad frostskyddsvätska (som är blå/grön). Eftersom de två vätskorna har olika egenskaper, får de INTE blandas i kylsystemet. Om man önskar byta från en typ till den andra, måste kylsystemet tömmas helt och spolas grundligt baklänges innan den nya vätskan kan fyllas på.

25 Ford anger att om etylenglykolbaserad frostskyddsvätska (blå/grön) enligt Fords specifikation ESD-M97B-49-A används, räcker den i ungefär sex år, medan den nyare vätskan (orange) enligt Fords specifikation WSS-M97B44-D håller i ca 10 år. Båda dessa rekommendationer utgår från att vätskan används i angiven koncentration, att den inte blandas med annan frostskyddsvätska eller tillsats, samt att den fyllts på vid behov med rätt vätska blandad 50/50 med rent vatten.

26 Om bilens historik (och därmed kylvätskans typ och kvalitet) är okänd, bör ägare som vill följa Fords rekommendationer tömma kylsystemet och spola det noggrant baklänges, innan det fylls på med ny kylvätskeblandning. Om korrekt vätska i korrekt koncentration används, gäller därefter de angivna bytesintervallen.

27 Om annan frostskyddsvätska än Fords ska användas, måste kylvätskan bytas vid regelbundna intervall för att samma grad av skydd ska erhållas; den vanliga rekommendationen för byte är vartannat eller vart tredje år.

Allmänna kontroller av kylsystemet

28 Motorn ska vara kall vid kontroll av kylsystemet, utför därför följande innan bilen körs eller sedan den stått i minst tre timmar.

29 Skruva av expansionskärlets lock (se *"Veckokontroller"*), och torka rent det på insidan med en trasa. Rengör även påfyllningshålet. Förekomsten av rost eller korrosion i påfyllningshålet indikerar att byte av kylvätskan krävs. Vätskan i expansionskärlet ska vara relativt ren och genomskinlig. Om den är rostfärgad, dränera systemet, spola ur det och fyll på färsk kylvätska.

30 Kontrollera samtliga slangar i kyl- och värmesystemet utmed hela längderna och byt alla slangar som har sprickor, svullnader eller andra ålderstecken (se avsnitt 4).

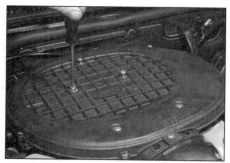

25.1a På förgasar- och CFi-motorer, skruva ur skruvarna i luftrenarlocket . . .

25.1b . . . lossa clipsen . . .

25.1c . . . lyft av locket och ta ut filtret

31 Inspektera alla andra utvändiga delar av systemet (anslutningar etc.) vad gäller läckor. En läcka i kylsystemet visar sig vanligen som en vit eller rostfärgad avlagring nära läckan. Där problem av den typen påträffas, byt del eller packning enligt anvisningar i kapitel 3.
32 Rengör kylarens framsida med en mjuk borste så att löv, döda insekter och annat skräp avlägsnas från kylflänsarna. Se till att inte skada flänsarna och att du inte skär dig på dem.

25.1d På EFi- och SEFi-motorer, skruva ur skruvarna i luftrenarlocket . . .

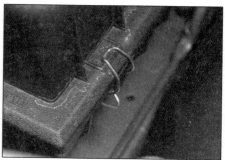

25.1e . . . lossa clipsen . . .

25 Luftfilter - byte

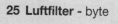

Observera: *I och med att det är ett pappers-filter kan det inte tvättas eller oljas om. Om filtret inte kan rengöras tillfredsställande med tryckluft ska det kasseras och ersättas.*

1 Luftfiltret är placerat i luftrenaren, antingen ovanpå förgasaren eller CFi-enheten, eller på vänster sida i motorrummet. Lossa clipsen/-skruva ur skruvarna och lyft upp luftfilterlocket **(se bilder)**.
2 Lyft ut filtret och torka rent i filterhuset. Kontrollera att främmande föremål inte syns i luftintaget eller luftmängdsmätaren, beroende på vad man har.
3 Om rutinservice utförs ska filtret alltid bytas oavsett synbart skick. Observera att i förekommande fall ska det lilla skumfiltret i bakre högra hörnet på luftfilterhuset rengöras varje gång filtret byts (se avsnitt 26).
4 Om du kontrollerar filtret av någon annan orsak, studera den nedre ytan. Om den är oljig eller mycket smutsig ska filtret bytas. Om den bara är lite dammig kan filtret rengöras med tryckluft som blåses från övre till nedre ytan.

⚠️ **Varning 1: Använd skyddsglas-ögon vid arbete med tryckluft!**

Varning 2: Kör aldrig bilen utan att ha luftfiltret på plats. Förhöjt motorslitage kan uppstå och baktändning

25.1f . . . lyft av locket och ta ut filtret

kan till och med orsaka brand under motorhuven.
5 Montering sker med omvänd arbets-ordning. Se till att filter och lock sitter ordentligt så att ofiltrerad luft inte kommer in i motorn.

Kontroll av luftrenarens temperaturregleringssystem (förgasarmotorer)

6 För att motorn ska kunna arbete effektivt måste insugsluftens temperatur regleras inom vissa gränser.
7 Luftrenaren har två luftkällor, en direkt från utsidan av motorrummet och en från en kåpa på grenröret. På HCS-motorer styr en vaxtermostatventil en klaff i luftrenarintaget. När den omgivande luftens temperatur

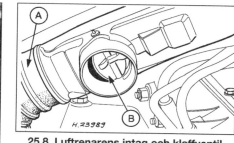

25.8 Luftrenarens intag och klaffventil på HCS-motorn

A Huvudluftintaget (kall luft)
B Trumma för varmluft (öppen klaff)

understiger ett givet värde släpper klaffen in luft som är uppvärmd av grenröret. I takt med att temperaturen i luftrenaren stiger öppnar klaffen för att släppa in mer kalluft från motorrummet till dess att den är helt öppen. Ett liknande system används på CVH-motorerna, skillnaden är den att en vakuumaktiverare modifierar klaffens termostatstyrda stängande och öppnande i relation till undertrycket i insugsröret vid körning.

HCS-motorer

8 Denna kontroll måste utföras med kall motor. Demontera luftrenarens intagstrumma. Kontrollera klaffens läge i trumman. När temperaturen under motorhuven understiger 28°C måste klaffen öppna för att släppa in varmluft i filtret **(se bild)**.

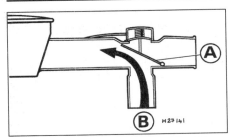

25.12 Luftrenarintag och klaffventil på CVH-motorn

A Öppen klaff (intaget för kallluft stängt)
B Intag för varmluft

9 Montera intagstrumman. Starta motorn, varmkör den till normal arbetstemperatur och stäng sedan av den. Demontera intags-trumman och kontrollera att klaffen stängt luftkanalen från varmluftsintaget och öppnat huvudintaget (kalluft).

10 Om klaffen inte fungerar korrekt, kontrollera att den inte fastnat. Förutom detta kan ingen justering utföras, en defekt enhet måste bytas. Avsluta med att montera intagstrumman.

CVH-motorer

11 Denna kontroll måste utföras med kall motor. Demontera luftrenarens intagstrumma. Kontrollera varmluftsklaffens läge i trumman, den ska vara stängd (d.v.s. helt öppen för kalluft).

12 Starta motorn och kontrollera att varmluftsklaffen är öppen när motorn går på tomgång. Om så är fallet fungerar klaffen korrekt **(se bild)**.

13 Om klaffen inte fungerar som beskrivet, kontrollera skicket på vakuumröret och anslutningarna samt att klaffen inte kärvar. Om felet inte ligger där är antingen tempera-turgivaren eller vakuumaktiveraren defekt vilket medför att en ny luftrenare måste monteras. Avsluta med att montera huvud-lufttrumman.

26 Avgasreningen - kontroll

Allmänt

1 Av de avgasreningssystem som kan finnas monterade är det endast vevhusventilationen och avdunstningsregleringen som kräver regelbunden kontroll. Dessa system kräver dock minimal uppmärksamhet.

2 Om det finns skäl att misstänka att något av de andra systemen inte fungerar korrekt ska en Fordverkstad rådfrågas.

Vevhusventilation

3 Vevhusventilationens funktion är att reducera utsläppen av oförbrända kolväten från vevhuset och minimera bildandet av oljeslam. Genom att skapa undertryck i vevhuset under de flesta arbetsförhållanden, speciellt tomgång, och sedan med visst tryck leda in frisk luft i systemet, dras de olje-dimmor och förbiblåsningsgaser som samlats i vevhuset ut genom luftrenaren eller oljeavskiljaren in i insugsröret för normal förbränning i motorn.

4 På HCS-motorer består systemet av ett ventilerat oljepåfyllningslock (med integrerat nätfilter) och en slang som ansluter det till oljeseparatorn/ventilanslutningen på luftrena-rens undersida. En andra slang leder från adaptern/filtret till insugsröret.

5 På CVH-motorer används vevhusventilation av en typ med sluten krets vars funktion i grunden är densamma som på HCS-motorerna, men ventilationsslangen är direkt ansluten på ventilkåpan. Ett separat filter är monterat i slangen till ventilkåpan i vissa versioner.

6 Systemen på motorerna Endura-E och PTE liknar de som används på de tidigare motortyper (HCS och CVH) de är baserade på, men med modifieringar av slangarna för att passa luftrenarens placering och bränsle-insprutningens utformning.

7 På motorerna Zetec och Zetec-E är huvuddelarna i vevhusventilationen olje-frånskiljaren monterad på motorblockets främre sida och PCV-ventilen (Positive Crankcase Ventilation) monterad i en gummi-muff på frånskiljarens övre sida. Sammanhörande ledningar består av vevhus-ventilationsröret och två slangar som ansluter PCV-ventilen till en anslutning på insugsrörets vänstra sida och en vevhusventilationsslang mellan ventilkåpan och luftrenaren. Ett litet skumfilter i luftrenaren förhindrar att smuts dras in direkt i motorn.

8 Kontrollera att alla delar i systemet är väl fastsatta, korrekt dragna (utan veck eller skarpa krökar som begränsar genom-strömningen) och i gott skick, byt alla slitna eller skadade delar.

9 På HCS-motorer, skruva av och kontrollera oljepåfyllningslocket, det ska vara i bra skick och inte igensatt av slam.

10 Lossa slangarna från locket, rengör locket vid behov genom att pensla bensin på nätfiltret och blåsa igenom med svag tryckluft. Byt lock om det är mycket igensatt.

11 Om oljeläckage påträffas, koppla ur de olika slangarna och rören, kontrollera att de inte är igensatta. Lyft av luftrenarlocket och kontrollera att slangen mellan ventilkåpan och luftrenaren inte är igensatt eller skadad.

12 Där en PCV-ventil är monterad är den konstruerad för att endast släppa ut gaserna från vevhuset, så att ett undertryck skapas i vevhuset under de flesta arbetsförhållanden,

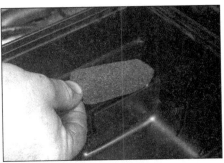

26.13 Skumfiltret i systemet för positiv vevhusventilation är placerat i bakre högra hörnet i luftrenarens filterhus på Zetec motorer

speciellt vid tomgång. Det betyder att om antingen oljefrånskiljaren eller ventilen är igensatt måste defekt del bytas (kapitel 4E). I så fall finns det dock inget att förlora på att försöka spola ur igensättningen med lämpligt lösningsmedel. Ventilen ska skallra när den skakas.

13 När luftfiltret plockats ur (se avsnitt 25), torka ur huset. På Zetec-motorer, dra ut lilla skumfiltret från sin plats i filterhusets bakre högra hörn **(se bild)**. Om skumfiltret är svårt igensatt med smuts eller olja måste det rengöras genom att doppas i passande lösningsmedel och torkas innan det kan monteras.

Avdunstningsreglering

14 Se kontrollerna i kapitel 4E.

27 Olja i automatväxellåda - byte

1 Automatväxellådans olja ska endast bytas med kall låda.

2 Placera bilen över en smörjgrop, på ramper eller pallbockar, se till att den står plant.

3 Placera ett lämpligt kärl under växel-lådssumpens dräneringsplugg. Dra ut mät-stickan så att avrinningen sker snabbare.

4 Rengör noga området kring pluggen, skruva ur den och låt oljan rinna ned i kärlet.

5 När all olja runnit ut (detta kan ta lite tid), rengör pluggen och skruva i den med ny tätning, dra fast den ordentligt.

6 Placera en tratt med en fin sil i mätstickans rör och fyll på lådan med specificerad oljetyp. Det är ytterst viktigt att ingen smuts tillåts tränga in i automatväxellådan under detta arbete.

7 Beroende på hur väl oljan runnit ut kan det vara möjligt att den oljemängd som krävs vid påfyllningen kan vara större än den specificerade (se *"Smörjmedel, vätskor och däckens lufttryck"*). Men tack vare den oljemängd som finns kvar i lådan är det mer troligt att mindre än specificerad mängd krävs. Fyll på cirka hälften av specificerad mängd, varmkör sedan motorn till normal arbetstemperatur och kontrollera nivån på mätstickan. När nivån närmar sig maxmärket, fortsätt enligt beskrivningen i avsnitt 22, kontrollera och fullborda påfyllningen enligt beskrivning.

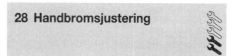

28 Handbromsjustering

28.3a Justeringsplunger för handbromsen på bilar med bakre trumbromsar

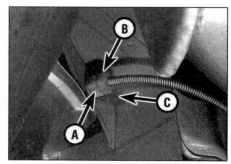

28.3b Mutter (A) för handbromsvajerns justering, låsmutter (B) och låsstift (C)

Modeller med trumbromsar före 1996

1 Klossa framhjulen, lyft upp bakvagnen och stöd den på pallbockar (se *"Lyftning och stödpunkter"*). Lossa handbromsen helt.

2 Kontrollera att handbromsvajrarna är korrekt dragna och säkrade med clips på rätt platser under bilen.

3 Handbromsens justering kontrolleras genom att man mäter den möjliga rörelsen i justeringsplungrarna. Dessa är monterade på insidan på vardera bakre bromssölden **(se bild)**. Den totala sammanlagda rörelsen för dessa ska vara mellan 0,5 och 2,0 mm. Om uppmätt rörelse ligger utanför dessa gränsvärden måste handbromsen justeras. Justering utförs genom att läget för vajer-justeringshylsan ändras **(se bild)**.

4 När justering av handbromsen krävs måste ett nytt låsstift till justerhylsan användas, skaffa detta innan justeringen utförs.

5 Inled justeringen av handbromsen genom att först se till att den är helt uppsläppt. Tryck sedan ned fotbromsen ordentligt ett par gånger för att se till att bakbromsens justering hämtas hem av de automatiska justerarna. Dra ut låsstiftet ur justerhylsan och vrid hylsan för att ställa den sammanlagda rörelsen för plungrarna inom angivna gränsvärden (0,5 till 2,0 mm). Vrid låsmuttern för hand så hårt som

möjligt (två klick) mot justerhylsan. Använd sedan en lämplig nyckel på hylsan och vrid den ytterligare max två klick.

6 Säkra justeringen genom att sticka in ett nytt låsstift.

7 Kontrollera att handbromsen fungerar tillfredsställande, ställ ned bilen på marken och ta undan klossarna från framhjulen.

Modeller med trumbromsar fr.o.m. 1996

Varning: Om handbromsen är feljusterad fungerar inte bakbromsens automatiska justeringsmekanism som den ska. Detta leder till att spelet mellan bromsback och trumma blir för stort allt eftersom broms-backens belägg slits ned, vilket i sin tur ger en överdrivet lång pedalväg.

8 Klossa framhjulen.

9 Lossa handbromsen helt, trampa sedan ner fotbromsen ordentligt flera gånger för att försäkra att självjusteringsmekanismen aktiveras.

10 Lossa handbromsspakens damask för att komma åt justermuttern på sidan av spaken **(se bild)**.

11 Med handbromsen helt lossad, dra upp spaken och räkna antalet klick från spärr-mekanismen. Handbromsen skall vara helt åtdragen efter tre till sex klick. Om justering behövs, vrid justermuttern efter behov tills korrekt inställning erhålls **(se bild)**. Om

handbromsen fortfarande inte fungerar tillfredsställande efter justeringen, måste bak-bromsarna eventuellt demonteras, rengöras och justeras (se kapitel 9).

Modeller med skivbromsar

12 Klossa framhjulen, lyft upp bakvagnen och stöd den på pallbockar (se Lyftning och stödpunkter). Lossa handbromsen helt.

13 Kontrollera att handbromsvajrarna är korrekt dragna och säkrade med clips på rätt platser under bilen.

14 Ta ut blindpluggen från bromshållar-plattans baksida, strax under och bakom oket.

15 Släpp upp handbromsen, stick in en skruvmejsel i hålet och låt klingan greppa i kuggarna på justerratten. För skruvmejseln efter behov så att justerratten vrids tills hjulet precis låser.

16 Backa nu justerratten så mycket att hjulet snurrar fritt utan kärvning.

17 Upprepa med den andra bromsen och kontrollera handbromsens funktion. Kontrollera att båda hjulen låser när handbromsen dras åt och att båda släpper, utan att något hjul kärvar, när handbromsen är helt upp-släppt.

18 När allt är bra, montera blindpluggarna och ställ ned bilen. Dra åt handbromsen och ta undan klossarna från framhjulen.

28.10 Lyft upp handbromsspakens damask . . .

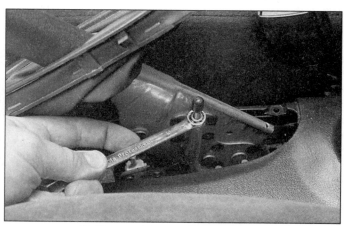

28.11 . . . och lossa på justermuttern

Var 96 000:e km

29 Kamrem - byte

Se kapitel 2B eller 2C efter tillämplighet.

30 Bränslefilter - byte

30.1a Bränslefiltret är placerat under och bakom motorn, ovanför drivaxlarna . . .

30.1b . . . eller baktill på bottenplattan strax framför bakfjädringen

Varning: *Bensin är ytterst brandfarlig vilket kräver extra försiktighet vid arbete på någon del av bränslesystemet. Rök inte, ha inte öppna lågor eller nakna glödlampor nära arbetsplatsen. Arbeta inte med bränslesystem i ett garage där gasdriven utrustning med pilotlåga förekommer. För samtliga arbeten med bränslesystem gäller att skyddsglasögon ska bäras och att en brandsläckare klass B finns tillgänglig. Om du spiller bränsle på huden, tvätta omedelbart med tvål och vatten.*

1 På bränsleinsprutade motorer finns ett bränslefilter i ledningen i bränslepumpens utlopp. Filtret är placerat antingen under och bakom motorn, ovanför drivaxlarna eller baktill strax framför bakfjädringen **(se bilder)**. Arbetsbeskrivningen gäller för båda placeringarna. Filtret har en vital uppgift genom att det håller ute smuts och andra främmande föremål från bränslesystemet, så det måste bytas med regelbundna mellanrum eller när du har skäl att misstänka att det är igensatt. Det är alltid obehagligt att arbeta under en bil - högtryckstvätt eller renspolning i närheten av filtret gör arbetsmiljön mer tolerabel och minskar risken för smutsinträng i bränslesystemet.

2 Tryckutjämna bränslesystemet enligt beskrivning i relevant del av kapitel 4.

3 Lossa batteriets jordledning (se kapitel 5A, avsnitt 1).

4 Klossa fram- eller bakhjulen efter tillämplighet och ställ andra änden på pallbockar (se *"Lyftnig och stödpunkter"*).

5 Använd trasor och torka upp allt bränslespill, lossa matnings- och utloppsrörens anslutningar från filtret genom att klämma ihop de utstickande låsflikarna på vardera anslutningen och dra försiktigt loss anslutningarna från filtrets rörstumpar. I de fall anslutningarna är färgkodade kan de inte förväxlas, i annat fall måste du noggrant notera vilket rör som är anslutet till vilken filterstump och se till att de

ansluts på sina rätta platser när filtret monteras.

6 Notera pilarna och/eller annan märkning på filtret som visar bränsleflödets riktning (mot motorn), lossa filtrets klammerskruv och dra ut filtret. Lägg märke till att filtret fortfarande innehåller bensin, så var försiktig och undvik spill för att minimera brandrisken.

7 Vid installation, trä in filtret i sin klammer så att pilen på det pekar åt rätt håll och trä på vardera röranslutningen på sina rätta platser, tryck in dem till dess att låsflikarna klickar på plats i spåren. Dra försiktigt åt klammerskruven så att filtret precis hindras från att röra sig, dra inte åt för hårt eftersom detta kan klämma sönder filterhöljet.

8 Montera bränslepumpens säkring, anslut batteriet och slå tändningen av och på fem gånger så att systemtrycket byggs upp. Leta efter spår av bränsleläckor runt filtrets anslutningar innan bilen ställs ned och motorn startas.

Vart 3:e år

31 Bromsolja - byte

Arbetet liknar det för avluftning av hydrauliken som beskrivs i kapitel 9, förutom det att bromsoljebehållaren töms med sifonering och att hänsyn skall tas till den gamla olja som evakueras ur kretsen när en del av den avluftas.

Anteckningar

Kapitel 2 Del A:
Reparationer med motorn i bilen, motorerna HCS & Endura-E

Innehåll

Svårighetsgrader

Enkelt, passar novisen med lite erfarenhet	**Ganska enkelt,** passar nybörjaren med viss erfarenhet	**Ganska svårt,** passar kompetent hemmekaniker	**Svårt,** passar hemmekaniker med erfarenhet	**Mycket svårt,** för professionell mekaniker

Specifikationer

Allmänt

Motortyp	Fyrcylindrig radmotor med toppventiler
Motorkod:	
HCS-motorer:	
Förgasarmodeller	JBD
CFi bränsleinsprutade modeller	J6A
Endura-E-motorer	J4B
Slagvolym	1297 cc
Borrning	73,96 mm
Slaglängd	75,48 mm
Kompressionsförhållande:	
HCS-motorer:	
Förgasarmodeller	9,5:1
CFi bränsleinsprutade modeller	8,8:1
Endura-E-motorer	9,5:1
Tändföljd	1-2-4-3 (Cylinder 1 på motorns kamkedjesida)
Vevaxelns rotationsriktning	Medsols (sett från bilens högra sida)

Ventiler

Ventilspel (kall motor):	
Insug	0,20 mm
Avgas:*	
T.o.m. 20/11/96	0,30 mm
Fr.o.m. 21/11/96	0,50 mm

*Observera: *Senare motormodeller kan identifieras med hjälp av en etikett på topplockets ventilkåpa, där ändrat ventilspel anges.*

Smörjning

Typ av motorolja/specifikation	Se "Smörjmedel, vätskor och däckens lufttryck"
Motoroljans volym	Se "Smörjmedel, vätskor och däckens lufttryck"
Oljetryck:	
Vid tomgång	0,60 bar
Vid 2000 rpm	1,50 bar
Oljepumpens spel:	
Yttre rotor till pumphus	0,14 - 0,26 mm
Inre rotor till yttre rotor	0,051 - 0,127 mm
Rotorers axialspel	0,025 - 0,06 mm

Åtdragningsmoment

	Nm
Bultar till kamaxelns tryckplatta	11
Kamdrevsbult	28
Vevaxelns remskivebult	115
Vipparmsbryggans bultar	43
Svänghjulsbultar	67
Sump:	
Steg 1	7
Steg 2	10
Steg 3 (med varmkörd motor)	10
Oljetryckskontakt	14
Topplockets bultar (får endast återanvändas en gång):	
Steg 1	30
Steg 2	Vinkeldra ytterligare 90°
Steg 3	Vinkeldra ytterligare 90°
Kamkedjespännare	8
Kamkedjekåpa	10
Vevaxelns vänstra oljetätningshus	18
Ventilkåpans bultar	6
Oljepump	18
Oljepumpens lock	10
Motor/växellådsfästen:	
Höger fäste till motorblockets bygel	120
Höger bygel till motorblock	69
Höger fäste	69
Höger fäste till kaross	84
Vänster bygel till växellåda	50
Vänster bygel till fäste	68
Vänster främre bygel till fäste	68
Vänster främre fäste	49

Observera: *Se del D av detta kapitel för resterande åtdragningsmoment.*

1 Allmän information

Hur detta kapitel används

Denna del av kapitel 2 tar endast upp arbeten som kan utföras med motorn på plats i bilen och inkluderar endast de specifikationer som är relevanta för dessa. Liknande information om 1.4 och 1.6 CVH och PTE motorer samt 1.6 och 1.8 liter Zetec och Zetec-E motorerna återfinns i delarna B och C av detta kapitel. Eftersom dessa arbetsbeskrivningar är baserade på antagandet att motorn är monterad i bilen innebär det att om motorn är urplockad och uppsatt på ett ställ, kan vissa inledande steg av isärtagning hoppas över.

Information om demontering och montering av motor och växellåda samt motorrenovering återfinns i de D av detta kapitel som även innehåller de *Specifikationer* som är relevanta för dessa arbetsbeskrivningar.

Beskrivning av motorn

Motorn är av typen toppventils vattenkyld fyrcylindrig radmotor, betecknad HCS (High Compression Swirl) eller Endura-E. Motorn Endura-E introducerades 1996 och är, med undantag av en sump av lättmetall och vissa modifieringar i insugsröret och luftintaget, praktiskt taget identisk med föregående version. Motorn är tvärställd framtill i bilen och hopbyggd med växellådan till en kombinerad kraftkälla.

Vevaxeln bärs upp av 5 ramlager av typen glidlager. Vevstakarnas storändslager är av typen delade glidlager och är anslutna till kolvarna med presspassade kolvbultar. Vardera kolven har två kompressionsringar och en oljering.

Kamaxeln löper i lager i motorblocket och är kedjedriven från vevaxeln. Den manövrerar ventilerna via stötstänger och vipparmar. Ventilerna stängs av enkla ventilfjädrar och löper i styrningar i topplocket.

Oljepumpen är monterad på vevhusets utsida, innehåller ett fullflödes filter och drivs med ett drev från kamaxeln. På förgasarversioner drivs även bensinpumpen från kamaxeln via en excenterlob.

Reparationer som kan utföras med motorn i bilen

Följande arbeten kan utföras med motorn i bilen:

a) Kompressionstryck - testning.
b) Ventilkåpa - demontering och montering.
c) Ventilspel - justering.
d) Vipparmsaxel - demontering, inspektion och montering.
e) Topplock - demontering och montering.
f) Topplock och kolvar - sotning.
g) Vevaxelns remskiva - demontering och montering.
h) Vevaxelns oljetätningar- byte.
i) Kamkedja, drev och spännare - demontering, inspektion och montering.
j) Byte av oljefilter.
k) Oljepump - demontering och montering.
l) Sump - demontering och montering.
m) Svänghjul - demontering, inspektion och montering.
n) Motor/växellådsfästen - inspektion och byte.

Observera: *Det är tekniskt möjligt att demontera kolvar och vevstakar (sedan topp och sump demonterats) utan att lyfta ur motorn. Detta är dock inte rekommendabelt. Arbeten av denna natur är enklare och lättare att utföra med motorn på en bänk eller i ett ställ enligt beskrivning i kapitel 2D.*

2 Kompressionsprov - beskrivning och förklaring

1 När motorns prestanda sjunker eller misständningar uppstår som inte beror på bränsle eller tändning, kan ett kompressionsprov ge ledtrådar till problemet. Om kompressionsprov tas regelbundet kan de varna för problem innan några andra symptom uppträder.

2 Motorn ska vara varmkörd till normal arbetstemperatur, oljenivån måste vara korrekt, batteriet måste vara fulladdat och tändstiften måste vara urskruvade. Dessutom behöver du ta hjälp av någon.

3 På bränsleinsprutade motorer, se kapitel 12 och dra ut bränslepumpens säkring från dosan. Starta sedan motorn och låt den självdö.

4 Deaktivera tändningen genom att dra ut 3-stiftskontakten från DIS-tändspolen. Skruva ur tändstiften, se kapitel 1 vid behov.

5 Montera kompressionsprovaren i tändstiftshålet på cylinder 1 - den typ av provare som skruvas in på tändstiftsgängan är att föredra.

6 Låt medhjälparen trampa gaspedalen i botten och dra runt motorn på startmotorn under några sekunder. Läs av kompressionstrycket. Trycket ska byggas upp snabbt i en frisk motor, lågt tryck i första slaget, följt av ett gradvis stigande indikerar slitna kolvringar. Lågt tryck som inte höjs indikerar läckande ventiler eller blåst topplockspackning (eller ett sprucket topplock). Sot under ventiltallrikarna kan också orsaka låg kompression. Anteckna högsta uppmätta värdet och upprepa på resterande cylindrar.

7 I och med att det finns så många olika typer av kompressionsprovare och variationer i startmotorns hastighet förekommer, avges ofta skilda värden när kompressionsprov utförs. Av den orsaken anger inte Ford ett värde. Det viktigaste är dock att kompressionstrycket är likvärdigt i alla cylindrar, vilket är vad detta prov i huvudsak mäter.

8 Fyll på lite motorolja (ungefär tre kläm från en oljekanna) i varje cylinder genom tändstiftshålen och upprepa provet.

9 Om oljan tillfälligt förbättrar kompressionen indikerar detta att slitage på kolvringar eller lopp orsakar tryckfallet. Ingen förbättring indikerar läckande ventiler eller blåst topplockspackning. Läckande ventiler kan orsakas av brända ventilsäten/tallrikar eller skeva, spruckna eller krökta ventiler.

10 Lågt tryck i två angränsande cylindrar är nästan helt säkert ett tecken på att topplockspackningen mellan dem är blåst. Förekomsten av kylvätska i oljan eller förbränningskammare bekräftar detta.

11 Om en cylinder har omkring 20% lägre tryck än de andra och motorns tomgång är något ojämn kan detta orsakas av en sliten kamlob.

12 När proverna avslutas, skruva i tändstiften och anslut tändkablar och tändspole. Sätt tillbaka bränslepumpens säkring i säkringsdosan.

3 Övre dödpunkt (ÖD) för kolv 1 - uppsökande

1 Övre dödpunkten (ÖD) är den högsta punkt kolven når i loppet när vevaxeln roterar. Även om alla kolvar når ÖD både i kompressions- och avgastakten, betecknar ÖD, som bas för tändningens inställning, när kolv nr 1 är i topp i kompressionstakten. På motorerna HCS och Endura-E är cylinder nr 1 på samma sida av motorn som kamkedjan/vevaxelns remskiva. Fortsätt enligt följande:

2 Kontrollera att tändningen är avstängd, lossa tändkablarna från tändstiften och skruva ur stiften enligt beskrivning i kapitel 1.

3 Dra runt motorn för hand (med en nyckel på vevaxelns remskiva) så att inställningsmärket på vevaxelns remskiva är i linje med ÖD-märket (0) på kamkedjekåpan **(se bild)**. När remskivans märke närmar sig ÖD-märket är kolv 1 på väg mot toppen av cylindern. Kontrollera att den är i kompressionstakten genom att placera ett finger över tändstiftshålet och bekräfta att det finns ett lufttryck i cylindern när kolven går mot toppen av slaget.

4 En extra kontroll av att kolven verkligen är på topp i kompressionstakten kan utföras genom att först demontera luftrenaren (se relevant del av kapitel 4) och sedan skruva loss ventilkåpan för observation av vipparmarnas rörelser.

5 Med ÖD-märkena på remskivan och kamkedjekåpan i linje, rucka vevaxeln framåt och bakåt några grader och studera vippor och ventiler i cylinder 1. När kolv 1 är vid ÖD i kompressionstakten är både insugs- och avgasventilerna helt stängda men ventilerna på cylinder 4 öppnar och stänger.

6 Om ventilerna i cylinder 1 öppnar och stänger medan de i cylinder 4 är stängda måste vevaxeln vridas ett komplett varv så att kolv 1 finns vid ÖD i kompressionstakten.

7 När kolv 1 är vid ÖD i kompressionstakten

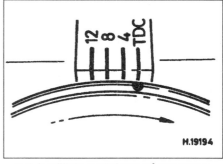

3.3 Inställningsmärkena på vevaxelns remskiva i linje med ÖD-märket på kamkedjekåpan

hittas ÖD för övriga kolvar genom att vevaxeln vrids 180° i taget medsols (normal rotationsriktning), och följer tändföljden (se *"Specifikationer"*).

4 Ventilkåpa - demontering och montering

Demontering

1 Där så behövs, demontera luftrenaren enligt beskrivning i relevant del av kapitel 4.

2 Lossa tändkablarna från tändstiften, dra i tändhattarna, inte själva kablarna och anteckna monteringsordningen.

3 Ta av oljepåfyllningslocket och i förekommande fall ventilationsslangen.

4 Skruva ur de fyra bultarna och lyft av ventilkåpan från topplocket. Ta av packningen.

Montering

5 Rengör ventilkåpan noga och skrapa bort alla spår av gammal packning från fogytorna på topplocket och ventilkåpan.

6 Montera en ny packning på ventilkåpan och skruva fast ventilkåpan **(se bilder)**. Dra

4.6a Placera flikarna på ventilkåpepackningen i urtaget i kåpan

4.6b Montering av ventilkåpan

ventilkåpans bultar till angivet moment i diagonal följd.

7 Anslut tändkablarna och montera luftfiltret enligt beskrivning i kapitel 4.

5 Ventilspel - kontroll och justering

Observera: *Ventilspel ska endast kontrolleras och justeras med kall motor.*

1 Vikten av korrekt inställda ventilspel kan inte nog betonas eftersom de väsentligt påverkar motorns prestanda. Om spelen är för stora blir motorn högljudd (skaller eller knack) och motorns effekt minskar i och med att ventilerna öppnar för sent och stänger för tidigt. Ett mer allvarligt problem uppstår dock om spelet är för litet. I det fallet kanske ventilerna inte stänger helt när motorn är varm, vilket leder till allvarliga motorskador (d.v.s. brända ventilsäten och eller skevt/ sprucket topplock). Ventilspel kontrolleras och justeras enligt följande:

2 Placera kolv 1 vid ÖD enligt beskrivning i avsnitt 3.

3 Demontera ventilkåpan enligt beskrivning i avsnitt 4.

4 Ventilerna är numrerade enligt följande, med början på motorns termostatsida:

Ventil nr	Cylinder nr
1 - Avgas	1
2 - Insug	1
3 - Avgas	2
4 - Insug	2
5 - Insug	3
6 - Avgas	3
7 - Insug	4
8 - Avgas	4

5 Justera ventilernas spel enligt ordnings- följden i följande tabell. Vrid vevaxeln 180° (ett halvt varv) efter justeringen av varje ventilpars spel.

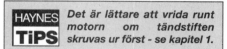

HAYNES TiPS *Det är lättare att vrida runt motorn om tändstiften skruvas ur först - se kapitel 1.*

Ventiler som gungar	Ventiler att justera
7 och 8	1 (avgas), 2 (insug)
5 och 6	3 (avgas), 4 (insug)
1 och 2	8 (avgas), 7 (insug)
3 och 4	6 (avgas), 5 (insug)

6 Det är olika spel på insugs- och avgas- ventiler (se *"Specifikationer"*). Använd ett bladmått i korrekt storlek till att kontrollera spelet mellan ventilskaftets ände och vipp- armen **(se bild)**. Tolken ska ha en fast glid- passning mellan ventilen och vipparmen. Om justering krävs, vrid justerbulten efter behov

5.6 Justering av ventilspel

med en ringnyckel så att angivet spel upp- kommer. Justerbultarna är styvgängade och kräver därmed inte någon låsmutter.

7 Avsluta med att montera ventilkåpan enligt beskrivning i avsnitt 4.

6 Vipparmar - demontering, kontroll och montering

Demontering

1 Demontera ventilkåpan - se avsnitt 4.

2 Skruva ur de fyra bultarna och lyft upp vipparmsaxeln ur topplocket. När den lyfts, kontrollera att stötstängerna förblir på plats **(se Haynes tips).**

Inspektion

3 Ta isär vipparmsaxeln genom att dra ut sprinten från ena axeländen och dra av fjädern och brickorna från axeln.

4 Dra av vipparmarna, stödbyglarna och spiralfjädrarna från axeln, håll reda på deras monteringsordning **(se bild).**

5 Rengör delarna och kontrollera att de inte visar tecken på skador eller för stort slitage. Kontrollera också att oljekanalerna i axeln inte är igensatta.

6 Försäkra dig om att vipparmsaxeln och vipparmarnas slitytor mot ventilskaften inte är slitna eller repiga och även att vipparmarna

6.4 Vipparmsaxel delvis isärtagen för inspektion

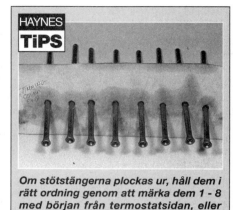

Om stötstängerna plockas ur, håll dem i rätt ordning genom att märka dem 1 - 8 med början från termostatsidan, eller placera dem i en kartongbit.

inte glappar mot axeln. Byt komponenter efter behov.

Montering

7 Smörj vipparmsaxeln med ren motorolja innan hopsättningen.

8 Hopsättning sker med omvänd arbets- ordning. Se till att den platta delen på vipp- armsaxelns vänstra ände är på samma sida som vipparmarnas justerskruvar (närmast termostatsidan när monterad på topplocket) **(se bild)**. Detta är nödvändigt för topplockets smörjning.

9 Montera vipparmsaxeln. När det är gjort, kontrollera att vipporrnas justerskruvar greppar in i sina respektive stötstänger.

10 Skruva i vipparmsaxelns bultar, fingerdra dem först och dra sedan till angivet moment. När de dras åt kommer en del av vipporna att lägga tryck på ventilskaftens ändar och vissa av vipparmsbyglarna är till att börja med inte i kontakt med topplocket - dessa dras på plats när bultarna dras till angivet moment. Om så inte skulle ske, fall inte för frestelsen att dra åt för hårt för att dra dem på plats. Lossa i stället bultarna och undersök varför. Det kan vara så att vippans justerskruv måste lossas så att axeln kan skruvas fast på rätt sätt.

11 Justera ventilspelen enligt beskrivning i avsnitt 5.

6.8 Platta delen (vid pilen) av vipparms- axeln på samma sida som vipparmens justerskruvar

7 Topplock - demontering och montering

Demontering

Observera: *Följande avsnitt beskriver demontering och montering av topplocket, komplett med insugsrör och grenrör. Om så önskas kan dock rören demonteras först, enligt beskrivning i relevant del av kapitel 4, så att topplocket kan demonteras separat.*

1 För motorer med bränsleinsprutning, tryckutjämna bränslesystemet enligt beskrivning i kapitel 4B eller D efter tillämplighet.

2 Lossa batteriets jordledning (se kapitel 5A, avsnitt 1).

3 Se avsnitt 4 och demontera ventilkåpan.

4 För bränsleinsprutade motorer och om det inte redan är gjort, demontera luftintagstrumman från trottelhuset samt luftrenaren enligt be-skrivning i kapitel 4D.

5 Se kapitel 1 och dränera kylsystemet.

6 Lossa slangarna från termostathuset.

7 Lossa kylvätskeslangarna från insugsröret och CFi-enheten där tillämpligt.

> **HAYNES TiPS** *Närhelst du lossar vakuumledningar, kylvätske- eller avgasslangar, kontakter eller bränsleledningar, märk dem alltid tydligt så att de kan anslutas korrekt. Maskeringstejp och/eller märkpenna fungerar bra. Ta polaroidfoton eller skissa upp placeringen för delar och fästen.*

8 Lossa gas- och chokevajrar efter tillämplighet (se kapitel 4A, B eller D).

9 Koppla loss vakuum- och ventilationsslangarna från förgasare/CFi-enhet, trottelhus och insugsrör efter behov.

10 Lossa bränslets matnings- och returledningar vid förgasaren eller vid snabbkopplingarna och lossa bränsleslangarna från insugsröret, sug upp eventuellt bränslespill med trasor. **Observera:** *Rubba inte gänganslutningarna på bränsleröret (insprutningsmotorer) annat än om det är absolut nödvändigt, dessa är förseglade från fabriken. Snabbkopplingarna räcker för alla normala underhållsarbeten.*

11 Lossa tändkablarna från stiften och stödet. Skruva ur tändstiften.

12 Lossa elledningarna från temperaturvisarens givare, kylfläkten, givaren för kylvätskans temperatur (under insugsröret), radions jordledning på insugsröret och motorbromsventilen på förgasaren.

13 Dra ur resterande kontakter från motorns givare på insugsröret och från syresensorn (om monterad) i grenröret eller nedåtgående röret.

14 På Endura-E-motorer, lossa clipset och dra ut injektorernas kontakter.

15 På bilar med luftpulssystem, demontera rör och filter enligt beskrivning i kapitel 4E.

16 Klossa bakhjulen och ställ framvagnen på pallbockar (se *"Lyftning och stödpunkter"*).

17 Skruva ur muttrar och bultar och lossa nedåtgående avgasröret från grenröret. Avlägsna flänspackningen. (Observera att både packningen och fogens självlåsande muttrar ska bytas mot nya vid montering.) Förhindra belastningar på avgassystemet genom att binda upp nedåtgående röret med vajer eller snöre. Ställ ned bilen.

18 Skruva ur de fyra bultarna och lyft av vipporna från topplocket.

19 Lyft ut stötstängerna. Märk dem 1 till 8 med början från termostatsidan så att de inte blandas ihop. Alternativt, tryck fast dem i korrekt ordning genom en kartonglapp.

20 Skruva gradvis loss topplocksbultarna i omvänd ordning gentemot den som visas för åtdragningen **(se bild 7.28a)**. När alla bultar är lossade, dra ur dem och lyft av topplocket. Ta reda på packningen. Topplockspackningen måste alltid bytas men topplocksbultarna kan återanvändas en gång innan de byts. Märk dem med körnslag eller färg. Om tvivel råder om hur många gånger bultarna använts ska de bytas.

21 Se del D av detta kapitel för isärtagning/renovering av topplocket. Det är normal procedur att sota ur topplocket och slipa om ventilerna varje gång topplocket lyfts av.

Förberedelser inför monteringen

22 Fogytorna på topplocket och motorblocket måste vara perfekt rena innan hopsättningen. Använd en skrapa av hårdplast eller trä och avlägsna alla spår av packning och sot. Rengör även kolvkronorna. Var mycket försiktig vid rengöring, lättmetallen skadas lätt. Se även till att sot inte kommer in i olje- eller vattenkanaler - detta är särskilt viktigt för smörjningen eftersom sot kan sätta igen oljeförsörjningen till motorns delar. Använd tejp och papper till att försegla alla hål i motorblocket **(se Haynes tips)**.

> **HAYNES TiPS** *Förhindra att sot kommer in i gapet mellan kolvar och lopp genom att lägga in en liten fettklick i gapet. Efter det att kolven rengjorts, borsta bort allt fett och sot från gapet och torka bort resten med en ren trasa.*

23 Kontrollera fogytorna på block och topp vad gäller hack, djupa repor och andra skador. Om de är små kan de försiktigt filas bort, om de är större är fräsning enda alternativet till byte.

24 Om topplockets fogyta misstänks vara skev, kontrollera med en stållinjal. Se del D av detta kapitel vid behov.

25 Rengör gängorna på topplocksbultarna eller använd nya (efter tillämplighet) och rensa bulthålen i blocket. I extrema fall kan inskruvandet av en bult i ett oljefyllt hål spräcka blocket med hydraultryck.

Montering

26 Kontrollera att den nya topplockspackningen är av samma typ som originalet och att märket "TOP" (eller "OBEN") är vänt uppåt. Placera den nya topplockspackningen på blockets fogyta över styrstiften. Kontrollera att den är korrekt uppriktad mot olje- och vattenkanaler **(se bild)**.

27 Sänk försiktigt topplocket på plats, stick in bultarna och fingerdra dem.

28 Åtdragning av topplocksbultar måste ske i tre steg och i korrekt ordningsföljd **(se bild)**. Dra först alla bultar i visad ordningsföljd till momentet för steg 1. När alla bultar dragits till steg 1, dra varje bult (i rätt följd) till angiven vridningsvinkel i steg 2. När samtliga bultar dragits till steg 2, dra dem ytterligare (i följd) till vinkeln för steg 3 för att avsluta dragningen. Använd om möjligt kalibrerad vinkelåtdragningsmätare för precis dragning av stegen 2 och 3 **(se bilder)**.

29 Smörj stötstängerna med ren motorolja och stick in dem på sina respektive platser i motorn.

7.26 Topplockspackningens övre ytas märkning ("OBEN")

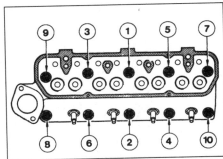

7.28a Ordningsföljd för åtdragning av topplocksbultar

7.28b Åtdragning av topplocksbult (steg 1)

7.28c Åtdragning av topplocksbult (steg 2 och 3) med vinkelmätare

30 Montera vipparmarna. Kontrollera att justerskruvarna greppar i motsvarande stötstänger.
31 Skruva i vipparmsaxelns bultar, fingerdra dem först och dra sedan till angivet moment. När de dras åt kommer en del av vipporna att lägga tryck på ventilskaftens ändar och vissa av vipparmsbyglarna är till att börja med inte i kontakt med topplocket - dessa dras på plats när bultarna dras till angivet moment. Om så inte skulle ske, fall inte för frestelsen att dra åt för hårt för att dra dem på plats. Lossa i stället bultarna och undersök varför. Det kan vara så att vippans justerskruv måste lossas så att axeln kan skruvas fast på rätt sätt.
32 Justera ventilspelen enligt beskrivning i avsnitt 5.
33 Montera ventilkåpan enligt beskrivning i avsnitt 4.
34 Resterande montering sker med omvänd arbetsordning. Dra samtliga förband till angivet moment (där spec. finns). Se de relevanta delarna av kapitel 4 för detaljer om anslutning av bränsle- och avgassystem. Kontrollera att anslutningar för kylvätska, bränsle, vakuum och elektricitet är säkert gjorda.
35 Avsluta med att fylla på kylsystemet och motorolja (se kapitel 1 och "Veckokontroller"). När motorn startas, leta efter tecken på läckor av bränsle, olja och/eller kylvätska från de olika anslutningarna på topplocket.

8 Vevaxelns remskiva - demontering och montering

Demontering

1 Lossa batteriets jordledning (se kapitel 5A, avsnitt 1).
2 Klossa bakhjulen och ställ framvagnen på pallbockar (se "Lyftning och stödpunkter"). Ta av höger framhjul.
3 Demontera drivremmen enligt beskrivning i kapitel 1.
4 Lossa bulten till vevaxelns remskiva. På HCS-motorer, spärra vevaxeln genom att skruva lös täckplattan på kopplingshuset och låsa startkransen med en stor skruvmejsel,

eller liknande, genom öppningen. På Endura-E-motorer, demontera startmotorn (kapitel 5A) och lås startkransen genom den öppningen.
5 Skruva ur remskivebulten helt och dra av remskivan från vevaxelns högra ände. Om den inte kan dras av för hand, bänd lös den med två passande bräckjärn placerade diagonalt motsatt bakom remskivan.
6 Om så behövs kan vevaxelns högra oljetätning bytas vid detta steg, se beskrivning i avsnitt 14.

Montering

7 Montering sker med omvänd arbetsordning, kontrollera att remskivebulten dras till angivet moment.
8 Montera drivremmen enligt beskrivning i kapitel 1 och avsluta med att ställa ned bilen.

9 Kamkedjekåpa - demontering och montering

Demontering

1 Demontera sumpen (se avsnitt 11).
2 Demontera vevaxelns remskiva enligt beskrivning i föregående avsnitt.
3 Vid tillverkningen monteras en gemensam packning för kamkedjekåpan och vattenpumpen. Om denna fortfarande finns på plats måste kylsystemet dräneras och vattenpumpen demonteras enligt beskrivning i kapitel 3. Om vattenpumpen och/eller kam-

kedjekåpan vid något tillfället demonterats har den ursprungliga packningen bytts mot två individuella, vilket innebär att vattenpumpen kan lämnas på plats.
4 På Endura-E-motorer, dra ur kontakten till kamaxelns positionsgivare.
5 Skruva ur bultarna och lossa försiktigt på kamkedjekåpan.
6 Rengör fogytorna på kamkedjekåpan och motorn.
7 Vid behov, byt vevaxelns högra oljetätning i kåpan innan den monteras (se avsnitt 14).

Montering

8 Smörj vevaxelns högra ände helt lätt, liksom oljetätningsläppen (monterad i kåpan). Använd en ny packning och montera kamkedjekåpan, centrera den med hjälp av remskivan - smörj kontaktytorna först. Skruva i bultarna men lämna i detta skede, där tillämpligt, den bult till kamkedjekåpan som fäster vattenpumpen.
9 På Endura-E-motorer, anslut kontakten till kamaxelns positionsgivare.
10 Montera i tillämpliga fall vattenpumpen enligt beskrivning i kapitel 3.
11 Montera vevaxelns remskiva enligt beskrivning i föregående avsnitt.
12 Montera sumpen enligt beskrivning i avsnitt 11.

10 Kamkedja, drev och spännare - demontering, kontroll och montering

Demontering

1 Demontera kamkedjekåpan enligt beskrivning i föregående avsnitt.
2 Demontera oljeslungan från vevaxelns högra ände, anteckna hur den är monterad **(se bild)**.
3 Tryck tillbaka kamkedjespännaren mot fjädertrycket och dra ut spännararmen från pivåtappen på ramlageröverfallet **(se bild)**.
4 Skruva loss och demontera kedjespännaren.
5 Bänd låsbrickans flikar från kamdrevsbultarna och skruva ur bultarna. På Endura-E-

10.2 Demontering av oljeslungan från vevaxeln

10.3 Demontering av kedjespännarens arm från pivåtappen. Observera spännarens bultar (vid pilarna)

10.12a Placera kamkedjan på vevaxelns och kamaxelns drev . . .

10.12b . . . och kontrollera att inställningsmärkena på dreven är i linje med varandra

motorer, anteckna monteringsläget för rotorplattan till kamaxelns positionsgivare.

6 Dra därefter ut drevet komplett med kamkedjan.

Kontroll

7 Undersök om kamdrevets kuggar är utslitna eller skadade.

8 Kamkedjan bör alltid bytas vid större renoveringar av motorn. Glappa länkar och tappar indikerar en sliten kedja. Om du inte säkert vet att kamkedjan är relativt ny ska den bytas.

9 Kontrollera gummikudden på spännarens fjäderblad. Om den är spårig eller sliten måste den bytas.

Montering

10 Inled hopsättningen genom att bulta fast kamkedjespännaren på plats. Kontrollera att ytan på spännarens kam är parallell med motorblocket, använd helst en mätklocka. Maximal avvikelse mellan de två mätpunkterna är 0,2 mm. Lossa och vrid spännaren efter behov. Se *Specifikationer* för korrekt åtdragningsmoment.

11 Vrid vevaxeln så att tändlägesmärket på drevet är i linje med centrum på kamdrevets monteringsfläns.

12 Lägg på kamkedjan på kamdrevet och vevaxeldrevet. Tryck på kamdrevet på monteringsflänsen och kontrollera att hålen

10.13 Böj låsflikarna mot kamdrevsbulten för att säkra den

för drevbultarna är uppriktade. Kontrollera även att inställningsmärkena på bägge dreven pekar mot varandra. Vrid vid behov på kamaxeln/drevet för rätt position. Det kan bli nödvändigt att lossa kamaxeln från kedjan för att rikta upp märkena. Detta är ett arbete som, via misstag och nya försök, måste pågå till dess att en exakt uppriktning mellan bulthålen och inställningsmärkena föreligger **(se bilder)**.

13 Skruva i kamdrevsbultarna och dra dem till angivet moment. Böj upp flikarna på de nya låsbrickorna för att säkra bultarna **(se bild)**. Kom i håg att montera rotorplattan på Endura-E-motorer.

14 Dra tillbaka kedjespännarens kam och trä på armen på pivåtappen. Släpp kammen så att den bär mot armen.

15 Montera oljeslungan framför vevaxeldrevet med den konvexa sidan vänd mot drevet.

16 Montera kamkedjekåpan enligt beskrivning i föregående avsnitt.

11 Sump - demontering och montering

Demontering

1 Lossa batteriets jordledning (se kapitel 5A, avsnitt 1).

2 Se kapitel 1 och tappa ur motoroljan. Skruva tillbaka oljepluggen i sumpen.

3 Skruva ur muttrarna och lossa det nedåtgående avgasröret från grenrörsflänsen. Kom ihåg att flänspackningen ska bytas vid monteringen. Ge tillräckligt med utrymme för demontering av sumpen och bind upp röret med vajer eller snöre så att gummiupphängningarna inte överbelastas. På katalysatorförsedda bilar, dra ur kontakten till syresensorn så att ledningen inte sträcks.

4 Demontera startmotorn (se kapitel 5A).

5 Skruva ur de två bultarna och demontera

kopplingshusets täckplatta. På Endura-E-motorer, skruva ur de bultar som fäster sumpflänsen vid växellådan.

6 På Endura-E modeller med luftkonditionering, demontera drivremmen (kapitel 1) och skruva loss kompressorn från sumpfästet och för den åt sidan. Koppla inte ur några kylmediaslangar.

7 Skruva ur de 18 bultar som fäster sumpen vid vevhuset, bänd loss sumpen och sänk ned den. Om sumpen sitter fast på motorn, skär runt flänspackningen med en vass kniv och knacka lätt på sumpen så att den lossnar. Håll sumpen upprätt medan den sänks, så att inte olja spills. Var förberedd på oljedroppar från vevhuset när sumpen demonterats.

8 Avlägsna all smuts och gammal packning från fogytorna på sumpen och vevhuset och tvätta ur sumpen noga innan monteringen. Kontrollera att sumpens fogytor inte är skeva. Kontrollera oljeupptagarens sil och rengör efter behov.

Montering

HCS-motorer

9 Avlägsna de gamla packningarna från kamkedjekåpsidan och svänghjulssidan, rengör fogytorna. Lägg på en klick packningsmassa på fogytorna där ändarna på packningshalvorna möts **(se bild)**. Fäst de nya

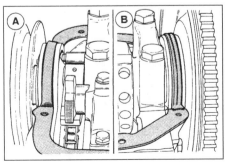

11.9a Sumppackningens montering på kamkedjekåpsänden (A) och svänghjulsänden (B)

11.9b Flikarna på packningshalvorna av kork ska passa in under urtagen i gummipackningen

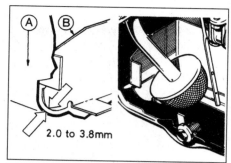

2.0 to 3.8mm

11.10 Toleranser för sumpen (A) och oljeskvalpskottet (B)

korkpackningarna på plats på vevhuset med rent tjockt fett och placera de nya gummi-packningarna i sina spår i kamkedjekåpan och bakre oljetätningshuset. Flikarna på pack-ningarna av kork passar under urtagen i gummipackningarna **(se bild)**.

10 Innan sumpen lyfts upp, kontrollera att avståndet mellan sumpen och oljeskvalp-skottet är mellan 2,0 och 3,8 mm **(se bild)**. Använd inte en bucklig eller skadad sump i och med att måtten på den är viktiga för korrekt smörjning av motorn.

11 Placera sumpen i läge och skruva i bultarna. Börja med att fingerdra dem och dra dem sedan i visad följd till steg 1 och 2 och slutligen till angivet moment **(se bild)**. Observera att det är olika ordningsföljd för stegen. Slutdragningen (steg 3) utförs med varmkörd motor.

12 Montera den nedre plattan på kopp-lingshusets framsida.

13 Montera startmotorn.

14 Kontrollera att fogytorna mellan nedåt-gående avgasrör och grenröret är rena, montera en ny packning och anslut det nedåt-gående röret vid grenröret. Där tillämpligt,

använd nya självlåsande muttrar och dra dem ordentligt.

15 Kontrollera att oljepluggen är iskruvad med angivet moment och ställ ned bilen.

16 Fyll motorn med olja enligt beskrivning i kapitel 1.

17 Koppla in batteriet, starta motorn och varmkör den till normal arbetstempera-tur. Kontrollera att det inte förekommer oljeläckor runt sumpfogen.

18 När motorn varmkörts cirka 15 minuter ska den stängas av. Dra sumpbultarna till steg 3 enligt vad som anges i "Specifikationer", i den ordningsföljd som visas i **bild 11.11**.

Endura-E-motorer

19 Rengör fogytorna på sump och vevhus med största noggrannhet.

20 Använd packningsmassa (finns att köpa från Fordhandlare) på blockets fogyta i närheten av fogen mellan kamkedjekåpan och motorblocket samt mellan det vänstra oljetätningshuset och blocket. Lägg även på massa i hörnen av de halvcirkelformade ytorna på kamkedjekåpan och bakre oljetätningshuset.

21 Placera packningen, utförd i ett stycke, på

sumpen, kontrollera att den sitter rätt och montera sumpen på blocket. Skruva i bultarna och börja med att fingerdra dem.

22 När alla bultar är på plats och dra dem sedan i visad följd med stegen 1 och 2 till angivet moment **(se bild)**. Observera att det är olika ordningsföljd för stegen. Slutdragningen (steg 3) ska alltid utföras med varmkörd motor.

23 Skruva i de bultar som fäster sumpflänsen vid växellådan.

24 Montera startmotorn.

25 Montera i förekommande fall luftkon-ditioneringens kompressor och sedan driv-remmen enligt beskrivning i kapitel 1.

26 Kontrollera att fogytorna mellan nedåt-gående avgasrör och grenröret är rena, montera en ny packning och anslut nedåt-gående röret vid grenröret. Där tillämpligt, använd nya självlåsande muttrar och dra åt dem ordentligt.

27 Kontrollera att oljepluggen är iskruvad till angivet moment och ställ ned bilen.

28 Fyll motorn med olja enligt beskrivning i kapitel 1.

29 Koppla in batteriet, starta motorn och varmkör den till normal arbetstemperatur. Kontrollera att det inte förekommer oljeläckor runt sumpfogen.

30 När motorn varmkörts cirka 15 minuter ska den stängas av. Dra sumpbultarna till steg 3 enligt vad som anges i "Specifika-tioner", i den ordning som visas i **bild 11.22**.

12 Oljepump - demontering och montering

Demontering

1 Oljepumpen är monterad utvändigt på vevhusets baksida.

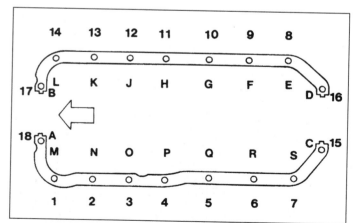

11.11 Ordningsföljd för åtdragning av sumpbultarna (HCS-motorer) - pilen anger riktningen till vevaxelns remskiva
Se "Specifikationer för åtdragningsmoment"
Steg 1 - dra i alfabetisk ordning
Steg 2 - dra i nummerordning
Steg 3 - dra i alfabetisk ordning

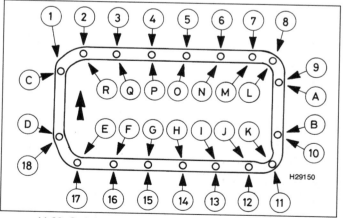

11.22 Ordningsföljd för åtdragning av sumpbultarna (Endura-E-motorer) - pilen anger riktningen till bilens front
Se "Specifikationer för åtdragningsmoment"
Steg 1 - dra i alfabetisk ordning
Steg 2 - dra i nummerordning
Steg 3 - dra i alfabetisk ordning

12.4 Urskruvande av oljepumpens bultar

2 Klossa bakhjulen och ställ framvagnen på pallbockar (se "Lyftning och stödpunkter").
3 Skruva ur filterpatronen. Den ska kunna skruvas ur för hand, men sitter troligen fast. Använd en bandnyckel och lossa den vid behov. Fånga upp oljespill i ett lämpligt kärl.
4 Skruva ur de tre bultarna och dra loss oljepumpen från motorn **(se bild).**
5 Avlägsna alla spår av gammal packning från fogytorna mellan pump och motor.

Montering

6 Om den ursprungliga oljepumpen tagits isär och satts ihop och ska användas igen, eller om en ny pump monteras, måste den snapsas med olja innan monteringen. Gör detta genom att vrida på pumpens drivaxel och samtidigt spruta in ren motorolja i pumpen.

13.1 Ta ut o-ringen ur spåret i oljepumpen

12.7 Montering av oljepumpen. Observera den nya packningen

7 Placera en ny packning i läge på pumpens monteringsfläns, stick in pumpen och haka samtidigt på drivningen **(se bild).** Skruva i bultarna och dra dem till angivet moment.
8 Montera ett nytt filter på oljepumpen enligt beskrivning i kapitel 1.
9 Ställ ned bilen på marken och fyll på olja enligt beskrivning i "Veckokontroller".

13 Oljepump - isärtagning, kontroll och hopsättning

Isärtagning

1 Inspektera slitaget på oljepumpens delar genom att skruva ur bultarna och ta av pumphusets lock. Avlägsna o-ringen från locket **(se bild).**
2 Torka rent på pumphusets utsida.

Kontroll

3 Anteckna monteringsriktningen och dra ut och rengör rotorerna och husets insida. Leta efter tecken på allvarliga repor eller omfattande slitage som i så fall kräver en ny komplett oljepump.
4 Använd ett bladmått för att kontrollera spelet mellan pumphuset och yttre rotorn, mellan rotorerna och rotorernas axialspel **(se bilder).**

5 Kontrollera om drivningen uppvisar spår av större slitage eller skador.
6 Om uppmät spel ligger utanför angivna gränsvärden och/eller drivningen är i dåligt skick måste hela pumpen bytas.

Hopsättning

7 Montera rotorerna i pumpen (i sina ursprungliga lägen), smörj rotorerna och den nya o-ringen med ren motorolja och sätt på locket. Dra bultarna till angivet moment.

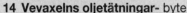

14 Vevaxelns oljetätningar- byte

Höger oljetätning

1 Demontera vevaxelns remskiva enligt beskrivning i avsnitt 8.
2 Använd ett lämpligt kloförsett redskap och dra ut oljetätningen ur kamkedjekåpan, var noga med att inte skada oljetätningshuset. Anteckna oljetätningens monteringsriktning i kåpan.
3 Rengör oljetätningshuset i kamkedjekåpan. Smörj läppen på den nya oljetätningen och vevaxeländen med ren motorolja.
4 Placera den nya oljetätningen i läge så att den är i rät vinkel mot vevaxeländen och huset, vänd åt rätt håll. Driv in den med en stor hylsa eller liknande, eller med den gamla oljetätningen, så att den nya är i jämhöjd med kanten på kamkedjekåpan.
5 Smörj ytan på vevaxelns remskiva helt lätt och montera den enligt beskrivning i avsnitt 8.

Vänster oljetätning

6 Demontera svänghjulet enligt beskrivning i avsnitt 16.
7 Använd ett lämpligt kloförsett redskap och dra ut vänster oljetätning ur huset, var noga med att inte skada oljetätningshuset. Anteckna oljetätningens monteringsriktning.
8 Rengör oljetätningshuset, vevaxelns vänstra fläns och svänghjulets fogyta.

13.4a Kontroll av spelet mellan hus och yttre rotor

13.4b Kontroll av spelet mellan inre och yttre rotor

13.4c Kontroll av rotorns axialspel

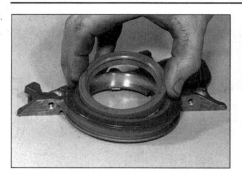

14.11a Placera vevaxelns vänstra oljetätning i sitt hus

14.11b Montering av det vänstra oljetätningshuset, med ny packning, på bakre änden av motorblocket

9 Endera av två möjliga metoder finns för montering av den nya oljetätningen beroende på vilka verktyg som finns tillgängliga:

10 Om Fords serviceverktyg nr 21-011 finns tillhanda, smörj vevaxelns fläns och oljetätningens inre läpp med ren motorolja. Placera oljetätningen i verktyget (rättvänd) och tryck in den i huset.

11 Om detta verktyg inte finns tillgängligt, demontera sumpen (avsnitt 11), skruva ur de Torx-bultar som håller oljetätningshuset på plats och dra av huset från blockets baksida. Nya packningar krävs för både huset och sumpen vid monteringen. Rengör huset och fogytorna på sump och vevhus. Montera den nya oljetätningen i huset utan att skada den eller huset genom att placera en planksump över boxen och knacka in den försiktigt i huset. Låt inte boxen luta under inknackandet. Smörj vevaxelns fläns och oljetätningens innerläpp med ren motorolja och montera huset med ny packning. Var noga med att inte skada oljetätningsläppen när den går över vevaxelns bakre fläns **(se bilder)**. Centrera oljetätningen på axeln, skruva i och dra husets bultar till angivet moment. Montera sumpen enligt beskrivning i avsnitt 11.

12 Kontrollera att vevaxelns vänstra fläns och svänghjulets fogyta är rena och montera svänghjulet enligt beskrivning i avsnitt 16.

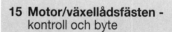

15 Motor/växellådsfästen - kontroll och byte

Kontroll

1 Fästena till motor och växellåda behöver sällan uppmärksamhet, men brustna eller utslitna fästen ska omedelbart bytas. I annat fall kan den ökade belastningen på drivlinan orsaka skador eller slitage.

2 Vid kontrollen måste motorn/växellådan lyftas lite så att fästena avlastas.

3 Klossa bakhjulen och ställ framvagnen på pallbockar (se *"Lyftning och stödpunkter"*).

Placera en domkraft med ett trämellanlägg under oljesumpen och lyft så att fästena avlastas.

4 Kontrollera om fästenas gummin är spruckna, hårda eller har lossnat från metalldelarna. Ibland delar sig gummit på mitten.

5 Kontrollera den relativa rörelsen mellan varje fäste och motorn/växellådan respektive karossen (använd en stor skruvmejsel eller liknande för att försöka rubba fästena). Om det finns märkbara rörelser, sänk ned motorn och kontrolldra fästenas förband.

Byte

6 Motorfästen kan demonteras om drivpaketets vikt bärs upp på ett av följande sätt:

7 Antingen stöttas enheten underifrån av domkraft med trämellanlägg eller ovanifrån genom att en lyft kopplas till motor. En tredje metod är att använda en stödstång med ändstycken som passar i rännorna på motorrummets sidor, just under huven. Med en justerbar krok och kedja kopplad till motorn kan vikten av motor och växellåda avlastas från fästena.

8 När motorn/växellådan stöttats kan valfritt fäste skruvas loss och tas ut. Bilderna visar fästena och deras anslutningar och ska användas som referens **(se bilder)**. När

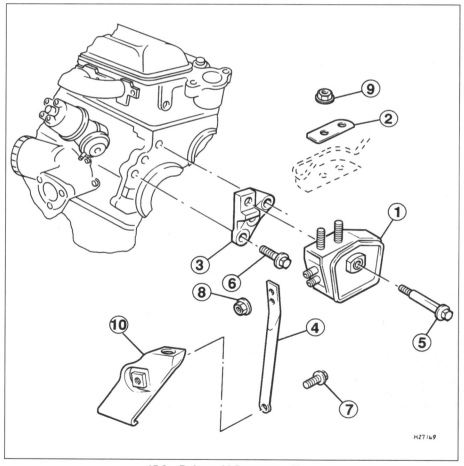

15.8a Delarna i höger motorfäste

1 Isolering	4 Stöd	7 Bult	9 Självlåsande mutter
2 Förstärkningsplatta	5 Bult och bricka	8 Självlåsande mutter	10 Isolering
3 Fäste	6 Bult		

H27149

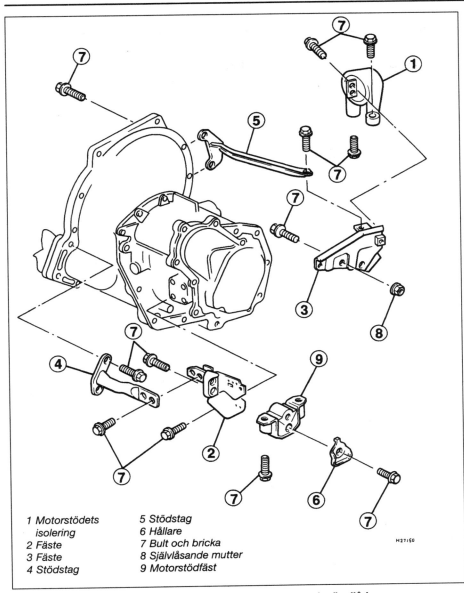

16.5 Åtdragning av svänghjulets bultar till angivet moment

Observera spärrhaken som förhindrar att svänghjulet roterar när bultarna dras åt

1 Motorstödets
  isolering
2 Fäste
3 Fäste
4 Stödstag

5 Stödstag
6 Hållare
7 Bult och bricka
8 Självlåsande mutter
9 Motorstödfäst

H27150

15.8b Delarna i vänster fäste för motor och växellåda

fästena demonteras, anteckna placering och riktning för fixturer och sammanhörande montage.

9 Montering sker i omvänd arbetsordning. Se till att den ursprungliga ordningsföljden för brickor och sammanhörande montage följs.

10 Slutdra inte fästena förrän alla är på plats. Kontrollera att gummin inte vrids eller förvrängs när bultar och muttrar dras till sina angivna moment.

16 Svänghjul - demontering, kontroll och montering

Demontering

1 Demontera växellådan enligt beskrivning i kapitel 7A och kopplingen enligt beskrivning i kapitel 6.

2 Skruva ur de sex bultarna och lyft av svänghjulet från vevaxelns vänstra fläns - tappa inte svänghjulet, det är tungt. Ett verktyg liknande det som visas i **bild 16.5** kan monteras för att spärra svänghjulet medan bultarna skruvas ur. Om bultarna befinns vara i dåligt skick (slitna gängor etc) måste de bytas.

Kontroll

3 Kontrollera skicket på startkransens kuggar. Om det saknas tänder eller om de är mycket slitna måste startkransen bytas, detta jobb ska överlämnas till en Fordverkstad eller annan kompetent verkstad. Alternativet är att skaffa ett nytt svänghjul.

4 Svänghjulets friktionsyta mot kopplingens lamell måste inspekteras noga vad gäller spår och sprickor (orsakade av överhettning). Om sådana förekommer kan det vara möjligt att slipa om svänghjulet, under förutsättning att balansen inte störs. Detta är ett arbete för en motorverkstad. Om svänghjulet inte kan slipas om måste det bytas.

Montering

5 Kontrollera att fogytorna på svänghjulet och vevaxeln är rena innan monteringen. Smörj bultarnas gängor med lite motorolja innan de skruvas i. Placera svänghjulet på vevaxeln och stick in bultarna. Börja med att fingerdra dem och dra gradvis åt dem i ordningsföljd till angivet moment **(se bild)**.

6 Montera kopplingen enligt beskrivning i kapitel 6 och växellådan enligt beskrivning i kapitel 7A.

Anteckningar

Kapitel 2 Del B:
Reparationer med motorn i bilen, motorerna CVH & PTE

Innehåll

Svårighetsgrader

Enkelt, passar novisen med lite erfarenhet		Ganska enkelt, passar nybörjaren med viss erfarenhet		Ganska svårt, passar kompetent hemmekaniker		Svårt, passar hemmekaniker med erfarenhet		Mycket svårt, för professionell mekaniker	

Specifikationer

Allmänt

Motortyp	Fyrcylindrig radmotor med överliggande kamaxel
Motorkod:	
1.4 liter CVH-motor:	
Förgasarmotorer	FUH
CFi bränsleinsprutade motorer	F6F
1.4 liter PTE-motor	F4B
1.6 liter CVH-motor:	
Förgasarmotorer	LUK, LUJ
EFi bränsleinsprutade motorer	LJE, LJF
Slagvolym:	
1.4 liter	1 392 cc
1.6 liter	1 596 cc
Borrning:	
1.4 liter	77,24 mm
1.6 liter	79,96 mm
Slaglängd:	
1.4 liter	74,30 mm
1.6 liter	79,52 mm
Kompressionsförhållande:	
1.4 liter CVH-motor	8,5:1
1.4 liter PTE-motor	9,5:1
1.6 liter:	
Förgasarmodeller	9,5:1
EFi bränsleinsprutade motorer	9,75:1
Tändföljd	1-3-4-2 (Cylinder 1 på kamremssidan)
Vevaxelns rotationsriktning	Medsols (sett från bilens högra sida)

Topplock

Innerdiameter för lopp för hydrauliska ventillyftare	22,235 - 22,265 mm

Kamaxel

Diameter på kamaxelns lagertappar:
Lager 1	44,75 mm
Lager 2	45,00 mm
Lager 3	45,25 mm
Lager 4	45,50 mm
Lager 5	45,75 mm
Spel mellan kamaxellagertapp och topplock	0,033 till 0,058 mm
Kamaxelns axialspel	0,05 - 0,13 mm
Tjocklek på kamaxelns tryckplatta	4,99 - 5,01 mm

Smörjning

Typ av motorolja/specifikation	Se "Smörjmedel, vätskor och däckens lufttryck"
Motoroljans volym	Se "Smörjmedel, vätskor och däckens lufttryck"

Oljetryck:
Tomgång	1,0 bar
Vid 2000 rpm	2,8 bar

Oljepumpens spel:
Yttre rotor till pumphus	0,060- 0,190 mm
Inre rotor till yttre rotor	0,05 - 0,18 mm
Rotoraxialspel	0,014 -l 0,100 mm

Åtdragningsmoment

	Nm
Oljepump till motorblock	20
Oljepumpens lock	10
Oljepumpens upptagare till motorblock	10
Oljepumpens upptagare till pump	10
Oljekylarens gängade hylsa till motorblock	57
Vänstra oljetätningens hus	10
Svänghjul	87

Topplocksbultar:
Steg 1	30
Steg 2	50
Steg 3	Vinkeldra ytterligare 90°
Steg 4	Vinkeldra ytterligare 90°

Vevaxelns remskivebult	108
Kamaxelns tryckplatta	11
Kamaxeldrevet	57
Kamremsspännaren	18
Vippbultar i topplock	21
Vipparmar	27
Ventilkåpa	7
Kamremskåpa	10

Sump:
Steg 1	7
Steg 2	7

Motor/växellådsfästen:
Höger fästbygel till motorblock	90
Höger fäste	70
Höger fästbygel till kaross	85
Vänster bygel till växellåda	50
Vänster bygel till fäste	68
Vänster främre bygel till fäste	68
Vänster främre fäste	49

Observera: Se del D av detta kapitel för resterande åtdragningsmoment.

1 Allmän information

Hur detta kapitel används

Denna del av kapitel 2 tar endast upp arbeten som kan utföras med motorn på plats i bilen och inkluderar endast de specifika-tioner som är relevanta för dessa. Liknande information om 1.3 liter HCS och Endura-E motorer samt 1.6 och 1.8 liter Zetec och Zetec-E motorerna återfinns i delarna A och C av detta kapitel. Eftersom dessa arbets-beskrivningar är baserade på antagandet att motorn är monterad i bilen, innebär det att om motorn är urplockad och uppsatt på ett ställ, kan vissa inledande steg av isärtagning hoppas över.

Information om demontering och montering av motor och växellåda samt motorrenovering återfinns i del D av detta kapitel som även innehåller de specifikationer som är relevanta för dessa arbeten.

Beskrivning av motorn

Motorn är av typen fyrcylindrig radmotor med överliggande kamaxel och betecknas CVH (Compound Valve angle, Hemispherical combustion chamber) eller PTE (Pent roof, high Torque, low Emission). Motorn PTE introducerades 1995 och är, förutom modifieringar av topplock, kamaxel och insug, i det närmaste identisk med föregångaren CVH. Motorn är tvärställd framtill i bilen och hopbyggd med växellådan till ett drivpaket.

Vevaxeln bärs upp av 5 ramlager av glidtyp, i ett vevhus av gjutjärn. Vevstakarnas storändar har delade glidlager och kolvarna är monterade på stakarna med presspassade kolvbultar. Vardera kolven har två kompressionsringar och en oljering.

Topplocket är av lättmetall och bär kamaxeln i 5 lager. Kamaxeln drivs med en tandad rem av gummikomposit som drivs med ett drev på vevaxeln. Kamremmen driver även vattenpumpen som är placerad under topplocket.

Hydrauliska ventillyftare (kamföljare) manövrerar vipparmar och ventiler. Lyftarna manövreras med trycksatt motorolja. När en ventil stänger passerar oljan genom en port i lyftaren genom fyra spår i plungern och in i cylinderns matningskammare. Från kammaren strömmar oljan till en envägsventil av kultyp och in i tryckkammaren. Spänningen i spiralfjädern gör att plungern trycker mot ventilen vilket eliminerar spel. När kammen lyfter på lyftaren ökar oljetrycket i kammaren och envägsventilen stänger av matningskammaren. Detta ger en stel länk mellan lyftaren, cylindern och plungern. De lyfter som en enhet och öppnar ventilen. Spelet mellan lyftare och cylinder låter en given mängd olja passera från tryckkammaren, oljan släpps bara förbi cylinderloppet när trycket är högt under ventilens öppnande. När ventilen stänger ger utloppet av olja ett litet spel och trycket i tryckkammaren försvinner. Oljan i matningskammaren strömmar då genom envägsventilen till tryckkammaren, så att lyftarens cylinder kan lyftas av trycket i spiralfjädern, vilket eliminerar spel till dess att ventilen arbetar igen.

I takt med att slitage uppstår på vipparm och ventilskaft ökar den oljemängd som flödar in i tryckkammaren så att den blir något större än den mängd som förloras under ventillyftarens expansionscykel. När ventillyftaren trycks ned av ventilfjäderns expandering kommer en något mindre mängd olja att flöda in i tryckkammaren än den som gick förlorad.

En oljepump av rotortyp är monterad på motorns kamremssida och drivs med ett drev från vevaxelns främre ände. Ett oljefilter av fullflödestyp är monterat på vevhusets sida.

Reparationer som kan utföras med motorn i bilen

Följande arbeten kan utföras med motorn i bilen:

a) Kompressionstryck - testning.
b) Ventilkåpa - demontering och montering.
c) Kamrem - demontering, montering och justering .
d) Kamaxeloljetätning - byte .
e) Kamaxel - demontering och montering .
f) Topplock - demontering och montering .
g) Topplock och kolvar - sotning.
h) Vevaxelns remskiva - demontering och montering .
i) Vevaxelns oljetätningar- byte .
j) Byte av oljefilter.
k) Sump - demontering och montering .
l) Svänghjul - demontering, kontroll och montering .
m) Motor/växellådsfästen - demontering och montering .

Observera: *Det är tekniskt möjligt att demontera kolvar och vevstakar (sedan topp och sump demonterats) utan att lyfta ur motorn. Detta är dock inte att rekommendera. Arbeten av denna natur är enklare och lättare att utföra med motorn på en bänk eller i ett ställ enligt beskrivning i kapitel 2D.*

2 Kompressionsprov - beskrivning och förklaring

Se avsnitt 2 i del A av detta kapitel.

3 Övre dödpunkt (ÖD) för kolv 1 - uppsökande

1 Övre dödpunkten (ÖD) är den högsta punkt kolven når i loppet när vevaxeln roterar. Alla kolvar når ÖD både i kompressions- och avgastakten. Vad gäller inställning betecknar ÖD när kolv nr 1 är i topp i kompressionstakten. Cylinder nr 1 är på motorn kamremssida. Fortsätt enligt följande:

3.6a Urtaget (vid pilen) på vevaxelns remskiva i linje med ÖD-märket på kamremskåpan

2 Demontera övre kamremskåpan enligt beskrivning i avsnitt 7.
3 Klossa bakhjulen och ställ framvagnen på pallbockar (se *"Lyftning och stödpunkter"*).
4 Skruva ur bultarna och lyft av kåpan från vevaxelremskivans undersida.
5 Aptera en nyckel på remskivebulten och vrid motorn i normal arbetsriktning (medsols, sett från remskivesidan) så att urtaget på remskivan är i linje med ÖD-märket (0) på kamremskåpan.

> **HAYNES TiPS** *Det är lättare att vrida runt motorn om tändstiften skruvas ur först - se kapitel 1.*

6 Även om vevaxeln nu har kolvarna 1 och 4 vid ÖD behöver det inte vara kolv 1 som är i kompressionstakten. Kontrollera genom att se efter om inställningsmärket på kamdrevet är exakt i linje med ÖD-märket på topplockets framsida **(se bilder)**. Om så inte är fallet, vrid vevaxeln ett varv, alla märken ska nu vara upprikade.
7 När motorn är ställd till kolv 1 vid ÖD i kompressionstakten ska kåpan över vevaxelns remskiva monteras. Ställ ned bilen och montera övre kamremskåpan.

4 Ventilkåpa - demontering och montering

Demontering

1 Lossa batteriets jordledning (se kapitel 5A, avsnitt 1).
2 Demontera luftrenare och luftintagsdelar efter behov för åtkomst enligt beskrivning i relevant del av kapitel 4. Lossa vevhusventilationens slang från ventilkåpan.
3 Demontera övre kamremskåpan enligt beskrivning i avsnitt 7.

3.6b Kamdrevets inställningsmärke i linje med ÖD-märket på topplocket

4.8a Montering av ny packning på ventilkåpan

4.8b Ventilkåpans bultar och brickor

tomgång (max 2 000 - 2 500 rpm) i 10 till 15 sekunder, eller till dess att rasslet minskar. Kör inte motorn över 3000 rpm förrän lyftarna är fyllda och rasslet helt upphört.

Om ventilerna avger missljud eller rasslet fortsätter sedan motorn nått normal arbetstemperatur ska bilen tas till en Fordverkstad för expertråd. Beroende på bilens användning och körsträcka kan vissa bilar vara mer högljudda än andra, bara en bra mekaniker med erfarenhet av dessa motorer kan avgöra om ljudnivån är typisk för bilens miltal eller om ett fel uppstått. Defekta ventillyftare måste bytas (se avsnitt 11).

4 Se relevant del av kapitel 4 och lossa gasvajern från trottellänken och justerbygeln ovanför ventilkåpan. För vajern åt sidan.
5 Lossa i förekommande fall chokevajern från förgasaren, se kapitel 4A för detaljer.
6 Skruva loss ventilkåpans bultar och brickor och lyft av kåpan från topplocket. Observera att en ny packning krävs vid monteringen.

Montering

7 Innan ventilkåpan monteras ska fogytorna på både den och topplocket rengöras.
8 Placera den nya packningen i läge och skruva i bultarna med brickor. Spåren i de plana brickorna ska vara vända uppåt **(se bilder)**. Dra bultarna till angivet moment. Se kapitel 4 för anslutning av gasvajer, chokevajer, luftintag och luftrenare (efter tillämplighet).
9 Montera kamremskåpan och koppla in batteriet.

5 Ventilspel - allmän information

Det måste finnas ett visst spel mellan änden på ett ventilskaft och ventilens öppningsmekanism för att ge utrymme för de olika delarnas värmeutvidgning när motorn når arbetstemperatur.

I de flesta äldre konstruktioner innebar detta att ventilspelet måste kontrolleras och justeras med jämna mellanrum. Om spelet är för stort kan motorn bli mycket högljudd, tappa effekt och få högre bensinförbrukning. För litet spel å andra sidan, minskar motoreffekten och ventiler och säten riskerar allvarliga skador.

Dessa motorer har hydrauliska ventillyftare

som använder smörjoljans tryck till att automatiskt ta upp spelet mellan varje kamlob och respektive ventilskaft. I och med detta finns inget behov av regelbunden kontroll och justering av ventilspel. Det är dock ett krav att endast kvalitetsolja med rekommenderad viskositet och specifikation används i motorn och att denna olja byts med rekommenderade mellanrum. Om så inte är fallet kan kanaler och lyftare täppas igen av smuts eller avlagringar av bränd (undermålig) motorolja, så att systemet inte fungerar korrekt. I slutänden kan en eller flera lyftare upphöra att fungera, med efterföljande dyra reparationer.

Vid kallstart uppstår en liten fördröjning medan oljetrycket byggs upp i alla delar av motorn, speciellt då lyftarna som därmed kan rassla i cirka 10 sekunder innan de tystnar. Detta är normalt och inget att oroa sig för, under förutsättning att alla ventiler snabbt tystnar och förblir tysta.

Om bilen stått still i flera dagar kan ventilerna rassla längre än vanligt eftersom nästan all olja runnit ur toppen och lagerytorna. Även om detta är att förvänta, ska försiktighet iakttagas så att motorn inte skadas under dessa omständigheter - undvik höga motorvarv innan ventilerna fyllts med olja och arbetar normalt. Låt bilen stå stilla med motorn arbetande på något förhöjd

6 Vevaxelns remskiva - demontering och montering

Demontering

1 Lossa batteriets jordledning (se kapitel 5A, avsnitt 1).
2 Klossa bakhjulen och ställ framvagnen på pallbockar (se "Lyftning och stödpunkter").
3 Demontera kåpan på undersidan av vevaxelns remskiva.
4 Demontera drivremmen enligt beskrivning i kapitel 1.
5 Om även kamremmen ska bytas, ställ motorn till ÖD enligt beskrivning i avsnitt 3 innan vevaxelns remskiva och bult demonteras.
6 Hindra vevaxeln från att rotera när bulten skruvas ur genom att demontera startmotorn enligt beskrivning i kapitel 5A och spärra startkransen **(se bild)**.
7 Skruva ur vevaxelns remskivebult med bricka. Lyft av remskivan från vevaxeln **(se bild)**. Bänd vid behov med två diagonalt motsatta hävarmar bakom remskivan.

6.6 Spärra startkransen med en lämplig stång

6.7 Demontering av vevaxelns remskiva

7.3 Demontering av övre kamremskåpan

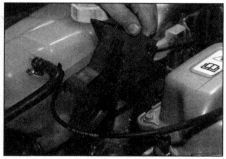

7.5 Demontering av nedre kamremskåpan

kylvätska. Byt kamrem om minsta tvivel råder angående skicket. Som säkerhetsåtgärd ska remmen bytas rutinmässigt med de mellanrum som anges i kapitel 1, om remmens förflutna är okänt ska remmen bytas oavsett synbarligt skick närhelst motorn renoveras.

Montering

8 Montering sker med omvänd arbetsordning. Dra remskivebulten till angivet moment och se kapitel 1 för information om montering av drivremmen.
9 Avsluta med att koppla in batteriet.

7 Kamremskåpor - demontering och montering

Demontering

1 Lossa batteriets jordledning (se kapitel 5A, avsnitt 1).
2 Skruva i förekommande fall ur de två bultarna som fäster servostyrningens oljerör-fästen och för undan rören från övre kåpan.
3 Skruva ur de två bultarna och demontera övre kamremskåpan **(se bild)**.
4 Se föregående avsnitt och demontera vevaxelns remskiva.
5 Skruva ur de två bultarna och demontera nedre kamremskåpan **(se bild)**.

Montering

6 Montering sker i omvänd arbetsordning. Dra bultarna till angivet moment.
7 Avsluta med att koppla in batteriet.

8 Kamrem - demontering, montering och justering

Demontering

1 Se föregående avsnitt, demontera ventil-kåpa, vevaxelns remskiva och kamrems-kåporna.
2 Kontrollera att kolv 1 är vid ÖD i kompressionstakten innan du fortsätter, se vid behov avsnitt 3.
3 För kontroll av kamremmens justering, följ beskrivningen nedan. För att demontera kamremmen, gör på följande sätt:
4 Lossa de två bultar som fäster kamrems-spännaren. Använd en stor skruvmejsel och bänd spännaren åt ena sidan för att släppa upp kamremsspänningen. Håll spännaren på plats genom att dra åt bultarna igen **(se bild)**.
5 Om den gamla kamremmen ska åter-användas, märk upp rotationsriktning och exakt ingrepp på alla drev. Dra av remmen från kamaxelns, vattenpumpens och vev-axelns drev **(se bild)**. När kamremmen demonteras, undvik större rörelser av dreven, i annat fall kan kolvkronor och ventiler kollidera, vilket leder till allvarliga skador.
6 Om kamremmen demonteras av annan orsak än rutinmässigt byte ska den kontrolleras noga vad gäller tecken på ojämnt slitage, delningar, sprickor (speciellt kring tandrötter) eller förorening av olja eller

Montering och justering

7 Innan kamremmen monteras, kontrollera att vevaxeln är ställd till kolv 1 vid ÖD i kompressionstakten med det lilla utskottet på drevets fläns i linje med ÖD-märket på oljepumphuset **(se bild)**. Kontrollera även att kamdrevet är inställt med ÖD-pekaren i linje med märket på topplocket. Justera dreven något vid behov. Som redan sagt, undvik större drevrörelser medan kamremmen är demonterad.
8 Låt kamremmens tänder greppa i vevaxeldrevet och dra remmen rakt upp på högerkanten. Håll den spänd och låt den greppa på kamdrevet. Om den gamla remmen återanvänds, kontrollera att rotations-riktningen är den korrekta och rikta upp remmen med märkena för dreven som gjordes vid demonteringen, så att remmen sätts tillbaka på precis samma plats. När remmen sitter på alla dreven, kontrollera att drevens lägen inte rubbats.
9 För försiktigt remmen runt spännaren och låt den greppa i vattenpumpens drev, kontrollera åter att vev- och kamaxel inte rubbats från sina ÖD-märken.
10 Montera nedre kamremskåpan och dra bultarna till angivet moment. Montera vevaxelns remskiva och dra bulten till angivet moment.
11 Hämta hem slacket i remmen genom att lossa på spännaren och föra den framåt för att lägga på inledande spänning. Skruva fast spännaren och ta loss spärren från start-kransen.
12 Vrid vevaxeln två hela varv i normal riktning, återgå till ÖD-läget (kamdrev till

8.4 Kamremsspännarens bultar (vid pilarna)

8.5 Demontering av kamrem

8.7 ÖD-märkena på drevet och oljepumpens hus i linje med varandra

8.13a Kontroll av kamremmens spänning

9.13b Sätt tillbaka kamdrevet . . .

9.13c . . . och dra bulten till angivet moment medan drevet spärras som visat

topplock) och kontrollera att vevaxelns ÖD-märken är uppriktade.

13 Greppa remmen mellan tummen och pekfingret mitt mellan vevaxelns drev och kamdrevet på höger sida. Om remspänningen är korrekt ska det precis vara möjligt att vrida remmen 90° på denna punkt **(se bild)**. Justera remmen genom att lossa spännarens bultar och föra spännaren i önskad riktning med en skruvmejsel som hävarm och sedan dra bultarna igen. Vrid på vevaxeln så att kamremmen sätter sig och kontrollera spänningen igen. Det kan ta två eller tre försök innan spänningen blir korrekt. Avsluta med att dra spännarbultarna till angivet moment.

14 Observera att denna inställning är ungefärlig. Låt en Fordverkstad kontrollera spänningen med ett specialverktyg vid första tillfälle.

15 Montera startmotorn (se kapitel 5A).

16 Montera ventilkåpan (se avsnitt 4) och övre kamremskåpan (se avsnitt 7).

17 Montera drivremmen, justera spänningen enligt beskrivning i kapitel 1 och montera nedre kåpan till vevaxelns remskiva.

18 Avsluta med att koppla in batteriet.

---

9 Kamremmens spännare och drev - demontering, kontroll och montering

Spännare

1 Ställ kolv 1 till ÖD i kompressionstakten enligt beskrivning i avsnitt 3, se avsnitt 7 och demontera övre kamremskåpan.

2 Lossa de två bultar som fäster kamrems-spännaren. Använd en stor skruvmejsel och bänd spännaren åt ena sidan så att remspänningen släpper.

3 Skruva ur spännarens två bultar och dra ut spännaren från bakom kamremmen.

4 Kontrollera spännarens skick och att den roterar mjukt på lagren utan kärvningar eller överdrivet spel. Byt spännare om det finns tvivel om dess skick.

5 Vid montering av spännaren, kontrollera först att kolv 1 står vid ÖD i kompressionstakten med alla märken korrekt uppriktade enligt beskrivning i avsnitt 3.

6 Montera spännaren, styr den på plats runt kamremmen och skruva i de två bultarna. För spännaren framåt för att lägga inledande spänning på kamremmen. Skruva fast den i det läget.

7 Justera kamremsspänningen enligt beskrivning i avsnitt 8, paragraferna 12 till 14.

8 Avsluta med att montera övre kamremskåpan.

Kamaxelns drev

9 Ställ kolv 1 vid ÖD i kompressionstakten enligt beskrivning i avsnitt 3, se avsnitt 7 och demontera övre kamremskåpan.

10 Lossa de två bultar som fäster kamremsspännaren. Använd en stor skruvmejsel och bänd spännaren åt ena sidan så att remspänningen släpper. Dra av remmen från kamaxelns drev.

11 Trä en stång genom ett av hålen i kamdrevet så att kamaxeln inte vrids och skruva ur kamdrevsbulten. Denna bult ska alltid bytas mot en ny när kamdrevet monteras. Dra av drevet och kontrollera krysskilen på kamaxeln. Om den är lös, förvara den säkert till monteringen.

12 Kontrollera drevets skick, var uppmärksam på spår, gropar eller repor runt kuggarna.

13 Tryck fast krysskilen och montera kamdrevet med en ny bult. Lägg på gänglås på bultens gängor innan iskruvandet. Dra bulten till angivet moment **(se bilder)**.

14 Kontrollera att kolv 1 finns vid ÖD i kompressionstakten och att alla märken är korrekt uppriktade enligt beskrivning i avsnitt 3.

15 Trä kamremmen över kamdrevet. För

spännaren framåt för att lägga inledande spänning på kamremmen. Skruva fast den i det läget.

16 Justera kamremsspänningen enligt beskrivning i avsnitt 8, paragraferna 12 till 14.

17 Avsluta med att montera övre kamremskåpan.

Vevaxelns drev

18 Demontera kamremmen enligt beskrivning i avsnitt 8.

19 Vevaxelns drev kan nu dras ut. Om det sitter hårt på vevaxeln kan en avdragare eller två stora skruvmejslar användas för att lossa det. Dra av tryckbrickan och ta vara på krysskilen.

20 Kontrollera drevets skick, var uppmärksam på spår, gropar eller repor runt kuggarna.

21 Montera tryckbrickan med den krökta sidan ut och sedan krysskilen.

22 Smörj oljetätning och vevaxeldrev med ren motorolja, placera drevet på axeln med tryckytan utåt.

23 Tryck drevet på plats med remskivan och bulten. Demontera remskivan.

24 Montera kamremmen enligt beskrivning i avsnitt 8.

---

10 Kamaxelns oljetätning - byte

1 Demontera kamaxelns drev enligt beskrivning i föregående avsnitt.

2 Oljetätningen är nu åtkomlig för demontering. Anteckna monteringsriktningen och använd en skruvmejsel med en krok till att ta ut oljetätningen ur huset (var noga med att inte skada huset) **(se bild)**.

3 Kontrollera att huset är rent innan den nya oljetätningen monteras. Smörj oljetätnings-

10.2 Demontering av kamaxelns främre oljetätning

10.3 Knacka kamaxelns oljetätning i läge med en hylsa

11.5a Lossa vipparmens mutter . . .

11.5b . . . dra ut styrningen . . .

11.5c . . . följt av vipparmen . . .

11.5d . . . och distansplattan

11.6a Urlyftning av hydraulisk lyftare

11.6b Förvara lyftarna i en tydligt märkt fackförsedd behållare fylld med olja så att oljan inte försvinner ur lyftarna

läppen och anliggningsytorna på kamaxeln med ren motorolja. Placera oljetätningen över kamaxeln och driv den på plats med passande rör eller hylsa **(se bild)**. En alternativ monteringsmetod är att dra den på plats med den gamla drevbulten och en passande distans.

4 När oljetätningen är på plats, montera kamdrevet enligt beskrivning i föregående avsnitt.

11 Kamaxel, vipparmar och lyftare - demontering, kontroll och montering

Demontering

1 Lossa batteriets jordledning (se kapitel 5A, avsnitt 1).

2 Se tillämpliga föregående delar av detta kapitel och demontera övre kamremskåpan och ventilkåpan.

3 På förgasarmotorer, se kapitel 4A och demontera bränslepumpen. På PTE-motorer, se kapitel 4D och demontera kamaxelns lägesgivare.

4 Demontera tändspolen, stödet och avstörningskondensatorn från topplocket enligt beskrivning i kapitel 5B.

5 Skruva ur muttrarna och avlägsna styrningar, vipparmar och distanser **(se bilder)**. Håll komponenterna i sin ursprungliga monteringsordning genom att märka dem med numrerade tejpbitar eller förvara dem i en låda med lämpliga fack.

6 Dra ut de hydrauliska ventillyftarna, håll ordning på dem. Lyftarna ska placeras i oljebad medan de är urlyfta **(se bilder)**.

11.10a Skruva ur de två bultarna
(vid pilarna) . . .

11.10b . . . och lyft ut kamaxelns
tryckbricka

11.11a Tryck hål i mitten av
blindpluggen . . .

11.11b . . . och bänd ut den ur topplocket

11.12 Dra ut kamaxeln ur topplocket

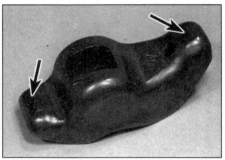

11.19 Se efter om vipparmens kontaktytor
visar tecken på för stort slitage

7 Demontera nedre kåpan under vevaxelns remskiva, aptera en nyckel på remskivebulten och ställ kolv 1 vid ÖD i kompressionstakten (se avsnitt 3).
8 Demontera kamdrevet enligt beskrivning i avsnitt 9.
9 Ta ur kamaxelns oljetätning enligt beskrivning i avsnitt 10.
10 Innan kamaxel och tryckplatta demonteras, kontrollera och anteckna kamaxelns axialspel med mätklocka eller bladmått. Skruva sedan ur de två bultarna och ta ut tryckplattan från facket i topplockets framkant **(se bilder)**.
11 På topplockets baksida, tryck hål i kamaxelns blindplugg och bänd ut den **(se bilder)**.
12 Dra ut kamaxeln från topplocket från bakre änden (tändspoleänden) **(se bild)**. Var noga med att inte skada lagringen i topplocket när axeln dras ut.

Kontroll

13 Rengör och kontrollera slitaget på de urplockade delarna.
14 Se efter om kamaxelns lagertappar och lober är slitna eller skadade. Om tydliga spår förekommer krävs en ny kamaxel.
15 Jämför det uppmätta axialspelet med

specifikationerna. Om spelet ligger utanför angivna gränsvärden måste tryckbrickan bytas.
16 Kamaxellagerhålens diametrar i topplocket ska kontrollmätas mot angivna toleranser. Ett lämpligt mätredskap krävs för detta, men om sådant saknas, leta efter överdrivet spel mellan kamaxelns lagertappar och lagringen. Om lagringen är utsliten är det bara att köpa ett nytt topplock i och med att lagringen är urfräst direkt i själva topplocket.
17 Det är sällsynt att lyftarnas hål är utslitna, men om så skulle vara fallet måste topplocket bytas även i detta fall.
18 Om kamlobernas kontaktytor visa tecken på urtag eller spår kan de inte slipas om i och med att den härdade ytan tas bort och att ventillyftarnas totallängd minskas. Ventillyftarens självjusteringspunkt överskrids därmed vilket ändrar på ventiljusteringen med påföljd att mekanismen blir högljudd. Enda åtgärden i detta fall är byte av kamaxeln.
19 Se efter om vipparmarnas kontaktytor är utslitna och byt efter behov **(se bild)**.

Montering

20 Montering sker i omvänd arbetsordning, lägg dock märke till följande:
21 Smörj kamaxelns lagring, kamaxeln och

tryckplattan med ren motorolja innan montering. När kamaxeln sticks in, var noga med att inte skada lagerytorna i topplocket. Dra tryckplattans bultar till angivet moment. När tryckplattans bultar dragits, kontrollera då att kamaxelns axialspel är inom specifikationerna.
22 En ny främre oljetätning måste monteras efter kamaxeln (se föregående avsnitt). Det krävs även en ny blindplugg i topplockets bakre ände. Driv in den i jämnhöjd med topplocket **(se bild)**.
23 Se avsnitt 9 vid montering av kamdrevet.
24 Montera och spänningsjustera kamremmen enligt beskrivning i avsnitt 8.
25 Smörj de hydrauliska lyftarna med hypoid olja innan de monteras på sina platser.

11.22 Driv in en ny blindplugg på plats

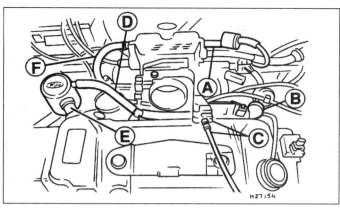
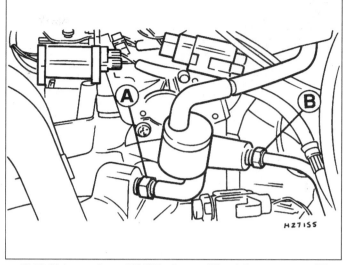

12.8 Anslutningar för vakuumslangar och gasvajer på 1.6 liter EFi insprutningsmotor

A Slang till MAP-givaren
B Vevhusventilationens slang
C Gasvajer och clips

D Oljefällans slang och T-anslutning
E Slang till oljefälla
F Slang till kolkanisterns solenoidventil

12.10 Vakuumslang till MAP-givaren (A) och bromsservon (B) på 1.4 liters CFi insprutningsmotor

26 Smörj och montera vippor och styrningar på sina platser, använd nya muttrar och dra dem till angivet moment. Kamföljaren måste vara på sin lägsta punkt (i kontakt med kammens grundcirkel) innan en vipparm installeras och muttern till den dras. Vrid kammen (med vevaxelns remskivebult) efter behov.
27 Montera ventilkåpan (se avsnitt 4).
28 Montera resterande komponenter enligt relevanta anvisningar.
29 Koppla in batteriet.

12 Topplock - demontering och montering

Demontering

Observera: Nedan beskrivs demontering och montering av topplocket komplett med insugsrör och grenrör. Om så önskas kan dock dessa demonteras först enligt beskrivning i relevant del av kapitel 4 så att topplocket kan demonteras separat.
1 På bränsleinsprutade motorer ska bränslesystemet tryckutjämnas enligt beskrivning i kapitel 4B.
2 Lossa batteriets jordledning (se kapitel 5A, avsnitt 1).
3 Dränera kylsystemet (se kapitel 1).
4 Demontera ventilkåpan (se avsnitt 4).
5 Haka loss gas- och chokevajrar efter tillämplighet (se kapitel 4).
6 Lossa clipsen och koppla ur övre kylarslangen, expansionskärlet och värmarslangen från termostathuset. Lossa även värmarslangen från insugsröret.
7 På CFi-modeller, lossa den uppvärmda kylvätskeslangen från insprutarenheten.

 HAYNES TiPS *Närhelst du lossar vakuumledningar, kylvätske- eller avgasslangar, kontakter eller bränsleledningar, märk dem alltid tydligt så att de kan återanslutas korrekt. Maskeringstejp och/eller märkpenna fungerar bra. Ta polaroidfoton eller skissa upp placeringen för delar och fästen.*

8 På EFi och SEFi-modeller, koppla ur följande (se bild):
a) MAP-givarens vakuumslang från övre delen av insugsröret (EFi-modeller).
b) Kolkanisterns solenoidventils vakuumslang från övre delen av insugsröret.
c) Oljefällans vakuumslang från T-kopplingen.
d) Bromsservons vakuumslang från övre delen av insugsröret genom att trycka in klämringen och samtidigt dra loss slangen från anslutningen.
e) Kylvätskeslangen från insprutarens mellanfläns och termostathuset.
9 Lossa följande bränslematnings- och returledningar. Plugga slangar och anslutningar för att förhindra bränslespill och smutsintrång.
a) På förgasarmotorer, lossa matarslangen från pumpen och returslangen från förgasaren.
b) På CFi-modeller, lossa returslangen från insprutarenheten och matarslangen vid anslutningen.
c) På EFi och SEFi-modeller, lossa matarslangen från bränsleröret eller vid snabbkopplingen (om monterad). Lossa returledningen från bränsletrycksregulatorn eller vid snabbkopplingen.

10 På CFi-modeller, lossa bromsservons vakuumslang från insugsröret, MAP-givarens vakuumslang från givaren och kolkanisterns anslutningsslang till insprutarenheten (se bild).
11 Anteckna anslutningar och dragningar och dra ur kontakterna från följande (där tillämpligt):
a) Temperaturvisarens givare
b) DIS tändspole
c) Kylvätskans temperaturgivare
d) Kylfläktens termostatbrytare
e) Förgasare
f) Radions jordledning
g) Hastighetsgivare.
h) Bränsleinsprutarnas kabelhärva
i) Insugsluftens temperaturgivare
12 På CFi-modeller, koppla ur trottelns styrmotor, trottelns positionsgivare och insprutarkabelns multikontakter (se bild).

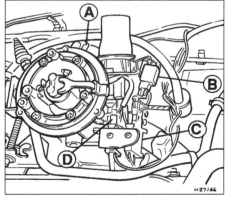

12.12 Ledningar som ska lossas på 1.4 liters CFi insprutningsmotor

A Kylvätskans givare
B Trottelplattans styrmotor
C Trottelns positionsgivare
D Injektor

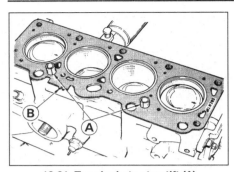

12.21 Topplockets styrstift (A) och topplockspackningens identifieringständer (B)

12.27 Montera topplockspackningen med märkningen "OBEN-TOP" vänd uppåt

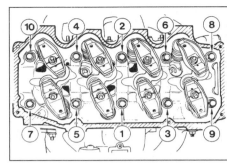

12.28 Ordningsföljd för topplocksbultarnas åtdragning

13 Om de fortfarande är anslutna, lossa tändkablarna från DIS tändspolen och tändstiften.
14 För kolv 1 till ÖD i kompressionstakten enligt beskrivning i avsnitt 3.
15 Lossa kamremsspännarens bultar och för spännaren åt sidan så att remspänningen släpper. Stötta remmen och för undan den från kamaxeldrevet.
16 Klossa bakhjulen och ställ framvagnen på pallbockar (se *"Lyftning och stödpunkter"*).
17 Skruva ur muttrarna och lossa det nedåtgående röret från grenröret. Kassera packningen, en ny måste användas vid monteringen. Stötta det nedåtgående röret med ett snöre. Koppla i förekommande fall ur luftpulsmatningsslangen från ventilen. Anteckna anslutningarna (för korrekt montering) och lossa tillämpliga vakuumslangar från treports vakuumomkopplaren under insugsröret.
18 Innan topplocket skruvas loss måste det svalna till rumstemperatur (cirka 20°C).
19 Skruva ur topplocksbultarna gradvis i motsatt ordning till vad som visas för åtdragning **(se bild 12.28)**. Topplocksbultarna ska kasseras efter urskruvandet, nya krävs vid monteringen.
20 Lyft av topplocket komplett med insugs- och grenrör. Greppa vid behov i dem och gunga lös topplocket från styrstiften på blockets översida. Försök inte knacka det i sidled eller bryta mellan block och topplock.
21 Kassera topplockspackningen. Den måste alltid bytas. Det är nödvändigt att skaffa rätt typ. Spara den gamla packningen så att identifieringsmärkena (tänder) kan användas vid beställning av den nya packningen **(se bild)**.

Förberedelser inför monteringen

22 Fogytorna på topplocket och motorblocket måste vara perfekt rena innan hopsättningen. Använd en skrapa av hård-plast eller trä och avlägsna alla spår av packning och sot. Rengör även kolvkronorna. Var mycket försiktig vid rengöringen, lättmetallen är lätt att skada. Se även till att sot inte kommer in i olje- eller vattenkanaler – detta är särskilt viktigt för smörjningen eftersom sot kan sätta igen oljeförsörjningen till motorns delar. Använd tejp och papper till att försegla alla hål i motorblocket.

 HAYNES TiPS *Förhindra att sot kommer in i gapet mellan kolvar och lopp genom att lägga in en liten fettklick i gapet. Efter det att kolven rengjorts, borsta bort fett och sot från gapet och torka rent med en ren trasa.*

23 Kontrollera fogytorna på block och topp vad gäller hack, djupa repor och andra skador. Om de är små kan de försiktigt filas bort, om de är större är fräsning enda alternativet till byte.
24 Om topplockets packningsyta misstänks vara skev, kontrollera då med stållinjal. Se del D av detta kapitel vid behov.
25 Försäkra dig om att nya topplocksbultar används och rengör blockets bulthål. Att skruva i en bult i ett oljefyllt hål kan (i extrema fall) spräcka blocket med hydraultryck.

Montering

26 Förhindra risken att ventiler och kolvar kommer i kontakt när topplocket monteras genom att vrida vevaxeln så att kolv 1 är cirka 20 mm under ÖD i loppet.
27 Placera topplockspackningen på blockets fogyta över styrstiften. Kontrollera att packningen är rättvänd, vilket anges av märkningen "OBEN-TOP" **(se bild)**.
28 Sänk ned topplocket på plats, kontrollera att det läggs över styrstiften och skruva i de nya bultarna. Börja med att fingerdra dem och

dra dem sedan i visad ordning i de fyra steg som anges till angivet moment **(se bild)**. Använd om möjligt en vinkelmätartillsats på momentnyckeln för korrekt åtdragning i steg 3 och 4. Alternativt, efter de två första stegen, markera bultskallarna med en liten färgklick så att alla prickar pekar i samma riktning. Dra sedan bultarna i ordningsföljd med vinkeln för steg 3. Avsluta med att dra alla bultar med vinkeln för steg 4.
29 Kamdrevet ska ställas så att ÖD-märkena på drevet och topplocket är i linje med varandra **(se bild 3.6b)**.
30 Vrid sedan vevaxelns remskiva den kortaste vägen så att ÖD-märkena är i linje med varandra **(se bild 3.6a)**.
31 Montera kamremmen över drevet och spänn den enligt beskrivning i avsnitt 8.
32 Resterande montering sker med omvänd arbetsordning. Där åtdragningsmoment för förband anges skall dragningen ske med det angivna momentet. Se tillämpliga delar av kapitel 4 för anslutning av bränsle- och avgaskomponenter. Kontrollera att alla anslutningar för kylvätska, bränsle, vakuum och elektricitet är väl utförda.
33 Avsluta med att fylla på kylsystem och motorolja (kapitel 1 och *"Veckokontroller"*). När motorn startas, leta efter spår av läckor i form av någon vätska.

13 Sump - demontering och montering

Demontering

1 Lossa batteriets jordledning (se kapitel 5A, avsnitt 1).
2 Dränera motoroljan (se kapitel 1).
3 Klossa bakhjulen och ställ framvagnen på pallbockar (se *"Lyftning och stödpunkter"*).

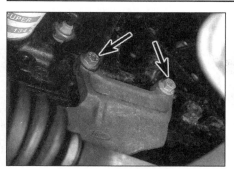

13.6a Bultarna (vid pilarna) till extra stödet på motorfästets infästning på motorn - 1.6 liters motor

13.6b Demontering av det extra stödet från motorns startmotorsida - 1.6 liters motor

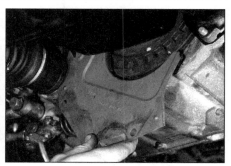

13.7 Demontering av kopplingens täckplatta

4 Där monterad, dra ur syresensorns kontakt. Om motorn nyss körts, var försiktig så att du inte bränner dig när du arbetar nära katalysatorn.

5 Skruva ur muttrarna och lossa nedåtgående röret från grenröret. Flänspackningen ska kasseras och en ny skaffas till monteringen. Där tillämpligt, lossa även det nedåtgående röret bakom katalysatorn och lossa det från främre fästet.

6 På 1.6 liters motorer, skruva ur bultarna och lossa de extra stödstagen mellan motor och växellåda (se bilder).

7 Skruva ur bultarna och lyft bort kopplingens täckplatta på främre delen av svänghjulskåpan (se bild).

8 Skruva ur sumpbultarna gradvis. Stötta och sänk sumpen, se till att inte spilla olja när den demonteras. Om sumpen sitter fast på vevhuset kan den försiktigt bändas loss med en skruvmejsel, men se till att inte skada fogytorna. Om den sitter hårt fast, kontrollera först att alla bultar verkligen är urskruvade och skär sedan runt sumppackningen med en tunn vass kniv så att den lossnar.

9 När sumpen demonterats kommer mer olja med all sannolikhet att droppa ur vevhuset. Placera gamla tidningar under för att suga upp spillet medan sumpen är demonterad.

10 Tvätta sumpen i fotogen eller lämplig motortvätt. Avlägsna alla spår av packning och massa från fogytorna på sumpen och vevhuset.

Montering

11 Stryk på lämplig packningsmassa på anslutningarna mellan vevhuset och olje-tätningshållaren på baksidan och mellan vevhuset och oljepumphuset framtill på var sida (se bild).

12 Montera en ny gummipackning i spåret i bakre oljetätningshuset och oljepumphuset. Skruva som monteringshjälp in 10 st M6 pinnbultar i blocket på de platser som visas i bild 13.14.

13 Montera en ny packning över pinn-bultarna. Placera sumpen i läge, kontrollera att de upphöjda distanserna sitter i packningen. Skruva i bultar i tillgängliga hål, fingerdra dem i detta skede. Skruva ur pinnbultarna och skruva i resterande bultar med enbart fingerkraft.

14 Dra sumpbultarna gradvis i nummer-ordning till angivet moment (se bild).

15 Skruva i oljepluggen med ny bricka och dra den till angivet moment.

16 Montera kopplingens täckplatta.

17 Anslut nedåtgående avgasröret enligt beskrivning i kapitel 4E.

18 Avsluta med att ställa ned bilen. Fyll på olja enligt beskrivning i kapitel 1 och anslut batteriet.

14 Oljepump - demontering och montering

Demontering

1 Lossa batteriets jordledning (se kapitel 5A, avsnitt 1).

2 Demontera drivremmen (kapitel 1).

3 Demontera vevaxelns remskiva (avsnitt 6), kamremskåporna (avsnitt 7), kamrem, vevaxelns drev och tryckbricka (avsnitten 8 och 9) samt sumpen (avsnitt 13).

4 Skruva ur bultar/muttrar och demontera oljeupptagningsröret (se bild).

5 Skruva loss oljepumpen från motorns framsida och rengör den för kontroll. Se avsnitt 15 för detaljer. Oljetätningen i oljepumphuset ska alltid bytas vid montering (avsnitt 16).

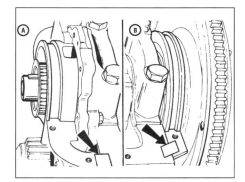

13.11 Påläggning av tätningsmassa innan sumpen monteras

A Fogen mellan vevhuset och oljepumpen
B Fogen mellan vevhuset och bakre oljetätningshuset

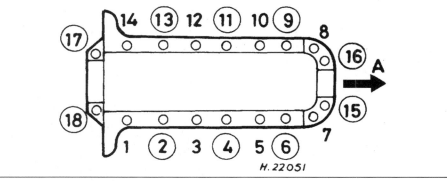

13.14 Ordningsföljd för sumpbultarnas åtdragning

A Mot vevaxelns remskiva

Inringade siffror anger pinnbultarnas placeringen för korrekt uppriktning av sumpen (se texten)

14.4 Demontering av oljeupptagningsröret

14.9a Montera oljepumpen

14.8 Snapsa oljepumpen innan den monteras

14.9b När oljepumpen monterats, avlägsna den skyddande styrningen (vid pilen)

motor med lång körsträcka renoveras rekommenderas att man byter oljepump.

2 Vid inspektion av rotorerna ska pumpen demonteras från motorn (avsnitt 14). Skruva sedan ur skruvarna och lyft på locket **(se bild)**. Demontera o-ringen.

Kontroll

3 Rengör rotorerna och pumphusets insida och inspektera delarnas skick, leta efter större slitage och repor. Kontrollera slitaget med bladmått som beskrivet i del A, avsnitt 13 i detta kapitel. Se *"Specifikationer"* i början av denna del för exakta mått.

Hopsättning

4 När pumpen sätts ihop, kontrollera att inre (drivande) och yttre (drivna) rotorn placeras med märkningarna vända åt samma håll **(se bild)**.

16 Vevaxelns oljetätningar - byte

Höger oljetätning

1 Lossa batteriets jordledning (se kapitel 5A, avsnitt 1).
2 Klossa bakhjulen och ställ framvagnen på pallbockar (se *"Lyftning och stödpunkter"*).
3 Demontera drivremmen enligt beskrivning i kapitel 1.
4 Demontera vevaxelns remskiva (avsnitt 6), kamremskåporna (avsnitt 7), kamremmen (avsnitt 8) och vevaxelns drev, krysskil och tryckbricka (avsnitt 9).
5 Oljetätningen är nu åtkomlig för demontering från framsidan av oljepumpens hus **(se bild)**. För att kunna dra ut oljetätningen måste ett hakförsett redskap användas, om tillgängligt Fords specialverktyg nr 21-096. Var noga med att inte skada oljepumphuset vid detta moment och anteckna oljetätningens monteringsriktning i huset.
6 Rengör oljepumphuset och vevaxeländen, smörj den nya oljetätningdläppen och vevaxeländen med ren motorolja.

Montering

6 Innan oljepumpen och sammanhörande delar monteras ska respektive fogytor rengöras. En ny oljepumpspackning, liksom packningar till sammanhörande delar måste skaffas.
7 När oljepumpen monteras måste förebyggande åtgärder vidtas för att undvika risken att skada den nya oljetätningen när den dras över ansatsen och placeras på tappen på vevaxeln. Ta ut krysskilen ur spåret på vevaxeln och tillverka en plaststyrning som går över och sticker ut förbi ansatsen på vevaxelns lagertapp. Detta gör att oljetätningen kan rida över ansatsen och undviker att skada läppen när den trycks på plats på vevaxeln.
8 Om en ny oljepump monteras eller om den gamla återanvänds efter rengöring och kontroll, måste pumpen snapsas genom att ren motorolja sprutas in i den samtidigt som drivaxeln vrids ett par varv **(se bild)**.
9 Rikta pumpdrevets platta ytor mot de på vevaxeln och montera oljepumpen. Kontrollera att pumpens fogytor mot sumpen och vevhusets fot är dikt på var sida och dra sedan bultarna till angivet moment. Avlägsna den skyddande styrningen **(se bilder)**.
10 Montera upptagningsröret på pumpen med ny packning och dra till angivet moment.
11 Trä på tryckbrickan på vevaxelns främre ände och tryck fast krysskilen i spåret på vevaxeln. Kilen måste ha den platta kanten parallellt med vevaxeln för att vevaxelns drev ska komma på rätt plats när det monteras.

12 Montera sump, vevaxeldrev, kamrem, kamremskåpa och vevaxelns remskiva (enligt beskrivning i tillämpliga avsnitt i detta kapitel). Montera och justera kamremmen enligt beskrivning i kapitel 1.
13 Avsluta med att ställa ned bilen och ansluta batteriet.

15 Oljepump - isärtagning, kontroll och hopsättning

Isärtagning

1 Oljepumpen är av lågfriktions rotortyp, driven från vevaxelns främre ände. När en

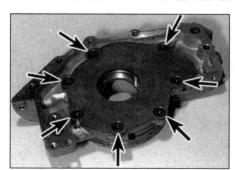

15.2 Skruvar (vid pilarna) till oljepumpens lock

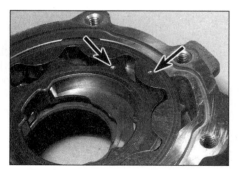

15.4 Passmärken (vid pilarna) på inre och yttre rotor

16.5 Vevaxelns högra oljetätning (vid pilen) - sedd från undersidan

16.18 Urtagning av bakre oljetätning

21 Montera sumpen (se avsnitt 13).
22 Montera svänghjul/drivplatta enligt beskrivning i avsnitt 18.
23 Montera kopplingen enligt beskrivning i kapitel 6.
24 Montera motorn eller växellådan efter tillämplighet.

17 Fästen till motor och växellåda - byte

Beskrivningen för byte av fästen till motor och växellåda liknar i stort den för motorerna HCS och Endura-E. Se del A, avsnitt 15 för detaljerna.

18 Svänghjul/drivplatta - demontering, kontroll och montering

Demontering

1 Åtkomst av svänghjulet (manuell växellåda) eller drivplattan (automatväxellåda) sker genom att växellådan demonteras (kapitel 7A eller B). Med manuell växellåda, demontera kopplingen (kapitel 6).
2 Skruva ur de 6 bultar som fäster svänghjul/drivplatta och dra försiktigt av den från vevaxelns bakre ände. Tappa inte svänghjulet var beredd på att det är tungt. Bultarna måste bytas vid monteringen.

Kontroll

3 Kontroll av svänghjul/drivplatta utförs som för motorerna HCS och Endura-E i del A av detta kapitel, men lägg märke till att slipning inte är tillämpbart på modeller med automatväxellåda (drivplattan är inte omslipbar).

Montering

4 Kontrollera att fogytorna på svänghjul/drivplatta och vevaxel är rena vid monteringen.
5 Lägg på gänglåsmedel på de nya bultarnas gängor. Placera svänghjulet/drivplattan på vevaxelns bakre ände. Kontrollera att bulthålen i svänghjulet/drivplattan är exakt i linje med motsvarande bulthål på vevaxeln, skruva i och dra åt bultarna i stegvis följd till angivet moment.
6 Montera kopplingen (manuell växellåda) enligt beskrivning i kapitel 6.
7 Montera växellådan (efter typ) enligt beskrivning i kapitel 7A eller B.

7 Oljetätningen bör dras i läge med Fords specialverktyg nr 21-093A. Om detta inte finns tillgängligt, använd en rörstump med passande diameter, samt remskivebulten och brickor. Oljetätningen ska inte knackas på plats. Skydda läppen när den monteras på vevaxeln med en bit plast som lindas runt vevaxelns främre ände över ansatsen.
8 När oljetätningen är på plats, ta ut specialverktyget och dra loss plastskyddet. Kontrollera att vevaxeln fortfarande är i ÖD-läget, montera krysskilen, tryckbrickan och drevet. Montera och spänn kamremmen och montera kamremskåporna och remskivan enligt tillämpliga beskrivningar.
9 Montera och justera drivremmen enligt beskrivning i kapitel 1.
10 Avsluta med att ställa ned bilen och ansluta batteriet.

Vänster oljetätning

11 Lyft ut växellåda eller motor för åtkomst och demontera kopplingen enligt beskrivning i kapitel 6.
12 Demontera svänghjul/drivplatta enligt beskrivning i avsnitt 18.
13 Använd om möjligt Fords specialverktyg nr 21-151 eller ett lämpat kloförsett redskap till att ta ut oljetätningen ur huset. Om oljetätningshuset demonterats från motorns baksida kan oljetätningen avlägsnas enligt beskrivning i paragraf 18. Anteckna monteringsriktningen och var noga med att inte skada huset när oljetätningen dras ut.
14 Rengör oljetätningshus, vevaxelns fläns och fogytorna på svänghjul/drivplatta.
15 Endera av två möjliga metoder finns för montering av den nya oljetätningen beroende på vilka verktyg som finns tillgängliga.
16 Om Fords serviceverktyg nr 21-095 finns

tillhanda, smörj vevaxelns fläns och oljetätningens inre läpp med ren motorolja. Placera oljetätningen i verktyget (rättvänd) och dra in den i huset med två av svänghjulets/drivplattans bultar så att oljetätningen är dikt mot stoppet.
17 Om Fords specialverktyg inte finns tillgängligt måste bakre oljetätningshuset demonteras. Gör det genom att först demontera sumpen enligt beskrivning i avsnitt 13 och sedan skruva ur oljetätningshusets bultar och ta bort huset från vevhusets yta.
18 Driv ut den gamla oljetätningen ur huset genom att försiktigt knacka ut den genom öppningen med ett dorn, som visat **(se bild)**. Anteckna monteringsriktningen och se till att inte skada huset när oljetätningen tas ut.
19 Nya packningar krävs för oljetätningshuset och sumpen vid monteringen. Rengör fogytorna på oljetätningshuset, vevhuset och sumpen. För in den nya oljetätningen i huset. Undvik skador på oljetätning och hus genom att placera en plankstump över oljetätningen och sedan försiktigt dra eller knacka den på plats. Låt den inte vinklas i huset under monteringen.
20 Smörj vevaxelns anliggningsyta och oljetätningsläppen med ren motorolja. Placera en ny packning på vevhuset och skruva fast oljetätningshuset. Undvik skador på oljetätningsläppen när den träs på vevaxeländen genom att linda ett stycke tunn plast runt bakre vevaxelflänsen med lite utstick, och tryck på oljetätningen över det. När den är på plats ska plastskyddet dras ut. Centrera oljetätningen på axeln, kontrollera att flänsytorna på oljetätningshus och sump är dikt mot sumpen i vevhusets fot. Skruva i och dra åt oljetätningshusets skruvar till angivet moment.

Anteckningar

Kapitel 2 Del C:
Reparationer med motorn i bilen, motorerna Zetec och Zetec-E

Innehåll

Svårighetsgrader

Enkelt, passar novisen med lite erfarenhet	Ganska enkelt, passar nybörjaren med viss erfarenhet	Ganska svårt, passar kompetent hemmekaniker	Svårt, passar hemmekaniker med erfarenhet	Mycket svårt, för professionell mekaniker

Specifikationer

Allmänt

Motortyp	Fyrcylindrig radmotor med dubbla överliggande kamaxlar
Motorkod:	
Zetec-motorer:	
1.6 liter	L1E
1.8 liter	RDA, RQB
Zetec-E motorer:	
1.6 liter	L1H, LIK
1.8 liter	RKC
Slagvolym:	
1.6 liter	1 597 cc
1.8 liter	1 796 cc
Borrning:	
1.6 liter	76,0 mm
1.8 liter	80,6 mm
Slaglängd - alla modeller	88,0 mm
Kompressionsförhållande:	
Zetec-motorer:	
1.6 liter	10,3:1
1.8 liter	10,0:1
Zetec-E motorer:	
1.6 liter	10,3:1
1.8 liter	9,8:1
Tändföljd	1-3-4-2 (Cylinder 1 på kamremssidan)
Vevaxelns rotationsriktning	Medsols (sett från bilens högra sida)

Topplock

Loppets diameter för hydrauliska ventillyftare	28,395 - 28,425 mm

Kamaxlar och hydrauliska ventillyftare

Diameter på kamaxelns lagertappar	25,960 - 25,980 mm
Kamaxellagertapparnas spel till topplocket	0,020 - 0,070 mm
Kamaxlars axialspel	0,080 - 0,220 mm

Smörjning

Typ av motorolja/specifikation	Se ”Smörjmedel, vätskor och däckens lufttryck”
Motoroljans volym	Se ”Smörjmedel, vätskor och däckens lufttryck”
Oljetryck:	
Tomgång	1,3 - 2,5 bar
Vid 4000 rpm	3,7 -I 5,5 bar
Oljepumpens toleranser	Ej angivna

Åtdragningsmoment

	Nm
Ventilkåpans bultar:	
Steg 1	2
Steg 2	7
Kamdrevsbultar	68
Kamaxellageröverfallens bultar:	
Steg 1	10
Steg 2	19
Topplocksbultar:	
Steg 1	25
Steg 2	45
Steg 3	Vinkeldra ytterligare 105°
Kamremskåpans fixturer:	
Övre till mittre (yttre) kåpbultar	4
Bultar mellan kåpa och topplock eller block	7
Kåpans pinnbultar till topplock eller block	10
Kamremsspännarens bult	38
Styrstift på kamremsspännarens stödplatta	10
Hållstift till kamremsspännarens fjäder	10
Kamremsstyrningens remskivebultar	38
Vattenpumpens remskivebultar	10
Drivremmens mellanremskiva	48
Generatorfästets bultar till motorblocket	47
Topplockets stödplattor:	
Främre plattans Torx-skruvar - till servopump/luftkonditionerings-kompressorns fäste och topplocket	47
Bakre platta/motorns lyftögla till generatorfästet och topplockets bultar	47
Främre motorlyftöglebult	16
Bultar till grenrörets värmesköld:	
Sköld till topplock	7
Sköld/mätstickans rör	10
Sköld/kylvätskerör till grenrör	23
Vevaxelns remskivebult	115
Oljepumpens bultar till blocket	10
Oljeupptagningsrörets skruvar till pumpen	10
Muttrar, oljeskvalpskott/oljeupptagningsrör	19
Oljefilteradapter till pump	22
Kontakt för oljetrycksvarningslampan	27
Sumpbultar	21
Bult, kylvätskerör till sump	10
Bultar till svänghjul/drivplatta	110
Bultar till vevhusets vänstra oljetätningshus	22
Motor/växellådsfästen:	
Höger fästbygel till motorblock	90
Höger fäste	70
Höger fästbygel till kaross	85
Vänster bygel till växellåda	50
Vänster bygel till fäste	68
Vänster främre bygel till fäste	68
Vänster främre fäste	49

Observera: Se del D av detta kapitel för resterande åtdragningsmoment.

1 Allmän information

Hur detta kapitel används

Denna del av kapitel 2 tar endast upp arbeten som kan utföras med motorn på plats i bilen och inkluderar endast de specifikationer som är relevanta för dessa. Liknande information om 1.3 liters HCS och Endura-E motorer samt 1.4 och 1.6 CVH och PTE motorerna återfinns i delarna A och B av detta kapitel. Eftersom dessa arbetsbeskrivningar är baserade på antagandet att motorn är monterad i bilen, innebär det att om motorn är urplockad och uppsatt på ett ställ, kan vissa inledande steg av isärtagning hoppas över.

Information om demontering och montering av motor och växellåda samt motorrenovering återfinns i del D av detta kapitel, som även innehåller de relevanta specifikationerna.

Beskrivning av motorn

Motorn Zetec, (tidigare kallad Zeta), är av typen fyrcylindrig radmotor med dubbla överliggande kamaxlar (DOHC) och 16 ventiler. Den är tvärställd framtill i bilen med växellådan på vänster sida. Zetec-E är nästan identisk med Zetec, med undantag för modifieringar i insugssystem och avgasrening.

Förutom kamremskåporna av plast och motorblock/vevhus i gjutjärn är alla större gjutna motordelar utförda i aluminiumlegering. Vevaxeln har fem ramlager, centrallagrets övre halva har tryckbrickor för att reglera axialspelet. Vevstakarna roterar på horisontellt delade lagerskålar i storändarna. Kolvarna är monterade på stakarna med presspassade kolvbultar. Kolvarna av lättmetall har tre kolvringar, två kompressionsringar och en oljering. Efter tillverkning mäts cylinderlopp och kolvar och indelas i tre klasser som måste matchas noggrant för att ge korrekt spel mellan kolv och cylinder, överstorlek för omborrning saknas.

Insugs- och avgasventilerna stängs av spiralfjädrar, de löper i styrningar som är inkrympta i topplocket liksom ventilsätena.

Bägge kamaxlarna drivs av samma tandade kamrem och styr vardera åtta ventiler via självjusterande hydrauliska ventillyftare, vilket eliminerar behovet av rutinmässig kontroll och justering av ventilernas spel. Vardera kamaxeln roterar i fem lager som är linjeborrade direkt i topplocket och de påbultade överfallen. Detta innebär att lageröverfall inte finns tillgängliga separat från topplocket och inte får bytas ut mot överfall från en annan motor

Vattenpumpen är bultad på blockets högra sida, innanför kamremmen och drivs, tillsammans med servopumpen och generatorn,

av en platt polyvee drivrem från vevaxelns remskiva.

Vid arbeten med denna motor, notera att Torx- (hane och hona) och insexfixturer används i stor omfattning, så en bra sats med bitar och adaptrar krävs för att skruva ur dessa utan skador och dra åt dem till rätt moment.

Smörjning sker med en trokoidpump med excentrisk rotor som är monterad på vevaxelns högra ände, där den drar olja från sumpen genom en sil. Pumpen tvingar oljan genom ett externt monterat oljefilter av fullflödestyp - på vissa versioner av motorn finns en oljekylare monterad på oljefilterfästet så att ren olja går in i motorns kanaler kyld av motorns huvudkylsystem.

Reparationer som kan utföras med motorn i bilen

Följande arbeten kan utföras med motorn i bilen:
- a) Kompressionstryck - testning
- b) Ventilkåpa - demontering och montering
- c) Kamremskåpor - demontering och montering
- d) Kamrem - byte
- e) Kamremmens spännare och drev - demontering och montering
- f) Kamaxeloljetätningar - byte
- g) Kamaxlar och hydrauliska ventillyftare - demontering och montering
- h) Topplock - demontering och montering
- i) Topplock och kolvar - sotning
- j) Sump - demontering och montering
- k) Vevaxelns oljetätningar - byte
- l) Oljepump - demontering och montering
- m) Svänghjul/drivplatta - demontering och montering
- n) Motor/växellådsfästen - demontering och montering

Observera: *Det är tekniskt möjligt att demontera kolvar och vevstakar (sedan topp och sump demonterats) utan att lyfta ur motorn. Detta är dock inte att rekommendera. Arbeten av denna natur är enklare och lättare att utföra med motorn på en bänk eller i ett ställ enligt beskrivning i kapitel 2D.*

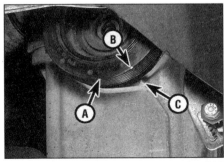

3.6a Använd inte första parets märken "A" på vevaxelns remskiva - rikta upp andra parets märken "B" mot ribban "C" på sumpen . . .

2 Kompressionsprov - beskrivning och förklaringar

Se avsnitt 2 i del A av detta kapitel.

3 Övre dödpunkt (ÖD) för kolv 1 - uppsökande

1 Övre dödpunkten (ÖD) är den högsta punkt kolven når i loppet när vevaxeln roterar. Varje kolv når ÖD både i kompressions- och avgastakten. Vad gäller inställning betecknar ÖD när kolv nr 1 är i topp i kompressionstakten. Cylinder nr 1 är på motorn kamremssida. Fortsätt enligt följande:
2 Lossa batteriets jordledning (se kapitel 5A, avsnitt 1).
3 Klossa bakhjulen och ställ framvagnen på pallbockar (se *"Lyftning och stödpunkter"*). Ta av höger framhjul.
4 Demontera drivremskåpan (se kapitel 1) så att vevaxelns remskiva och märken blir synliga.
5 Aptera en blocknyckel på vevaxelns remskivebult och vrid vevaxeln i normal rotationsriktning (medsols sett från remskivesidan).

> **HAYNES TIPS** *Det är lättare att vrida runt motorn om tändstiften skruvas ur först - se kapitel 1.*

6 Observera de två paren urtag i inre och yttre flänsarna på vevaxelremskivan. I normal rotationsriktning (medsols sett från höger) är det första paret inte relevant för de bilar som tas upp i denna handbok, det andra paret indikerar ÖD när det är i linje med bakre kanten på det upphöjda märket på sumpen. Vrid vevaxeln medsols så att det andra paret urtag är i jämnhöjd med märket på sumpen, använd en stållinjal om stor precision önskas **(se bilder).**

3.6b . . . mät med en stållinjal utmed sumpribban (vid pilen) om större precision önskas

4.5 Lossa vevhusventilationens slang från anslutningen på ventilkåpan

4.7 Demontering av ventilkåpan

Börja med att fingerdra samtliga bultar, kontrollera att packningen förblir på plats i spåret.

11 Arbeta diagonalt, mitten och utåt, dra bultarna i två steg (se "*Specifikationer*") till angivet moment.

12 Montera tändkablarna, tryck in dem i clipsen så att de dras korrekt i nummerföljd, de känns även igen på numreringen på respektive anslutning vid spolen.

13 Anslut slangen från vevhusventilationen och montera övre kamremskåpan, anslut och justera gasvajern och montera luftintagets delar (se kapitel 4B).

4.9 Kontrollera att packningen är korrekt monterad i ventilkåpans spår

4.10 Kontrollera att gummitätningarna är monterade på ventilkåpebultarnas distanser

5 Ventilspel - allmän information

Se avsnitt 5 i del B av detta kapitel.

6 Vevaxelns remskiva - demontering och montering

7 Kolvarna 1 och 4 är nu vid ÖD, en av dem i kompressionstakten. Skruva lös oljepåfyllningslocket. Om avgaskamloben för cylinder 4 pekar bakåt och något nedåt är kolv 1 i kompressionstakten. Om kamloben pekar horisontellt framåt, vrid vevaxeln 360°, så att loben pekar bakåt/nedåt. Kolv 1 är då vid ÖD i kompressionstakten.

8 När kolv 1 är vid ÖD i kompressionstakten kan ÖD för resterande kolvar bestämmas genom att vevaxeln vrids 180° medsols följande tändföljden (se "*Specifikationer*").

9 Med kolv 1 vid ÖD i kompressionstakten, montera drivremskåpan, ställ ned bilen och skruva i tändstiften.

6 Lossa tändkablarna från stiften och dra ut dem från clipsen på ventilkåpan.

7 Arbeta stegvis, skruva ur ventilkåpebultarna, observera distanshylsa och o-ring på varje, dra av kåpan **(se bild)**.

8 Kassera ventilkåpepackningen, den *måste* bytas varje gång kåpan demonteras. Kontrollera att tätningsytorna är hela och att o-ringen till varje bult är tjänstduglig, byt alla skadade eller slitna o-ringar.

Montering

9 Vid monteringen ska tätningsytorna på kåpa och topplock rengöras noga, montera sedan en ny packning på kåpan, se till att den passar väl i spåret **(se bild)**.

10 Montera kåpan på topplocket, stick in o-ringar och distanser i varje bulthål **(se bild)**.

Demontering

1 Demontera drivremmen, antingen helt eller så att den går fri från vevaxelns remskiva, beroende på vad som ska utföras (se kapitel 1).

2 Vrid vid behov på vevaxeln så att inställningsmärkena riktas rätt (se avsnitt 3).

3 Vevaxeln måste nu låsas så att den inte roterar medan remskivebulten skruvas ur. Gör detta genom att demontera startmotorn (kapitel 5A) och spärra startkransen med en skruvmejsel.

4 Skruva ur bulten och demontera remskivan **(se bild)**.

Montering

5 Montering sker i omvänd arbetsordning, kontrollera att remskivans kilspår är i linje med vevaxelns kil och dra remskivebulten till angivet moment **(se bild)**.

4 Ventilkåpa - demontering och montering
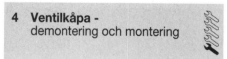

Demontering

1 Lossa batteriets jordledning (se kapitel 5A, avsnitt 1).

2 Demontera luftintagsdelarna efter behov, för åtkomst enligt beskrivning i kapitel 4D.

3 Lossa gasvajern från trottellänkaget enligt beskrivning i kapitel 4D.

4 Demontera övre kamremskåpan (se avsnitt 7).

5 Lossa vevhusventilationens slang från anslutningen på ventilkåpan **(se bild)**.

6.4 Lossa remskivan genom att skruva ur bulten

6.5 Kontrollera att remskivan sätts på krysskilen vid monteringen

7 Kamremskåpor -
demontering och montering

Övre kåpan

1 Skruva ur kåpans två bultar och dra ut den **(se bild).**
2 Montering sker i omvänd arbetsordning, se till att kåpans kanter greppar korrekt i varandra och dra bultarna till angivet moment.

Mellankåpan

3 Skruva ur den mutter som fäster servo-styrningsrörets clips vid pinnbulten på baksidan på mellankåpan. Lyft undan servo-styrningens oljebehållare, så långt slangarna medger. Om detta inte ger nog arbets-utrymme, lossa slanganslutningarna efter behov och samla upp hydrauloljan i ett lämpligt kärl. Plugga öppnade anslutningar.
4 Lossa bultarna på vattenpumpens rem-skiva.
5 Demontera övre kamremskåpan.
6 Demontera drivremmen (kapitel 1).
7 Demontera vattenpumpens remskiva.
8 Skruva ur mellankåpans fixturer (en bult på framsidan, en nere på baksidan och en pinnbult upptill på baksidan) och dra ut kåpan.
9 Montering sker i omvänd arbetsordning, se till att kåpans kanter greppar korrekt i varandra och dra fixturerna till angivet moment.
10 Om styrservons slangar kopplats ur ska hydrauliken avluftas efter anslutningen enligt beskrivning i kapitel 10.

Nedre kåpan

11 Demontera vevaxelns remskiva (se avsnitt 6).
12 Skruva ur de tre bultarna och dra ut kåpan **(se bild).**
13 Montering sker i omvänd arbetsordning, se till att kåpans kanter greppar korrekt i varandra och dra fixturerna till angivet moment.

Innersköld

14 Demontera kamrem, spännare och kam-drev (se avsnitten 8 och 9).
15 Skölden är fäst på topplocket med två bultar i överkanten och två pinnbultar längre ned, skruva ur dem och dra ut skölden **(se bild).**
16 Montering sker i omvänd arbetsordning, dra fixturerna till angivet moment.

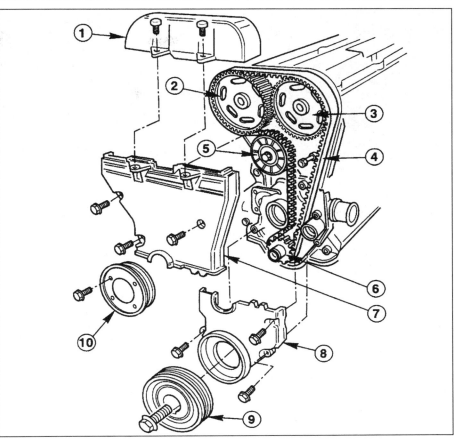

7.1 Kamrem och kåpor

1 Övre kamremskåpan	6 Vevaxelns drev
2 Insugskamaxelns drev	7 Kamremmens mellankåpa
3 Avgaskamaxelns drev	8 Kamremmens nedre kåpa
4 Kamrem	9 Vevaxelns remskiva
5 Kamremmens spännare	10 Vattenpumpens remskiva

7.12 Demontering av nedre kamremskåpan - bultarna vid pilarna

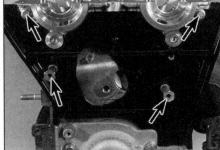

7.15 Fixturerna (vid pilarna) för inre kamremsskölden

8 Kamrem - demontering, montering och justering

Observera: *För detta arbete krävs en ny kamrem (om tillämpligt), ny ventilkåps-packning och vissa specialverktyg (se texten). Om det är första gången kamremmen* demonteras sedan bilen lämnat fabriken krävs även en spännarfjäder och ett hållstift vid monteringen.

Demontering

1 Lossa batteriets jordledning (se kapitel 5A, avsnitt 1).
2 Lossa bultarna i vattenpumpens remskiva.

8.8 Montera uppriktningsverktyget för kamaxlarna för att spärra motorn med kolvarna 1 och 4 vid ÖD

8.12 Lossa spännarbulten och vrid undan spännaren från kamremmen med en insexnyckel

3 Demontera ventilkåpan (se avsnitt 4).

4 Skruva ur tändstiften, täck hålen med rena trasor så att smuts och främmande föremål inte kan komma in i motorn (se kapitel 1).

5 Demontera drivremmen (kapitel 1).

6 För kolv 1 till ÖD i kompressionstakten enligt beskrivning i avsnitt 3.

7 Demontera vattenpumpens remskiva samt mellanremskivan.

8 Skaffa Fords serviceverktyg 21-162, eller tillverka ett substitut av ett metallband med tjockleken 5 mm (det är mycket viktigt att bandets tjocklek är exakt, längd och bredd ska vara ca. 180 - 230 mm x 20 - 30 mm, dessa mått måste nte vara precisa). Kontrollera att kolvarna 1 och 4 är vid ÖD och kolv 1 i kompressionstakten genom att lägga verktyget på topplockets fogyta och skjuta in det i spåret i vänster ände av kamaxlarna **(se bild)**. Verktyget ska glida in tätt i båda spåren samtidigt som det vilar på topplockets fogyta. Om en kamaxel är bara något feluppriktad är det tillåtet att använda en blocknyckel och försiktigt vrida kamaxeln så att verktyget passar.

9 Om båda kamaxelspåren (de är frästa ganska långt från mitten) är under topplockets fogyta, vrid vevaxeln ett helt varv och passa in verktyget som nu ska passa enligt beskrivningen i föregående paragraf.

10 Med kamaxlarnas lägeshållare monterad, skruva loss vevaxelns remskiva. Använd *inte* de låsta kamaxlarna som vevaxelspärr, utan arbeta endast enligt de metoder som beskrivs i avsnitt 6.

11 Demontera resterande kamremskåpor (se avsnitt 7).

12 Med kamaxlarnas lägeshållare monterad, lossa spännarbulten och använd en insexnyckel till att vrida spännaren medsols så långt den går från remmen och dra åt spännarbulten igen **(se bild)**.

13 Om kamremmen ska återanvändas, märk rotationsriktningen med vit färg eller liknande och följ tillverkarens märkning angående

monteringsväg. Dra undan remmen. Vrid *inte* på vevaxeln förrän kamremmen monterats igen.

14 Om remmen demonteras av annan orsak är rutinmässigt byte, kontrollera noga att den inte visar tecken på ojämnt slitage, delningar, sprickor (speciellt i tandrötterna) och föroreningar från olja eller kylvätska. Byt kamremmen om det råder minsta tvivel om skicket på den. Som säkerhetsåtgärd ska remmen bytas så ofta som anges i kapitel 1. Om remmens förflutna är okänt ska den bytas oavsett skenbarligt skick när motorn renoveras. Kontrollera även spännarfjädern (om monterad) och byt den om tvivel finns angående skicket. Kontrollera även slitaget på dreven och se till att spännare och styrningar löper smidigt på sina lager. Byt slitna eller skadade delar. Om tecken på föroreningar från olja eller kylvätska påträffas, spåra läckan och åtgärda den. Spola sedan av kamremsområdet och närliggande delar så att alla spår av olja eller kylvätska försvinner.

Montering och justering

15 Vid monteringen, montera vevaxeldrevet provisoriskt och kontrollera att kolv 1 fortfarande finns vid ÖD i kompressionstakten.

8.17a Montering av spännarfjäderns låsstift

Kontrollera sedan att bägge kamaxlarna är uppriktade i ÖD med specialverktyget (paragraf 8). Om motorn sätts ihop efter ett större arbete ska kamdreven vara fria att rotera på kamaxlarna, om bara kamremmen byts ska de dock vara fixerade på kamaxlarna.

16 En hållare krävs för att hindra kamaxlarnas drev från att rotera när bultarna lossas och dras. Skaffa antingen Fords serviceverktyg 15-030A, eller tillverka ett substitut (se *"Verktygstips"*). **Observera:** *Använd inte uppriktningsverktyget för kamaxlarna (vare sig Fords eller hemmagjort) till att spärra rotationen medan kamdrevsbultarna skruvas ur eller i. Risken för skador på kamaxlar och topplock är alldeles för stor. Använd endast ett gaffelverktyg direkt på dreven som beskrivet.*

> **HAYNES TiPS**
>
> *Tillverka en kamdrevshållare av två stålband med de ungefärliga måtten 6 mm tjocklek 30 mm bredd och 600 respektive 200 mm längd. Bulta ihop banden så att de bildar en gaffel, banden ska kunna vridas runt bulten. Gör en 90° krök cirka 50 mm från gaffelbenens ändar, som ska fungera som hävpunkter. Dessa ska greppa in i hålen i dreven. Det kan bli nödvändigt att slipa eller skära sidorna något så att de passar i drevhålen.*

17 Om den monteras för första gången ska hållstiftet till kamremsspännarens fjäder skruvas in i topplocket och dras till angivet moment. Skruva loss spännaren, haka på fjädern på stiftet och spännarens platta och montera spännaren med plattan greppande på stiftet **(se bilder)**.

18 I samtliga fall, lossa spännarbulten (vid behov) och använd en insexnyckel i spännarcentrum till att vrida spännaren så långt medsols det går och dra åt spännarbulten igen **(se bild)**.

19 Montera kamremmen, om den gamla återanvänds, se till att följa märkningen från demonteringen så att den monteras vänd på

8.17b Haka på fjädern på spännaren som visat - placera spännarens stödplatta på styrstiftet (vid pilen) . . .

8.18 . . . använd sedan insexnyckeln till att placera spännaren så att kamremmen kan monteras

8.20 Lossa på spännarens bult för att ge inledande spänning

9 Kamremmens spännare och drev - demontering, kontroll och montering

Spännare

Observera: *Om spännaren demonteras för första gången sedan bilen lämnat fabriken måste en spännarfjäder och ett hållstift skaffas för montering vid hopsättningen.*

1 Även om det är möjligt att komma åt spännaren sedan övre och mittre kamremskåporna demonterats, måste hela arbetsbeskrivningen nedan följas för att se till att kamaxlarnas inställning är korrekt sedan remspänningen väl störts.

2 Lossa spännaren från kamremmen enligt beskrivning i avsnitt 8, paragraferna 1 till 12.

3 Skruva ur spännarbulten, dra ut spännaren och haka av fjädern, om monterad **(se bild).** Kontrollera spännarfjädern och byt om det råder minsta tvivel om skicket på den.

4 Om den monteras för första gången ska hållstiftet till kamremsspännarens fjäder skruvas in i topplocket och dras till angivet moment. Skruva loss spännaren, haka på fjädern på stiftet och spännarens platta och montera spännaren med plattan greppande på stiftet.

5 Använd insexnyckel i mitten och vrid spännaren så långt den går medsols mot fjädertrycket och dra åt spännarbulten.

6 Sätt ihop, kontrollera kamaxelupriktningen och ställ in remspänningen enligt beskrivning i paragraferna 20 till 25 i avsnitt 8.

8.23 Användning av gaffelverktyget medan kamdrevsbultarna dras åt

8.24 När inställningen är korrekt ska spännarens bult dras till angivet moment

samma sätt och med samma rotationsriktning. Börja vid vevaxeldrevet, arbeta motsols runt kamdreven och spännaren, avsluta vid bakre styrdrevet. Den främre sträckan mellan vevaxeln och avgaskamaxeln *måste* hållas spänd utan att läget på vare sig vevaxel eller kamaxlar rubbas - vid behov kan lägena på kamdreven ändras på kamaxlarna (som är fixerade med specialverktyget). Om drevet är fastbultat, använd det ovan beskrivna verktyget till att förhindra rotation medan bulten lossas - vrid sedan drevet på kamaxeln så att remmen kommer på rätt plats och dra åt bulten.

20 När remmen är på plats, lossa spännarbulten så att fjädern kan trycka spännaren mot remmen. Spännaren ska ligga korrekt mot innerskölden och topplocket, men måste ha möjlighet att möta förändringar i remspänningen **(se bild).**

21 Dra åt bultarna på kamdreven (eller kontrollera åtdragningen) och dra ut uppriktaren. Montera vevaxeldrevet provisoriskt och vrid vevaxeln två hela varv medsols så att kamremmen sätter sig och blir spänd, ta tillbaka vevaxeln till ÖD-läget. Montera kamaxelupriktaren enligt beskrivning i paragraf 8. Om allt är i sin ordning, gå till paragraf 24 nedan.

22 Om en kamaxel avviker lite från korrekt

upriktning, montera gaffeln på kamdreven, justera efter behov och kontrollera att spännaren tagit upp eventuellt slack i kamremmen. Vrid vevaxeln två varv till och kontrollera kamaxlarnas upriktning. Om allt är korrekt, gå till paragraf 24 nedan.

23 Om endera kamaxeln är märkbart feluppriktad, använd verktyget ovan till att spärra drevet och lossa drevbulten - vrid sedan kamaxeln (försiktigt med en blocknyckel) till dess att uppriktaren glider i läge. Var noga med att inte störa förhållandet mellan kamrem och drev. Utan att rubba kamaxelns nya position, dra åt drevbulten till angivet moment **(se bild).** Dra ut uppriktaren, vrid vevaxeln två varv medsols, kontrollera kamaxlarnas upriktning.

24 När kamremmen satt sig med korrekt spänning och uppriktaren passar korrekt i spåren samt vevaxelremskivans märken är i exakt linje, ska spännarbulten dras till angivet moment **(se bild).** Montera gaffelmothållet på kamdreven och kontrollera drevbultarnas åtdragning till angivet moment. Ta ur uppriktaren och vrid vevaxeln två varv medsols och kontrollera en sista gång att den passar in korrekt i spåren.

25 Resterande montering sker med omvänd arbetsordning, kontrollera att alla fixturer är dragna till korrekt moment.

Kamdrev och vevaxeldrev

7 Även om det är möjligt att demontera samtliga dessa drev när deras respektive kåpor lyfts bort måste hela beskrivningen för kamremsdemontering (se avsnitt 8) följas för att se till att kamaxlarna ställs korrekt, så snart som kamremmens spänning störts.

9.3 Demontering av kamremmens spännare

9.8 Observera märket "FRONT" på utsidan av vevaxelns drev - anteckna vilken väg tryckbrickan bakom är vänd

10.5 Användning av hylsa och drevbult till att montera kamaxelns oljetätning

10.6 Alternativt kan packboxen monteras sedan kamaxelns lageröverfall skruvats loss

8 När kamremmen demonterats kan kamdreven, sedan bultarna skruvats ur, lossas enligt beskrivning i paragraf 16, avsnitt 8. Vevaxelns drev kan dras av från vevaxelns ände sedan remskivan och kamremmen demonterats. Observera markeringen "FRONT" som märker ut drevets yttersida och tryckbrickan bakom den. Notera vilken väg tryckbrickan är vänd **(se bild)**. Notera drevets krysskil, om den är lös, dra ut den och förvara den säkert med drevet.

9 Kontrollera dreven enligt beskrivning i paragraf 14 i avsnitt 8.

10 Montering sker i omvänd arbetsordning.

Kamremmens styrning

11 Demontera kamremskåporna (avsnitt 7).

12 Demontera remskivorna och kontrollera deras skick enligt beskrivning i paragraf 14 i avsnitt 8.

13 Montering sker i omvänd arbetsordning, dra remskivebultarna till angivet moment.

10 Kamaxlarnas oljetätningar - byte

Observera: *Även om det är möjligt att komma åt oljetätningarna när väl respektive drev demonterats (se avsnitt 9) så att oljetätningarna kan tas ut, rekommenderas inte detta förfarande. Det är inte bara det att oljetätningarna är mycket mjuka, vilket gör det svårt att ta ut dem utan skador på sätena, det är även mycket svårt att justera in kamaxlarna och kamremsspänningen igen. Ägare rekommenderas att följa hela den beskrivning som följer nedan.*

1 Lossa kamremsspänningen enligt beskrivning i avsnitt 8, paragraferna 1 till 12.

Observera: *Om kamremmen är förorenad med olja, demontera den helt och byt oljetätning (se nedan). Tvätta kamremsområdet och relaterade delar så att alla spår av olja försvinner. Använd ny kamrem vid monteringen.*

2 Om kamremmen är ren, dra av den från dreven, se till att inte böja den för skarpt, hantera remmen endast med fingrarna. Vrid

inte på vevaxeln med demonterad kamrem. Täck över remmen, fäst den så att den går fri från arbetsområdet och inte kan glida av kvarvarande drev.

3 Skruva ur drevbulten och dra av drevet (se avsnitt 9).

4 Skruva loss kamaxelns högra lageröverfall och dra ut den defekta oljetätningen. Rengör sätet och polera bort eventuella grader eller kanter som kan ha orsakat oljetätningshaveriet.

5 För montering av oljetätningen rekommenderar Ford serviceverktyg 21-009B, med en bult (10 mm gänga, 70 mm längd) och en bricka för att dra in oljetätningen när kamaxelöverfallet är nedskruvat. Ett substitut kan tillverkas av en passande hylsa **(se bild)**. Smörj oljetätningsläppen och ytterkanten så att monteringen underlättas och dra oljetätningen på plats till dess att den är i jämnhöjd med sätets/överfallets ytterkant. Montera överfallet, använd packningsmassa och dra överfallsbultarna enligt beskrivning i avsnitt 11.

6 Oftast är det enklast att smörja oljetätningsläppen och trä på den på kamaxeln (till dess att den är i jämnhöjd med sätets ytterkant). Montera lageröverfallet, använd packningsmassa och dra överfallsbultarna enligt beskrivning i avsnitt 11 **(se bild)**. Var noga med att oljetätningen går in rakt i sätet och att den inte störs när överfallet dras fast.

7 Montera drevet på kamaxeln, dra bulten löst och lägg på kamremmen (se paragraferna

16 och 19 i avsnitt 8) och dra åt bulten till angivet moment.

8 Resterande montering, inklusive kamaxellägenas justering, är enligt beskrivning i paragraferna 20 till 25 i avsnitt 8.

11 Kamaxlar och hydrauliska ventillyftare - demontering, kontroll och montering

Demontering

1 Lossa kamremsspänningen enligt beskrivning i avsnitt 8, paragraferna 1 till 12.

2 Demontera antingen kamremmen komplett (avsnitt 8, paragraferna 13 och 14) eller dra av den från dreven. Se till att inte böja den för skarpt, hantera remmen endast med fingrarna. Täck över remmen och fäst den så att den går fri från arbetsområdet. Vrid *inte* vevaxeln med demonterad kamrem.

3 Lossa drevbultarna enligt beskrivning i avsnitt 8, paragraf 16 och dra av dreven. Även om de är identiska och utbytbara dem emellan, är det en god vana att alltid märka dem så att de endast monteras på sina ursprungliga platser **(se bild)**.

4 Arbeta i visad följd, lossa stegvis med ett halv varv i taget kamaxellagrens överfallsbultar **(se bild)**. Följ beskrivningen, lossa

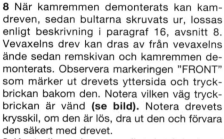

11.3 Användning av gaffelverktyget medan kamdrevets bult lossas

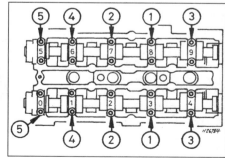

11.4 Ordningsföljd för åtdragning av kamaxelns lageröverfall
Observera: *Sett från bilens framsida, visande lageröverfallens nummer*

11.5a Notera styrstiften när kamaxelns lageröverfall demonteras

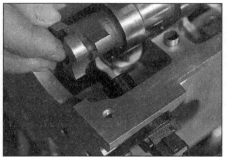

11.5b Insugskamaxeln har en lob för kamaxelns positionsgivare

11.6a Urplockning av hydrauliska ventillyftare

11.6b Hydrauliska ventillyftare måste förvaras som beskrivet i texten

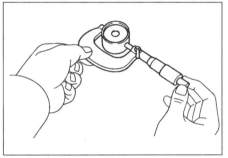

11.8 Mät diametrarna på de hydrauliska ventillyftarna med en mikrometer

jämnt och gradvis ventilfjädrarnas tryck mot överfallen.

5 Dra ut överfallen, notera deras märkningar och förekomsten av styrstift, lyft ut kamaxlarna och dra av oljetätningarna. Insugskamaxeln känns igen på referensloben för kamaxelns positionsgivare, så det föreligger inget behov av att märka kamaxlarna **(se bilder)**.

6 Skaffa 16 rena små behållare och märk dem 1 - 16. Använd en gummisugkopp och dra ut de hydrauliska ventillyftarna en i taget, vänd dem upp och ned, så att oljan inte rinner ut och placera dem i sina respektive behållare som sedan fylls med ren motorolja **(se bilder)**. Låt inte ventillyftarna byta platser eftersom detta ökar slitaget i stor omfattning. Låt dem heller inte förlora olja eftersom de då tar lång tid att fylla vid motorstarten vilket ger inkorrekt ventilspel.

Kontroll

7 När kamaxlar och lyftare demonterats, undersök om de visar uppenbara tecken på slitage (gropar, repor etc.) eller ovalitet och byt vid behov.

8 Mät varje lyftares ytterdiameter **(se bild)** - ta måtten i topp och botten och en andra uppsättning i 90° vinkel mot den första. Om något mått skiljer sig betydligt från de övriga

är lyftaren konisk eller oval och måste bytas. Om nödvändig utrustning finns tillgänglig, mät även innerdiametern på ventillyftarnas lopp. Jämför med "*Specifikationer*" i detta kapitel. Om lyftarna eller loppen är för slitna krävs nya lyftare och/eller nytt topplock.

9 Om ventilmekanismen varit högljudd, speciellt om ljudet förekommer även en bra stund efter en kallstart, finns det orsak att misstänka en defekt lyftare. Bara en bra mekaniker med lång erfarenhet av dessa motorer kan avgöra om ljudnivån är normal eller om byte av en eller flera lyftare krävs. Om defekta lyftare är problemet och bilens servicehistoria är okänd, är det alltid värt att prova med att byta olja och filter (se kapitel 1) - använd *endast* högkvalitativ motorolja av rekommenderad viskositet och specifikation - innan det dyra arbetet av byte av lyftare utförs - se även rådet i avsnitt 5 i detta kapitel.

10 Kontrollera kamloberna, leta efter brännmärken, gropar, slipningar mot annat material och tecken på överhettning (blå, missfärgade ytor). Se upp med tecken på att lobhärdytan flagnar av. Om några spår av sådana skador finns ska berörd del bytas.

11 Inspektera kamaxelns lagertappar och topplockets lagerytor, leta efter tydliga tecken på slitage eller gropar. Om några spår av sådana skador finns ska berörd del bytas.

12 Använd mikrometer och mät varje lagetapps diameter på ett flertal ställen. Om

diametern på någon tapp understiger specificerad storlek ska kamaxeln bytas.

13 Kontrollera spelet mellan lager och tapp genom att demontera lyftarna, rengör med passande lösningsmedel och en ren luddfri trasa på samtliga lagerytor och montera kamaxeln och lageröverfallen med en sträng Plastigage över varje tapp. Dra lageröverfallsbultarna till angivet moment (vrid inte kamaxeln) och demontera överfallen igen, avläs spelet på medföljande skala genom att mäta hoptryckningen. Skrapa bort Plastigage med nageln eller kanten på ett kreditkort - repa inte tappar eller överfall.

14 Om spelet i något lager överstiger specifikationerna, montera en ny kamaxel och upprepa mätningen. Om spelet fortfarande är för stort ska topplocket bytas.

15 Mät en kamaxels axialspel genom att demontera lyftarna, rengöra lagerytorna och montera kamaxel och överfall. Dra överfallsbultarna till angivet moment och mät axialspelet med en mätklocka monterad på topplocket så att spetsen vidrör kamaxelns högra ände.

16 Knacka kamaxeln mot mätklockan så att denna kan nollställas och knacka sedan kamaxeln i riktning från mätklockan och läs av. Om axialspelet är vid eller över angiven gräns, montera en ny kamaxel och upprepa kontrollen. Om spelet fortfarande är för stort ska topplocket bytas.

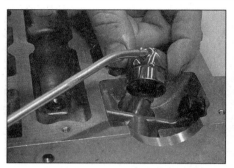

11.17 Använd rikligt med olja när de hydrauliska ventillyftarna monteras

11.19 Lägg på tätning på fogytorna på kamaxelns högra lageröverfall

11.20 De inetsade märkena på kamaxelns lageröverfall måste arrangeras som visat och vara vända utåt

Montering

17 Vid hopsättningen ska ventillyftarna oljas in ordentligt liksom deras lopp **(se bild)**. Notera att om nya lyftare monteras måste de förladdas med ren motorolja innan monteringen. Montera försiktigt lyftarna i topplocket, se till att varje lyftare hamnar på sin egen plats, vänd åt rätt håll. Viss omsorg krävs för att föra in lyftarna rakt i sina lopp.
18 Smörj kamaxelns lager och lober rikligt med olja. Se till att varje kamaxel är på sin rätta plats och montera den. Placera dem så att spåret i vänster ände på vardera är parallellt med det andra och just ovanför topplockets fogyta.
19 Se till att styrstiften är ordentligt nedtryckta i sina urtag och kontrollera att alla fogytor är fullständigt rena, hela och oljefria. Lägg på en tunn hinna packningsmassa (Ford rekommenderar Loctite 518) på fogytorna på vardera kamaxelns högra lageröverfall **(se bild)**. Vissa ägare kan vilja montera nya kamaxeloljetätningar vid detta moment, se i så fall paragraf 6, avsnitt 10.
20 Alla kamaxellageröverfall har en inetsad siffra som igenkänningstecken **(se bild)**. Avgaskammens lageröverfall är numrerade från 0 (höger) till 4 (vänster) och insugskammen från 5 (höger) till 9 (vänster), **se bild 11.21a**. Varje överfall ska monteras med

siffran utåt, framåt på avgaskammen eller bakåt på insugskammen.
21 Se till att varje överfall hålls i rät vinkel mot topplocket när det dras åt. Arbeta i den följd som visas. Dra kamaxellageröverfallsbultarna långsamt med ett varv i taget till dess att alla överfallen rör topplocket **(se bild)**. Gå sedan runt i samma följd och dra bultarna till det första steg som anges och sedan ett varv till, då bultarna dras till andra steget. Följ denna beskrivning exakt så att trycket från ventilfjädrarna läggs gradvis på överfallen. Montera kamaxeluppriktaren, den ska glida på plats enligt beskrivning i paragraf 8, avsnitt 8 **(se bild)**.
22 Torka bort överflödig packningsmassa så att inget kan leta sig in i oljekanalerna. Följ instruktionerna från massans tillverkare vad gäller härdningstid, vanligen minst en timme innan motorn kan startas.
23 Om Fords rekommendationer ska följas, montera nya kamaxeloljetätningar enligt beskrivning i paragraf 5 i avsnitt 10.
24 Använd märken och anteckningar från isärtagningen för att se till att vardera drevet monteras på sin ursprungliga kamaxel, montera dreven och dra drevbultarna löst. Trä på kamremmen (se paragraf 19 i avsnitt 8) och dra åt drevbultarna - använd gaffelmothållet som beskrivs i paragraf 16 i avsnitt 8.
25 Resterande hopsättning, inklusive kontroll av kamaxlarnas uppriktning och inställandet

av kamremsspänningen, följer beskrivningen i paragraferna 15 till 25 i avsnitt 8.

12 Topplock -
demontering och montering

Demontering

Observera: *Följande arbetsbeskrivning förutsätter att topplocket demonteras med insugs- och grenrör på plats, detta gör arbetet enklare men topplocket tyngre och klumpigare - en motorlyft krävs för att förhindra risken för personskador och skador på ömtåliga bildelar när det kompletta topplocket demonteras och monteras. Om du ändå vill demontera insugs- och grenrör, se kapitel 4D och modifiera följande arbetsbeskrivningar i enlighet med detta.*
1 Tryckutjämna bränslesystemet (kapitel 4D).
2 Lossa batteriets jordledning (se kapitel 5A, avsnitt 1).
3 Se kapitel 4D och demontera luftintagets komponenter.
4 Utjämna trycket i bränsletanken genom att ta av locket. Lossa sedan bränslets matnings- och returledningar där de är fästa mellan motor och kaross (se kapitel 4D). Plugga öppna anslutningar.

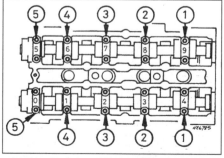

11.21a Ordningsföljd för åtdragande av kamaxelns lageröverfallsbultar
Observera: *Sett från bilens framsida - placera lageröverfallen enligt de inetsade numren som beskrivet i texten*

11.21b Montera verktyget för kamaxeluppriktning för att ställa in ÖD medan kamdreven monteras

> **HAYNES TiPS** *Närhelst du lossar vakuum-ledningar, kylvätske- eller avgasslangar, kontakter eller bränsleledningar, märk dem alltid tydligt så att de kan anslutas korrekt. Maskeringstejp och/eller märkpenna fungerar bra. Ta polaroidfoton eller skissa upp placeringen för delar och fästen.*

5 Lossa gasvajern från trottellänken enligt beskrivning i kapitel 4D. Bind fast vajern så att den går fri från motor och växellåda.

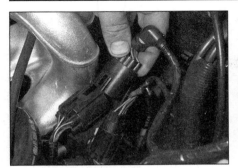

12.8a Dra ut kontakten till motorns kabelhärva längs med insugsröret

12.8b Dra ur kontakterna (vid pilarna) för att koppla ur tändspolen

12.13 Lossa alla kylvätskeslangar från termostathuset

6 Demontera drivremmen (kapitel 1).

7 Se kapitel 10 och demontera servostyrningspumpen. Lossa clipset, dra ut styrservons kontakt från tryckvakten och lossa jordledningen från topplockets bakre stödplatta/motorns lyftögla.

8 Skruva ur de tre skruvar som fäster ledningsräcket vid insugsrörets baksida. Lossa clipset och dra ut den stora elektriska kontakten (bredvid bränsletrycksregulatorn) så att motorns kabelhärva kopplas loss från stamkabelhärvan **(se bild)**. Dra ur kontakterna på var sida om tändspolen och kontakten under termostathusets framsida så att spolen och kylvätskans temperaturgivare kopplas ur **(se bild)**.

9 Märk upp och lossa vakuumslangarna enligt följande:

a) *En från trottelhusets baksida (bara en slang - det finns inget behov att lossa den andra slangen till bränsletrycksregulatorn)*

b) *En från anslutningen på insugsrörets vänstra sida*

c) *Slangen till bromsservons vakuumenhet (se kapitel 9 för detaljer)*

10 Skruva loss grenrörets värmeskölds två delar och lossa kylvätskeslangen så att den övre kan dras ut. Mätstickan och röret till den kan antingen demonteras eller vridas åt sidan.

11 Skruva ur den bult som fäster luftpulsfilterhuset vid främre fästet till motorn/växellådan och dra ut vakuumslangen ur det.

12 Dränera kylsystemet (se kapitel 1).

13 Lossa alla kylvätskeslangar från termostathuset **(se bild)**.

14 Skruva ur de två muttrar som fäster främre avgasröret vid grenröret (kapitel 4B), dra ur syresensorns kontakt så att ledningen inte dras sönder av avgassystemets vikt.

15 Stötta motorns/växellådans vikt med garagedomkraft, använd trämellanlägg som skydd.

16 Demontera kamrem och bägge kam-axlarna (se avsnitten 8 och 11). Om topplocket ska tas isär, dra ut ventillyftarna.

17 Demontera kamremmens innersköld (se avsnitt 7).

18 Arbeta med *omvänd* ordning till den sekvens som visas i **bild 12.29a**, lossa de tio topplocksbultarna gradvis med ett varv i taget. En Torx-nyckel, storlek Tx55, krävs för detta. Ta ut en bult i taget och se till att nya bultar finns till monteringen. Dessa bultar belastas hårt och ska alltid bytas, oavsett synbarligt skick, när de lossats.

19 Lyft undan topplocket, ta hjälp om möjligt eftersom det är tungt. Demontera packningen, observera de två styrstiften och kassera packningen.

Förberedelser inför monteringen

20 Fogytorna mellan topplock och block måste vara perfekt rena innan toppen monteras. Använd en skrapa av hårdplast eller trä och ta bort alla spår av gammal packning och sot. Rengör även kolvkronorna. Var försiktig eftersom lättmetallen är ömtålig. Se även till att sot inte kommer in i olje- och vattenkanaler - detta är särskilt viktigt för smörjningen eftersom sot kan stoppa oljetillförseln till en del i motorn. Förhindra att sot tränger in i gapet mellan kolvar och cylindrar genom att lägga fett över gapen. När varje kolv rengjorts, avlägsna fett och sot med en borste och torka rent med en ren trasa.

21 Kontrollera att det inte finns hack, djupa repor eller andra skador på fogytorna. Smärre skador kan tas bort försiktigt med en fil men om skadorna är större kan fräsning vara enda alternativet till byte.

22 Om skevhet i topplockspackningens yta misstänks, kontrollera med stållinjal, se vid behov del D i detta kapitel.

Montering

23 Torka ren fogytorna, kontrollera att de två styrstiften finns på plats i blocket och att samtliga topplocksbulthål är fria från olja.

24 Placera den nya packningen över styrstiften på cylinderblocket så att märket "TOP/OBEN" är vänt uppåt och tanden/tänderna (beror på motorns storlek) sticker ut från framkanten **(se bild)**.

25 Montera vevaxelremskivan provisoriskt och vrid vevaxeln motsols så att kolv nummer 1 sänks till cirka 20 mm före ÖD så att risken för kontakt mellan kolvar och ventiler undviks under hopsättningen.

26 I och med att topplocket är tungt och klumpigt att montera med insugs- och grenrör på plats, underlättar det att tillverka ett par styrstift med 10 mm gängdiameter, ungefär 90 mm långa med ett spår för en skruvmejsel i ena änden - två gamla topplocksbultar med kapade skallar är lämpligt råmaterial. Skruva i styrstiften, skruvspåret uppåt för senare urskruvande, i bulthål i diagonalt motsatta hörn på blocket (eller där styrklackar redan finns). Se till att cirka 70 mm stift sticker ut över packningen.

27 Montera topplocket, låt det glida ned på styrstiften (om monterade) och sätta sig på styrklackarna. Skruva ur styrstiften när topplocket är på plats.

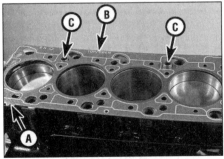

12.24 Kontrollera att tand/tänder "A" är på framsidan, att markeringen "B" är vänd uppåt och placera sedan den nya topplockspackningen på styrstiften "C"

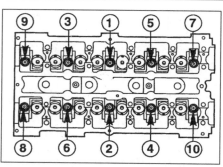

12.29a Ordningsföljd för åtdragning av topplockets bultar
Observera: Sett från bilens baksida

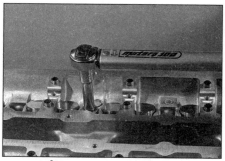

12.29b Åtdragning av topplockets bultar (steg 1 och 2) med momentnyckel . . .

12.29c . . . och steg 3 med vinkelmätare

28 Montera de nya topplocksbultarna torra (*dvs olja inte in gängorna*). Montera bultarna och fingerdra dem till att börja med.

29 Arbeta gradvis i visad följd, först med momentnyckel och sedan med förlängare och vinkelmätare och dra topplocksbultarna i de steg som anges i *"Specifikationer"* i detta kapitel **(se bilder). Observera:** *Närtopp-locksbultarna dragits korrekt enligt denna beskrivning kräver de ingen ytterligare kontroll och får **inte** lossas och momentdras igen.*

30 Montera ventillyftarna (om demonterade), kamaxlar, kamaxeloljetätningar och drev (se avsnitten 9, 10, 11 efter tillämplighet). Montera vevaxelns remskiva provisoriskt och vrid vevaxeln medsols så att märkena återgår till ÖD-läget enligt beskrivning i avsnitt 3.

31 Montera kamrem och kåpor, rikta kam-axlarna och ställ kamremsspänningen enligt beskrivning i avsnitt 8.

32 Resterande montering sker i omvänd arbetsordning, lägg märke till följande:

a) Dra åt samtliga fixturer till angivet åtdragningsmoment

b) Fyll kylsystemet och fyll på oljenivån (se kapitel 1 och "Veckokontroller")

c) Kontrollera alla rubbade anslutningar, leta efter tecken på läckage av olja eller kylvätska när motorn startats och varmkörts

d) Om servostyrningens slangar lossats ska systemet avluftas efter anslutandet enligt beskrivning i kapitel 10

13 Sump -
demontering och montering

Demontering

Observera: *Nedanstående beskrivning måste följas så att fogytorna kan rengöras och* förberedas för oljetät montering och så att sumpen kan riktas upp korrekt. Beroende på din erfarenhet och befintliga resurser kan det vara så att detta arbete bara kan göras med motor och växellåda urplockade. Observera att sumpens packning alltid ska bytas när den rubbas.

1 Lossa batteriets jordledning (se kapitel 5A, avsnitt 1).

2 Tappa ur motoroljan, rengör och skruva i oljepluggen, dra den till angivet moment. Även om det inte är strikt nödvändigt för isär-tagningen rekommenderas att oljefiltret skruvas ur och kasseras så att det byts samtidigt med oljan (se kapitel 1).

3 Se kapitel 5A och demontera startmotorn.

4 Demontera kåpan över drivremmen (se kapitel 1).

5 Dra ur kontakten till syresensorn.

6 Skruva ur de muttrar som fäster främre avgasröret vid grenröret och haka antingen av alla avgasfästen under bilen eller demontera främre avgasröret och katalysatorn (se kapitel 4E för detaljer).

7 Skruva ur sumpens bultar från växellådan och de som fäster nedre adapterplattan.

8 Skruva gradvis ur sumpbultarna. Öppna fogen genom att klappa till sumpen med handen. Sänk ned sumpen och dra ut den tillsammans med nedre adapterplattan, notera förekomsten av eventuella shims mellan sump och växellåda.

9 Ta bort och kassera sumppackningen, den ska alltid bytas mot en ny när den rubbats.

10 När sumpen är demonterad, passa då på att ta ut och rengöra oljepumpens upptag-ningsrör och sil (avsnitt 14).

Montering

11 Vid monteringen, rengör noga och fetta av fogytorna på block och sump. Torka ur sumpen och motorns insida med en ren trasa. Om oljepumpens upptagningsrör och sil demonterats, montera en ny packning och röret, dra skruvarna till angivet moment. Montera en ny packning på sumpens fogyta så att den passar i spåret i sumpen **(se bild).**

12 Om sumpen monteras med motor och växellåda på plats i bilen, gör följande:

a) Kontrollera att fogytorna på sumpen, blocket och växellådan är perfekt rengjorda och plana. Shims som hittades när sumpen demonterades måste sättas tillbaka på sina ursprungliga platser.

b) Lägg på en tunn film tätningsmassa (Ford rekommenderar Hylosil 102) i förbindelsen mellan blocket och oljepumpen och vänster oljetätningshus. För upp sumpen och nedre adapterplattan mot blocket och montera bultarna. Börja med att dra dem helt löst. Obs! Var snabb - sumpbultarna måste vara fullt åtdragna inom 10 - 20 minuter efter tätningsmassan lagts på

c) Kontrollera att nedre adapterplattan är korrekt placerad, tryck sumpen hårt mot växellådan och dra åt sumpbultarna till angivet moment.

d) Rubba inte sumpens läge, arbeta i diagonal sekvens från mitten och utåt och dra sumpbultarna till angivet moment.

e) Gå till paragraf 14.

13.11 Kontrollera att packningen är korrekt placerad i sumpens spår

13.13a Lägg på tätningsmassa (vid pilarna) enligt instruktionerna vid montering av sumpen

13.13b Kontroll av sumpens uppriktning mot blocket

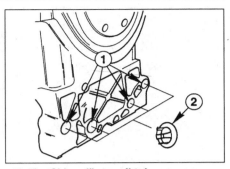

13.13c Shims för uppriktning av sumpen mot blocket
1 Monteringspunkter på sumpen 2 Shims

13 Om sumpen monteras med motor och växellåda isärtagna (i eller utanför bilen), gör följande:

a) *Lägg på en tunn film tätningsmassa (Ford rekommenderar Hylosil 102) i förbindelsen mellan blocket och oljepumpen och vänster oljetätningshus (se bild). För upp sumpen mot blocket och montera bultarna. Börja med att dra dem helt löst. Vad snabb - sumpbultarna måste vara fullt åtdragna inom 10 - 20 minuter efter tätningsmassan lagts på .*

b) *Använd en passande stållinjal och kontrollera uppriktningen över de planfrästa ytorna på vardera och flytta sumpen så att den vänstra ytan - inklusive shims som hittats vid demonteringen - är precis i jämnhöjd med blocket (se bild). Utan att rubba sumpens läge, arbeta i diagonal sekvens från mitten och utåt och dra sumpbultarna till angivet moment.*

c) *Kontrollera åter att bägge ytorna är i jämnhöjd innan du fortsätter, vid behov, lossa sumpen, rengör fogytorna och upprepa hela arbetet för att vara säker på att sumpen är korrekt uppriktad.*

d) *Om sumpen inte går att rikta korrekt med flyttning, finns det shims i tjocklekarna 0,25 mm (gula) eller 0,50 mm (svarta) för att eliminera skillnader (se bild).*

14 Resterande montering sker i omvänd arbetsordning, lägg märke till följande:

a) *Dra åt samtliga fixturer till angivet åtdragningsmoment.*

b) *Självlåsande muttrar som skruvats ur ska ersättas med nya vid monteringen.*

c) *Fyll kylsystemet (se kapitel 1).*

d) *Fyll på motorolja, kom i håg att ett nytt filter rekommenderas (se kapitel 1).*

e) *Varmkör motorn och leta efter läckor av olja eller kylvätska.*

---

14 Oljepump - demontering, kontroll och montering

Demontering

Observera: *Även om detta arbete är teoretiskt möjligt att utföra med motorn i bilen kräver det i praktiken så mycket förberedande demontering och är så svårt att utföra på grund av utrymmesbrist, att vi rekommenderar att man lyfter ut motorn ur bilen först. Notera dock att oljepumpens övertrycksventil kan demonteras med motorn på plats - se paragraf 8.*

1 Demontera kamremmen (se avsnitt 8).

2 Dra av vevaxelns drev och tryckbrickan bakom, notera tryckbrickans monteringsväg (avsnitt 9).

3 Demontera sumpen (se avsnitt 13).

4 Skruva ur skruvarna till oljeupptagningsröret och silen, skruva ur muttern och dra loss röret/silen. Kassera packningen.

5 Skruva loss pumpen från blocket/vevhuset **(se bild)**. Dra ut och kassera packningen, demontera höger vevaxeloljetätning. Rengör alla delar noga och avfetta dem, speciellt fogytorna för pumpen, sumpen och blocket.

Kontroll

6 Skruva ur Torx-skruvarna och ta av pumpens lock, anteckna eventuella märken på rotorerna och dra ut dem **(se bild)**.

7 Leta efter tydliga tecken på slitage eller skador och byt vid behov. Om endera rotorn, pumphuset eller locket är repat eller skadat ska hela oljepumpen bytas.

8 Oljans övertrycksventil kan tas isär vid behov, utan att pumpen rubbas. Klossa bakhjulen och ställ framvagnen på pallbockar (se "Lyftning och stödpunkter"). Ta av höger hjul och drivremskåpan (se kapitel 1) så att ventilen blir åtkomlig.

9 Skruva ur den gängade pluggen, ta vara på ventilens fjäder och plunger **(se bilder)**. Om pluggens o-ring är sliten eller skadad ska en ny användas vid monteringen.

10 Hopsättning sker med omvänd arbetsordning, se till att fjäder och ventil monteras rättvända och dra åt pluggen ordentligt.

Montering

11 Oljepumpen måste snapsas vid installationen, häll ren olja i den och rotera den inre rotorn några varv.

14.5 Skruva ur bultarna (vid pilarna) för att demontera oljepumpen

14.6 Dra ut oljepumpens inre rotor

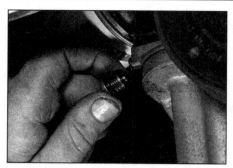

14.9a Skruva ur den gängade pluggen - sedd genom vänster hjulhus . . .

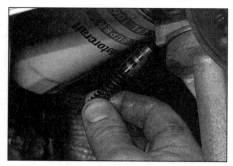

14.9b . . . för att dra ut oljans övertrycksventils fjäder och plunger

14.12 Använd en ny packning när oljepumpen monteras

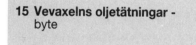

14.13 Kontroll av uppriktningen av oljepumpen (se texten)

14.16 Använd en ny packning när oljepumpens upptagningsrör monteras på oljepumpen

möjligt utan stor risk att skada oljetätningshuset och/eller vevaxeln. Följ instruktionerna nedan exakt.

Höger oljetätning

1 Demontera oljepumpen (se avsnitt 14).
2 Driv ut oljetätningen ur pumpen från baksidan **(se bild)**.
3 Rengör oljetätningshus och vevaxel, slipa bort eventuella grader eller kanter som kan ha orsakat oljetätningshaveriet.
4 Montera oljepumpen (se avsnitt 14). Fetta in läppen och utsidan på den nya oljetätningen.
5 Oljetätningen bör dras i läge med Fords specialverktyg nr 21-093A och remskivebulten. Ett alternativ kan vara att använda en hylsa med passande diameter och remskivebulten med en bricka. **(se bild).**
6 Om sådana verktyg inte är tillgängliga, tryck fast oljetätningen för hand och knacka in den med en gummiklubba vars ytterdiameter är något mindre än oljetätningens, till dess att den är i jämnhöjd med pumphuset **(se bild)**. Detta kräver stor försiktighet så att oljetätningen monteras korrekt, utan vridningar eller skador.
7 Tvätta bort alla spår av olja. Resterande montering sker i omvänd arbetsordning, se relevant text för detaljer. Leta efter oljeläckor när motorn startas igen.

12 Fäst den nya packningen med en klick fett på vevhuset, vrid pumpens inre rotor så att den riktas upp mot vevaxelns plana ytor, montera pumpen och bultarna, dra dem lätt till att börja med **(se bild)**.
13 Använd en passande stållinjal och bladmått, kontrollera att pumpen är både centrerad *exakt* runt vevaxeln och i rät vinkel mot den så att fogytan (mot sumpen) är exakt lika stor - mellan 0,3 och 0,8 mm - under blockets fogyta på var sida om vevaxeln **(se bild)**. Se till att inte rubba packningen, för pumpen i rätt läge och dra bultarna till angivet moment.
14 Kontrollera att pumpen är korrekt monterad, vid behov, lossa den och gör om monteringen.
15 Montera en ny oljetätning på vevaxelns högra sida (se avsnitt 15).

16 Fäst packningen på pumpen med en fettklick, montera upptagningsrör/sil och dra förbanden till angivet moment **(se bild)**.
17 Resterande montering sker med omvänd arbetsordning, se relevant text för detaljer vid behov.

15 Vevaxelns oljetätningar - byte

Observera: *Försök inte ta ut dessa oljetätningar utan att först demontera oljepumpen eller oljetätningshuset - oljetätningarna är för mjuka och utrymmet så litet att detta inte är*

Vänster oljetätning

8 Demontera växellådan (se relevant del av kapitel 7).

15.2 Utdrivning av vevaxelns högra oljetätning

15.5 En hylsa i rätt storlek kan användas i stället för Fords verktyg för att dra den nya oljetätningen i läge enligt beskrivning

15.6 Om oljetätningen knackas på plats som visat, var mycket försiktig så att den inte skadas eller vrids

15.12 Skruva ur bultarna (vid pilarna) för att demontera vevaxelns vänstra oljetätningshus . . .

15.13 . . . och se till att huset stöttas korrekt när oljetätningen drivs ut - observera urtagen i huset för dornet

15.15 Använd en ny packning när vänster oljetätningshus monteras

15.16 Rikta upp oljetätningshuset enligt beskrivning i texten

15.18 Använd en styrning av tunn plast till att trä oljetätningsläppen över vevaxelns ansats

de riktas korrekt mot varandra vid montering.

4 Hindra att svänghjul/drivplatta vrids genom att spärra kuggkransen eller bulta fast ett band mellan det och blocket. Lossa bultarna jämnt till dess att alla är urskruvade.

5 Ta ut en bult i taget, se till att nya finns för monteringen. Dessa bultar belastas hårt och måste bytas oavsett synbarligt skick, närhelst de skruvats ur.

6 Observera förstärkningsplattan (endast automatväxellåda), dra av svänghjul/drivplatta. Tappa det inte - det är mycket tungt.

Kontroll

7 Rengör svänghjul/drivplatta från fett och olja, kontrollera att det inte finns sprickor, nitspår, brända ytor eller repor. Smärre repor kan tas bort med smärgelduk. Leta efter spruckna eller brutna kuggar i kransen. Lägg svänghjul/drivplatta plant och kontrollera skevheten med en stållinjal.

8 Rengör och kontrollera fogytorna på svänghjul/drivplatta och vevaxeln. Om vevaxelns vänstra oljetätning läcker, byt den (se avsnitt 15) innan montering av svänghjul/drivplatta.

9 När svänghjul/drivplatta är demonterat, rengör noga innersidans (höger) yta, speciellt de urtag som fungerar som referenspunkter för vevaxelns givare angående läge och hastighet. Rengör givarens spets och kontrollera att givaren är väl fastskruvad.

9 Demontera i förekommande fall kopplingen (kapitel 6).

10 Skruva loss svänghjulet/drivplattan (se avsnitt 16).

11 Demontera sumpen (se avsnitt 13).

12 Skruva loss oljetätningshuset **(se bild)**. Avlägsna och kassera packningen.

13 Stötta huset jämnt på träklossar, driv ut oljetätningen bakifrån **(se bild)**.

14 Rengör oljetätningshus och vevaxel, polera bort eventuella grader eller kanter som kan ha orsakat haveriet. Rengör även fogytorna mellan blocket och huset och ta bort alla packningsrester med en skrapa - var noga med att inte skada block eller hus. Avfetta ytorna med lämpligt lösningsmedel.

15 Fäst den nya packningen på plats med en fettklick och lyft på oljetätningshuset **(se bild)**.

16 Använd en passande stållinjal och bladmått, kontrollera att oljetätningshuset är både centrerat *exakt* runt vevaxeln och i rät vinkel mot den så att fogytan (mot sumpen) är exakt lika stor - mellan 0,3 och 0,8 mm - under blockets fogyta på var sida om vevaxeln. Se till att inte rubba packningen, för huset i rätt läge och dra bultarna till angivet moment **(se bild)**.

17 Kontrollera att huset är korrekt placerat, vid behov, skruva ur bultarna och upprepa hela monteringen till dess att oljetätningshuset blir korrekt uppriktat.

18 Fords rekommenderade metod för montering av oljetätningen är serviceverktyg 21-141, tillsammans med två svänghjulsbultar för att dra oljetätningen i läge. Om detta verktyg inte är tillgängligt, tillverka en styrning av ett tunt plastark eller liknande och smörj oljetätningsläppen och utsidan samt vevaxelns ansats. För in oljetätningen och låt styrningen mata den över vevaxelns ansats **(se bild)**. Tryck sedan försiktigt in oljetätningen i huset för hand och använd en mjuk klubba till att knacka ned den i jämnhöjd med huset.

19 Torka bort överflödig olja eller fett, resterande montering sker i omvänd arbetsordning, se relevant text för detaljer vid behov. Leta efter oljeläckor när motorn startas igen.

16 Svänghjul/drivplatta - demontering, kontroll och montering

Demontering

1 Demontera växellådan (se relevant del av kapitel 7).

2 Demontera i förekommande fall kopplingen (kapitel 6).

3 Gör uppriktningsmärken för vevaxel och svänghjul/drivplatta med dorn eller färg så att

Montering

10 Vid montering, se till att motorns/växellådans adapterplatta finns på plats (vid behov), montera sedan svänghjul/drivplatta på vevaxeln så att alla bulthål är uppriktade - den kan bara monteras på ett sätt - kontrollera detta med märkena från demonteringen. Glöm inte förstärkningsplattan (automatväxellåda).

11 Lås svänghjul/drivplatta som vid demonteringen. Arbeta i diagonal följd och dra dem jämnt, öka till det slutliga momentet i två eller tre steg till angivet moment erhålles.

12 Resterande montering sker med omvänd arbetsordning, se relevant text för detaljer vid behov.

17 Fästen för motor och växellåda - kontroll och byte

Allmänt

1 Fästena till motor/växellåda kräver sällan uppmärksamhet, men brutna eller trasiga fästen ska bytas omedelbart. Gör man inte det kan de ökade påfrestningarna på drivlinan leda till skador eller slitage.
2 Monteringens arrangemang varierar avsevärt, beroende på om växellådan är manuell eller automatisk och om den är manuell på om den är av typ iB5 eller MTX-75. Detta har även stor betydelse för hur mycket preliminär isärtagning som krävs för åtkomst av fästena, vilket måste utvärderas för varje variant.

Kontroll

3 Vid denna kontroll måste motorn lyftas något så att vikten inte bärs upp av fästena.
4 Klossa bakhjulen och ställ framvagnen på pallbockar (se "Lyftning och stödpunkter"). Placera en garagedomkraft under sumpen, använd trämellanlägg och lyft försiktigt på motor och växellåda precis så mycket att fästena avlastas helt. **Varning: PLACERA INTE någon den av kroppen under motorn om den bara stöttas med en domkraft!**

5 Kontrollera i fästena om gummit är sprucket, förhårdnat eller separerat från metalldelarna. Ibland spricker gummit på mitten.
6 Kontrollera den relativa rörelsen mellan varje fäste och motorn/växellådan respektive karossen (använd en stor skruvmejsel eller liknande för att försöka rubba fästena). Om det finns märkbara rörelser, sänk ned motorn och kontrolldra fästenas förband.

Byte

Främre vänster fäste

7 Placera en garagedomkraft under växel-lådan, använd trämellanlägg och lyft försiktigt på motor och växellåda precis så mycket att fästena avlastas helt.
8 Skruva ur de två bultar som håller fästet vid karossens sidobalk och de två bultar som håller fästet vid växellådans bygel **(se bild)**. Dra ut fästet från sin plats.
9 Montering sker med omvänd arbetsordning, dra bultarna till angivet moment.

Vänster bakre fäste

10 Demontera luftrenaren enligt beskrivning i kapitel 4D.
11 Placera en garagedomkraft under växel-lådan, använd trämellanlägg och lyft försiktigt på motor och växellåda precis så mycket att fästena avlastas helt.
12 Skruva ur de muttrar och bultar som håller byglarna vid växellådans översida och till själva fästet **(se bild)**. Avlägsna byglarna från växellådan.
13 Skruva ur de två bultarna, en ovanifrån, en på nedifrån, som håller fästet vid karossen. Avlägsna fästet från bromsservoenhetens undersida.
14 Montering sker med omvänd arbetsordning, dra bultarna till angivet moment.

Höger fäste

15 Klossa bakhjulen och ställ framvagnen på pallbockar (se "Lyftning och stödpunkter"). Kör helst upp bilen på ramper.
16 Tappa ur motoroljan och skruva ur oljefiltret (se kapitel 1).
17 Skruva ur de två övre bultarna och en nedre bult och demontera fästets stöd.
18 Skruva ur de två övre muttrar som håller fästet vid karossen **(se bild)**.
19 Skruva ur de två nedre bultar som håller fästet vid motorns bygel **(se bild)**. Lirka ut fästet, komplett med dämparvikt, från bilens undersida.
20 Montering sker i omvänd arbetsordning, dra förbanden till angivna moment.

17.8 Vänster främre fäste för motor och växellåda

17.12 Vänster bakre fäste för motor och växellåda

17.18 Höger motorfästes muttrar

17.19 Höger motorfästes bultar (vid pilarna)

Kapitel 2 del D:
Urlyftning och renovering av motorn

Innehåll

Svårighetsgrader

Enkelt, passar novisen med lite erfarenhet		**Ganska enkelt**, passar nybörjaren med viss erfarenhet		**Ganska svårt**, passar kompetent hemmekaniker		**Svårt**, passar hemmekaniker med erfarenhet		**Mycket svårt**, för professionell mekaniker	

Specifikationer

HCS Endura-E

Topplock

Maximal tillåten skevhet på topplockspackningsytan (mätt över hela längden)	0,15 mm
Ventilsätesvinkel (insug och avgas)	45°
Ventilsätesbredd (insug och avgas)	1,18 - 1,75 mm*

Insugs och avgasventilerna har speciella insatser som inte kan fräsas om med konventionella verktyg

Ventiler - allmänt

	Insug	Avgas
Ventillängd	103,7 - 104,4 mm	104,2 - 104,7 mm
Ventiltallrikens diameter	34,40 - 34,60 mm	28,90 - 29,10 mm
Ventilskaftets diameter	7,0 mm	7,0 mm
Ventilskaftets spel i styrningen	0,020 - 0,069	0,046 - 0,095

Motorblock

Cylinderloppsdiameter:	
Standard 1	73,94 - 73,95 mm
Standard 2	73,50 - 73,96 mm
Standard 3	73,96 - 73,97 mm
Överdimension 0,5 mm	74,50 - 74,51 mm
Överdimension 1,0 mm	75,00 - 75,01 mm

Kolvar och kolvringar

Kolvdiameter:	
Standard 1	73,91 - 73,92 mm
Standard 2	73,92 - 73,93 mm
Standard 3	73,93 - 73,94 mm
Överdimension 0,5 mm	74,46 - 74,49 mm
Överdimension 1,0 mm	74,96 - 74,99 mm
Kolvspel i cylinder	0,015 - 0,050 mm
Kolvringsändgap - monterade:	
Övre kompressionsring	0,25 - 0,45 mm
Nedre kompressionsring	0,45 - 0,75 mm
Oljering	0,20 - 0,40 mm

Kolvar ock kolvringar (fortsättning)

Kolvringsspel i spår:

Kompressionsringar	0,20 mm (maximum)
Oljering	0,10 mm (maximum)

Kolvringsgapets placering:

Övre kompressionsring	Förskjuten 180° från oljeringens gap
Nedre kompressionsring	Förskjuten 90° från oljeringens gap
Oljering	Parallellt med kolvbulten

Kolvbult

Längd	63,3 - 64,6 mm

Diameter:

Färgkod vit	18,026 - 18,029 mm
Färgkod röd	18,029 - 18,032 mm
Färgkod blå	18,032 - 18,035 mm
Färgkod gul	18,035 - 18,038 mm
Spel i kolv	0,008 - 0,014 mm
Presspassning i vevstake	0,016 - 0,048 mm

Vevaxel och lager

Ramlagertapparnas diameter:

Standard	56.980 - 57.000 mm
0,254 mm underdimension	56,726 - 56,746 mm
0,508 mm underdimension (endast HCS)	56,472 - 56,492 mm
0,762 mm underdimension (endast HCS)	56,218 - 56,238 mm
Spel mellan lagertapp och lagerskål	0,009 - 0,056 mm

Storändstapparnas diameter:

Standard	40,99 - 41,01 mm
0,254 mm underdimension	40,74 - 40,76 mm
0,508 mm underdimension (endast HCS)	40,49 - 40,51 mm
0,762 mm underdimension (endast HCS)	40,24 - 40,26 mm
Storändslagertappens spel till lagerskål	0,006 - 0,060 mm
Vevaxelns axialspel	0,075 - 0,285 mm

Tryckbrickstjocklek:

Standard	2,80 - 2,85 mm
Överdimension	2,99 - 3,04 mm

Åtdragningsmoment

	Nm
Ramlageröverfall	95

*Storändslageröverfallens bultar:

Steg 1	4
Steg 2	Vinkeldra ytterligare 90°
Bultar mellan motor och växellåda	40

*Nya bultar måste användas

Observera: Se del A av detta kapitel för resterande åtdragningsmoment

Motorerna CVH och PTE

Topplock

Maximalt tillåten skevhet i topplockspackningens yta (mätt över hela längden)	0,15 mm

Kamaxellagerdiameter i topplock (standard):

Lager 1	44,783 - 44,808 mm
Lager 2	45,033 - 45,058 mm
Lager 3	45,283 - 45,308 mm
Lager 4	45,533 - 45,558 mm
Lager 5	45,783 - 45,808 mm

Kamaxellagerdiameter i topplock (överdimension):

Lager 1	45,188 - 45,163 mm
Lager 2	45,438 - 45,413 mm
Lager 3	45,668 - 45,663 mm
Lager 4	45,938 - 45,913 mm
Lager 5	46,188 - 46,163 mm
Ventillyftarloppens diameter (standard)	22,235 - 22,265 mm
Ventillyftarloppens diameter (överdimension)	22,489 - 22,519 mm
Ventilsätesvinkel (insug och avgas)	44°30' - 45°30'
Ventilsätesbredd (insug och avgas)	1,75 - 2,32 mm*

*Topplocket har ventilsätesringar på avgassidan. Dessa kan inte fräsas om med konventionella verktyg

Ventiler - allmänt

	Insug	Avgas
Ventillängd:		
1.4 liter	136,29 - 136,75 mm	132,97 - 133,43 mm
1.6 liter	134,54 - 135,00 mm	131,57 - 132,03 mm
Ventiltallrikens diameter:		
1.4 liter	39,90 - 40,10 mm	33,90 - 34 10 mm
1.6 liter	41,90 - 42,10 mm	36,90 - 37,10 mm
Ventilskaftens diameter (standard)	8,025 - 8,043 mm	7,999 - 8,017 mm
Ventilskaftens diameter (0,2 mm överdimension)	8,225 - 8,243 mm	8,199 - 8,217 mm
Ventilskaftens diameter (0,4 mm överdimension)	8,425 - 8,443 mm	8,399 - 8,417 mm
Ventilskaftens spel i styrningen	0,020 - 0,063 mm	0,046 - 0,089 mm

Motorblock

Cylinderloppsdiameter:

1.4 liter:
Standard 1	77,22 - 77,23 mm
Standard 2	77,23 - 77,24 mm
Standard 3	77,24 - 77,25 mm
Standard 4	77,25 - 77,26 mm
Överdimension A	77,51 - 77,52 mm
Överdimension B	77,52 - 77,53 mm
Överdimension C	77,53 - 77,54 mm

1.6 liter:
Standard 1	79,94 - 79,95 mm
Standard 2	79,95 - 79,96 mm
Standard 3	79,96 - 79,97 mm
Standard 4	79,97 - 79,98 mm
Överdimension A	80,23 - 80,24 mm
Överdimension B	80,24 - 80,25 mm
Överdimension C	80,25 - 80,26 mm

Kolvar och kolvringar

Kolvdiameter (produktion):

1.4 liter:
Standard 1	77,190 - 77,200 mm
Standard 2	77,200 - 77,210 mm
Standard 3	77,210 - 77,220 mm
Standard 4	77,220 - 77,230 mm
Överdimension A	77,480 - 77,490 mm
Överdimension B	77,490 - 77,500 mm
Överdimension C	77,500 - 77,510 mm

1.6 liters förgasarmotor:
Standard 1	79,910 - 79,920 mm
Standard 2	79,920 - 79,930 mm
Standard 3	79,930 - 79,940 mm
Standard 4	79,940 - 79,950 mm
Överdimension A	80,200 - 80,210 mm
Överdimension B	80,210 - 80,220 mm
Överdimension C	80,220 - 80,230 mm

1.6 liters EFi bränsleinsprutad motor:
Standard 1	79,915 - 79,925 mm
Standard 2	79,925 - 79,935 mm
Standard 3	79,935 - 79,945 mm
Standard 4	79,945 - 79,955 mm
Överdimension A	80,205 - 80,215 mm
Överdimension B	80,215 - 80,225 mm
Överdimension C	80,225 - 80,235 mm

Kolvens spel i loppet:
1.4 liter	0,020 - 0,040 mm
1.6 liters förgasarmotor	0,020 - 0,040 mm
1.6 liters EFi bränsleinsprutad motor	0,015 - 0,035 mm

Kolvringsändgap - monterade:
Kompressionsringar	0,30 - 0,50 mm

Oljeringar:
1.4 liter	0,40 - 1,40 mm
1.6 liters förgasarmotor	0,40 - 1,40 mm
1.6 liters EFi bränsleinsprutad motor	0,25 - 0,40 mm

Kolvbultar

Längd:
1.4 liter	63,000 - 63,800 mm
1.6 liters förgasarmotor	66,200 - 67,000 mm
1.6 liters EFi bränsleinsprutad	63,000 - 63,800 mm

Diameter:
Färgkod vit	20,622 - 20,625 mm
Färgkod röd	20,625 - 20,628 mm
Färgkod blå	20,628 - 20,631 mm
Färgkod gul	20,631 - 20,634 mm
Spel i kolv	0,005 - 0,011 mm
Presspassning i vevstake	0,013 - 0,045 mm

Vevaxel och lager

Ramlagertapparnas diameter:
Standard	57,98 - 58,00 mm
0,25 mm underdimension	57,73 - 57,75 mm
0,50 mm underdimension	57,48 - 57,50 mm
0,75 mm underdimension	57,23 - 57,25 mm
Spel mellan ramlagertapp och lagerskål	0,011 - 0,058 mm

Storändstapparnas diameter:
Standard	47,89 - 47,91 mm
0,25 mm underdimension	47,64 - 47,66 mm
0,50 mm underdimension	47,39 - 47,41 mm
0,75 mm underdimension	47,14 - 47,16 mm
1,00 mm underdimension	46,89 - 46,91 mm
Storändslagertappens spel till lagerskål	0,006 - 0,060 mm
Vevaxelns axialspel	0,09 - 0,30 mm

Tryckbrickstjocklek:
Standard	2,301 - 2,351 mm
Överdimension	2,491 - 2,541 mm

Åtdragningsmoment

	Nm
Ramlageröverfall	95
Storändens lageröverfall	33
Bultar mellan motor och växellåda	40

Observera: *Se del B av detta kapitel för resterande åtdragningsmoment*

Motorerna Zetec och Zetec-E

Topplock

Maximalt tillåten skevhet på topplockspackningens yta	0,10 mm
Ventilsätens inkluderade vinkel	90°
Ventilstyrningsdiameter	6,060 - 6,091 mm

Ventiler - allmänt

	Insug	Avgas
Ventillängd	96,870 - 97,330 mm	96,470 - 96,930 mm
Ventiltallrikens diameter:		
1.6 liter	26,0 mm	24,5 mm
1.8 liter	32,0 mm	28,0 mm
Ventilskaftens diameter	6,028 - 6,043 mm	6,010 - 6,025 mm
Ventilskafts spel i styrning	0,017 - 0,064 mm	0,035 - 0,081 mm

Motorblock

Cylinderloppsdiameter:

1.6 liter:
Klass 1	76,000 - 76,010 mm
Klass 2	76,010 - 76,020 mm
Klass 3	76,020 - 76,030 mm

1.8 liter:
Klass 1	80,600 - 80,610 mm
Klass 2	80,610 - 80,620 mm
Klass 3	80,620 - 80,630 mm

Kolvar och kolvringar

Kolvdiameter
  1.6 liter:
    Klass 1 . . . .   75,975 - 75,985 mm
    Klass 2 . . . .   75,985 - 75,995 mm
    Klass 3 . . . .   75,995 - 76,005 mm
  1.8 liter:
    Klass 1 . . . .   80,570 - 80,580 mm
    Klass 2 . . . .   80,580 - 80,590 mm
    Klass 3 . . . .   80,590 - 80,600 mm
Överdimensioner - samtliga motorer . . . .   Saknas
Kolvspel i cylinder . . . .   Ej specificerat
Kolvringsändgap - monterade:
  Kompressionsringar . . . .   0,30 - 0,50 mm
  Oljering:
    1.6 liter . . . .   0,25 - 1,00 mm
    1.8 liter . . . .   0,38 - 1,14 mm

Kolvbult

Diameter:
  Färgkod vit/kolvkrona märkt "A" . . . .   20,622 - 20,625 mm
  Färgkod röd/kolvkrona märkt "B" . . . .   20,625 - 20,628 mm
  Färgkod blå/kolvkrona märkt "C" . . . .   20,628 - 20,631 mm
Spel i kolv . . . .   0,010 - 0,016 mm
Presspassning i vevstake . . . .   0,011 - 0,042 mm

Vevaxel och lager

Ramlagertappars standarddiameter . . . .   57,980 - 58,000 mm
Spel mellan ramlagertapp och lagerskål . . . .   0,011 - 0,058 mm
Tillgänglig underdimension för ramlagerskålar . . . .   0,02 mm, 0,25 mm
Storändslagertappars standarddiameter . . . .   46,890 - 46,910 mm
Spel mellan storändslagertappar och skålar . . . .   0,016 - 0,070 mm
Tillgänglig underdimension för storändslagerskålar . . . .   0,02 mm, 0,25 mm
Vevaxelns axialspel . . . .   0,090 - 0,310 mm

Åtdragningsmoment

	Nm
Ramlageröverfallens bultar och muttrar	80
Storändslageröverfallens bultar:	
Steg 1	18
Steg 2	Vinkeldra ytterligare 90°
Blindpluggs Torx-skruvar /kolvkylningens oljemunstycken	10
Oljekanalers blindpluggar i motorblock och topplock:	
M6 x 10	10
M10 x 11.5 - i block	24
1/4-tums PTF plugg - i block	25
Bultar, servostyrningens pump/luftkonditioneringens kompressor till	
motorblockets fäste	47
Bultar, grenrörets värmesköld till motorblocket	32
Vevhusventilationen:	
Bultar, oljefrånskiljare till motorblock	10
Bult, rör till topplock	23
Bultar mellan motor och växellåda	40

Observera: *Se del C av detta kapitel för resterande åtdragningsmoment*

1 Allmän information

I denna del av kapitel 2 finns beskrivningar för urlyftande av motor/växellåda från bilen och allmänna renoveringsarbeten för topplock, motorblock/vevhus samt alla inre motordelar.

Informationen spänner från råd om förberedelser för renovering och inköp av reservdelar till detaljerade stegvisa instruk-tioner för demontering, kontroll, renovering och montering av motorns inre delar.

Efter avsnitt 6 baseras alla instruktioner på förutsättningen att motorn lyfts ut ur bilen. Information om reparationer med motorn i bilen, liksom instruktioner för demontering och montering av komponenter nödvändiga för en totalrenovering, finns i delarna A, B och C i detta kapitel och i avsnitt 6. Bortse från de beskrivningar av preliminär demon-tering i delarna A, B och C som inte längre är relevanta när motorn lyfts ut ur bilen.

2 Urlyftning av motor och växellåda - förberedelser och föreskrifter

Om du beslutat dig för att lyfta ur motorn för renovering eller större reparation ska flera förberedande åtgärder vidtas:

En lämplig arbetsplats är extremt viktig. Tillräckligt arbetsutrymme och förvaringsplats för bilen krävs. Om garage eller verkstad inte finns är minimikravet en plan ren yta.

Om möjligt, rensa några hyllor nära arbetsområdet och använd dessa till att förvara motordelar och kringutrustning när de demonterats och tagits isär. Detta gör det lättare att hålla delarna rena och oskadda under arbetet. Att lägga ut komponenterna i grupper tillsammans med fixturerna spar tid och undviker sammanblandningar när motorn sätts ihop.

Rengöring av motorrum/motor/växellåda innan demontering påbörjas håller verktyg rena och ordnade.

Två av de motorer som tas upp i denna handbok kan endast plockas ur som en enhet tillsammans med växellådan. Bilen måste lyftas och stöttas ordentligt på en sådan höjd att motor och växellåda kan plockas ut som en enhet, sänkas ned till marken och dras ut och delas. För samtliga motorer gäller att en motorlyft eller A-ram krävs. Se till att lyft-utrustningen är klassad för minst motorns och växellådans sammanlagda vikt.

En medhjälpare bör finnas till hands, det finns tillfällen då en person inte kan utföra alla moment som ingår i urlyftandet på ett säkert sätt. Säkerhet är en ytterst viktig fråga med tanke på de potentiella risker som denna typ av arbete medför. En andra person ska alltid finnas närvarande för att kunna ge hjälp i ett nödläge. Råd och hjälp från någon som har erfarenhet av arbetet är också till stor hjälp.

Planera arbetet, skaffa all utrustning som behövs innan arbetet påbörjas. En del av det som behövs för att utföra arbetet säkert och relativt enkelt och som kan behöva hyras eller lånas inkluderar: en motorlyft, en stor garagedomkraft och en komplett uppsättning hylsor och blocknycklar enligt beskrivning i slutet av denna handbok, träklossar, gott om trasor och lösningsmedel för upptorkande av spillda vätskor. En uppsättning plastlådor av olika storlekar är användbara för att hålla isärtagna delar grupperade tillsammans. Om utrustning ska hyras, se till att boka den i god tid och utför allt som kan göras innan den anländer. Detta spar tid och pengar.

Planera för att bilen inte kommer att användas under en tid, speciellt om du ska utföra en motorrenovering. Läs igenom hela avsnittet och gör upp en plan baserad på dina erfarenheter och de resurser du har tillgängliga. Vissa moment kanske måste utföras av en Fordverkstad eller motor-renoveringsfirma - sådana verkstäder är oftast ganska väl uppbokade, så det är klokt att rådgöra med dem innan du plockar ut och tar isär motorn, så att du vet när de kan passa in de arbeten du överlåter åt dem och för att få reda på hur lång tid de behöver.

När motorn lyft ur, var metodisk vid urkopplandet av externa delar. Märkning av kablar och slangar vid demonteringen underlättar monteringen i mycket hög grad.

Var alltid extra försiktig när motor/växellåda plockas ut eller installeras. Allvarliga person-skador kan uppstå vid vårdslöshet. Om hjälp krävs är det bättre att vänta till dess att man får den än att fortsätta på egen hand. Med planering och god tid kan även ett arbete så stort som detta utföras med framgång.

---

3 Motor - urlyftning och isättning (HCS och Endura-E motorer)

⚠️ **Varning: Bensin är ytterst brandfarligt vilket kräver extra försiktighet vid arbete på någon del av bränslesystemet. Rök inte, ha inte öppna lågor eller nakna glödlampor nära arbetsplatsen. Arbeta inte med bränslesystem i ett garage där gasdriven utrustning med pilotlåga förekommer. För samtliga arbeten med bränslesystem gäller att skyddsglasögon ska bäras och att en brandsläckare för bensin finns tillgänglig. Om du spiller bränsle på huden, tvätta omedelbart med tvål och vatten.**

Observera: *Läs igenom hela avsnittet och råden i föregående avsnitt innan arbetet påbörjas. Motorn plockas ur separat från växellådan och lyfts upp ur motorrummet.*

Urlyftning

1 På bränsleinsprutade motorer, tryck-utjämna bränslesystemet (se kapitel 4B eller 4D).

2 Lossa batteriets jordledning (se kapitel 5A, avsnitt 1).

3 Se kapitel 1 och tappa ur kylvätska och motorolja. Skruva i sumpens oljeplugg.

4 Demontera motorhuven (se kapitel 11).

5 Demontera luftrenaren eller luftintagets delar, se beskrivning i relevant del av kapitel 4.

6 Lossa clipsen och koppla ur följande kylvätskeslangar. Var beredd på spill (**se bilder**):

a) *Samtliga slangar på termostathuset.*
b) *Nedre slangen från kylaren till vattenpumpen.*
c) *Värmarens slangar på torpedplåten och vattenpumpen.*
d) *Kylvätskeförsörjningen till insugsröret (i förekommande fall).*

> **HAYNES TiPS** *Närhelst du lossar vakuum-ledningar, kylvätske- eller avgasslangar, kontakter eller bränsleledningar, märk dem alltid tydligt så att de kan återanslutas korrekt. Maskeringstejp och/eller märkpenna fungerar bra. Ta polaroid-foton eller skissa upp placeringen för delar och fästen.*

7 Koppla ur bränslefällans vakuumslang från insugsröret.

8 Koppla ur bromsservons vakuumslang från insugsröret genom att trycks in slangfästet mot insugsröret och samtidigt dra ut slangen (**se bild**).

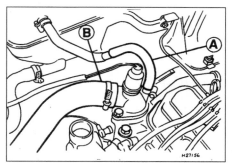

3.6a Koppla ur överströmmningsslangen (A) och övre slangen (B) från termostathuset

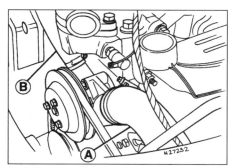

3.6b Koppla ur nedre slangen (A) och värmarens slang (B) från vattenpumpen

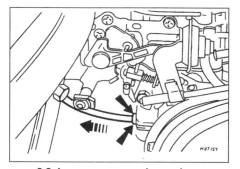

3.8 Lossa servons vakuumslang från insugsröret

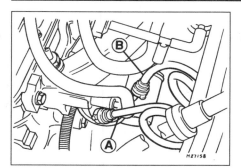

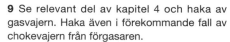

3.10 Bränslematningens (A) och returens (B) slanganslutningar vid bränslepumpen

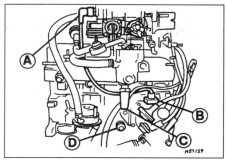

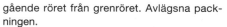

3.11a Elanslutningar på motorn HCS

A Tomgångsavstängningsventil
B Tändspole DIS
C Kylvätskans temperaturgivare
D Oljetryckskontakt

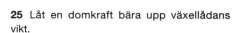
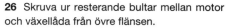

3.11b Vevaxelns positionsgivare och kontakt

9 Se relevant del av kapitel 4 och haka av gasvajern. Haka även i förekommande fall av chokevajern från förgasaren.
10 Tryck ihop snabbkopplingarnas sidor och lossa matar- och returslangen från bränslepumpen, CFi-enheten eller bränsleröret **(se bild)**. Var beredd på bränslespill när slangarna lossas och plugga öppningarna för att förhindra mer spill och smutsintrång. För undan slangarna.
11 Anteckna placeringarna och lossa elanslutningarna från följande **(se bilder)**:
 a) Kylvätskans temperaturgivarsändare
 b) Oljetryckskontakt
 c) Radions jordledning
 d) Kylfläktens termostatbrytare
 e) Tändspole DIS
 f) Vevaxelns givare för hastighet och läge
 g) Kylvätskans temperaturgivare
 h) Tomgångsventil
12 Dra ur resterande kontakter från motorns givare på insugsröret och i förekommande fall syresensorn i grenröret eller nedåtgående avgasröret.
13 På Endura-E-motorer, lossa clipsen och dra ur de fyra insprutarkontakterna.
14 Klossa bakhjulen och ställ framvagnen på pallbockar (se "Lyftning och stödpunkter").
15 Skruva ur muttrarna och lossa nedåt-

gående röret från grenröret. Avlägsna packningen.
16 Se kapitel 5A och demontera startmotorn.
17 Skruva ur de två bultarna och lyft av kopplingens nedre täckplatta.
18 Skruva ur bulten och lossa växelstagsstabilisatorn från växellådan.
19 Skruva ur bultarna från motor/växellådsflänsen anslutningar och den främre bult som fäster jordledningen (från undersidan) **(se bild)**.
20 Skruva ur den bult som fäster motorns monteringsbygeln vid tvärbalken **(se bild)**.
21 Kontrollera att tillämpliga anslutningar på undersidan är urkopplade och förda åt sidan, ställ sedan ned bilen på marken.
22 Skruva loss värmeskölden från grenröret.
23 Koppla en lämplig lyft till motorn. Det går att tillverka lyftöglor för att koppla slinget till motorn, se då till att de är kraftiga nog och anslut dem till insugs- och grenröret diagonalt över motorn.
24 Med kopplat sling, ta upp motorns vikt, skruva ur de två muttrarna för att frigöra motorfästet från panelen och bulten för att lossa den vid bygeln.

25 Låt en domkraft bära upp växellådans vikt.
26 Skruva ur resterande bultar mellan motor och växellåda från övre flänsen.
27 Kontrollera runt motorn att alla relevanta fixturer/anslutningar är lossade och ur vägen.
28 Ta hjälp av någon och för motorn framåt, bort från växellådan och lyft samtidigt upp växellådan. När motorn särats från växellådan, styr försiktigt upp den ur motorrummet. Låt inte vid något tillfälle motorns vikt bäras upp av ingående växellådsaxeln. När sumpen går fri från bilen ska motorn svängas undan från bilen och ställas ned på en vagn (om tillgänglig). Såvida inte en mobil lyft används måste bilen backas ur vägen så att motorn kan sänkas ned. I det fallet måste växellådans vikt vara väl stöttad medan bilen flyttas.
29 När motorn lyfts ut, kontrollera fästena och byt om de är slitna eller skadade. Kontrollera även skicket på alla rör och slangar för kylvätska och vakuum (se kapitel 1). Delar som vanligen är dolda kan nu kontrolleras ordentligt och bytas ut om skicket är det minsta tvivelaktigt. Överväg även att renovera kopplingen (se kapitel 6). Många anser det vara rutin att göra en ordentlig genomgång av kopplingen samtidigt som motorn ändå tas isär för renovering. Kontrollera skicket på alla delar som rubbats vid demonteringen och byt de som är slitna eller skadade.

Isättning

30 Montering sker med omvänd arbetsordning, lägg dock märke till följande:
31 Innan motor och växellåda sätts ihop, lägg på en klick högtemperaturfett på ingående växellådsaxelns splines. Om kopplingen demonterats, kontrollera att lamellen är centrerad och haka av kopplingsvajern från manöverarmen på växellådshuset.

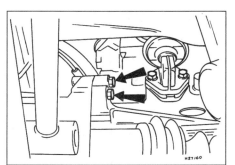

3.19 Flänsbultar (vid pilarna) till fogen mellan motor och växellåda

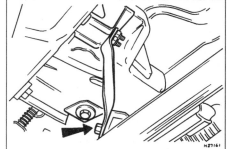

3.20 Bult (vid pilen) mellan fäste och tvärbalk

32 Dra åt alla fixturer till angivna moment.
33 Kontrollera att alla fogytor är rena och montera ny packning och självlåsande muttrar i fogen mellan grenrör och nedåtgående avgasrör.
34 Se till att alla elektriska anslutningar är korrekt och fast kopplade.
35 Ta ur pluggarna ur bränsleledningarna innan de ansluts korrekt och säkert.
36 Anslut och justera gas- och chokevajrar enligt beskrivning i kapitel 4. Instruktioner för montering av luftrenarens komponenter ges också i det kapitlet.
37 Byt alla kylvätskeslangar (och clips/klämmor) som inte är i gott skick.
38 Se kapitel 6 för kopplingsvajerns anslutning.
39 När motorn är på plats och alla anslutningar är gjorda, fyll på motorolja och kylvätska enligt beskrivning i kapitel 1 och "Veckokontroller".
40 När monteringen är avslutad, se avsnitt 19 för start av motorn.

---

4 Motor/växellåda -
urlyftning och isättning
(motorerna CVH och PTE)

⚠️ **Varning:** *Bensin är ytterst brandfarligt vilket kräver extra försiktighet vid arbete på någon del av bränslesystemet. Rök inte, ha inte öppna lågor eller nakna glödlampor nära arbetsplatsen. Arbeta inte med bränslesystem i ett garage där gasdriven utrustning med pilotlåga förekommer. För samtliga arbeten med bränslesystem gäller att skyddsglasögon ska bäras och att en brandsläckare för bensin finns tillgänglig. Om du spiller bränsle på huden, tvätta omedelbart med tvål och vatten.*
Observera: *Läs igenom hela avsnittet och råden i föregående avsnitt innan arbetet påbörjas. Motorn plockas ur tillsammans med växellådan genom att de sänks ned på marken och säras på utanför bilen.*

Urlyftning

1 På bränsleinsprutade motorer, se kapitel 4B, C eller D och trycksänk bränslesystemet.
2 Lossa batteriets jordledning (se kapitel 5A, avsnitt 1).
3 Se kapitel 1, tappa ur kylvätska och motorolja. Skruva i sumpens oljeplugg.
4 Se kapitel 11 och demontera motorhuven.
5 Demontera luftrenare och luftintag enligt beskrivning i relevant del av kapitel 4.
6 Lossa clipsen och koppla ur övre kylarslangen, värmarslangen och överströmningsslangen från termostathuset. Koppla ur kylvätskeslangen från insugsröret och nedre kylarslangen från vattenpumpen och/eller kylaren **(se bilder)**. På 1.4 liters CFi bränsleinsprutade modeller, lossa även kylvätskeslangen från insprutarenheten. På EFi och SEFi bränsleinsprutade modeller, lossa

> **HAYNES TiPS** *Närhelst du lossar vakuumledningar, kylvätske- eller avgasslangar, kontakter eller bränsleledningar, märk dem alltid tydligt så att de kan anslutas korrekt. Maskeringstejp och/eller märkpenna fungerar bra. Ta polaroidfoton eller skissa upp placeringen för delar och fästen.*

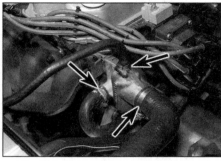

4.6a Kylvätskans slanganslutningar till termostaten (vid pilarna)

värmarslangens Y-anslutning. Var beredd på kylvätskespill när slangarna lossas.
7 Se relevant del av kapitel 4, lossa gasvajern från trottellänken och stödet. Lossa i förekommande fall även chokevajern och för dem ur vägen.
8 På förgasarmotorer, lossa matarslangen från bränslepumpen och returslangen från förgasaren.
9 På CFi-modeller, lossa bränsleslangen från insprutaren/regulatorn och returslangen genom att trycka ihop kopplingarna då slangarna dras ut. På EFi och SEFi-modeller, skruva ur anslutningens mutter för att lossa bränsleledningen från bränsleröret. Lossa returledningens clips vid regulatorn. Plugga öppna ändar för att förhindra spill och smutsintrång. För slangarna ur vägen.
10 Tryck klammerringen inåt och dra samtidigt ut bromsservons slang från insugsröret och för den ur vägen.
11 På CFi och EFi-modeller, lossa vakuumslangen från MAP-givaren och slangen mellan kolkanistern och bränsleinsprutarenheten **(se bild)**.

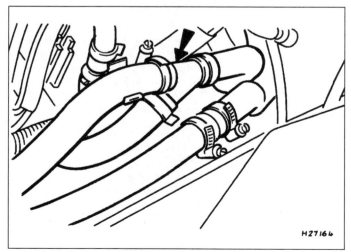

4.6b Kylvätskeslangar och Y-anslutning på 1.6 liters EFi bränsleinsprutade modeller

4.11 Vakuumslangar till MAP-givaren (A) och bromsservon (B)

4.12a Dra ut kontakten vid temperaturmätarens givare . . .

4.12b . . . oljetryckskontakten . . .

4.12c . . . och vevaxelns positionsgivare

12 Anteckna anslutningar och dragningar och lossa följande kontakter beroende på modell **(se bilder):**

a) *Sändaren till kylvätskans temperaturgivare*
b) *Oljetryckskontakt*
c) *Tändspole DIS*
d) *Kylvätskans temperaturgivare*
e) *Kylfläktens termostatbrytare*
f) *Förgasare*
g) *Radions jordledning*
h) *Backljuskontakt (från växellådan)*
i) *Vevaxelns positionsgivare*
j) *Jordledningar från motor och växellåda*

13 Dra ur följande kontakter som är specifika för bränsleinsprutade modeller:

a) *Insugsluftens temperaturgivare*
b) *Bilens hastighetsgivare*
c) *Trottelplattans styrmotor (CFi-modeller)*
d) *Trottelns positionsgivare*
e) *Insprutarkabelhärvans kontakt*
f) *Tomgånsstyrningsventil (EFi och SEFi-modeller)*

14 Skruva ur bulten och lossa fästet för kabelage och kylslangar ovanför växellådan.
15 Koppla loss hastighetsmätarvajern från växellådan.
16 På bilar med manuell växellåda, haka av kopplingsvajern från urtrampningsarmen på växellådan (se kapitel 6). För vajern ur vägen.

17 Skruva ur de två bultarna och lossa motor- /växellådsfästet från bygeln **(se bild).**
18 Klossa bakhjulen och ställ framvagnen på pallbockar (se *"Lyftning och stödpunkter"*). Ge tillräckligt med utrymme under bilen för att dra ut motor/växellåda under fronten.
19 På katalysatorförsedda bilar, lossa i tillämpliga fall kontakten från fästet och dra ur den från syresensorn i det nedåtgående avgasröret.
20 Skruva ur de tre bultarna, lossa det nedåtgående röret från grenröret och kassera packningen. Lossa det nedåtgående röret från resten av avgassystemet och ta ut det ur bilen. Lossa i förekommande fall luftpulsmatningens slang från ventilen. Anteckna anslutningarna (för korrekt hopsättning) och lossa tillämpliga vakuumslangar från vakuumomkopplaren under insugsröret.
21 Skruva i förekommande fall ur de fyra muttrar och två bultar som fäster främre delen av värmeskölden i golvet och avlägsna värmeskölden.
22 Anteckna anslutningarna och lossa ledningarna från startmotorn och generatorn. Skruva loss startmotorn.

Modeller med manuell växellåda

23 På 4-växlade modeller, lägg i tvåan, på 5-växlade modeller, lägg i fyran för att underlätta justering av växelväljningen under

hopsättning. Om det är troligt att växelspaken kommer att flyttas ur läge innan monteringen, märk upp de inbördes positionerna för växellådans väljarstag och väljaraxeln innan de säras. Skruva ur klammerbulten och dra av väljarstaget från axeln **(se bild).**
24 Skruva ur bulten och lossa väljarstagets stabilisator från växellådan. När den lossas, observera brickan mellan stabilisatorn och växellådan Bind upp stabilisator och stag så att de är ur vägen.

Modeller med automatväxellåda

25 Dra ur kontakten från startspärren (på växellådshuset).
26 Se relevant del av kapitel 4, haka av gasvajern (kamplattan) från förgasaren eller insprutningen (efter tillämplighet) i vajerns växellådsände. Skruva ur bulten och lossa vajerhöljets fäste från växellådan. Lossa kamplattsvajern från länken.
27 Skruva ur de två muttrar på väljarvajerns fäste som ansluter den till armen på väljaraxeln. Lossa oket från armen på väljaraxeln och vajern från armen.
28 Skruva ur anslutningsmuttrarna och lossa oljekylarens matning och returledningar från växellådan. Var beredd på visst spill och plugga öppningarna för att förhindra smutsinträng.

Samtliga modeller

29 Anteckna monteringsläget, skruva ur muttern och dra ut klammerbulten av Torx-typ, som fäster bärarmen vid spindelhållaren på var sida.
30 Se kapitel 10 och lossa höger styrstags kulled från spindelhållaren.
31 Stick in ett lämpligt bräckjärn mellan höger drivaxels inre knut och växellådshuset och bänd ut drivaxeln ur växellådan. Var beredd på oljespill från öppningen. När den bänds ut, dra samtidigt ut hjulet på den sidan så att drivaxelns inre ände kan säras från

4.17 Motorfästets bultar (vid pilarna)

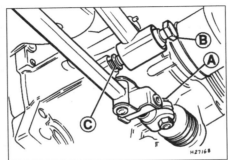

4.23 Klammerbult (A) för manuell växellådas växlingsstång, bult (B) mellan stabilisator och växellåda och bricka (C)

4.34 Demontera stöttan mellan främre vänstra växellådsfästet och växellådans fläns

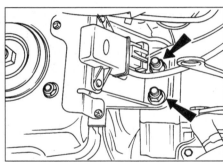

4.38 Höger motorfäste och MAP-givare på EFi-modeller

5 Motor/växellåda -
urlyftning och isättning
(motorerna Zetec och Zetec-E)

⚠️ **Varning: Bensin är ytterst brandfarligt vilket kräver extra försiktighet vid arbete på någon del av bränslesystemet. Rök inte, ha inte öppna lågor eller nakna glödlampor nära arbetsplatsen. Arbeta inte med bränslesystem i ett garage där gasdriven utrustning med pilotlåga förekommer. För samtliga arbeten med bränslesystem gäller att skyddsglasögon ska bäras och att en brandsläckare för bensin finns tillgänglig. Om du spiller bränsle på huden, tvätta omedelbart med tvål och vatten.**

Observera: *Läs igenom hela avsnittet och råden i föregående avsnitt innan arbetet påbörjas. Motorn plockas ur tillsammans med växellådan genom att de sänks ned på marken och säras ur på utanför bilen.*

växellådan. Väl lös, bind upp drivaxeln på styrväxeln så att inte drivknutarna belastas i onödan. Ytterknuten får vinklas max 45° och innerknuten max 20°, i annat fall kan de skadas. Se kapitel 8 vid behov.

32 Tryck in en passande plastplugg (eller om tillgänglig en gammal drivknut) i växellådans drivaxelöppning så att differentialdreven spärras.

33 Följ beskrivningen i paragraferna 30 till 32 och sära vänster drivaxel från växellådan.

34 Skruva ur bultarna och demontera stöttan mellan växellådans främre vänstra bygel och växellådans fläns **(se bild)**.

35 Koppla lämpligt lyftsling till motorns lyftöglor och bär upp vikten av motorn och växellådan så att all belastning släpper från fästena.

36 Skruva ur de två bultarna och lossa växellådans främre fäste från sidobalken.

37 Skruva ur de tre bultarna och demontera drivremskåpan under vevaxelns remskiva.

38 Skruva ur de två muttrarna och lossa höger motorfäste från fjäderbensfästet. På EFi-motorer, demontera MAP-givaren **(se bild)**.

39 Motorn och växellådan ska nu vara redo att plockas ur. Kontrollera att alla relevanta anslutningar och delar är lossade från motorn/växellådan och placerade ur vägen.

40 Låt en medhjälpare assistera vid styrandet av drivpaketet när det sänks ned genom motorrummet. Om tillgänglig, placera en passande motorvagn under så att drivpaketet kan läggas på den. Dra sedan ut drivpaketet under fronten och flytta det till den plats det ska rengöras och tas isär. Med modeller med automatväxellåda ska försiktighet iakttagas så att växellådssumpen inte skadas vid urplockning och montering.

41 Sänk försiktigt ned motorn/växellådan, se till att ingenting fastnar. Koppla loss slinget och dra ut drivpaketet från bilens undersida.

42 Se relevant del av kapitel 7 och sära på motor och växellåda.

43 När motorn lyfts ut, kontrollera fästena och byt om de är slitna eller skadade. Kontrollera även skicket på alla rör och slangar för kylvätska och vakuum (se kapitel 1). Delar som vanligen är dolda kan nu kontrolleras ordentligt och bytas ut om skicket är det minsta tvivelaktigt. Om bilen har manuell växellåda, överväg även att renovera kopplingen (se kapitel 6). Många anser det vara rutin att göra en ordentlig genomgång av kopplingen samtidigt som motorn ändå tas isär för renovering. Kontrollera skicket på alla delar (exempelvis växellådans oljetätningar) som rubbats vid demonteringen och byt de som är slitna eller skadade.

Isättning

44 Montering sker i omvänd arbetsordning, lägg dock märke till följande:

a) *Se tillämpliga kapitel och avsnitt som vid urplockandet.*

b) *Montera nya fjäderclips i spåren på inre ändarna av drivknutarna. Smörj splinesen med växellådsolja innan monteringen.*

c) *Montera ny flänspackning när avgassystemet sätts ihop. Kontrollera att alla ledningar är dragna så att de går fria från avgassystemet. På katalysatorförsedda bilar, kontrollera att värmeskölderna är korrekt monterade och sitter säkert.*

d) *Kontrollera att alla jordanslutningar är rena och väl åtdragna.*

e) *Dra alla muttrar och bultar till sina angivna moment.*

f) *Se kapitel 1 och montera nytt oljefilter och fyll motor och växellåda med olja.*

g) *Se kapitel 1 och fyll på kylsystemet.*

45 När motor och växellåda sitter på plats, se beskrivningen i avsnitt 19 innan motorn startas.

Urlyftning

1 Parkera bilen på plan fast mark, dra åt handbromsen och lossa framhjulens muttrar.

2 Tryckutjämna bränslesystemet enligt beskrivning i kapitel 4D.

3 Lossa batteriets jordledning (se kapitel 5A, avsnitt 1).

4 Placera skydd på stänkskärmarna och demontera motorhuven (se kapitel 11).

5 Tappa ur kylsystem och motorolja (se kapitel 1). Endast med växellåda MTX-75, placera ett lämpligt kärl under växellådan och skruva ur oljepluggen. Skruva i pluggen när oljan runnit ut.

6 Demontera luftintag och luftrenare enligt beskrivning i kapitel 4D.

7 Tryckutjämna bränsletanken genom att skruva av locket, lossa snabbkopplingarna för bränslets matning och retur och dra av slangarna från rören. Plugga alla öppningar.

HAYNES TiPS *Närhelst du lossar vakuumledningar, kylvätske- eller avgasslangar, kontakter eller bränsleledningar, märk dem alltid tydligt så att de kan anslutas korrekt. Maskeringstejp och/eller märkpenna fungerar bra. Ta polaroidfoton eller skissa upp placeringen för delar och fästen.*

8 Lossa gasvajern från trottellänken enligt beskrivning i kapitel 4D och fäst den så att den är ur vägen.

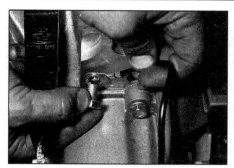

5.11 Skruva ur motorns/växellådans jordledningen från växellådan

5.14a Dra ur kontakten från tändspolen ...

5.14b ... radioavstörningens kondensator ...

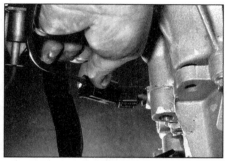

5.14c ... och backljuskontakten

9 Lossa clipset och dra ut kontakten till servostyrningens tryckkontakt, lossa jordledningen från motorns lyftögla. Skruva i bulten när ledningen lossats.

10 Märk alla komponenter vartefter de lossas och koppla ur vakuumslangarna enligt följande:

a) *Från insugsrörets baksida*
b) *Bromsarnas vakuumservoslang - från insugsröret (se kapitel 9)*
c) *När du ändå är där, spåra vakuumledningen från luftpulsfilterhuset och lossa den från luftpulsens solenoidventil*
d) *Fäst dessa slangar så att de inte skadas när motorn/växellådan plockas ut*

11 Skruva loss jordledningen mellan karossen och växellådan från växellådan **(se bild)**. Koppla ur hastighetsmätarvajern (se kapitel 12) och fäst den ur vägen.

12 Lossa jordledningen överst på växellådsflänsen samt bulten som fäster kabelhärveclipset.

13 Om bilen har manuell växellåda, haka av kopplingsvajern (se kapitel 6).

14 Märk alla delar när de lossas, dra ur elkontakterna enligt följande **(se bilder)**:

a) *Kontakten från DIS-tändspolen*
b) *Avstörningskondensatorn från DIS-tändspolen*
c) *Backljusomkopplarens kontakt*

d) *Motorns huvudkabelhärvas kontakt bakom DIS-tändspolen*
e) *Kontakterna till vevaxelns givare för läge och hastighet samt bilens fartgivare*
f) *Kontakten till syresensorn*

15 Skruva loss grenrörets värmesköld och lyft undan den.

16 Demontera drivremmen (kapitel 1).

17 Märk alla delar när de lossas och fånga upp så mycket som möjligt av kylvätska i ett dräneringskärl. Lossa sedan kylsystemets slangar och rör enligt följande:

a) *Slangarna på termostathuset*
b) *Slangen vid tvärrörets nedre anslutning*
c) *Övre och nedre kylarslangarna*

18 Skruva ur den mutter som fäster styrservopumpens tryckrörsclips vid kamremskåpan. Lossa anslutningar och clips, koppla ur pumpens tryck- och returledningar. Samla upp oljan i lämpligt kärl och plugga öppningarna. Lyft ut servostyrningens oljebehållare ur fästet och för undan den från motorn.

19 Klossa bakhjulen och ställ framvagnen på pallbockar (se *"Lyftning och stödpunkter"*). Ta av framhjulen.

20 Se kapitel 5 och lossa ledningarna från startmotorn och generatorn.

21 Dra ur kontakten till oljetrycksvakten.

22 På modeller med automatväxellåda, dra ur kontakten till startspärren och koppla loss väljarvajern (se kapitel 7B). Bind upp vajern så att den är ur vägen för motor/växellåda.

23 På modeller med manuell växellåda, lossa växlingslänkaget och stödstaget från växellådans baksida - gör uppriktningsmärken då de tas isär **(se bilder)**.

24 På modeller med automatväxellåda, rengör runt anslutningarna och lossa oljerören från växellådan. Plugga öppningarna i växellåda och röranslutningar efter demonteringen.

25 Skruva ur muttrarna som fäster nedåtgående röret vid grenröret. Skruva ur de muttrar som fäster katalysatorn vid bakre delen av avgassystemet och lyft ut katalysator och nedåtgående rör.

26 Om bilen har luftkonditionering, se kapitel 3 och koppla ur delar som kan hindra att motorn sänks ned.

⚠️ *Varning: Koppla inte ur kylmediaslangarna.*

27 Lossa bägge krängningshämmarlänkarna från respektive fjäderben och bägge styrstagsändarnas kulleder från spindelhållarna (se kapitel 10).

28 Observera monteringsläget, skruva ur muttern och dra ut Torx-bulten som fäster bärarmen vid spindelhållaren på var sida.

5.23a Koppla ur växlingslänkaget ...

5.23b ... och växellådans stödstag

29 Stick in ett lämpligt bräckjärn mellan höger drivaxels inre knut och växellådshuset och bänd ut drivaxeln ur växellådan. Var beredd på oljespill från öppningen. När den bänds ut, dra samtidigt ut hjulet på den sidan så att drivaxelns inre ände kan säras från växellådan. Väl lös, bind upp drivaxeln på styrväxeln så att inte drivknutarna belastas i onödan. Ytterknuten får vinklas max 45° och innerknuten max 20°, i annat fall kan de skadas. Se kapitel 8 vid behov.

30 Tryck in en passande plastplugg (eller om tillgänglig en gammal drivknut) i växellådans drivaxelöppning så att differentialdreven spärras.

31 Följ beskrivningen i paragraferna 29 och 30 och sära på vänster drivaxel och växellåda.

32 Skruva ur oljefiltret, se kapitel 1 vid behov.

33 Skruva ur de två övre och en nedre bult och avlägsna höger motorfästes stötta.

34 Koppla lyftens sling i motorns lyftöglor och avlasta motorfästena helt.

35 Från ovansidan, skruva ur de två bultar som håller vänster fäste vid växellådans bygel.

36 Skruva ur de två muttrar som fäster höger fäste vid karossen bredvid fjäderbenstornet.

37 Skruva ur de två bultar som håller främre vänstra fästet vid sidobalken.

38 Drivpaketet ska nu endast hänga i slinget med alla anslutningar urkopplade eller avlägsnade och fäst ur vägen. Gör en sista kontroll att så verkligen är fallet.

39 Sänk ned drivpaketet på marken och dra ut det från bilens undersida.

40 Se relevant del av kapitel 7 och sära på motor och växellåda.

41 När motorn lyfts ut, kontrollera fästena och byt om de är slitna eller skadade. Kontrollera även skicket på alla rör och slangar för kylvätska och vakuum (se kapitel 1). Delar som vanligen är dolda kan nu kontrolleras ordentligt och bytas ut om skicket är det minsta tvivelaktigt. Om bilen har manuell växellåda, överväg även att renovera kopplingen (se kapitel 6). Många anser det vara rutin att göra en ordentlig genomgång av kopplingen samtidigt som motorn ändå tas isär för renovering. Kontrollera skicket på alla delar (exempelvis växellådans oljetätningar som rubbats vid demonteringen och byt de som är slitna eller skadade.

Isättning

42 Montering sker i omvänd arbetsordning, lägg dock märke till följande:

a) Se tillämpliga kapitel och avsnitt, som vid urplockandet.

b) Montera nya fjäderclips i spåren på inre ändarna av drivknutarna. Smörj splinesen med växellådsolja innan monteringen.

c) Använd nya flänspackningar när avgassystemet sätts ihop. Kontrollera att alla ledningar är dragna så att de går fria från avgassystemet och att värmeskölderna är korrekt monterade och fästa.

d) Kontrollera att alla jordanslutningar är rena och väl åtdragna.

e) Dra alla muttrar och bultar till sina angivna moment.

f) Montera nytt oljefilter och fyll motor och växellåda med olja, se kapitel 1.

g) Se kapitel 1 och fyll på kylsystemet.

h) Avlufta servostyrningen enligt beskrivning i kapitel 10.

43 När motor och växellåda sitter på plats, se beskrivningen i avsnitt 19 innan motorn startas.

---

6 Motorrenovering - preliminär information

Det är mycket enklare att ta isär och arbeta med en motor som är uppsatt i ett motorställ. Dessa ställ kan ofta hyras från verktygsuthyrare. Innan motorn monteras i stället, demontera svänghjul/drivplatta så att ställets bultar kan skruvas in i blockets ände.

Om ett ställ inte finns tillgängligt, går det att ta isär en motor ställd på en stabil arbetsbänk eller på golvet. Var extra noga med att inte tappa eller välta motorn om du arbetar utan ställ.

Om du ska skaffa en renoverad utbytesmotor, ska först alla yttre delar avlägsnas så att de kan monteras på utbytesmotorn (precis som de måste, om du själv ska renovera motorn). Dessa inkluderar följande:

a) Generator och fästen

b) DIS-tändspolen (och fästena), tändkablar och tändstift

c) Termostat och husets lock

d) Förgasare/bränsleinsprutning

e) Insugsrör och grenrör

f) Oljefilter

g) Bränslepump

h) Motorfästen

i) Svänghjul/drivplatta

j) Vattenpump

Observera: *Vid demonteringen av de yttre delarna, var mycket uppmärksam på detaljer som kan vara viktiga eller till hjälp vid hopsättningen. Anteckna monteringslägen på packningar, tätningar, distanser, stift, brickor bultar och anda småföremål.*

Om du köper ett "kort" block (som består av cylinderblock/vevhus, vevaxel, kolvar/-stakar monterade) ska även topplock, sump, oljepump och kamrem/kedja (tillsammans med spännare, mellanremskivor/drev och kåpor) demonteras.

Om du planerar en helrenovering kan motorn plockas isär i följande ordning, se del A, B eller C i detta kapitel såvida inte annat anges:

a) Insugsrör och grenrö.

b) Kamkedja/rem, spännare och drev/remskivor

c) Topplock

d) Svänghjul/drivplatta

e) Sump

f) Oljepump

g) Kolvar (med vevstakar)

h) Vevaxel

i) Kamaxel och ventillyftare (motorerna HCS och Endura-E)

---

7 Topplock - isärtagning

Observera: *Nya och renoverade topplock finns att få från tillverkaren och specialister på motorrenovering. I och med att vissa specialverktyg krävs för isärtagning och kontroll och att nya delar kan vara svåråtkomliga, kan det vara mer praktiskt och ekonomiskt för en hemmamekaniker att köpa en renoverad topp, hellre än att ta isär, kontroll och renovera det ursprungliga topplocket.*

1 Demontera topplocket enligt beskrivning i tillämplig del av detta kapitel.

2 Om inte redan gjort, demontera insugsrör och grenrör, se relevant del av kapitel 4.

3 Fortsätt nedan i enlighet med motortyp.

HCS Endura-E

4 Ventildemontering ska inledas med ventil 1 (närmast kamkedjan).

5 För demontering av ventilfjädrar och ventiler från topplocket krävs en ventilfjäderhoptryckare av standardtyp. Montera hoptryckaren på den första ventil och fjäder som ska demonteras. Under förutsättning att alla ska demonteras, börja med ventil 1 (närmast kamkedjan). Se till att inte skada ventilskaftet med hoptryckaren och tryck inte ihop fjädern för mycket, eftersom detta kan kröka ventilskaftet. När hoptryckaren dras åt kan det hända att fjädersätet inte släpper och att knastren är svåra att ta ut. Ta i så fall av hoptryckaren och tryck en rörstump (eller hylsa med lämplig diameter) så att den inte

7.6 Tryck ihop ventilfjädern så att kantren kan plockas ut

7.7a Avlägsna ventilfjäderns säte och själva fjädern . . .

7.7b . . . och därefter ventilen

7.8 Dra av ventilskaftets oljetätning

7.9 Använd märkta plastpåsar till att förvara och identifiera ventilens delar

Motorerna Zetec och Zetec-E

17 Demontera kamaxlarna och lyftarna enligt beskrivning i del C av detta kapitel, var noga med att förvara de hydrauliska lyftarna som beskrivet.

18 Tryck ihop vardera fjädern i tur ordning med en ventilfjäderhoptryckare så att de delade knastren kan plockas ut. Det krävs en speciell hoptryckare som når in i de djupa brunnarna i topplocket utan att riskera att skada ventillyftarloppen. Sådana finns numera att köpa i de flesta välsorterade tillbehörsbutiker. Lossa hoptryckaren, lyft ut övre säte och fjäder.

19 Om övre sätet inte släpper och blottar knastren vid hoptryckningen, knacka försiktigt på verktygets överdel, rakt ovanför sätet, med en lätt hammare. Detta lösgör dem.

20 Dra ut ventilen ur förbränningskammaren. Om den fastnar i styrningen, tryck in den igen och fasa av kring knasterspåret med en fin fil eller ett bryne, se till att inte märka lyftarloppet.

21 Ford rekommenderar specialverktyget 21-160 för urtagning av nedre fjädersätet och ventilskaftens oljetätning. Även om detta verktyg är nästan ovärderligt om oljetätningarna ska dras ut utan att riskera skador på topplocket, kan en användbar ersättning tillverkas av en spiralfjäder i passande storlek. Skruva i verktyget eller fjädern så att den biter i oljetätningen och dra av den från styrningen **(se bilder)**.

stör urplockandet av knastren mot sätets ytterring. Knacka sedan med en hammare så att delarna rubbas.

6 Använd hoptryckaren och tryck ihop fjäder så att knastren kan plockas ut **(se bild)**.

7 Lossa hoptryckaren, ta ut fjäder och säte. Dra ut ventilen ur topplocket **(se bilder)**.

8 Avlägsna ventilskaftets oljetätningar **(se bild)**.

9 Gör likadant med resterande ventiler. När de tas ut, håll samman varje ventil med sina respektive delar, i monteringsordning, genom att placera dem i numrerade påsar **(se bild)**.

Motorerna CVH och PTE

10 Demontera kamaxeln, vipparmarna och lyftarna enligt beskrivning i del B av detta kapitel, var noga med att förvara de hydrauliska lyftarna som beskrivet.

11 Ventildemonteringen ska inledas med nr 1 (närmast kamremmen).

12 Använd en ventilfjäderhoptryckare av standardtyp och tryck ihop fjädern (och övre sätet) såpass att de delade knastren släpper från spåret i ventilskaftets överdel och sära på och avlägsna knastren. Tryck inte ihop fjädern mer än vad som behövs, i annat fall kan ventilskaftet krökas. Om fjädersätet inte släpper från knastren när fjädern trycks ihop, ta bort hoptryckaren och placera en passande rörstump över sätet så att den inte stör

knastren. Placera en träkloss under ventil-tallriken (med topplocket vilande på en arbetsbänk) och knacka på röret med en hammare. Montera hoptryckaren igen och tryck ihop fjädern. Knastren bör nu släppa.

13 Dra ut de delade knastren, släpp sakta upp hoptryckaren och ta bort den.

14 Dra av övre sätet och ventilfjädern från skaftet och ta ut ventilen från topplockets undersida. Lossa och dra ut ventilskaftens oljetätningar från styrningarna med en skruvmejsel.

15 Avlägsna nedre fjädersätet.

16 Upprepa med resterande ventiler. När de tas ut, håll samman varje ventil med sina respektive delar, i monteringsordning, genom att placera dem i numrerade påsar **(se bild 7.9)**.

7.21a Fords verktyg för urtagning av nedre fjädersätet/skaftets oljetätning. . .

7.21b . . . kan ersättas av ett hemmagjort verktyg om en passande fjäder kan hittas

7.23 Topplockets oljebehållningsventil

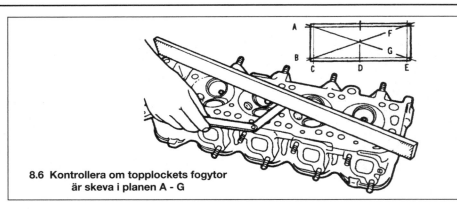

8.6 Kontrollera om topplockets fogytor är skeva i planen A - G

22 Det är nödvändigt att ventilerna förvaras tillsammans med sina delar i rätt ordningsföljd (om de inte är så slitna att de måste bytas). Om de ska användas igen, placera dem i numrerade påsar eller liknande mindre behållare **(se bild 7.9)**. Observera att ventil 1 är den närmast kamremmens ände av motorn.

23 Om oljebehållningsventilen ska demonteras (för rejäl urspolning av topplockets oljekanaler), rådfråga en Fordverkstad om hur den kan tas ut. Det kan vara så att enda sättet är att förstöra ventilen enligt följande: Skruva in en självgängande skruv i ventilationshålet och dra ut ventilen med en tång greppande i skruven. En ny ventil måste inköpas och tryckas på plats vid hopsättningen **(se bild)**.

8 Topplock och ventiler - rengöring och kontroll

1 Noggrann rengöring av topplock och ventiler, följt av en grundlig kontroll låter dig avgöra hur mycket arbete som behövs med ventilerna under renoveringen.

Observera: *Om motorn allvarligt överhettats är det bäst att förutsätta att topplocket är skevt och leta noga efter tecken på detta.*

Rengöring

2 Skrapa bort allt gammalt packningsmaterial och packningsmassa från topplocket.

3 Skrapa ur sotet från förbränningskamrarna och portarna och tvätta topplocket ordentligt med fotogen eller lämpligt lösningsmedel.

4 Skrapa loss sot från ventilerna och använd en roterande stålborste till att avlägsna sot från ventiltallrikar och ventilskaft.

Kontroll

Observera: *Utför alla kontroller beskrivna nedan innan du bestämmer dig för att en maskinverkstad eller specialist på motorrenoveringar behöver anlitas. Gör upp en lista på allt som behöver åtgärdas.*

Topplock

5 Inspektera topplocket noga, leta efter sprickor, tecken på kylvätskeläckage och andra skador. Om sprickor påträffas måste topplocket bytas.

6 Kontrollera med hjälp av stållinjal och bladmått att packningsytan inte är skev **(se bild)**. Om så är fallet kan det vara möjligt att fräsa om ytan.

7 Undersök alla ventilsäten. Om de har djupa gropar, är spräckta eller brända måste de bytas eller fräsas om av en specialist på motorrenoveringar. Om det bara är små gropar kan detta åtgärdas genom inslipning av ventiltallrikar och säten enligt nedanstående beskrivning.

8 Om ventilstyrningarna är slitna, vilket anges av sidledes glapp i ventilskaft, måste nya styrningar monteras. Mät upp diametern på befintliga ventilskaft (se nedan) och styrningarna lopp, beräkna spelet och jämför med specifikationerna. Om spelet är för stort, byt ventil eller styrning efter behov.

9 Byte av ventilstyrningar utförs lämpligen av en specialist på motorrenoveringar.

10 Om ventilsäten ska fräsa om får detta endast göras *efter* det att styrningarna demonterats.

Ventiler

11 Undersök om ventiltallrikarna visar spår av gropar, brännmärken, sprickor eller allmänt

slitage. Kontrollera om ventilskaften är repade eller har vändkanter. Snurra på ventilen och se efter om den är krökt. Leta efter gropar och överdrivet slitage på ventilskaftens ändar. Byt de ventiler som har såna tecken på slitage eller skador.

12 Om en ventil verkar intakt i detta steg, mät skaftets diameter på flera punkter med mikrometer **(se bild)**. Varje betydande skillnad i mätvärden indikerar slitage. Om något av följande påträffas ska ventilen bytas.

13 Om ventilerna är tillfredsställande ska de slipas in i sina respektive säten så att tätningen blir gastät. Om sätet bara har grunda små gropar eller om det frästs om ska *endast* finkorning pasta användas till att skapa önskad yta. Grovkornig pasta ska *inte* användas annat än om sätet är mycket bränt eller repat. Om så är fallet ska topp och ventiler inspekteras av en expert som får avgöra om fräsning eller byte av säte krävs.

14 Ventilslipning utförs enligt följande. Placera topplocket upp och ned på en bänk med klossar i var ände så att ventilskaften går fria.

15 Lägg på lite ventilslippasta (av korrekt grad) på sätets yta och tryck på ett sugkoppsförsett slipverktyg på ventiltallriken. Slipa med en halvroterande rörelse ventiltallriken mot sätet. Lyft då och då på tallriken så att slippastan omfördelas **(se bild)**. En svag fjäder under ventiltallriken gör detta arbete mycket enklare.

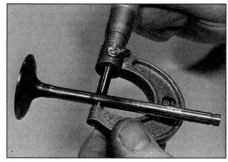

8.12 Mätning av ett ventilskafts diameter

8.15 Inslipning av ett ventilsäte

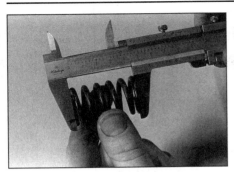

8.18 Kontroll av en ventilfjäders obelastade längd

16 Om grovkornig pasta används, arbeta endast till dess att en matt jämn yta uppstår på både säte och tallrik, torka av pastan noga och upprepa med finkornig pasta. När en slät obruten ring lätt gråmatt yta finns på både tallrik och säte är slipningen fullbordad. Slipa *inte* ventilerna mer än vad som absolut behövs, annars sjunker sätet in i topplocket i förtid.

17 När alla ventiler slipats in, torka noga bort *alla* spår av slippasta med fotogen eller lämpligt lösningsmedel innan topplocket sätts ihop.

Ventildelar

18 Kontrollera om ventilfjädrar visar tecken på skador eller missfärgning, mät även den obelastade längden **(se bild)**. Jämför om möjligt alla ventilfjädrar med en ny.

19 Ställ varje fjäder på en plan yta och kontrollera att den står rakt. Om någon fjäder är skadad, skev eller förlorat spänst ska samtliga fjädrar bytas mot nya.

20 Kontrollera att inte övre fjädersäten och knaster visar tydliga tecken på slitage eller sprickor. Varje del som verkar det minsta misstänkt ska bytas, om en ventilfjäder släpper från sätet vid körning blir skadan dyr att reparera. Varje skadad eller sliten del måste bytas, nedre fjädersäten och ventil-oljetätningarna byts alltid som rutinåtgärd när de rubbats.

21 Kontrollera vipparmarna och de hydrauliska ventillyftarna enligt beskrivning tidigare i detta kapitel i enlighet med just din motortyp.

9 Topplock - hopsättning

1 Se till att topplocket är rent innan hopsättningen inleds. Försäkra dig om att metallpartiklar och slippasterester är avlägsnade. Om du har möjlighet, blås ur alla kanaler med tryckluft.

2 Inled hopsättningen av topplocket med att smörja ventilskaft och styrningar med ren motorolja.

HCS Endura-E

3 Stick in den första ventilen i sin styrning. Torka av oljan från ventilskaftets överdel och linda lite eltejp över knasterspåret så att den nya oljetätningen skyddas när den monteras på skaftet. När oljetätningen monteras, stötta ventilen underifrån så att den inte ramlar ut och tryck ned oljetätningen på skaftet så att den sitter bredvid ventilstyrningen. Tryck ned oljetätningen fast och jämnt med ett rör i passande diameter, se till att den inte förvrids när den sätts på plats. Kontrollera att oljetätningens fjäder är korrekt placerad för att täta och dra av tejpen från ventilskaftet **(se bilder)**.

4 Placera ventilfjädern och sätet över ventilskaftet och montera hoptryckaren. Tryck ihop fjädern såpass att knastren precis kan monteras i spåret. Släpp långsamt upp

hoptryckaren och se till att knastren sätter sig i spåret.

5 Upprepa med resterande ventiler, se till att de monteras på sina rätta platser.

6 Avsluta med att ställa topplocket på klossar och knacka lätt i änden på varje ventilskaft med en gummi- eller kopparklubba för att öppna ventilen något och låta ventildelarna sätta sig.

Motorerna CVH och PTE

7 Arbeta med en ventil i taget och sätt nedre ventilsätet på plats **(se bild)**.

8 Kontrollera monteringsriktningen och placera den nya oljetätningen i läge över styrningen. Driv eller pressa in oljetätningen med passande rör eller hylsa **(se bild)**.

9 Skydda oljetätningsläppen från skador från knasterspåret genom att torka av oljan från skaftets överdel och maskera spåret med eltejp. Smörj oljetätningsläppen och stick in ventilen **(se bild)**.

10 Dra av tejpen från skaftet och placera fjäder och övre säte över ventilen.

11 Montera hoptryckaren och tryck ihop fjädern med sätet så att knasterspåret i ventilskaftet blir synligt över sätet. Fetta in

9.3a Tejpa över änden på ventilskaftet innan oljetätningen monteras

9.3b Tryck in oljetätningen på plats med en passande hylsa

9.7 Montera det nedre fjädersätet

9.8 Placera oljetätningen på plats och pressa in den över styrningen

9.9 Stick in ventilen i sin styrning

9.11 Stick in knastren i spåret i ventilskaftet

9.16 Ventilens fjädertryck är tillräckligt för att trycka fast nedre fjädersätet och oljetätningen vid hopsättningen

9.18 Lägg på en liten klick fett på vardera knastret innan monteringen - det håller dem på plats på ventilskaftet

spåret helt lätt (för att hålla knastren på plats) och för in de delade knastren i spåret. Släpp sakta upp hoptryckaren och kontrollera samtidigt att knastren sitter hela vägen i spåret och att övre sätet säkrar dem i läge **(se bild)**.

12 Upprepa med resterande ventiler, se till att de hamnar på sina rätta platser, eller om nya ventiler monteras, på de säten de slipats in mot.

13 Avsluta med att ställa topplocket på klossar och knacka lätt i änden på varje ventilskaft med en gummi- eller kopparklubba för att låta ventildelarna sätta sig.

14 Montera kamaxeln, lyftarna och vipparmarna på topplocket enligt beskrivning i del B av detta kapitel.

Motorerna Zetec och Zetec-E

15 Börja i ena änden av topplocket, smörj och installera den första ventilen. Lägg på moylbdendisulfidbaserat fett eller ren motorolja på ventilskaftet och montera ventilen. Om de ursprungliga ventilerna monteras, se till att de hamnar i sina egna styrningar. Om nya monteras ska de placeras i de säten de slipats in mot.

16 Montera det plastskydd som medföljer varje nedre fjädersäte/oljetätning på ventilskaftets ände och för oljetätningen till styrningens topp, lämna den där. När man

monterar ventilfjädern trycks nedre sätet/-oljetätningen på plats **(se bild)**.

17 Montera ventilens fjäder och övre säte.

18 Tryck ihop fjäder med hoptryckaren och montera försiktigt knastren i spåren, håll dem vid behov på plats med en liten fettklick **(se bild)**. Släpp långsamt upp hoptryckaren och se till att knastren sätter sig i spåren på rätt sätt.

19 När en ventil installerats, lägg topplocket plant på bänken och knacka lätt på ventilskaftet med hammare - trämellanlägg måste användas - så att ventildelarna sätter sig korrekt.

20 Upprepa med övriga ventiler, se till att alla delar hamnar på sina rätta platser - blanda inte ihop dem!

21 Montera ventillyftarna enligt beskrivning i del C av detta kapitel.

10 Kamaxel och lyftare - demontering, kontroll och montering (motorerna HCS och Endura-E)

Demontering

1 Se tillämpliga avsnitt i del A av detta kapitel och demontera topplock, kamkedja, kamdrev och sump.

2 Vänd upp och ned på motorn så att den

står på topplocksytan (på ett rent arbetsområde). Detta är nödvändigt för att ställa alla lyftare till toppen av sin rörelseväg, så att kamaxeln kan dras ut. Vrid kamaxeln ett varv för att se till att alla lyftare går fria från kamaxeln.

3 Innan kamaxeln dras ut, kontrollera axialspelet med en mätklocka på frontytan eller ett bladmått. Dra kamaxeln mot kamkedjan så långt det går och stick in bladmått mellan kamdrevsflänsen och tryckbrickan för att mäta axialspelet **(se bild)**. Axialspelet måste vara inom angivna värden.

4 Skruva ur de två bultarna och demontera kamaxelns tryckplatta.

5 Dra försiktigt ut kamaxeln från motorns framsida **(se bild)**.

6 Dra ut ventillyftarna i tur och ordning. Håll reda på dem genom att sticka in dem i ett kort med 8 numrerade hål (1 - 8 från motorns kamkedjesida). En ventilslipssugkopp är mycket användbar för urplockning av ventillyftare **(se bild)**.

Kontroll

7 Undersök kamaxelns lagertappar och lober. Om de visar tydliga tecken på skador eller slitage måste kamaxeln bytas.

8 Undersök kamaxellagrens inre ytor. Om de visar tecken på skador eller stort slitage måste lagren bytas av en Fordverkstad.

10.3 Kontroll av kamaxelns axialspel

10.5 Dra ut kamaxeln från motorns framsida

10.6 Urlyftning av ventillyftare med sugkoppsförsett ventilslipningsverktyg

10.15 Montering av kamaxelns tryckplatta

11.6 Demontera oljeskvalpskottet för åtkomst av vevaxel och lager

11.7 Varje storända och storändsöverfall har en planfräst yta synlig från motorns avgassida på vilka cylinderns nummer är inetsad

9 Om det inte gjorts vid demonteringen, kontrollera axialspelet enligt beskrivning i paragraf 3. Om spelet överskrider tillåten tolerans ska tryckplattan bytas.

10 Det är sällsynt att lyftarna slits ut i loppen, men med ett högt miltal är det troligt att kontaktytorna mot kamloberna visar tecken på försänkningar eller spår.

11 Där så är fallet ska lyftarna bytas. Att slipa bort spår och märken minskar tjockleken på ythärdningen och påskyndar bara ytterligare slitage.

Montering

12 Vevhuset måste vara vänt upp och ned vid monteringen av lyftare och kamaxel.

13 Smörj lyftarna och loppen. Tryck in lyftarna helt i sina egna lopp.

14 Smörj kamaxellagren, kamaxeln och tryckplattan och stick in kamaxeln från kamdrivningssidan.

15 Montera tryckplattan och dra bultarna till angivet moment (se bild). Kontrollera att kamaxeln roterar fritt och att axialspelet är inom toleranserna.

11 Kolvar och vevstakar - demontering och kontroll

Demontering

HCS Endura-E

1 Se del A av detta kapitel och demontera topplock och sump. Demontera sedan oljeupptagningsröret och silen.

2 Montera tillfälligt vevaxelremskivan så att vevaxeln kan roteras. Kontrollera att storändsöverfallen har numreringarna vända mot motorns kamdrivningssida. Om inga märken syns, gör egna innan du tar isär delarna, så att

du helt säkert kan montera varje kolv/stake rättvänd i sitt eget cylinderlopp, med överfallet vänt åt rätt håll.

Motorerna CVH och PTE

3 Se del B av detta kapitel och demontera topplock och sump. Demontera sedan oljeupptagningsröret och silen.

4 Montera tillfälligt vevaxelremskivan så att vevaxeln kan roteras. Kontrollera att storändsöverfallen är numrerade - siffrorna ska finnas på motorns avgassida. Nr 1 är vid kamremssidan. Om inga märken syns, gör egna innan du tar isär delarna, så att du helt säkert kan montera varje kolv/stake rättvänd i sitt eget cylinderlopp, med överfallet vänt åt rätt håll.

Motorerna Zetec och Zetec-E

5 Se del C av detta kapitel och demontera topplock och sump.

6 Skruva ur de skruvar som fäster oljepumpens upptagare/sil vid pumpen, skruva sedan ur de fyra muttrarna och dra ut oljepumpens upptagare/sil och oljeskvalpskottet (se bild).

7 Montera tillfälligt vevaxelremskivan så att vevaxeln kan roteras. Notera att storändsöverfallen är numrerade - siffrorna ska finnas på motorns avgassida och är inetsade i den planfrästa ytan på både vevstaken och överfallet (se bild). Dessutom har varje kolv en pil instämplad i kronan som pekar mot kamremssidan. Om inga märken syns, gör egna innan du tar isär delarna, så att du helt säkert kan montera varje kolv/stakerättvänd i sitt eget cylinderlopp, med överfallet vänt åt rätt håll.

Samtliga motorer

8 Känn med fingernageln om det finns en vändkant i cylinderloppet vid kolvringens vändläge (cirka 12 mm under loppets överkant). Om sot eller slitage skapat vändkanter måste dessa avlägsnas med ett

specialverktyg. Följ de instruktioner som medföljer verktyget. Underlåtenhet att avlägsna vändkanterna innan kolv/stake demonteras kan resultera i brott på kolvringarna.

9 Lossa varje bult i storändens lageröverfall ett halvt varv i taget till dess att de kan skruvas ur för hand. Ta loss lageröverfall och lagerskål 1, tappa inte ut skålen ur överfallet.

10 Ta ut övre lagerskålen och tryck ut kolven/staken genom loppet. Tryck med ett hammarskaft av trä i lagerurtaget på staken. Om motstånd märks - kontrollera att hela vändkanten avlägsnats från loppet.

11 Upprepa med resterande cylindrar.

12 Efter demontering, montera storändsöverfall och lagerskålar på sina respektive stakar och fingerdra bultarna. Att lämna de gamla lagerskålarna på plats hjälper till att förhindra repor i lagersätena. Använd alltid nya lagerskålar vid hopsättningen.

Kontroll

13 Innan kontroll kan inledas måste kolvar/-stakar rengöras och kolvringar avlägsnas.

14 Expandera försiktigt de gamla ringarna och dra av dem över kronan. Två eller tre gamla bladmått är till god hjälp när det gäller att förhindra att ringarna sätter sig i tomma spår (se bild). Var noga med att inte skrapa kolven med ringändarna. Ringarna är sköra

11.14 Använd några gamla bladmått för att plocka av kolvringarna

och bryts om de expanderas för mycket. De är även ytterst vassa - skydda händer och fingrar. Observera att oljeringen kan innehålla en expander. Demontera alltid kolvringarna över kronan. Förvara varje ringsats med sin egen kolv om ringarna ska användas igen.

15 Skrapa bort alla sotspår från kolvkronorna. En trådborste som används för hand eller en smärgelduk fungerar som finpolering när väl de flesta avlagringar skrapats bort.

16 Avlägsna sot från kolvringsspåren med en gammal kolvring bruten i två delar (skydda fingrarna - kolvringar är vassa). Var dock noga med att bara ta bort sot - inte metall eller fingertoppar - och gör inga hack eller repor i sidorna på kolvringsspåren.

17 När sotet är avlägsnat, rengör kolvar/stakar med fotogen eller lämpligt lösningsmedel och torka dem noga. Se till att oljereturhålen i ringspårens baksidor är rena och öppna.

18 Om kolvar och lopp inte är skadade eller för slitna kan de gamla kolvarna användas. Normalt kolvslitage framträder som ett jämnt vertikalt slitage på kolvens tryckytor och ett litet glapp i övre kompressionsringsspåret. Nya kolvringar bör alltid användas när motorn sätts ihop.

19 Kontrollera kolvarna noga, leta efter sprickor runt kjolen, kolvbultsinfattningen och mellan ringarna.

20 Leta efter repor och skavningar på kjolarnas tryckytor, hål i kolvkronan och brännmärken runt kronans kant. Om kjolen är sliten kan motorn ha utsatts för överhettning och/eller abnorm förbränning vilket ger för höga arbetstemperaturer. Kontrollera kylning och smörjning noga. Brännmärken på kolvsidorna indikerar förbiblåsning. Hål i kolvkronan visar på abnorm förbränning (förtändning/spikning). Brända kanter indikerar vanligen knack (detonation). Om något av ovanstående problem förekommer måste orsaken undersökas, i annat fall uppstår skadan igen. Orsaken kan vara tändlägesfel eller systemfel i förgasare/bränsleinsprutning.

11.24 Kontrollera att vevstakens oljekanal är ren - CVH-motor

21 Korrosion på kolven, i form av små gropar, indikerar att kylvätska läcker in i förbränningskammaren och/eller vevhuset. Även då måste orsaken åtgärdas så att problemet inte finns kvar i den renoverade motorn.

22 Kontrollera spelet mellan kolv och stake genom att vrida dem i motsatta riktningar. Varje märkbart spel indikerar för stort slitage vilket måste åtgärdas. Ta dem till en Fordverkstad eller motorspecialist för kontroll av både stakar, kolvbultar och kolvar. Låt montera nya delar efter behov.

23 *Försök inte* sära på kolvar och stakar (även om utbytesdelar av annan tillverkning än Fords hittats). Detta är ett arbete för en Fordverkstad eller specialist i och med den speciella värmningsutrustning, press, dockor och stöd som krävs. Om kolvar/stakar kräver denna typ av arbete, låt kontrollera om stakarna är vridna eller krökta eftersom endast en specialist har utrustning för detta arbete.

24 Kontrollera att stakarna inte har sprickor eller andra skador. På CVH-motorer, kontrollera även att oljekanalen i botten på vevstaken är ren genom att sondera med en ståltråd (se bild). Demontera provisoriskt storändslageröverfallen och de gamla lagerskålarna, torka ren staken och lagersätena, leta efter hack och skråmor. Efter kontroll av stakarna, sätt tillbaka de gamla lagerskålarna och montera överfallen med fingerdragna bultar.

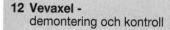

Demontering

Observera: *Vevaxeln kan endast demonteras efter det att motor/växellåda tagits ut. Det är förutsatt att växellåda och svänghjul/drivplatta, kamrem, topplock, sump, oljepumpens upptagare/sil och skvalpskott, oljepump samt kolvar/stakar demonterats. Oljetätningshuset på vänster vevaxelände måste skruvas loss innan nästa steg i demonteringen.*

1 Innan vevaxeln demonteras, mät axialspelet med en mätklocka vars sond placeras i linje med vevaxeln och precis berör axeländen **(se bild)**.

2 Skjut undan vevaxeln från mätklockan så långt det går och nollställ. Bänd sedan vevaxeln mot mätklockan så långt det går och läs av. Den sträcka vevaxeln rört sig mot mätklockan är axialspelet. Om större än specificerat, kontrollera slitaget på vevaxelns tryckytor. Om inget är uppenbart bör nya tryckbrickor korrigera axialspelet.

3 Om mätklocka saknas kan bladmått användas. Bänd försiktigt vevaxeln maximalt åt höger. För in bladmått mellan vevaxeln och det ramlager som inkluderar tryckbrickan och mät spelet.

HCS Endura-E

4 Kontrollera att ramlageröverfallen är lägesmarkerade. De har även en pil pekande mot kamremssidan för att visa rätt riktning **(se bild)**.

5 Skruva ur bultarna och ta ut överfallen. Om de sitter fast, knacka loss dem med en mjuk klubba. Om lagerskålarna ska användas igen, förvara dem tillsammans med överfallen. Men det är rekommendabelt att byta lagerskålar, såvida inte motorn har ett mycket lågt miltal.

6 Lyft ut vevaxeln ur vevhuset och ta ut övre lagerskålen och tryckbrickorna. Förvara dem tillsammans med respektive överfall om de ska återanvändas.

7 Demontera vevaxelns oljetätningar från kamremskåpan och bakre oljetätningshuset.

12.1 Kontroll av vevaxelns axialspel med en mätklocka

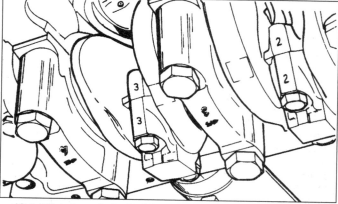

12.4 Märkning på storändslageröverfall och ramlageröverfall

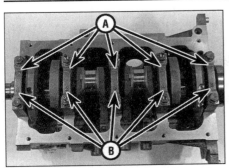

12.12 Pilarna på ramlageröverfallen pekar mot motorns kamremssida (A) och lagrens numrering (B) är i stigande följd från kamremssidan

12.23 Mät alla lagertappar på vevaxeln på ett flertal punkter för att upptäcka ovalitet eller konicitet

13 Block/vevhus -
rengöring och kontroll

Motorerna CVH och PTE

8 Kontrollera att ramlageröverfallen är lägesnumrerade. Varje överfall ska också ha en pil som indikerar monteringsriktningen (pilen pekande mot kamremssidan).
9 Skruva ur bultarna och avlägsna ramlageröverfallen. När de plockas bort ska lagerskålarna förvaras tillsamman med sina respektive överfall (om de ska återanvändas). Observera att skålarna i överfallen är släta (ingen ränna). Det är absolut att rekommendera byte lagerskålar såvida du inte vet att motorn har ett mycket lågt miltal.
10 Lyft ut vevaxeln ur vevhuset.
11 Avlägsna lagerskålarna i tur och ordning från vevhuset och förvara dem i monteringsordning. De övre skålhalvorna är försedda med rännor. Ta även ut de halvcirkelformade tryckbrickorna på var sida om det centrala ramlagret och förvara dem i monteringsordning.

Motorerna Zetec och Zetec-E

12 Kontrollera om ramlageröverfallen är lägesmarkerade (**se bild**). De ska vara numrerade i följd från kamremssidan, om inte, märk dem med sifferstansar eller körnare. Överfallen ska även ha en pil som pekar mot kamremssidan. Observera att olika fixturer (för oljeskvalpskottets muttrar) används på överfallen 2 och 4. Lossa överfallsbultarna ett kvarts varv vardera, med början i ytterkanterna och arbeta mot centrum till dess att de kan skruvas ur för hand.
13 Knacka lätt på överfallen med en mjuk klubba och sära dem sedan från vevhuset. Använd vid behov bultarna som brytarmar för att demontera överfallen. Försök att inte tappa lagerskålarna om de följer med överfallen.
14 Lyft försiktigt ut vevaxeln från motorn.
15 Plocka ut en lagerskål i taget och förvara dem i monterad ordning.

Kontroll

16 Rengör vevaxeln och torka den om möjligt med tryckluft.

⚠️ *Varning: Använd ögonskydd vid arbete med tryckluft! Se till att rengöra oljehålen med en piprensare eller liknande sond.*

17 Kontrollera om lagertapparna för ramlager och storändslager visar tecken på ojämnt slitage, repor, gropar eller sprickor.
18 Slitage i storändslager ger ett distinkt metalliskt knackande medan motorn går (speciellt märkbart när motorn segdrar från låga varv) och en viss förlust av oljetryck.
19 Slitage i ramlager åtföljs av allvarliga motorvibrationer och muller - som ökar med stigande motorvarv - och även här med en viss förlust av oljetryck.
20 Kontrollera lagertapparnas yta med fingertopparna. Varje ojämnhet (som är åtföljd av ett tydligt lagerslitage) indikerar att vevaxeln måste slipas om (om möjligt) eller bytas.
21 Avlägsna eventuella grader från vevaxelns oljehål med bryne, fil eller skrapa.
22 Med mikrometer, mät diametern på ram- och storändstappar, jämför med "*Specifikationer*" i början av detta kapitel.
23 Genom mätning av diametern på ett flertal punkter runt varje tapps omkrets kan du avgöra tapparnas rundhet. Med mått i vardera änden framgår om en tapp är konisk eller inte (**se bild**).
24 Om tapparna är skadade, koniska, ovala eller slitna under specifikationerna måste vevaxeln tas till en specialist som slipar om dem och har ramlagerskålar i nödvändiga understorlekar.
25 Kontrollera oljetätningsytorna på var vevaxelände. Om endera har ett djupt spår från oljetätningen, rådfråga en specialist som kan tala om ifall skadan går att reparera eller om vevaxeln måste bytas.

Rengöring

1 Demontera alla yttre delar och givare innan rengöringen. På motorerna HCS och Endura-E, se till att kamaxel och ventillyftare demonteras innan blocket rengörs. På motorerna CVH och PTE, demontera motorventilationens lock från urtaget i blockets bakre hörn och om fortfarande monterad, skruva ur skruven och dra ut givaren för motorns hastighet från svänghjulskåpan. På motorerna Zetec och Zetec-E, skruva ur kolvarnas oljekylningsmunstycken eller blindpluggar (efter tillämplighet). Observera att Ford anger att oljekylningsmunstycken, om monterade, måste bytas när motorn tas isär för helrenovering (**se bilder**).
2 Skruva ur alla monterade oljekanalspluggar. Dessa är vanligen mycket hårt åtdragna - de kan kräva urborrning och omgängning av

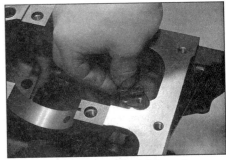

13.1a Skruva ur blindpluggar (om monterade) för att rengöra oljekanaler . . .

13.1b . . . men observera att kolvkylningsmunstyckena (om monterade) ska bytas som rutinåtgärd när motorn renoveras - motorerna Zetec och Zetec-E

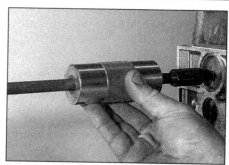

13.2 Frostpluggarna ska tas ut med draghammare - om de drivs in i blocket kan de vara omöjliga att avlägsna

13.6 Alla bulthål i blocket ska rengöras och återställas med en gängtapp

hålen. Använd nya pluggar när motorn sätts ihop. Borra ett litet hål i centrum av varje frostplugg och dra ur dem med en draghammare **(se bild)**.

 Varning: Frostpluggar kan vara svåra eller omöjliga att ta ut om de drivs in i blockets kylkanaler.

3 Om någon av gjutdelarna är mycket smutsig ska alla ångtvättas.

4 När delarna kommit tillbaka från ångtvätt, rengör alla hål och kanaler igen. Spola ur dem med varmvatten till dess att vattnet rinner rent, torka sedan noggrant och lägg på en tunn film olja på alla bearbetade ytor som rostskydd. Om du har tillgång till tryckluft, använd den till att snabba på torkningen och att blåsa ur alla oljekanaler och hål.

 Varning: Använd ögonskydd vid arbete med tryckluft!

5 Om gjutdelarna är ganska rena kan du göra ett godtagbart tvättjobb med varmt tvålvatten (så varmt du tål) och en styv borste. Ta god tid på dig och gör arbetet noggrant Oavsett metod, se till att rengöra alla oljehål och kanaler och torka alla delar. Avsluta med att rostskydda enligt ovan.

6 Alla gängade hål måste vara rena och torra för att kunna ge korrekta momentavläsningar vid monteringen. Detta är ett bra tillfälle att rengöra och kontrollera alla gängor för huvudbultar - lägg dock märke till att vissa, som bultarna till topplock och svänghjul/drivplatta alltid byts mot nya som rutinåtgärd, närhelst de skruvats ut. Dra en gängtapp i rätt storlek genom varje hål så att rost, gänglås och slam avlägsnas och att skadade gängor återställs **(se bild)**. Om möjligt, rengör hålen med tryckluft efter detta. Ett fungerande alternativ är att spruta in en vattenavstötare i varje hål med den långa snabel som vanligen medföljer.

 Varning: Bär ögonskydd när dessa hål rengörs, se till att torka ur överflödig vätska ur hålen.

7 När arbetet är färdig (se nedan) och blocket är klart för hopsättning, använd lämplig tätning till de nya oljekanalpluggarna och skruva i dem i blocket. Dra dem ordentligt. Täck de nya frostpluggarnas tätningsyta med lämplig tätning och driv in dem i blocket. Se till att de drivs in rakt och sätter sig korrekt, i annat fall uppstår läckage. Det finns specialverktyg för detta arbete men en stor hylsa, vars ytterdiameter precis går in i frostpluggen, använd med förlängare och hammare fungerar lika bra.

8 På motorerna Zetec och Zetec-E, montera blindpluggar eller nya kolvkylningsmunstycken (efter tillämplighet), dra deras Torxskruvar till angivet moment. På alla motorer, montera alla yttre delar, se relevant kapitel vid behov. Montera ramlageröverfallen med fingerdragna bultar.

9 Om motorn inte omedelbart ska sättas ihop, rostskydda enligt ovan och täck över den med ett plastskynke så att den inte smutsas ned.

Kontroll

10 Inspektera gjutdelarna, leta efter sprickor och korrosion. Leta efter strippade gängor i hål. Om det någon gång varit inre kylvätske-

läckage är det värt besväret att låta en specialist leta efter sprickor i blocket med specialutrustning. Om defekter förekommer, reparera om möjligt eller byt block.

11 Kontrollera att loppen inte är repiga eller skavda.

12 Notera att cylinderloppen måste mätas med ramlageröverfallen bultade på plats (utan vevaxel eller lagerskålar) med angivet moment. Mät varje cylinders diameter högst upp (under vändkanten), i mitten och längst ned, både parallellt med och i rät vinkel mot vevaxelns längdriktning **(se bild)**. Anteckna erhållna mått.

13 Mät kolvdiametern i rät vinkel mot kolvbulten, strax ovanför kjolens nederkant och anteckna måttet **(se bild)**.

14 Om det är önskvärt att mäta spelet mellan kolv och lopp, utför ovanstående mätningar och dra kolvdiametern från loppets diameter. Om visade precisionsmätningsredskap inte finns tillgängliga kan skick för lopp och kolvar undersökas om än inte lika exakt, genom att bladmått används enligt följande: Välj ett bladmått med en tjocklek som motsvarar angivet spel och trä in det i loppet tillsammans med kolven. Kolven ska vara korrekt placerad. Bladmåttet måste sitta mellan kolven och loppet på en av tryckytorna (i rät vinkel till kolvbultens lopp). Kolven ska glida genom loppet (med bladmåttet på plats) med ett inte speciellt hårt tryck. Om den faller igenom eller glider lätt är spelet för stort vilket ger att en ny kolv krävs. Om kolven kärvar i nedre delen av loppet och är lös i övre är cylindern konisk. Om kärvningar påträffas när kolv och bladmått roteras är loppet ovalt.

15 Upprepa förfarandet med resterande kolvar och cylinderlopp.

16 Jämför resultaten med "Specifikationer" i början av detta kapitel. Om mått ligger utanför vad som anges för den givna klassen (kontrollera kolvkronans märkning för monterad klass) eller om något av loppens mått markant avviker från de andra (konicitet eller ovalitet) är kolv eller lopp utslitet.

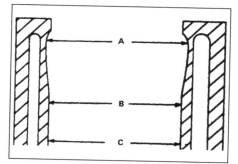

13.12 Mät varje cylinders diameter just under vändkanten (A), i mitten (B) och i nederkanten (C)

13.13 Mät kolvens kjoldiameter i rät vinkel mot kolvbulten, strax ovanför nederkanten

17 Slitna kolvar måste bytas. Till vissa motorer finns reservdelskolvar från Ford endast att få som en del av komplett sats kolv/vevstake. Rådfråga en Fordverkstad eller renoveringsspecialist.

18 Om något av loppen är för repigt eller utslitet, ovalt eller koniskt skulle den normala proceduren vara att borra om loppen och montera nya kolvar och ringar i överstorlek. Rådfråga en Fordverkstad eller renoveringsspecialist.

19 Om loppen är i hyfsat skick och inte för slitna kan det räcka med att byta kolvringarna.

20 Om så är fallet ska loppen honas så att de nya ringarna kan sätta sig korrekt och ge bästa möjliga tätning. Honing ska utföras av en renoveringsspecialist.

21 Efter det att alla bearbetningar gjorts måste hela blocket tvättas mycket noga med varmt tvålvatten för att avlägsna alla spår av sliprester från bearbetningarna. När blocket är helt rent, spola av det noga, torka och rostskydda exponerade bearbetade ytor med ett tunt lager olja.

22 Blocket ska nu vara helt rent och torrt med alla delar kontrollerade och reparerade eller renoverade efter behov. Montera så många yttre delar som möjligt. Om hopsättningen inte ska inledas direkt, täck över blocket med ett skynke och rostskydda bearbetade ytor enligt ovan.

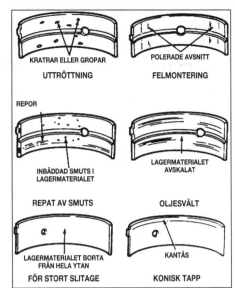

14.1 Typiska lagerhaverier

14 Ramlager och storändslager - kontroll

1 Även om ram- och storändslagerskålar ska bytas vid renoveringen, spara de gamla skålarna för en närmare inspektion, de kan ruva på viktig information om motorns skick **(se bild).**

2 Lager skär på grund av brist på smörjning, förekomst av smuts eller andra främmande partiklar, överbelastning av motorn eller korrosion. Oavsett varför lager skär måste orsaken åtgärdas innan motorn sätts ihop så att inte problemet uppstår på nytt.

3 Vid undersökning av lagerskålar, ta ut dem från block och ramlageröverfall respektive vevstakar och storändsöverfall. Lägg ut dem på en ren yta i samma positioner som de hade i motorn. Detta låter dig matcha lagerproblem med motsvarande tappar. Berör *inte* någon skåls lageryta med fingrarna eftersom den ömtåliga ytan då kan repas.

4 Smutspartiklar eller andra främmande föremål kan komma in i en motor på många sätt. De kan lämnas kvar vid monteringen eller

passera genom filtren eller vevhusventilationen. De kan komma in i oljan och därifrån till lagren. Metallspån från bearbetning och normalt slitage förekommer ofta. Slipmedel lämnas ibland kvar i motordelar efter renovering, speciellt om delarna inte rengjorts ordentligt på rätt sätt. Oavsett källa blir dessa främmande föremål i slutänden ofta inbäddade i det mjuka lagermaterialet där de är lätta att känna igen. Större partiklar bäddas inte in utan repar skål och tapp. Bästa förebyggande åtgärd mot skurna lager är att rengöra alla delar korrekt och hålla allting kliniskt rent vid hopsättningen av motorn. Täta och regelbundna byten av olja och filter rekommenderas också.

5 Brist på smörjning (oljesvält) har ett antal sammanhängande orsaker. Överhettning (som tunnar ut oljan), överbelastning (som tränger ut oljan ur lagren) och oljeläckage (från för stora spel, sliten oljepump eller höga motorvarv) bidrar alla till oljesvält. Blockerade oljekanaler, som vanligen orsakas av feluppriktade oljehål i en lagerskål orsakar också en oljesvält som förstör lagret. När oljesvält är orsaken skalas lagermaterialet av eller trycks ut från lagerskålens stålstöd. Temperaturen kan öka så mycket att stålet blåneras av överhettningen.

6 Körstil kan ha en definitiv inverkan på lagrens livslängd. Segdragning (full gas från låga varv) belastar lagren hårt, vilket tenderar att trycka ut oljefilmen. Dessa belastningar leder till att skålarna flexar, vilket orsakar fina sprickor i lagerytan (uttröttning). Till sist kommer lagermaterialet att lossna bitvis och slitas bort från stålstödet.

7 Korta körsträckor leder till lagerkorrosion eftersom motorn inte blir varm nog att driva ut kondensvatten och frätande gaser. Dessa produkter samlas i motoroljan och bildar syra och slam. När oljan förs ut i lagren angriper syran lagermaterialet och korroderar detta.

8 Felaktig montering av lagerskålar vid hopsättningen leder också till skurna lager. För tätt passande lager ger inte nog med spel vilket resulterar i oljesvält. Smuts och andra främmande partiklar som fångas bakom en lagerskål resulterar i höga punkter i lagret vilket leder till skärning.

9 Berör *inte* någon skåls lageryta med fingrarna under hopsättningen, det finns risk för repor eller nedsmutsning.

15 Motorrenovering - ordningsföljd för ihopsättning

1 Innan ihopsättningen påbörjas, se till att alla nya delar skaffats och att alla behövliga verktyg finns tillgängliga. Läs igenom hela beskrivningen, bekanta dig med vad som ingår i arbetet och se till att allt som krävs för ihopsättning av motorn finns tillhands. Förutom alla normala verktyg och material krävs lämplig tätningsmassa och gänglås vid motorns hopsättning. För allmänna ändamål rekommenderas Loctite 275 härdande massa eller Hylomar PL32M icke härdande massa för fogar vid behov och Loctite 270 för gänglås. För vissa tillämpningar på motorerna Zetec och Zetec-E rekommenderar och saluför Ford Hylosil 102 till block/sump/oljepump/ oljetätningshus och Loctite 518 för kamaxlarnas högra lageröverfall. I alla andra fall är, om fogytorna är rena och plana, nya packningar det enda som behövs för en tät fog. Använd *inte* någon form av silikonbaserad tätning i någon del av bränslesystemet och insugsröret. Använd *aldrig* avgastätningsmassa före katalysatorn i avgassystemet

2 För att spara tid och undvika problem, kan motorn sättas ihop i följande ordning (efter tillämplighet):

a) *Motorventilationslocket (Motorerna CVH och PTE)*
b) *Ventillyftare och kamaxel (Motorerna HCS och Endura-E)*
c) *Vevaxel och ramlager*
d) *Kolvar/vevstakar*
e) *Oljepump*
f) *Sump*
g) *Svänghjul/drivplatta*
h) *Topplock*
i) *Kamdrev och kedja/rem*
j) *Motorns yttre delar*

3 Kontrollera innan hopsättningen att allt verkligen är kliniskt rent. Som tidigare sagts kan smuts och metallpartiklar snabbt förstöra lager och resultera i större motorhaverier. Smörj med ren motorolja vid hopsättningen.

16 Kolvringar - montering

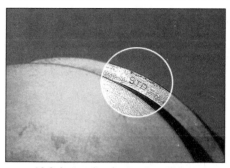

16.6 Leta efter inetsade märken (STD - indikerande standardstorlek visas här) som märker ut kolvringens ovansida

1 Innan nya kolvringar monteras, kontrollera ändgapen. Lägg varje kolv/stake för sig som en sats.
2 Stick in den övre kompressionsringen i den första cylindern och rikta upp den rätvinkligt mot loppet genom att trycka in den med kolvkronan. Ringen ska vara nära loppets botten vid nedre vändpunkten.
3 Mät ändgapet genom att sticka in bladmått till dess att ett passar gapet. Bladmåttet ska glida mellan ändarna med något motstånd. Jämför måttet med "Specifikationer" i detta kapitel. Om gapet avviker från dessa - dubbelkontrollera att du verkligen har de rätta ringarna innan du fortsätter. Om du utvärderar skicket på begagnade kolvringar, låt en Fordverkstad eller annan specialist kontrollera och mäta loppen, så att du kan vara säker på vilken del som är sliten och fråga om råd angående bästa tillvägagångssätt.
4 Om ändgapet fortfarande är för litet måste det tas upp. Fila ändarna försiktigt med en finskuren fil. Om gapet är för stort är detta ett mindre problem, såvida inte gränsvärdet överskrids. I så fall krävs en extra noggrann kontroll av samtliga delars mått, liksom de nya delarnas mått.
5 Upprepa förfarandet med varje ring som ska monteras i den första cylindern och för ringarna i de övriga cylindrarna. Kom ihåg att hålla ihop kolvar, ringar och cylindrar gruppvis.
6 Montera kolvringarna enligt följande. Om originalringarna monteras, följ märken/anteckningar från demonteringen och se till att varje ring kommer på sin egen plats, vänd åt samma håll. Nya ringar har i regel de övre ytorna märkta (ofta som storleksindikation, exempelvis STD eller TOP) - ringarna måste monteras med sådana märken vända mot kolvkronan **(se bild)**. **Observera:** *Följ alltid de instruktioner som kommer med ringarna - olika tillverkare kan ange olika metoder. Blanda inte ihop övre och under kompressionsringar, de har i regel olika profiler.*
7 Oljeringen (nederst på kolven) monteras vanligtvis först. Den består av tre delar. För in distansen/expandern i spåret. Om en rotationsspärr används, se till att den greppar i det borrade hålet i ringspåret. Montera den nedre sidoväggen. Använd inte en kolvrings-pådragare på oljeringens sidoväggar eftersom dessa kan skadas. Placera istället ena änden av nedre sidoväggen i spåret mellan distansen/expandern i utrymmet mellan spåren, håll den på plats, dra ett finger runt kolven och tryck ned väggen i spåret. Montera sedan övre sidoväggen på samma sätt.
8 När oljeringen monterats komplett, kontrollera att sidoväggarna rör sig ledigt i spåret.
9 Montera sedan undre kompressionsringen, följt av övre, se till att märkena är vända uppåt, var noga med att inte blanda ihop dem. Expandera inte ringarna mer än vad som behövs för att trä på dem.
10 På motorerna HCS och Endura-E, när alla ringar monterats på en kolv, arrangera gapen enligt beskrivningen i *Specifikationer* i början av detta kapitel.
11 På motorerna CVH och PTE, när alla ringar monterats på en kolv, arrangera gapen med 120° mellanrum utan att något är placerat ovanför kolvbultshålet.
12 På motorerna Zetec och Zetec-E, när alla ringar monterats på en kolv, arrangera gapen (inklusive oljeringens) med 120" mellanrum.

17 Vevaxel - montering och kontroll av ramlagerspel

1 Det förutsätts här att block och vevaxel är rengjorda och åtgärdade efter behov. Vänd upp och ned på motorn.
2 Skruva loss ramlageröverfallen och lägg ut dem i monteringsordning.
3 Om de fortfarande är på plats, ta ur de gamla lagerskålarna ur blocket och överfallen. Torka ur lagersäten med ren och luddfri trasa, de måste hållas kliniskt rena!

Kontroll av ramlagerspel

HCS Endura-E
4 Torka rent i lagersätena och rengör lagerskålarnas baksidor. Montera respektive övre lager (torrt) i vevhuset. Observera att de övre skålarna har rännor (de nedre saknar dem och har bredare styrflikar). Om gamla ramlager sätts tillbaka, se till att de kommer på sina ursprungliga platser. Kontrollera att flikarna på lagerskålarna passar in i sina respektive urtag i block och överfall.

Varning: Knacka inte fast skålarna och skada inte lagerytorna. Smörj inte i detta läge.

5 Placera vevaxeltryckbrickorna i läge i vevhuset så att oljespåren är vända utåt (bort från centrumbalansen) **(se bild)**.

Motorerna CVH och PTE
6 Torka rent i lagersätena och rengör lagerskålarnas baksidor. Montera respektive övre lager (torrt) i vevhuset. Observera att de övre skålarna, med undantag för den främre har rännor (de nedre saknar dem). Övre och nedre främre ramlagrets skålar är smalare och båda har en oljekanal. Om gamla ramlager sätts tillbaka, se till att de kommer på sina ursprungliga platser **(se bild)**. Kontrollera att

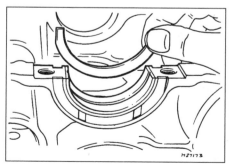

17.5 Placera vevaxelns tryckbrickor i läge i vevhuset så att oljekanalerna är vända utåt

17.6 Montering av ramlagrens skålar i lagersätena i vevhuset

17.7 Montera vevhusventilationens lock och fjäder

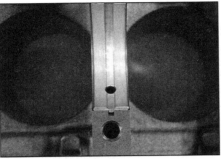

17.9 Fliken i varje lagerskål måste passa i urtaget i blocket eller överfallet och oljehålen i övre skålarna måste vara uppriktade mot blockets oljehål

17.11 Lägg Plastigage-remsan (vid pilen) på ramlagertappen parallellt med vevaxelns centrumlinje

flikarna på lagerskålarna passar in i sina respektive urtag i block och överfall.

Varning: Knacka inte fast skålarna och skada inte lagerytorna. Smörj inte i detta läge.

7 För vevhusventilationens lock och fjäder på plats i vevhuset **(se bild)**.

8 Placera vevaxeltryckbrickorna i läge i vevhuset så att oljespåren är vända utåt (bort från centrumbalansen).

Motorerna Zetec och Zetec-E

9 Rengör baksidorna på de nya lagerskålarna. Montera lagerskålar med oljekanaler i vardera lagersätet i blocket. Observera den integrerade tryckbrickan i övre skålen i ramlager 3. Montera de övriga från varje lagersats i motsvarande överfall. Se till att flikarna på samtliga skålar passas in i urtagen i blocket och överfallen. Dessutom ska oljehålen i blocken vara uppriktade mot oljehålen i lagerskålarna **(se bild)**.

Varning: Knacka inte fast skålarna och skada inte lagerytorna. Smörj inte i detta läge.

Samtliga motorer

10 Rengör skålarnas lagerytor i block och ramlagertappar med ren luddfri trasa. Kontrollera eller rengör oljekanalerna i vevaxeln, smuts i dem kan bara hamna på en plats - i de nya lagren.

11 När du är säker på att vevaxeln är ren, lägg den försiktigt i läge i ramlagren. Klipp flera bitar av lämplig storlek Plastigage (ska vara något kortare än ramlagrens bredd) och placera en remsa på varje ramlagertapp, parallellt med vevaxelns centrumlinje **(se bild)**.

12 Rengör lagerytorna på överfallsskålarna och montera överfallen på sina respektive platser (blanda inte ihop dem) med pilarna pekande mot kamremssidan. Rubba inte Plastigage-remsorna.

13 Arbeta med ett överfall i taget, från mitten

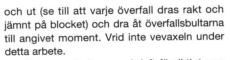

17.15 Jämför bredden på den krossade biten Plastigage med skalan på förpackningen för att fastställa lagerspelet

och ut (se till att varje överfall dras rakt och jämnt på blocket) och dra åt överfallsbultarna till angivet moment. Vrid inte vevaxeln under detta arbete.

14 Skruva ur bultarna och lyft försiktigt upp överfallen. Håll dem i ordning, rubba inte Plastigage och vrid inte vevaxeln. Om något av överfallen är svårt att ta loss, knacka försiktigt sidledes med en mjuk klubba så att det lossnar.

15 Jämför bredden på den klämda biten Plastigage på varje tapp med den skala som är tryckt på förpackningen och avläs ramlagerspelet **(se bild)**. Jämför med *"Specifikationer"* så att spelet är korrekt.

16 Om spelet är felaktigt, rådfråga en Fordverkstad eller motorspecialist - om vevaxeltapparna är i bra skick kan det kanske bara behövas nya lagerskålar för att uppnå korrekt spel. Om detta inte går måste vevaxeln slipas om av en specialist som kan tillhandahålla lagerskålar i nödvändig understorlek. Se först till att det inte fanns smuts eller olja mellan skålar och överfall eller block när mätningen gjordes. Om Plastigage-remsan var märkbart bredare i ena änden kan tappen vara konisk.

17 Skrapa försiktigt bort resterna av Plastigage från lagertappar och lagerytor. Var ytterst noga med att inte repa lagret - använd nageln eller kanten på ett kreditkort.

17.20 Montera vevaxeln sedan lagerspelen kontrollerats

Slutlig montering av vevaxeln

18 Lyft försiktigt ut vevaxeln ur blocket, rengör lagerytorna i blocket skålar och lägg på ett tunt, jämnt lager med rent motormonteringsfett, ren motorolja eller molybdendisulfidfett på varje yta. Täck även tryckbrickans ytor.

19 Smörj vevaxelns oljetätningsyta med rent motormonteringsfett, ren motorolja eller molybdendisulfidfett.

20 Se till att vevaxelns tappar är rena och lägg tillbaka vevaxeln i blocket **(se bild)**. Rengör lagerytorna på skålarna i överfallen och smörj dem. Montera överfallen i sina respektive lägen med pilarna pekande mot kamdrivningssidan på motorn.

21 Arbeta med ett överfall i taget, från mitten och utåt (se till att varje överfall dras rakt och jämnt) och dra ramlagrens överfallsbultar till angivet moment.

22 Vrid vevaxeln ett antal varv för hand, leta efter märkbara kärvningar.

23 Kontrollera vevaxelns axialspel (se avsnitt 12). Detta ska vara korrekt, såvida inte vevaxelns tryckytor är slitna eller skadade.

24 Montera vevaxelns vänstra oljetätningshus och en ny oljetätning (se del A, B eller C i detta kapitel beroende på motortyp).

18 Kolvar och vevstakar - montering och kontroll av storändens lagerspel

Observera: *På motorerna HCS och Endura-E krävs nya bultar till ramlageröverfallen vid monteringen.*

1 Innan kolvar/stakar monteras måste cylinderloppen vara perfekt rengjorda, varje lopps överkant ska vara avfasad och vevaxeln måste vara på plats.

2 Demontera storändslagret från vevstaken till cylinder 1 (se märkningen från demonteringen). Ta ut de gamla lagerskålarna och torka ur lagersätena med en ren och luddfri trasa, de måste hållas kliniskt rena!

Kontroll av storändens lagerspel

3 Rengör baksidan på den nya övre lagerskålen, montera den på staken, montera den andra skålen i överfallet. Se till att fliken på varje skål passar i urtaget på staken/ överfallet (**se bild**).

Varning: Knacka inte fast skålarna, gör inga repor/hack i lagerytorna, smörj inte lagren än.

4 Det är ytterst viktigt att alla fogytor för lagerdelar är perfekt rena och oljefria vid monteringen.

5 Placera kolvringarnas ändgap enligt beskrivning i avsnitt 16, smörj kolv och ringar med ren motorolja och montera en kolvringshoptryckare på kolven. Låt kjolen sticka ut 8 - 10 mm för att styra in kolven. Ringarna måste vara hoptryckta så att de är i jämnhöjd med kolven.

6 Vrid vevaxeln så att storändslagertapp 1 är vid nedre dödpunkten (ND) och olja in cylinderloppet.

7 Placera kolv/stake 1 så att pilen på kolvkronan pekar mot kamremssidan. Stick försiktigt in kolv/stake i cylinder 1 och vila nederkanten på kolvringshoptryckaren på blocket.

8 Knacka på kolvringshoptryckarens överkant så att den vilar säkert på blocket runtom.

9 Knacka försiktigt på kolven med änden av ett hammarskaft av trä eller plast (**se bild**), styr samtidigt stakens storände på tappen. Kolvringarna kan försöka hoppa ur hoptryckaren strax innan de glider in i loppet, så håll ett visst tryck på hoptryckaren. Arbeta långsamt och, om något motstånd märks, sluta direkt. Undersök vad som kärvar och åtgärda detta innan du fortsätter. Tvinga *inte*, av någon orsak, in kolven i loppet - du kan bryta en ring eller själva kolven.

10 För kontroll av storändens spel, klipp en bit Plastigage i lämplig storlek något kortare än lagrets bredd och lägg den på tapp 1, parallellt med vevaxelns centrumlinje (**se bild 17.11**).

11 Rengör fogytorna mellan stake och överfall, montera överfallet. Dra överfallsbultarna jämnt - på motorerna HCS, Endura-E, Zetec och Zetec-E, använd först en momentnyckel och dra till steg 1 och använd sedan en vinkelmätare på en vanlig hylsnyckel och vinkeldra till steg 2 (**se bild**). På motorerna CVH och PTE, dra bultarna stegvis till angivet moment, vinkeldragning krävs inte på dessa motorer. Använd en tunn hylsa för att undvika falska momentavläsningar som kan-uppstå om hylsan kilas fast mellan muttern och överfallet. Om hylsan tenderar att fastna mellan muttern och överfallet, lyft den något så att den inte längre berör överfallet. Vrid inte på vevaxeln vid något tillfälle under detta arbete!

12 Skruva ur bulten och lossa överfallet, var noga med att inte rubba Plastigage-biten.

13 Jämför bredden på den klämda biten Plastigage på med den skala som är tryckt på förpackningen och avläs lagerspelet (**se bild 17.15**). Jämför med "*Specifikationer*", för att bekräfta att spelet är korrekt.

14 Om spelet är felaktigt, rådfråga en Fordverkstad eller motorspecialist - om tapparna är i bra skick kan det vara möjligt att erhålla korrekt spel genom byte av lagerskålar. Om detta inte går ska vevaxeln slipas om av en specialist som även kan tillhandahålla lagerskålar i nödvändig understorlek. Se först till att det inte fanns smuts eller olja mellan skålar och överfall eller stake när mätningen gjordes. Om Plastigage-remsan var märkbart bredare i ena änden kan tappen vara konisk.

15 Skrapa försiktigt bort resterna av Plastigage från lagertappar och lagerytor. Var ytterst noga med att inte repa lagret - använd nageln eller kanten på ett kreditkort.

Slutlig montering av kolvar/ stakar

16 Se till att lagerytorna är perfekt rena, lägg på ett tunt jämnt lager med molybden-disulfidfett, motormonteringsfett eller ren motorolja på båda ytorna. Tryck in kolven i cylindern så att lagerytan i stakens skål exponeras.

17 Dra tillbaka staken på tappen, montera överfallet och dra åt bultarna enligt beskrivning.

18 Upprepa förfarandet med resterande kolvar/stakar.

19 Viktigt att komma ihåg är:

a) *Håll baksidor på lagerskålar och lagersäten perfekt rena vid monteringen.*

b) *Se till att montera rätt kolv/stake i rätt cylinder - följ det inetsade numret på staken.*

c) *Pilen på kolvkronan måste peka mot kamdrivningssidan på motorn.*

d) *Smörj cylinderloppen med ren motorolja.*

e) *Smörj lagerytorna vid monteringen av överfallen sedan spelet kontrollerats.*

18.3 Fliken i varje lagerskål måste passa i urtaget i vevstaken eller överfallet

18.9 Kolven kan försiktigt drivas in i loppet med ett hammarskaft av trä eller plast

18.11 Vinkeldragning av storändens lageröverfallsbultar med korrekt verktyg

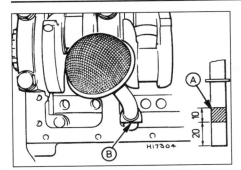

18.21 Montering av oljeinloppsröret - HCS-motorn

A *Område som ska beläggas med tätningsmassa - mått i mm*
B *Kanten måste vara parallell med motorns längdaxel*

20 När samtliga kolvar/stakar monterats, vrid vevaxeln ett antal varv för hand och leta efter kärvningar.
21 På motorerna HCS och Endura-E, om oljeupptagningsröret och silen demonterats är det nu dags att sätta tillbaka dem. Rengör först fogområdet och täck sedan angivet område med specificerad aktiveringsmassa

(finns hos Fordhandlare) **(se bild)**. Vänta 10 minuter och täck det skuggade området med angivet klister och tryck omedelbart fast intagsröret i läge i vevhuset.

19 Motor - första start efter renovering

1 När motorn sitter i bilen igen, dubbel-kontrollera nivåerna på olja och kylvätska. Gör en sista kontroll att allt är anslutet och att inga verktyg eller trasor glömts kvar i motor-rummet.
2 Tändstiften ska vara urskruvade, tänd-ningen deaktiverad genom att tändspolen kopplats från och bränslepumpens säkring ska plockas ut (insprutningsmotorer). Dra runt motorn på startmotorn till dess att olje-tryckslampan slocknar.
3 Skruva i tändstiften och anslut tänd-kablarna (kapitel 1). Koppla in tändspole och på insprutningsmotorer bränslepumpen, slå på tändningen och lyssna på bränslepumpen. Den kommer att gå lite längre än vanligt i och med det låga trycket i bränslesystemet.
4 Starta motorn, det kan ta lite längre tid än vanligt beroende på tömt bränslesystem.

5 Medan motorn går på tomgång, leta efter läckage av bränsle, kylvätska eller olja. Var inte orolig om ovanliga dofter och rökpuffar kommer från delar som värms upp och bränner bort oljeansamlingar. Om de hydrauliska ventillyftarna (i förekommande fall) rubbats kan ett visst ventilrassel förväntas till att börja med. Detta bör upphöra när oljan cirkulerat runt i motorn och normalt tryck återställts till lyftarna.
6 Låt motorn gå på tomgång till dess att kylvätska cirkulerar genom övre slangen, kontrollera att tomgången är någorlunda jämn och håller normalt varvtal. Stäng sedan av motorn.
7 Kontrollera nivåerna för olja och kylvätska efter ett par minuter och fyll på vid behov (se kapitel 1).
8 Om topplocksbultarna dragits enligt instruktionerna finns det inget behov av att efterdra dem. Faktum är att Ford anger att bultarna *inte får* efterdras.
9 Om nya delar som kolvar, ringar eller vev-axellager monterats, måste motorn köras in under 800 km. Kör inte med full gas, segdra heller inte på någon växel under denna period. Byte av olja och filter är att rekommendera efter inkörningen.

Anteckningar

Kapitel 3
System för kylning, värme och luftkonditionering

Innehåll

Svårighetsgrader

Enkelt, passar novisen med lite erfarenhet		Ganska enkelt, passar nybörjaren med viss erfarenhet		Ganska svårt, passar kompetent hemmekaniker		Svårt, passar hemmekaniker med erfarenhet		Mycket svårt, för professionell mekaniker	

Specifikationer

Kylvätska
Typ av blandning .... Se kapitel 1
Kylsystemets volym .... Se kapitel 1

Systemtryck
Tryckprovning .... 1,2 bar – ska hålla detta tryck minst 10 sekunder

Expansion
Tryckklassning ....

skärlets lock
Cirka 1,2 bar – se locket för faktiskt värde

Termostat
Börjar öppna .... 85°C till 89°C

Kylvätskans temperaturgivare
Motstånd:
   Vid 0°C .... 89 - 102 kiloohm
   Vid 20°C .... 35 - 40 kiloohm
   Vid 100°C .... 1,9 - 2,5 kiloohm
   Vid 120°C .... 1,0 - 1,4 kiloohm

Luftkonditionering
Köldmedia .... R12 eller R134a

Åtdragningsmoment

	Nm
Termostathus/Vattenutlopp:	
HCS och Endura-E	20
CVH	11
PTE	9
Zetec och Zetec-E	20
Vattenpumpens remskiva	10
Vattenpumpens fästbultar:	
HCS och Endura-E	8
CVH och PTE	8
Zetec och Zetec-E	18
Kylvätsketemperaturvisarens sändare	6
Kylvätskans temperaturgivare:	
HCS	23
CVH:	
1.4 liter	19
1.6 liter	15
PTE	15
Zetec och Zetec-E	15
Kylarens fästbultar	23
Kylfläktens motor till kåpa	10
Kylfläktskåpan till kylare	4
Värmeelementet till kaross	9
Luftkonditioneringens delar:	
Kondenserare till sidobalk	9
Kåpa till kylare	4
Avfuktare till kylarfäste	4
Tryckvakt till avfuktare	15
Expansionsventil till förångare	4
Luftkonditioneringkåpa till panel	6
Låg- och högtrycksrör till kompressor	23
Lågtryckvätskerör till expansionsventil	6
Avfuktarens anslutningsrör till kondenserare	17
Rör till avfuktare	17
Kompressor till fäste	24
Kompressorns drivplatta till kompressor	14

1 Allmän information och föreskrifter

Allmän information

Motorns kylsystem

Kylsystemet är av den slutna, trycksatta typen och består av en remdriven pump, en genomströmningskylare av aluminium, expansionskärl, elektrisk kylfläkt och en termostat. Systemet fungerar enligt följande: Kall kylvätska i kylarens nederdel passerar genom den nedre slangen till vattenpumpen, som pumpar runt kylvätskan i blockets och topplockets kanaler. Efter att ha kylt cylinderloppen, förbränningskamrarna och ventilsätena når kylvätskan termostatens undersida, som till att börja med är stängd. Kylvätska passerar värmeelementet och insugsröret och återvänder till vattenpumpen.

När motorn är kall cirkulerar kylvätska genom blocket, topplocket, värmeelementet och insugsröret. När kylvätskan når en förbestämd temperatur öppnar termostaten och kylvätskan passerar då via övre kylarslangen till kylaren. När kylvätskan cirkulerar genom kylaren kyls den ned av den förbiströmmande luften när bilen är i rörelse. Luftströmmen förstärks vid behov av den elektriska kylfläkten. När vätskan når kylarens botten är den kallare och cykeln upprepas.

När motorn når normal arbetstemperatur expanderar kylvätskan och en del av den strömmar till expansionskärlet där den förvaras till dess att systemet svalnar då den sjunker tillbaka.

Den elektriska kylfläkten, monterad bakom kylaren, styrs av en termostatkontakt. När kylvätskan når en förbestämd temperatur stänger kontakten och fläkten startar.

Värmesystemet

Värmesystemet består av en fläkt och ett element placerade i värmaren. Slangar ansluter elementet till motorns kylsystem. Varm kylvätska cirkuleras genom elementet. När värmereglagen manövreras på instrumentbrädan öppnas en klaff så att elementet exponeras. Luft som strömmar in i bilen passerar över elementet och värms upp - luftmängden kan vid behov ökas med fläkten.

Luftkonditionering

Se avsnitt 13.

Föreskrifter

⚠️ **Varning: Försök INTE ta bort expansionskärlets lock eller rubba någon annan del av kylsystemet medan det, eller motorn, är hett. Risken för skållning är mycket stor. Om expansionskärlets lock av någon anledning måste öppnas medan motorn är varm (inte att rekommendera), måste först systemtrycket utjämnas. Täck över locket med en tjock trasa så att skållning undviks, skruva sakta upp locket till dess att ett väsande ljud hörs. När väsandet upphör är trycket utjämnat med luften, skruva då sakta upp locket till dess att det kan tas av. Om mer väsanden hörs, avvakta till dess att det upphör. Håll dig hela tiden på betryggande avstånd från påfyllningshålet.**

⚠️ **Varning: Låt inte frostskydd komma i kontakt med huden eller lackerade ytor på bilen. Skölj omedelbart bort eventuellt spill med stora mängder vatten. Lämna aldrig frostskydd i** *en öppen behållare eller i en pöl på marken. Barn och husdjur attraheras av den söta doften, men frostskydd är livsfarligt att förtära.*

 Varning: Om motorn är varm kan den elektriska kylfläkten starta även om motorn inte är igång. Var noga med att hålla undan händer, hår och lösa kläder vid arbete i motorrummet.

 Varning: Se avsnitt 13 för föreskrifter vid arbete på bilar med luftkonditionering.

2 Frostskydd - allmän information

Observera: *Se varningarna i avsnitt 1 av detta kapitel innan du fortsätter.*

Kylsystemet ska fyllas med en blandning av vatten och etylenglykolbaserat frostskydd med en styrka som förhindrar frysning ned till minst -25°C, eller lägre om det lokala klimatet så kräver. Frostskydd ger även skydd mot korrosion och höjer kylvätskans kokpunkt.

Kylsystemet ska underhållas enligt schemat i kapitel 1. Om frostskydd som inte följer Fords specifikation används, kan gammal eller förorenad blandning skada systemet och uppmuntra bildningen av korrosion och kalkavlagringar. Använd om möjligt destillerat vatten till frostskyddsblandningen, om inte, använd endast mjukt vatten. Rent regnvatten är lämpligt.

Innan frostskyddet fylls på, kontrollera alla slangar och anslutningar. Frostskydd har en tendens att läcka genom mycket små hål. Normalt förbrukar motorer inte kylvätska. Om nivån sjunker, ta reda på varför och åtgärda problemen.

Exakt blandning av frostskydd och vatten beror på klimatet. Blandningen ska innehålla minst 40%, men inte överstiga 70% frostskyddsmedel. Se efter på blandningstabellen på förpackningen innan blandningen beredes. En hydrometer kan köpas i de flesta till-behörsbutiker för att prova kylvätskan. Använd endast etylenglykolbaserat frost-skyddsmedel som följer biltillverkarens specifikationer.

3 Kylsystemets slangar - lossande och byte

Observera: *Se varningarna i avsnitt 1 av detta kapitel innan du fortsätter.*

1 Om kontrollerna i i kapitel 1 avslöjar en defekt slang ska den bytas enligt följande:

2 Tappa först ur kylsystemet (se kapitel 1), om frostskyddet inte är moget för utbyte kan kylvätskan återanvändas om den sparas i ett rent kärl.

3 För att lossa en slang, använd en tång för att lossa fjäderclipsen (eller en skruvmejsel för slangklämmorna) och för undan slangfästbiten från anslutningen. Dra försiktigt av slangen från rörstumparna. Nyare slangar är relativt lätta att dra loss - på en äldre bil kan de sitta ganska hårt fast.

4 Om en slang envisas med att sitta kvar, försök att lossa den genom att rotera den på anslutningen innan du drar av den. Bänd försiktigt med ett trubbigt instrument (som en flatklingad skruvmejsel), men använd inte för mycket kraft och se till att inte skada rörstumpar eller slang. Speciellt kylar-slangarnas anslutningar är bräckliga så var extra försiktig där.

 Om allt annat misslyckas, skär av slangen med en vass kniv och slitsa den så att den kan skalas av i två delar. Även om detta är dyrt om slangen annars är i bra skick, är det att föredra framför att köpa en ny kylare.

5 När en slang monteras, trä först på klam-mrarna/klämmorna och dra sedan på slangen på anslutningarna.

6 Trä på slangänden på hela rörstumpen,

 Om slangen är styv, använd lite tålvatten som smörj-medel och mjuka upp slangen genom att sänka ned den i hett vatten. Använd inte olja eller fett som kan angripa gummit.

kontrollera att den sätter sig ordentligt och är korrekt dragen. Dra varje fästbit längs med slangen till dess att den är bakom anslut-ningens fläns innan den dras åt.

7 Fyll systemet med kylvätska (se kapitel 1).

8 Leta efter läckor så snart som möjligt efter det att någon del av kylsystemet rubbats.

4 Termostat - demontering, testning och montering

Observera: *Se varningarna i avsnitt 1 i detta kapitel innan du börjar arbeta.*

Demontering

1 Lossa batteriets jordledning (se kapitel 5A, avsnitt 1).

2 Dränera kylsystemet (se kapitel 1).

HCS, Endura-E, CVH och PTE

3 Lossa clipset och dra loss övre kylar-slangen, expansionskärlets slang och i förekommande fall värmarens slang från termostathuset **(se bilder)**.

4 Dra ut termostatomkopplarens kontakt ur termostathuset.

5 Skruva ur bultarna och lyft undan termo-stathuset **(se bild)**.

6 Avlägsna packningen från termostathusets fogyta, använd en passande tång och kläm ihop termostatens clips så att det kan dras ut ur huset. Dra ut termostaten (anteckna monteringsriktningen) och ta i förekommande fall ut o-ringen **(se bilder)**.

Zetec och Zetec-E

7 Lossa expansionskärlets slang och övre kylarslangen från termostathusets utlopp.

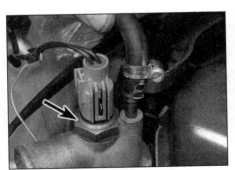

4.3a Lossa expansionskärlets övre slang från termostathuset på en HCS-motor. Även termostatomkopplaren (vid pilen) visas

4.3b Lossa värmarens slang från termostathuset (CVH-motor visad)

4.5 Demontering av termostathuset (CVH-motor visad))

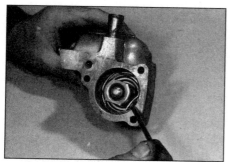

4.6a Lossa clipset . . .

4.6b . . . dra ut termostaten . . .

4.6c . . . och avlägsna i förekommande fall o-ringen

4.8 Skruva ur bultarna och demontera vattenutloppet från termostathuset

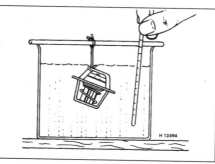

4.15 Testande av termostat

Test av termostat

14 Om termostaten förblir öppen i rumstemperatur är den defekt och ska bytas.

15 För komplett test, häng upp den stängda termostaten i ett snöre i en kastrull kallt vatten bredvid en termometer, se till att ingendera berör kastrullen **(se bild)**.

16 Värm vattnet, anteckna den temperatur då termostaten börjar öppna. Jämför med specifikationerna. Det går inte att kontrollera temperaturen för full öppning eftersom denna uppstår ovanför kokpunkten för vatten under normalt atmosfärtryck. Om temperaturen då den börjar öppna var korrekt är termostaten troligen OK. Ta ut termostaten, kontrollera att den stänger helt när den svalnat.

17 Om termostaten inte öppnar och stänger enligt beskrivning, om den hänger sig i ett läge eller inte öppnar vid angiven temperatur måste den bytas ut.

4.18 Använd ny packning när termostathuset monteras

4.19 Kontrollera att termostathuset är monterat som visat

Montering

Samtliga modeller

18 Montering sker med omvänd arbetsordning. Rengör fogytorna noga och byt termostatens o-ring/packning efter tillämplighet **(se bild)**.

19 På motorerna Zetec och Zetec-E, se till att termostaten monteras med avluftningsventilen överst **(se bild)**.

20 Dra bultarna till termostathuset/utloppet till angivet moment.

21 Fyll kylsystemet (se kapitel 1).

22 Starta motorn, varmkör till normal temperatur, leta efter läckor och kontrollera termostatens funktion.

8 Skruva loss utloppet och dra ut termostaten **(se bild)**.

9 Notera avluftningsventilens läge och vilken sida av termostaten som är vänd utåt.

Testning

Allmän kontroll

10 Innan man skyller problem med kylsystemet på termostaten, kontrollera först nivån i systemet, spänningen på drivremmen (se kapitel 1) och temperaturvisarens funktion.

11 Om motorn tar lång tid att bli varm (baserat på värme eller temperaturvisare) har termostaten förmodligen hängt sig i öppet läge. Byt termostat.

12 Om motorn går varm, känn med handen på övre kylarslangen. Om den inte är het men motorn är det, har förmodligen termostaten hängt sig i stängt läge, vilket hindrar motorns kylvätska från att komma till kylaren - byt termostat.

Varning: Kör inte bilen utan termostat. Utan den förlängs varmkörningstiden. Det gör att styrenheten stannar längre än nödvändigt på varmkörning. Det ökar bränsleförbrukning och utsläpp.

13 Om övre kylarslangen är het innebär det att kylvätska cirkulerar och att termostaten är öppen. Se *"Felsökning"* i *Referenser* i slutet av denna handbok för hjälp med att spåra eventuella fel i kylsystemet.

---

5 Kylarfläkt - testning, demontering och montering

Observera: *Se varningarna i avsnitt 1 i detta kapitel innan du börjar arbeta.*

5.2a Kylfläktens termostatomkopplare (vid pilen) i termostathuset (CVH-motor visad)

5.2b Kylfläktens termostatomkopplare (vid pilen) i övre kylarslangen (Zetec-motor visad)

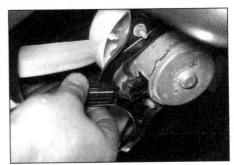

5.5a Dra ut kontakten till kylfläktens motor . . .

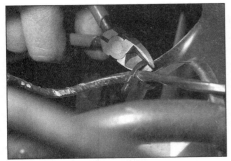

5.5b . . . lossa ledningen från kåpan/motorstödet . . .

5.5c . . . och från clipset

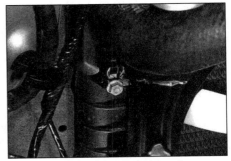

5.6 Mutter som fäster fläktkåpan vid kylaren

Testning

1 Om det finns skäl att misstänka att kylfläkten inte går när hög motortemperatur normalt sett skulle kräva detta, kontrollera först relevanta säkringar och reläer (se kapitel 12).
2 Dra ut kontakten från termostatom-kopplaren, den finns antingen i termo-stathuset eller i övre kylarslangen **(se bilder)**. Använd en bit elledning och brygga över de två anslutningarna i kontakten. Slå på tändningen och kontrollera om fläkten går. Om den gör det är termostatomkopplaren defekt och skall bytas enligt beskrivning i avsnitt 6. Avlägsna överbryggningen från kontakten och stick in den för att fullborda testen.
3 Om fläkten inte startade vid förra testen är antingen fläktmotorn defekt, eller så finns felet i kabelhärvan (se kapitel 12 för beskrivning av tester).

Demontering

Observera: *Se avsnitt 14 för demontering och montering på modeller med luftkonditionering.*
4 Koppla ur batteriets jordledning (se kapitel 5A, avsnitt 1).
5 Dra ut fläktmotorns kontakt och den extra kontakten på kåpans sida (på senare modeller). Lossa kabelaget från clipsen på kåpan **(se bilder)**. Lossa även i förekommande fall kylvätskeslangen från clipsen på fläktkåpan eller skruva ur kylvätskerörets fästbultar.

6 Skruva ur de två muttrar (en på var sida) som fäster fläktkåpan vid kylaren **(se bild)**.
7 Lyft fläkten komplett med kåpan så att kåpan går fri från kylaranslutningarna och ta ut den från bilens undersida **(se bild)**. Var noga med att inte skada själva kylaren när fläkten plockas ut. På senare modeller kan det bli nödvändigt att skruva loss motorns stabiliseringsstag för att ge utrymme nog att ta ut fläkten.
8 Vid behov kan fläktmotorn tas av från kåpan genom att de tre muttrarna lossas **(se bild)**.

Montering

9 Montering sker med omvänd arbets-ordning. Dra förbanden till angivna moment,

se till att kontakterna är väl anslutna och placera kabelaget i clipsen.

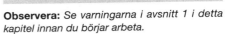

6 Kylsystemets elektriska omkopplare och givare - testning, demontering och montering

Observera: *Se varningarna i avsnitt 1 i detta kapitel innan du börjar arbeta.*

Sändare till kylvätskans temperaturvisare

Testning

1 Om kylvätsketemperaturvisaren inte fung-erar, kontrollera säkringarna (se kapitel 12).

5.7 Dra ut fläktens kåpa och motor från bilens undersida

5.8 Muttrar (vid pilarna) som fäster fläktmotorn vid kåpan

2 Om visaren någon gång indikerar över-hettning, se avsnittet *"Felsökning"* i *Referenser* i slutet av denna handbok för hjälp med att spåra eventuella fel i kylsystemet.

3 Om mätaren anger överhettning strax efter det att bilen kallstartats, dra ur kontakten till temperatursändaren. Sändaren är placerad under termostathuset på motorerna HCS och Endura-E, bredvid termostathuset på motorerna CVH och PTE samt på framsidan av termostathuset på motorerna Zetec och Zetec-E. Om visaren då sjunker ska sändaren bytas. Om visaren fortfarande är hög kan ledningen till visaren vara kortsluten till jord eller så är visaren defekt.

4 Om mätaren inte ger utslag sedan motorn värmts upp (efter cirka 10 minuter) och säkringarna är hela, slå av motorn. Dra ur sändarens kontakt och anslut ledningen till en bra jord (ren metall) på motorn. Slå på tändningen, starta inte motorn. Om visaren då indikerar hett ska sändaren bytas.

5 Om visaren fortfarande inte fungerar kan kretsen vara bruten, eller så är visaren defekt, se kapitel 12 för mer information.

Demontering

6 Se relevant del av kapitel 4 och demontera luftrenare eller luftintagsslangar efter motortyp och vid behov, så att sändaren blir åtkomlig.

7 Dränera kylsystemet (se kapitel 1).

8 På motorerna Zetec och Zetec-E, lossa expansionskärlets slang och övre kylar-slangen från termostathusets utlopp.

9 Dra ut sändarens kontakt.

10 Skruva ur sändaren.

Montering

11 Rengör öppningen i termostathuset så noga som möjligt, lägg på lite tätning på sändarens gängor. Skruva i sändaren, dra den till angivet moment och anslut kontakten.

12 Koppla slangarna och återinstallera demonterade delar. Fyll på kylsystemet (se *"Veckokontroller"* eller kapitel 1) och starta motorn. Leta efter läckor och kontrollera visarens funktion.

Kylvätskans temperaturgivare

Testning

13 Koppla ur batteriets jordledning (se kapitel 5A, avsnitt 1).

14 Leta upp temperaturgivaren, den finns under insugsröret på motorerna HCS och Endura-E, på sidan eller mitten av insugsröret på motorerna CVH och PTE, eller på ovansidan av termostathuset på motorerna Zetec och Zetec-E. När du hittat den, se relevant del av kapitel 4 och demontera luftrenare eller luftintagsslangar efter motortyp och vid behov, så att givaren blir åtkomlig.

15 Dra ut givarens kontakt.

16 Mät upp motståndet mellan givarens stift med en ohmmätare. Beroende på givar-spetsens temperatur varierar motståndet, men det ska ligga inom de breda gränser angivna i *"Specifikationer"* i detta kapitel. Om givarens temperatur ändras - genom att den demonteras (se nedan) och placeras i en frysbox, eller försiktigt värms upp - ska givarens motstånd ändras enligt vad som anges.

17 Om erhållna resultat anger att givaren är defekt ska den bytas.

18 Efter avslutat arbete, anslut givaren och montera vad som demonterats, anslut batteriet.

Demontering

19 Koppla ur batteriets jordledning (se kapitel 5A, avsnitt 1).

20 Leta upp givaren enligt föregående beskrivning, demontera vad som behövs för åtkomst.

21 Dränera kylsystemet (se kapitel 1).

22 Dra ut kontakten från givaren.

23 Skruva ur givaren och dra ut den.

Montering

24 Rengör öppningen i termostathuset så noga som möjligt, lägg på lite tätning på givarens gängor. Skruva i givaren, dra till angett moment och anslut kontakten.

25 Montera det som demonterats och fyll på kylsystemet (se kapitel 1).

Kylfläktens termostatomkopplare

Testning

26 Se beskrivningarna i avsnitt 5.

Demontering

27 Koppla ur batteriets jordledning (se kapitel 5A, avsnitt 1).

28 Dränera kylsystemet (se kapitel 1).

29 Dra ur kontakten från termoomkopplaren, skruva lös omkopplaren från termostathuset

eller övre kylarslangen efter tillämplighet. Avlägsna tätningsbrickan.

Montering

30 Montering sker i omvänd arbetsordning, montera ny tätningsbricka och dra fast omkopplaren ordentligt. Fyll på kylsystemet enligt beskrivning i kapitel 1 och koppla in batteriet.

---

7 Kylare och expansionskärl - demontering, kontroll och montering

Observera: *Se varningarna i avsnitt 1 i detta kapitel innan du börjar arbeta.*

Kylare

 Om läckage är orsaken till att kylaren demonteras, tänk på att mindre läckor ofta kan tätas med kylarcement utan att kylaren måste demonteras.

Demontering

1 Lossa batteriets jordledning (se kapitel 5A, avsnitt 1).

2 På förgasarmotorer, se kapitel 4A och demontera vid behov luftintaget för åtkomst.

3 Dränera kylsystemet (se kapitel 1).

4 Demontera kylfläkten enligt beskrivning i avsnitt 4.

5 Klossa bakhjulen och ställ framvagnen på pallbockar (se *"Lyftning och stödpunkter"*).

6 Lossa clipsen och dra av övre och nedre slangarna samt termostatslangarna från kylaren **(se bilder).**

7 På senare modeller, demontera inner-skärmens förlängning på var sida, om monterade.

8 Koppla i förekommande fall loss auto-

7.6a Lossa övre slangen . . .

7.6b . . . nedre slangen och expansionskärlets slang från kylaren

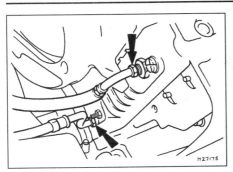

7.8a Automatväxellådans oljekylnings-röranslutning (vid pilarna) till kylaren

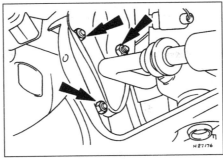

7.8b Muttrar (vid pilarna) till luftkonditioneringens kondensatorn

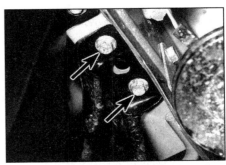

7.9 Kylarens fästbultar (vid pilarna)

7.10a Kylarens monteringsgummi

7.10b Urborrande av nit som fäster stänkskyddet

17 Lossa kylarslangklämmorna vid expansionskärlet och dra av slangarna. Om de inte är hopklämda, fäst dem med ändarna uppåt så att kylvätskespillet minimeras.

18 Skruva ur de två skruvarna och lyft undan expansionskärlet från innerstänkskärmen.

Montering

19 Montering sker i omvänd arbetsordning. Fyll på kylsystemet enligt beskrivning i *"Veckokontroller"*.

matväxellådans oljekylarrör från kylaren - var beredd på oljespill **(se bild)**. Plugga öppna anslutningar och slangar vartefter de säras för att förhindra mer spill och smutsintrång i systemet. Om luftkonditionering finns, demontera stänkskyddet (se paragraf 10), skruva sedan ur de tre muttrarna och lossa kondensatorn från kylarsidans sidoavvisare **(se bild)**.

9 Skruva ur de två bultarna på var sida om kylaren (under den), stötta den och sänk ned den så att den går fri från klackarna på översidan. Dra försiktigt ut kylaren under bilens front **(se bild)**.

10 Lossa gummifästena, sidoavvisarna och nedre fästena från kylaren. Vid behov kan stänkskyddet lossas genom att de sex skruvarna skruvas ur eller att popnitarna borras ur (beroende på typ) så att clipsen kan dras ut **(se bilder)**.

11 När kylaren demonterats kan den inspekteras, leta efter läckor och skador. Om reparationsbehov föreligger, ta kylaren till en Fordverkstad eller kylarspecialist eftersom speciell teknik krävs.

12 Insekter och smuts kan spolas bort eller borstas bort med en mjuk borste. Böj inte kylflänsarna.

Montering

13 Montering sker i omvänd arbetsordning, kontrollera bussningarna och byt vid behov. Om stänkskyddet demonterades från kylar-

foten ska det fästas med nya nitar eller clips beroende på typ. Se kapitel 1 och fyll på kylsystemet. Om bilen har automatväxellåda, kontrollera oljan i denna och fyll på vid behov (kapitel 1).

Expansionskärl
Demontering

14 Dränera kylsystemet delvis så att kylvätskenivån sjunker under expansionskärlets botten. Se kapitel 1 för detaljer.

15 Dra i förekommande fall undan servostyrningens oljebehållare så långt det går från expansionskärlet utan att dra av slangarna.

16 Innan slangarna lossas från expansionskärlet är det klokt att klämma ihop dem just före anslutningarna så att spill och luftintrång förhindras när de lossas.

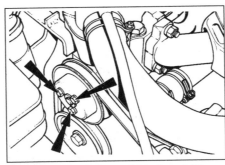

8.3 Lossa bultarna (vid pilarna) till vattenpumpens remskiva med drivremmen på plats

8 Vattenpump (motorerna HCS och Endura-E) - demontering och montering

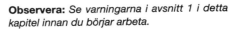

Observera: *Se varningarna i avsnitt 1 i detta kapitel innan du börjar arbeta.*

Demontering

1 Lossa batteriets jordledning (se kapitel 5A, avsnitt 1).

2 Dränera kylsystemet (se kapitel 1).

3 Slacka vattenpumpens remskivebultar och demontera drivremmen enligt beskrivning i kapitel 1 **(se bild)**.

4 Skruva ur bultarna och demontera remskivan från vattenpumpen.

5 Lossa slangklämmorna och dra av slangarna från vattenpumpen.

6 Skruva ur bultarna och dra ut vattenpumpen från motorn **(se bild)**.

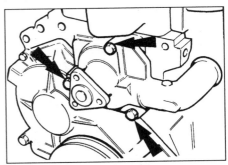

8.6 Skruva ur vattenpumpens bultar (vid pilarna)

Montering

7 Avlägsna alla spår av gammal packning från fogytorna på motorn och vattenpumpen. Fogytorna ska vara rena och torra. Notera att den vattenpumpspackning som monteras vid tillverkningen är integrerad med kamdrivningskåpans packning. Denna måste därmed skäras av med en vass kniv så nära kamdrivningskåpan som möjligt.

8 Vattenpumpen kan inte repareras, om den är högljudd eller defekt ska den bytas.

9 Montering sker i omvänd arbetsordning. Använd ny packning med ett tunt lager packningsmassa och dra bultarna till angivet moment.

10 Montera och justera drivremmen enligt beskrivning i kapitel 1.

11 Fyll på kylsystemet enligt beskrivning i kapitel 1 och koppla in batteriet.

9 Vattenpump (motorerna CVH och PTE) - demontering och montering

Observera: Se varningarna i avsnitt 1 i detta kapitel innan du börjar arbeta.

Demontering

1 Lossa batteriets jordledning (se kapitel 5A, avsnitt 1).

2 Dränera kylsystemet (se kapitel 1).

3 Demontera kamrem och spännare (se

9.4 Lossa kylvätskeslangen från vattenpumpen

10.5 Skruva ur bultarna (vid pilarna) för demontering av vattenpumpen

kapitel 2B). Om remmen är nedsölad med kylvätska måste den bytas som rutinåtgärd.

4 Lossa kylvätskeslangens clips och dra av slangen från pumpen **(se bild)**.

5 Skruva ur de fyra bultar som fäster vattenpumpen vid blockets framsida och dra ut pumpen ur blocket **(se bild)**.

Montering

6 Rengör fogytorna på block och vattenpump. Fogytorna ska vara rena och torra.

7 Vattenpumpen kan inte repareras, om den är högljudd eller defekt ska den bytas.

8 Montering sker i omvänd arbetsordning. Dra bultarna till angivet moment och se till att kylvätskeslangarna ansluts väl på vattenpumpen.

9 Montera kamrem och spännare enligt beskrivning i kapitel 2B.

10 Fyll på kylsystemet enligt beskrivning i kapitel 1 och koppla in batteriet.

10 Vattenpump (motorerna Zetec och Zetec-E) - demontering och montering

Observera: Se varningarna i avsnitt 1 i detta kapitel innan du börjar arbeta.

Demontering

1 Lossa batteriets jordledning (se kapitel 5A, avsnitt 1).

2 Dränera kylsystemet (se kapitel 1).

9.5 Demontering av vattenpumpen från en CVH-motor

10.6 Använd alltid en ny packning och rengör fogytorna noga

3 Demontera kamrem och spännare (se kapitel 2C). Om remmen är nedsölad med kylvätska måste den bytas som rutinåtgärd.

4 Lossa nedre kylarslangen från pumpanslutningen. Det är lättare att komma åt anslutningen om styrservopumpen lossas och förs åt sidan enligt beskrivning i kapitel 10. Servostyrningens slangar behöver inte lossas.

5 Skruva loss och ta ut vattenpumpen **(se bild)**. Om pumpen byts, skruva loss kamremmens styrdrev, flytta över dem till den nya pumpen.

Montering

6 Rengör fogytorna noga, packningen ska alltid bytas om den rubbats **(se bild)**.

7 Vid montering, fäst packningen med fett, montera pumpen och dra pumpbultarna till angivet moment.

8 Resterande montering sker med omvänd arbetsordning. Montera kamrem och spännare enligt beskrivning i kapitel 2C. Lägg märke till att en ny spännarfjäder med hållstift måste monteras om det är första gången kamremmen demonterats. Dra alla fixturer till angivet moment och fyll på kylsystemet enligt beskrivning i kapitel 1.

11 Värme/ventilation - demontering och montering

Värmefläktens motor

Demontering

1 Lossa batteriets jordledning (se kapitel 5A, avsnitt 1).

2 För bättre åtkomst, se relevant del av kapitel 4 och demontera luftrenarens delar (där tillämpligt).

3 Skala av tätningslisten från torpedplåtens övre del.

4 Kapa banden och lossa slang och kabelhärva från torpedplåten.

5 Skruva ur de sex bultarna och lossa locket från luftkammaren **(se bild)**.

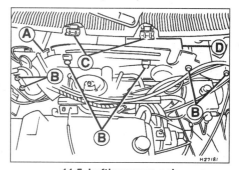

11.5 Luftkammare och sammanhörande delar

A Torpedplåtslock C Fläktkåpans styrningar
B Bultar   D Fläktkåpa

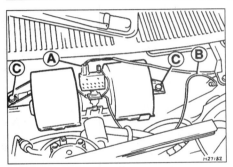

11.7 Värmefläktens motor

A Resistorkontakt   C Fläktens fästmuttrar
B Jordledning

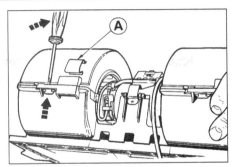
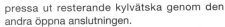

**11.8 Avlägsnande av värmefläktens
låsclips (A)**

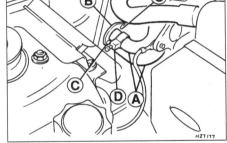

**11.15 Kylvätskeslangarnas anslutningar
till elementet på torpedplåten**

A Slangar   C Skruvar
B Täckplatta   D Clips

6 Lossa värmefläktkåpan från sina styrningar och lyft ut den.

7 Lossa ledningarna från fläktmotorn, skruva ur de två muttrarna och dra ut motorn från luftkammaren **(se bild)**.

8 Ta ur motorn ur huset genom att öppna låsclipsen och lossa fästklackarna med ett dorn **(se bild)**. Dra ut kontakten från fläktens resistor, böj upp låsflikarna och sära på motor (med resistor) och hållare. Dra ut motorn ur motorhuset.

Montering

9 Montering sker i omvänd arbetsordning. När motorhusets lock sätts på, kontrollera att låsklackarna greppar helt.

Fläktmotorns resistor

Demontering

10 På modeller utan luftkonditionering, utför momenten beskrivna i punkt 1 till 5 ovan. På modeller med luftkonditionering, demontera resistorns kåpa genom att lossa fästklämmorna.

11 Koppla loss kontaktdonet och multikontakten från resistorn. Bänd upp fästtapparna, eller skruva loss de två fästskruvarna (vad som är tillämpligt) och ta bort resistorn.

Montering

12 Montering sker i omvänd arbetsordning mot demonteringen.

Värmare och element

Demontering

13 Koppla ur batteriets jordledning (se kapitel 5A, avsnitt 1).

14 Dränera kylsystemet (se kapitel 1).

15 Lossa clipsen och koppla bort kylvätskeslangarna från torpedplåten **(se bild)**.

16 En liten mängd kylvätska (cirka en halv liter), kommer att finnas kvar i elementet efter dräneringen. Förhindra att den spills ut på mattorna under demonteringen genom att blåsa genom en av anslutningarna för att

pressa ut resterande kylvätska genom den andra öppna anslutningen.

17 Skruva ur de två skruvarna och lossa elementets täckplatta och packning från torpedplåten.

18 Skruva ur de två skruvarna och demontera övre rattstångshöljet.

19 Skruva ur de fyra skruvarna och demontera även nedre rattstångshöljet.

20 Se kapitel 10 och demontera ratten.

21 Skruva ur skruven och dra av flerfunktionsomkopplaren från rattstången. Dra ur kontakterna.

22 På 1996 års modeller och senare, dra av de tre knopparna från värmereglagen.

23 Skruva ur de två skruvarna från under övre kanten av instrumentpanelens infattning och dra ut infattningen, lossa den från clipsen på var sida och undersidan (se kapitel 12 för beskrivning). På senare modeller, dra ur infattningens kontakter.

24 Se kapitel 12 för beskrivning och plocka ut radion/bandspelaren från instrumentbrädan.

25 Skruva ur de två skruvarna och demontera förvaringsfacket under radioöppningen.

26 Skala av framdörrens tätningslist från A-stolpen bredvid instrumentbrädan. Skruva

ur skruven och demontera A-stolpens klädsel. Upprepa på andra sidan.

27 Se kapitel 11, skruva ur instrumentbrädans skruvar efter behov.

28 Se kapitel 11 och demontera mittkonsolen.

29 Dra av kåporna från högra och vänstra värmereglagearmarna och haka loss vajrarna från anslutningarna på vardera sidan om värmarenheten.

30 Lossa locket från var och en av de tre instrumentbrädesbultarnas hål på instrumentbrädans översida samt locket från radiourtaget.

31 Skruva ur Torx-bultarna och dra instrumentbrädan bakåt en bit utan att sträcka kabelaget under instrumentbrädan (se kapitel 11).

32 Skruva i förekommande fall loss värmarens två stöttor.

33 Dra loss fotbrunnens munstycke från värmarhusets anslutning.

34 Dra loss lufttrummorna från värmarhusets anslutningar (tre per sida och två i mitten).

35 Skruva ur de två muttrarna och lossa värmarhuset från panelen genom att dra det nedåt och ta ut det från sidan **(se bild)**.

36 För demontering av elementet, skruva ur de två skruvarna, dra ut det försiktigt **(se bild)**.

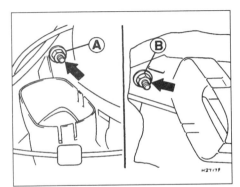

**11.35 Vänster (A) och höger (B) muttrar
(vid pilarna) till värmarhuset**

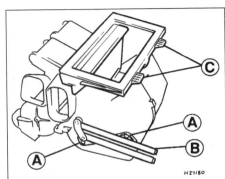

**11.36 Värmare, som visar elementets
skruvar (A), elementet (B)
och styrklackar (C)**

Montering

37 Montering sker i omvänd arbetsordning. När värmaren placeras i läge, låt fläns-klackarna greppa i stödet under panelen och styr elementet på plats genom öppningen i torpedplåten.

38 Kontrollera att alla anslutningar för elledningar, kylvätskeslangar och lufttrummor är väl utförda. Dra husets fästmuttrar till angivet moment.

39 Avsluta med att fylla på kylsystemet enligt beskrivning i kapitel 1 och koppla in batteriet.

Luftmunstycke i ansiktshöjd (förarsidan)

Demontering (modeller före 1996)

40 Koppla ur batteriets jordledning (se kapitel 5A, avsnitt 1).

41 Skruva ur de två skruvarna från övre kanten och dra ut instrumentpanelens infattning.

42 Skruva ur de två skruvarna och dra ut munstycket från instrumentbrädan. Där tillämpligt, dra ur kontakterna från panelens omkopplare.

Demontering (1996 års modell och senare)

43 Koppla ur batteriets jordledning (se kapitel 5A, avsnitt 1).

44 Skruva ur de två skruvarna och demontera övre rattstångshöljet.

45 Skruva ur de fyra skruvarna och de-montera även nedre rattstångshöljet.

46 Se kapitel 10 och demontera ratten.

47 Dra försiktigt loss de tre knopparna på reglagen för värme/frisk luft och fläkt/luft-konditionering.

48 Skruva ur de två skruvarna från under övre kanten av instrumentpanelens infattning och dra ut infattningen, lossa den från clipsen (två på översidan, fyra i underkanten och ett på den sida som är längst från ratten). Använd en tyglindad skruvmejsel för att undvika skador på infattningen och instrumentbrädan när clipsen lossas. Dra tillbaka infattningen och dra ur kontakterna.

49 Lossa clipsen och dra ut munstycket ur instrumentbrädan.

Montering

50 Montering sker i omvänd arbetsordning.

Luftmunstycke i ansiktshöjd (passagerarsidan)

Demontering

51 Koppla ur batteriets jordledning (se kapitel 5A, avsnitt 1).

52 Öppna handsfacket och skruva loss skruven i handskfackets tak (rakt under munstycket). Lirka ut munstycket **(se bild)**.

Montering

53 Montering sker i omvänd arbetsordning.

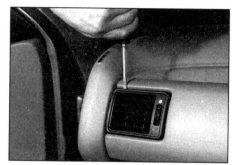

11.52 Lirka ut vänstersidans luftmunstycke

11.56b ... skruva ur skruvarna ...

Luftmunstycke i ansiktshöjd (mitten)

Demontering (modeller före 1996)

54 Koppla ur batteriets jordledning (se kapitel 5A, avsnitt 1).

55 Skruva ur de två skruvarna från övre kanten och dra ut instrumentpanelens infattning.

56 Dra försiktigt loss de tre knopparna på reglagen för värme/frisk luft och fläkt/luft-konditionering. Lossa centralmunstyckets skruvar och dra ut munstycket såpass att kontakterna på insidan blir åtkomliga **(se bilder)**.

57 Där tillämpligt, dra ur kontakterna för den uppvärmda bakrutan och bakre dimljus eller uppvärmd vindruta från omkopplarna och dra ut det centrala munstycket.

Demontering (1996 års modell och senare)

58 Koppla ur batteriets jordledning (se kapitel 5A, avsnitt 1).

59 Skruva ur de två skruvarna och de-montera övre rattstångshöljet.

60 Skruva ur de fyra skruvarna och de-montera även nedre rattstångshöljet.

61 Se kapitel 10 och demontera ratten.

62 Dra försiktigt loss de tre knopparna på reglagen för värme/frisk luft och fläkt/luft-konditionering.

63 Skruva ur de två skruvarna från övre kanten, dra ur kontakterna och dra ut instru-mentpanelens infattning.

64 Lossa clipsen och dra ut munstycket ur instrumentbrädan.

11.56a Peta ut reglageknopparna ...

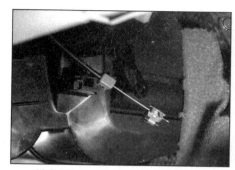

11.56c ... och dra ut munstycket en del av vägen

Montering

65 Montering sker i omvänd arbetsordning.

12 Reglage för värme/ luftkonditionering - demontering och montering

Reglagepanel för värme/luftkonditionering

Demontering

1 Demontera det centrala luftmunstycket enligt beskrivning i föregående avsnitt.

2 Dra av locken och haka av manövervajrarna på var sida om värmaren. Höger vajer styr temperaturregleringens ventil och vänster styr luftfördelningens ventil **(se bild)**.

12.2 Värmarens manövervajer för temperaturreglering är ansluten på värmarens högra sida

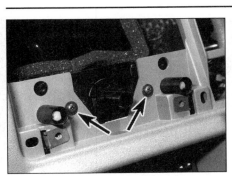

12.3a Reglagepanelens skruvar (vid pilarna)

12.3b Demontering av reglagepanelen

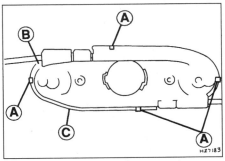

12.6 Värmereglagepanelens klackar (A). lock (B) och bottenplatta (C)

3 Skruva ur de två skruvar som fäster värmereglagepanelen vid instrumentbrädan. Dra ut panelen såpass att kontakterna kan dras ur och dra sedan ut panelen helt och mata styrvajrarna genom öppningen i instrumentbrädan **(se bilder)**.

Montering

4 Montering sker i omvänd arbetsordning. Se till att styrvajrarna dras korrekt (utan skarpa svängar). Kontrollera att vajrar och kontakter är väl anslutna.

Styrvajrar för värme/luftkonditionering

Demontering

5 Demontera styrpanelen enligt föregående beskrivning.
6 Räta ut låsflikarna och lossa kåpan från bottenplattan för att öppna värmarens styrenhet **(se bild)**.
7 Skär loss vajerclipsen och lossa vajrarna från de tandade styrremsorna för att ta ut dem. Observera att det krävs nya clips vid monteringen.

Montering

8 Montering sker med omvänd arbetsordning.

---

13 Luftkonditionering - allmän information och föreskrifter

Allmän information

Luftkonditioneringsanläggningen består av en kondensator placerad framför kylaren, en förångare monterad bredvid värmeelementet, en kompressor monterad på motorn, en ackumulator /avfuktare och de nödvändiga ledningarna för att sammanlänka ovanstående delar **(se bild)**.
En fläkt tvingar passagerarutrymmets varmare luft genom förångaren (som en kylare, fast omvänt) vilket överför luftvärmen till köldmediat. Det flytande köldmediat kokar upp till lågtrycksånga och tar med sig värmen när den lämnar förångaren.

Föreskrifter

⚠️ **Varning: Luftkonditioneringsanläggningen arbetar med högtryck. Lossa inga anslutningar och demontera inga delar förrän trycket är utjämnat. Köldmediat ska släppas ut i en behållare godkänd av en Fordverkstad eller specialist på bilars luftkonditionering som har utrustning att hantera köldmediat. Använd alltid ögonskydd vid lossande av delar i luftkonditioneringsanläggningen.**

Där en luftkonditioneringsanläggning är monterad måste vissa föreskrifter följas vid hanteringen av någon del av systemet, sammanhörande delar och allt som innebär lossande av systemets delar:

a) Använt köldmedia - R134a - är mindre skadligt för naturen än det tidigare använda R12, men är fortfarande ett mycket farligt ämne. Det får inte komma i kontakt med hud eller ögon eftersom risk för frostskada då uppstår. Det får inte släppas ut i ett slutet utrymme - även om ämnet i sig inte är giftigt finns kvävningsrisk. Köldmediat är tyngre än luft och får därför aldrig släppas ut över en grop.

b) Köldmediat får inte komma i kontakt med öppen eld eftersom en giftig gas bildas då - under vissa omständigheter kan denna bilda en explosiv blandning med luft. Av samma orsak är rökning i närheten av detta köldmedia ytterst riskabelt, speciellt om ångor inhaleras genom en tänd cigarett.

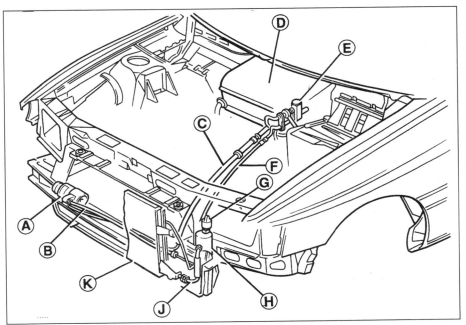

13.1 Utformning av luftkonditioneringen

A Kompressor	D Förångare och fläkt	H Avfuktare
B Rör mellan kompressor och kondensator	E Expansionsventil	J Rör mellan avfuktare och kondensator
C Kompressor till expansionsventil	F Rör mellan expansionsventil och avfuktare	K Kondensator
	G Tryckvakt	

c) Släpp aldrig ut köldmediat i atmosfären - R134a är inte en ozonförstörande fluorkolklorid (CFC) som R12, utan är en kolvätefluorid som orsakar miljöförstöring i form av ökad "växthuseffekt" om den släpps ut.

d) Köldmediat R134a får inte blandas med R12. Systemet har andra packningar (nu gröna, förut svarta) och andra fixturer som kräver andra verktyg. Det finns därmed ingen risk för ofrivillig sammanblandning av de två gaserna.

e) Om systemet av någon orsak måste kopplas ur, överlåt detta åt en Fordverkstad eller en kyltekniker.

f) Det är ett krav att systemet laddas ur yrkesmässigt innan någon form av värme - svetsning, lödning, hårdlödning, etc - används i närheten av systemet, innan bilen ugnstorkas i en temperatur som överstiger 70°C efter omlackering, samt innan någon del lossas från systemet.

14 Luftkonditioneringens delar - demontering och montering

⚠ **Varning: Se föreskrifterna i föregående avsnitt innan du fortsätter.**

Observera: Detta avsnitt tar upp delarna i själva luftkonditioneringsanläggningen - se avsnitten 11 och 12 för delar som är gemensamma med värme och ventilation.

Kondensator

1 Låt en Fordverkstad eller en specialist tappa ur köldmediat.
2 Koppla ur batteriets jordledning (se kapitel 5A, avsnitt 1).
3 Fäst kylaren vid karossen med vajer eller snöre så att den inte ramlar när fästet demonteras enligt följande:
4 Klossa bakhjulen och ställ framvagnen på pallbockar (se "Lyftning och stödpunkter").
5 Skruva ur de sex plastskruvarna och demontera kåpan under fästet till kylaren och kondensatorn.
6 Använd Fords verktyg 34-001, lossa köldmedialedningarna från kondensatorn. Plugga genast öppningarna för att förhindra intrång av smuts och fukt.
7 Skruva ur de två bultar och den mutter som fäster avfuktaren vid fästet till kylaren och kondensatorn, för avfuktaren åt sidan.
8 Skruva ur de två bultar på var sida som håller fästet till kylaren och kondensatorn vid sidopanelen.
9 Lossa kondensator och fäste från högra

och vänstra övre kylarfästena och dra ut enheten från bilens undersida.
10 Lossa clipsen och demontera luftavvisaren från kondensatorn, skruva sedan ur de två muttrarna och demontera fästet. Skruva vid behov loss de två monteringsfästena.
11 Montering sker i omvänd arbetsordning.
12 Låt den som tömde systemet evakuera, ladda och läckageprova det.

Förångare och fläktmotor

13 Låt en Fordverkstad eller en specialist tappa ur köldmediat.
14 Koppla ur batteriets anslutningar (se kapitel 5A, avsnitt 1) och lyft ut det ur bilen.
15 För bättre åtkomlighet, se relevant del av kapitel 4 för beskrivning och demontera luftrenaren (där tillämpligt).
16 Skala av tätningslisten från torpedplåtens överkant.
17 Kapa banden och lossa slang och kabelhärva från torpedplåten.
18 Skruva ur de tre bultarna och lyft av hållplattan för luftkonditioneringsrörets packning, komplett med packningen från torpedplåten.
19 Skruva ur de sex bultarna och ta av locket från luftkammaren.
20 Lossa förångarhusets kåpa från styrningarna och lyft ut den.
21 Skruva ur bulten och lossa kompressorns lågtrycksrör och avfuktarens vätskerör från framsidan av expansionsventilen.
22 Dra ur kontakten från fläktmotorns resistor och koppla ur motorns jordledning från karossen.
23 Vid vakuumbehållaren, dra ur kontakterna till vakuummotorns omkopplare och avisningens omkopplare samt lossa de två vakuumslangarna. Skruva ur skruven och ta bort vakuumbehållaren från förångarhuset.
24 Koppla ur de två kondenserarslangarna från framsidan av förångarhuset.
25 Skruva ur de två bultarna och de två muttrarna och lyft ut förångarhuset ur bilen.
26 På sidan av förångarhuset, lossa vakuummotorlänkens klammerskruv, skruva ur de två muttrarna och ta ut vakuummotorn. Skruva ur de två skruvar som fäster avisningens omkopplare och dra ut omkopplarens givare.
27 Dra ut kontakten från fläktmotorns resistor, skruva ur de tre skruvarna och dra av förångarhusets kåpa.
28 Skruva ur de två skruvarna, lossa alla clips som fäster övre och nedre halvorna av förångarhuset och lyft av övre halvan.
29 Skruva ur de två skruvarna och lossa expansionsventilen från förångarens sida. Ta reda på ventilens tätningar.

30 Lyft ut förångaren från husets nedre halva.
31 Demontera fläktmotorn genom att skruva ur bulten från fästbandet och lyfta ut motorn.
32 Montering sker med omvänd arbetsordning, använd nya tätningar där det behövs, och dra alla förband till angivna moment (om angivna).
33 Låt den som tömde systemet evakuera, ladda och läckageprova det.

Kompressor

34 Låt en Fordverkstad eller en specialist tappa ur köldmediat.
35 Koppla ur batteriets jordledning (se kapitel 5A, avsnitt 1).
36 Klossa bakhjulen och ställ framvagnen på pallbockar (se "Lyftning och stödpunkter").
37 Demontera drivremmen (se kapitel 1).
38 Skruva ur de sex plastskruvarna och demontera kåpan under fästet till kylaren och kondensatorn.
39 Dra ur kontakten till kompressorkopplingen, skruva ur bulten som fäster kompressorns hög- och lågtrycksrör.
40 Skruva ur de fyra bultarna och demontera kompressorn från fästet.
Observera: Håll kompressorn plant vid hantering och förvaring. Om kompressorn skurit eller du hittar metallpartiklar i köldmedialedningarna måste systemet spolas ur av en luftkonditioneringsspecialist och avfuktaren måste då bytas.
41 Montering sker med omvänd arbetsordning. Byt alla rubbade tätningar.
42 Låt den som tömde systemet evakuera, ladda och läckageprova det.

Avfuktare

43 Låt en Fordverkstad eller en specialist tappa ur köldmediat.
44 Koppla ur batteriets jordledning (se kapitel 5A, avsnitt 1).
45 Skruva ur röret till expansionsventilen och kompressorns anslutningsrör till avfuktaren.
46 Dra ur kontakten till tryckvakten och avlägsna tryckvakten.
47 Klossa bakhjulen och ställ framvagnen på pallbockar (se "Lyftning och stödpunkter").
48 Skruva ur de sex plastskruvarna och demontera kåpan under fästet till kylaren och kondensatorn.
49 Skruva ur de två bultarna och muttern som fäster avfuktaren vid fästet för kondensator och kylare, lyft ut avfuktaren från bilens undersida.
50 Montering sker i omvänd arbetsordning. Byt alla rubbade tätningar.
51 Låt den som tömde systemet evakuera, ladda och läckageprova systemet.

Kylfläktens motor

52 Koppla ur batteriets jordledning (se kapitel 5A, avsnitt 1).

53 Dra ut kontakterna från luftkonditioneringens flätmotor och motorresistorn. Kapa de kabelband som binder ledningarna vid fästet.

54 Från ovansidan, skruva ur vänster mutter från fläktmotorns stödram. Dra åt handbromsen och ställ framvagnen på pallbockar. Arbeta sedan från undersidan och skruva ur höger mutter.

55 Skruva ur bultarna och lossa växellådsstödet (om monterat) från hållaren och flänsen.

56 Demontera startmotorn (kapitel 5A).

57 Demontera nedåtgående avgasröret (kapitel 4E).

58 Lyft stödramen och fläktmotorn från fästena på var sida och dra ut den från bilens undersida. Om så behövs, skruva ur de tre skruvarna och lossa fläkten från stödramen.

59 Montering sker med omvänd arbetsordning. Dra alla förband till angivna moment (om angivna). Kontrollera att alla elektriska anslutningar är väl gjorde och bind i tillämpliga fall tillbaka kabelhärvorna med nya kabelband.

Avisningsomkopplare

60 Koppla ur batteriets anslutningar (se kapitel 5A, avsnitt 1) och lyft ut batteriet ur bilen.

61 För bättre åtkomlighet, se relevant del av kapitel 4 och demontera luftrenaren (där tillämpligt).

62 Skala av tätningslisten från torpedplåtens överkant.

63 Kapa banden och lossa slang och kabelhärva från torpedplåten.

64 Skruva ur de tre bultarna och lyft av hållplattan för luftkonditioneringsrörets packning, komplett med packningen från torpedplåten.

65 Skruva ur de sex bultarna och lyft av luftkammarens lock.

66 Lossa förångarhusets kåpa från styrningarna och lyft ut den.

67 Vid vakuumbehållaren, dra ur kontakterna till vakuummotorns omkopplare och avisningens omkopplare samt lossa de två vakuumslangarna. Skruva ur skruven och ta bort vakuumbehållaren från förångarhuset.

68 Skruva ur de två bultarna och de två muttrarna och lyft ut förångarhuset ur bilen.

69 Skruva ur de två skruvar som fäster avisningsomkopplaren och dra ut den ur huset.

70 Montering sker i omvänd arbetsordning.

Luftkonditioneringens omkopplare

71 Omkopplaren är placerad i reglagepanelen för värme och ventilation. Demontera panelen från instrumentbrädan enligt beskrivning i avsnitt 12 och lossa omkopplaren för luftkonditioneringen och fläktmotorn från reglageenheten.

72 Dra ur kontakt och belysningsledning från omkopplaren.

73 Montering sker i omvänd arbetsordning.

Vakuummotorns omkopplare

74 Koppla ur batteriets anslutningar (se kapitel 5A, avsnitt 1) och lyft ut batteriet ur bilen.

75 Dra ur kontakten från vakuummotorns omkopplare, skruva ur de två skruvarna och avlägsna omkopplaren från vakuumbehållaren.

76 Montering sker i omvänd arbetsordning, se till att packningen sätter sig korrekt.

Vakuummotor

77 Koppla ur batteriets anslutningar (se kapitel 5A, avsnitt 1) och lyft ut batteriet ur bilen.

78 För bättre åtkomlighet, se kapitel 4 för beskrivning och demontera luftrenaren (där tillämpligt).

79 Skala av tätningslisten från torpedplåtens överkant.

80 Kapa banden och lossa slang och kabelhärva från torpedplåten.

81 Skruva ur de tre bultarna och lyft av hållplattan för luftkonditioneringsrörets packning, komplett med packningen från torpedplåten.

82 Skruva ur de sex bultarna och lyft av luftkammarens lock.

83 Lossa förångarhusets kåpa från styrningarna och lyft ut den.

84 På sidan av förångarhuset, lossa vakuummotorlänkens klammerskruv, skruva ur de två muttrarna och ta ut vakuummotorn. Lossa vakuumslangen när den dras ut.

85 Montering sker i omvänd arbetsordning. Se till att vakuumslang och kontakter ansluts väl. Placera kabelhärvan på torpedplåten med nya kabelband.

Vakuumbehållare

86 Arbeta enligt beskrivning i paragraferna 77 till 83 ovan och fortsätt på följande sätt:

87 Lossa de två slangarna från vakuumbehållaren. Dra ur kontakten från vakuummotorns omkopplare, skruva ur skruven och avlägsna vakuumbehållaren från förångarhuset.

88 Skruva ur de två skruvarna och sära vakuummotorns omkopplare från behållaren.

89 Montering sker i omvänd arbetsordning. Se till att vakuumslang och kontakter ansluts väl. Placera kabelhärvan på torpedplåten med nya kabelband.

Anteckningar

Kapitel 4 del A:
Bränslesystem - förgasarmotorer

Innehåll

Svårighetsgrader

Enkelt, passar novisen med lite erfarenhet	**Ganska enkelt,** passar nybörjaren med viss erfarenhet	**Ganska svårt,** passar kompetent hemmekaniker	**Svårt,** passar hemmekaniker med erfarenhet	**Mycket svårt,** för professionell mekaniker

Specifikationer

Allmänt
Systemtyp . . . . Baktill monterad bränsletank, mekanisk bensinpump,
enkel Weber förgasare

Förgasare
Typ . . . . Dubbelchoke, fallförgasare
Tillämpning:
   1.3 HCS motor . . . . Weber 2V TLDM
   1.4 och 1.6 CVH motorer . . . . Weber 2V TLD
Choketyp . . . . Manuell eller automatisk

Bränslekvalitet
Oktankrav . . . . 95 blyfri

Bränslepump
Matningstryck . . . . 0,24 - 0,38 bar

Förgasare, data

Weber TLDM förgasare

Inställningar för tomgångens varvtal och blandning	Se kapitel 1	
Snabb tomgång	2 500 rpm	
Flottörhöjd	28 - 30 mm	
Trottelkickarens manöverhastighet (automatväxellåda)	1 800 - 2 000 rpm	
	Primär	**Sekundär**
Stryprörsdiameter	19	20
Huvudmunstycke	90	122
Emulsionsmunstycke	F113	F75
Luftkorrigeringsmunstycke	185	130

Weber TLD förgasare

Inställningar för tomgångens varvtal och blandning	Se kapitel 1	
Flottörhöjd:		
1.4 liter	31,0 ± 0,5 mm	
1.6 liter (utan luftkonditionering)	31,0 ± 0,5 mm	
1.6 liter (med luftkonditionering)	29,0 ± 0,5 mm	
Chokens vakuumneddragning:		
1.4 liter	3,1 ± 0,5 mm	
1.6 liter	2,7 ± 0,5 mm	
Chokesnabbtomgång (på kickdownsteget):		
1.4 liter	1 900 ± 50 rpm	
1.6 liter (med manuell styrning)	1 750 ± 50 rpm	
1.6 liter (med servostyrning)	Modulstyrd	
Stryprörsdiameter:	**Primär**	**Sekundär**
1.4 liter	20	22
1.6 liter	21	23
Huvudmunstycke:		
1.4 liter	107	140
1.6 liter (utan luftkonditionering)	115	140
1.6 liter (med luftkonditionering)	115	127
Emulsionsrör		
1.4 liter	F105	F75
1.6 liter (utan luftkonditionering)	F105	157
1.6 liter (med luftkonditionering)	F105	171
Luftkorrigeringsmunstycke:		
1.4 liter	195	170
1.6 liter (utan luftkonditionering)	180	150
1.6 liter (med luftkonditionering)	185	125
Trottelkickarens hastighet:		
1.4 liter	1 400 rpm	
1.6 liter	1 300 rpm	

Åtdragningsmoment

	Nm
Bränslepump	18
Insugsrör	18

---

1 Allmän information och föreskrifter

Allmän information

Bränslesystemet på alla modeller med förgasare består av en bränsletank placerad baktill i bilen, en mekanisk bränslepump av membrantyp, en förgasare och en luftrenare.

Bränsletanken är placerad baktill under bottenplattan bakom baksätet. Tanken har ett ventilationssystem via en kombinerad rullnings- och antidroppventil placerad i vänstra bakre hjulhuset. Ett rör känsligt för påfyllningsmunstycken, integrerat i påfyllningsröret, stänger av påfyllningsmunstycket

när en förbestämd bränslenivå uppnåtts i tanken vilket förhindrar spill och slöseri. En konventionell bränslenivågivare finns monterad i tankens översida.

En av två bränslepumpstyper är monterad, beroende på modell. På HCS-motorer drivs bränslepumpen av en vipparm vars ena ände vilar på en kamaxellob medan den andra änden är ansluten till bränslepumpens membran. Pumpen på CVH-motorer drivs av en separat tryckstång vars ena ände vilar på kamaxeln och den andra är ansluten till pumpens aktiveringsstag som påverkar membranet. Bägge typerna innehåller ett nylonfilter och är förseglade (de kan inte repareras).

En Weber förgasare är monterad, mer detaljer om den längre fram i detta kapitel.

Luftrenaren har ett vaxkuletermostatstyrt intag som antingen leder in varm luft från en kåpa över grenröret eller kall luft från en trumma i fronten.

Föreskrifter

 Varning: Många av beskrivningarna i detta kapitel kräver lossande av bränsleledningar och anslutningar, vilka kan resultera i bränslespill. Bensin är ytterst brandfarligt vilket kräver extra försiktighet vid arbete på någon del av bränslesystemet. Rök inte, ha inte öppna lågor eller nakna glödlampor nära arbetsplatsen. Arbeta inte med bränslesystem i ett garage där gasdriven utrustning med pilotlåga förekommer. För

2.4a Lossande av oljefrånskiljaren/ vevhusets ventilationsslang från luftrenaren (CVH-motor))

2.4b Lossande av vakuumslangen från insugsröret (CVH-motor)

2.6 Lossande av kontakten till insugsluftens temperaturgivare (CVH-motor)

samtliga arbeten med bränslesystem gäller att skyddsglasögon ska bäras och att en brandsläckare för bensin finns tillgänglig och att du känner till hur den används. Om du spiller bränsle på huden, tvätta omedelbart med tvål och vatten. Kom ihåg att bränsleångor kan vara farligare än vätska, ett kärl som nyligen tömts på flytande bensin innehåller ångor som potentiellt kan vara explosiva. Bensin är en ytterst riskfylld och lättflyktig vätska och nödvändigheten av att följa föreskrifterna för hantering kan inte nog betonas.

Många av de arbeten som beskrivs i detta kapitel innebär lossande av bränsleledningar vilken kan orsaka spill. Innan du börjar arbetet, se varningen ovan och studera avsnittet "Säkerheten främst" i början av denna handbok.

Vid arbete med bränslesystemets delar ska du vara speciellt noga med renlighet - smuts i bränslesystemet kan leda till igensättningar som medför usel prestanda.

Vissa justeringspunkter i bränslesystemet skyddas med förseglingar i form av lock, pluggar eller sigill. I vissa länder är det ett lagbrott att köra en bil som saknar dessa, eller om de är brutna. Innan du lossar en försegling, kontrollera först att detta inte är ett lagbrott och montera en ny försegling efter avslutad justering där lagen så kräver. Bryt inte förseglingar på en bil som är under garanti.

Förgasare är delikata instrument så var

noga med att inte röra dem i onödan. Innan du försöker arbeta med en förgasare, se till att relevanta reservdelar finns tillgängliga. En total isärtagning av en förgasare åtgärdar troligtvis inte ett fel som inte är omedelbart tydligt utan att skapa nya problem. Om envisa problem uppstår rekommenderas att en Fordverkstad eller förgasarspecialist anlitas. De flesta Fordhandlare kan bestycka om förgasare och utföra underhåll. Där så krävs kan det vara möjligt att köpa en renoverad utbytesförgasare.

2 Luftrenare - demontering och montering

Observera: *Byte av luftfilter och kontroll av luftrenarens temperaturstyrning beskrivs i kapitel 1.*

Demontering

1 Lossa batteriets jordledning (se kapitel 5A, avsnitt 1).
2 På CVH-motorer, dra loss gasvajern från clipset på luftrenarens sida.
3 Skruva ur de tre bultarna och lyft lite på den så att slang och ledningsanslutningar på undersidan blir åtkomliga.
4 Anteckna anslutningar och dragningar och lossa ledningar och slangar från luft-

renarhusets undersida. På CVH-motorer, lossa även vakuumslangen från insugsröret **(se bilder)**.
5 Lyft av luftrenaren från förgasaren.
6 Om så behövs kan insugsluftens temperaturgivare skruvas loss från luftrenarens fot (om monterad) **(se bild)**.

Montering

7 Montering sker i omvänd arbetsordning. Byt slangar som är defekta och kontrollera att alla anslutningar är väl gjorda.

3 Gasvajer (modeller med manuell växellåda) - demontering, montering och justering

Demontering

1 Lossa batteriets jordledning (se kapitel 5A, avsnitt 1).
2 I bilen, lossa vajern från gaspedalens överdel, lossa muffen och dra loss vajern från pedalen **(se bild)**. Dra ut vajern genom torpedplåten från motorsidan.
3 Demontera luftrenaren (se avsnitt 2).
4 Lossa innervajern från förgasarens länksystem **(se bilder)**.

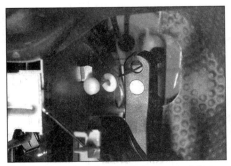

3.2 Gasvajern lossas från gaspedalen

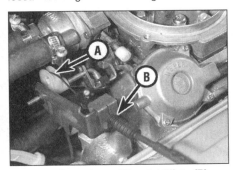

3.4a Gasvajerns (A) och höljets (B) anslutningar på en CVH-motor

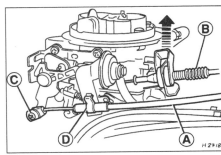

3.4b Vajeranslutningar till förgasaren på en CVH-motor

A *Chokevajerhölje*
B *Gasvajerhölje*
C *Chokevajerns anslutning*
D *Chokevajerhöljets anslutning till stödet*

5 Lossa clipset och vajerhöljet från fästet, ta ut vajern.

Montering och justering

6 Montera genom att mata innervajern genom torpedplåten och anslut den till gaspedalen.

7 Placera muffen i torpedplåten, tryck in höljet i den så att den säkras i torpedplåten.

8 Smörj muffen vid förgasaränden med mild tvållösning och anslut vajern till förgasaren. Placera vajerhöljet genom att dra det mot ventilkåpan.

9 Låt en medhjälpare trycka gaspedalen i botten och hålla den där. Vajerhöljet ska synligt röra sig i muffen. Montera clipset på fästet och släpp upp gaspedalen.

10 Tryck gaspedalen i botten och släpp upp den, kontrollera att trotteln då öppnar och stänger helt. Justera vid behov innan luftrenaren monteras och batteriet kopplas in.

---

4 Gasvajer (kamplatta, modeller med CTX automatväxellåda) - justering

1 Se avsnitt 2 och demontera luftrenaren.

2 Lossa vajern genom att trycka på den orange (eller röda) knappen på vajerns självjustering. När vajern släpper ska ett klick höras. Vajerns ansats ska nu ses sticka ut cirka 20 mm ur mekanismen (se bild).

3 Vrid kamplattan för hand så att trotteln öppnar helt. Släpp plattan och stäng trotteln. Vajern justeras automatiskt, det hörs ett klickande medan det pågår. Vajerns ansats ska nu sticka ut cirka 10 mm.

4 Lossa clipset från vajerjusteringens hylsa på förgasarfästet och dra ut hylsan (se bild).

5 Låt medhjälparen trycka gasen i botten, montera clipset på justerhylsan. Släpp pedalen.

6 Tryck ned gaspedalen en eller två gånger och kontrollera att trotteln öppnas helt. Upprepa vid behov paragraferna 4 och 5.

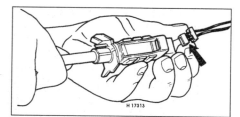

6.6 Lossa vajeranslutningen från chokereglaget (styrenheten demonterad för tydlighet)

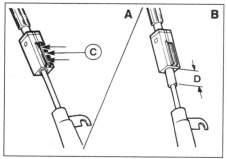
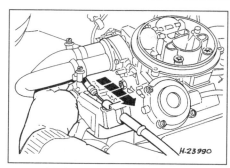

4.2 Kamplattsvajerns lösgörning visande vajern spänd (A) och lossad (B). Även släppknappen (C) visas och 20 mm utstick före justering/minimum 10 mm utstick efter justering (D)

7 Montera luftrenaren enligt beskrivning i avsnitt 2 och koppla in batteriet.

---

5 Gaspedal - demontering och montering

Demontering

1 Lossa batteriets jordledning (se kapitel 5A, avsnitt 1).

2 Böj mattan och isoleringen i förarfotbrunnen bakåt så att gaspedalen blir åtkomlig.

3 Lossa gasvajern från pedalen (se avsnitt 3), ta ut låsringen från tappen och dra ut gaspedalen.

Montering

4 Montering sker i omvänd arbetsordning. Avsluta med att kontrollera pedalens och vajerns funktion så att trotteln har full obehindrad rörelse i bägge riktningarna.

5 Koppla in batteriet.

---

6 Chokevajer - demontering, montering och justering

Demontering

1 Lossa batteriets jordledning (se kapitel 5A, avsnitt 1).

2 Se avsnitt 2 och demontera luftrenaren.

3 Lossa försiktigt chokevajern från länken på förgasaren och lossa höljet från stödet.

4 Lossa chokereglaget från vajern genom att trycka ned stiftet på knoppens undersida.

5 Lossa chokereglagets fästkrage.

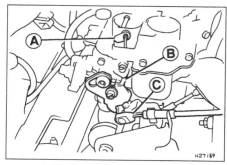

4.4 Lossa clipset från vajerns justerhylsa vid förgasarfästet och dra ut justerhylsan

6 Skruva ur den skruv som fäster choke-reglagets nedsänkta dekor och avlägsna reglage och dekor. Lossa ledningen för chokevarningslampan från reglaget och dra ut vajern genom instrumentbrädan (passerande genom torpedplåten) (se bild).

Montering

7 Montera vajern genom att först dra den genom torpedplåten och panelen, sedan montera kragen och sticka in kontakten. Montera den försänkta reglagedekoren i panelen och dra åt skruven. Tryck fast knoppen på vajerreglaget så att den låser i läge.

8 Anslut chokevajern till förgasarens länk.

9 Dra ut chokereglaget helt: Gå tillbaka till förgasaren och för chokearmen för hand till full choke. Håll den där medan vajerhöljet monteras på fästet.

Justering

10 Kontrollera att chokevajern är korrekt justerad genom att dra ut reglaget helt. Kontrollera att chokearmen på förgasaren är i kontakt med stoppet (se bild). Justera efter behov.

6.10 Justering av chokevajer

A Chokearm
B Stoppet för full choke
C Vajern i läget "full choke"

11 Tryck in chokereglaget helt, kontrollera att chokearmen på förgasaren är i det helt frånslagna läget och att chokeplattan i förgasaren är i rät vinkel (90°) mot strypröret.
12 Montera luftrenaren.
13 Koppla in batteriet, slå på tändningen och dra ut choken. Kontrollera att varningslampan fungerar.

7 Bränslepump - testning, demontering och montering

Observera: *Se varningen i avsnitt 1 innan du fortsätter.*

Testning

1 Bästa sättet att komma åt bränslepumpen på HCS-motorer är underifrån **(se bilder)**. Dra åt handbromsen och ställ framvagnen på pallbockar (se *"Lyftning och stödpunkter"*).
2 Testa bränslepumpen genom att koppla ur matningsröret från förgasaren och placera rörets öppna ände i ett lämpligt kärl.
3 Dra ur tändspolens kontakt så att motorn inte kan starta.
4 Vrid på startnyckeln. Om bränslepumpen fungerar bra ska regelbundna väl åtskilda skvättar komma ur bränslerörets öppna ände.
5 Om så inte är fallet och det finns bränsle i tanken är bränslepumpen defekt och måste bytas. Den är en förseglad enhet som inte kan repareras.

Demontering

6 Två typer av mekanisk bränslepump förekommer beroende på motortyp. Vissa modeller kan även vara försedda med en ångseparator. Om denna demonteras måste slangarna märkas så att de inte förväxlas vid monteringen.
7 Vid demontering av bränslepumpen ska batteriets jordledning först kopplas ur (se kapitel 5A, avsnitt 1).
8 Om så behövs, ta av luftrenaren för att förbättra åtkomsten av pumpen (avsnitt 2).
9 Lossa bränsleslangarna från pumpen, anteckna hur de är monterade. I de fall snabbkopplingar används, lossa de utstickande låsöronen genom att trycka ihop dem och försiktigt dra isär anslutningen. Torka upp spill med en trasa. Där anslutningarna är färgkodade kan de inte förväxlas. Där bägge har samma färg, anteckna noga vilket rör som ansluts var så att de kan monteras korrekt. Plugga slangarna för att förhindra spill och smutsintrång.
10 Skruva ur bultarna eller muttrarna (vad som finns) och ta ut bränslepumpen **(se bild)**.
11 Ta reda på packningen/distansen, vid

7.1a Bränslepump på HCS-motor sedd från undersidan

7.10 Demontering av bränslepump från en CVH-motor

7.1b Bränslepumpens placering på CVH-motorn

7.11 Dra ut bränslepumpens tryckstång ur CVH-motorn

behov pumptryckstången (endast CVH) **(se bild)**.
12 Rengör fogytorna mellan motorn och pumpen noga.

Montering

13 Montering sker i omvänd arbetsordning. Se till att använda ny packning och dra bultarna/muttrarna rejält. Se till att slangar kopplas korrekt och noga. Om de från början var monterade med krympclips, kassera dessa och montera slangklämmor av skruvtyp. Där snabbkopplingar används, tryck ihop dem så att låsklackarna snäpper i läge.
14 Starta motorn och leta efter läckor runt pumpens anslutningar.

8 Bränsletank - demontering, kontroll och montering

Observera: *Se varningen i avsnitt 1 innan du fortsätter.*

Demontering

1 Kör ner nivån i bränsletanken så mycket som möjligt innan den demonteras.
2 Koppla ur batteriets jordledning (se kapitel 5A, avsnitt 1).
3 Skruva av påfyllningslocket och sifonera/

pumpa ut resterande bränsle (dräneringsplugg saknas). Bränslet måste förvaras i ett lämpligt kärl efter urpumpandet.
4 Klossa framhjulen och ställ bakvagnen på pallbockar (se *"Lyftning och stödpunkter"*).

Kombikupé, sedan och kombi

5 Skruva ur de två bultar som fäster påfyllningsröret vid bottenplattan.
6 Lossa handbromsvajerns styrband från ventilationsslangens rörstump på tankens baksida **(se bild)**. Lossa clipset och koppla loss slangen från rörstumpen.
7 Skruva ur den skruv som fäster övre delen av påfyllningsröret vid karossen innanför tanklocksluckan. På modeller utan lucka, lossa kragen runt röret med en skruvmejsel och vrid låsringen medsols för att lossa påfyllningsröret från karossen.

8.6 Handbromsvajerns monteringsband på bränsletanksrörets anslutning

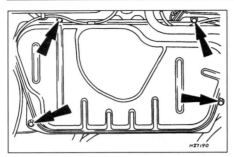

8.8 Placeringen för bränsletankens fästbultar (vid pilarna)

8 Stötta tankens undersida så att den hålls i läge och skruva ur de fyra bultarna **(se bild)**.
9 Sänk ned tanken delvis och lossa rullningsventilens rör från övre tankytan. Dra även ur kontakten till bränslemätarens sändare och bränsleslangarna. Där snabbkopplingar används, lossa dem genom att trycka in låsörnen och försiktigt dra isär anslutningen. Notera att matarslangens koppling har en vit rand medan returslangens anslutning har en gul.
10 Sänk ned tanken sakta, komplett med påfyllningsrör och dra ut den från bilens undersida. När tanken demonterats kan vid behov påfyllningsröret lossas.

Skåpbilar

11 Dra ur kontakten till bränslemätarens nivågivare.
12 Stötta tankens undersida så att den hålls i läge och skruva ur de tre fästbandsbultarna.
13 Lossa de tre clipsen och koppla loss ventilationsröret från tanken.
14 Skruva ur den skruv som fäster övre delen av påfyllningsröret vid karossen innanför tanklocksluckan. På modeller utan lucka, lossa kragen runt röret med en skruvmejsel och vrid låsringen medsols för att lossa påfyllningsröret från karossen.
15 Skruva ur de två främre bultarna och sänk ned tanken en bit.
16 Lossa clipset och koppla loss ventilationsröret från tanken.
17 Lossa rullningsventilens rör från övre tankytan. Dra även ur kontakten till bränslemätarens sändare och bränsleslangarna. Där snabbkopplingar används, lossa dem genom att trycka in låsörnen och försiktigt dra isär anslutningen. Notera att matarslangens koppling har en vit rand medan returslangens anslutning har en gul.
18 Sänk ned tanken sakta, komplett med påfyllningsrör och dra ut den från bilens undersida. När tanken demonterats kan vid behov påfyllningsröret lossas.

Kontroll

19 När tanken demonteras ska den kontrolleras vad gäller skador. Demontering av givaren (se avsnitt 9) gör att man delvis kan undersöka insidan. Om tanken är förorenad med sediment eller vatten, skölj ur detta med

ren bensin. Försök inte under några omständigheter att reparera en läckande eller skadad tank själv. Detta måste överlåtas åt en erfaren yrkesutövare som kan detta svåra och riskfyllda arbete.
20 När tanken är demonterad ska den inte placeras där gnistor eller lågor kan antända gaserna. Var extra försiktig i garage där gasdriven utrustning finns, pilotlågan kan orsaka en explosion.
21 Kontrollera skicket på påfyllningsrörets tätning och byt vid behov.

Montering

Samtliga modeller

22 Montering sker i omvänd arbetsordning. Lägg på ett tunt lager fett på påfyllningsrörets tätning så att monteringen underlättas. Kontrollera att alla anslutningar är väl utförda. Där snabbkopplingar finns, tryck ihop dem så att klackarna låser. Om det finns spår av föroreningar ska urtappad bensin inte hällas tillbaka, annat än om den filtrerats noga.

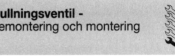

9 Bränslemätarens nivågivare - demontering och montering

Observera: *Ford anger att specialverktyg 23-014 eller 23-026 (en stor blocknyckel med utstickande tänder som greppar i urtagen i sändarens låsring) ska användas vid detta arbete. Även om alternativ är möjliga ska, med tanke på svårigheterna, dessa verktyg om möjligt användas. Ägare rekommenderas starkt att skaffa dem innan arbetet påbörjas. En medhjälpare behövs. Se varningen i avsnitt 1 innan du fortsätter.*

Demontering

1 Demontera bränsletanken enligt beskrivning i avsnitt 8.
2 Aptera specialverktyget på givaren och skruva ut den ur tanken **(se bild)**.

Montering

3 Montering sker med omvänd arbetsordning. Använd ny tätning och smörj den med fett så att den inte vrids när givaren monteras.

9.2 Urtagande av nivågivaren med specialverktyg nr 23-014

10.3 Rullningsventilens placering ovanför påfyllningsröret

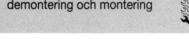

10 Rullningsventil - demontering och montering

Observera: *Se varningen i avsnitt 1 innan du fortsätter.*

Demontering

1 Lossa batteriets jordledning (se kapitel 5A, avsnitt 1).
2 Klossa framhjulen och ställ bakvagnen på pallbockar (se *"Lyftning och stödpunkter"*). Ta av bakhjulet på den sida påfyllningslocket finns för att förbättra åtkomsten under hjulhuset.
3 Skruva ur skruven och dra ut rullningsventilen från påfyllningsröret, lossa slangarna och ta ut ventilen **(se bild)**.

Montering

4 Montering sker i omvänd arbetsordning.

11 Bränsletankens påfyllningsrör - demontering och montering

Observera: *Se varningen i avsnitt 1 innan du fortsätter.*

Demontering

1 Se avsnitt 8 och demontera bränsletanken.
2 Lossa rullningsventilens klammer, skruva ur påfyllningsrörets fästskruvar och sänk ned röret från bilen.

Montering

3 Montering sker i omvänd arbetsordning. Smörj påfyllningsrörets tätning för att underlätta monteringen.
4 När tanken monterats, fyll den med bensin och kontrollera att det inte finns några läckor från påfyllningsröret och sammanhörande anslutningar.

12 Förgasare (Weber TLDM) - beskrivning

Förgasaren är av typen tvårörs fallförgasare med huvudmunstycken i fast storlek, justerbar tomgång, en mekanisk axpump och vakuum-manövrerad effektventil. En manuellt manöv-rerad choke är monterad och vissa modeller har en trottelkickare.

För att kunna uppfylla kraven på avgas-rening och bibehålla en god bränsleförbruk-ning är huvudmunstycken kalibrerade för att passa en trottelspännvidd mellan 1/4 till 3/4. Effektventilen används därmed endast för extra bränsle vid fullgasförhållanden.

Axpumpen är monterad för att ge en smidig övergång från tomgångskretsen till huvud-munstyckena. När gaspedalen trycks ned påverkar ett länksystem ett membran i ax-pumpen och en liten mängd bränsle sprutas in i strypröret för att förhindra en tillfälligt mager blandning och åtföljande tvekan i motor-effekten.

Den manuellt manövrerade choken har en vakuumneddragare som styr chokeplattan under vissa vakuumförhållanden.

Trottelkickaren (om monterad) fungerar som en tomgångskompensering som akti-veras under vissa förutsättningar, för att förhindra att motorn självdör.

En avstängningssolenoid är monterad för att förhindra glödtändning sedan tändningen stängts av.

Justering beskrivs i kapitel 1, lägg dock märke till att precis justering endast kan utföras med hjälp av nödvändig utrustning.

13 Förgasare (Weber TLDM) - justering av snabbtomgången

Observera: *Innan någon förgasarjustering utförs, se till att elektrodavstånden på tändstiften är korrekta och att alla anslutningar för elektricitet och vakuum är väl utförda. Vid kontroll och justering krävs en exakt varv-räknare och en avgasanalysator (CO-mätare).*

14.6a Dra ut flottörens låsstift . . .

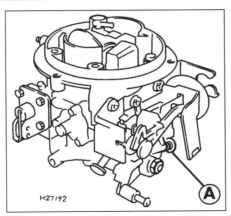

13.4 Placering för justerskruven (A) för snabbtomgången i förgasaren Weber TLDM

1 Kontrollera att tomgångens varvtal och blandning är enligt specifikationerna (se beskrivning i kapitel 1). Dessa måste vara korrekta innan snabbtomgången kan kon-trolleras/justeras.
2 Stäng av motorn och demontera luftrenaren enligt beskrivning i avsnitt 2.
3 Ge full choke genom att dra ut choke-reglaget helt, starta motorn och notera snabbtomgångens varvtal. Jämför med specifikationerna.
4 Om justering krävs, vrid snabbtomgångens justerskruv medsols för att minska varvtalet eller motsols för att öka det **(se bild).**
5 Gör en ny kontroll av varvtalet för normal och snabb tomgång.
6 Efter justeringen, stoppa motorn, de-montera varvräknaren och CO-mätaren, koppla in kylfläkten och montera luftrenaren.

14 Nålventil och flottör (Weber TLDM förgasare) - demontering, montering och justering

Observera: *Se varningen i avsnitt 1 innan du fortsätter. Nya packningar och en ny tätnings-bricka krävs vid hopsättningen. Varvräknare*

14.6b . . . och lossa flottör och nålventil

och CO-mätare krävs för kontroll av tom-gångens varvtal och blandning när arbetet avslutas.

Demontering och montering

1 Lossa batteriets jordledning (se kapitel 5A, avsnitt 1).
2 Demontera luftrenaren (se avsnitt 2).
3 Rengör förgasarens utsida, koppla ur bränsletillförseln och dra ur kontakten till avstängningssolenoiden.
4 Haka av chokevajern.
5 Skruva ur de sex skruvarna (fyra av dem av Torx-typ) och lyft ut förgasarhuset.
6 Vänd upp och ned på förgasaren och stötta den så att flottör och pivå blir åtkomliga. Knacka försiktigt ut flottörens tapp och dra ut flottören, se till att inte vrida flottörarmarna **(se bilder).**
7 Skruva loss nålventilhuset och dra ut det ur förgasarens överdel **(se bild).** Ta reda på brickan från gängorna till nålventilhuset.
8 Rengör och inspektera delarna vad gäller skador och slitage, speciellt runt pivåhålen i flottörarmen. Kontrollera att flottören inte läcker genom att skaka på den. Rengör flottörkammare och munstycken (se avsnitt 17 för beskrivning). Byt ut delar efter behov.
9 Montera en ny bricka över nålventilhusets gängor och skruva in ventilen på plats.
10 Montera nålventil, flottör och stift, se till att fliken på flottören greppar i nålventilens kula och clips.
11 Innan överdelen monteras på förgasaren, kontrollera och justera vid behov flottörnivån enligt beskrivning i paragraferna 16 till 18. Kontrollera även att flottören och nålventilen rör sig fritt.
12 Rengör packningsytorna, montera en ny packning och montera förgasarens överdel.
13 Koppla in bränslematningsslangen, av-stängningssolenoiden och chokevajern. Justera vajern (avsnitt 6). Om bränsleslangen var monterad med ett krympclips, byt det mot en skruvslangklämma.
14 Montera luftrenaren (se avsnitt 2).
15 Koppla in batteriet, starta motorn och kontrollera tomgångens varvtal och bland-ning. Justera efter behov enligt beskrivning i kapitel 1.

14.7 Demontering av nålventilens hus och bricka

14.17 Kontroll av flottörnivåns inställning (förgasare TLD visad)

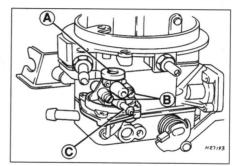

15.9 Trottelkickaren visande justerpunkt (A), vakuumavtag (B) och fästskruvar (C)

Justering av flottörens nivå

16 Demontera förgasaröverdelen enligt beskrivning i paragraferna 1 till 5 och fortsätt på följande sätt.

17 Stötta förgasaröverdelen vertikalt så att nålventilen är stängd. Placera den nya packningen på överdelen och mät avståndet mellan packningen och flottörens nederdel **(se bild)**.

18 Om måttet inte är enligt specifikationerna, justera genom att försiktigt böja flottörens flik efter behov och gör sedan om mätningen.

19 Montera enligt beskrivning i paragraferna 12 till 15.

15 Trottelkickare (Weber TLDM förgasare) - demontering, montering och justering

Observera: *En varvräknare och CO-mätare krävs för kontroll och justering.*

Demontering och montering

1 Lossa batteriets jordledning (se kapitel 5A, avsnitt 1).

2 Se avsnitt 2 och demontera luftrenaren.

3 Lossa vakuumslangen från kickaren. Skruva ur de två skruvarna, lossa länken och lyft av kickaren.

4 Montering sker i omvänd arbetsordning. Om den ska kontrolleras för justering, montera luftrenaren provisoriskt och koppla in intagsluftens temperaturgivare och batteriet och gör följande:

Justering

5 Varmkör motorn till normal temperatur (då fläkten startar) och stäng av motorn.

6 Demontera luftrenaren igen och dra ur kontakten till kylfläktens termostatomkopplare. Brygga stiften i kontakten så att kylfläkten går kontinuerligt. Starta motorn och kör den med 3 000 rpm i 30 sekunder så att den stabili-

seras, släpp sedan trotteln och kontrollera (och vid behov justera) tomgångens varvtal och blandning enligt beskrivning i kapitel 1. Stäng av motorn.

7 Lossa vakuumslangen mellan kickaren och insugsröret vid källan (men inte vakuumet till tändningsmodulen). Anslut en ny slang direkt mellan insugsröret och kickaren.

8 Starta motorn och kontrollera tomgångsvarvtalet. Kickaren ska öka varvet över det normala. Jämför noterat varvtal med det som anges för kickarens arbetshastighet.

9 Vid behov kan kickarvarvtalet justeras sedan förseglingen brutits genom att man vrider justerskruven efter behov **(se bild)**.

10 När justeringen är gjord, stäng av motorn, montera ny försegling, lossa den provisoriska vakuumslangen (mellan insugsrör och kickare) och anslut den ursprungliga (mellan förgasaren och kickaren).

11 Avlägsna överbryggningen och koppla in kylfläktens termostatomkopplare. Montera luftfiltret och avsluta med att avlägsna varvräknaren och CO-mätaren.

16 Förgasare (Weber TLDM) - demontering och montering

Observera: *Se varningen i avsnitt 1 innan du fortsätter. Nya packningar krävs vid hopsättningen. Varvräknare och CO-mätare krävs.*

Demontering

1 Lossa batteriets jordledning (se kapitel 5A, avsnitt 1).

2 Demontera luftrenaren (se avsnitt 2).

3 Haka av gasvajern från förgasaren (avsnitt 3).

4 Haka av chokevajern från förgasaren (avsnitt 6).

5 Lossa bränsleslangen från förgasaren och plugga änden för att förhindra spill och

smutsinträng. Om ett slangclips av krymptyp är monterat, skär lös clipset utan att skada slangen. Krympclips måste kasseras och ersättas med slangklämmor av skruvtyp vid monteringen.

6 Dra ur kontakten till avstängningssolenoiden.

7 Skruva ur de fyra Torx-bultarna och lyft av förgasaren från insugsröret.

Montering

8 Rengör fogytorna mellan förgasaren och insugsrörets packning.

9 Montering sker i omvänd arbetsordning. Använd ny packning och dra åt bultarna rejält. Se till att matarslangens anslutning till förgasaren är väl utförd med ny slangklämma av skruvtyp.

10 Anslut gasvajern och justera den enligt beskrivning i avsnitt 3.

11 Anslut chokevajern och justera den enligt beskrivning i avsnitt 6.

12 Se avsnitt 2 och montera luftrenaren.

13 När batteriet kopplats in, starta motorn och kontrollera tomgångens blandning och varvtal enligt beskrivning i kapitel 1.

17 Förgasare (Weber TLDM) - isärtagning, rengöring, kontroll och hopsättning

Observera: *Se varningen i avsnitt 1 innan du fortsätter. Kontrollera att reservdelar finns tillgängliga innan isärtagningen. Skaffa om möjligt en renoveringssats som innehåller alla relevanta packningar, tätningar med mera innan förgasaren tas isär.*

Isärtagning

1 När förgasaren plockats ur bilen, förbered en ren, plan yta före isärtagningen. Följande beskrivningar kan användas för partiell eller total isärtagning.

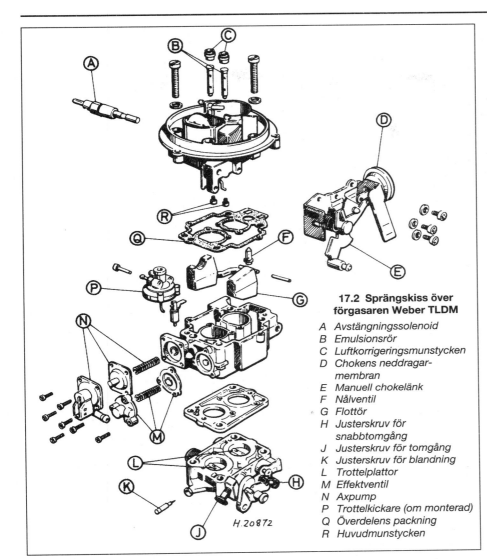

17.2 Sprängskiss över förgasaren Weber TLDM

A Avstängningssolenoid
B Emulsionsrör
C Luftkorrigeringsmunstycken
D Chokens neddragar-
   membran
E Manuell chokelänk
F Nålventil
G Flottör
H Justerskruv för
   snabbtomgång
J Justerskruv för tomgång
K Justerskruv för blandning
L Trottelplattor
M Effektventil
N Axpump
P Trottelkickare (om monterad)
Q Överdelens packning
R Huvudmunstycken

H.20872

kanaler med ren bensin och blås dem torra med svag tryckluft. Stark tryckluft får inte användas på axpumpens utmatning eller pumpens matningsventil, de innehåller en Varney-ventil av gummi som lätt skadas av högt tryck. *Använd aldrig ståltråd för rengöring.*

17 Undersök skicket på samtliga delar, var extra uppmärksam på membranen, trottelspindeln och trottelplattorna utöver nålventil och blandningsskruv. Effektventilens munstycke sitter bredvid det primära huvudmunstycket. Byt alla membran, tätningsbrickor och packningar som rutinåtgärd.

Hopsättning

18 Montera trottelhuset på förgasaren, använd ny packning och skruva fast det.
19 Skruva i blandningsskruven. Gör en grundinställning genom att skruva in den helt (dra inte för hårt) och skruva sedan ut den två hela varv.
20 Montera i förekommande fall kickaren, se till att membranet ligger plant och att det inbördes läget på länken och kåpan är korrekt.
21 Montera effektventilen, se till att membranet ligger plant och att vakuumkanalen är i linje med membranet och huset.
22 Montera axpumpen. Se till att inte skada ventilen när den sticks in och kontrollera att o-ringen är korrekt placerad på ventilens ände. Kontrollera att ventilen inte är låst av fjädern.
23 Montera axpumpens utmatningsmunstycke. Se till att inte skada ventil och/eller o-ring och kontrollera att de monteras korrekt.
24 Inled hopsättningen av överdelen genom att sticka in emulsionsrören och luftkorrigeringsmunstyckena i sina respektive portar (enligt anteckningarna som gjordes vid demonteringen).
25 Skruva avstängningssolenoiden på plats. Kontrollera att aluminiumbrickan är monterad och se till att inte dra fast ventilen för hårt.
26 Montera nålventil och flottör, justera flottörinställningen enligt beskrivning i avsnitt 14.
27 Montera chokemekanismen och skruva fast den.
28 Placera en ny packning på fogytan, montera övre delen på nedre. Var försiktig vid hopsättandet så att flottören inte fastnar på nederdelen. Skruva i skruvarna.
29 När förgasaren är hopsatt, montera den på insugsröret och justera den enligt beskrivning i kapitel 1. Justera i förekommande fall även kickarens inställning.

2 Rengör förgasarens utsida, skruva ur skruvarna och lyft av övre delen från nedre **(se bild).**
3 Ta ut nålventil och flottör från förgasarens överdel enligt beskrivning i avsnitt 14.
4 Skruva loss avstängningssolenoiden från överdelen, se till att tätningsbrickan följer med ventilen.
5 Skruva ur de tre skruvar som håller chokemekanismen på plats och lossa den.
6 Skruva ur de två luftkorrigeringsmunstyckena från överdelens undersida. Anteckna deras storlekar och placeringar så att de kan sättas tillbaka på sina rätta platser.
7 Vänd upp och ned på överdelen så att emulsionsrören faller ur sina öppningar (ovanför luftkorrigeringsmunstyckena). Ta ut rören sedan deras storlek och placering antecknats.
8 Skruva ur huvudmunstyckena sedan deras monteringslägen antecknats.

9 Ta isär förgasarens nedre del enligt följande:
10 Lossa axpumpens utmatningsrör, se till att inte skada det eller förgasaren.
11 Skruva ur axpumpens fyra skruvar, ta av locket följt av membranet och returfjädern. Ventilen kommer ut i änden av fjädern. Kontrollera att ventilen är komplett med o-ring (om befintlig).
12 Skruva ur de tre skruvarna och demontera effektventilen. Lyft locket och fjädern följt av membranet.
13 Skruva i förekommande fall loss kickaren från förgasarens nederdel.
14 Bryt förseglingen och skruva ut bränsleblandningsskruven.
15 Skruva loss trottelhuset från förgasarens nederdel.

Rengöring och kontroll

16 Tvätta förgasarens delar, borrhål och

18 Förgasare (Weber TLD) - beskrivning

Denna förgasare har många funktioner gemensamma med typ TLDM, monterad på 1.3 liter HCS-motorer. Huvudskillnaderna är att det sekundära strypröret är vakuumstyrt och att en automatisk choke, styrd av kylvätskans temperatur, finns monterad.

Choken är helautomatisk. När motorn är kall är den bimetallfjäder som styr choke-plattans läge helt spänd och plattan hålls stängd. I takt med att motorn värms upp värms fjädern upp av kylvätskan och börjar tappa spänningen, vilket gradvis öppnar chokeplattan. En vakuummanövrerad ned-dragningsmekanism styr chokeplattan vid vissa arbetsförhållanden och ett internt snabbtomgångssystem ingår.

De förgasare som används på bilar med CTX automatväxellåda har en trottel-positionsgivare och en styrmotor för trottel-plattans tomgångsvarvtal för extra kontroll över vissa motorfunktioner. Ett liknande system används på bilar med luftkon-ditionering.

19 Förgasare (Weber TLD) - justering av snabbtomgången

Observera: *Innan justeringar görs på en förgasare, kontrollera att tändstiftens elektrod-avstånd är korrekta och att alla el- och vakuumanslutningar är väl gjorda. För kontroll och justering krävs en precis varvräknare och en CO-mätare.*

1 Kontrollera att tomgångens varvtal och blandning ligger inom specifikationerna (enligt beskrivning i kapitel 1). De måste vara korrekta innan snabbtomgången justeras.

2 Stäng av motorn och demontera luftrenaren enligt beskrivning i avsnitt 2.

3 Motorn ska vara varmkörd till normal temperatur, en varvräknare ska vara ansluten enligt tillverkarens anvisningar. Håll trottel-länken i delvis öppet läge och stäng choke-plattan så mycket att justeringen för snabb-tomgången är i linje med fjärde steget på snabbtomgångskammen **(se bild).** Släpp trottellänken så att snabbtomgångens juster-skruv vilar på kammen. Släpp chokeplattan. Länkaget kommer att hålla den i inställnings-läge för snabbtomgång så länge som gas-pedalen inte rörs.

4 Berör inte gaspedalen, starta motorn och anteckna snabbtomgångens varvtal, Om justering krävs, vrid justerskruven för snabb-tomgången så att angivet varvtal erhålles för snabbtomgången.

5 När trottellänken öppnas ska chokeplattan återta helt öppen position. Om så inte är fallet

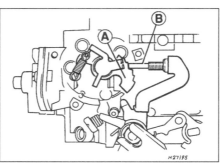

19.3 Snabbtomgångens justering på förgasare TLD visande justerskruven (B) på fjärde steget på snabbtomgångens kam (A) (huset demonterat för tydlighet)

håller motorn inte normal arbetstemperatur eller så är automatchokens mekanism defekt.

6 Stäng av motorn och koppla ur varv-räknaren. Montera luftrenaren.

20 Nålventil och flottör (Weber TLD förgasare) - demontering, montering och justering

1 Se avsnitt 14 och fortsätt enligt be-skrivningen, notera följande skillnad:

2 I paragraf 4, bortse från instruktionen att haka av chokevajern (en automatchoke är monterad på förgasaren TLD). Kläm istället ihop kylvätskeslangarna till och från automat-choken för att minimera spillet, kontrollera att systemet inte är under tryck (se kapitel 1). Märk och lossa slangarna från automat-chokens hus **(se bild).** Fånga upp allt kyl-vätskespill i ett lämpligt kärl.

⚠️ **Varning: Försök INTE ta bort expansions-kärlets lock, eller rubba någon annan del av kyl-systemet medan det, eller motorn, är hett. Risken för skållning är mycket stor. Om av någon orsak expansionskärlets lock måste öppnas medan motorn är varm (inte att rekommendera) måste först systemtrycket utjämnas. Täck över locket med en tjock trasa så att skållning undviks, skruva sakta upp locket till dess att ett väsande ljud**

20.2 Kylvätskeslangarnas anslutningar på automatchoken

hörs. När väsandet upphör är trycket utjämnat med luften, skruva då sakta upp locket till dess att det kan tas av. Om mer väsanden hörs, avvakta till dess att det upphör. Håll dig hela tiden på betryggande avstånd från påfyllningshålet.

3 Avsluta med att ansluta slangarna till automatchoken och lossa klämmorna. Kon-trollera kylvätskenivån och fyll på efter behov (se *"Veckokontroller"* och kapitel 1).

21 Automatchoke (Weber TLD) - justering

1 Lossa batteriets jordledning (se kapitel 5A, avsnitt 1).

2 Demontera luftrenaren (se avsnitt 2).

3 Koppla loss kylslangarna från choken, se beskrivning i paragraf 2 i föregående avsnitt.

4 Anteckna lägena för chokeslingehusets uppriktningsmärken, skruva ur de tre skru-varna och dra ut huset med automatchokens bimetallfjäder **(se bild).**

5 Demontera den inre värmeskölden **(se bild).** Kontrollera och justera chokens vakuumneddragning genom att låsa choke-plattans arm i stängt läge med ett gummi-band, öppna sedan trotteln så att choke-plattan kan stänga helt och släpp trotteln.

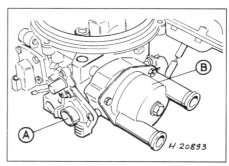

21.4 Automatchoken på förgasare Weber TLD visande neddragnings-membranets hus (A) och huset för chokens bimetallfjäder (B)

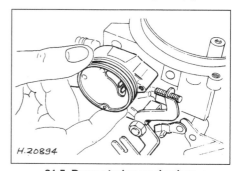

21.5 Demontering av den inre värmeskölden från automatchokens hus

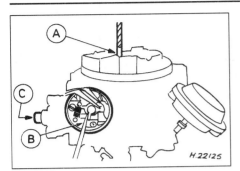

21.6 Justering av chokeplattans neddragning på förgasaren Weber TLD

A Spiralborr
B Skruvmejsel i kontakt med manöverarmen
C Justerskruv

6 Använd en skruvmejsel och tryck manöverarmen åt höger mot fjädern och mät spelet mellan nedre kanten av chokeplattan och strypröret med en spiralborr eller passande tolkstav (se bild). Om spelet ligger utanför specifikationerna, ta ut pluggen från membranhuset och vrid justerskruven.
7 Montera en ny membranhusplugg och avlägsna gummibandet.
8 Montera värmeskölden så att urtaget passar över chokehusets stift.
9 Montera bimetallfjäderhuset genom att första koppla fjädern till chokearmen på korrekt sätt och sedan lägga huset på plats och fingerdra de tre skruvarna. Vrid huset och rikta upp linjen på det med punkten på chokehuset och dra åt skruvarna (se bild).
10 Koppla kylvätskeslangarna, se paragraf 3 i föregående avsnitt.
11 Montera luftrenaren enligt beskrivning i avsnitt 2.

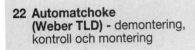

22 Automatchoke (Weber TLD) - demontering, kontroll och montering

Observera: Se varningen i avsnitt 1 innan du fortsätter. En ny packning till förgasarens överdel krävs vid hopsättningen. En varvräknare och CO-mätare krävs för att kontrollera inställningen av snabbtomgången.

Demontering

1 Lossa batteriets jordledning (se kapitel 5A, avsnitt 1).
2 Demontera luftrenaren enligt beskrivning i avsnitt 2.
3 Förhindra större kylvätskeförlust genom att klämma ihop slangarna till och från choke-

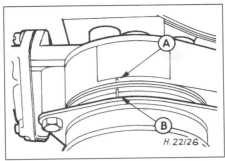

21.9 Uppriktningsmärken på automatchokens hus (B) och kropp (A) ska vara i linje med varandra

huset och se till att kylsystemet inte är under tryck (se kapitel 1). Märk och lossa slangarna från chokehuset.

 Varning: Försök INTE ta bort expansionskärlets lock eller rubba någon annan del av kylsystemet medan det eller motorn är het. Risken för skållning är mycket stor. Om expansionskärlets lock av någon anledning måste öppnas medan motorn är varm (inte att rekommendera) måste först systemtrycket utjämnas. Täck över locket med en tjock trasa så att skållning undviks, skruva sakta upp locket till dess att ett väsande ljud hörs. När väsandet upphör är trycket utjämnat med luften, skruva sakta upp locket till dess att det kan tas av. Om mer väsanden hörs, avvakta till dess att det upphör. Håll dig hela tiden på betryggande avstånd från påfyllningshålet.

4 Lossa bränsleröret och dra ut kontakten från avstängningssolenoiden. Slangclips av krymptyp måste ersättas av slangklämmor av skruvtyp vid hopsättningen.
5 Skruva ur skruvarna (två normala och fyra Torx) och lyft undan förgasarens överdel.

6 Anteckna lägena för chokeslingehusets uppriktningsmärken, skruva ur de tre skruvarna och dra ut huset med chokens bimetallfjäder. Demontera den interna värmeskölden.
7 Demontera choken genom att skruva ur de tre skruvarna och lossa länken från armen.
8 Skruva ur de tre skruvarna och demontera vakuummembranenheten.
9 Om chokemekanismen ska tas isär ytterligare, anteckna delarnas montering som stöd för minnet men lossa inte chokespindeln (se bild).

Kontroll

10 Rengör och kontrollera samtliga delar vad gäller slitage, skador och/eller vridningar. Var extra uppmärksam på skicket på vakuummembranet och chokehusets o-ring. Byt allt som är defekt eller misstänkt.

Montering

11 Sätt ihop choken med hjälp av anteckningarna (se bild 22.9). Observera att inga smörjmedel får användas.
12 Montera även vakuumenheten med hjälp av anteckningar. Kontrollera att membranet ligger platt innan husets skruvar dras åt.
13 Placera o-ringen, se till att den sätter sig korrekt och koppla chokelänken. Montera choken och skruva fast den. Kontrollera och justera vakuumneddragningen enligt beskrivning i föregående avsnitt (paragraferna 5 och 6).
14 Montera den inre värmeskölden, se till att styrstiftet hamnar i sitt urtag.
15 Montera chokehus och bimetallfjäder, se beskrivning i föregående avsnitt (paragraf 9).
16 Montera förgasarens överdel, använd ny packning och rengör fogytorna. Skruva fast.
17 Anslut bränsleslangen till förgasaren med en ny slangklämma av skruvtyp.

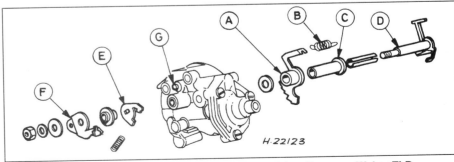

22.9 Automatchoken och sammanhörande delar, förgasare Weber TLD

A Manöverlänk/snabbtomgångens kam
B Returfjäder till snabbtomgångens kam
C Spindel
D Anslutningsstång och arm
E Neddragningslänk
F Manöverarm
G Automatchokens hus

18 Koppla in avstängningssolenoiden.
19 Anslut kylslangarna till automatchoken och fyll vid behov på kylsystemet enligt beskrivning i kapitel 1.
20 Koppla in batteriet, kontrollera sedan snabbtomgången enligt beskrivning i avsnitt 19.
21 Montera luftrenaren (avsnitt 2).

23 Förgasare (Weber TLD) - demontering och montering

Observera: *Se varningen i avsnitt 1 innan du fortsätter. Nya packningar krävs vid monteringen och varvräknare och CO-mätare krävs vid avslutande justering.*

Demontering

1 Lossa batteriets jordledning (se kapitel 5A, avsnitt 1).
2 Demontera luftrenaren enligt beskrivning i avsnitt 2.
3 Släpp ut eventuellt övertryck i kyl-systemet (se kapitel 1) och lossa de två kylslangarna från automatchoken. Fånga upp eventuellt spill i ett lämpligt kärl. Märk slangarna inför monteringen och plugga dem eller placera ändarna så högt att spill inte uppstår.

⚠️ **Varning: Försök INTE ta bort expansionskärlets lock, eller rubba någon annan del av kylsystemet medan det, eller motorn, är hett. Risken för skållning är mycket stor. Om expansionskärlets lock av någon anledning måste öppnas medan motorn är varm (inte att rekommendera) måste först systemtrycket utjämnas. Täck över locket med en tjock trasa så att skållning undviks, skruva sakta upp locket till dess att ett väsande ljud hörs. När väsandet upphör är trycket utjämnat med luften, skruva då sakta upp locket till dess att det kan tas av. Om mer väsanden hörs, avvakta till dess att det upphör. Håll dig hela tiden på betryggande avstånd från påfyllnings-hålet.**

4 Haka av gasvajern från länken på för-gasaren enligt beskrivning i avsnitt 3.
5 Dra ur kontakten till avstängnings-solenoiden. Dra i förekommande fall även ut kontakterna till tomgångsstyrningens motor och trottelns positionsgivare.
6 Lossa bränslematarslangen från för-gasaren och plugga änden på den så att spill och smutsintrång förhindras. Där slang-

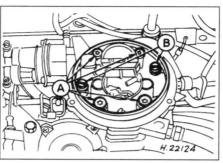

23.8 Förgasare Weber TLD visande de fyra Torx-skruvarna (A). De två vanliga skruvarna (B) håller ihop förgasarens övre och nedre del

klämma av krymptyp används, byt den mot en skruvad.
7 Koppla ur relevanta vakuumrör från förgasaren och märk dem för korrekt montering.
8 Skruva ur de fyra Torx-skruvarna och lyft av förgasaren från insugsröret **(se bild)**. Avlägsna packningen.

Montering

9 Rengör fogytorna mellan förgasare och insugsrör.
10 Montering sker i omvänd arbetsordning, använd alltid ny packning.
11 Om bränsle/vakuumslangarna är uttjänta eller skadades vid demonteringen, byt dem.
12 Anslut automatchokens slangar, fyll vid behov på kylsystemet, se kapitel 1.
13 Avsluta med att kontrollera tomgångs-varvtal och blandning, justera vid behov, se kapitel 1.

24 Förgasare (Weber TLD) - isärtagning, rengöring, kontroll och hopsättning

1 Arbeta enligt beskrivning i avsnitt 17 för TLDM förgasare, men se relevanta bilder av TLD förgasare **(se bilder)**. Tänk även på följande skillnader:

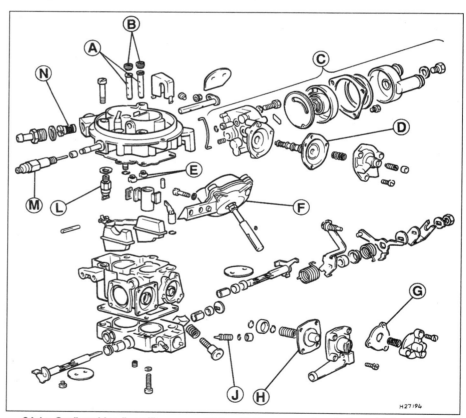

24.1a Sprängskiss över förgasaren Weber TLD som monterad på en 1.6 liter motor

A Emulsionsrör
B Luftkorrigerings-munstycken
C Automatchoke
D Chokens neddragnings-membran

E Huvudmunstycken
F Sekundärrörets membran
G Effektventilens membran
H Axpumpens membran
J Blandningens justerskruv
L Nålventil

M Avstängningssolenoid
N Bränslefilter

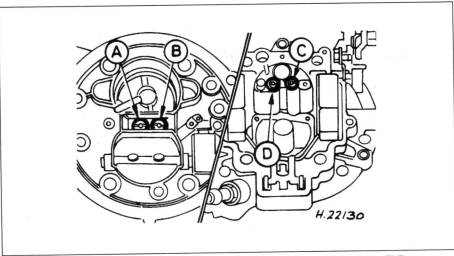

24.1b Munstyckenas placering i överdelen på förgasaren Weber TLD

A Primärt luftkorrigeringsmunstycke
B Sekundärt luftkorrigeringsmunstycke
C Sekundärt huvudmunstycke
D Primärt huvudmunstycke

a) När justerskruven skruvas i utförs grundinställningen genom att skruven skruvas i botten (utan överdragning) och skruva sedan ut tre hela varv.

b) Se avsnitt 20 för justering av nålventil och flottör.

c) När förgasaren är på plats, kontrollera och justera den enligt beskrivning i kapitel 1.

25 Insugsrör - demontering och montering

Observera: Se varningen i avsnitt 1 innan du fortsätter.

Demontering

1 Dränera kylsystemet enligt beskrivning i kapitel 1.
2 Demontera förgasaren enligt beskrivning i avsnitt 16 eller 23, efter tillämplighet.
3 Anteckna placeringarna och lossa slangarna för kylvätska, vakuum och ventilation från insugsröret.
4 Dra ur kontakterna från motorns givare på insugsröret och lossa radions jordledning.
5 Skruva ur bultarna och dra av insugsröret från topplocket, avlägsna packningen.
6 Avlägsna alla spår av gammal packning från insugsrörets och topplockets fogytor.

Montering

7 Montering sker med omvänd arbetsordning. Använd ny packning och dra bultarna till angivna moment. Montera resterande komponenter enligt beskrivningarna i relevanta kapitel av denna handbok. Avsluta med att fylla på kylsystemet enligt beskrivning i kapitel 1.

Anteckningar

Kapitel 4 del B:
Bränslesystem - CFi bränsleinsprutning

Innehåll

Svårighetsgrader

| **Enkelt,** passar novisen med lite erfarenhet | **Ganska enkelt,** passar nybörjaren med viss erfarenhet | **Ganska svårt,** passar kompetent hemmekaniker | **Svårt,** passar hemmekaniker med erfarenhet | **Mycket svårt,** för professionell mekaniker |

Specifikationer

Allmänt
Systemtyp . . . . Central bränsleinsprutning (Central Fuel injection - CFi)
Tillämpning . . . . 1.3 liter HCS och 1.4 liter CVH

Bränslekvalitet
Oktankrav . . . . 95 blyfri

Bränslesystemdata
Reglerat bränsletryck - motorn på tomgång . . . . 1,0 ± 0,1 bar
Hållet tryck - motorn stoppad efter 1 minut . . . . minimum 0,5 bar

Åtdragningsmoment
Nm
CFi-enhet till insugsrör 14
Insugsrör 18
Insugsluftens temperaturgivare 23
Syresensor 60

1 Allmän information och föreskrifter

Allmän information

Bränslesystemet består av en bränsletank (monterad under bottenplattan under baksätet), bränsleledningar, en elektrisk bränslepump placerad i tanken och en central bränsleinsprutning (CFi).

Bränsle levereras från tanken av den integrerade pumpen (hopbyggd med bränslemätarens givare). Bränslet passerar ett filter i motorrummet på väg till insprutningen och hålls under nödvändigt tryck av en bränsletrycksregulator.

CFi-enheten är en relativt enkel komponent jämfört med en konventionell förgasare. Bränslet sprutas in av en enda insprutare placerad centralt överst i enheten, därav namnet **(se bild)**.

Insprutaren beläggs med spänning av en signal från den elektroniska styrenheten. Under spänning lyfter insprutartappen från sitt säte och bränsledimma levereras under tryck till insugsröret. Styrsignalen har två former - en hög för öppnande och en låg för att hålla insprutaren öppen under den tid som behövs. Vid tomgång öppnar insprutaren varannan insugstakt, inte varje som vid normal körning.

Blandningen av bränsle och luft är helt styrd av styrenheten, baserad på indata från de olika givarna. Bränsleblandningen kan inte justeras manuellt.

Trottelplattans styrmotor (på sidan av CFi-enheten) reglerar varvtalet i enlighet med signaler från styrenheten. Signaler beräknas på värden och information från motorns givare. När trottelns positionsgivare anger att trotteln är stängd intar styrenheten tomgångsläge eller motorbromsläge (beroende på motorvarvet). Styrenheten håller tomgångsvarvet konstant med mindre justeringar efter behov för olika belastningar och förhållanden. Grundtomgången kan endast justeras av en Fordverkstad eller en specialist på bränsleinsprutning med nödvändig utrustning.

För att förhindra glödtändning sedan motorn stängts av skickar styrenheten en signal till trottelplattans styrmotor så att den stänger helt och återtar förinställt läge för start. När tändningen slås på för start placeras trottelplattan på det sätt som behövs för start under rådande förhållanden.

Den elektroniska styrenheten är motorstyrningssystemet hjärna och styr bränsleinsprutning, tändning och avgasrening. Den tar emot information från olika givare för att fastställa motorns temperatur, hastighet och belastning samt hur mycket luft motorn suger in. Givarna anger även trottelns position, insugsluftens temperatur och avgasernas syreinnehåll. All information till styrenheten beräknas och jämförs med förinställda värden sparade i styrenhetens minne för att bestämma insprutningstiden.

Information om motorns varvtal ges till styrenheten av vevaxelns positionsgivare. Denna är en induktiv pulsgenerator fastbultad (i separat fäste) på vevhuset för att avläsa mellanrummen mellan 36 hål på insidan av svänghjulet/drivplattan. När en ås passerar givarens spets alstras en signal som styrenheten använder till att beräkna varvtalet.

Åsen mellan hålen 35 och 36 (motsvarande 90° FÖD) saknas - detta avbrott i signalrytmen används av styrenheten till att fastställa kolvpositionerna.

Motortemperaturinformation ges av kylvätskans temperaturgivare. Denna är en termistor av typen negativ temperaturkoefficient - det innerbär att den är en halvledare vars motstånd minskar med ökande temperatur. Den förser styrenheten med en konstant varierande (analog) voltsignal motsvarande kylvätskans temperatur. Detta

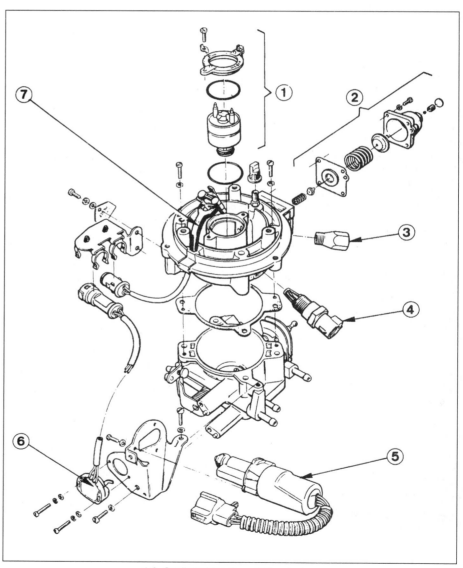

1.0 Sprängskiss över CFi-enheten

1 Insprutare
2 Tryckregulator
3 Bränslematningens anslutning
4 Insugsluftens temperaturgivare
5 Trottelplattans styrmotor
6 Trottelns positionsgivare
7 Insprutarens ledning

används för finjustering av styrenhetens beräkningar för att fastställa korrekt mängd bränsle för idealisk blandning.

Information om insugsluften ges av insugets temperaturgivare. Det är en termistor av ovan beskriven typ som ger styrenheten en signal motsvarande insugsluftens temperatur. Detta används för justering av styrenhetens beräkningar för att fastställa korrekt mängd bränsle för idealisk blandning.

En trottelpositionsgivare finns på trottelspindelns ände för att ge styrenheten av analog signal motsvarande trottelöppningen vilket gör att styrenheten kan notera förarens indata vid beräknande av motorns bränslebehov.

Bilens hastighet övervakas av hastighetsgivaren. Denna är en Hall-effektgenerator monterad på växellådans hastighetsmätardrivning. Den ger styrenheten en serie pulser motsvarande bilens hastighet, så att styrenheten kan hantera funktioner som avstängning av bränsle vid motorbromsning och ge information till färddatorn, adaptiv dämpning och farthållare (där monterade).

En givare för absolut tryck (MAP) i insugsröret mäter undertrycket där och ger styrenheten denna information så att motorns belastning för en given trottelposition kan beräknas.

Om bilen har servostyrning finns en tryckvakt inskruvad i systemets högtrycksrör. Den är normalt stängd och öppnar när systemet uppnått ett givet tryck - när den signalen kommer ökar styrenheten tomgångsvarvtalet för att kompensera för den ökade belastningen på motorn.

Syresensorn i avgassystemet ger styrenheten konstant information som gör att blandningen kan justeras för optimala arbetsvillkor för katalysatorn.

Föreskrifter

⚠ *Varning: Många av beskrivningarna i detta kapitel kräver lossande av bränsleledningar och anslutningar, vilka kan resultera i bränslespill. Bensin är ytterst brandfarligt vilket kräver extra försiktighet vid arbete på någon del av bränslesystemet. Rök inte, ha inte öppna lågor eller nakna glödlampor nära arbetsplatsen. Arbeta inte med bränslesystem i ett garage där gasdriven utrustning med pilotlåga förekommer. För samtliga arbeten med bränslesystem gäller att skyddsglasögon ska bäras och att en brandsläckare för bensin finns tillgänglig och att du känner till hur den används. Om du spiller bränsle på huden, tvätta omedelbart med tvål och vatten. Kom ihåg att bränsleångor kan vara farligare än*

vätska, ett kärl som nyligen tömts på flytande bensin innehåller ångor som potentiellt kan vara explosiva. Bensin är en ytterst riskfylld och lättflyktig vätska och nödvändigheten av föreskrifterna för hantering kan inte nog betonas.

Många arbeten som beskrivs i detta kapitel innebär lossande av bränsleledningar som kan orsaka spill. Innan du börjar arbetet, se ovanstående varning och informationen i "Säkerheten främst" i början av denna handbok.

Vid arbete med bränslesystemet, var extra noga med renligheten - smutsintrång i bränslesystemet kan orsaka igensättningar som leder till usel motorprestanda.

Observera: *Kvarvarande övertryck i bränslesystemet kan finnas även om det är länge sedan bilen senast kördes. När en bränsleledning kopplas ur måste systemet först tryckutjämnas enligt beskrivning i avsnitt 2 nedan.*

2 Bränslesystem - tryckutjämning

Observera: *Se varningen i avsnitt 1 innan du fortsätter.*

⚠ *Varning: Följande beskrivning släpper endast ut övertrycket - det finns fortfarande bränsle i systemets delar, så vidta nödvändiga försiktighetsåtgärder innan någon bränsleledning lossas.*

1 Det bränslesystem som tas upp i detta kapitel definieras som bränsletanken med pump och bränslemängdsgivare, bränslefilter, insprutare, bränsletrycksregulator samt bränsleledningarnas rör och slangar mellan dessa komponenter. Samtliga innehåller bränsle som är under tryck medan motorn går eller tändningen är påslagen.

2 Trycket finns kvar i systemet en tid efter det att tändningen stängs av och måste utjämnas innan någon av dessa delar rubbas för underhåll.

3 Den enklaste metoden för tryckutjämning är att koppla från strömmen till bränslepumpen - endera genom att ta ut säkringen till den (se kapitel 12), eller genom att lyfta den röda knappen på bränsleavstängaren (se avsnitt 11) - och låta motorn gå på tomgång till dess att den självdör av bränslebrist. Dra runt motorn ett par varv på startmotorn för att vara säker och stäng av tändningen. Glöm inte att sätta tillbaka säkringen eller trycka ned den röda knappen efter avslutat arbete.

4 Notera att när bränslesystemet tryckutjämnats och dränerats (även delvis) tar det

märkbart längre tid att starta motorn igen - upp till flera sekunder innan systemet är fyllt och under tryck.

3 Bränsleledningar och fästen - allmän information

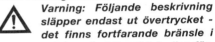

Observera: *Se varningen i avsnitt 1 innan du fortsätter.*

Snabbkopplingar

1 Snabbkopplingar finns på många anslutningar i bränslets matnings- och returledningar.

2 Innan någon del av bränslesystemet kopplas ur, tryckutjämna det (se avsnitt 2) och sedan tanken genom att skruva av tanklocket.

⚠ *Varning: Följande beskrivning släpper endast ut övertrycket - det finns fortfarande bränsle i systemets delar, så vidta nödvändiga försiktighetsåtgärder innan någon bränsleledning lossas.*

3 Lossa låsklackarna genom att trycka ihop dem och försiktigt sära anslutningen. Sug upp spill med trasor. I de fall anslutningarna är färgkodade kan rören inte förväxlas. Om de har samma färg, anteckna vilket rör som går till vilken anslutning och se till att montera dem korrekt.

4 För anslutning av snabbkoppling, tryck ihop delarna så att låsklackarna snäpper i läge. Slå på och av tändningen fem gånger för att trycksätta systemet och leta efter läckor innan startförsök.

Kontroll

5 Beskrivning av kontroll av bränsleledningarna finns i kapitel 1.

Byte av delar

6 Om någon skadad sektion ska bytas, använd originaldelar tillverkade av exakt samma material som den sektion som ska bytas. Använd inte substitut av sämre eller olämpliga material. Detta kan orsaka läckor eller bränder.

7 Innan någon del lossas, anteckna dragningen av alla rör och slangar samt hur klammrar och clips är monterade. Utbytessektioner måste installeras på precis samma sätt.

8 Innan någon del lossas, tryckutjämna systemet (se avsnitt 2) och tanken genom att öppna tanklocket. Koppla ur batteriets jordledning - se kapitel 5A, avsnitt 1. Täck den anslutning som ska öppnas med en trasa för att suga upp eventuellt spill.

4 Luftrenare och luftintag - demontering och montering

Observera: *Byte av luftfilter och kontroll av luftrenarens temperatursturning (i förekommande fall) beskrivs i kapitel 1.*

Luftrenare

1 Lossa batteriets jordledning (se kapitel 5A, avsnitt 1).
2 Skruva ur bultarna och lyft något på luftrenarhuset så att kontakterna på undersidan av luftrenaren blir åtkomliga.
3 Anteckna dragningen och lossa ledningar och slangar från luftrenarens undersida.
4 Lyft undan luftrenaren från CFi-enheten.
5 Montering sker i omvänd arbetsordning.
6 Byt uttjänta eller spruckna slangar och se till att alla anslutningar är väl gjorda.

Luftintagets delar

7 Luftrenarintaget och sammanhörande delar demonteras med luftrenaren enligt ovan.

5 Gasvajer - demontering, montering och justering

Demontering

1 Lossa batteriets jordledning (se kapitel 5A, avsnitt 1).
2 Vik tillbaka matta och isolering i förarfotbrunnen så att gaspedalen blir åtkomlig.
3 Haka av gasvajern från pedalen.
4 Demontera luftrenaren enligt beskrivning i avsnitt 4.
5 Vid vajerns trottelände, vrid trottelkvadranten för hand så att vajerspänningen släpper och lossa vajerns nippel från trottelarmen.
6 Lossa höljet från justerarfästet och dra ut vajern ur bilen.

Montering och justering

7 Montering sker i omvänd arbetsordning. När vajern anslutits i bägge ändarna, låt en medhjälpare trampa gaspedalen i botten. Kontrollera att trotteln öppnar och stänger helt och utan kärvningar. Kontrollera att det är ett litet slack i vajern när trotteln är helt uppsläppt. Om justering krävs, lossa höljets clips i justeringsstödet och dra höljet genom justerarens muff till önskat läge och säkra där med clipset.

6 Gaspedal - demontering och montering

Se del A, avsnitt 5.

7 Bränslepump/bränsletryck - kontroll

Observera: *Se varningen i avsnitt 1.*

Kontroll av bränslepumpens funktion

1 Slå på tändningen och lyssna efter bränslepumpen (ljudet av en elektrisk motor, hörbar från under baksätet). Förutsatt att det finns nog med bensin i tanken ska pumpen starta och gå i cirka 1-2 sekunder och sedan stanna varje gång tändningen slås på. **Observera:** *Om pumpen går kontinuerligt när tändningen är påslagen fungerar styrelektroniken i reservläge, av Ford kallat "Limited Operation Strategy"/LOS (Begränsat driftsläge). Detta indikerar nästan helt säkert ett fel i själva styrenheten. Bilen ska därför tas till en Fordverkstad för en full systemkontroll med korrekt diagnostisk utrustning, slösa inte tid eller riskera skador på systemet med att försöka testa systemet utan sådana resurser.*
2 Lyssna efter ljud från bränslereturen från tryckregulatorn. Det ska vara möjligt att känna bränslet pulsera i regulatorn och i matningsslangen från bränslefiltret.
3 Om pumpen inte alls går, kontrollera säkring, relä och ledningar (se kapitel 12). Kontrollera även att inte bränsleavstängningen löst ut. Återställ den i så fall.

Kontroll av bränsletryck

4 En bränsletrycksmätare krävs för denna kontroll och ska anslutas i bränsleledningen mellan filtret och CFi-enheten enligt instruktioner från mätarens tillverkare.
5 Starta motorn och låt den gå på tomgång. Notera mätarens avläsning så snart trycket stabiliseras och jämför avläst värde med specifikationerna. Om trycket är för högt,

kontrollera om bränslereturledningen är igensatt. Om inte igensatt, byt regulator.
6 Stäng av motorn och kontrollera efter en minut att kvarvarande tryck inte är under specifikationerna. Om så skulle vara fallet, kontrollera injektons tätning (se avsnitt 13) och byt om den verkar det minsta misstänkt. Om tätningarna är OK är antingen tryckregulatorn eller CFi-enheten defekt.
7 Koppla ur tryckmätaren sedan trycket utjämnats enligt beskrivning i avsnitt 2.
8 Kör motorn och leta efter läckor.

8 Bränsletank - demontering, kontroll och montering

1 Arbeta enligt beskrivning i del A, avsnitt 8, tryckutjämna dock bränslesystemet innan batteriet kopplas ur (se avsnitt 2). Tryckutjämna tanken genom att skruva ur tanklocket.

9 Bränslepump/nivågivare - demontering och montering

Observera: *Se varningen i avsnitt 1 innan du fortsätter. Ford anger att specialverktyg 23-014 eller 23-026 (en stor blocknyckel med utstickande tänder som greppar i urtagen i sändarens låsring) ska användas vid detta arbete. Även om alternativ är möjliga ska, med tanke på svårigheterna, dessa verktyg om möjligt användas, ägare rekommenderas starkt att skaffa dem innan arbetet påbörjas.*

Demontering

1 En kombinerad bränslepump och bränslenivågivare finns ovantill på tanken. Enheten kan endast demonteras sedan tanken sänkts ned under bilen. Se avsnitt 8 och demontera bränsletanken, fortsätt sedan enligt följande:
2 När tanken demonterats, skruva loss pumpen/givaren med specialverktyget **(se bild)**.
3 Dra upp enheten från tanken **(se bild)** och avlägsna tätningsringen. Tätningen måste bytas var gång pumpen/givaren dras ut.

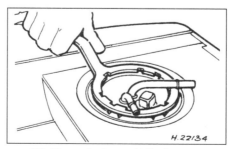

9.2 Demontering av bränslepump med nivågivare från tanken med Fords specialverktyg 23-026

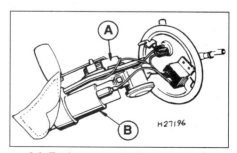

9.3 Tankmonterad bränslepump (B) och nivågivare (A)

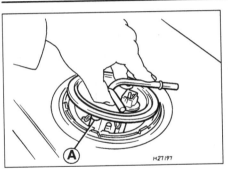

9.4 Montering av bränslepump och nivågivare, här visas läget för styrklacken (A)

Montering

4 Montering sker i omvänd arbetsordning. Täck den nya tätningen med ett fettlager för underlättande av monteringen och se till att ringen inte vrids när enheten monteras. Stick in enheten så att klacken greppar i spåret i tankens öppning, vrid sedan så att den låses fast **(se bild)**.

10 Rullningsventil - demontering och montering

Se del A, avsnitt 10.

11 Bränsleavstängare - demontering och montering

Demontering

1 Lossa batteriets jordledning (se kapitel 5A, avsnitt 1).
2 Demontera sidopanelen i förarens fotbrunn (se kapitel 11).
3 Skruva ur skruvarna och dra ut avstängningsomkopplaren ur karossen **(se bild)**. Dra ur kontakten till omkopplaren när den dras ut.

Montering

4 Koppla in omkopplaren, se till att kontakten snäpper i läge.
5 Sätt tillbaka omkopplaren och skruva fast den.
6 Återställ omkopplaren genom att trycka ned knappen på ovansidan, montera panelen.
7 Koppla in batteriet och starta motorn som kontroll att omkopplaren är återställd.

12 Bränsleinsprutningssystem - kontroll

Observera: Se varningen i avsnitt 1 innan du fortsätter.

11.3 Bränsleavstängarens plats i förarens fotbrunn

1 Om ett fel uppstår i bränsleinsprutningen, kontrollera först att alla kontakter sitter väl och är korrosionsfria. Kontrollera att felet inte ligger i eftersatt underhåll, d.v.s. att luftfiltret är rent att tändstiften är i bra skick med rätt elektrodavstånd, att ventilspelen är korrekta, att kompressionstrycket är korrekt, att tändinställningen är korrekt (om justerbar) och att motorns ventilationsslangar inte är igensatta eller defekta etc, se kapitlen 1, 2 och 5 för mer information.
2 Om dessa kontroller inte löser problemet ska bilen tas till en lämpligt utrustad Ford-verkstad för testning. Det finns ett urtag i motorstyrningens krets där en speciell elektronisk diagnostiktestare kan anslutas. Den hittar felet enkelt och snabbt och eliminerar behovet av att testa komponenterna individuellt, vilket är en tidsödande operation med risk för skador på styrenheten.

13 Insprutningssystemets delar - demontering och montering

Observera: Se varningen i avsnitt 1 innan du fortsätter.

Bränsleinsprutare

1 Tryckutjämna bränslesystemet (se avsnitt 2) och tanken, skruva ur tanklocket för detta.

> ⚠️ **Varning: Följande beskrivning släpper endast ut övertrycket - det finns fortfarande bränsle i systemets delar, så vidta nödvändiga försiktighetsåtgärder innan någon bränsleledning lossas.**

2 Koppla ur batteriets jordledning (se kapitel 5A, avsnitt 1).
3 Se avsnitt 4 och demontera luftrenaren.
4 Dra ur insprutarens kontakt och lossa den (dra i kontakten, inte ledningen) **(se bild)**.
5 Böj upp låsflikarna för insprutarens fästskruvar och skruva ur skruvarna. Dra ut insprutarkragen, insprutaren ur CFi-enheten (anteckna riktningen) och sedan tätningen **(se bilder)**.
6 Montering sker i omvänd arbetsordning. Använd alltid nya tätningar i enheten och kragen, smörj dessa med lite ren motorolja

13.4 Dra ur kontakten från insprutaren

13.5a Skruva ur bulten till insprutarkragen med låsflik . . .

13.5b . . . och lyft upp insprutarkragen

13.5c Dra ut insprutarn från CFi-enheten

13.5d Insprutartätningens placering (vid pilen) i CFi-enheten

13.5e Dra ut tätningen från insprutarkragen

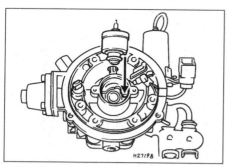

13.6 Placeringen för insprutarns styrklack (vid pilen)

13.8 Bränsletrycksregulator med skruvar (vid pilarna) - visad på plats

rubba någon annan del av kylsystemet medan det, eller motorn, är hett. Risken för skållning är mycket stor. Om av någon orsak expansionskärlets lock måste öppnas medan motorn är varm (inte att rekommendera) måste först systemtrycket utjämnas. Täck över locket med en tjock trasa så att skållning undviks, skruva då sakta upp locket till dess att ett väsande ljud hörs. När väsandet upphör är trycket utjämnat med luften, skruva då sakta upp locket till dess att det kan tas av. Om mer väsanden hörs, avvakta till dess att det upphör. Håll dig hela tiden på betryggande avstånd från påfyllningshålet.

18 Koppla ur bränslereturröret från CFi-enheten.

19 Se avsnitt 5 och lossa gasvajern från CFi-enheten.

20 Dra ur kontakterna till insugsluftens temperaturgivare, trottelplattans styrmotor och trottelns positionsgivare.

21 Koppa ur vakuumslangen från CFi-enheten.

22 Skruva ur de fyra skruvarna och lyft undan CFi-enheten från insugsröret (se bild). Avlägsna packningen.

23 Rengör fogytorna på CFi-enheten och insugsröret.

24 Montering sker i omvänd arbetsordning. Dra bultarna till angivet moment. Fyll på kylsystemet efter behov (se "Veckokontroller" och kapitel 1).

25 När CFi-enheten monteras, slå tändningen på och av minst 5 gånger för att trycksätta systemet, leta noga efter läckor.

innan monteringen. Se till att inte skada tätningarna när de och insprutaren monteras och kontrollera att styrstiftet greppar korrekt (se bild).

Bränsletrycksregulator

7 Se paragraferna 14 till 22 i detta avsnitt och ta ut CFi-enheten ur bilen.

8 Skruva ur regulatorns fyra skruvar och demontera regulatorn (se bild). I takt med att delarna lossas, anteckna deras monteringslägen och riktning. Försök inte (annat än om absolut nödvändigt) lirka ut pluggen eller justera skruven i husets mitt (om ingen plugg är monterad) eftersom detta ändrar systemtrycket.

9 Undersök delarna och byt de som är defekta eller misstänkta.

10 Vid montering, placera regulatorn på sidan och stick in den lilla fjädern, ventilen, membranet (se till att detta placeras korrekt), den stora fjädern, skålen och till sist regulatorlocket. Skruva i skruvarna väl, men dra dem inte för hårt eftersom detta förvränger locket.

11 Placera försiktigt kulan på plats i fjäderskålen, se till att den sätter sig korrekt.

12 Om urskruvad, skruva i justerskruven av insextyp, fingerdra den och skruva ut den (från fingerdraget) tre hela varv för en provisorisk inställning.

13 Montera CFi-enheten enligt paragraferna 23 till 25 i detta avsnitt, notera dock att mer letande efter bränsleläckor krävs med motorn igång. Systemtrycket måste kontrolleras av en Fordverkstad eller lämplig specialist så snart som möjligt.

CFi-enhet

14 Tryckutjämna bränslesystemet (se avsnitt 2) och tanken, skruva ur tanklocket för detta.

⚠ **Varning: Följande beskrivning släpper endast ut övertrycket - det finns fortfarande bränsle i systemets delar, så vidta nödvändiga försiktighetsåtgärder innan någon bränsleledning lossas.**

15 Koppla ur batteriets jordledning (se kapitel 5A, avsnitt 1).

16 Se avsnitt 4 och demontera luftrenaren.

17 Placera ett lämpligt kärl under kylslangsanslutningarna till CFi-enheten. Kontrollera att kylsystemet inte är under tryck (se kapitel 1) och lossa slangarna från enheten. Plugga slangarna för att förhindra mer spill medan de är urkopplade.

⚠ **Varning: Försök INTE ta bort expansionskärlets lock, eller**

Trottelplattans styrmotor

26 Koppla ur batteriets jordledning (se kapitel 5A, avsnitt 1).

27 Se avsnitt 4 och demontera luftrenaren.

28 Dra ur kontakterna till trottelns positionsgivare och plattans styrmotor, lossa ledningsclipen från fästet (se bilder).

13.22 Skruvarna (vid pilarna) till CFi-enheten

13.28a Dra ur kontakten till trottelplattans styrmotor

13.28b Lossa kontakten till trottelns positionsgivare från clipset

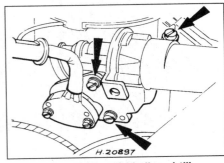

13.29 Skruvar (vid pilarna) till trottelplattans styrmotor

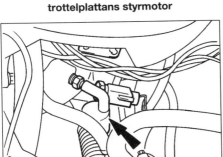

13.32 Bränslefällans plats (vid pilen) i MAP-givarens vakuumslang

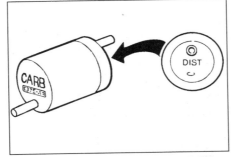

13.34 Riktningsmärkning på bränslefällan

13.36 Styrenhetens placering bakom sidopanelen i passagerarsidans fotbrunn

29 Skruva ur motorstödets bultar, dra undan stödet med motor från CFi-enheten **(se bild).**
30 Skruva loss motorn från stödet.
31 Montering i omvänd arbetsordning, lägg dock märke till följande:
a) *När motor och stöd monteras på insprutaren måste positionsgivaren placeras på länken och fästet måste vara i linje med styrstiften.*
b) *Avsluta med att låta en Fordverkstad eller specialist på bränsleinsprutning, som har korrekt utrustning för att koppla upp mot styrenheten, kontrollera tomgångs-varvtalet.*

Bränslefälla

32 En bränslefälla är monterad på MAP-givarens slang **(se bild).**
33 Demontera fällan genom att först koppla ur batteriets jordledning (se kapitel 5A, avsnitt 1), lossa sedan vakuumslangen från fällan och dra undan den.
34 Montering sker i omvänd arbetsordning. Det är viktigt att fällan monteras rättvänd med märket CARB mot insugsröret och märket DIST mot MAP-givaren **(se bild).**

Styrenhet

Observera: *Styrenheten är bräcklig. Se till att inte tappa den, utsätta den för stötar eller extrem temperatur. Låt den inte heller bli våt.*

35 Koppla ur batteriets jordledning (se kapitel 5A, avsnitt 1).
36 I bilen, demontera sidopanelen i fotbrunnen i passagerarframsäte så att styrenheten blir åtkomlig **(se bild).**
37 Lossa styrenheten från sitt fäste **(se bild)**, skruva ur bulten och dra ur kontakten.
38 Montering sker i omvänd arbetsordning.

Vevaxelns positionsgivare

39 Se kapitel 5B.

Kylvätskans temperaturgivare

40 Se kapitel 3.

Insugsluftens temperaturgivare

41 Demontera luftrenaren enligt beskrivning i avsnitt 4.

13.37 Lossa styrenheten från fästet, skruva ur bulten och dra ur kontakten

42 Lossa clipset och dra ut givarens kontakt, skruva ur givaren från CFi-enheten.
43 Montering i zomvänd arbetsordning. Var ytterst noga med att dra givaren till angivet moment, om den dras för hårt kan den koniska gängan spräcka resonatorn.

Trottelns positionsgivare

44 Demontera luftrenaren enligt beskrivning i avsnitt 4.
45 Lossa clipset och dra ut potentiometerns kontakt. Skruva ur skruvarna och dra ut enheten ur trottelhuset **(se bild).** *Tvinga inte givarens centrum att vridas förbi normalt svept område, detta kan skada enheten.*

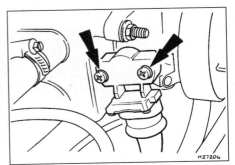

13.45 Skruvar (vid pilarna) till trottelns positionsgivare

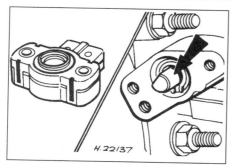

13.46 Rikta upp trottelpositionsgivarens "D"-sektion på trottelaxeln (vid pilen) vid monteringen

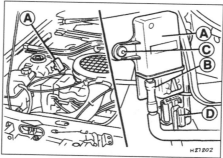

13.48 MAP-givarens placering och anslutningar

A MAP-givare   C Skruv(ar)
B Vakuumslang   D Kontakt

13.52 Servostyrningens tryckvakt till höger om motorn

46 Montering sker i omvänd arbetsordning, lägg märke till följande:

a) *Kontrollera att potentiometern är rättvänd (se bild), genom att placera centrum på den D-formade trottelaxeln (stängd trottel) och rikta upp potentiometerkroppen så att bultarna passera lätt in i trottelhuset.*

b) *Dra åt skruvarna jämnt och väl (men inte för hårt, eftersom detta spräcker potentiometerkroppen).*

Bilens hastighetsgivare

47 Givaren är monterad i foten av hastighetsmätarvajern och demonteras tillsammans med hastighetsmätarens drivpinjong. Se relevant avsnitt av kapitel 7A eller B efter tillämplighet.

MAP-givaren

48 Givaren är placerad baktill i motorrummet på höger sida **(se bild)**.
49 Dra ur kontakten och lossa vakuumslangen från givarens fot.
50 Skruva ur de två skruvarna och dra ut givaren.
51 Montering sker i omvänd arbetsordning.

Servostyrningens tryckvakt

52 Lossa clipset, dra ur kontakten och skruva loss tryckvakten **(se bild)**. Placera trasor

under för spill. Om en tätningsbricka är monterad, byt den om den är defekt.
53 Montering sker i omvänd arbetsordning, skruva fast tryckvakten väl och fyll på olja (se *"Veckokontroller"*) som ersättning för spill och avlufta systemet (se kapitel 10).

Syresensor

Observera: *Sensorn är ömtålig och fungerar inte om den tappas eller utsätts för slag, om strömmen bryts eller om någon form av rengöringsmedel används på den.*
54 Dra ur givarens kontakt på antingen främre motorfästet eller framför grenröret och från sensorn.
55 Ställ framvagnen på pallbockar om sensorn ska demonteras från undersidan (se *"Lyftning och stödpunkter"*). Skruva loss sensorn från nedåtgående avgasröret, ta reda på brickan (om monterad).
56 Vid montering, rengör brickan (om monterad) eller byt den om den är defekt. Lägg på en klick antikärvmedel på sensorns gängor så att de inte svetsas fast vid det nedåtgående röret. Skruva fast sensorn till angivet moment, för detta krävs en spårad hylsa. Koppla in ledningen och anslut sensorns kontakt.

14 Insugsrör - demontering och montering

Observera: *Se varningen i avsnitt 1 innan du fortsätter.*

Demontering

1 Dränera kylsystemet enligt beskrivning i kapitel 1.
2 Demontera CFi-enheten enligt beskrivning i avsnitt 13.
3 Anteckna placeringarna och lossa slangarna för kylvätska, vakuum och ventilation från insugsröret.
4 Dra ur kontakterna från motorns givare på insugsröret och lossa radions jordledning.
5 Skruva ur bultarna och dra av insugsröret från topplocket, avlägsna packningen.
6 Avlägsna alla spår av gammal packning från insugsrörets och topplockets fogytor.

Montering

7 Montering sker i omvänd arbetsordning. Använd ny packning och dra bultarna till angivet moment. Montera resterande delar enligt anvisningarna i relevanta kapitel i denna handbok.

Kapitel 4 del C:
Bränslesystem - EFi bränsleinsprutning

Innehåll

Svårighetsgrader

Enkelt, passar novisen med lite erfarenhet	**Ganska enkelt,** passar nybörjaren med viss erfarenhet	**Ganska svårt,** passar kompetent hemmekaniker	**Svårt,** passar hemmekaniker med erfarenhet	**Mycket svårt,** för professionell mekaniker

Specifikationer

Allmänt
Systemtyp . . . . Elektronisk bränsleinsprutning (EFi)
Tillämpning . . . . 1.6 liters CVH-motorer

Bränslekvalitet
Oktankrav . . . . 95 blyfri

Bränslesystemdata
Inställningar för tomgångens varvtal och blandning . . . . Se kapitel 1
Bränslepumpens tryck - stillastående motor . . . . minimum 3,0 bar
Reglerat bränsletryck - tomgång . . . . 3,0 ± 0,1 bar
Hållet tryck - stillastående motor efter två minuter . . . . Inte mindre än 0,8 bar under reglerat tryck

Åtdragningsmoment
	Nm
Bultar, tomgångsstyrningens ventil	4
Bultar, bränsletrycksregulator	10
Bultar, bränslerör	23
Insugsluftens temperaturgivare	23
Insugsrör	18
Syresensor	60

1 Allmän information och föreskrifter

Allmän information

Bränslesystemet består av en bränsletank (monterad under bottenplattan under baksätet), bränsleledningar, en elektrisk bränslepump placerad i tanken och en elektronisk bränsleinsprutning.

Bränsle levereras under tryck från bränslepumpen till bränslefördelningsröret som är placerat ovanpå insugsröret **(se bild).** Bränsleröret fungerar som en trycksatt bränsletank för insprutarna. De elektromekaniska insprutarna har endast två lägen, av och på, volymen insprutat bränsle för motorns arbetsförhållande avgörs av hur länge insprutarna är öppna. Krävd volym för en arbetstakt beräknas av motorns elektroniska styrenhet och delas upp i två lika delar. Den första halvan sprutas in i den statiska luften framför insugsventilen ett helt motorvarv innan insugsventilen öppnar. Efter ännu ett varv öppnar ventilen och rätt mängd insprutat bränsle dras in i cylindern. Bränsle sprutas därmed konsekvent in i två insugsventiler samtidigt i en given vevaxelposition.

Den luftvolym som sugs in i motorn styrs av luftrenaren och variabla faktorer. Dessa utvärderas av styrenheten och motsvarande signaler alstras för att styra insprutarnas arbete därefter.

Motorns grundtomgångsvarv kan justeras (vid behov) med justerskruven under en försegling på trottelhuset. Även blandningen är justerbar via skruven i potentiometern på torpedplåten.

Den elektroniska styrenheten är motorstyrningssystemet hjärna och styr bränsleinsprutning, tändning och avgasrening. Den tar emot information från olika givare för att fastställa motorns temperatur, hastighet och belastning samt hur mycket luft motorn suger in. Givarna anger även trottelns position, insugsluftens temperatur och avgasernas syreinnehåll. All information till styrenheten beräknas och jämförs med förinställda värden sparade i styrenhetens minne för att bestämma insprutningstiden.

Information om motorns varvtal ges till styrenheten av vevaxelns positionsgivare. Denna är en induktiv pulsgenerator fastbultad (i separat fäste) på vevhuset för att avläsa mellanrummen mellan 36 hål på insidan av svänghjulet/drivplattan. När en ås passerar givarens spets alstras en signal som styrenheten använder för att beräkna varvtalet. Åsen mellan hålen 35 och 36 (motsvarande 90° FÖD) saknas - detta avbrott i signalrytmen används av styrenheten för att fastställa kolvpositionerna.

Motortemperaturinformation ges av kylvätskans temperaturgivare. Denna är en termistor av typen negativ temperaturkoefficient - det innerbär att den är en halvledare vars motstånd minskar med ökande temperatur. Den förser styrenheten med en konstant varierande (analog) voltsignal motsvarande kylvätskans temperatur. Detta används för finjustering av styrenhetens beräkningar för att fastställa korrekt mängd bränsle för idealisk blandning.

Information om insugsluften ges av insugets temperaturgivare. Det är en termistor av ovan beskriven typ som ger styrenheten en signal motsvarande insugsluftens temperatur. Detta används för justering av styrenhetens beräkningar för att fastställa korrekt mängd bränsle för idealisk blandning.

En trottelpositionsgivare finns på trottelspindelns ände för att ge styrenheten en analog signal motsvarande trottelöppningen, vilket gör att styrenheten kan notera förarens indata vid beräknande av motorns bränslebehov.

Bilens hastighet övervakas av hastighetsgivaren. Denna är en Hall-effektgenerator monterad på växellådans hastighetsmätardrivning. Den ger styrenheten en serie pulser motsvarande bilens hastighet, så att styrenheten kan hantera funktioner som avstängning av bränsle vid motorbromsning och ge information till färddatorn, adaptiv dämpning och farthållare (där monterade).

En givare för absolut tryck (MAP) i insugsröret mäter undertrycket där och ger styrenheten denna information så att motorns belastning för en given trottelposition kan beräknas.

Om bilen har servostyrning finns en tryckvakt inskruvad i systemets högtrycksrör. Den är normalt stängd och öppnar när systemet uppnått ett givet tryck - när den signalen kommer ökar styrenheten tomgångsvarvtalet för att kompensera för den ökade belastningen på motorn.

Syresensorn i avgassystemet ger styrenheten en konstant information som gör att blandningen kan justeras för optimala arbetsvillkor för katalysatorn.

Föreskrifter

⚠️ *Varning: Många av beskrivningarna i detta kapitel kräver lossande av bränsleledningar och anslutningar, vilka kan resultera i bränslespill. Bensin är ytterst brandfarligt vilket kräver extra försiktighet vid arbete på någon del av bränslesystemet. Rök inte, ha inte öppna lågor eller nakna glödlampor nära arbetsplatsen. Arbeta inte med bränslesystem i ett garage där gasdriven utrustning med pilotlåga förekommer. För samtliga arbeten med bränslesystem gäller att skyddsglasögon ska bäras och att en brandsläckare för bensin finns tillgänglig och att du känner till hur den används. Om du spiller bränsle på huden, tvätta omedelbart med tvål och vatten. Kom ihåg att bränsleångor kan vara farligare än*

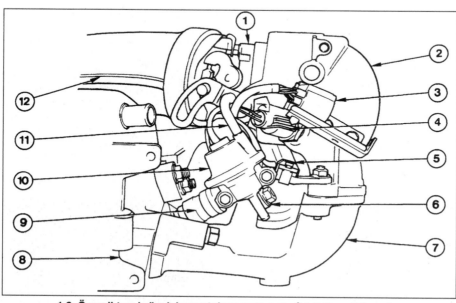

1.2 Översikt av bränsleinsprutningssystemet på 1.6 liters EFi-motor

1 Trottelhus	5 Hölje för kabelhärva	10 Bränsletrycksregulator
2 Insugsrörets övre sektion	6 Bränslefördelningsrör	11 Vakuumslang
3 Kabelhärvans kontakt	7 Insugsrörets nedre sektion	12 Luftintagets trumma
4 Insugsluftens temperatur- givare	8 Topplock	
	9 Insprutare	

vätska, ett kärl som nyligen tömts på flytande bensin innehåller ångor som potentiellt kan vara explosiva. Bensin är en ytterst riskfylld och lättflyktig vätska och nödvändigheten av att följa föreskrifterna för hantering kan inte nog betonas.

Många av de arbeten som beskrivs i detta kapitel innebär lossande av bränsleledningar vilken kan orsaka spill. Innan du börjar arbetet, se varningen ovan och studera avsnittet "Säkerheten främst" i början av denna handbok.

Vid arbete med bränslesystemets delar ska du vara speciellt noga med renlighet - smuts i bränslesystemet kan leda till igensättningar som medför usel prestanda.

Observera: *Kvarvarande övertryck i bränslesystemet kan finnas även om det är länge sedan bilen senast kördes. När en bränsleledning kopplas ur måste systemet först tryckutjämnas enligt beskrivning i avsnitt 2.*

2 Bränslesystem - tryckutjämning

Se del B, avsnitt 2.

3 Bränsleledningar och fästen - allmän information

Se del B, avsnitt 3.

4 Luftrenare och luftintag - demontering och montering

Observera: *Byte av luftfilter och kontroll av luftrenarens temperaturstyrning (i förekommande fall) beskrivs i kapitel 1.*

Luftrenare

1 Lossa batteriets jordledning (se kapitel 5A, avsnitt 1).
2 Skruva ur muttern framtill och lossa clipsskruven för lufttrumman till filterhuset, lossa trumman.
3 Skruva ur de två muttrarna på husets undersida (som fäster den vid styrklackarna).
4 Lossa slangen i enhetens fot (till insugsröret) och lyft ut luftrenaren.
5 Montering sker i omvänd arbetsordning. Se till att luftrenare och trumma sitter fast.

4.8 Skruva ur de två bultarna (vid pilarna) och avlägsna luftintagstrumman från ventilkåpan

Luftintagets delar

6 Lossa tändkablarna från stiften, märk dem vid behov så att förväxling undviks.
7 Lossa clipsen och sära insugsluftslangen och ventilationsslangen från intagstrumman.
8 Skruva ur de två bultarna och avlägsna intagstrumman från ventilkåpan **(se bild)**.
9 Lossa clipset och avlägsna insugsslangen från luftrenaren.
10 Montering sker i omvänd arbetsordning.

5 Gasvajer - demontering, montering och justering

Demontering

1 Lossa batteriets jordledning (se kapitel 5A, avsnitt 1).
2 Vik tillbaka matta och isolering i förarfotbrunnen så att gaspedalen blir åtkomlig.
3 Haka av gasvajern från pedalen.
4 I vajerns trotteländе, vrid trottelkvadranten för hand så att vajerspänningen slackar och lossa vajerns nippel från trottelarmen **(se bild)**.

5.4 Lossa gasvajerns ände från trottelns kvadrant

5 Lossa vajerhöljet från justerstödet och dra ut vajern ur bilen **(se bild)**.

Montering och justering

6 Montering sker i omvänd arbetsordning. När vajern anslutits i bägge ändarna, låt en medhjälpare trampa gaspedalen i botten. Kontrollera att trotteln öppnar och stänger helt och utan att kärva. Kontrollera att det är ett litet slack i vajern när trotteln är helt uppsläppt. Om justering krävs, lossa höljets clips i justeringsstödet och dra höljet genom justerarens muff till önskat läge och säkra där med clipset.

6 Gaspedal - demontering och montering

Se del A, avsnitt 5.

7 Bränslepump/bränsletryck - kontroll

Observera: *Se varningen i avsnitt 1 innan du fortsätter.*

Kontroll av bränslepumpens funktion

1 Slå på tändningen och lyssna efter bränslepumpen (ljudet av en elektrisk motor, hörbar från under baksätet). Förutsatt att det finns nog med bensin i tanken ska pumpen starta och gå i cirka 1-2 sekunder och sedan stanna varje gång tändningen slås på. **Observera:** *Om pumpen går kontinuerligt när tändningen är påslagen fungerar styrelektroniken i reservläge, av Ford kallat "Limited Operation Strategy"/LOS (Begränsat Driftsläge). Detta*

5.5 Placering för gasvajerns hölje på justerstödet

indikerar nästan helt säkert ett fel i själva styrenheten. Bilen ska därför tas till en Fordverkstad för en full systemkontroll med korrekt diagnostisk utrustning, slösa inte tid och riskera inte skador på styrenheten genom att försöka testa systemet utan sådana resurser.

2 Lyssna efter ljud från bränslereturen från tryckregulatorn. Det ska vara möjligt att känna bränslet pulsera i regulatorn och i matningsslangen från bränslefiltret.

3 Om pumpen inte går alls, kontrollera säkring, relä och ledningar (se kapitel 12). Kontrollera även att inte bränsleavstängningen löst ut. Återställ den i så fall.

Kontroll av bränsletryck

4 En bränsletrycksmätare krävs för denna kontroll och ska anslutas i bränsleledningen mellan filtret och bränsleröret enligt instruktioner från mätarens tillverkare.

5 Koppla ur ledningarna från tändspolen och insprutarna.

6 Slå av och på tändningen två gånger, kontrollera att bränsletrycket är enligt specifikationerna.

7 Om trycket inte är korrekt, kontrollera om systemet läcker eller är skadat. Om systemet verkar OK, byt bränslepump.

8 Koppla in tändspolen och insprutarna.

9 Om pumptrycket var tillfredsställande, starta motorn, låt den gå på tomgång. Lossa vakuumslangen från tryckregulatorn och plugga den. Notera trycket när det stabiliserats och jämför med värdet för tryckreglerat bränsle i specifikationerna.

10 Om det reglerade bränsletrycket inte är enligt specifikationerna, ta ur pluggen på tryckregulatorns översida och justera bränsletrycket efter behov med en insexnyckel.

11 Stäng av motorn och kontrollera att bränsletrycket hålls vid angivet värde under två minuter.

12 Lossa tryckmätaren sedan systemtrycket utjämnats enligt beskrivning i avsnitt 2. Koppla in tändspole och insprutare.

13 Kör motorn och kontrollera att det inte finns bränsleläckor.

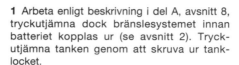

8 Bränsletank - demontering, kontroll och montering

1 Arbeta enligt beskrivning i del A, avsnitt 8, tryckutjämna dock bränslesystemet innan batteriet kopplas ur (se avsnitt 2). Tryckutjämna tanken genom att skruva ur tanklocket.

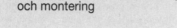

9 Bränslepump/nivågivare - demontering och montering

Se del B, avsnitt 9.

10 Rullningsventil - demontering och montering

Se del A, avsnitt 10.

11 Bränsleavstängare - demontering och montering

Se del B, avsnitt 11.

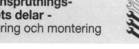

12 Bränsleinsprutningssystem - kontroll

Se del B, avsnitt 12.

13 Bränsleinsprutningssystemets delar - demontering och montering

Observera: Se varningen i avsnitt 1 innan du fortsätter.

Bränslerör och insprutare

Observera: För enkelhetens skull och för att få den nödvändiga absoluta renlighet som krävs vid hopsättning, beskrivs här demontering av bränsleröret, komplett med insprutare och tryckregulator, så att insprutarna kan servas individuellt på en ren arbetsyta. Det går även att demontera och montera insprutare enskilt sedan systemet tryckutjämnats och batteriet kopplats från. Om den metoden följs, läs igenom hela beskrivningen och arbeta i enlighet med relevanta paragrafer beroende på den förberedande isärtagning som krävs. Var ytterst noga med att inte låta smuts komma in i systemet.

1 Tryckutjämna bränslesystemet (se avsnitt 2) och tanken, skruva ur tanklocket för detta.

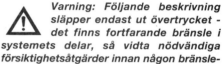

Varning: Följande beskrivning släpper endast ut övertrycket - det finns fortfarande bränsle i systemets delar, så vidta nödvändiga försiktighetsåtgärder innan någon bränsleledning lossas.

2 Koppla ur batteriets jordledning (se kapitel 5A, avsnitt 1).

3 Lossa clipset och koppla loss varmluftstrumman från grenröret (se bild).

4 Dra loss tändkablarna från stiften och lossa den från rännorna i luftintagstrumman. För dem åt sidan.

5 Skruva ur muttrar och bult och lossa gasvajerns fäste från trottelhuset.

6 Dra ur kontakten till trottelns positionsgivare.

7 Skruva ur de fyra bultarna och lyft av trottelhuset med packning (se bild).

8 Dra ur kontakterna från kylvätskans och insugsluftens temperaturgivare.

9 Dra ur kontakterna från insprutarna, skruva ur de två bultarna och lossa kabelhärvan från bränsleröret (se bilder).

10 Skruva loss matningen till bränsleröret, plugga hålen för att undvika spill och smutsinträng.

11 Lossa retur- och vakuumrör från tryckregulatorn, fånga upp bränslespill i en ren trasa.

12 Skruva ur bultarna, dra försiktigt loss

13.3 Lossa varmluftstrumman från grenröret

13.7 Placeringen för trottelhusets bultar (vid pilarna)

13.9a Dra ur kontakterna från insprutarna . . .

13.9b . . . skruva loss kabelhärvan . . .

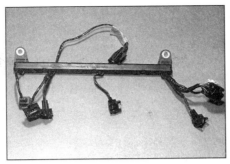

13.9c . . . och avlägsna insprutarnas kabelhärva

13.12a Skruva ur insprutarrörets bultar . . .

13.12b . . . lossa insprutarna . . .

13.12c . . . och dra ut bränslerör och insprutare

21 Skruva ur de två bultarna och demontera regulatorn. Kassera tätningsringen.
22 Montering sker i omvänd arbetsordning. Smörj den nya tätningsringen med ren motorolja. När regulatorn monterats och bränsle- och vakuumrör är anslutna, slå tändningen av och på fem gånger (utan att dra runt motorn) och leta efter läckor innan motorn startas.

Tomgångsvarvtalets styrventil

23 Koppla ur batteriets jordledning (se kapitel 5A, avsnitt 1).
24 Dra ur ventilens kontakt (se bild).
25 Skruva ur de fyra skruvarna och avlägsna styrventilen för tomgångens varvtal.
26 Montering sker i omvänd arbetsordning. Rengör fogytorna mellan ventilen och insugsröret före monteringen.
27 När ventilen monterats, starta motorn och kontrollera att det inte förekommer läckor. Varmkör motorn och kontrollera att tomgången är stabil. Stäng av motorn, anslut en varvräknare enligt instrumenttillverkarens anvisningar, starta motorn och kontrollera att tomgångsvarvtalet är enligt specifikationerna med alla strömförbrukare först av- sedan påslagna. Tomgångsvarvet ska vara konstant. Stäng av strömförbrukare och motor, avsluta med att koppla ur varvräknaren.

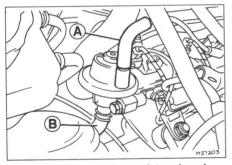

13.20 Bränsletrycksregulator visande anslutningar för vakuumrör (A) och returbränsle (B)

13.24 Tomgångens styrventil och kontakt

bränsleröret (med insprutare) från motorn (se bilder).
13 Lossa insprutarna från röret och ta av övre och nedre tätningar från insprutarna. Samtliga tätningar måste bytas även om bara en insprutare byts.
14 Innan insprutarna monteras, se till att alla fogytor är kliniskt rena. Smörj de nya insprutartätningarna med ren motorolja så att monteringen av dem underlättas.
15 Montering sker med omvänd arbetsordning. Se specifikationerna i början av detta kapitel för åtdragningsmoment. När bränsleröret monteras, kontrollera att insprutarna är korrekt monterade. Se till att trottelhusets fogytor är kliniskt rena före hopsättningen.
16 Avsluta med att starta motorn och leta efter tecken på bränsleläckor.

Bränsletrycksregulator

17 Tryckutjämna bränslesystemet (se avsnitt 2) och tanken, skruva ur tanklocket för detta.

⚠ *Varning: Följande beskrivning släpper endast ut övertrycket - det finns fortfarande bränsle i systemets delar, så vidta nödvändiga försiktighetsåtgärder innan någon bränsleledning lossas.*

18 Koppla ur batteriets jordledning (se kapitel 5A, avsnitt 1).
19 Lossa bränslereturrörets clips och dra ut röret från tryckregulatorn.
20 Dra ut vakuumröret från regulatoranslutningen (se bild).

Trottelhus

28 Tryckutjämna bränslesystemet (se avsnitt 2) och tanken, skruva ur tanklocket för detta.

⚠ *Varning: Följande beskrivning släpper endast ut övertrycket - det finns fortfarande bränsle i systemets delar, så vidta nödvändiga försiktighetsåtgärder innan någon bränsleledning lossas.*

29 Koppla ur batteriets jordledning (se kapitel 5A, avsnitt 1).
30 Lossa clipset och dra av varmluftstrumman från grenröret (se bild 13.3).
31 Dra loss tändkablarna från stiften och lossa den från rännorna i luftintagstrumman. För dem åt sidan.

32 Skruva ur muttrar och bult och lossa gasvajerns fäste från trottelhuset.
33 Lossa vakuumslangarna från insugsröret och bränsletrycksregulatorn.
34 Dra ur kontakterna till tomgångsventilen, temperaturgivaren och kabelhärvan.
35 Lossa bränslereturslangen från tryckregulatorn.
36 Skruva ur trottelhusets bultar till insugsröret och trottelhusets stöd **(se bild 13.7)**. Avlägsna trottelhus och packning.
37 Montering sker i omvänd arbetsordning. Rengör fogytorna och använd ny packning.

Elektronisk styrenhet

Observera: *Styrenheten är bräcklig. Se till att inte tappa den, utsätta den för stötar eller extrem temperatur. Låt den inte heller bli våt.*

38 Koppla ur batteriets jordledning (se kapitel 5A, avsnitt 1).
39 I bilen, demontera sidopanelen i fotbrunnen i passagerarframsätet så att styrenheten blir åtkomlig.
40 Lossa styrenheten från sitt fäste, skruva ur bulten och dra ur kontakten.
41 Montering sker i omvänd arbetsordning.

Vevaxelns positionsgivare

42 Se kapitel 5B.

Kylvätskans temperaturgivare

43 Se kapitel 3.

Insugsluftens temperaturgivare

44 Demontera luftintagstrumman enligt beskrivning i avsnitt 4.
45 Lossa clipset, dra ut givarens kontakt och skruva ur givaren från insugsröret.
46 Montering sker i omvänd arbetsordning.

Trottelns positionsgivare

47 Demontera luftintagstrumman enligt beskrivning i avsnitt 4.
48 Lossa clipset och dra ut givarens kontakt. Skruva ur skruvarna och dra ut enheten ur trottelhuset. Tvinga *inte* givarens centrum att vridas förbi normalt arbetsområde, detta skadar enheten allvarligt.

49 Montering sker i omvänd arbetsordning, lägg märke till följande:
a) *Kontrollera att potentiometern är rättvänd genom att placera centrum på den D-formade trottelaxeln (stängd trottel) och rikta upp potentiometerkroppen så att bultarna passerar lätt in i trottelhuset.*
b) *Dra åt skruvarna jämnt och väl (men inte för hårt, eftersom detta spräcker potentiometerkroppen).*

Bilens hastighetsgivare

50 Givaren är monterad vid foten av hastighetsmätarvajern och demonteras tillsammans med hastighetsmätarens drivpinjong. Se relevant avsnitt av kapitel 7A eller B efter tillämplighet.

MAP-givaren

51 Givaren är placerad baktill i motorrummet på höger sida.
52 Dra ur givarens kontakt och lossa vakuumslangen från givarens fot.
53 Skruva ur de två skruvarna och dra ut givaren från sin plats.
54 Montering sker i omvänd arbetsordning.

Servostyrningens tryckvakt

55 Lossa clipset, dra ur kontakten och skruva loss tryckvakten. Lägg en trasa under och sug upp spillet. Om en tätningsbricka finns monterad ska den bytas om den är liten eller skadad.
56 Montering sker i omvänd arbetsordning, dra fast tryckvakten ordentligt och fyll på behållaren (se *"Veckokontroller"*) som ersättning för spill och avlufta systemet (se kapitel 10).

Syresensor

Observera: *Sensorn är ömtålig och fungerar inte om den tappas eller utsätts för slag, om strömmen bryts eller om någon form av rengöringsmedel används på den.*

57 Lossa sensorns kontakt från fästet på främre motorfästet och koppla ur sensorn.
58 Ställ framvagnen på pallbockar om sensorn ska demonteras från undersidan (se *"Lyftning och stödpunkter"*). Skruva loss sensorn från nedåtgående avgasröret, ta reda på brickan (om monterad).
59 Vid montering, rengör brickan (om monterad) eller byt den om den är defekt. Lägg på en klick antikärvmedel på sensorns gängor så att de inte svetsas fast vid det nedåtgående röret. Skruva fast sensorn till angivet moment, för detta krävs en spårad hylsa. Koppla in ledningen och anslut sensorns kontakt.

14 Insugsrör - demontering och montering

Observera: *Se varningen i avsnitt 1 innan du fortsätter.*

Demontering

1 Insugsröret är tvådelat, och består av en övre och en nedre halva som är hopbultade.
2 Dränera kylsystemet, se kapitel 1.
3 Tryckutjämna bränslesystemet enligt beskrivning i avsnitt 2.
4 Koppla ur batteriets jordledning (se kapitel 5A, avsnitt 1).
5 Demontera luftintagstrumman (avsnitt 4) och gasvajern från trottellänken (avsnitt 5).
6 Demontera bränslerör och insprutare enligt beskrivning i avsnitt 13.
7 Anteckna placeringarna och lossa slangarna för kylvätska, vakuum och ventilation från insugsröret.
8 Dra ur kontakterna till motorns givare på insugsröret.
9 Skruva ur bultarna och dra av insugsröret från topplocket. Anteckna placeringarna för motorns lyftpunkt och jordledning, om befintliga. Avlägsna packningen.
10 Avlägsna alla spår av gammal packning från insugsrörets och topplockets fogytor.

Montering

11 Montering sker i omvänd arbetsordning, använd ny packning och dra bultarna till angivet moment. Montera resterande komponenter enligt relevanta anvisningar. Fyll på kylsystemet enligt beskrivning i kapitel 1.

Kapitel 4 del D:
Bränslesystem - SEFi bränsleinsprutning

Innehåll

Svårighetsgrader

Enkelt, passar novisen med lite erfarenhet		**Ganska enkelt,** passar nybörjaren med viss erfarenhet		**Ganska svårt,** passar kompetent hemmekaniker		**Svårt,** passar hemmekaniker med erfarenhet		**Mycket svårt,** för professionell mekaniker	

Specifikationer

Allmänt

Systemtyp	Sekventiell elektronisk bränsleinsprutning (SEFi)
Tillämpning	1.3 liters Endura-E, 1.4 liters PTE, 1.6 och 1.8 liters Zetec och Zetec-E

Bränslekvalitet

Oktankrav	95 blyfri

Bränslesystemdata

Bränsletryck

Reglerat bränsletryck - motor på tomgång:*	
Tryckregulatorns vakuumslang ansluten	2,1 ± 0,2 bar
Tryckregulatorns vakuumslang urkopplad	2,7 ± 0,2 bar
Hållet tryck - motorn stoppad, efter fem minuter*	minimum 1,8 bar

Angivna värden är specifika för motorerna Zetec och Zetec-E. Tillverkaren anger inga specifika värden för Endura-E och PTE, men de är troligtvis liknande

Åtdragningsmoment   Nm

Endura-E
Insugsrör till topplock 18
Vevaxelns positionsgivare 6
Kamaxelns positionsgivare 10
Syresensor 60

PTE
Luftintagstrumma till ventilkåpa 10
Insugsrör till topplock 18
Insugsrörets övre till nedre sektioner 18
Insugsluftens temperaturgivare 15
Bränslerör till nedre insugsrör 23
Kamaxelns positionsgivare 6
Syresensor 60

Zetec och Zetec-E
Skruvar, trottelhus till insugsrör 10
Insugsrör till topplock 18
Bultar, tomgångsregleringsventil 6
Bultar, bränsletrycksregulator 6
Bultar, insprutare 6
Bultar, bränslerör till insugsrör 10
Kamaxelns positionsgivare 8
Syresensor 60

1 Allmän information och föreskrifter

Allmän information

Bränslesystemet består av en bränsletank (monterad under bottenplattan under baksätet), bränsleledningar, en elektrisk bränslepump placerad i tanken och en sekventiell elektronisk bränsleinsprutning.

Den elektriska bränslepumpen levererar trycksatt bränsle till bränsleröret, som fördelar bränslet jämnt till insprutarna. En tryckregulator styr systemtrycket i relation till insugsrörets undertryck. Från bränsleröret sprutas bränslet in i insugsportarna precis ovanför insugsventilerna av fyra insprutare. Systemet har även funktioner som spolning med kallt bränsle runt varje insprutare vid start för att underlätta varmstarter.

Den mängd bränsle insprutarna avger är precist styrd av motorstyrningens elektronik. Styrenheten använder signaler från vev- och kamaxelns positionsgivare för att utlösa varje insprutare separat i cylindrarnas tändföljd, vilket ger bättre bränsleekonomi och renare avgaser.

Den elektroniska styrenheten är motorstyrningssystemets hjärna och styr bränsleinsprutning, tändning och avgasrening. Den tar emot information från olika givare som beräknas och jämförs med förinställda värden sparade i styrenhetens minne för att bestämma insprutningstiden.

Information om motorns varvtal ges till styrenheten av vevaxelns lägesgivare. Denna är en induktiv pulsgenerator fastbultad (i separat fäste) på vevhuset för att avläsa mellanrummen mellan 36 hål på insidan av svänghjulet/drivplattan. När en ås passerar givarens spets alstras en signal som styrenheten använder till att beräkna varvtalet. Åsen mellan hålen 35 och 36 (motsvarande 90° FÖD) saknas - detta avbrott i signalrytmen används av styrenheten till att fastställa kolvpositionerna.

Kamaxelns positionsgivare är placerad i topplocket på motorerna PTE, Zetec och Zetec-E, och hämtar information från en kamaxellob. På Endura-E är givaren monterad på kamkedjekåpan och hämtar information från en rotorplatta på kamdrevet. Kamaxelns positionsgivare fungerar på samma sätt som vevaxelns, den avger en serie pulser som ger styrenheten en referenspunkt för fastställande av tändföljd och därmed utlösa insprutarna i korrekt ordningsföljd.

Luftmängdsmätarens givare bygger på principen "het tråd" och skickar en konstant varierande (analog) signal till styrenheten motsvarande den mängd luft som sugs in i motorn. I och med att luftens massa varierar med temperaturen (kall luft tätare än varm) ger en mätning av luftmassan styrenheten en mycket precis uppgift om hur mycket bränsle som behövs för optimal bränsleblandning.

Motortemperaturinformation ges av kylvätskans temperaturgivare. Denna är en termistor av typen negativ temperaturkoefficient - det innebär att den är en halvledare vars motstånd minskar med ökande temperatur. Den förser styrenheten med en konstant varierande (analog) voltsignal motsvarande kylvätskans temperatur. Detta används för finjustering av styrenhetens beräkningar för att fastställa korrekt mängd bränsle för idealisk blandning.

Information om insugsluften ges av insugets temperaturgivare. Det är en termistor av ovan beskriven typ som ger styrenheten en signal motsvarande insugsluftens temperatur. Detta används för justering av styrenhetens beräkningar för att fastställa korrekt mängd bränsle för idealisk blandning.

En trottelpositionsgivare finns på trottelspindelns ände för att ge styrenheten en analog signal motsvarande trottelöppningen vilket gör att styrenheten kan notera förarens indata vid beräknande av motorns bränslebehov.

Bilens hastighet övervakas av hastighetsgivaren. Denna är en Hall-effektgenerator monterad på växellådans hastighetsmätardrivning. Den ger styrenheten en serie pulser motsvarande bilens hastighet, så att styrenheten kan hantera funktioner som avstängning av bränsle vid motorbromsning och ge information till färddatorn, adaptiv dämpning och farthållare (där monterade).

Om bilen har servostyrning finns en tryckvakt inskruvad i systemets högtrycksrör. Den är normalt stängd och öppnar när systemet uppnått ett givet tryck - när den signalen kommer ökar styrenheten tomgångsvarvtalet för att kompensera för den ökade belastningen på motorn.

Syresensorn i avgassystemet ger styrenheten konstant information som gör att blandningen kan justeras för optimala arbetsvillkor för katalysatorn.

Luftintaget består av ett luftrenarhus, luftmängdsmätarens givare, insugsslang och intagstrumma samt ett trottelhus.

Ventilen i trottelhuset styrs av föraren via gaspedalen. När ventilen öppnar ökar den mängd luft som kan passera genom systemet. I takt med att trottelventilen öppnar ändras signalen från luftmängdsmätarens givare och styrenheten håller insprutarna öppna under längre tid, vilket ökar mängden bränsle till portarna.

Både varvtalet och blandningen för tomgång styrs helt av styrenheten och kan inte justeras. Dessa värden kan inte ens kontrolleras annat än med Fords diagnostikutrustning.

Föreskrifter

⚠️ *Varning: Många av beskrivningarna i detta kapitel kräver lossande av bränsleledningar och anslutningar, vilka kan resultera i bränsle-spill. Bensin är ytterst brandfarligt vilket kräver extra försiktighet vid arbete på någon del av bränslesystemet. Rök inte, ha inte öppna lågor eller nakna glödlampor nära arbetsplatsen. Arbeta inte med bränslesystem i ett garage där gasdriven utrustning med pilotlåga förekommer. För samtliga arbeten med bränslesystem gäller att skyddsglasögon ska bäras och att en brandsläckare för bensin finns tillgänglig och att du känner till hur den används. Om du spiller bränsle på huden, tvätta omedelbart med tvål och vatten. Kom ihåg att bränsleångor kan vara farligare än vätska, ett kärl som nyligen tömts på flytande bensin innehåller ångor som potentiellt kan vara explosiva. Bensin är en ytterst riskfylld och lättflyktig vätska och nödvändigheten av att följa föreskrifterna för hantering kan inte nog betonas.*

Många av de arbeten som beskrivs i detta kapitel innebär lossande av bränsleledningar vilken kan orsaka spill. Innan du börjar arbetet, se varningen ovan och studera avsnittet "Säkerheten främst" i början av denna handbok.

Vid arbete med bränslesystemets delar ska du vara speciellt noga med renlighet - smuts i bränslesystemet kan leda till igensättningar som medför usel prestanda.

Observera: *Kvarvarande övertryck i bränslesystemet kan finnas även om det är länge sedan bilen senast kördes. När en bränsleledning kopplas ur måste systemet först tryckutjämnas enligt beskrivning i avsnitt 2.*

2 Bränslesystem - tryckutjämning

Se del B, avsnitt 2.

3 Bränsleledningar och fästen - allmän information

Se del B, avsnitt 3.

4 Luftrenare och luftintag - demontering och montering

Luftrenare

Observera: *Luftrenaren är i princip den-*

---

samma på alla motorer med sekventiell insprutning. Följande beskrivning är en generell guide som täcker alla typer.

1 Lossa batteriets jordledning (se kapitel 5A, avsnitt 1).
2 Lossa vevhusets ventilationsslang från luftrenarhuset **(se bild)**.
3 Dra ur kontakten till luftmängdsmätarens givare, lossa clipset och dra ut givaren, komplett med insugsslangen, från luftrenarlocket **(se bilder)**. För givaren och slangen försiktigt åt sidan.
4 Lossa luftintagstrumman från luftrenarhuset.
5 Skruva ur luftrenarhusets mutter/muttrar och dra huset rakt upp så att styrstiften lossnar från gummimuffarna. Ta ut luftrenaren från motorrummet.
6 Montering sker i omvänd arbetsordning. Se till att styrstiften sätter sig helt i muffarna och att intagstrumman är korrekt placerad.

Luftintagets delar

7 Där tillämpligt, dra ur kontakten till insugsluftens temperaturgivare **(se bild)**. Lossa slangklämmorna i var ände och lossa insugsslangen från intagstrumman eller trottelhuset och luftmängdsmätarens givare **(se bild)**. På vissa motorer finns det ett litet utskott på slangens ände som greppar i ett urtag i intagstrumman för att garantera korrekt riktning vid monteringen.

4.2 Lossa vevhusets ventilationsslang från luftrenarhuset

4.3a Dra ur kontakten till luftmängdsmätaren . . .

4.3b . . . lossa de två clipsen och dra ut givaren, komplett med insugsslangen

4.7a Dra ur kontakten till insugsluftens temperaturgivare i insugsluftens slang (Zetec-E visad)

4.7b Lossa insugsslangen från intagstrumman. Notera det lilla utskottet på slangänden som greppar i urtaget på trumman

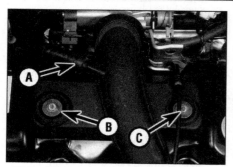

4.8a Där en extra luftintagstrumma är monterad ovanför motorn, koppla ur ventilationsslangen (A) och skruva ur de två bultarna eller muttrarna (B och C) . . .

4.8b . . . eller skruva ur de två muttrarna (vid pilarna) och lyft upp trummans fästband

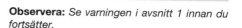

6 Gaspedal - demontering och montering

Se del A, avsnitt 5.

7 Bränslepump/bränsletryck - kontroll

Observera: *Se varningen i avsnitt 1 innan du fortsätter.*

8 I de fall en extra intagstrumma är monterad på motorns översida, koppla ur ventilationens slang, skruva ur de två bultarna eller muttrarna och lyft i förekommande fall av intagstrummans spännband **(se bilder).** På PTE-motorer kan det underlätta att lossa tändkablarna från stiften. Lossa intagstrumman från trottelhuset.

9 Montering sker med omvänd arbetsordning, vänd insugsslangen rätt genom att rikta upp utskott och urtag.

5 Gasvajer - demontering, montering och justering

Demontering

1 Lossa batteriets jordledning (se kapitel 5A, avsnitt 1).
2 Vik tillbaka matta och isolering i förarfotbrunnen så att gaspedalen blir åtkomlig.
3 Haka av gasvajern från pedalen.
4 Demontera de luftintagsdelar som behövs för att komma åt gasvajerns anslutning till trottelhuset (se avsnitt 4).
5 I vajerns trottelände, vrid trottelkvadranten för hand så att vajerspänningen slackar och

lossa vajerns nippel från trottelarmen **(se bild).**
6 Lossa vajerhöljet från stödet genom att antingen ta ut clipset eller vrida höljesinfästningen 45° motsols och för undan vajern **(se bild).**

Montering

7 Montering sker i omvänd arbetsordning. När bägge ändar är anslutna, justera vajern enligt följande:

Justering

8 Leta upp vajerjusteringen - den finns antingen vid stödet eller utmed vajern ovanför motorn. Ta upp metallclipset och smörj justeringens muff med tvålvatten.
9 Hämta hem allt slack genom att dra ut höljet så långt möjligt ur justeraren. Låt någon trycka gaspedalen i botten - vajerhöljet dras in i justeraren - håll den på plats medan clipset monteras.
10 Kontrollera att trottelns kvadrant rör sig fritt mellan helt öppen och helt stängd när medhjälparen trampar ned och släpper upp gaspedalen. Justera om vajern vid behov.
11 Avsluta med att montera det som demonterades före justeringen.

Kontroll av bränslepumpens funktion

1 Slå på tändningen och lyssna efter bränslepumpen (ljudet av en elektrisk motor, hörbar från under baksätet). Förutsatt att det finns nog med bensin i tanken ska pumpen starta och gå i cirka 1 - 2 sekunder och sedan stanna varje gång tändningen slås på. **Observera:** *Om pumpen går kontinuerligt när tändningen är påslagen fungerar styrelektroniken i reservläge, av Ford kallat "Limited Operation Strategy"/LOS (Begränsat Driftsläge). Detta indikerar nästan helt säkert ett fel i själva styrenheten. Bilen ska därför tas till en Fordverkstad för en full systemkontroll med korrekt diagnostisk utrustning, slösa inte tid och riskera inte skador på styrenheten genom att försöka testa systemet utan sådana resurser.*
2 Lyssna efter ljud från bränslereturen från tryckregulatorn. Det ska vara möjligt att känna bränslet pulsera i regulatorn och i matningsslangen från bränslefiltret.
3 Om pumpen inte går alls, kontrollera säkring, relä och ledningar (se kapitel 12). Kontrollera även att inte bränsleavstängningen löst ut. Återställ den i så fall.

Kontroll av bränsletryck

4 En bränsletrycksmätare krävs för denna test och den ska anslutas till bränsleledningen mellan filtret och fördelningsröret enligt instrumenttillverkarens anvisningar. På motorerna Zetec och Zetec-E, används en bränsletrycksmätare med adapter för Schrader-ventilen på bränslerörets testpunkt (känns igen på det blå plastlocket och placeringen på anslutningen från matningsledningen till bränsleröret) för följande kontroll. Om Fords verktyg 29-033 finns tillgängligt (se avsnitt 7) kan detta monteras på ventilen så att en konventionell tryckmätare kan anslutas.
5 Om Fords verktyg används, se till att kranen är vriden fullt motsols och montera den sedan på ventilen. Anslut tryckmätaren på verktyget. Om en tryckmätare med egen

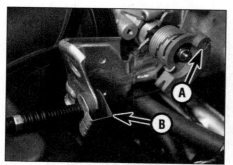

5.5 Gasvajerns anslutning till trottelns kvadrant (A) och vid justeringen/stödet (B)

5.6 Med denna typ av vajeranslutning, lossa vajerhöljet genom att vrida ändstycket (vid pilen) 45° medsols

7.5 Bränsletrycksmätaren ansluten till bränsleledningen

adapter används, anslut den enligt till-verkarens instruktioner **(se bild)**.
6 Starta motorn och låt den gå på tomgång. Notera mätarens avläsning så snart trycket stabiliseras och jämför avläst värde med specifikationerna.
  a) Om trycket är för högt, kontrollera om bränslereturledningen är igensatt. Om det inte är det, byt regulator.
  b) Om trycket är för lågt, nyp i returledningen, om trycket då går upp, byt regulator. Om trycket inte höjs, kontrollera matningsledningen, bränslepumpen och bränslefiltret.
7 Lossa vakuumslangen från bränsletrycks-regulatorn. Visat tryck ska öka. Anteckna tryckökningen och jämför med specifika-tionerna. Om tryckökningen är en annan än vad som anges, kontrollera vakuumslang och regulator.
8 Koppla in vakuumslangen igen och slå av tändningen. Bekräfta att trycket stannar på angiven nivå i fem minuter efter det att tänd-ningen slagits av.
9 Lossa tryckmätaren försiktigt sedan systemet tryckutjämnats enligt beskrivning i avsnitt 2. Täck över fästet med en trasa innan det lossas, torka upp allt spill.
10 Kör motorn och kontrollera att det inte finns bränsleläckor.

---

8 Bränsletank - demontering, kontroll och montering

Arbeta enligt beskrivning i del A, avsnitt 8, tryckutjämna dock bränslesystemet innan batteriet kopplas ur (se avsnitt 2). Tryck-utjämna tanken genom att skruva ur tank-locket.

---

9 Bränslepump/nivågivare - demontering och montering

Se del B, avsnitt 9.

---

10 Rullningsventil - demontering och montering

Se del A, avsnitt 10.

---

11 Bränsleavstängare - demontering och montering

Se del B, avsnitt 11.

---

12 Bränsleinsprutning - kontroll

Se del B, avsnitt 12.

---

13 Bränsleinsprutningens delar - demontering och montering

Observera: *Se varningen i avsnitt 1 innan du fortsätter.*

Trottelhus

1 Tryckutjämna bränslesystemet (se avsnitt 2) och tanken, skruva ur tanklocket för detta.

⚠ *Varning: Följande beskrivning släpper endast ut övertrycket - det finns fortfarande bränsle i systemets delar, så vidta nödvändiga försiktighetsåtgärder innan någon bränsle-ledning lossas.*

2 Koppla ur batteriets jordledning (se kapi-tel 5A, avsnitt 1).
3 Fortsätt enligt följande, efter motortyp:

Endura-E

4 Demontera luftintaget enligt beskrivning i avsnitt 4.
5 Lossa gasvajern från trottellänken (se avsnitt 5).
6 Dra ur kontakten till trottelns positions-givare.
7 Anteckna placeringarna och lossa före-kommande vakuumslangar från trottelhuset.
8 Skruva loss trottelhuset och avlägsna det och packningen från insugsröret, kassera packningen - en ny skall alltid användas.
9 Montering sker i omvänd arbetsordning. Kontrollera att fogytorna är rena och använd ny packning. Avsluta med att justera gasvajern enligt beskrivning i avsnitt 5.

PTE

10 Demontera luftintaget enligt beskrivning i avsnitt 4.
11 Lossa gasvajern från trottellänken (se avsnitt 5).
12 Skruva loss gasvajerstödet från trottel-huset.

13.21 Placeringen för trottelhusets skruvar (vid pilarna)

13 Lossa vakuumslangarna från insugsröret och bränsletrycksregulatorn.
14 Dra ur kontakterna till tomgångsstyrnings-ventilen, temperaturgivaren och kabelhärvan.
15 Lossa bränslereturslangen från tryck-regulatorn.
16 Skruva ur trottelhusets bultar till insugsrör och stöd. Lyft av trottelhus och packning. Kassera packningen - en ny måste alltid användas vid hopsättning.
17 Montering sker i omvänd arbetsordning. Kontrollera att fogytorna är rena och använd ny packning. Avsluta med att justera gasvajern enligt beskrivning i avsnitt 5.

Zetec och Zetec-E

18 Demontera luftintaget enligt beskrivning i avsnitt 4.
19 Lossa gasvajern från trottellänken (se avsnitt 5).
20 Dra ur kontakten till trottelns positions-givare.
21 Skruva loss trottelhuset från insugsröret och avlägsna hus och packning **(se bild)**. Kassera packningen - en ny måste alltid användas vid hopsättning.
22 Montering sker i omvänd arbetsordning. Kontrollera att fogytorna är rena och använd ny packning. Avsluta med att justera gasvajern enligt beskrivning i avsnitt 5.

Bränslerör och insprutare

Observera: *Följande beskrivning är specifik för motorerna Zetec och Zetec-E. Information om Endura-E och PTE fanns inte tillgänglig i skrivandets stund. Men bortsett från detalj-skillnader vad gäller delars fastsättning är alla motorer i detta kapitel mycket lika på detta område.*
23 Tryckutjämna bränslesystemet (se avsnitt 2) och tanken, skruva ur tanklocket för detta.

⚠ *Varning: Följande beskrivning släpper endast ut övertrycket - det finns fortfarande bränsle i systemets delar, så vidta nödvändiga försiktighetsåtgärder innan någon bränsle-ledning lossas.*

24 Koppla ur batteriets jordledning - se kapitel 5A, avsnitt 1.
25 Demontera luftintaget enligt beskrivning i avsnitt 4.

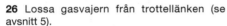

13.32 Skruva ur de tre bultarna (vid pilarna) för att lossa bränsleröret från insugsröret

13.39 Lossa vakuumslangen, skruva ur bultarna (vid pilarna) och dra ut bränslets tryckregulator

13.43 Skruva ur de tre bultarna (vid pilarna) och dra ut tomgångsstyrningens ventil ur insugsröret

26 Lossa gasvajern från trottellänken (se avsnitt 5).

27 Dra ur kontakten till trottelns positions-givare.

28 Skruva loss trottelhus och packning. Kassera packningen - en ny måste alltid användas vid hopsättning.

29 Lossa vevhusventilationsslangen från ventilkåpan och tryckregulatorns vakuum-slang från insugsröret.

30 Lossa clipsen, dra ut kontakterna till insprutarna och insugsluftens temperatur-givare.

31 Se avsnitt 3 och lossa bränslets mat-nings- och returledningar vid snabb-kopplingarna och lossa bränsleslangarna från insugsröret, torka upp spill med en trasa. **Observera:** *Rubba inte de gängade an-slutningarna på bränsleröret annat än om det är absolut nödvändigt, de är förseglade från fabriken. Snabbkopplingarna räcker för allt normalt underhållsarbete.*

32 Skruva ur bränslerörets tre bultar **(se bild)**. Dra försiktigt ut bränsleröret ur insugs-röret, häll ut resterande bränsle i ett lämpligt rent kärl. Notera att tätningarna mellan rör-ändar och insugsrör alltid måste bytas när bränsleröret lyfts ut.

33 Sätt upp bränsleröret i ett skruvstycke med mjuka käftar, skruva ur de två bultar som fäster varje insprutare och dra ut insprutarna. Placera dem i var sin rena märkta behållare.

34 Om en insprutare ska bytas, kassera den, spetspackningen och o-ringen. Om endast o-ringarna ska bytas men insprutarna återanvändas, ta av spetspackningar och o-ringar och kassera dem.

35 Montering sker i omvänd arbetsordning, lägg märke till följande:

a) *Smörj spetspackningar och o-ringar med ren motorolja vid monterandet.*

b) *Placera försiktigt varje insprutare i bränslerörets urtag, se till att styrfliken på insprutaren passa i rörets urtag. Dra bultarna rejält.*

c) *Montera en ny tätning i vardera bränslerörsänden och se till att de inte rubbas när röret monteras. Kontrollera att*

bränsleröret är korrekt på plats i insugsröret innan bultarna dras åt.

d) *Kontrollera att slangar och ledningar är korrekt dragna och fästa med tillhörande clips eller kabelband.*

e) *Justera gasvajern (avsnitt 5).*

f) *Avsluta med att slå av och på tändningen fem gånger (utan att dra runt motorn) och leta efter läckor innan motorn startas.*

Bränsletrycksregulator

36 Tryckutjämna bränslesystemet (se av-snitt 2) och tanken, skruva ur tanklocket för detta.

 Varning: Detta enbart tryck-utjämnar systemet - det finns fortfarande bränsle i systemet, så vidta adekvata förberedelser innan någon anslutning lossas.

37 Koppla ur batteriets jordledning - se kapitel 5A, avsnitt 1.

38 Lossa vakuumslangen från regulatorn.

39 Skruva ur regulatorns två bultar och torka upp allt spill med en ren trasa, dra ut regu-latorn **(se bild)** .

40 Montering sker i omvänd arbetsordning, lägg märke till följande:

a) *Byt regulatorns o-ring varje gång regulatorn rubbas. Smörj den nya o-ringen med ren motorolja vid monteringen.*

13.45 Dra ur kontakten till luftmängdsmätarens givare . . .

b) *Placera försiktigt regulatorn i bränslerörets urtag och dra åt bultarna rejält.*

c) *Avsluta med att slå av och på tändningen fem gånger (utan att dra runt motorn) och leta efter läckor innan motorn startas.*

Tomgångsvarvtalets styrventil

41 Koppla ur batteriets jordledning (se kapi-tel 5A, avsnitt 1).

42 Dra ur ventilens kontakt.

43 Skruva ur de tre bultarna och dra ut ventilen ur insugsröret **(se bild)**.

44 Montering sker i omvänd arbetsordning, lägg märke till följande:

a) *Rengör fogytorna noga och använd alltid ny packning när ventilen rubbats.*

b) *När ledningar och batteri kopplats in, starta motorn och låt den gå på tomgång. När den nått normal arbetstemperatur, kontrollera att tomgången är stabil och att inga luftläckor finns. Slå på alla strömförbrukare och kontrollera att tomgången fortfarande är godtagbar.*

Luftmängdsmätarens givare

45 Lossa clipset och dra ut givarens kontakt **(se bild)**.

46 Lossa de två clipsen och sära på givare och luftrenarlock **(se bild)**.

13.46 . . . lossa de två clipsen och avlägsna givaren från luftrenarlocket

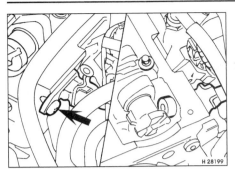

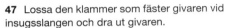

13.54 Placeringen för kamaxelns positionsgivare med skruv (vid pilen) - ventilkåpan avlyft för tydlighet

13.62 Placeringen av trottelns positionsgivare i trottelhuset

13.68 Syresensorns placering i nedåtgående avgasröret

47 Lossa den klammer som fäster givaren vid insugsslangen och dra ut givaren.

48 Montering sker i omvänd arbetsordning. Kontrollera att givare och luftrenarlock är korrekt monterade och fastsatta så att det inte finns några luftläckor.

Elektronisk styrenhet (ECU)

Observera: *Styrenheten är bräcklig. Se till att inte tappa den eller utsätta den för stötar. Utsätt den inte heller för extrema temperaturer och låt den inte bli blöt.*

49 Koppla loss batteriets jordledning (negativ) (se kapitel 5A, avsnitt 1). Inuti bilen, demontera sidopanelen i passagerarsidans fotbrunn så att styrenheten blir åtkomlig.

50 På senare modeller, borra ut niten och ta bort säkerhetsskölden över styrenheten. Lossa enheten från fästbygeln, skruva sedan loss fästbulten och ta bort multikontakten.

51 Montering sker i omvänd arbetsordning mot demonteringen. Om så är tillämpligt, fäst säkerhetsskölden med en ny nit.

Vevaxelns positionsgivare

52 Se kapitel 5B.

Kamaxelns positionsgivare

53 Lossa i förekommande fall bränslets matnings- och returslangar från clipset.

54 Lossa clipset och dra ut givarens kontakt. Skruva ur skruven och dra ut givaren ur topplocket eller kamkedjekåpan, var beredd på ett litet oljespill **(se bild).**

55 Montering sker i omvänd arbetsordning, lägg märke till följande:

a) *Lägg på vaselin eller ren motorolja på givarens o-ring.*

b) *Skruva i givaren, torka bort överskotts-smörjning innan den dras fast.*

c) *Dra skruven till angivet moment.*

Kylvätskans temperaturgivare

56 Se kapitel 3.

Insugsluftens temperaturgivare

57 Givaren är placerad i luftrenarhuset på Endura-E, i insugsröret på PTE och Zetec,

samt i luftintagsslangen på Zetec-E motorer.

58 Demontera luftrenaren eller luftintaget (se avsnitt 4) så att givaren blir åtkomlig.

59 Lossa clipset, dra ur kontakten och skruva eller dra ut givaren efter tillämplighet.

60 Montering sker i omvänd arbetsordning mot demonteringen.

Trottelns positionsgivare

61 Demontera luftrenaren eller luftintaget (se avsnitt 4) så att givaren blir åtkomlig.

62 Lossa clipset, dra ur kontakten och skruva ur skruvarna och dra ut givaren ur trottelhuset **(se bild).** *Tvinga inte* givarens centrum att vridas förbi normalt arbetsområde, detta skadar enheten allvarligt.

63 Montering sker i omvänd arbetsordning, lägg märke till följande:

a) *Kontrollera att givaren är rättvänd genom att placera centrum på den D-formade trottelaxeln (stängd trottel) och rikta upp givarkroppen så att bultarna passerar lätt in i trottelhuset.*

b) *Dra åt skruvarna jämnt och väl (men inte för hårt, eftersom detta spräcker potentiometerkroppen).*

Bilens hastighetsgivare

64 Givaren är monterad vid foten av hastig-hetsmätarvajern och demonteras tillsammans med hastighetsmätarens drivpinjong. Se relevant avsnitt av kapitel 7A eller B efter tillämplighet.

Servostyrningens tryckvakt

65 Lossa clipset, dra ur kontakten och skruva loss tryckvakten. Lägg en trasa under och sug upp spillet. Om en tätningsbricka finns monterad ska den bytas om den är liten eller skadad.

66 Montering sker i omvänd arbetsordning, dra fast tryckvakten ordentligt och fyll på behållaren (se *"Veckokontroller"*) som ersättning för spilld olja och avlufta systemet (se kapitel 10).

Syresensor

Observera: *Sensorn är ömtålig och fungerar inte om den tappas eller utsätts för slag, om strömmen bryts eller om någon form av rengöringsmedel används på den.*

67 Lossa sensorns kontakt från fästet på främre motorfästet och koppla ur sensor.

68 Ställ framvagnen på pallbockar om sensorn ska demonteras från undersidan (se *"Lyftning och stödpunkter"*). Skruva ur sensorn från det nedåtgående avgasröret, ta vara på eventuell bricka **(se bild).**

69 Vid montering, rengör brickan (om monterad) eller byt den om defekt. Lägg på en klick antikärvmedel på sensors gängor så att de inte svetsas fast vid nedåtgående röret. Skruva fast sensor till angivet moment, för detta krävs en spårad hylsa. Koppla in ledningen och anslut sensorns kontakt.

---

14 Insugsrör -
demontering och montering

Observera: *Se varningen i avsnitt 1 innan du fortsätter.*

Demontering

Endura-E

1 Tryckutjämna bränslesystemet (avsnitt 2).

2 Koppla ur batteriets jordledning (se kapitel 5A, avsnitt 1).

3 Demontera luftintaget (se avsnitt 4) och haka av gasvajern från trottellänken (se avsnitt 5).

4 Märk och koppla ur tändkablarna från stiften, lossa dem från clipset på insugsröret.

5 Demontera bränslerör och insprutare enligt beskrivning i avsnitt 13.

6 Anteckna placeringarna och demontera slangarna för kylvätska, vakuum och ventilation från insugsröret och trottelhuset.

7 Dra ur kontakterna från motorns givare på insugsröret.

8 Skruva ur de sju bultarna och dra loss insugsröret från topplocket, avlägsna packningen.

9 Avlägsna alla spår av gammal packning från insugsrörets och topplockets fogytor.

PTE

10 Insugsröret består av en övre och en nedre halva som är hopbultade.

11 Dränera kylsystemet, se kapitel 1.

12 Tryckutjämna bränslesystemet (avsnitt 2).

13 Koppla ur batteriets jordledning (se kapitel 5A, avsnitt 1).

14 Demontera luftintaget (se avsnitt 4) och haka av gasvajern från trottellänken (avsnitt 5).

15 Demontera bränslerör och insprutare enligt beskrivning i avsnitt 13.

16 Anteckna placeringarna och demontera slangarna för kylvätska, vakuum och ventilation från insugsröret.

17 Dra ur kontakterna från motorns givare på insugsröret.

18 Skruva ur bultarna och dra av insugsröret från topplocket. Anteckna placeringarna för motorns lyftpunkt och jordledning, om befintliga. Avlägsna packningen.

19 Avlägsna alla spår av gammal packning från insugsrörets och topplockets fogytor.

Zetec och Zetec-E

20 Tryckutjämna bränslesystemet enligt beskrivning i avsnitt 2.

21 Koppla ur batteriets jordledning (se kapitel 5A, avsnitt 1).

22 Demontera luftintaget (se avsnitt 4), haka av gasvajern från trottellänken (se avsnitt 5).

23 Lossa vevhusventilationsslangen från anslutningen på ventilkåpan.

24 Skruva loss övre delen av grenrörets värmesköld.

25 På Zetec-E, lossa den hylsmutter som fäster EGR-röret, skruva ur de skruvar som fäster röret vid tändspolebygeln och skruva ur den hylsmutter som fäster röret vid EGR-ventilen.

26 Skruva ur de två bultar som fäster ledningsskenan på insugsrörets översida - detta för att kunna flytta den efter behov så att insugsrörets bultar blir åtkomliga. Dra ur kontakten till kamaxelns positionsgivare och kylvätskans temperaturgivare, lossa sedan ledningarna från tändspolebygeln och fäst den vid insugsröret.

27 Skruva ur de tre bultar som fäster ledningsskenan på insugsrörets baksida. Lossa clipset och dra ur den stora kontakten (bredvid tryckregulatorn) för att koppla ur ledningarna för insugsrörets delar från motorns kabelhärva.

28 Märk dem när de lossas och avlägsna vakuumslangarna från insugsrör och trottelhus.

29 Tryckutjämna bränsletanken genom att skruva loss tanklocket och koppla ur de anslutningar för bränslets matning och retur

som finns mellan motor och kaross. Plugga öppna anslutningar.

30 Skruva loss jordledningen från topplockets lyftögla och skruva ur lyftöglans bult.

31 Skruva ur de bultar och muttrar som fäster insugsröret vid topplocket och dra ut det. Se till att inte skada sårbara delar när insugsröret manövreras ut ur motorrummet.

32 Avlägsna alla spår av gammal packning från insugsrörets och topplockets fogytor.

Montering

Samtliga motorer

33 Montering sker i omvänd arbetsordning, lägg märke till följande:

a) *Montera ny packning, placera insugsröret på topplocket, installera bultar/muttrar.*

b) *Dra åt bultar/muttrar i tre eller fyra jämna steg till angivet moment, arbeta från mitten och utåt så att insugsröret inte blir skevt.*

c) *Resterande montering sker i omvänd arbetsordning - dra alla förband till angivna moment (där sådana finns).*

d) *Där kylsystemet dränerats, fyll på det enligt beskrivning i kapitel 1.*

e) *Innan motorn startas, kontrollera att gasvajern är korrekt justerad och att trottellänkaget arbetar smidigt (avsnitt 5).*

f) *När motorn är helt varmkörd, leta efter tecken på läckor av bensin, luft och vakuum.*

Kapitel 4 del E:
Avgassystem och avgasrening

Innehåll

Svårighetsgrader

Enkelt, passar novisen med lite erfarenhet	Ganska enkelt, passar nybörjaren med viss erfarenhet	Ganska svårt, passar kompetent hemmekaniker	Svårt, passar hemmekaniker med erfarenhet	Mycket svårt, för professionell mekaniker

Specifikationer

Åtdragningsmoment

	Nm
Hylsmuttrar för luftpulssystemets rör till grenröret	32
Hylsmutter, EGR-rör till EGR-ventil	55
Hylsmutter, EGR-rör till grenrör	73
Grenrör till topplock:	
Motorerna HCS och Endura-E	23
Motorerna CVH och PTE	16
Motorerna Zetec och Zetec-E............................	16

1 Allmän information

Avgassystem

Avgassystemet består av grenröret, främre avgasröret och i förekommande fall katalysatorn, samt en huvudsektion med två ljuddämpare. Utbytessystemet består av tre sektioner; främre röret/katalysatorn, mellanröret med främre ljuddämparen och mynningen med bakre ljuddämparen. Systemet är gummiupphängt i hela sin längd.

System för avgasrening

För att reducera atmosfäriska föroreningar i form av ej komplett förbrända gaser och avdunstningar samt för att upprätthålla god körbarhet och driftsekonomi, finns ett antal utsläppsreglerande system på dessa bilar. Här ingår följande:

a) *Motorstyrning (inkluderar undersystem för bränsle och tändning)*
b) *Positiv vevhusventilation (PCV)*
c) *Avdunstningsreglering (EVAP)*
d) *Återcirkulation av avgaser (EGR)*
e) *Luftpuls (PAIR)*
f) *Katalysator*

3 Systemens funktioner beskrivs i de följande paragraferna.

Positiv vevhusventilation

Vevhusventilationens funktion är att minska utsläppen av oförbrända kolväten från vevhuset och minimera uppbyggnaden av oljeslam. Genom att skapa undertryck i vevhuset under de flesta driftsförhållanden, speciellt tomgång och genom att positivt införa frisk luft i systemet, kommer de oljedimmor och förbiblåsningsgaser som samlas i vevhuset att dras ut via luftrenaren eller oljefrånskiljaren till insugsröret för förbränning under normal drift.

På HCS-motorer består systemet av ett ventilerat oljepåfyllningslock (med ett integrerat nätfilter) och en slang som ansluter det till luftrenarens undersida. En annan slang leder från adaptern/ filtret till insugsröret. Vid tomgång och delbelastning riktas gaserna in i insugsröret och tas om hand av normal förbränning. Extra luft ges genom två små öppningar vid ventilen i renarhuset, vars syfte är att förhindra att ett för starkt vakuum uppstår. Under full belastning, när vakuumet i insugsröret är svagt, öppnar ventilen och vevhusgaserna styrs via luftrenaren till insuget och förbränning. Detta tar bort problem med styrning av blandningen. Principen för det

system som används på Endura-E är den ovan beskrivna, med ändringar av slangarrangemang och vissa delars placering.

På motorerna CVH och PTE används en sluten vevhusventilation vars funktion i princip är samma som beskrivs för HCS, men ventilationsslangen är ansluten direkt i ventilkåpan. Oljepåfyllningslocket har i vissa fall ett separat filter.

På motorerna Zetec och Zetec-E består vevhusventilationens huvuddelar av oljefrånskiljaren på framsidan av blocket och PCV-ventilen i en gummigenomföring på frånskiljarens övre vänstra sida. Sammanhörande rör består av vevhusventilationsröret och två slangar som ansluter PCV-ventilen till en anslutning på insugsrörets vänstra sida samt en vevhusventilationsslang som ansluter ventilkåpan till luftrenaren. Ett litet skumfilter i luftfilterhuset förhindrar att smuts dras direkt in i motorn.

Avdunstningsreglering

Detta system är monterat för att minimera utsläpp av oförbrända kolväten till atmosfären. Reglering av bränsleavdunstning är begränsad på bilar som möter tidigare reningskrav. Förgasarens flottörkammare är ventilerad internt medan bränsletanken är ventilerad till atmosfären via en kombinerad rullnings och antidroppfyllningsventil. Bilar som möter striktare krav har förseglat tanklock och en kolkanister används till att samla in och spara bensinångor som alstras i tanken när bilen är parkerad. När motorn går rensas ångorna från kanistern (under kontroll av styrenheten via rensventilen) ut till insuget för normal förbränning.

För att motorn ska gå rent vid tomgång och/eller kallstart och för att skydda katalysatorn från för fet blandning öppnar styrenheten inte rensventilen förrän motorn är varmkörd och går under delbelastning. Solenoidventilen börjar då öppna och stänga så att sparade ångor kan ledas till insuget.

Återcirkulation av avgaser

Detta system, monterat på Zetec-E- motorer, minskar utsläppen av kväveoxider (No_x). Detta uppnås genom att en del av avgaserna returneras via EGR-ventilen till insugsröret. Detta sänker förbränningstemperaturen.

Systemet består av EGR-ventilen, en tryck-skillnadsgivare, en solenoidventil, styrenhet och givare. Styrenheten är programmerad att ge optimalt lyft av EGR-ventilen under alla förhållanden.

Luftpuls

Detta system består av luftpulsens solenoidventil (insprutningsmodeller), själva luftpulsventilen, matningsrör, ett luftpulsfilter och på vissa modeller en backventil. Systemet sprutar in filtrerad luft direkt i avgasportarna via tryckskillnader i avgaserna som drar luft från filtret. Luft flödar in i avgaserna endast när deras tryck understiger lufttrycket. Luftpulsventilen låter bara gaserna strömma en väg, så heta avgaser kan inte strömma tillbaka till filtret.

Systemets primära funktion är att höja avgasernas temperatur vid starten vilket minskar den tid katalysatorn behöver för att uppnå arbetstemperatur. Innan detta inträffar minskar systemet utsläppen av oförbrända kolvätepartiklar och koloxid genom att se till att en avsevärd andel av dessa ämnen i avgaserna efter förbränningen bränns upp antingen i grenröret eller i katalysatorn.

För att systemet inte ska störa driften under normala förhållanden är det på bränsle-insprutade modeller kopplat till styrenheten via luftpulsens solenoidventil, så att den endast fungerar när motorn värms upp, då syresensorn inte påverkar blandnings-förhållandet. På förgasarmodeller stänger en termokänslig vakuumomkopplare av systemet vid normal arbetstemperatur.

Katalysator

Katalysator finns nu på samtliga modeller för att möta olika avgasreningskrav.

Katalysatorn monteras i avgassystemet och använder ädelmetaller (platina och palladium eller rhodium) som katalyter för att snabba på reaktionen mellan föroreningar och syre i avgaserna där CO och kolväten oxideras till vatten (H_2O) och CO_2 och (i trevägs katalysa-torer) reduceras kväveoxider NO_x till N_2.
Observera: *Katalysatorn är inte ett filter i fysisk mening, funktionen är att starta en kemisk reaktion utan att själv påverkas av den.*

Katalysatorn består av en keramisk "bikaka" täckt med en kombination av ädelmetaller på ett sådant sätt att en enorm yta bildas som avgaserna måste färdas över. Denna är placerad i en låda av rostfritt stål. En enkel "oxiderings" (tvåvägs) katalysator kan endast hantera koloxid och kolväten medan en reduktions (trevägs) katalysator kan hantera koloxid, kolväten och kväveoxider CO, HC och NO_x. Trevägs katalysatorer delas även in i öppna (oreglerade) som kan ta bort 50 till 70 % av föroreningarna och slutna (reglerade) katalysatorer som kan ta bort över 90% av föroreningar.

För att en katalysator med sluten slinga ska kunna fungera effektivt måste bränslets blandning styras exakt. Detta görs genom att avgasernas syrehalt mäts. Syresensorn ger styrenheten information om avgasernas syrehalt som den sedan justerar bränsle-blandningen efter.

Syresensorn har ett inbyggt värmeelement som regleras av styrenheten för att ta spetsen till arbetstemperatur så snabbt som möjligt. Spetsen är känslig för syre och ger styrenheten en varierande spänning beroende på avgasernas syrehalt. Om blandningen är för fet är syrehalten i avgaserna lägre så en lågspänd signal avges. Spänningen stiger när blandningen magrar och syrehalten därmed stiger. Optimal katalyseringseffekt för alla större förorenare uppstår när blandningen mellan luft och bensin är den kemiskt korrekta, 14,7 delar (vikt) luft till 1 del bensin (den "stoikiometriska" kvoten). Sensorns utgående spänning ändras drastiskt kring denna punkt, styrenheten använder detta som referenspunkt och justerar bränsleblandningen genom att ändra injektorernas öppningstider (pulsbredd).

20 Demontering och montering av syre-sensorn beskrivs i del B, C eller D i detta kapitel beroende på typ av bränslesystem.

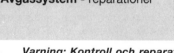

2 Avgassystem - reparationer

⚠️ **Varning: Kontroll och reparation av avgassystemets delar ska endast utföras när systemet fått tid att svalna helt. Detta gäller i synnerhet katalysatorn som arbetar med mycket höga temperaturer. Vid arbete på bilens undersida, se till att den står stadigt på pallbockar (se "Lyftning och stödpunkter").**

1 Om avgassystemets delar är mycket korroderade och fastrostade i varandra måste de i regel skäras loss. Bekvämaste sättet är att låta en specialist på avgassystem ta bort korroderade sektioner. Alternativt kan du skära loss delarna med en bågfil. Om du be-slutar dig för att göra jobbet hemma, se till att använda ögonskydd och handskar. Om det fabriksmonterade systemet sitter kvar måste det skäras på följande visade punkter (**se bilder**) om utbytesdelarna ska passa.

2 Här följer några enkla riktlinjer för reparation av avgassystem:

a) Arbeta bakifrån och framåt vid demontering av avgassystemets delar.

b) Använd inträngande rostupplösningsolja på avgassystemets fixturer så att de blir lättare att skruva ur.

c) När avgassystem monteras, använd nya packningar, gummiupphängningar och klamrar.

d) Använd anti-kärvmedel på gängorna i avgassystemet vid montering.

e) Observera att främre avgasröret på vissa modeller hålls till grenröret med två bultar som vardera har spiralfjäder, fjädersäte och självlåsande mutter. Vid montering ska muttrarna dras till dess att de stoppar mot bultarnas ansatser. Fjädertrycket är då starkt nog att skapa en gastät fog. Överdra inte dessa bultar för att täta en läcka, då bryts bultarna. Om en läcka påträffas, byt packning och fjädrar.

f) Se till att ge tillräckligt med fritt utrymme mellan de monterade delarna och alla punkter på bottenplattan för att undvika att överhetta den och möjligen skada mattorna och isoleringen. Var extra uppmärksam med katalysatorn och dess värmesköld.

⚠️ **Varning: Kataly-satorn arbetar med mycket höga temperaturer och det tar lång tid för den att svalna. Vänta till dess att den är helt kall innan du försöker demontera den, annars riskerar du att få allvarliga brännskador.**

3 Grenrör - demontering, kontroll och montering

Demontering

Observera: *Arbeta aldrig med eller nära avgassystemet och i synnerhet katalysatorn när systemet är hett. Om detta är oundvikligt, använd tjocka handskar och skydda dig mot brännskador ifall du skulle råka beröra heta delar.*

Samtliga motorer utom Zetec och Zetec-E

1 Koppla ur batteriets jordledning - se kapi-tel 5A, avsnitt 1.

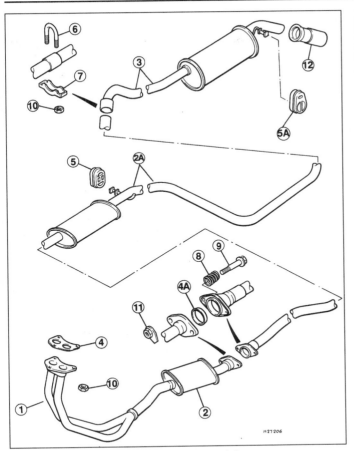

**2.1a Avgassystemets delar
på förgasarmotorförsedda bilar**

1 Nedåtgående rör	5 Gummi- upphängning	9 Bult
2 Främre ljud- dämpare	5A Gummi- upphängning	10 Självlåsande mutter
2A Mittsektion	6 U-bult	11 Mutter
3 Bakre ljuddämpare	7 Klammer	12 Slutstycke (endast
4 Packning	8 Fjäder	1.4 och 1.6 liters
4A Tätningsring		motorer)

**2.1b Avgassystemets delar på CFi-utrustade bilar
(EFi och SEFi liknande)**

1 Nedåtgående rör (manuell växellåda)	(slutstycken kan variera)	13 Bult
	6 Packning	14 Mutter
2 Nedåtgående rör (CTX automat- växellåda)	7 Tätningsring	15 Självlåsande mutter
	8 Gummi- upphängning	16 Mutter
3 Katalysator	9 Gummi- upphängning	17 Syresensor
4 Främre ljud- dämpare		18 Värmesköld
	10 U-bult	19 Slutstycke
5 Bakre ljuddämpare	11 Klammer	20 Fäste
	12 Fjäder	

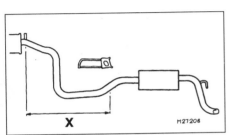

**2.1c Kapa på visade ställen (efter modell)
vid byte av bakre ljuddämpare -
förgasarbestyckade bilar**

X = 720 mm (alla modeller utom van)
X = 914 mm (skåpvagn)

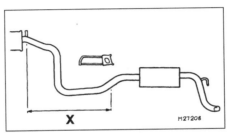

**2.1d Kapa på visade ställen vid byte av
bakre ljuddämpare på bilar med HCS
och CVH motorer med CFi och EFi**

X = 720 mm

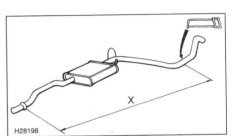

**2.1e Kapa på visade ställen vid byte av
bakre ljuddämpare på bilar med
Zetec motor och SEFi**

X = 1717 mm

3.2a Grenrörets kåpa/värmesköld (HCS-motor)

3.2b Demontering av varmluftskåpan på 1.6 liters CVH förgasarmotor

3.2c Demontering av varmluftskåpan på 1.6 liters CVH bränsleinsprutad motor

2 Grenröret är monterat på topplocket med pinnbultar/muttrar och anslutet till det nedåtgående röret på liknande sätt. En kåpa är fastbultad på grenröret för att leda luft som värmts upp till luftintaget när motorn är kall. Grenrörets muttrar blir åtkomliga när kåpan lyfts av **(se bilder)**.

3 På bilar med luftpulssystem, demontera luftpulsröret enligt beskrivning i avsnitt 8.

4 På katalysatorförsedda bilar med syresensor i grenröret, demontera sensorn enligt beskrivning i del B, avsnitt 13.

5 Stötta det nedåtgående röret med domkraft eller klossar och skruva ur muttrarna till grenröret. Sära på fogen och ta reda på packningen. På katalysatorförsedda bilar med syresensor i nedåtgående röret, se till att inte sträcka ledningen, dra vid behov ur sensorns kontakt.

6 Skruva ur muttrarna och dra av grenröret från topplockets pinnbultar. Avlägsna packningen **(se bilder)**.

Zetec och Zetec-E

Observera: *Förutom ny packning och andra delar, verktyg och resurser för detta arbete krävs en ny plaststyrhylsa vid monteringen.*

7 Koppla ur batteriets jordledning - se kapitel 5A, avsnitt 1.

8 Demontera luftintagets slang och trumma enligt beskrivning i del D i detta kapitel.

9 Dränera kylsystemet (se kapitel 1).

10 Lossa kylvätskeanslutningarna från termostathuset och bind upp dem så att de är ur vägen.

3.6a Demontering av grenröret . . .

11 Skruva loss grenrörets värmesköld och dra ut de båda delarna **(se bild)**.

12 Även om grenröret kan demonteras med luftpulssystemet på plats - skruva loss filterhuset och koppla ur vakuumslangen om detta ska utföras - är det enklare att först demontera luftpulssystemet enligt beskrivning i avsnitt 8 **(se bild)**.

13 Dra ur syresensorns kontakt så att inte ledningen sträcks och skruva loss nedåtgående röret från grenröret.

14 Skruva ur muttrarna och dra av grenrör och packning **(se bild)**. När grenröret demonteras med motorn kvar i bilen kan mer arbetsutrymme skapas genom att pinnbultarna skruvas ur topplocket. Detta kräver en hon-Torx-hylsa.

15 Montera alltid en ny packning vid hopsättningen, delarna ska vara rena. Försök *inte* återanvända den gamla grenrörspackningen.

3.6b . . . och grenrörspackningen (CVH-motor)

Kontroll

16 Skrapa bort alla spår av packning och sotavlagringar från fogytorna på grenrör och topplock. Om fogytorna är rena och plana är en ny packning tillräcklig för en gastät fog. Använd *inte* någon form av avgastätningsmassa före katalysatorn (om sådan finns).

17 Observera att främre avgasröret på vissa modeller hålls till grenröret med två bultar som vardera har spiralfjäder, fjädersäte och självlåsande mutter. Vid montering ska muttrarna dras så att de stoppar mot bultarnas ansatser, fjädertrycket är starkt nog att skapa en gastät fog **(se bilder)**.

18 Överdra inte dessa bultar för att täta en läcka, då bryts bultarna. Om en läcka påträffas, byt packning och fjädrar. Bultarna sitter med fjäderclips och är enkla att byta om de skadas.

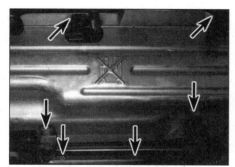

3.11 Bultar (vid pilarna) till övre delen av grenrörets värmesköld (Zetec-motor)

3.12 Luftpulssystem (hylsmuttrar vid pilarna) behöver ej demonteras

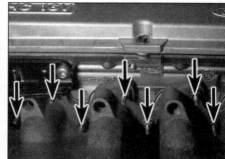

3.14 Skruva ur muttrarna (vid pilarna) för demontering av grenröret på Zetec-motor

3.17a Förhindra läckage genom att byta packningen mellan grenröret och det nedåtgående röret

3.17b Bultarna mellan grenröret och det nedåtgående röret - observera bultens ansats och spiralfjäder

3.17c Lossa vid behov fjäderclipset för att dra ut bulten från grenröret

3.19 Montera styrhylsan av plast vid pinnbulten (vid pilen) vid montering av grenröret på Zetec-motorer

Montering

19 Montering sker i omvänd arbetsordning, lägg märke till följande:

a) *Placera en ny packning över topplockets pinnbultar och på motorerna Zetec och Zetec-E, montera en ny plaststyrhylsa på pinnbulten närmast termostaten så att grenröret kan placeras korrekt (se bild). Försök inte montera grenröret utan denna hylsa.*

b) *Montera grenröret och fingerdra muttrarna.*

c) *Arbeta från centrum och utåt, dra muttrarna till angivet moment i tre eller fyra jämna steg.*

d) *Resterande montering sker i omvänd ordning. Dra alla förband till angivet åtdragningsmoment där sådant anges.*

e) *Om dränerat, fyll på kylsystemet (se kapitel 1).*

f) *Kör motorn och leta efter avgasläckor. Kontrollera kylvätskenivån när motorn är varmkörd till normal arbetstemperatur.*

<hr>

4 Katalysator - allmän information och föreskrifter

1 Katalysatorn är en pålitlig och enkel enhet som inte kräver underhåll. Man ska dock vara medveten om vissa fakta, om katalysatorn ska fungera korrekt under sin tjänstgöringstid.

a) *Använd INTE blyad bensin i bilar med katalysator. Blyet täcker ädelmetallerna vilket minskar deras omvandlingseffekt och på sikt förstör katalysatorn.*

b) *Underhåll tändning och bränslesystem noga, se tillverkarens schema (se kapitel 1).*

c) *Om motorn börjar misstända ska bilen inte köras (eller åtminstone kortast möjliga sträcka) förrän felet är åtgärdat.*

d) *Starta INTE bilen med knuff eller bogsering -det kan dränka in katalysatorn med oförbränd bensin och orsaka överhettning när motorn väl startar.*

e) *Slå INTE av tändningen vid höga motorvarv, d.v.s. trampa inte ned gaspedalen just innan tändningen slås av.*

f) *Använd INTE tillsatser i olja eller bensin. Dessa kan innehålla ämnen som skadar katalysatorn.*

g) *Kör INTE bilen om motorn bränner så mycket olja att den avger synlig blårök.*

h) *Kom ihåg att katalysatorn arbetar med mycket höga temperaturer. Parkera INTE bilen i torr undervegetation, över långt gräs eller lövhögar.*

i) *Kom ihåg att katalysatorn är BRÄCKLIG. Knacka inte på den med verktyg.*

j) *I vissa fall kan en doft liknande ruttna ägg märkas från avgasröret. Detta är vanligt på många katalysatorförsedda bilar. När bilen körts några hundra mil bör problemet ha försvunnit. Lågkvalitativ bensin med hög svavelhalt förstärker denna effekt.*

k) *Katalysatorn på en väl underhållen och väl körd bil ska hålla mellan 80 och 160 000 km. En katalysator som tappar effekten måste bytas.*

<hr>

5 Vevhusventilation - kontroll och byte av delar

Kontroll

1 Beskrivning av kontroll av systemet finns i kapitel 1.

Byte av delar

Luftrenarens delar

2 Se kapitel 1.

Vevhusventilationens ventil

3 Ventilen är inpluggad i oljefrånskiljaren på Zetec-motorer (se bild). Beroende på vilka

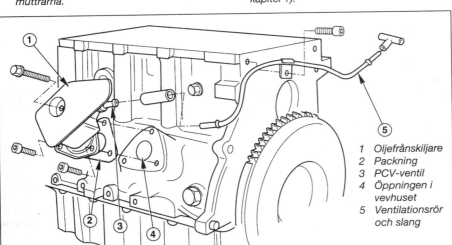

1 Oljefrånskiljare
2 Packning
3 PCV-ventil
4 Öppningen i vevhuset
5 Ventilationsrör och slang

5.3 Vevhusventilationens oljefrånskiljare och relaterade delar på Zetec-motorn

4E•6 Avgassystem och avgasrening

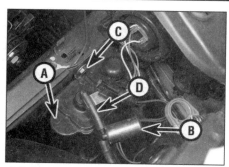

6.7 Placering för kolkanisterns rensventil och sammanhörande delar på HCS och CVH-motorer

A   Kolkanister
B   Rensventil
C   Kanisterns fästbult
D   Kanisterns ångslang

verktyg som finns tillgängliga kan det vara möjligt att komma åt ventilen sedan luftpulssystemet demonterats (se avsnitt 8). Om så inte är fallet, fortsätt enligt beskrivning i paragraf 4 nedan.

Oljefrånskiljare

4 Demontera grenröret (se avsnitt 3). PCV-ventilen kan nu tas ut och spolas eller bytas efter behov enligt beskrivning i kapitel 1.
5 Skruva loss oljefrånskiljaren från blocket, dra ut den och kassera packningen.
6 Spola ur eller byt oljefrånskiljaren efter behov (se kapitel 1).
7 Montering sker i omvänd arbetsordning, använd ny packning mellan oljefrånskiljare och block. Fyll på kylsystemet (se kapitel 1). Kör motorn, leta efter avgasläckor och kontrollera kylvätskenivån när motorn är varmkörd.

6   Avdunstningsreglering - kontroll och byte av delar

Kontroll

1 Dålig tomgång, tjuvstopp och dålig körbarhet kan orsakas av en defekt kolkanisterventil, en skadad kanister eller spräckta eller felmonterade slangar. Kontrollera tanklockets packning.
2 Bränsleförlust eller bensindoft kan orsakas av att flytande bränsle läcker från ledningar, defekt kanister, defekt kanisterventil samt urkopplade, feldragna, eller skadade ång/styrslangar.
3 Inspektera alla slangar som är anslutna till kanistern utmed hela längden. Leta efter veck, läckor och sprickor. Reparera eller byt efter behov.
4 Inspektera kanistern. Om den är sprucken eller skadad ska den bytas. Leta efter läckor på kanisterns botten. Om bränsle läcker ut, byt kanister och kontrollera slangar och deras dragning.

5 Om kanisterventilen förmodas vara defekt, dra ut kontakten till den och lossa vakuumslangarna. Anslut batterispänning över stiften. Kontrollera att luft kan strömma genom när spänning ligger på ventilen men att ingen luft kommer igenom utan spänning.
6 Ytterligare testning ska överlämnas till en Fordverkstad.

Byte av delar

Kolkanisterventilen

7 Solenoiden är placerad i motorrummets högra främre del nära strålkastaren på samtliga motorer utom Zetec och Zetec-E **(se bild)**. På motorerna Zetec och Zetec-E sitter ventilen med clips på torpedplåten bakom motorn, på höger sida. Leta upp ventilen, demontera vad som krävs för att komma åt.
8 Koppla ur batteriets jordledning (se kapitel 5A, avsnitt 1), dra ur ventilens kontakt. Dra loss ventilen, koppla ur vakuumslangarna och dra ut den ur bilen.
9 Montering sker i omvänd arbetsordning.

Kolkanister

10 Koppla ur batteriets jordledning (se kapitel 5A, avsnitt 1).
11 Kanistern är monterad i främre delen av högra hjulhuset (under expansionskärlet). Man kommer åt överdelen när expansionskärlet demonterats. För åtkomst av undersidan krävs att framvagnen ställs på pallbockar så att höger framhjul kan tas av (se "Lyftning och stödpunkter").
12 Lossa slangen från kanistern och plugga den för att förhindra smutsintrång.
13 Skruva ur skruvarna och ta ut kanistern från hjulhuset.
14 Montering sker i omvänd arbetsordning. Ta ut pluggen ur slangen innan den ansluts och se till att den är ren och väl ansluten.

7   Återcirkulation av avgaser - kontroll och byte av delar

Observera: *Följande beskrivningar ska betraktas som gränsen för vad som kan uträttas med detta system av en hemmamekaniker. Övriga tester och byten av delar ska överlämnas till en Fordverkstad.*

Kontroll

EGR-ventil

1 Starta motorn och låt den gå på tomgång.
2 Lossa vakuumslangen från EGR-ventilen och montera en handvakuumpump i dess ställe.
3 Lägga vakuum på EGR-ventilen. Detta ska vara stabilt och motorn ska gå orent.
a) *Om vakuum inte är stabilt eller om motorn går rent, byt ventil och upprepa testen.*

7.7 Lossa vakuumslangen från EGR-ventilen

b) *Om vakuumet är stabilt och motorn går rent, demontera ventilen och kontrollera om den eller insugsröret är igensatt. Rengör eller byt delar efter behov och gör om testen.*

EGR-systemet

4 Övriga kontroller kräver specialutrustning och ska överlämnas till en Fordverkstad.

Byte av delar

⚠ **Varning: Dessa delar blir mycket heta när motorn går. Låt alltid motorn svalna helt innan du börjar arbete så att du inte riskerar att få brännskador.**

EGR-ventil och rör

Observera: *För att säkerställa EGR-systemets gastäthet måste EGR-röret bytas var gång ventilen eller röret rubbas.*

5 Koppla ur batteriets jordledning (se kapitel 5A, avsnitt 1).
6 Se del D i detta kapitel och demontera luftintaget.
7 Lossa vakuumslangen och skruva ur hylsmuttern mellan EGR-röret och ventilen **(se bild)**.
8 Skruva ur de två bultarna och dra ut ventilen ur insugsröret **(se bild)**. Kassera packningen, den ska alltid bytas om ventilen rubbats.

7.8 Skruva ur de två bultarna (vid pilarna) och dra ut EGR-ventilen från insugsröret

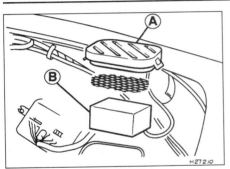

8.6 Luftpulsfiltrets delar på CVH-motorer
A Filterhusets lock   B Filter

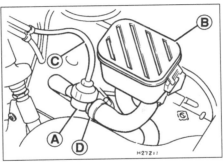

8.9 Luftpulsventil och anslutningar
på CVH-motor

A Luftpulsventil
B Filterhus för luftpuls
C Vakuumslang
D Luftslangens klammer

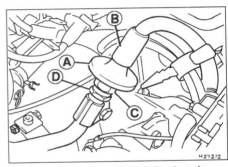

8.14 Envägsventil för luftpuls och
anslutningar på CVH-motor

A Envägsventil
B Luftslang
C Envägsventilen övre mutter
D Nedre slangmutter

9 Skruva ur de tre skruvarna och lyft av gren-rörets värmesköld.
10 Lossa de två EGR trycköverförings-slangarna från EGR-röret.
11 Skruva ut hylsmuttern mellan EGR-röret och grenröret, lyft undan röret.
12 Rengör fogytorna mellan EGR-ventilen och grenröret, se till att alla spår av packning och sot avlägsnas. Var noga med att inte låta skräp från rengöringen komma in i röret eller ventilen. Använd ny packning och nytt EGR-rör vid monteringen.
13 Montering sker i omvänd arbetsordning, tänk på följande:

a) Montera först det nya EGR-röret på grenröret och fingerdra hylsmuttern. Dra sedan denna mutter och hylsmuttern på EGR-ventilen till angivet moment.
b) Använd ny packning när EGR-ventilen monteras.

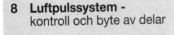

8 Luftpulssystem - kontroll och byte av delar

Kontroll

1 Dålig tomgång, tjuvstopp, baktändning och dåliga köregenskaper kan orsakas av ett fel i luftpulssystemet.
2 Se efter om vakuumrör/slang har veck, läckor eller sprickor. Laga eller byt efter behov.
3 Kontrollera filterhus och rör. Om endera är sprucket eller skadat ska det bytas.
4 Om luftpulsens solenoid misstänks vara defekt, dra ur kontakten och lossa vakuum-slangen. Anslut batterispänning över stiften. Kontrollera att luft kan strömma igenom när spänning ligger på ventilen men att ingen luft kommer igenom utan spänning.
5 Ytterligare testning ska överlämnas till en Fordverkstad.

Byte av delar
Luftpulsfilter och hus (CVH-motor)

6 Lyft av filterhusets lock och dra ut filtret **(se bild)**. Om så behövs kan huset avlägsnas

genom att luftslangarna lossas från foten så att enheten kan dras ut ur bilen.
7 Montering sker i omvänd arbetsordning.

Luftpulsventil (CVH-motor)

8 Koppla ur batteriets jordledning (se kapi-tel 5A, avsnitt 1).
9 Lossa vakuumslangarna från ventilen **(se bild)**.
10 Lossa luftslangens klämma och dra av slangen från ventilen.
11 Lossa den kvarvarande luftslangen. Anteckna ventilens monteringsläge och dra ut den.
12 När ventilen monteras, se till att den är rättvänd. Resterande montering sker i omvänd arbetsordning.

Luftpulsens envägsventil (CVH-motor)

13 Koppla ur batteriets jordledning (se kapi-tel 5A, avsnitt 1).
14 Lossa luftslangarna från envägsventilen **(se bild)**.
15 Håll fast nedre rörmuttern vid ventilens fot med en blocknyckel och skruva lös ventilen med en blocknyckel på övre muttern.
16 Montering sker i omvänd arbetsordning.

Kontrollera att ventilen är korrekt placerad innan rörmuttern dras åt mot ventilmuttern.

Luftpulsventil, filter och hus (HCS-motorer)

17 Koppla ur batteriets jordledning (se kapi-tel 5A, avsnitt 1).
18 Lossa vakuumslangen på luftpulsventilens baksida **(se bild)**.
19 Skruva ur skruvarna och dra ut luftpuls-ventil, filter och hus från fästet.
20 För isärtagning av filterhuset, skruva ur de fyra skruvarna och sära locket från foten, dra ut skumfiltret och rengör det i lämpligt lösningsmedel. Om någon del av huset är sliten eller skadad ska hela enheten bytas.
21 Montering sker i omvänd arbetsordning.

Luftpulsventil, filter och hus (Zetec-motorer)

22 Koppla ur batteriets jordledning (se kapi-tel 5A, avsnitt 1).
23 Klossa bakhjulen och ställ framvagnen på pallbockar (se "Lyftning och stödpunkter").
24 Lossa vakuumslangen på luftpulsventil-husets undersida **(se bild)**.
25 Demontera luftrenarens intag för åtkomst (se del D i detta kapitel).

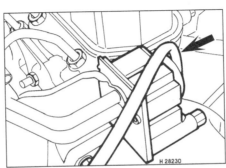

8.18 Vakuumslangens anslutning
(vid pilen) till luftpulsventilen
på HCS-motorer

8.24 Lossa vakuumslangen från
filterhusets fot . . .

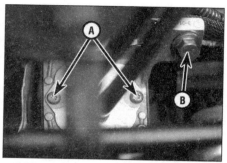

8.26 . . . skruva sedan ur skruvarna (A) för att lossa rören och bulten (B) för att lossa huset

8.27a Skruva ur de fyra skruvarna för att lossa filterhusets överdel från foten . . .

8.27b . . . och dra ut filtret om det behöver rengöras

26 Skruva ur de skruvar som fäster filterhuset vid rören, skruva ur bulten och dra ut huset **(se bild)**.

27 För isärtagning av filterhuset, skruva ur de fyra skruvarna och sära locket från foten, dra ut skumfiltret och rengör det i lämpligt lösningsmedel **(se bilder)**. Om någon del av huset är sliten eller skadad ska hela enheten bytas.

28 Montering sker i omvänd arbetsordning.

Luftpulsens solenoidventil

29 Koppla ur batteriets jordledning (se kapitel 5A, avsnitt 1).

30 Lossa clipset, dra ur kontakten och frigör ventilen från fästet. Dra ut ventilen, märk och lossa de två vakuumslangarna.

31 Montering sker i omvänd arbetsordning, se till att slangarna monteras korrekt.

Luftpulsrör
(HCS och CVH-motorer)

32 Koppla ur batteriets jordledning (se kapitel 5A, avsnitt 1).

33 Demontera vid behov luftrenaren för att komma åt bättre (se del A, B eller C i detta kapitel).

34 Lossa vakuumslangen från luftpulsventilen.

35 Skruva loss luftröret från fästet på grenröret, topplocket och växellådan efter motortyp.

36 Lossa de fyra muttrar som fäster luftmatningsrören vid avgasportarna och dra ut rören som en enhet **(se bild)**. Använd inte för stor kraft till att dra ut rören.

37 Rengör rören noga, speciellt deras gängorna och grenröret. Avlägsna alla spår av korrosion, dessa förhindrar att rören sätter sig korrekt och orsakar luftläckor när motorn startas.

38 Vid montering, stick försiktigt in rören i portarna, var noga med att inte böja dem. Använd antikärvmedel på gängorna och dra fast hylsmuttrarna medan rören hålls fast i portarna.

39 Resterande montering sker i omvänd arbetsordning.

Luftpulsrör (Zetec-motor)

40 Koppla ur batteriets jordledning (se kapitel 5A, avsnitt 1).

41 Demontera luftrenarens intag för att komma åt (se del D i detta kapitel).

42 Skruva loss grenrörets värmesköld och lossa kylslangen så att övre delen kan dras ut.

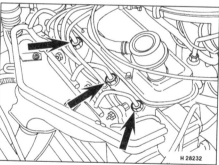

8.36 Luftpulsrörens muttrar (vid pilarna) på HCS-motorer

43 Klossa bakhjulen och ställ framvagnen på pallbockar (se *"Lyftning och stödpunkter"*).

44 Lossa vakuumslangen från luftpulsfilterhusets nederdel.

45 Skruva ur de två bultar som fäster stödet och de fyra muttrar som fäster rören i grenröret. Avlägsna rör och filterhus som en enhet utan att kröka dem **(se bild)**.

46 Rengör rören noga, speciellt deras gängor och grenröret. Avlägsna alla spår av korrosion, dessa förhindrar att rören sätter sig korrekt och orsakar luftläckor när motorn startas.

47 Vid montering, stick försiktigt in rören i portarna, var noga med att inte böja dem. Använd antikärvmedel på gängorna och dra hylsmuttrarna till angivet moment medan rören hålls fast i portarna.

48 Resterande montering sker i omvänd arbetsordning.

8.45 Demontering av luftpulsrören på Zetec-motorer

Kapitel 5 del A:
Motorns elsystem

Innehåll

Svårighetsgrader

Enkelt, passar novisen med lite erfarenhet	Ganska enkelt, passar nybörjaren med viss erfarenhet	Ganska svårt, passar kompetent hemmekaniker	Svårt, passar hemmekaniker med erfarenhet 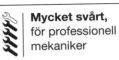	Mycket svårt, för professionell mekaniker

Specifikationer

Allmänt
Systemtyp . . . . 12 volt, negativ jord

Batteri
Klassning - kall runddragning/reservkapacitet . . . . 270 A/50 RC, 360 A/60 RC, 500 A/70 RC, 590 A/90 RC eller 650 A/130 RC

Laddning:
  Dålig . . . . 12,5 volt
  Normal . . . . 12,6 volt
  God . . . . 12,7 volt

Generator
Märke/typ:
  Bosch . . . . K1-55A, K1-70A eller NC 14V 60-90A
  Magneti-Marelli . . . . A127/55 eller 127/70
  Mitsubishi . . . . A5T eller A002T
Effekt (nominell vid 13,5 volt med motorvarvtal 6 000 rpm) . . . . 55, 70 eller 90 amp
Reglerad spänning vid 4 000 rpm och 3 till 7 amp belastning . . . . 14,0 - 14,6 volt
Minsta borstlängd:
  Bosch och Magneti-Marelli . . . . 5,0 mm
  Mitsubishi . . . . 3,0 mm

Startmotor
Märke/typ:
  Bosch . . . . DM, DW eller EV
  Magneti-Marelli . . . . M79 eller M80R
  Nippondenso . . . . Typnummer anges ej
Minsta borstlängd:
  Bosch och Magneti-Marelli . . . . 8,0 mm
  Nippondenso . . . . 10,0 mm

Åtdragningsmoment
	Nm
Generatorns fästbultar	25
Generatorns justeringsbultar	22
Generatorremskivans mutter:	
Med kil	50
Utan kil	60
Startmotorns fästbultar	35
Bult, startmotorns stöd	25

1 Allmän information, föreskrifter och urkoppling av batteri

Allmän information

Motorns elsystem består huvudsakligen av laddning och startsystem. De är motorrelaterade funktioner och tas därför upp separat från resterande elsystem som belysning och instrument, etc (som tas upp i kapitel 12). Information om tändsystem tas upp i del B av detta kapitel.

Elsystemet är av typen 12 volt negativ jord.

Batteriet är av typen lågunderhåll eller "underhållsfritt" (livstidsförseglat) och laddas av generatorn som drivs med rem från vevaxelns remskiva.

Startmotorn är av typen föringrepp med integrerad solenoid. Vid start för solenoiden pinjongen till startkransen innan spänning släpps på. När motorn startat förhindrar en envägs koppling att startmotorns armatur drivs av motorn tills pinjongen släpper från startkransen.

Föreskrifter

Detaljer om de olika systemen ges i de relevanta avsnitten. Även om vissa reparationer beskrivs är det vanligaste att byta defekta delar.

Var synnerligen försiktig vid arbete med elektriska delar så att skador på halvledarenheter (dioder och transistorer) undviks, liksom personskador. Förutom vad som anges i "Säkerheten främst!" i början av denna handbok ska följande iakttagas vid arbete med systemen:

Ta alltid av ringar, klocka och liknande innan arbete med elsystem. Även med urkopplat batteri kan urladdning inträffa om en komponents strömstift jordas genom ett metallföremål. Detta kan ge en stöt eller elak brännskada.

Kasta inte om batteripolerna. Komponenter som generator, styrelektronik och annat som innehåller halvledare kan skadas bortom alla reparationsmöjligheter.

Om motorn startas med startkablar och slavbatteri ska batterierna kopplas plus till plus och minus till minus (se "Start med startkablar"). Detta gäller även vid anslutning till batteriladdare.

Koppla aldrig loss batterikablar, generator, instrument eller elkontakter medan motorn går.

Låt inte motorn driva generatorn om inte generatorn är inkopplad.

"Testa" aldrig en generator genom att gnista strömkabeln mot jord.

Använd aldrig en ohmmätare av en typ som har en handvevad generator för testning av kretsar eller kontinuitet.

Försäkra dig alltid om att batteriets jordledning är urkopplad innan arbete med elsystemet inleds.

Batterikablar och generatorns anslutningar måste kopplas ur, liksom styrenheter för bränsleinsprutning/tändning innan någon form av elsvetsning sker så att de inte riskerar skador.

Urkoppling av batteri

Flera system på denna bil kräver konstant tillgång till batterispänning, antingen för fortsatt drift (t.ex. klockan) eller för att upprätthålla styrenhetens minne (som i motorstyrningssystemet) som skulle rensas om batteriet kopplades ur. När batteriet ska kopplas ur, tänk på följande så att oförutsedda konsekvenser inte uppstår:

a) För det första, på bilar med centrallås är det klokt att dra ur tändningsnyckeln och förvara den på dig, så att den inte blir inlåst och centrallåset oavsiktligt låser när batteriet kopplas in.

b) På bilar med elektronisk motorstyrning tappar styrenheten minnet när batteriet kopplas ur. Detta inkluderar värden för tomgång och drift samt felkoderna - när det gäller dessa, om det är troligt att sådana finns, måste bilen tas till en Fordverkstad för avläsning av koderna med hjälp av diagnostikutrustningen. Närhelst batteriet kopplats från måste värdena för tomgångsreglering och andra driftsparametrar programmeras in. Styrenheten gör detta på egen hand, men till dess att detta inträffat kan gången vara ganska oren med generellt dålig prestanda. För att ge styrenheten möjlighet att programmera om sig, starta motorn och kör den så nära tomgångsvarvtal som möjligt till dess att den håller normal driftstemperatur, kör den sedan i cirka 2 minuter med 1 200 rpm. Kör sedan bilen så långt som behövs - cirka 10 km med blandade förhållanden räcker vanligen för att fullborda omskolningen.

c) Om batteriet kopplas ur medan larmet är armerat eller aktivt förblir larmet i samma status när batteriet kopplas in igen. Samma gäller för motorlåset (om monterat).

d) Om en Ford "Keycode" ljudanläggning är monterad och enheten och/eller batteriet kopplas ur fungerar inte anläggningen förrän korrekt kod angetts. Detaljer om detta varierar med enhet

och årsmodell men finns i handboken för Fords ljudanläggningar som levererades med bilen när den var ny och själva koden anges i "radiopasset" och/eller på en "Keycode Label". Se till att du har korrekt kod innan du kopplar från batteriet. Av självklara säkerhetsskäl beskrivs proceduren inte i denna handbok. Om du saknar koden eller beskrivning av korrekt procedur men kan bevisa äganderätten och ett legitimt skäl för att få denna information kan en Fordagentur ha möjligheter att hjälpa dig.

Enheter kända som "minnessparare" (eller "kodsparare") kan användas för att komma runt en del av ovanstående problem. Detaljerna varierar med enheterna. Vanligen pluggas de in i cigarettändaren och har sina egna ledningar till ett reservbatteri. När då bilens batteri kopplas ur ger minnessparen nog med ström för att upprätthålla ljudanläggningen och styrenhetens minnen och även driva permanent anslutna kretsar som klockan samtidigt som batteriet isoleras i händelse av kortslutning under arbetet.

 Varning: Vissa av dessa enheter låter avsevärda strömstyrkor passera, vilket kan innebära att många av bilens system fortfarande är operativa när huvudbatteriet kopplats från. Om en minnessparare används, kontrollera att de kretsar du arbetar med verkligen är spänningsfria innan du börjar arbeta!

2 Elektrisk felsökning - allmän information

Se kapitel 12.

3 Batteri - testning och laddning

Standard- och lågunderhållsbatteri – testning

1 Om bilen körs en kort årlig sträcka är det mödan värt att kontrollera batterielektrolytens specifika vikt var tredje månad för att avgöra batteriets laddningsstatus. Använd hydrometer för kontrollen och jämför resultatet med följande tabell:

	Över 25°C	Under 25°C
Full laddning	1,210 - 1,230	1,270 - 1,290
70% laddning	1,170 - 1,190	1,230 - 1,250
Urladdat	1,050 - 1,070	1,110 - 1,130

Notera att avläsningarna förutsätter en lufttemperatur på 15°C. För varje 10°C under 15°C, minska med 0,007. För varje 10°C över 15°C, lägg till 0,007.

2 Om batteriets skick är misstänkt, kontrollera den specifika vikten i cellerna. En variation överstigande 0,040 mellan några celler indikerar elektrolytförlust eller nedbrutna plattor.

3 Om skillnader över 0,040 förekommer i den specifika vikten ska batteriet bytas ut. Om variationen mellan cellerna är tillfredsställande men batteriet är urladdat ska det laddas enligt beskrivning längre fram i detta avsnitt.

Underhållsfritt batteri – testning

4 Om ett underhållsfritt "livstidsförseglat" batteri är monterat kan elektrolyten inte testas eller fyllas på. Batteriets skick kan därför bara testas med en batteriindikator eller en voltmätare.

5 Om batteriet testas med voltmätare, koppla den över batteriet och jämför med *"Specifikationer"* under rubriken "laddningsstatus". Testet blir endast korrekt om batteriet inte fått någon form av laddning under de senaste 6 timmarna. Om så inte är fallet, tänd strålkastarna under 30 sekunder och vänta 5 minuter innan batteriet testas. Alla andra kretsar ska vara frånslagna, så kontrollera att dörrar och backlucka verkligen är stängda när testet görs.

6 Om uppmätt spänning understiger 12,2 volt är batteriet urladdat, en avläsning mellan 12,2 och 12,4 volt anger delvis urladdning.

7 Om batteriet ska laddas, ta ut det ur bilen (avsnitt 4) och ladda enligt beskrivning längre fram i detta avsnitt.

Standard- och lågunderhållsbatteri – laddning

Observera: *Följande anvisningar är endast avsedda som en guide. Följ alltid tillverkarens rekommendationer (ofta på en tryckt etikett på batteriet) vid laddning av ett batteri.*

8 Ladda med en takt av 3,5 - 4 amp och fortsätt ladda i denna takt till dess att ingen ökning av elektrolytens specifika vikt noterats under en fyratimmarsperiod.

9 Alternativt kan en droppladdare med takten 1,5 Amp stå och ladda hela natten.

10 Speciella "snabbladdare" som gör anspråk på att återställa batteriets styrka på 1 -2 timmar är inte att rekommendera, de kan orsaka allvarliga skador på plattorna genom överhettning.

11 När ett batteri laddas ska elektrolytens temperatur inte överstiga 37,8°C.

Underhållsfritt batteri - laddning

Observera: *Följande är endast avsett som en guide. Följ alltid tillverkarens rekommendationer (ofta på en tryckt etikett på batteriet) vid laddning av ett batteri.*

12 Denna batterityp tar avsevärt längre tid att ladda fullt, jämfört med standardtypen. Tidsåtgången beror på hur urladdat det är, men kan vara ända upp till tre dygn.

13 En laddare av typen konstant spänning krävs och ska ställas till mellan 13,9 och 14,9 volt med en laddström understigande 25 Amp. Med denna metod bör batteriet vara användbart inom 3 timmar med en spänning på 12,5 volt, men detta gäller ett delvis urladdat batteri. Som sagt, full laddning kan ta avsevärt längre tid.

14 Om batteriet ska laddas från fullständig urladdning (under 12,2 volt) låt en Fordverkstad eller bilelektriker ladda batteriet i och med att laddningstakten är högre och konstant övervakning krävs.

4 Batteri - demontering och montering

Observera: *Se föreskrifterna i avsnitt 1 innan du börjar arbeta.*

Demontering

1 Skruva ur muttern och lossa batteriets jordledning från polen **(se bild)**. Det är denna pol som ska kopplas ur innan arbete eller

4.1 Lossa batteriets jordledning från polen

urkoppling av någon annan elektrisk komponent utförs.

2 Ta av plastlocket och koppla ur strömkabeln på samma sätt.

3 Skruva ur de två skruvarna och lyft av klammern från batteriets framsida.

4 Lyft ut batteriet, håll det upprätt och låt det inte beröra klädsel. Var försiktig - det är tungt.

5 Rengör poler, polskor och batterihölje. Om torpedplåten rostat till följd av utspilld batterisyra, rengör noga och måla om, se kapitel 1.

6 Om du byter batteri, se till att utbytesbatteriet är identiskt vad gäller mått, amperetimmar och annat. Sluthantera det uttjänta batteriet på lämpligt sätt, många kommuner har resurser för hantering av sådana föremål - batterier innehåller bly och svavelsyra så det får inte kastas med soporna!

Montering

7 Montering sker i omvänd arbetsordning. Smörj polerna med vaselin innan anslutningen. Koppla alltid in den positiva polskon först och den negativa sist.

5 Laddning - testning

Observera: *Se föreskrifterna i avsnitt 1 innan du börjar arbeta.*

1 Om laddningslampan inte tänds när tändningen slås på, kontrollera först generatorledningarnas anslutningar. Om de är godtagbara, kontrollera att inte glödlampan är brunnen och att glödlampssockeln sitter väl fast i instrumentpanelen. Om lampan fortfarande inte tänds, kontrollera att ström går genom ledningen från generatorn till lampan. Om allt är OK är generatorn defekt och ska bytas eller tas till en bilelektriker för test och reparation.

2 Om laddningslampan tänds när motorn går, stoppa motorn och kontrollera att generatorns drivrem är korrekt spänd (se kapitel 1) och att generatorns kontakter är OK. Om felet ändå kvarstår, ta generatorn till en bilelektriker för test och reparation.

3 Om generatorns utmatning är misstänkt även om laddningslampan fungerar korrekt kan spänningsregulatorn kontrolleras enligt följande:

4 Koppla en voltmätare över batteripolerna och starta motorn.

5 Öka varvtalet till dess att voltmätaren avger en stadig avläsning. Den ska vara ungefär mellan 13,5 och 14,6 volt.

6.3 Två av drivremsskyddets bultar (vid pilarna)

6.6 Generatorn och nedre bultar (HCS-motor visad)

6.9 Demontering av generatorn (CVH-motor visad)

6 Slå på alla elektriska funktioner och kontrollera att generatorn upprätthåller reglerad spänning mellan 13 och 14 volt.

7 Om reglerad spänning inte ligger inom dessa parametrar kan felet vara slitna borstar, svaga borstfjädrar, defekt spänningsregulator, defekt diod, kapad fasledning eller slitna/skadade släpringar. Generatorn ska bytas eller tas till en bilelektriker för test och reparation.

6 Generator - demontering och montering

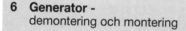

Demontering

1 Koppla ur batteriets jordledning (se avsnitt 1).

2 Klossa bakhjulen och ställ framvagnen på pallbockar (se "Lyft ning och stödpunkter").

3 Skruva ur bultarna och demontera drivremmens stänkskydd (om monterat) **(se bild)**.

Generator med V-rem och manuell justering

4 På modeller med en glidarmsjustering, skruva ur övre bulten.

5 På modeller med kuggstångsjustering, skruva ur låsbulten och lossa justermuttern.

6 Slacka, men skruva inte ur, nedre fästbultarna **(se bild)**, vrid generatorn inåt för att släppa remspänningen, koppla loss remmen från remskivorna och lyft ut den.

7 Där tillämpligt, demontera generatorns värmesköld.

8 Där tillämpligt, demontera fasanslutningen och stänkskyddet.

9 Stötta generatorn underifrån och skruva ur fästbultarna. Sänk ned den, anteckna uppkopplingarna, lossa ledningarna och ta ut generatorn från bilen **(se bild)**.

Generator med plan polyvee-rem och automatisk justering

10 Placera en ringnyckel på drivremsspännaren och vrid den medsols för att slacka drivremmen. Anteckna dragningen, lossa remmen från remskivorna och avlägsna den.

11 På Zetec-motorer före 1996 års modell, lossa följande för åtkomst av generatorn:

a) Dra ut syresensorns kontakt, skruva isär nedåtgående avgasröret från grenröret. Stötta nedåtgående röret så att fästena i avgassystemet inte överbelastas.

b) Demontera nedre kylarskyddet. Detta är fäst med clips eller popnitar. I det senare fallet måste nitarna borras ut för att skyddet ska kunna avlägsnas.

c) Placera en domkraft under kylarfästet. Detta måste sänkas något på höger sida. Även om kylslangarna bör kunna bära upp vikten av kylaren förhindrar domkraften att en gammal slang brister.

d) Skruva ur högra kylarfästets bultar och lossa något på vänstersidans bultar.

e) Skruva ur generatorbultarna. Dra av generatorn från fästet, koppla ur ledningarna och sänk kylarfästet så mycket att generatorn kan tas ut den vägen.

12 På resterande modeller, skruva ur övre

generatorbult(ar) och lossa ledningarna. Skruva ur nedre bult(ar) och lyft av generatorn från motorn.

Montering

13 Montering sker i omvänd arbetsordning. Montera drivremmen och se till att den dras korrekt runt remskivorna. Justera drivremmen enligt beskrivning i kapitel 1.

7 Generatorborstar och spänningsregulator - byte

1 Koppla ur batteriets jordledning (se avsnitt 1).

2 Demontera generatorn enligt beskrivning i föregående avsnitt.

Bosch K1-55A och K1-70A

3 Skruva ur de två skruvar som fäster borsthuset/spänningsregulatorn och dra ut enheten från generatorns baksida **(se bilder)**.

4 Kontrollera borstlängderna **(se bild)**. Om någon är kortare än, eller nära, angiven minimilängd, byt dem genom att avlöda borstanslutningarna och dra ut borstarna med fjädrar.

7.3a Skruva ur skruven och ...

7.3b ... dra ut borstlådan/regulatorn (Bosch K1 generator)

7.4 Mätning av borstlängden (Bosch K1 generator)

7.7 Skruva ur de tre skruvarna och dra av plastkåpan (Bosch NC generator)

7.9 Dra ut regulatorn/borsthållaren från ändramen (Bosch NC generator)

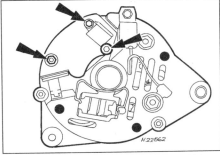

7.14 Skruvarna till regulatorn/borstlådan på generatorn Magneti-Marelli

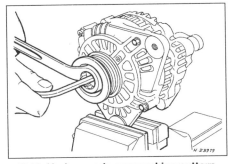

7.18 Urskruvande av remskivemuttern på generatorn Mitsubishi

5 Rengör släpringarna med en fuktad trasa och kontrollera om de har repor, brännmärken eller djupa gropar. Om det finns tydliga problem ska släpringarna åtgärdas av en bilelektriker.

6 Montering sker i omvänd arbetsordning.

Bosch NC 14V 60-90A

7 Skruva ur de tre skruvarna och dra av ändkåpan av plast (se bild).
8 Skruva ur de två skruvarna till borsthållaren/spänningsregulatorn.
9 Dra ut regulatorn/hållaren ur ändramen (se bild).
10 Mät exponerade borstlängder och jämför med minimilängden i "Specifikationer". Om någon borstlängd understiger minimum ska enheten bytas.
11 Kontrollera att borstarna rör sig obehindrat i hållarna.
12 Kontrollera att släpringarna - de kopparringar som borstarna berör - är rena. Torka av dem med fuktad trasa, om någon är repig eller svart, ta generatorn till en specialist för råd.
13 Montering sker i omvänd arbetsordning.

Magneti-Marelli

14 Skruva ur de tre skruvar som fäster regulatorn/borstlådan på generatorns baksida, dra ut enheten delvis, lossa fältkontakten och dra ut enheten ur generatorn (se bild).
15 Om borstarna är slitna under minimilängden måste en ny enhet monteras,

borstarna finns inte som separata delar.
16 Rengör släpringarna med en fuktad trasa

och kontrollera om de har repor, brännmärken eller djupa gropar. Om det finns tydliga problem ska släpringarna åtgärdas av en bilelektriker.
17 Montering sker i omvänd arbetsordning.

Mitsubishi

18 Lägg mothåll på remskivemuttern med en 8 mm insexnyckel, skruva ur muttern och avlägsna brickan (se bild).
19 Dra av remskiva, fläkt, distans och dammskydd från rotoraxeln.
20 Märk upp de inbördes lägena för främre huset, statorn och bakre huset (så att de riktas upp korrekt vid hopsättningen). Skruva ur de genomgående bultarna och avlägsna främre huset från rotoraxeln, följt av dammskyddet och den tunna distansen (se bilder).

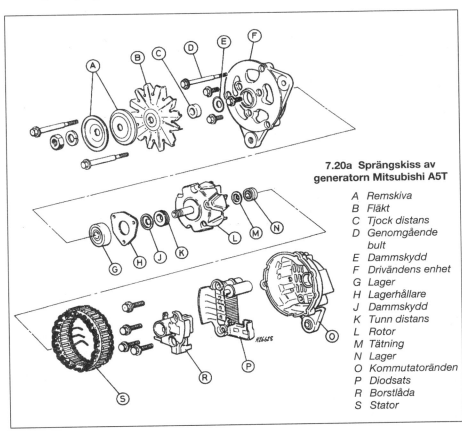

7.20a Sprängskiss av generatorn Mitsubishi A5T

A Remskiva
B Fläkt
C Tjock distans
D Genomgående bult
E Dammskydd
F Drivändens enhet
G Lager
H Lagerhållare
J Dammskydd
K Tunn distans
L Rotor
M Tätning
N Lager
O Kommutatoränden
P Diodsats
R Borstlåda
S Stator

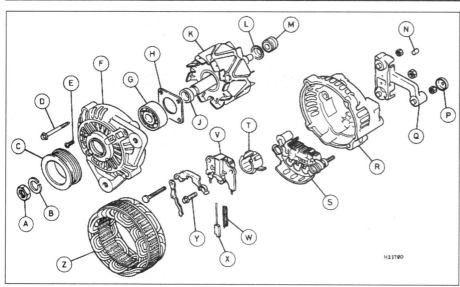

7.20b Sprängskiss av generatorn Mitsubishi AOO2T

A Remskivemutter
B Fjäderbricka
C Remskiva
D Genomgående bult
E Fästplattans skruv
F Drivändens kåpa

G Lager
H Lagerhållarens platta
J Distans
K Rotor
L Distans

M Lager i släprings-änden
N Plugg
P Lock
Q Isolator
R Släpringsändens kåpa

S Likriktare
T Dammskydd
V Regulator
W Borstfjäder
X Borste
Y Regulatorns skruv
Z Stator

21 Avlägsna rotorn från bakre huset och statorn. Om detta är svårt, värm bakre huset med en 200 watt lödkolv i 3 - 4 minuter **(se bild)**.
22 Skruva loss likriktaren/borstlådan från bakre huset **(se bild)**.
23 Avlöd statorn och borstlådan från likriktaren med minsta möjliga värme. Använd en tång som värmeavledare så att överföring till dioderna minskar (överhettning kan skada dioder).
24 Byt borstar om de är slitna till eller under minimilängd. Avlöd ledningarna där anvisat **(se bild)**, löd sedan på de nya borst-ledningarna så att slitagegränslinjen sticker ut 2 - 3 mm från hållarens ände **(se bild)**.
25 Rengör släpringarna med en fuktad trasa och kontrollera om de har repor, brännmärken eller djupa gropar. Om det finns tydliga

problem ska släpringarna åtgärdas av en bilelektriker.
26 Montering sker i omvänd arbetsordning.

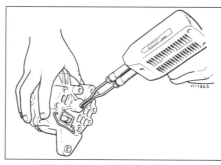

7.21 Använd lödkolv och värm släpringsändens kåpa för demontering av rotorn från bakre huset på Mitsubishi-generatorn

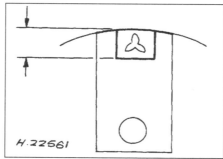

7.24a Avlöd borstens ledning på Mitsubishi-generatorn

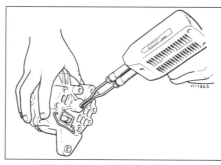

7.24b Monteringsläge för ny borste på Mitsubishi-generatorn

Stick in en bit ståltråd genom hålet i bakre huset så att borstarna hålls tillbakatryckta när rotorn monteras **(se bild)**. Glöm inte att lösgöra borstarna efter avslutad hopsättning.

8 Startsystem - testning

Observera: Se föreskrifterna i avsnitt 1 innan du börjar arbeta.
1 Om startmotorn inte arbetar när tänd-ningsnyckeln vrids till startläget kan något av följande vara orsaken:
a) Defekt batteri
b) En elektrisk anslutning mellan startnyckel, solenoid, batteri och startmotor släpper inte igenom ström från batteriet genom startmotorn till jord
c) Defekt solenoid
d) Elektrisk eller mekanisk defekt i startmotorn
2 Kontrollera batteriet genom att tända strålkastarna. Om de försvagas efter ett par sekunder är batteriet urladdat. Ladda (se avsnitt 3) eller byt batteri. Om strålkastarna lyser klart, vrid på startnyckeln. Om de då

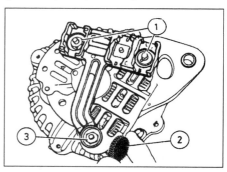

7.22 Likriktare/borsthållare (1) och regulatorns muttrar (3) på Mitsubishi-generatorn, observera locket (2) över regulatorns mutter

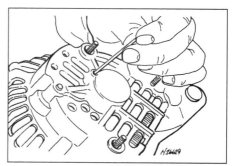

7.26 Använd en bit ståltråd för att hålla borstarna intryckta medan rotorn monteras i huset på Mitsubishi-generatorn

försvagas när strömmen startmotorn vilket anger att felet finns i startmotorn. Om strålkastarna lyser klart (och inget klick hörs från solenoiden) indikerar detta ett fel i kretsen eller solenoiden - se paragraferna nedan. Om startmotorn snurrar långsamt men batteriet är i bra skick indikerar detta antingen ett fel i startmotorn eller ett avsevärt motstånd någonstans i kretsen.

3 Om ett kretsfel misstänks, lossa batteri-kablarna (inklusive jordanslutningen till karossen), ledningarna till startmotorn/sole-noiden och jordledningen från motorn/växel-lådan. Rengör alla anslutningar noga och anslut dem igen. Använd sedan en voltmätare eller testlampa och kontrollera att full batteri-spänning finns vid strömkabelns anslutning till solenoiden och att jordförbindelsen är god. Smörj in batteripolerna med vaselin så att korrosion undviks - korroderade anslutningar är en av de vanligaste orsakerna till elektriska systemfel.

4 Om batteriet och alla anslutningar är i bra skick, kontrollera kretsen genom att lossa ledningen från solenoidens bladstift. Koppla en voltmätare eller testlampa mellan led-ningen och en bra jord (exempelvis batteriets minuspol) och kontrollera att ledningen är strömförande när tändningsnyckeln vrids till startläget. Om den är strömförande är kretsen god, om inte kan kretsen kontrolleras enligt beskrivning i kapitel 12.

5 Solenoidens kontakter kan kontrolleras med en voltmätare eller testlampa mellan ström på solenoidens startmotorsida och jord. När tändningsnyckeln vrids till start ska det bli ett utslag. Om inget utslag påträffas (tänd lampa eller mätaravläsning) är solenoiden defekt och ska bytas.

6 Om både krets och solenoid är friska måste felet finnas i startmotorn. I det fallet kan det vara möjligt att låta en specialist renovera den, men kontrollera först pris och tillgång för reservdelar. Det kan mycket väl vara billigare att köpa en ny eller utbytes startmotor.

9.4a Startmotor och ledningar (CVH-motor visad)

9.4b Syresensorns kontakt och fäste

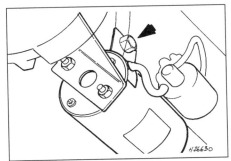

9.5a Bulten till startmotorstödet

9.5b Demontering av startmotorn (CVH-motor visad)

9 Startmotor - demontering och montering

Demontering

1 Koppla ur batteriets jordledning (se av-snitt 1).

2 Klossa bakhjulen och ställ framvagnen på pallbockar (se *"Lyftning och stödpunkter"*). Ta av framhjulen.

3 Skruva ur de två muttrarna och avlägsna startmotorns värmesköld (om monterad).

4 Lossa huven, om befintlig och skruva ur muttrarna för att lossa ledningarna från startmotor och solenoid. I tillämpliga fall ska syresensorns kontakt lossas från stödet **(se bilder)**.

5 Skruva ur startmotorbultarna från växel-lådan/kopplingshuset och skruva även loss

fästet. Dra sedan ut startmotorn och ta ut den från bilen **(se bilder)**.

Montering

6 Montering sker i omvänd arbetsordning. Dra bultarna till angivet moment. Se till att ledningarna ansluts korrekt och dras fria från det nedåtgående avgasröret.

10 Startmotor - testning och renovering

Om startmotorn misstänks vara defekt, demontera den och ta den till en bilelektriker för kontroll. I de flesta fall kan nya borstar monteras för en rimlig summa. Kontrollera dock reparationskostnaderna, det kan vara billigare med en ny eller renoverad utbytes startmotor.

Kapitel 5 del B:
Tändsystem

Innehåll

Svårighetsgrader

Enkelt, passar novisen med lite erfarenhet	**Ganska enkelt,** passar nybörjaren med viss erfarenhet	**Ganska svårt,** passar kompetent hemmekaniker	**Svårt,** passar hemmekaniker med erfarenhet	**Mycket svårt,** för professionell mekaniker

Specifikationer

Tändspole
Effekt .... 37,0 kilovolt (minimum)
Primärmotstånd - mätt vid spolens stift .... 0,50 ± 0,05 ohm

Tändstift .... Se kapitel 1, Specifikationer

Åtdragningsmoment
Tändspolens fästskruvar ....

Nm

6

---

1 Allmän information och föreskrifter

Allmän information

Tändsystemets huvuddelar består av tändningslås, batteri, vevaxelns givare för position och hastighet, tändmodul, tändspole, primärkrets (lågspänning), sekundärkrets (högspänning) samt tändstift.

Ett fördelarlöst tändsystem (DIS) används på alla förgasarmotorer och ett elektroniskt fördelarlöst system (E-DIS) på alla insprutningsmotorer. I dessa system är de flesta av den konventionella fördelarens funktioner ersatta av en datoriserad tändmodul och spole. Tändspolen kombinerar ett dubbeländat par spolar - varje gång en spole får en tändsignal avges två gnistor i var ände av sekundärlindningarna. Ena gnistan går till en cylinder i kompressionstakten och den andra till en i avgastakten. Första gnistan ger arbetstakten men den andra saknar effekt.

På förgasarmotorer får tändmodulen signal från givare som övervakar olika funktioner (som vevaxelns hastighet/läge, kylvätskans temperatur, insugsluftens temperatur etc.). Denna information gör att styrenheten kan räkna fram optimalt tändläge under alla driftsförhållanden.

På bränsleinsprutade motorer arbetar tändmodulen tillsammans med bränslesystemets styrenhet och de olika givarna och avgasreningssystemen i ett komplett motorstyrningspaket.

Information i detta kapitel koncentreras på tändningsrelaterade delar av motorstyrningen. Information om bränsle, avgaser och avgasrening finns i tillämpliga delar av kapitel 4.

Föreskrifter

Vid arbete med tändsystem ska följande föreskrifter efterlevas:

a) Ha inte tändningen påslagen mer än 10 sekunder om motorn inte startar.

b) Om en separat varvräknare krävs för underhållet, rådfråga Fords serviceavdelning innan en varvräknare köps för användning med denna bil - vissa typer är inte kompatibla med den här typen av tändsystem. Anslut alltid varvräknaren efter tillverkarens anvisningar.

c) Anslut aldrig tändspolen till jord. Detta kan skada spolen och/eller styrelektroniken.

d) Koppla inte ur batteriet med motorn igång.

e) Se till att tändningsmodulen är korrekt jordad.

f) Se varningen i början på nästa avsnitt rörande högspänning.

---

2 Tändsystem - testning

⚠️ *Varning: I och med den höga spänning som alstras av detta tändsystem jämfört med konventionella, ska extrem försiktighet iakttas vid arbeten med tändsystemet, speciellt vid arbete med påslagen tändning. Personer med pacemaker för hjärtat ska hålla sig på betryggande avstånd från tändningens kretsar, komponenter och testutrustning.*

Observera: Se föreskrifterna i avsnitt 1 i del A av detta kapitel innan arbetet inleds. Slå alltid av tändningen innan någon del av systemet kopplas i eller ur samt vid motståndskontroll.

1 Om motorn går runt utan att starta, lossa tändkabeln från ett stift och anslut den till en kalibrerad provare (finns att få i de flesta tillbehörsbutiker). Montera provarens clips på en god jordpunkt - en bult eller ett fäste på motorn. Om du inte kan skaffa en kalibrerad tändningsprovare, låt en Fordverkstad eller specialist utföra provningen. Övriga testformer (som att låta en gnista hoppa från kabeländen till jord) är inte att rekommendera med tanke på risken för personskador och skador på styrelektroniken.

2 Dra runt motorn och se efter om en ljusblå väl definierad gnista syns i provarens ände.

3 Om gnista finns når tillräckligt med spänning fram till stiftet. Upprepa provet med resterande tändkablar för att se efter om de är hela och att spolen är i gott skick. Själva stiften kan dock vara igensatta eller defekta, så skruva ur dem och kontrollera enligt beskrivning i kapitel 1.

4 Om gnista saknas eller är ojämn kan tändkabeln vara defekt - se kapitel 1.

5 Om gnista saknas, kontrollera om spolens anslutningar är rena och åtsittande. Kontrollera om full batterispänning finns vid spolens centrumstift samt undersök spolen (se avsnitt 3). Utför behövliga reparationer och upprepa provet.

6 Resterande systemkontroller ska utföras av en Fordverkstad eller annan specialist eftersom det finns risk att styrelektroniken skadas om testningen inte utförs på rätt sätt.

3.7 Dra ur kontakten från tändspolen

3.9 Lossa tändkabeln från tändspolen (CVH-motor visad)

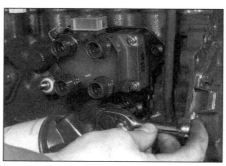

3.10a Skruva loss tändspolen från en HCS-motor

3.10b Skruva loss tändspolen från en CVH-motor (med tändkablarna anslutna)

---

3 Tändspole - kontroll, demontering och montering

Kontroll

1 Efter att ha kontrollerat att full batterispänning finns vid tändspolens mittersta stift (se avsnitt 2), koppla ur batteriets jordledning (se del A, avsnitt 1).

2 Dra ur spolens kontakt om det inte redan är gjort.

3 Mät motståndet i spolens primärkrets med en ohmmätare, anslut denna mellan spolens stift enligt följande: Mät först mellan yttre och mittersta stiftet och sedan det andra yttre stiftet och mitten. Jämför avläsningarna med "Specifikationer".

4 Lossa tändkablarna, notera eller märk noga enligt beskrivning i kapitel 1. Kontrollera med mätaren att det finns kontinuitet (d.v.s. ett motstånd motsvarande sekundärlindningens) mellan varje par tändkablar. Stiften 1 och 4 är anslutna till varandra av sekundärkretsen, liksom 2 och 3. Byt till högsta skalan och kontrollera att det inte finns kontinuitet mellan stiftparen - motståndet ska vara oändligt mellan 1 och 2 eller 4 och 3 liksom mellan samtliga stift och jord.

5 Om någon av testerna ovan ger andra motstånd än specifikationerna eller andra resultat än de beskrivna, byt tändspole. Ytterligare testning ska utföras av en Fordverkstad eller annan kvalificerad specialist.

Demontering

6 Koppla ur batteriets jordledning (se del A, avsnitt 1).

7 Dra ur spolens huvudkontakt och i förekommande fall kontakten till avstöraren (se bild).

8 Spolen kan demonteras med anslutna tändkablar som då ska lossas från respektive stift och clipsen på ventilkåpan eller lufttrumman. Om så önskas kan tändkablarna demonteras från spolen. Kontrollera först att både kablar och monteringslägen är tydligt märkta för korrekt montering. Märk dem vid behov med snabbtorkande färg.

9 Om tändkablarna lossas från stiften, dra alltid i hatten, inte själva kabeln. Lossa kablarna från spolen genom att trycka ihop armarna på anslutningarna vid spolen (se bild).

10 Skruva ur Torx-skruvarna och lyft av tändspolen från motorn (se bilder).

Montering

11 Montering sker i omvänd arbetsordning. Kontrollera att tändkablarna är korrekt monterade och att tändspolen är fastskruvad.

---

4 Tändmodul (förgasarmotorer) - demontering och montering

Demontering

1 Tändmodulen finns i motorrummet på vänstra innerskärmen.

2 Koppla ur batteriets jordledning (se del A, avsnitt 1).

3 Lossa vakuumslangen från modulen (se bild).

4 Beroende på typ ska antingen en låsflik tryckas ihop för att dra ur kontakten eller en bult skruvas ur så att kontakten kan dras ur modulen (se bild).

5 Skruva ur skruvarna och avlägsna modulen från innerskärmen.

Montering

6 Montering sker i omvänd arbetsordning. Om du arbetar på en bil med 1.6 liters CVH motor som har servostyrning, luft-

4.3 Vakuumslang och kontakt på tändmodul (CVH motor visad)

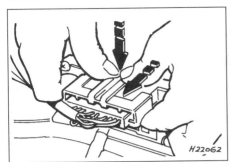

4.4 Dra ur kontakten till tändmodulen

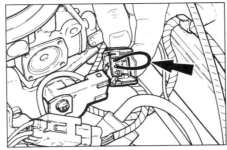

4.9 Brygga jordsignalens och jorden stift på trottelns positionsgivares kontakt med en ledningsstump (vid pilen)

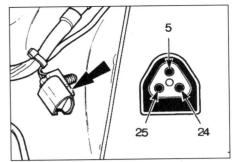

4.10 Tändmodulens serviceanslutning (vid pilen) och stiftens nummer

konditionering och/eller automatväxellåda måste följande utföras innan motorn startas.

7 När en ny modul monteras eller om vissa delar i motor eller förgasare byts ut måste modulens minne rensas så att den kan lära sig de nya parametrarna. Gör så här:

8 Slå av tändningen, dra ur trottelpositionsgivarens kontakt på förgasarens sida.

9 Använd en liten ledningsbit och brygga över jordsignalstiftet och jordstiftet i kontakten **(se bild)**.

10 Leta upp tändmodulens serviceanslutning (en liten kontakt liknande trottelpositionsgivarens kontakt) som är ansluten till stamkabelhärvan med tre ledningar. Serviceanslutningen finns placerad antingen bredvid tändmodulen eller på torpedplåten nära förgasaren **(se bild)**.

11 Om serviceanslutningens kontakt har en ledning till det mittersta stiftet, koppla ur ledningen.

12 Slå på tändningen med dra inte runt motorn.

13 Anslut en ände av passande ledning till uttagets mitre stift och håll andra änden mot en god jord i endast 5 sekunder.

14 Slå av tändningen och avlägsna ledningen.

15 Avlägsna överbryggningen i trottelpositionsgivarens kontakt, anslut kontakten.

16 Starta motorn och låt den gå på tomgång.

Varvtalet är inledningsvis högt men stabiliseras snabbt på rätt nivå.

17 Slå av tändningen. Om det mittersta stiftet på serviceanslutningen hade en ledning ansluten ska denna nu anslutas igen.

5 Tändmodul (insprutningsmotor) - demontering och montering

Demontering

1 Tändmodulen finns i motorrummet på vänstra innerskärmen.

2 Koppla ur batteriets jordledning (se del A, avsnitt 1).

3 Dra ur modulens kontakt, dra i kontakten, inte ledningen **(se bild)**.

4 Skruva ur de två skruvarna och avlägsna modulen från innerskärmen.

Montering

5 Montering sker i omvänd arbetsordning. Avsluta med att koppla in batteriet och starta motorn.

6 Tändläge - kontroll

Tändläget styrs av tändmodulen (i samarbete med styrenheten på insprutningsmodeller) och kan inte justeras.

Tändläget kan inte ens kontrolleras annat än med Fords diagnostik, vilket gör detta till ett arbete för en Fordverkstad.

7 Vevaxelns positionsgivare - demontering och montering

Demontering

1 Koppla ur batteriets jordledning.

2 Klossa bakhjulen och ställ framvagnen på pallbockar (se *"Lyftning och stödpunkter"*).

3 På motorerna Zetec eller Zetec-E, demontera startmotorn (se del A av detta kapitel).

4 Tryck ihop clipset och dra ur kontakten ur givaren; dra i kontakten, inte ledningen **(se bild)**.

5 Skruva ur Torx-skruven och dra ut givaren från svänghjulskåpans fläns **(se bild)**.

Montering

6 Montering sker i omvänd arbetsordning.

5.3 Tändmodul och kontakt på 1.6 liters EFi insprutningsmotor

7.4 Dra ur kontakten till vevaxelns positionsgivare

7.5 Vevaxelns positionsgivare urplockad från motorn

Anteckningar

Kapitel 6
Koppling

Innehåll

Svårighetsgrader

Enkelt, passar novisen med lite erfarenhet	Ganska enkelt, passar nybörjaren med viss erfarenhet	Ganska svårt, passar kompetent hemmekaniker	Svårt, passar hemmekaniker med erfarenhet	Mycket svårt, för professionell mekaniker

Specifikationer

Allmänt

Typ	Tallriksfjäder, enkel torr lamell, vajermanövrerad
Justering av pedalspel:	
Före 1996 års modell	Automatisk
1996 års modell och senare	Manuell
Lamelldiameter:	
1.3 och 1.4 liters motorer	190 mm
1.6 liters motorer	220 mm
1.8 liters motorer:	
Med växellådorna B5 och iB5	220 mm
Med växellådan MTX-75	240 mm

Åtdragningsmoment

	Nm
Tryckplatta till svänghjul	30
Urtrampningsarm till urtrampningsaxel	25

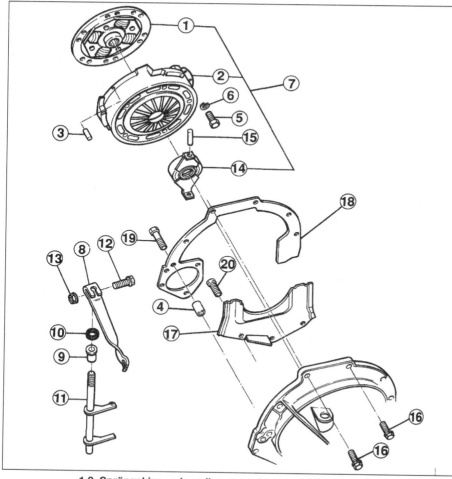

1.0 Sprängskiss av kopplingen med sammanhörande delar

1 Lamell	9 Bussning	17 Kopplingshuset täckplatta
2 Kåpa och tryckplatta	10 Tätning	(nedre)
3 Styrstift	11 Urtrampningsaxel	18 Kopplingshusets
4 Styrstift	12 Bult	mellanplatta (övre)
5 Bult	13 Mutter	19 Bult
6 Låsbricka	14 Urtrampningslager	20 Bult
7 Renoveringssats	15 Stift	
8 Urtrampningsarm	16 Bultar	

kläms då fast mellan tryckplattan och svänghjulet, vilket överför motorns kraft till växellådan.

På modeller före 1996 kompenseras lamellslitaget av en självjustering på kopplingspedalen. Detta arrangemang är utbytt mot en manuell justering på senare årsmodeller. Självjusteringen består av ett kuggsegment, en spärrklo och en fjäder. Kopplingsvajerns ena ände är ansluten till segmentet som rör sig fritt på pedalen, men hålls spänt av fjädern. När pedalen trampas ned greppar spärrklon i segmentet och låser det så att pedalen drar vajern och därmed manövrerar kopplingen. När pedalen släpps upp gör fjädertrycket att segmentet lossar från spärrklon och vrids, vilket hämtar hem eventuellt spel i vajern.

2 Kopplingsvajer - demontering och montering

Demontering

1 I växellådsänden, lossa kopplingsvajern från urtrampningsarmen genom att greppa vajern med en tång och dra den framåt så att nippeln släpper. Se till att inte skada vajern om den ska användas igen. Lossa vajerhöljet från klacken på svänghjulskåpans översida **(se bilder)**.

2.1a Haka av kopplingsvajern från armen . . .

2.1b . . . och dra ut vajern från styrklacken

1 Allmän information

Alla modeller med manuell växellåda är utrustade med en vajermanövrerad koppling med en torr lamell och tallriksfjäder. Enheten består av en lamell, ett stålhölje (fastbultat med styrstift på svänghjulets baksida, innehållande tryckplattan och tallriksfjädern) samt en urtrampningsmekanism **(se bild)**.

Lamellen rör sig fritt på den ingående växellådsaxelns splines och hålls på plats mellan svänghjulet och tryckplattan av

tallriksfjädern. Friktionsbelägg är nitade på lamellen, som har ett fjädrande nav för att ta upp ryck i kraftöverföringen och hjälpa till att ge smidigt kraftupptagande.

Kopplingen manövreras med en vajer från kopplingspedalen. Urtrampningsmekanismen består av en arm och ett lager som står i kontakt med fingrarna på tallriksfjädern. När kopplingspedalen trampas ned påverkas armen av vajern. Armen trycker lagret mot fjäderfingrarna vilket trycker in fjädercentrum. När centrum trycks in vrids utsidan av fjädern utåt och backar tryckplattan från lamellen.

När pedalen släpps upp tvingar fjädern tryckplattan mot lamellens belägg. Lamellen

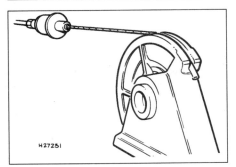

2.3 Kopplingsvajerns anslutning till pedalen

2 I förarens fotbrunn, haka av segmentets fjäder från pedalen.
3 Lossa vajern från segmentet så att den kan dras ut i motorrummet **(se bild)**.
4 Dra vajern genom hålet i torpedplåten och dra ut den ur motorrummet.

Montering

5 För montering av vajern, trä in den från motorrummet och haka fast den på segmentet, anslut sedan fjädern.
6 Anslut vajern till växellådan, dra den via klacken på svänghjulskåpans översida.
7 På modeller med självjustering, testa att kopplingen fungerar tillfredsställande. På modeller med manuell justering, kontrollera och justera vid behov spelet enligt beskrivning i kapitel 1.

3 Kopplingspedal - demontering och montering

Demontering

1 Lossa batteriets jordledning (se kapitel 5A, avsnitt 1).
2 Haka av kopplingsvajern i växellådsänden genom att dra ut nippeln ur urtrampnings-gaffeln och lossa höljet från svänghjulskåpans fäste.
3 Se kapitel 12 och dra ur kontakterna till säkringsdosan och reläerna, för undan säkringsdosan så att kopplingspedalen blir åtkomlig.
4 Lossa kopplingsvajern från pedalen (se avsnitt 2).
5 Vrid loss bromsljuskontakten medsols och dra ut den ur pedalstället.
6 Lossa det clips som fäster bromspedalens manöverstång.
7 Lossa clipset från pedalaxelns ände och dra ut axeln (bort från rattstången) samt avlägsna bromspedalen, distanshylsorna och kopplingspedalen.

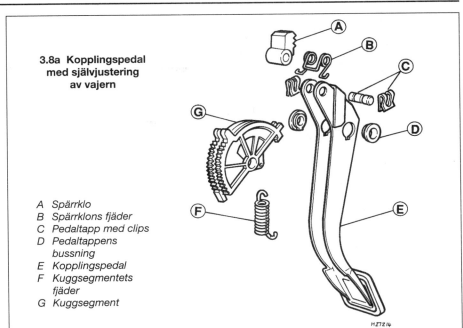

3.8a Kopplingspedal med självjustering av vajern

A Spärrklo
B Spärrklons fjäder
C Pedaltapp med clips
D Pedaltappens bussning
E Kopplingspedal
F Kuggsegmentets fjäder
G Kuggsegment

8 Pedalen kan nu tas isär efter behov genom att bussningarna tas ut liksom fjädern eller justeringen **(se bilder)**.

Montering

9 Montering sker i omvänd arbetsordning. Lägg på lite fett på pedalaxeln och bussningarna, se till att bussningarna monteras korrekt. På modeller med själv-justering, sätt inte segmentets fjäder på plats förrän pedalen monterats på axeln. Spärrklon och spännarfjädern måste monteras så att klon är i kontakt med segmentet. Dra fjädern på plats med en bit ståltråd **(se bild)**.

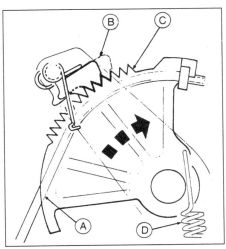

3.8b Kopplingsvajerns självjustering

A Kopplingsvajer
B Spärrklo
C Kuggsegment
D Fjäder

10 På modeller med självjustering, testa att kopplingen fungerar tillfredsställande. På modeller med manuell justering, kontrollera och justera vid behov spelet enligt beskrivning i kapitel 1.

4 Koppling - demontering, kontroll och montering

⚠ *Varning: Damm från kopplings-slitage kan innehålla asbest som är hälsovådligt. Blås INTE rent med tryckluft, andas inte in dammet. Använd INTE bensin eller petroleumbaserade lösningsmedel för att ta bort dammet.*

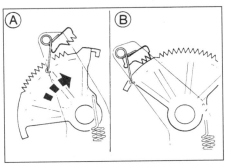

3.9 Placering för kopplingsvajerns självjusteringsmekanism innan montering på pedalen
A Lyft på spärrklon och vrid segmentet
B Spärrklon vilande på en slät del av segmentet

4.4 Demontering av kopplingskåpa och lamell från svänghjulet

4.10 Lamellens riktningsmärken

4.15 Centrering av lamellen med ett centreringsverktyg

Använd bromsrengöring eller träsprit till att spola ned dammet i en lämplig behållare. När delarna torkats rena med trasor ska de förorenade trasorna och rengöringsmedlet placeras i ett tydligt märkt, förseglat kärl.

Demontering

1 Man kan komma åt kopplingen på två olika sätt beroende på motortyp. Antingen kan motorn och/eller växellådan demonteras enligt beskrivning i kapitel 2D, där tillämpligt säras sedan motor och låda, eller så kan motorn lämnas i bilen och växellådan plockas ur enligt beskrivning i kapitel 7A.

2 När växellådan lossats, kontrollera om det finns märken som anger de inbördes lägena mellan kopplingskåpa och svänghjul. Om inte, märk upp med färg eller rits. Dessa märken gör att enhetens balans kan kvarstå om den gamla kåpan används igen. En ny kan monteras i varje läge som styrstiften tillåter.

3 Skruva ur kopplingskåpans sex bultar, arbeta i diagonal följd och lossa dem några varv i taget. Vid behov kan svänghjulet spärras med en bredbladig skruvmejsel instucken i startkransen, vilande mot blocket.

4 Dra av kåpan från styrstiften, var beredd att fånga upp lamellen, den trillar ur när kåpan avlägsnas. Anteckna lamellens monteringsriktning **(se bild)**.

Kontroll

5 Det vanligaste kopplingsproblemet är lamellslitage. Samtliga delar ska dock kontrolleras vid detta tillfälle, speciellt om miltalet är högt. Såvida inte det är känt att delarna är i praktiken nya är det värt att byta dem som en uppsättning (lamell, tryckplatta och urtrampningslager). Byte av enbart sliten lamell är inte alltid tillfredsställande, speciellt om den gamla lamellen slirade och överhettade tryckplattan. Man inte lura sig att tro att man sparar pengar på att inte byta urtrampningslager - det slits ut med tiden och all isärtagning måste göras om om det inte byts samtidigt med resten av kopplingens delar.

6 Undersök lamellbeläggen vad gäller slitage och lösa nitar, nav och krans vad gäller sprickor, brutna fjädrar och slitna splines.

Ytan på beläggen kan vara mycket glaserade, men så länge materialets mönster är tydligt synligt och nitskallarna är minst 1 mm under beläggningsytan är detta godtagbart. Om det finns spår av olja, indikerat av glänsande svarta missfärgningar måste lamellen bytas och föroreningskällan spåras och åtgärdas. Den är antingen vevaxelns eller ingående växellådsaxelns oljetätning. Byte av den förra beskrivs i kapitel 2. Byte av ingående axelns oljetätning ska överlåtas åt en Fordverkstad eftersom detta innebär isärplockning av växellådan och byte av urtrampningslagrets styrrör med en press.

7 Kontrollera arbetsytorna på svänghjul och tryckplatta. Om någon är spårig eller djupt repad krävs byte. Tryckplattan ska även bytas om den har sprickor eller om tallriksfjädern är skadad eller tros ha svagt tryck. Var extra uppmärksam på fjäderfingrarnas spetsar där urtrampningslagret arbetar mot dem.

8 När växellådan ändå är särad, kontrollera även urtrampningslagrets skick enligt beskrivning i avsnitt 5. Med arbetet så långt framskridet är det nästan alltid värt att byta det.

Montering

9 Det är av största vikt att varken fett eller olja kommer i kontakt med lamellbelägg och arbetsytorna på svänghjul och tryckplatta. Försäkra dig om detta genom att montera kopplingen med rena händer och att torka av delarna med en ren torr trasa innan hopsättningen inleds.

10 Placera lamellen rätt på svänghjulet. Den bör vara märkt "flywheel side" **(se bild)**, om inte, placera den med det instansade ordet "schwungradseite" mot svänghjulet.

11 Placera kopplingskåpan på styrstiften. Montera bultarna och fingerdra dem så att lamellen hålls lätt men ändå är flyttbar.

12 Lamellen måste nu centreras så att splinesen på ingående växellådsaxeln går genom lamellens splines när motor och växellåda sätts ihop.

13 Centrering kan utföras med en rund stav genom lamellens hål så att stavens ände vilar i hålet i vevaxelns ände. För staven i den riktning som behövs för att centrera lamellen.

14 Resultatet kan kontrolleras genom att man drar ut staven och sedan studerar lamellens läge i förhållande till fjäderfingrarna. När lamellnavet är exakt i centrum av den cirkel som utgörs av fingerspetsarna är läget korrekt.

15 En alternativ och mer precis metod är att använda en kopplingscentrerare inhandlad på en tillbehörsfirma **(se bild)**.

16 När lamellen är centrerad, dra gradvis åt kåpans bultar i diagonal följd till angivet moment, se "*Specifikationer*".

17 Försäkra dig om att ingående axelns splines, lamellens splines och urtrampningslagrets styrhylsa är rena. Lägg på ett tunt lager temperaturbeständigt fett på ingående axelns splines och styrhylsan. Använd endast en mycket liten mängd fett, i annat fall letar sig överskottet ut på lamellen när bilen körs.

18 Motorn/växellådan kan nu monteras enligt beskrivning i relevant kapitel.

---

5 Urtrampningslager - demontering, kontroll och montering

Observera: *Se varningen i början av avsnitt 4 innan du fortsätter.*

Demontering

1 Dela på motor och växellåda enligt beskrivning i föregående avsnitt.

2 Dra ut urtrampningslagret ur styrhylsan genom att vrida urtrampningsarmen **(se bild)**.

5.2 Dra ut urtrampningslagret

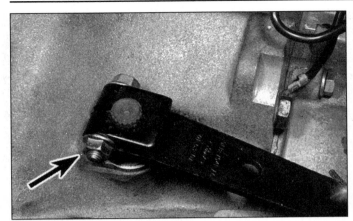

6.2 Anslutning mellan urtrampningsarm och axel med klammerbult och mutter (vid pilen)

6.5 Demontering av urtrampningsaxeln

Kontroll

3 Kontrollera att lagret fungerar smidigt, byt om det finns spår av kärvning när lagret snurras. Försök inte att ta isär, rengöra eller smörja lagret.

4 Som tidigare angett är det värt att byta lagret som rutinåtgärd, såvida du inte är säker på att det är perfekt.

Montering

5 Montering sker i omvänd arbetsordning, kontrollera att lagret är korrekt placerat på gaffeln. Det underlättar att lyfta något på urtrampningsarmen när lagret placeras i styrhylsan. Håll gaffeln i kontakt med plastansatserna (om befintliga) på lagret när det monteras i läge.

---

6 Urtrampningsaxel och bussning - demontering och montering

Demontering

1 Demontera urtrampningslagret enligt beskrivning i föregående avsnitt.

2 Skruva ur den klammerbult som fäster urtrampningsarmen på axeln **(se bild)**. Märk upp de inbördes lägena och dra av armen.

Axeln har en masterspline för att se till att armen monteras korrekt.

3 Ta av skyddshuven från spetsen av axelns splines så att bussningen blir åtkomlig.

4 Bänd försiktigt ut bussningen med ett par skruvmejslar och lyft av den över splinesen.

5 Med bussningen avlägsnad kan vid behov axeln lyftas ur nedre lagersätet, föras åt sidan och dras ut **(se bild)**.

Montering

6 Montering sker i omvänd arbetsordning. Trä bussningen över axeln och placera den dikt i övre huset och sätt på skyddshuven.

7 Montera urtrampningslagret enligt beskrivning i föregående avsnitt.

Kapitel 7 del A:
Manuell växellåda

Innehåll

Svårighetsgrader

Enkelt, passar novisen med lite erfarenhet	Ganska enkelt, passar nybörjaren med viss erfarenhet	Ganska svårt, passar kompetent hemmekaniker	Svårt, passar hemmekaniker med erfarenhet	Mycket svårt, för professionell mekaniker

Specifikationer

Växellådstyp
1.3, 1.4 och 1.6 liter .... typ B5, 4- eller 5-växlad, eller typ iB5, 5-växlad
1.8 liter .... typ B5 eller iB5, 5-växlad, eller typ MTX-75, 5-växlad

Utväxling (typisk)
Växellådorna B5 och iB5:
  Ettan 3,15:1
  Tvåan 1,91:1
  Trean 1,28:1
  Fyran 0,95:1
  Femman 0,75:1
  Backen 3,62:1
  Slutväxeln .... 3,82:1, 3,84:1, 4,06:1 eller 4,27:1 (beroende på modell)
Växellåda MTX-75:
  Ettan 3,23:1
  Tvåan 2,13:1
  Trean 1,48:1
  Fyran 1,11:1
  Femman 0,85:1
  Backen 3,46:1
  Slutväxeln .... 3,82:1 eller 3,84:1 (beroende på modell)

Åtdragningsmoment

	Nm
Backljusomkopplaren	18
Bultar mellan motor och växellåda	44
Kopplingskåpans bultar	40
Vänster bakre fäste till växellådan	50
Vänster bakre bygel till fäste	68
Vänster främre bygel till fäste	68
Vänster främre fäste	49
Växlingens stabiliseringsstag till växellådan	55
Växlingsstång till väljaraxel	23
Växlingslänkens klammerbult	16
Växelspakshus-till-golv	10
Växlingens stabiliseringsstag-till-hus	7

1 Allmän information

Tre typer av manuell växellåda förekommer. De flesta modeller har en 4- eller 5-växlad enhet betecknad B5 eller iB5. Modeller med motorerna Zetec och Zetec-E är försedda med en 5-växlad enhet betecknad MTX-75. Växellådan är tvärställd i motorrummet och fastbultad direkt på motorn.

Samtliga typer har ett kompakt tvådelat lättvikts aluminiumhus innehållande både växellådan och differentialen.

Växellådan smörjs oberoende av motorn, oljevolymen varierar med typ (se kapitel 1). Växellåda och differential har gemensam olja. Momentet från växellådans utgående axel överförs till kronhjulet (som är fastbultat på differentialen) och från differentialdreven till drivaxlarna.

Växling utförs med en golvmonterad växelspak, ansluten med ett fjärrhus och en väljarstång till växellådans väljaraxel.

2 Växlingslänkar - justering

Växellådor typ B5 och iB5

1 Klossa bakhjulen och ställ framvagnen på pallbockar (se "Lyftning och stödpunkter").
2 På 4-växlade modeller, lägg i tvåan, på 5-växlade modeller, lägg i fyran.
3 Under bilen, lossa klammerbulten på växlingslänkaget och lossa staget från väljaraxeln (se bilder). Rucka på väljaraxeln för att leta upp centralläget. Håll axeln i centralläget och trä in en passande stav i hålet i väljaraxeln i växellådan och för den så långt fram det går (se bild).
4 Stick in ett tillverkat låsstiftsjusteringsverktyg (från vänster sida) och säkra det i läge

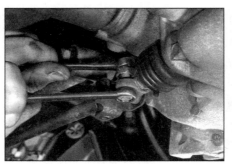

2.3a Lossa klammerbulten . . .

med ett grovt gummiband eller liknande (se bild).
5 Kontrollera att väljaraxelns anslutningsytor är fria från fett, anslut växlingsstaget på väljaraxeln och säkra det genom att dra klammerbulten till angivet moment.
6 Dra ut låsstiftet och kontrollera att alla växlar går att lägga i. Smärre justeringar kan komma att krävas.
7 När växlingsmekanismen är injusterad, avsluta med att ställa ned bilen på marken.

Växellåda typ MTX-75

Observera: Fords specialverktyg 16-064 krävs för följande justering. Detta verktyg är en spårförsedd ring som låser växelspaken i friläge under justeringen. Om verktyget inte är tillgängligt är justering möjlig enligt principen "försök och misstag", helst bör du ta hjälp av någon som kan hålla växelspaken i friläge.
8 Lossa växelspakens infattning och damask från mittkonsolen och dra av damasken.
9 Klossa bakhjulen och ställ framvagnen på pallbockar (se "Lyftning och stödpunkter"). Ta av framhjulen. För växelspaken i friläge.
10 Under bilen, lossa klammerbulten på växlingslänkaget bakom växellådan.
11 I bilen, lossa de fyra muttrar som fäster växelspakshuset i golvet och rikta upp huset så att det inte belastas. Detta är speciellt viktigt om justeringen utförs när motor/växellåda har satts tillbaka i bilen. Dra åt de fyra bultarna igen.

2.3b . . . och lossa växlingsstaget från väljaraxeln

12 Med ilagt friläge, trä på Fords verktyg 16-064 på växlingsarmen och placera det i urtaget på växellådans översida. Vrid verktyget medsols så att armen låses i friläge. Se vid justeringen till att inte rubba växlingsarm eller verktyg.
13 Kontrollera att främre delen av växlingslänkaget från växellådan är i friläge. Länkaget måste ruckas något framåt och bakåt för att avgöra om det är i rätt läge.
14 Kontrollera att verktyget fortfarande sitter korrekt på växlingsarmen och dra åt klammerbulten.
15 Ta av verktyget från växlingsarmen.
16 Ställ ned bilen på marken och montera växelspakens damask.

3 Växlingslänkar och växelspak - demontering och montering

Demontering

Växellådor typ B5 och iB5

1 I bilen, börja med att lägga i tvåan (4-växlad låda) eller fyran (5-växlad låda). Detta ger korrekt inkoppling och justering av växlingsmekanismen vid monteringen.
2 Skruva loss växelspakens knopp.
3 Lösgör infattning och damask från mittkonsolen och dra av damasken. Vid behov

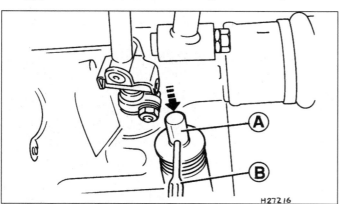

2.3c Justering av växlingslänkage
A Väljaraxel   B Stång eller dorn

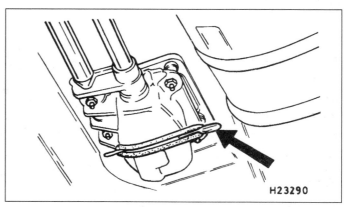

2.4 Växelspaken låst i läge med tillverkat verktyg och gummiband

3.3a Lossa växelspakens damask så att fästmuttrarna blir åtkomliga

3.3b Demontera damasken för att inspektera växelspakens kulled från ovan

3.4 Växelspakens fyra fästmuttrar (vid pilarna)

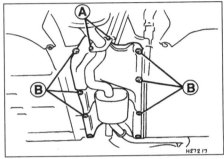

3.6 Lossa avgassystemet vid främre fogen (A) och värmeskölden (B) på katalysatormodeller

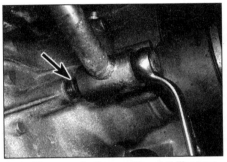

3.8 Skruva ur bulten mellan stabilisatorn och växellådan. Observera brickan (vid pilen)

3.12 Skruva ur den bult som fäster växlingslänkaget till väljaraxeln på växellådans baksida

kan enheten mellan växelspaken och väljaren lossas och dras ut för kontroll av spakens kulled från översidan **(se bilder)**.

4 Lossa de fyra muttrar som fäster växelspaken **(se bild)**.

5 Klossa bakhjulen och ställ framvagnen på pallbockar (se *"Lyftning och stödpunkter"*).

6 Under bilen, lossa avgasrörets upphängning och lossa avgassystemet från det nedåtgående röret. På modeller med katalysator, lossa även värmeskölden från bottenplattan så att undersidan av växelspaken blir åtkomlig för demontering **(se bild)**. För lossande av avgassystemets delar, se kapitel 4E.

7 Märk upp monteringslägena för väljaraxeln och väljarstaget, skruva ur klammerbulten och sära på axel och stag.

8 Skruva ur växelstagsstabilisatorns bult, notera brickans läge när bulten dras ut **(se bild)**. Stötta växelspaken från undersidan och låt en medhjälpare skruva ur de fyra växelspaksmuttrarna i bilen och dra ut växlingsmekanismen från undersidan.

Växellåda typ MTX-75

9 Skruva loss växelspaksknoppen, lossa infattning och damask från mittkonsolen och dra av damasken från växelspaken.

10 Klossa bakhjulen och ställ framvagnen på pallbockar (se *"Lyftning och stödpunkter"*). Lägg in friläge.

11 Under bilen, demontera nedåtgående rör och katalysator enligt beskrivning i kapitel 4E.

Lossa värmeskölden från bottenplattan så att undersidan av växelspaken blir åtkomlig för demontering.

12 Skruva ur bulten och lossa växlingslänken från axeln på växellådans baksida. **(se bild)**.

13 Märk upp lägena för främre och bakre sektionerna i förhållande till varandra, lossa klammerbulten och demontera främre sektionen. **(se bild)**.

14 Skruva ur den bult som fäster stödstaget vid fästet på växellådans baksida.

15 Stötta växlingslänkagets vikt, skruva ur muttrarna och sänk ned länkaget från bottenplattan.

Montering

Samtliga modeller

16 Montering sker i omvänd arbetsordning, fetta in pivåerna. Innan bilen ställs ned,

3.13 Demontering av växlingslänkagets främre sektion

kontrollera och justera vid behov växlingslänkaget enligt beskrivning i avsnitt 2.

4 Hastighetsmätarens drivpinjong - demontering och montering

Demontering

Växellådor typ B5 och iB5

1 Lossa batteriets jordledning (se kapitel 5A, avsnitt 1).

2 Skruva ur muttern och dra ut hastighetsmätarvajern ur drivpinjongen eller hastighetsgivaren på växellådans översida **(se bild)**. Om en hastighetsgivare är monterad, använd två nycklar till att lossa muttern - en som mothåll på givaren, den andra för att skruva ur vajermuttern.

4.2 Lossande av hastighetsmätarvajern från pinjongen

3 Där tillämpligt, dra ur kontakten till givaren och skruva loss givaren från pinjongen.

4 Greppa drivpinjongens stift med självlåsande tång och dra ut den ur pinjonghuset.

5 Dra ur pinjong och lager, se till att inte luta dem; i och med att pinjongen och lagret inte är säkrade så kan de lätt delas om pinjongen fastnar **(se bild)**.

6 Peta ut o-ringen från spåret i lagret och kassera den. Använd en ny vid hopsättningen.

7 Torka pinjong och lager rena, liksom lagersätet i växellådshuset.

Växellåda typ MTX-75

8 Åtkomst av drivpinjongen kan beredas från motorn översida eller från undersidan om framvagnen ställs på pallbockar och greppa på växellådans översida (se *"Lyftning och stödpunkter"*).

9 Skruva ur muttern och lossa hastighetsmätarvajern från hastighetsgivaren. Använd två nycklar till att lossa muttern - en som mothåll på givaren, den andra för att skruva ur muttern.

10 Dra ur kontakten till givaren och skruva loss givaren från pinjongen.

11 Använd en tång och dra ut drivpinjongens stift ur växellådshuset.

12 Dra ut hastighetsmätarens drivpinjong och lager från växellådans översida.

13 Peta ur o-ringen från spåret i lagret och kassera den. Använd en ny vid hopsättningen.

14 Torka pinjong och lager rena, liksom lagersätet i växellådshuset.

Montering

Samtliga modeller

15 Montering sker i omvänd arbetsordning, smörj o-ringen lätt innan enheten sticks in i växellådshuset. Driv in stiftet med en hammare **(se bild)**.

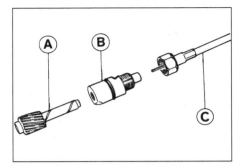

4.5 Hastighetsmätarens drivpinjong (A), pinjonglager (B) och vajer (C)

5 Oljetätningar - byte

1 Oljeläckor uppstår ofta på grund av slitage på differentialsidans drevoljetätningar och/eller väljaraxelns oljetätning samt hastighetsmätardrivningens o-ring. Byte av dessa är tämligen enkelt i och med att de kan utföras utan att växellådan plockas ur bilen.

Differentialsidans drevoljetätningar

2 Differentialsidans drevoljetätningar är placerade på växellådans sidor där drivaxlarna går in i lådan. Om läckage misstänks, ställ framvagnen på pallbockar (se *"Lyftning och stödpunkter"*). Om läckage förekommer finns det olja på växellådans sida under drivaxeln.

3 Se kapitel 8 och demontera lämplig drivaxel.

4 Torka ren den gamla oljetätningen och med växellåda av typen B5 eller iB5, anteckna hur den är vänd och hur djupt den sitter. Detta krävs för korrekt montering av den nya oljetätningen. På växellådan MTX-75 bestäms

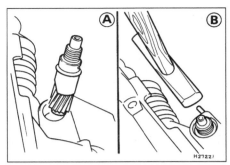

4.15 Stick in hastighetsmätarens pinjong/lager (A) och säkra med ett nytt låsstift (B)

oljetätningens monteringsdjup av en ansats i växellådshuset.

5 Bänd ut den gamla oljetätningen ur växellådshuset, se till att inte repa huset **(se bild)**. Om oljetätningen sitter fast kan det ibland vara en god hjälp att driva den lite *inåt* på en punkt. Detta vrider ut oljetätningen en smula så att den kan dras ut. Om oljetätningen är mycket svår att ta ut kan en oljetätningsurdragare inhandlas från en tillbehörsbutik.

6 Torka rent i oljetätningssätet.

7 Doppa den nya oljetätningen i ren olja, tryck in den i sätet en smula för hand så att den sitter i rät vinkel mot sätet.

8 Använd passande rör eller hylsa och driv försiktigt in oljetätningen till antecknat monteringsdjup, eller tills den når ansatsen **(se bild)**.

9 Se kapitel 8 och montera drivaxeln.

Väljaraxelns oljetätning

10 Dra åt handbromsen och ställ framvagnen på pallbockar.

11 Skruva ur bulten och lossa växlingslänkaget från väljaraxeln på växellådans baksida. Dra ut länken och dra av damasken.

5.5 Bänd ut den gamla packboxen

5.8 Driv in en ny drivaxelpackbox med en passande hylsa

12 Använd lämpligt verktyg och dra ut oljetätningen ur växellådshuset. Fords mekaniker använder en draghammare med ett fäste som greppar över oljetätningens utskott. Om detta verktyg inte är tillgängligt och om oljetätningen sitter hårt fast, borra då två små hål i den och skruva i självgängande skruvar. Dra sedan i skruvarna och dra ut oljetätningen.

13 Torka ur oljetätningssätet i växellådshuset.

14 Doppa den nya oljetätningen i olja och pressa in den lite i sätet för hand, se till att den sitter rakt.

15 Använd rör/hylsa och driv försiktigt in oljetätningen i huset ända in i sätet.

16 Montera damasken över väljaraxeln.

17 Montera växlingslänkaget på axeln på växellådans baksida och dra åt bulten.

18 Vid behov, justera växlingslänkaget enligt beskrivning i avsnitt 2 i detta kapitel.

O-ringen på hastighetsmätarens drivpinjong

19 Arbetet beskrivs i avsnitt 4 i detta kapitel.

6 Backljusomkopplare - demontering och montering

Demontering

Växellådor typ B5 och iB5

1 Klossa bakhjulen och ställ framvagnen på pallbockar (se ”Lyftning och stödpunkter”).

2 Dra ur kontakten till backljusomkopplaren **(se bild)**.

3 Skruva loss omkopplaren från växellådans sida och avlägsna brickan.

Växellåda typ MTX-75

4 Dra ur kontakten till backljusomkopplaren på växellådans översida.

5 Skruva ur bultarna och ta bort backljusomkopplaren från växellådan.

6.2 Dra ur kontakten till backljusomkopplaren

Montering

Växellådor typ B5 och iB5

6 Rengör sätet i växellådan och omkopplarens gängor.

7 Skruva in omkopplaren, med ny bricka och dra till angivet moment.

8 Sätt i kontakten.

9 Kontrollera oljenivån och fyll på vid behov, se kapitel 1.

10 Ställ ned bilen på marken.

Växellåda typ MTX-75

11 Montering sker i omvänd arbetsordning.

7 Manuell växellåda (typerna B5 och iB5) - demontering och montering

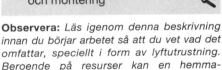

Observera: *Läs igenom denna beskrivning innan du börjar arbetet så att du vet vad det omfattar, speciellt i form av lyftutrustning. Beroende på resurser kan en hemmamekaniker föredra att lyfta ut motor och låda tillsammans och dela dem på en arbetsbänk enligt beskrivning i kapitel 2D.*

Demontering

1 Den manuella växellådan plockas ur nedåt från motorrummet sedan den särats från motorn. I och med lådans vikt krävs en lämplig stödmetod när den sänks ned och lyfts för montering. En garagedomkraft med passande sadel är idealisk, men motorlyft och sling kan användas. Motorns vikt måste bäras upp medan växellådan är urplockad - en motorstödstång monterad i framskärmarnas rännor är perfekt för detta, var försiktig så att inte skärmar eller lack skadas. Om denna typ av redskap inte finns kan motorn stöttas underifrån med klossar eller en domkraft.

2 Lossa batteriets jordledning (se kapitel 5A, avsnitt 1).

3 Se tillämplig del av kapitel 4 och demontera luftrenare och luftintag efter behov för åtkomlighet. Haka av kopplingsvajern från urtrampningsarmen enligt beskrivning i kapitel 6.

4 Skruva ur muttern och lossa hastighetsmätarvajern, dra i förekommande fall även ur hastighetsgivarens kontakt. För vajern (och eventuell ledning) ur vägen.

5 Lossa radions jordanslutning från växellådan.

6 Ta ut växellådans ventilationsslang från öppningen i sidobalken.

7 Lägg i tvåan (4-växlad låda) eller fyran (5-växlad låda). Detta ger korrekt inkoppling och justering av växlingsmekanismen vid monteringen.

8 Skruva ur de tre övre bultarna mellan motor och växellåda. Notera att en bult fäster batteriets jordledning och en kylslangens fästband **(se bild)**.

9 Skruva ur de två muttrar som fäster bakre vänstra fästets bygel vid växellådan **(se bild)**.

10 Dra åt handbromsen och ställ framvagnen så högt på pallbockar att växellådan kan dras ut under fronten (se ”Lyftning och stödpunkter”).

11 Om en lyftstång används på en HCS-motor, skruva ur tändstift 4 så att det inte skadas.

12 Montera lyftstången eller placera en domkraft under motorn. Oavsett metod ska motorn lyftas så att fästena avlastas helt.

7.8 Lossa jordledningen från växellådan

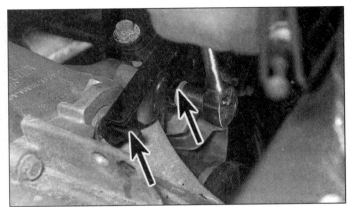

7.9 Skruva ur de två muttrarna (vid pilarna) till motorfäste/växellåda

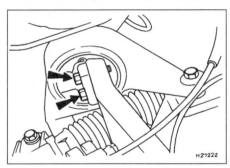

7.13 Skruva ur bakre vänster sidas fästbultar (vid pilarna)

7.14 Skruva ur främre vänster sidas fästbultar (vid pilarna)

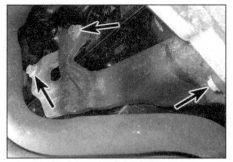

7.17a På 1.6 liters CVH-motor, skruva ur fästbultarna (vid pilarna) . . .

7.17b . . . och demontera stödplattorna mellan motor och växellåda

13 Skruva ur de två muttrar som fäster bakre vänstra fästets bygel vid växellådan **(se bild)**.
14 Skruva ur de två bultar som fäster främre vänstra fästets bygel vid växellådan **(se bild)**.
15 Dra ur kontakten från backljusom-kopplaren.
16 Dra ur kontakten och demontera start-motorn, se kapitel 5A.
17 På modeller med 1.6 liters CVH motor, skruva ur de sju bultarna mellan motorn och växellådshuset och demontera stödplattan på vardera sidan **(se bilder)**. Skruva loss adapterplattan.
18 På 1.3 och 1.4 liters modeller, skruva ur bultarna och demontera adapterplattan.
19 Innan växlingsstaget hakas av, märk upp de inbördes lägena för staget och väljaraxeln som hjälp vid montering och justering.
20 Skruva ur bulten till växlingsstagets stabilisator. Lossa stabilisatorn från växel-lådan (notera brickan mellan stabilisatorn och lådan). Bind upp stag och stabilisator så att de är ur vägen.
21 Se kapitel 10 och lossa styrstagsändens kulled från styrarmen på vänster sida och bärarmarnas spindelhållarkulleder på bägge sidorna.
22 För in ett lämpligt brytverktyg mellan inre drivknuten och växellådan och bänd ut knuten. Bryt mot förstärkningsribban så att

växellådshuset inte skadas och låt en medhjälpare dra ut fjäderbenet på den sida som demonteras som hjälp att dra ut drivaxeln. Var beredd på oljespill när knuten kommer ut.
23 När drivaxeln lossats från lådan, bind upp den ur vägen. Låt inte innerknuten vinklas mer än 17° och tvinga inte ytterknuten förbi stoppet eftersom detta riskerar att skada knutarna.
24 Upprepa med den andra drivaxeln. När båda är lösa, plugga öppningarna i differen-tialen (om möjligt med gamla drivknutar) för att förhindra mer oljespill och spärra diffe-rentialdreven.
25 Sänk motor och låda något, skruva ur muttern och lossa bygeln från växellådan.
26 Skruva ur resterande bultar mellan motor och växellåda. Notera att två bultar på tor-pedplåtssidan även fäster ett stag. Kontrollera en sista gång att alla anslutningar till växel-lådan lossats och placerats ur vägen.
27 Kontrollera att motorn är väl stöttad. Metoder för stöttning av växellådan under urplockning är till stor del beroende på vad man själv tycker är bäst och/eller vilka resurser som finns tillgängliga. Den kan stöttas från ovan och sänkas (med en vanlig lyft) ned på en vagn så att den kan dras ut från bilens undersida **(se bild)**. Den kan även

stöttas underifrån med en garagedomkraft och dras ut under fronten. Oavsett metod, se till att någon finns till hands för att styra växellådan nedåt och undan andra delar i motorrummet.
28 Dra av växellådan från motorn, se till att växellådans vikt aldrig vilar på den in-gående axeln. När ingående axeln går fri från kopplingen kan växellådan sänkas ned och dras ut.

Montering

29 Montering sker i omvänd arbetsordning, tänk dock på följande:

a) Rengör alla fogytor noga.

b) Lägg på en liten klick högtemperaturfett på splinesen på den ingående axeln. Lägg inte på för mycket, det finns då risk att överskottsfett förorenar lamellen.

c) På 1.3 och 1.4 liters modeller, se till att adapterplattan sitter korrekt på styrstiften.

d) Montera nya snäppringar i spåren i innerändarna av drivknutarna, se till att de verkligen snäpper helt på plats när de monteras i växellådan.

e) Placera vänster växellådsfästbygel på de tre pinnbultarna och skruva i muttern underifrån.

f) Ställ ned bilen temporärt och lyft motor/låda på plats så att vänstersidans fästen är i linje med de gängade hålen i gummifästena. Skruva i de två bultarna på främre vänstra sidan och upprepa med bakre. Ställ upp framvagnen på pall-bockarna igen för resterande montering.

g) Se kapitlen 8 och 10 för montering av drivaxlar och bärarm/kulleder.

h) Anslut och justera växlingslänkaget enligt beskrivning i avsnitt 2.

7.27 Stötta växellådans vikt från ovansidan vid urplockandet med ett fäste bultat på växellådan

i) Dra alla förband till angivna moment.

j) Fyll på växellådsolja och kontrollera nivån, se kapitel 1.

k) På modeller med självjusterande koppling, kontrollera funktionen. På modeller med manuell justering kontrollera och justera vid behov pedalens spel enligt beskrivning i kapitel 1.

8 Manuell växellåda typ MTX-75 - demontering och montering

Observera: *Läs igenom denna beskrivning innan du börjar arbetet så att du vet vad det omfattar, speciellt i form av lyftutrustning. Beroende på resurser kan en hemmamekaniker föredra att lyfta ut motor och låda tillsammans och dela dem på en arbetsbänk enligt beskrivning i kapitel 2D.*

Demontering

1 Den manuell växellådan plockas ur nedåt från motorrummet sedan den särats från motorn. I och med lådans vikt krävs en lämplig stödmetod när den sänks ned och lyfts för montering. En garagedomkraft med passande sadel är idealisk, men motorlyft och sling kan användas. Motorns vikt måste bäras upp medan växellådan är urplockad - en motorstödstång monterad i framskärmarnas rännor är perfekt för detta, var försiktig så att inte skärmar eller lack skadas. Om denna typ av redskap inte finns tillgänglig kan motorn stöttas underifrån med klossar eller en domkraft.

2 Lossa batteriets jordledning (se kapitel 5A, avsnitt 1).

3 Vid behov kan motorhuven demonteras enligt beskrivning i kapitel 11 för bättre åtkomst och mer plats för montering av en motorlyft.

4 Se tillämplig del av kapitel 4 och demontera luftrenare och luftintag efter behov för åtkomlighet.

5 Haka av kopplingsvajern från urtrampningsarmen, se kapitel 6.

6 Dra ur kontakten från backljusomkopplaren på växellådan.

7 Skruva ur de övre bultarna mellan motor och låda, notera placeringen för jordledning och clips för slangar/ledningar **(se bild)**.

8 Skruva ur den bult som fäster jordledningen vid växellådans överdel.

9 Dra ur kontakten till hastighetsgivaren.

10 Dra ur kontakten till syresensorn och lossa kabelbandet.

11 Skruva ur startmotorns övre fästbult, notera jordkabeln som är ansluten till den.

12 Klossa bakhjulen och ställ framvagnen på pallbockar (se *"Lyftning och stödpunkter"*). Ta av framhjulen.

13 På båda sidor om bilen, skruva ur muttern och lossa krängningshämmarlänken från fjäderbenet.

14 Dra ut sprintarna och skruva ur muttrarna till styrstagsändarnas kulleder på vardera sidans bärarmar. Sära kullederna från bärarmarna med en kulledsavdragare.

15 På var sida om bilen, notera hur klammerbulten på bärarmens kulled är monterad och skruva ur den ur spindelhållaren.

16 Bänd ner kulleden från spindelhållaren, om den sitter fast - öppna den försiktigt med ett stort plant redskap. Se till att inte skada kulledens tätning vid delningen.

17 Placera ett lämpligt kärl under växellådan, skruva ur pluggen och tappa ur oljan. Avsluta med att skruva i och dra åt pluggen.

18 Placera ett lämpligt bräckverktyg mellan höger drivaxels innerknut och växellådshuset (med tunt trämellanlägg) och bänd ut knuten från differentialen. Om den sitter hårt, knacka änden på brytverktyget med handflatan. Se till att inte skada omgivande delar och var beredd på oljespill.

19 För höger spindelhållare utåt och dra samtidigt ut innerknuten ur växellådan. Bind upp drivaxeln ur vägen. Låt inte innerknuten vinklas mer än 17° och tvinga inte ytterknuten förbi stoppet eftersom detta riskerar att skada knutarna.

20 Upprepa med den andra drivaxeln. När bägge är lösa, plugga öppningarna i differentialen (om möjligt med gamla drivknutar) för att förhindra mer oljespill och spärra differentialdreven.

21 Skruva ur bultarna och lossa katalysatorn från det bakre avgassystemet.

22 Skruva ur muttrarna, ta reda på fjädrarna och lossa nedåtgående röret från grenröret. Lossa avgasfästet och dra ut katalysatorn.

23 Demontera startmotorn (se kapitel 5A).

24 Skruva ur bulten och lossa växlingslänkaget från väljaraxeln på växellådans baksida.

25 Märk upp lägena för främre och bakre sektionerna i relation till varandra, lossa klammerbulten. Dra i de två delarna för att lossa växlingslänkaget från väljaraxeln på växellådans baksida.

26 Skruva ur den bult som fäster stödstaget vid fästet på växellådans baksida.

27 Montera lyftstången eller placera en domkraft under motorn. Oavsett metod ska motorn lyftas så att fästena avlastas helt.

28 Skruva ur bultarna och lossa främre vänstra motorfästet från karossen.

29 Dra ur kontakten till vevaxelns positionsgivare och skruva ur den flänsbult som fäster luftpulsfilterhuset **(se bild)**.

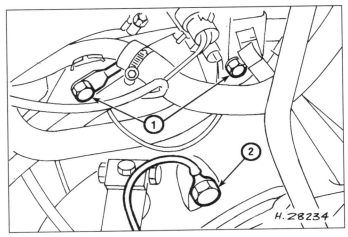

8.7 Skruva ur de övre flänsbultarna mellan motor och växellåda (1), notera placeringen för jordledningen och clipsen. Skruva ur den extra jordledningsbulten (2)

8.29 Dra ur kontakten (1) till vevaxelns positionsgivare och den flänsbult som fäster luftpulsfilterhuset (2)

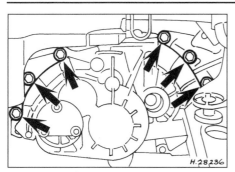

8.32 Skruva ur de sex bultar (vid pilarna) som fäster vänstra sidans byglar vid växellådan

8.35 Skruva ur resterande flänsbultar (vid pilarna) mellan motor och växellåda

30 Lossa hastighetsmätarvajern från hastighetsgivaren på växellådan.

31 Skruva ur bultarna och demontera bakre vänstra motorfästet.

32 Sänk ned växellådan i nivå med vänster sidobalk och skruva ur de sex bultar som fäster vänstra sidans byglar vid växellådan **(se bild)**. Avlägsna bägge byglarna.

33 Kontrollera att alla anslutningar till växellådan lossats och placerats ur vägen.

34 Kontrollera att motorn är väl stöttad. Metoder för stöttning av växellådan under urplockning är till stor del beroende på vad man själv tycker är bäst och /eller vilka resurser som finns till hands. Den kan stöttas från ovan och sänkas (med en vanlig lyft) ned på en vagn så att den kan dras ut från bilens undersida. Den kan även stöttas underifrån med en garagedomkraft och dras ut under fronten. Oavsett metod, ha en medhjälpare för styrning av växellådan nedåt och undan andra delar i motorrummet.

35 Skruva ur resterande flänsbultar mellan motor och växellåda **(se bild)**.

36 Dra av växellådan från motorn, se till att växellådans vikt aldrig vilar på den ingående axeln. När ingående axeln går fri från kopplingen kan växellådan sänkas ned och dras ut.

Montering

37 Montering sker i omvänd arbetsordning, tänk dock på följande:

a) Rengör alla fogytor noga.

b) Lägg på en liten klick högtemperaturfett på splinesen på den ingående axeln. Lägg inte på för mycket, det finns då risk att överskottsfett förorenar lamellen.

c) Montera nya snäppringar i spåren i innerändarna av drivknutarna, se till att de verkligen snäpper helt på plats när de monteras i växellådan.

d) Se till att alla fästen för motor och växellåda är uppriktade utan belastning. Dra bultarna lätt till att börja med och slutdra dem när alla är på plats.

e) Se kapitlen 8 för 10 montering av drivaxlar och bärarm/kulleder.

f) Använd ny packning när katalysatorn monteras på avgassystemet.

g) Anslut och justera växlingslänkaget enligt beskrivning i avsnitt 2.

h) Dra alla förband till angivna moment.

i) Fyll på växellådsolja och kontrollera nivån, se kapitel 1.

j) På modeller med självjusterande koppling, kontrollera funktionen. På modeller med manuell justering kontrollera och justera vid behov pedalens spel enligt beskrivning i kapitel 1.

9 Renovering av manuell växellåda - allmänt

Inget arbete kan utföras med växellådan förrän den och motorn lyfts ut och rengjorts utvändigt.

Renovering av en växellåda är ett svårt arbete för en hemmamekaniker. Det omfattar isärtagning och hopsättning av många små delar. Ett stort antal toleranser måste mätas precist och vid behov justeras med distanser och låsringar. Interna växellådsdelar är ofta svåranskaffade och i mångafall extremt dyra. Det gör att om problem eller missljud uppstår i växellådan är det bäst att låta en specialist renovera den eller att skaffa en renoverad utbyteslåda.

Det är dock möjligt för en erfaren hemmamekaniker att renovera en växellåda, under förutsättning att krävda verktyg finns tillgängliga och att arbetet utförs metodiskt och stegvis, utan att något förbises.

De verktyg som behövs är tänger för inre och yttre låsringar, en lageravdragare, en draghammare, en sats drivdorn, en mätklocka, möjligen en hydraulpress samt en stabil arbetsbänk med skruvstycke.

Vid isärtagning, gör noggranna noteringar för att visa var delarna hör hemma vilket gör det mycket enklare att sätta ihop den igen.

Innan du tar isär växellådan för reparation hjälper det om du har en idé om var felet ligger. Vissa problem är förknippade med specifika delar av växellådan vilket kan göra det enklare att undersöka och byta delar.

Kapitel 7 del B:
Automatväxellåda

Innehåll

Svårighetsgrader

Enkelt, passar novisen med lite erfarenhet	Ganska enkelt, passar nybörjaren med viss erfarenhet	Ganska svårt, passar kompetent hemmekaniker	Svårt, passar hemmekaniker med erfarenhet	Mycket svårt, för professionell mekaniker

Specifikationer

Åtdragningsmoment

	Nm
Växellådans rör till oljekylaren	20
Växellådsoljekylarrörens anslutningar till växellådan	22
Startspärr	12
Bultar mellan motor och växellåda	44
Vibrationsdämpare till svänghjul	30
Nedre adapterplattan	10
Växelväljarhuset till golvet	10
Väljarvajrens fäste på växellådshuset	40
Styrning för väljarstag till väljararm	22
Vänster bakre växellådsfäste till växellådan	51
Vänster bakre bygel till fäste	68
Vänster främre bygel till fäste	68
Vänster främre fästes stödbygel	51

---

1 Allmän information

Växellådan CTX är en automatisk växellåda med kontinuerligt variabel kraftöverföring över hela hastighetsområdet. Motorns vridmoment överförs till växellådan via en ingående axel och en flerlamells våt koppling (inte en konventionell momentomvandlare som de flesta automatväxellådor).

En drivrem av ståltrycklänkar tillverkad av skivformade stålelement överför vridmomentet från primärkonremskivan (driven av motorn) till sekundärkonremskivan som i sin tur är länkad med en serie drev till slutväxeldrevet som driver differentialen och drivaxlarna.

Den kontinuerliga variationen av utväxling uppstår genom att längden på den väg remmen följer runt de två konremskivorna ändras. Denna ändring görs av ett hydrauliskt styrsystem som för ena halvan av vardera konremskivan i axiell riktning. Sekundärkonremskivan är även fjäderbelastad för att upprätthålla drivremmens spänning. Styrhydrauliken regleras av växelväljarens läge, gaspedalens läge och befintlig belastning (som backar upp eller ned) förutom hastigheten.

Växelväljaren är ansluten till väljaraxeln med en vajer.

En kugghjulspump matar olja (efter inkommande hastighet) till styrhydrauliken. En oljekylare är placerad i sidotanken på motorns kylare.

Liksom mer konventionella automatväxellådor har CTX en parkeringsmekanism. Den är en spärrklo som greppar i kuggar på sekundärkonan. En startspärr förhindrar att motorn startas med väljaren i lägena R, D och L.

Vid acceleration kan motorns varvtal låta högre av vad som är normalt, i likhet med en slirande koppling i en bil med manuell växellåda. Det omvända uppstår vid inbromsning då motorvarvet sjunker snabbare än hastig-heten. Detta är helt normalt för en växellåda av denna typ.

Föreskrifter

När bilen är parkerad med motorn igång eller när kontroller och/eller justeringar utförs, måste handbromsen dras åt och växelväljaren föras till läget P.

Låt inte motorns varvtal stiga över normal tomgång medan bilen står stilla och växelväljaren är i läge R, D eller L.

Motorns varvtal får inte överstiga 3 000 rpm med väljaren i lägena R, D eller L med framhjulen lyfta från marken.

Om bilen ska bogseras med hjulen på marken, för växelväljaren till N. Om den distans bilen ska bogseras understiger 50 km kan bilen bogseras med max 50 km/t (notera att svensk lagstiftning anger en högsta bogseringshastighet om 30 km/t.) Helst ska bilen transporteras på släpvagn eller dolly med framhjulen fria från marken - i de fall distansen överskrider 50 km är detta nödvändigt.

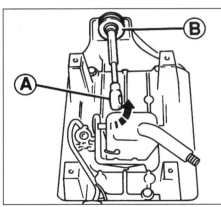

**2.3 Anslutning mellan väljarvajer
och arm visande öglan (A)
och clipset (B)**

2 Väljarvajer - demontering,
montering och justering

Demontering

1 Skruva ur väljarspakens knopp. Lossa väljargrindens hölje och låsram (se kapitel 11).
2 Dra framsätena maximalt framåt, se kapitel 11 och lossa de två skruvarna bak och fyra skruvarna framtill och lyft ut mittkonsolen och styr den över handbromsspaken.
3 Bänd loss plastöglan i väljarspaken från vajern och lossa vajerns clips. Dra ut vajern ur väljarhuset. Kapa vid behov mattan i framkanten för att komma åt bättre **(se bild)**.
4 Klossa bakhjulen och ställ framvagnen på pallbockar (se *"Lyftning och stödpunkter"*). Ta av framhjulen.
5 Under bilen, lossa clips och stift och haka av vajern från väljaraxeln och växellådsfästet.
6 Lossa gummidamasken från golvet och dra ut väljarvajern ur bilen.

Montering

7 Mata upp vajern genom golvet, sätt tillbaka damasken och ställ ned bilen.
8 Montera vajern på spaken och huset, se till att den runda öglan i vajern är vänd mot stiftet. Tryck in stiftet med en tång så att den hörbarligen klickar fast i läge **(se bild)**.
9 Väljarspaken måste föras till P och framvagnen ska ställas på pallbockar.
10 Anslut vajern till växellådan och justera den enligt följande innan mittkonsol och väljargrind monteras:

Justering

11 Vid kontroll av vajerns justering måste framvagnen stå på pallbockar.

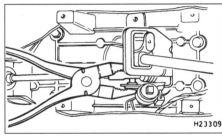

2.8 Anslutning av väljarvajerns ögla

12 Med väljaren i P och parkeringsspärren och dreven låsta, kontrollera att väljaren/-väljaraxelns hål och vajeroket är i linje med varandra och att anslutningsstiftet passar lätt. Om så behövs, dra tillbaka bälgarna från oket och skruva oket till lämplig plats på vajern så att stiftet passar lätt. Montera stift och clips samt dra bälgarna på plats.
13 Bilen kan nu ställas ned på marken.

3 Växelväljare - demontering
och montering

Demontering

1 Se avsnitt 2, paragraferna 1 till 3 och lossa vajern från väljarhuset.
2 Dra loss kvadrantbelysningens glödlampshållare, skruva ur de fyra bultarna och avlägsna väljarhuset.
3 Lossa växelväljaren från huset genom att öppna clipset och dra ut väljarens pivåtapp.
4 Demontera väljarspakens stång från styr-

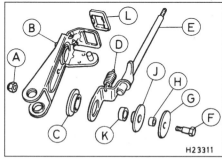

**3.4 Delarna i automatväxellådans
väljarmekanism**

A Mutter	F Pivåtapp
B Väljararmens styrning	G Stålbricka
	H Distansbussning
C Styrningsbussning	J Distansbricka (plast)
D Fjäder	K Bussning
E Väljararm	L Plaststyrning

ningen genom att lossa fjädern, skruva ur låsstiftets mutter. Dra ut stift, mutter och bricka och dra av väljarspakens stång **(se bild)**.

Montering

5 Hopsättning och montering sker i omvänd arbetsordning. Vid montering av väljarspak och bussningar i huset, se till att den breda änden av styrbussningen är vänd uppåt.

4 Hastighetsmätarens
drivpinjong - demontering
och montering

Demontering

1 Lossa batteriets jordledning (se kapitel 5A, avsnitt 1).
2 Skruva ur muttern och dra ut hastighetsmätarvajern ur drivpinjongen eller hastighetsgivaren på växellådans översida **(se bild)**. Om en hastighetsgivare är monterad, använd två nycklar till att lossa muttern; en som mothåll på givaren och den andra för att skruva ur vajermuttern.
3 Där tillämpligt, dra ur kontakten till givaren och skruva loss givaren från pinjongen.
4 Greppa drivpinjongens stift med självlåsande tång och dra ut den ur pinjonghuset.
5 Dra ur pinjong och lager, se till att inte luta dem i och med att pinjongen och lagret inte är säkrade så kan de lätt delas om pinjongen fastnar.
6 Peta ur o-ringen från spåret i lagret och kassera den. Använd en ny vid hopsättningen.
7 Torka pinjong och lager rena, liksom lagersätet i växellådshuset.

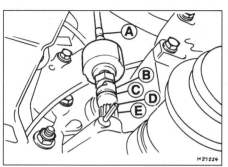

**4.2 Placering för hastighetsmätarens
drivpinjong och vajer på automatväxellåda**

A Hastighetsmätarvajer	C O-ring
	D Stift
B Drivpinjongens lager	E Drivpinjong

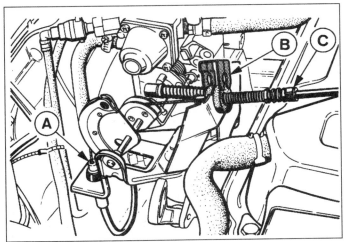

6.7a Kamplattevajerns anslutning till förgasaren
A Kamplattevajer B Clips C Vajerjusteringens hylsa

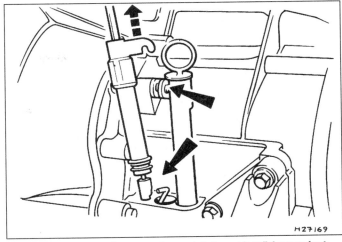

6.7b Lossa kamplattans vajeranslutning och stöd som visat

Montering

8 Montering sker i omvänd arbetsordning, smörj o-ringen lätt innan enheten sticks in i växellådshuset. Driv in stiftet med en hammare. När monterad ska utsticket vara cirka 5,0 mm.

---

5 Oljetätningar- byte

Differentialsidans oljetätningar

Detta är samma arbete som de manuella växellådorna B5 och iB5 (se kapitel 7A, avsnitt 5).

Hastighetsmätare drivpinjongens o-ring

Arbetet beskrivs i avsnitt 4 i detta kapitel.

---

6 Automatväxellåda - demontering och montering

Observera: *Detta avsnitt beskriver urplockandet av växellådan med motorn på plats i bilen. Men om en lyft finns tillgänglig kan det vara enklare att lyfta ut hela drivpaketet enligt beskrivning i kapitel 2D och dela på motor och låda på en arbetsbänk.*

Demontering

1 Automatväxellådan tas ut nedåt från motorrummet sedan den lossats från motorn.

I och med enhetens vikt måste den stöttas på ett lämpligt sätt när den sänks ned och lyfts för montering. En garagedomkraft med passande sadel är idealisk, men motorlyft och sling kan användas. Motorns vikt måste bäras upp medan växellådan är urplockad - en motorstödstång monterad i framskärmarnas rännor är perfekt för detta, var försiktig så att inte skärmar eller lack skadas. Om denna typ av redskap inte finns kan motorn stöttas underifrån med klossar eller en domkraft

2 Lossa batteriets jordledning (se kapitel 5A, avsnitt 1).

3 Demontera luftrenare och luftintag enligt beskrivning i relevant del av kapitel 4.

4 Lossa hastighetsmätarvajern från växellådan.

5 Dra ur kontakten till startspärren och lossa ledningen.

6 Koppla ur och sära hastighetsgivarkontaktens halvor (nära bromshuvudcylindern).

7 Lossa kamplattans manövervajer från trottellänken, skruva ur bulten och avlägsna vajerstödet från växellådan. Haka loss kamplattans vajeranslutning **(se bilder)**.

8 Skruva ur övre bultarna mellan motor och låda.

9 Skruva ur de två bultarna och avlägsna bakre växellådsfästet.

10 Tappa ur automatväxellådans olja enligt beskrivning i kapitel 1.

11 Klossa bakhjulen och ställ framvagnen på pallbockar (se *"Lyftning och stödpunkter"*). Ta av framhjulen.

12 Demontera startmotorn enligt beskrivning i kapitel 5A.

13 Skruva ur väljarvajerstödets två bultar, haka av oket från spaken och lossa vajern från väljarspak och väljaraxel.

14 Dra ur kontakterna till startspärr och backlampa på växellådan.

15 Skruva ur de tre bultarna och ta av nedre täckplattan från nedre främre änden på växellådan **(se bild)**.

16 Skruva ur anslutningsmuttrarna till oljekylarrören vid växellådan och bind upp rören så att de är ur vägen **(se bild)**. Var beredd på spill ochplugga omedelbart ändarna för att stoppa smutsintrång.

17 Se kapitel 10 och lossa styrstagsändens kulled från styrarmen på vänster sida och

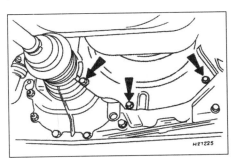

6.15 Nedre täckplattans bultar (vid pilarna)

6.16 Oljekylningens röranslutningar på växellådan (vid pilarna)

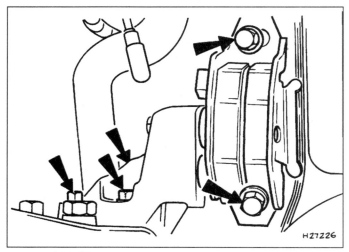

6.22 Skruva ur bultarna vid pilarna och avlägsna växellådans främre fäste

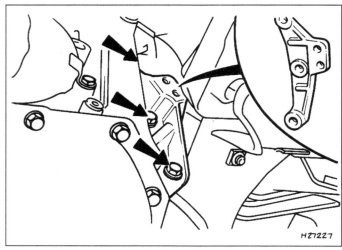

6.23 Skruva ur bultarna vid pilarna och avlägsna växellådans bakre fäste

bärarmarnas spindelhållarkulleder på bägge sidorna.

18 För in ett lämpligt brytverktyg mellan inre drivknuten och växellådan och bänd ut knuten. Bryt mot förstärkningsribban så att växellådshuset inte skadas och be någon om hjälp med att dra ut fjäderbenet på den sida som demonteras som hjälp att dra ut drivaxeln. Var beredd på oljespill när knuten kommer ut.

19 När drivaxeln lossats från lådan, bind upp den ur vägen. Låt inte innerknuten vinklas mer än 20° och vinkla inte ytterknuten mer än 45° eftersom detta riskerar att skada knutarna.

20 Upprepa med den andra drivaxeln. När båda är lösa, plugga öppningarna i differentialen (om möjligt med gamla drivknutar) för att förhindra mer oljespill och spärra differentialdreven.

21 Motorns vikt måste bäras upp oberoende av fästena - använd en motorstödstång monterad i framskärmarnas rännor eller en motorlyft. Om denna typ av redskap inte finns kan motorn stöttas underifrån med klossar eller en domkraft. Oavsett metod ska motorns vikt precis bäras upp.

22 Skruva ur de fem bultarna och avlägsna främre växellådsfästet **(se bild).**

23 Lätta något på motorns vikt på stödet, skruva ur de tre bultarna och demontera bakre stödbygeln från växellådan **(se bild).** Se till att inte skada växellådssumpen vid detta arbete.

24 Kontrollera att motorn är väl stöttad. Metoder för stöttning av växellådan under

urplockning är till stor del beroende på vad man själv föredrar och/eller vilka resurser som finns tillgängliga. Den kan stöttas från ovan och sänkas ned (med en vanlig lyft) på en vagn så att den kan dras ut från bilens undersida. Den kan även stöttas underifrån med en garagedomkraft och dras ut under fronten. Oavsett metod, ha någon till hands som kan styra växellådan nedåt och undan andra delar i motorrummet.

25 Skruva ur resterande bultar mellan motor och låda, notera jordanslutningens placering.

26 Kontrollera att alla anslutningar är lossade och ur vägen.

27 Sära lådan från motorn. Växellådan kan sedan sänkas och samtidigt lirkas ut ned genom motorrummet och dras ut under fronten.

Montering

28 Montering sker i omvänd arbetsordning, tänk dock på följande:

a) *Lägg inte på fett eller smörjmedel på ingående axelns splines eftersom detta kan ha stor inverkan på dämparens arbete.*

b) *Nya snäppringar måste monteras inombords på drivaxlarna innan de kopplas till växellådan. Se kapitel 8 för en detaljbeskrivning.*

c) *Dra alla förband till sina angivna moment (där specifikationer finns).*

d) *Se kapitel 10 för beskrivning av montering av kullederna på styrknogarna.*

e) *Vid behov se avsnitt 2 och justera väljarvajern.*

f) *När oljekylaren monteras, kontrollera att pluggarna tagits ut och att anslutningarna blir väl utförda.*

g) *Fyll automatväxellådan med olja (se kapitel 1).*

h) *Justera gasvajern och i förekommande fall chokevajern, se relevanta delar av kapitel 4.*

7 Renovering av automatväxellåda - allmänt

Om ett fel uppstår i automatväxellådan måste det första avgöras om felet är elektriskt, mekaniskt eller hydrauliskt. Detta kräver specialutrustning vilket gör det nödvändigt att låta en Fordverkstad utföra arbetet om ett växellådsfel misstänks.

Plocka inte ut växellådan för eventuella reparationer förrän en yrkesmässig diagnos ställts eftersom de flesta tester kräver att växellådan är på plats i bilen.

8 Startspärr - demontering och montering

Se kapitel 12, avsnitt 4 för detaljer.

Kapitel 8
Drivaxlar

Innehåll

Svårighetsgrader

Enkelt, passar novisen med lite erfarenhet		Ganska enkelt, passar nybörjaren med viss erfarenhet		Ganska svårt, passar kompetent hemmekaniker		Svårt, passar hemmekaniker med erfarenhet		Mycket svårt, för professionell mekaniker	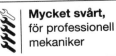

Specifikationer

Typ
Alla 1.3 liter och 1.4 liters modeller, utom de med
  automatväxellåda och/eller ABS . . . . 23-splines drivaxel
1.4 liters modeller med automatväxellåda och/eller ABS,
  samt alla 1.6 och 1.8 liters modeller . . . . 25-splines drivaxel

Smörjning
Drivknutsfett . . . . Medföljer renoveringssatsen
Fettmängd i ytterknuten:
  1.3 liter (utom skåpvagn) . . . . 30 gram
  Alla andra modeller . . . . 40 gram
Fettmängd i innerknuten
  Alla modeller . . . . 95 gram

Åtdragningsmoment
Nm
Nav/drivaxelmutter:
  M20 x 1,5 (23-splines drivaxel) 220
  M22 x 1,5 (25-splines drivaxel) 235
Hjulmuttrar 85

1 Allmän information

Drivkraften överförs från differentialen till framhjulen via två drivaxlar av olika längd. På vissa modeller har ena eller båda drivaxlarna en vibrations/harmonidämpare som är antingen bultad eller pressad på axeln.

Vardera drivaxeln består av tre huvuddelar, en innerknut av typen glidande tripod, drivaxeln med splines i var ände och en ytterknut av fixerad (kulbur) typ **(se bild).** Inre änden av tripodknuten fästs i differentialen med en snäppring medan ytterknuten är fäst i framnavet med axeltappens mutter. Muttern har en skuldra som stakas för att låsa den i läge.

På de flesta modeller är de enda möjliga reparationerna byte av gummidamasker och innerknutens spindlar. Slitage eller skador på ytterknuten eller splines kan bara korrigeras med byte av kompletta drivaxlar. På vissa senare modeller kan ytterknuten finnas som separat del, rådfråga en Fordhandlare om byte är aktuellt.

2 Drivaxlar - demontering och montering

Demontering

1 Lossa fälgdekoren från berört framhjul, använd ett smalt dorn och knacka upp stakningen på framnavsmuttern. Lossa muttern ungefär ett halv varv.
2 Lossa hjulmuttrarna på aktuellt framhjul.
3 Klossa bakhjulen och ställ framvagnen på pallbockar (se *"Lyftning och stödpunkter"*). Ta av hjulet och skruva ur navmutter och bricka **(se bild).**
4 Skruva ur de två bultarna och demontera bromsoket från spindelhållaren. Stötta oket ovanifrån så att hydraulslangen inte sträcks eller vrids.
5 Lossa relevant styrstagskulled från styrarmen (se kapitel 10).

6 Skruva ur Torx-bulten och den mutter som fäster bärarmskulleden vid spindelhållaren. När den dras ut, anteckna bultens monteringsväg (för korrekt hopsättning). Bänd ned bärarmen för att lossa den från spindelhållaren. Se kapitel 10 för komplett beskrivning.
7 Lossa drivaxeln från navet genom att dra spindelhållaren utåt, bort från bilens centrum. Dra inte ut axeln helt ur navet vid detta tillfälle men se till att den är färdig att dras ut vid behov. Om den sitter fast i navet, knacka lätt på ytteränden med en mjuk klubba eller använd avdragare och distans **(se bild).**
8 Stick in ett lämpligt bräckjärn mellan innerknuten och växellådshuset bredvid förstärkningsribban och bänd loss innerknuten från differentialen **(se bild).** Om den inte vill komma ut, slå på bräckjärnet med

2.3 Avlägsna navmutter och bricka

2.7 Sära drivaxeln från navet med en vanlig avdragare. Notera brickans placering (vid pilen)

2.8 Bänd loss innerknuten från differentialen

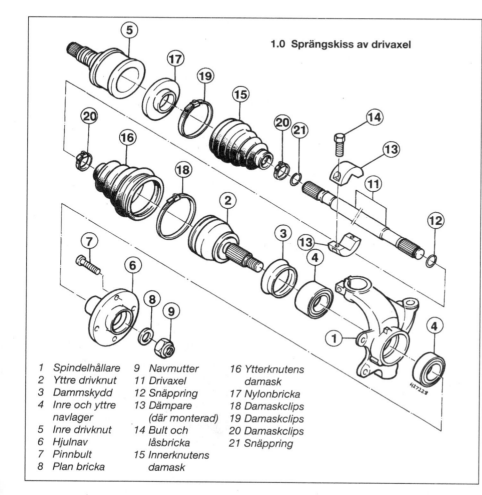

1.0 Sprängskiss av drivaxel

1 Spindelhållare
2 Yttre drivknut
3 Dammskydd
4 Inre och yttre navlager
5 Inre drivknut
6 Hjulnav
7 Pinnbult
8 Plan bricka
9 Navmutter
11 Drivaxel
12 Snäppring
13 Dämpare (där monterad)
14 Bult och låsbricka
15 Innerknutens damask
16 Ytterknutens damask
17 Nylonbricka
18 Damaskclips
19 Damaskclips
20 Damaskclips
21 Snäppring

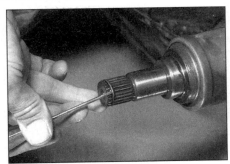
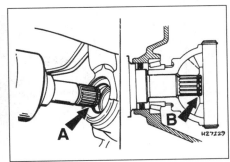

2.10 Ta ut snäppringen från spåret i splinesen i drivaxelns innerdel (tripodhuset)

2.13 Snäppringen (A) måste bytas och helt greppa i spåret (B)

handflatan. Se till att inte skada kringliggande delar och var beredd på oljespill genom den tomma drivaxelöppningen. Plugga om möjligt hålet (helst, om tillgängligt, med en gammal drivknut) för att förhindra spill och spärra differentialdreven. Låt inte innerknuten vridas mer än 17° på modeller med manuell växellåda eller 20° på modeller med automatväxellåda, i annat fall kan knuten skadas. Ytterknuten får inte vridas förbi stoppet (mer än 45°).

9 Dra ut drivaxeln ur navet och avlägsna den som en enhet från bilen. Om drivaxeln på andra sidan också ska demonteras måste differentialdreven spärras med en gammal drivknut eller en passande axel innan den andra knuten demonteras.

10 Ta ut snäppringen ur spåret i splinesen i inre tripodhuset **(se bild)**. *Denna snäppring måste bytas varje gång drivaxeln dras ut. Navmuttern och sprinten i styrstagsändens kulled ska alltid bytas mot nya enheter vid monteringen.*

Montering

11 Montera en ny snäppring i spåret i splinesen i inre tripodhuset.

12 Smörj splinesen i axelns navände med fett och stick in den i spindelhållaren. Använd den gamla muttern och brickan till att dra axeln på plats. Samtidigt som axeln monteras, snurra på bromsskivan för att centrera hjullagren.

13 Ta ut drifferentialpluggen och smörj oljetätningsläppen med fett och tryck in innerknuten. Rikta in splinesen och tryck fast så att snäppringen märkbart greppar i spåret i sidodrevet **(se bild)**.

14 Anslut bärarmskulleden på spindelhållaren. Stick in bulten (rätt väg), se till att den helt greppar i spåret på kulpinnbulten och dra åt muttern till angivet moment (se kapitel 10).

15 Anslut styrstagskulleden till styrarmen enligt beskrivning i kapitel 10.

16 Montera bromsoket på spindelhållaren och dra bultarna till angivet moment (se kapitel 9).

17 Sätt på hjulet och dra muttrarna lätt.

18 Montera ny navmutter och bricka, dra så hårt det går i detta steg. När muttern dras åt, snurra på hjulet så att hjullagren sätter sig korrekt.

19 Ställ ned bilen på marken och dra navmuttern till angivet moment. Staka muttern med ett dorn.

20 Dra hjulmuttrarna till angivet moment.

21 Kontrollera växellådans oljenivå och fyll på efter behov med rekommenderad olja (se kapitel 1).

3 Inre drivknutens damask - byte

1 Inre damasken kan endast bytas sedan innerknuten lossats från växellådan. Detta kan göras med drivaxeln helt urplockad (enligt beskrivning i avsnitt 2) eller med ytteränden på plats i navet. Den senare metoden beskrivs nedan. Om drivaxeln ska demonteras helt, se avsnitt 2 och arbeta enligt beskrivning i paragraferna 6 till 14 i detta avsnitt för att byta damask.

2 Lossa hjulmuttrarna på aktuellt hjul.

3 Klossa bakhjulen och ställ framvagnen på pallbockar (se *"Lyftning och stödpunkter"*). Ta av hjulet.

4 Lossa relevant styrstagskulled från styrarmen (se kapitel 10).

5 Skruva ur Torx-bulten och den mutter som fäster bärarmskulleden vid spindelhållaren. När den dras ut, anteckna bultens monteringsväg (för korrekt hopsättning). Bänd ned bärarmen för att lossa den från spindelhållaren.

6 Anteckna monteringsväg för innerdamaskens clips och lossa det. Dra tillbaka damasken utmed drivaxeln (bort från växellådan) tillsammans med den stora nylonbrickan **(se bild)**.

7 Låt en medhjälpare dra fjäderbenet utåt och sära drivaxel och tripod från tripodhuset. När den är loss i inre änden, låt inte ytterknuten böjas för mycket (se paragraf 8 i föregående avsnitt).

8 Torka av fettet från tripodknuten.

9 Ta ut snäppringen som fäster tripoden vid drivaxelns innerände **(se bild)**. Kontrollera att drivaxelns innerände och tripoden har passmärken, ta sedan loss tripoden, den stora nylonbrickan och den gamla damasken från drivaxeln.

10 Rengör drivaxeln. Observera att snäpp-

3.6 Lossa och dra av damasken från innerknutens hus

3.9 Ta ut snäppringen från tripoden på drivaxelns innerände

3.11a Trä den nya damasken över drivaxelns inre ände . . .

3.11b . . . och montera den stora nylonbrickan (notera monteringsvägen)

3.12 Tripoden monterad på drivaxeln med passmärkena (vid pilarna) i linje med varandra

3.14 En specialtång krävs för att krympa inre damaskclipset på drivaxeln

ringen, sprinten till styrstagsändens kulled och damaskens clips måste bytas mot nya enheter vid hopsättningen.

11 Trä på den nya damasken på axeln så att det finns utrymme att sätta ihop knuten. Placera den stora nylonbrickan över axeln i damasken **(se bilder)**.

12 Montera tripoden på drivaxeln. Den måste placeras med den fasade änden mot drivaxeln med passmärkena uppriktade **(se bild)**. Fäst på plats med ny snäppring. Se till att den greppar helt i spåret.

13 Montera drivaxel och tripod i tripodhuset, packa huset med angiven mängd och typ av fett.

14 Dra damasken utmed drivaxeln och placera den över knuten och på inre och yttre sätena. Se till att den är korrekt monterad utan vridningar och montera nya clips rättvända. Inre clipset är av nypklammertyp och spänns med en specialtång som visat **(se bild)**. Om en sådan tång inte finns tillgänglig kan damasken säkras på denna punkt med ett lämpligt kabelband av nylon.

15 Anslut bärarmskulleden på spindelhållaren. Stick in bulten (rätt väg), se till att den helt greppar i spåret på kulpinnbulten och dra åt muttern till angivet moment (kapitel 10).

16 Anslut styrstagsändens kulled till styrarmen enligt beskrivning i kapitel 10.

17 Sätt på hjul och muttrar, ställ ned bilen och dra muttrarna till angivet moment.

4 Yttre drivknutens damask - byte

1 Ytterdamasken kan bytas med drivaxeln demonterad eller på plats i navet, men med yttre knuten urdragen. Om drivaxeln redan är demonterad, fortsätt enligt beskrivning i paragraferna 6 till 14 för att byta ytterdamasken.

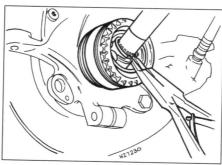

4.7 Expandera snäppringen så att drivaxeln kan dras ut ur yttre knuten

2 Lossa hjulmuttrarna på aktuellt hjul.

3 Kontrollera att handbromsen är helt åtdragen och ställ framvagnen på pallbockar. Ta av hjulet.

4 Lossa styrstagsändens kulled från styrarmen enligt beskrivning i kapitel 10.

5 Skruva ur Torx-bulten och den mutter som fäster bärarmskulleden vid spindelhållaren. När den dras ut, anteckna bultens monteringsväg (för korrekt hopsättning). Bänd ned bärarmen för att lossa den från spindelhållaren.

6 Anteckna monteringsvägen för ytterknutens clips, lossa dem från damasken och dra damasken utmed drivaxeln (mot växellådan).

7 Lossa drivaxeln från ytterknuten genom att första torka av fettet. Använd låsringstång och expandera snäppringen samtidigt som en medhjälpare drar knuten utåt (om på plats, dra fjäderbenet utåt) för att sära på knuten och drivaxeln **(se bild)**. Med demonterad ytterknut, låt inte innerknuten vridas mer än 17° på modeller med manuell växellåda eller 20° på modeller med automatväxellåda, i annat fall kan knuten skadas.

8 Dra av damasken från drivaxeln.

9 Rengör drivaxeln. **Observera:** *Snäppringen, styrstagsändens kulledssprint och damasken clips måste bytas mot nya.*

10 Dra den nya damasken utmed axeln och ge utrymme för montering av ytterknuten.

11 Placera en ny snäppring i läge på knuten och smörj knuten med lite av det specificerade fettet **(se bilder)**.

12 Låt knuten greppa på drivaxeln och tryck ihop dem så att låsringen greppar i spåret på drivaxeln **(se bild)**. Om arbetet utförs med spindelhållaren monterad, dra fjäderbenet utåt och styr in axeln i knuten. Lossa gradvis på fjäderbenet till dess att axeln greppar helt i knuten och snäppringen greppar i spåret i drivaxeln.

13 Packa in knuten med resterande fett.

14 För damasken utmed axeln, placera den

4.11a Placera den nya snäppringen (vid pilen) i ytterknuten . . .

4.11b . . . smörj knuten med lite fett . . .

4.12 . . . och sätt ihop drivaxeln med knuten så att låsringen (A) greppar i spåret (B) på axeln

över knuten och sätena. Kontrollera att den sitter korrekt utan vridningar och montera nya clips i rätt riktning enligt demonterings-anteckningarna.

15 Anslut bärarmskulleden på spindel-hållaren. Stick in bulten (rätt väg) och se till att den greppar helt i spåret på kulpinnbulten och dra åt muttern till angivet moment (se kapitel 10).

16 Anslut styrstagsändens kulled till styr-armen enligt beskrivning i kapitel 10.

17 Sätt på hjulet, dra muttrarna lätt, ställ ned bilen och dra hjulmuttrarna till angivet moment.

5 Drivaxlar - kontroll och renovering

1 Demontera drivaxeln enligt beskrivning i avsnitt 2.

2 Avlägsna all smuts och fett från drivaxel och damasker.

3 Anteckna monteringsvägarna för damas-kernas clips, lossa clipsen och dra damaskern-a mot axelns mitt.

4 Torka bort fettet från knutarna.

5 Dra av innerknutens tripodhus från driv-axeln och peta ut snäppringen som fäster tri-poden vid axelns innerände. Kontrollera att det finns passmärken på axel och tripod och dra av tripoden, den stora nylonbrickan och damasken från drivaxeln.

6 Använd låsringstång och expandera snäpp-ringen samtidigt som en medhjälpare drar av ytterknuten från drivaxeln.

7 Om vibrationsdämparen lossas från höger drivaxel, märk upp läget på axeln.

8 Rengör knutarna noga och undersök om de är slitna eller skadade. En reparationssats kan lösa mindre problem. Omfattande skador/slitage kräver byte av berörd del eller hela drivaxeln.

9 I de fall knutarna och ibland även damas-kerna visar sig vara i tjänstdugligt skick är det ändå nödvändigt att byta snäppringar och damaskclips samt att skaffa rekommenderad mängd och typ av drivknutsfett.

10 Hopsättning av knutarna är enligt be-skrivning i avsnitt 3 (paragraferna 10 till 14) för innerknuten och avsnitt 4 (paragraferna 9 till 14) för ytterknuten. Om vibrationsdämparen demonterats från höger drivaxel ska den sättas tillbaka på sin gamla plats.

11 Avsluta med att montera drivaxeln enligt beskrivning i avsnitt 2.

Kapitel 9
Bromsar

Innehåll

Svårighetsgrader

| Enkelt, passar novisen med lite erfarenhet | Ganska enkelt, passar nybörjaren med viss erfarenhet | Ganska svårt, passar kompetent hemmekaniker | Svårt, passar hemmekaniker med erfarenhet | Mycket svårt, för professionell mekaniker |

Specifikationer

Främre bromsar
Typ	Massiva eller ventilerade skivor med flytande enkelkolvsok
Skivdiameter	240,0 eller 260,0 mm
Skivtjocklek:	
Massiv skiva	10,0 mm
Ventilerad skiva	20,0 eller 24,0 mm
Minimum skivtjocklek:	
Massiv skiva	8,0 mm
Ventilerad skiva	18,0 eller 22,0 mm
Maximalt kast (monterad skiva)	0,1 mm
Minimum tjocklek för bromskloss	1,5 mm

Bakre trumbromsar
Typ	Trumma med ledande och släpande backar och automatiska justerare
Nominell trumdiameter	180,0, 203,0 eller 228,6 mm beroende på modell
Maximal trumdiameter	1,0 mm över nominell diameter
Minimum bromsbeläggstjocklek	1,0 mm

Bakre skivbromsar
Typ	Massiv skiva med fast dubbelkolvsok
Skivdiameter	270,0 mm
Skivtjocklek	10,0 mm
Minimum skivtjocklek	8,0 mm
Maximalt kast (monterad skiva)	0,1 mm
Minimum tjocklek för bromskloss	1,5 mm

Åtdragningsmoment

1 Allmän information

Bromssystemet är av typen tvåkrets, diagonalt delat med servo till framhjulens skivbromsar och bakhjulens trum- eller skivbromsar. Tvåkretssystemet är en säkerhetsfunktion. Om ett fel skulle uppstå i en del av en hydraulkrets fungerar ändå den andra, vilket ger en viss bromseffekt. Under normala förhållanden samarbetar kretsarna för att ge effektiva inbromsningar.

Huvudcylindern (och vakuumservon som den är fastbultad på) sitter på torpedplåtens vänstra sida i motorrummet. På samtliga högerstyrda modeller manövreras de tillsammans med en tvärlänk från bromspedalen.

Reglerventiler för bromstrycket finns monterade i ledningarna till vardera bakhjulet och minskar risken för av att bakhjulen låser vid hård inbromsning. Vanmodeller har även en lättlastventil i bakre bromskretsarna av samma orsak.

De främre bromsskivorna är ventilerade på samtliga 1.6 liter, 1.8 liter och ABS-försedda modeller, samt alla senare bränsleinsprutade modeller. Resterande modellvarianter har

massiva skivor. De främre bromsoken är av typen flytande enkelkolv och är monterade på främre spindelhållarna på var sida.

Vardera bromsbacksparet manövreras av en tvåkolvs hjulcylinder. Den ledande backen har tjockare belägg än den släpande så att de slits jämbördigt. Vardera backparet har självjustering för att kompensera för slitage.

På modeller med bakre skivbromsar är oken av fast tvåkolvstyp och handbromsen består av separata handbromsbackar som arbetar i en trumma i bromsskivan.

Den vajermanövrerade handbromsen verkar på bägge bakhjulen som ett fristående system.

Ett låsningsfritt bromssystem (ABS) finns tillgängligt på vissa modeller och har många delar gemensamt med det vanliga bromssystemet. Mer om ABS längre fram i detta kapitel.

Observera: *Vid underhåll av någon del av systemet, arbeta försiktigt och metodiskt, total renlighet måste iakttagas vid arbete med hydrauliken. Byt alltid komponenter axelvis om någon del är det minsta suspekt vad gäller skicket. Använd endast Fords originaldelar eller välkända kvalitetsfabrikat. Observera varningarna i "Säkerheten främst" och på relevanta platser i detta kapitel rörande risker med asbestdamm och hydraulolja.*

2 Främre bromsklossar - byte

⚠️ *Varning: Bromsklossar måste ALLTID bytas samtidigt på båda framhjulen - byt aldrig klossar på bara ena hjulet, det kan leda till ojämn bromsverkan. De främre bromsoken är tillverkade antingen av Bendix eller Teve och om något arbete ska utföras med dem, se till att skaffa de rätta delarna. Damm alstrat av bromsslitage kan innehålla asbest som är en hälsorisk. Blås aldrig rent med tryckluft och inhalera inte dammet. ANVÄND INTE petroleumbaserade lösningsmedel vid rengöring av bromsar, använd endast bromsrengöring eller träsprit. LÅT INTE bromsolja, olja eller fett komma i kontakt med beläggen. Se även varningen i början av avsnitt 16 rörande bromsolja.*

1 Klossa bakhjulen och ställ framvagnen på pallbockar (se *"Lyftning och stödpunkter"*). Ta av framhjulen.

Bendix ok

2 Dra ut R-clipset från tvärstiftet och dra ut stiftet från okets fot **(se bilder)**.
3 Skruva ur muttern och lossa bromsslangsfästet från fjäderbenet **(se bild)**.

2.2a Dra ut R-clipset från stiftet . . .

2.2b . . . och dra ut stiftet från okets fot

2.3 Skruva ur muttern (vid pilen) och lossa bromsfästet från fjäderbenet

2.5 Dra ut de inre och yttre bromsklossarma ur ankarfästet

4 Vrid oket uppåt så att klossarna blir åtkomliga och bind vid behov upp oket.

5 Dra ut de inre och yttre klossarna ur ankarfästet **(se bild)**. Om de gamla klossarna ska användas igen, märk dem så att de kan sättas tillbaka i sina ursprungliga positioner.

6 Borsta bort smuts och damm från ok och kolv men *andas inte in dammet, det är hälsovådligt.* Se efter om dammskyddet runt kolven är skadat eller visar spår av oljeläckage. Om det senare påträffas måste oket renoveras enligt beskrivning i avsnitt 3. Se efter om antiskallerplattan är korroderad och byt den vid behov.

7 Om nya klossar ska monteras måste kolven tryckas in i loppet för att ge plats för den

ökade klosstjockleken - gör detta med hjälp av en skruvtving. Notera att när kolven pressas tillbaka stiger nivån i huvudcylinderns oljebehållare och den kan möjligen svämma över. Undvik detta genom att sifonera ut lite bromsolja ur behållaren. Om bromsolja spills på kaross eller slangar eller andra delar i motorrummet ska detta spill omedelbart torkas upp.

8 Kontrollera innan monteringen att klossar och skiva är rena. Om nya klossar monteras, dra av skyddspappret. Om de gamla klossarna sätts tillbaka, kontrollera att de hamnar på sina rätta platser.

9 Placera inre och yttre klossarna i läge i oket.

10 Vrid ned oket, stick in stiftet och säkra med R-clipset.

11 Montera bromsslangsfästet på fjäderbenet, se till att slangen inte vrid eller sträcks.

12 Upprepa med den andra frambromsen.

13 Innan bilen ställs ned, kontrollera att nivån i huvudcylinderns oljebehållare är vid MAX-märket, fyll på med specificerad bromsolja efter behov (se "Veckokontroller"). Tryck ned bromspedalen några gånger så att klossarna sätter sig mot skivorna och kontrollera bromsoljenivån igen, fyll på efter behov.

14 Sätt på hjulen och ställ ned bilen. Dra hjulmuttrarna till angivet moment.

15 Ge bromsklossarna tid att slita in sig korrekt genom att om möjligt undvika hårda inbromsningar under de första 160 km.

Teves ok

16 Håll okets stödfjäder med en tång och peta ut den från okhuset med en skruvmejsel **(se bild)**.

17 Lossa blindpluggarna från okets övre och nedre bultar. Skruva ur bultarna och dra loss oket från ankaret **(se bilder)**. Stötta oket så att bromsslangen inte belastas.

18 Dra ut klossarna från kolvhuset eller ankaret. Den yttre stannar normalt på ankaret medan den inre sitter fast på kolven och kan komma att försiktigt behöva bändas loss **(se bilder)**. Om de gamla klossarna ska användas igen, märk dem så att de kan sättas tillbaka i sina ursprungliga positioner.

19 Borsta bort smuts och damm från ok och kolv men *andas inte in dammet, det är*

2.16 Håll fast okets stödfjäder med en tång och peta ut den från oket med en skruvmejsel

2.17a Lossa blindpluggarna från övre och nedre okbultarna

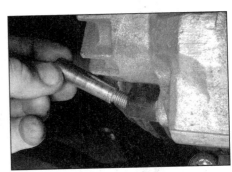

2.17b Använd spärrskaft och passande insexbit . . .

2.17c . . . skruva ur bultarna . . .

2.17d . . . och dra ut oket från ankaret och skivan

2.18a Dra ut yttre klossen från ankaret . . .

2.18b . . . och inre klossen från okets kolv

3.2 Bromsslangklämmare monterad på främre bromsslangen

hälsovådligt. Se efter om dammskyddet runt kolven är skadat eller visar spår av olje-läckage. Om det senare påträffas måste oket renoveras enligt beskrivning i avsnitt 3.

20 Om nya klossar ska monteras måste kolven tryckas in i loppet för att ge plats för den ökade klosstjockleken - gör detta med hjälp av en skruvtving. Notera att när kolven pressas tillbaka stiger nivån i huvudcylinderns oljebehållare och den kan möjligen svämma över. Undvik detta genom att sifonera ut lite bromsolja ur behållaren. Om bromsolja spills på kaross eller slangar eller andra delar i motorrummet ska detta spill omedelbart torkas upp.

21 Kontrollera innan monteringen att klossar och skiva är rena. Om nya klossar monteras, dra av skyddspappret. Om de gamla klossar-na sätts tillbaka, kontrollera att de hamnar på sina rätta platser.

22 Placera klossarna på plats i oket, sätt tillbaka oket och stick in bultarna.

23 Dra bultarna till angivet moment och sätt tillbaka blindpluggarna och okets stödfjäder.

24 Upprepa med den andra frambromsen.

25 Innan bilen ställs ned, kontrollera att nivån i huvudcylinderns oljebehållare är vid MAX-märket, fyll på med specificerad broms-olja efter behov (se ”Veckokontroller”). Tryck ned bromspedalen några gånger så att klossarna sätter sig mot skivorna och kon-trollera bromsoljenivån igen, fyll på efter behov.

26 Sätt på hjulen och ställ ned bilen. Dra hjulmuttrarna till angivet moment.

27 Ge bromsklossarna tid att slita in sig korrekt genom att om möjligt undvika hårda inbromsningar under de första 160 km.

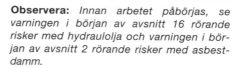

3 Främre bromsok -
demontering, renovering och
montering

Observera: *Innan arbetet påbörjas, se varningen i början av avsnitt 16 rörande risker med hydraulolja och varningen i bör-jan av avsnitt 2 rörande risker med asbest-damm.*

Demontering

1 Klossa bakhjulen och ställ framvagnen på pallbockar (se *"Lyftning och stödpunkter"*). Ta av framhjulen.

2 Montera en bromsslangklämmare på slangen till oket. Detta minimerar oljespillet under kommande arbeten **(se bild)**.

Bendix ok

3 Skruva ur slanganslutningens banjobult ur oket, ta vara på kopparbrickorna **(se bild)**. Täck eller plugga öppna anslutningar så att de hålls rena.

4 Dra av R-clipset från stiftet i okfoten och dra ut stiftet.

5 Lossa blindpluggen från okets pivåbult, stötta oket och skruva ur bulten.

6 Dra av oket från ankaret och klossarna och ta ut det ur bilen.

7 För demontering av ankaret, dra först ut klossarna. Om de ska återanvändas, märk upp dem så att de kan monteras på sina ursprungliga platser.

8 Skruva ur de två bultarna och dra loss ankaret från spindelhållaren **(se bild)**.

Teves ok

9 Lossa (men skruva inte ur helt) anslutningen på okets ände på slangen **(se bild)**.

3.3 Skruva ut banjobulten (vid pilen) ur bromsslangens anslutning till oket och ta vara på kopparbrickorna

10 Demontera bromsklossarna enligt be-skrivning i avsnitt 2.

11 Håll oket i ena handen och hindra bromsslangen från att vridas med den andra. Skruva loss oket från slangen utan att slangen belastas. När oket är lossat, täck eller plugga öppna anslutningar så att de hålls rena.

12 Vid behov kan ankaret skruvas loss från spindelhållaren.

Renovering

Bendix och Teves ok

13 Sätt upp oket i en bänk, torka bort alla spår av smuts och damm, *undvik att andas in dammet eftersom detta är hälsovådligt.*

14 Tryck ut kolven ur loppet med svag tryckluft (exempelvis från en fotpump) in i okets hydraulanslutning. Om hög-trycksslang används, reducera trycket så mycket som möjligt när kolven trycks ut. Und-vik att skjuta ut den för snabbt eftersom detta skadar den. Placera en passande träbit mellan okram och kolv för att förhindra detta. Eventuell kvarvarande hydraulolja följer med kolven ut.

15 Använd ett passande trubbigt redskap (exempelvis en virknål) och dra ur kolv-packningen ur spåret i loppet. Se till att inte skada loppets yta eller kolven.

16 Rengör kolv och ok med träsprit och

3.8 Fästbultar (vid pilarna) till okets ankare

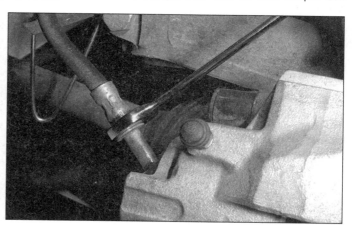

3.9 Lossa bromsslangen från oket

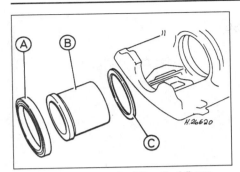

3.16 Komponenter i Bendix främre bromsok visande dammskydd (A), kolv (B) och kolvtätning (C)

3.19 Kolv och dammskydd på plats i oket

torka dem med en ren luddfri trasa **(se bild)**. Kontrollera skicket på kolv och lopp vad gäller slitage, skador och korrosion. Om dylikt förekommer måste okkroppen bytas.

17 Om delarna är i tillfredsställande skick måste en renoveringssats med ny packning och nytt dammskydd skaffas.

18 Smörj loppet och packningen med ren bromsolja. Montera packningen i loppet med enbart fingrarna (inga verktyg), för in den i spåret och kontrollera att den inte är vriden.

19 Placera dammskyddet över kolven så att innerkanten greppar i kolvens spår. Smörj området bakom kolvspåret med det special-fett som ingår i satsen och för in kolven i loppet. Tryck den på plats och tryck samtidigt fast dammskyddet på kolvhuset så att det sätter sig korrekt **(se bild)**. Var ytterst noga med att inte vrida eller skada packning och dammskydd vid monteringen.

Montering

Bendix ok

20 Om ankaret demonterats, placera det på spindelhållaren och dra bultarna till angivet moment.

21 Placera bromsklossarna i ankaret. Om nya klossar monteras, dra av skyddspappret. Om de gamla klossarna sätts tillbaka, kontrollera att de hamnar på sina rätta platser.

22 Montera oket på ankaret och montera pivåbulten löst. Vrid ner oket och montera stiftet med R-clipset. Dra ankarbulten till angivet moment.

23 Ta ut pluggarna och kontrollera att anslutningarna är rena. Koppla slangen till oket, använd nya kopparbrickor vid behov. Dra åt bromsslangens banjobult och vrid ratten mellan fulla utslag för att kontrollera att slangen inte kommer i kontakt med hjulhus eller fjädringsdelar.

24 Avlufta bromsarna enligt beskrivning i avsnitt 16. Om lämpliga åtgärder vidtagits för att minimera oljeförlust bör det endast vara nödvändigt att avlufta aktuell frambroms.

25 Sätt på hjulet, ställ ned bilen och dra hjulmuttrarna till angivet moment.

Teves ok

26 Om ankaret demonterats, placera det på spindelhållaren och dra bultarna till angivet moment.

27 Ta ur pluggarna och kontrollera att anslutningarna är rena. Koppla oket till slangen så att slangen inte vrids eller sträcks. Slanganslutningen kan dras åt helt när oket monterats.

28 Montera bromsklossarna enligt beskrivning i avsnitt 2.

29 Bromsslangen kan nu dras fast. När den sitter fast ordentligt, vrid ratten mellan fulla utslag för att kontrollera att slangen inte kommer i kontakt med hjulhus eller fjädringsdelar.

30 Avlufta bromsarna enligt beskrivning i avsnitt 16. Om lämpliga åtgärder vidtagits för att minimera oljeförlust bör det endast vara nödvändigt att avlufta aktuell frambroms.

31 Sätt på hjulet, ställ ned bilen, dra hjulmuttrarna till angivet moment.

4 Främre bromsskiva - kontroll, demontering och montering

Observera: *Innan arbetet påbörjas, se varningen i början av avsnitt 2 om riskerna med asbestdamm.*

Kontroll

Observera: *Om en skiva kräver byte, ska BÅDA skivorna bytas (eller svarvas om) samtidigt för att ge jämn och konsekvent inbromsning. Nya klossar ska monteras.*

1 Klossa bakhjulen och ställ framvagnen på pallbockar (se *"Lyftning och stödpunkter"*). Ta av tillämpligt framhjul.

2 Montera provisoriskt två hjulmuttrar diagonalt motsatt med de plana sidorna mot bromsskivan. Dra muttrarna stegvis så att skivan hålls stadigt.

3 Skrapa bort all rost från skivan. Snurra på skivan och undersök om den har repor, spår eller sprickor. Mät tjockleken på flera platser med mikrometer **(se bild)**. Lätt slitage och grunda repor är normalt, men för mycket medför att skivan ska demonteras och svarvas om av en specialist eller bytas. Vid omsvarvning måste minimitjockleken hållas. Om skivan är sprucken måste den självklart bytas.

4 Använt mätklocka och mät kastet 10 mm från ytterkanten, det får inte överstiga angiven gräns, se *"Specifikatione"r*. Utför mätningen genom att fixera mätutrustningen och snurra på skivan, anteckna variationerna **(se bild)**. Skillnaden mellan största och minsta mått är kastet.

> **HAYNES TiPS** *Om en mätklocka inte finns tillgänglig, kontrollera kastet genom att montera en fast pekare nära ytterkanten, i kontakt med skivan. Snurra på skivan och mät pekarens maximala förflyttning med bladmått.*

5 Om kastet överstiger specifikationerna, leta efter variationer i skivtjocklek enligt följande: Märk skivan på åtta platser med 45° mellanrum och använd mikrometer till att mäta de åtta platserna 15 mm in från ytterkanten. Om skillnaderna i måtten överstiger specifikationerna ska skivan bytas.

4.3 Kontroll av bromsskivans tjocklek med en mikrometer

4.4 Kontroll av bromsskivans kast med en mätklocka

Demontering

6 Demontera ok och ankare (se avsnitt 3), men koppla inte ur bromsslangen. Bind upp oket i spiralfjädern utan all slangen belastas.
7 Skruva ur de provisoriska hjulmuttrar som nämns i paragraf 2.
8 Använd en Torxbit/mejsel och skruva ur den skruv som fäster skivan i navet och dra ut skivan. Om den sitter fast, knacka lätt på baksidan med en gummiklubba.

Montering

9 Montering sker i omvänd arbetsordning. Om nya skivor monteras, avlägsna först deras skyddslager. Fogytorna mellan skiva och nav ska vara helt rena, dra skruven rejält.
10 Montera ok/ankare, se avsnitt 3.
11 Sätt på hjulet, ställ ned bilen, dra hjulmuttrarna till angivet moment.

---

5 Bakre bromstrumma - demontering, kontroll och montering

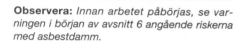

Observera: Innan arbetet påbörjas, se varningen i början av avsnitt 6 angående riskerna med asbestdamm.

Demontering

1 Klossa framhjulen och ställ bakvagnen på pallbockar (se "Lyftning och stödpunkter"). Ta av aktuellt bakhjul. På modeller före 1996, lossa handbromsen. På 1996 års modeller och framåt, lossa handbromsspakens damask för att komma åt justermuttern på sidan av spaken och ge vajern så mycket slack som möjligt.
2 På alla modeller utom van, lossa de fyra bultarna som håller trumman/navet till bakaxelflänsen, ta sedan bort trumman/navet från axeln (se bilder). Om bromstrumman sitter fast på backarna, ta bort gummipluggen på på bromssköldens insida och frigör självjusteringen genom att bända upp släppet på spärrklon.
3 På vanmodeller, lossa trummans clips från hjulets pinnbult, dra trumman över pinnbultarna och ta bort den. Ett nytt clips måste användas vid monteringen.
4 När trumman är demonterad, borsta bort damm från trumman, bromsbackarna, hjulcylindern och bromsskölden. Var noga med att inte andas in dammet, det kan innehålla asbest.
5 Om så behövs, ta bort navet från trumman (där tillämpligt) – se kapitel 10.

Kontroll

Observera: Om en bromstrumma behöver bytas, måste BÅDA de bakre trummorna bytas samtidigt, för att jämn och konsekvent bromsning ska bibehållas. Montera även nya bromsbackar.

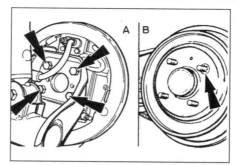

5.2a Metoder att fästa bakre bromstrumma/nav

A Bultar till trumma/nav
B Bromstrummans låsclips på vanmodeller

6 Rengör insidan av trumman och navet och undersök om trummans inre yta är repig eller sprucken. Om nedbrytning av friktionsytan förekommer måste trumman bytas ut. Se kapitel 10 för information om demontering av navet från trumman.

Montering

7 Kontrollera att självjusteringen är helt tillbakadragen och, beroende på typ, montera navet/trumman på axeln. Dra åt fästbultarna till specificerat moment, eller montera trumman över hjulpinnbultarna och pressa fast ett nytt clips på en av bultarna.

Modeller före 1986

8 När bromstrumman är demonterad, sätt tillbaka hjulet. Trampa ned bromspedalen helt flera gånger, för att aktivera bakbromsarnas självjustering och hämta hem spelet. Kontrollera att bakhjulen roterar fritt när bromsarna släpps, dra sedan åt handbromsen, sänk ned bilen och dra åt hjulmuttrarna till angivet moment.

Modeller från 1996 och framåt

9 När bromstrumman är monterad, sätt tillbaka hjulet. Justera handbromsvajern enligt beskrivning i kapitel 1. Trampa ned bromspedalen helt flera gånger, för att aktivera självjusteringen och hämta hem spelet. Kontroller att bakhjulen roterar fritt när

---

6.2 Allmän vy över bakbroms med demonterad trumma

5.2b Demontering av bakre bromstrumma/nav

bromsarna släpps, dra sedan åt handbromsen, sänk ned bilen och dra åt hjulmuttrarna till angivet moment.

---

6 Bakre bromsbackar - byte

Varning: Bromsbackar ska alltid bytas samtidigt på båda hjulen - byt aldrig backar bara på ett hjul eftersom detta kan leda till ojämn bromseffekt. Dessutom kan damm från slitna bromsbackar innehålla asbest, som är en hälsorisk. Blås aldrig bort damm med tryckluft och andas inte in bromsdamm. Använd alltid en godkänd andningsmask vid arbete med bromsar. ANVÄND INTE petroleumbaserade lösningsmedel för rengöring av bromsdelar, använd endast bromsrengörare eller träsprit.

1 Demontera bromstrumman, se avsnitt 5.
2 Anteckna monteringslägen för fjädrar och justerstag (se bild).
3 Ta ut backens stabiliseringsfjädrar genom att trycka ned dem och vrida 90° (se bild). Ta ut fjädrar och stift.
4 Dra den ledande backen från nedre ankaret och haka av nedre returfjädern (se bild).
5 För ihop backarnas nedre ändar och lossa övre ändarna från hjulcylindern. Se till att inte

---

6.3 Lossa en bromsbacks stabiliseringsfjäder

6.4 Lossa den ledande backen från nedre ankaret . . .

6.5a . . . och hjulcylindern från översidan

6.5b Gummiband draget runt hjulcylindern för att förhindra att kolvarna trycks ut

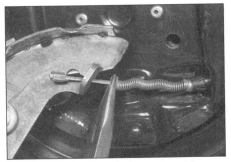

6.7a Lossa handbromsvajern från den släpande backen

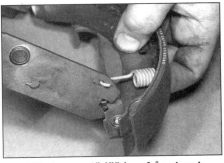

6.7b Lossa stödfjädern från staget

6.8 Lossa staget från den ledande backen

skada cylinderns damasker. Förhindra att cylinderns kolvar oavsiktligt skjuts ut genom att binda fast dem på längden över cylinder/kolvar **(se bilder)**.

6 Haka av övre returfjädern från backarna.

7 Haka av handbromsvajern från manöverarmen på den släpande backen. Lossa stödfjädern från staget, vrid den släpande backen 90° och lossa den från staget **(se bilder)**.

8 Lossa staget från den ledande backen. När den dras av manövreras självjusteringen och släpper spärrklon från backen **(se bild)**.

9 Rengör justerstag och sammanhörande delar.

10 Rengör bromsskölden och lägg på lite temperaturbeständigt fett på backarnas kontaktpunkter på bromsskölden och nedre ankarplattan **(se bild)**.

11 Flytta över staget och övre returfjädern till den nya ledande backen **(se bild)**.

12 Haka på övre returfjäderns andra ände på den släpande backen, vrid backen och anslut stagets stödfjäder och staget. När de är monterade, kontrollera att kammen och spärrklon i självjusteringen är hopkopplade **(se bilder)**.

13 Frigör hjulcylinderns kolvar. Anslut handbromsvajern till manöverarmen på den släpande backen och montera den släpande backen i läge på bromsskölden. Se till att inte skada dammskyddet när backen monteras över hjulcylindern.

14 Haka på nedre returfjädern på den släpande backen och kontrollera att handbromsens manöverarm vilar på stoppet (inte

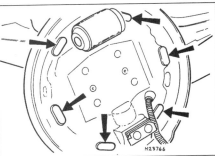
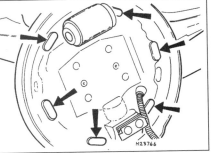

6.10 Bromsbackarnas kontaktpunkter (vid pilarna) mot bromsskölden som ska smörjas

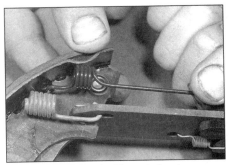

6.12a . . . och släpande backen

6.11 Haka på övre returfjädern på den ledande . . .

6.12b Bromsbackar, stag och övre fjädrar anslutna

fastkilat mot sidan), placera backen i nedre ankarplattan. Montera stabiliseringens stift, fjäder och säte så att backen säkras på plats.

15 Montera den ledande backen på skölden, stick in stift, fjäder och säte så att den hålls på plats.

16 Haka på nedre returfjädern på den ledande backen, sträck den med en skruvmejsel så att den når monteringshålet.
17 Montera övre returfjädern, sträck den med en skruvmejsel så att den når monteringshålet.
18 Kontrollera att bromsbackar och sammanhörande delar är korrekt monterade och montera bromstrumman, se avsnitt 5.
19 Upprepa med den andra trumbromsen.

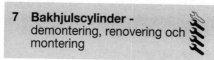

7 Bakhjulscylinder - demontering, renovering och montering

Observera: *Innan arbetet påbörjas, se varningen i början av avsnitt 16 om risker med hydraulolja.*

Demontering

1 Demontera bromstrumman enligt beskrivning i avsnitt 5.
2 Dra isär backarna på översidan så att de precis går fria från hjulcylindern. Självjusteringen kommer att hålla dem i detta läge så att hjulcylindern kan dras ut.
3 Använd bromsslangklämmare eller självlåsande tång med skyddade käftar och kläm ihop bromsslangen framför stötdämparen. Detta minskar förlusten av bromsolja under följande arbete.
4 Avlägsna alla spår av smuts runt bromsslangens anslutning till hjulcylindern och skruva ur anslutningsmuttern **(se bild)**.
5 Skruva ur de två bultar som fäster hjulcylindern vid bromsskölden.
6 Dra ut cylindern från skölden så att den går fri från backarna. Håll bromsslangen stadigt så att den inte vrids och skruva loss cylindern från slangen. Plugga slangen för att förhindra smutsintrång och minimera spill medan cylindern är demonterad.

Renovering

7 Rengör cylinderns utsida och dra loss dammskyddet från vardera änden.
8 Kolvar och tätningar kommer troligen att ramla ut, om inte, koppla en fotpump till hydraulanslutningen och blås ut dem.
9 Rengör kolvar och cylinder med träsprit eller färsk bromsolja. Använd inte bensin, fotogen eller annan mineralbaserad vätska. Undersök om kolvar och lopp har rost eller repor. Om så är fallet ska hela cylindern bytas. **(se bild)**.
10 Inled hopsättningen genom att smörja den första kolven med ren hydraulolja. För den nya tätningen på plats så att läppen är vänd från backens anliggningsyta mot kolven.
11 Stick in kolven från andra änden och tryck igenom den till sin normala plats i loppet.
12 För in fjädern i cylindern, montera den andra tätningen (på samma sätt som den

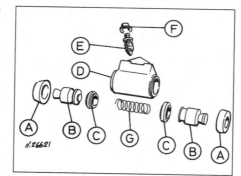

7.9 Bakhjulscylinderns delar

A Dammskydd
B Kolv
C Kolvpackning
D Cylinderkropp
E Avluftningsnippel
F Dammhuv
G Fjäder

första) och montera den andra kolven i cylindern. Se till att inte skada tätningsläppen när kolven förs in - mer smörjning och en lätt vridande rörelse kan hjälpa. Använd endast fingrarna (inga verktyg) för att föra kolv och packning på plats.
13 Montera de nya dammskydden på vardera kolven.

Montering

14 Torka ren bromsskölden och dra ut pluggen från bromsslangen. Skruva försiktigt fast cylindern på slangen och montera cylindern på skölden. Dra åt fästbultarna rejält och dra åt hydraulanslutningen.
15 Backa självjusteringen så att backarna greppar i hjulcylinderns kolvar.
16 Ta bort klämman från bromsslangen. Se till att skyddshylsan på slangen sitter intill stötdämparen **(se bild 7.4)**.
17 Montera bromstrumman, se avsnitt 5.
18 Avlufta bromsarna enligt beskrivning i avsnitt 16. Om lämpliga åtgärder vidtogs för att minska spill ska det endast vara nödvändigt att avlufta aktuell bakbroms.

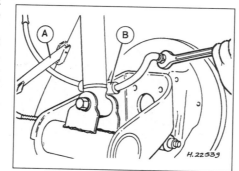

7.4 Lossa hydraulslangen från bakhjulscylindern.
Observera slangklämmaren (A) och slangens skyddshylsa (B)

8 Bakre bromssköld - demontering och montering

Trumbromsade modeller

Demontering

1 På kombikupé/sedan/kombi, demontera bromstrumman/navet enligt beskrivning i avsnitt 5. På van, demontera trumman enligt beskrivning i avsnitt 5 och sedan baknavet enligt beskrivning i kapitel 10.
2 Demontera bromsbackarna enligt beskrivning i avsnitt 6.
3 Demontera hjulcylindern från bromsskölden enligt beskrivning i avsnitt 7.
4 Tryck ihop de tre låsklackarna och lossa handbromsvajern från skölden genom att trycka ut den.
5 Borra ur de popnitar som fäster bromsskölden vid bakaxeln och avlägsna bromsskölden.

Montering

6 Montering sker i omvänd arbetsordning. Kontrollera att skölden är rättvänd (hjulcylinderhålet upp) innan den nitas fast.
7 Anslut handbromsvajern, kontrollera att låsklackarna greppar säkert.
8 Montera hjulcylindern enligt beskrivning i avsnitt 7.
9 Montera bromsbackarna enligt beskrivning i avsnitt 6.
10 Montera trumma/nav enligt beskrivning i avsnitt 5, eller baknav enligt beskrivning i kapitel 10, beroende på modell.
11 Avsluta med att avlufta bromsarna enligt beskrivning i avsnitt 16.

Skivbromsade modeller

Demontering

12 Demontera bromsskivan enligt beskrivning i avsnitt 11 och navet enligt beskrivning i kapitel 10.
13 Demontera handbromsbackarna enligt beskrivning i avsnitt 19.
14 Borra ur de popnitar som fäster bromsskölden vid bakaxeln och avlägsna bromsskölden.

Montering

15 Montering sker i omvänd arbetsordning, fäst bromsskölden med nya popnitar.
16 Montera handbromsbackarna enligt beskrivning i avsnitt 19.
17 Montera bakre bromsskivan enligt beskrivning i avsnitt 11 och navet enligt beskrivning i kapitel 10.

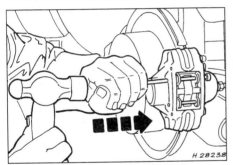

9.2 Driv ut de bakre bromsklossarnas stift med ett dorn

9.3 Dra ut inre och yttre klossar från oket

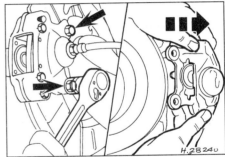

10.5 Skruva ur okets två bultar och dra loss oket från skivan

9 Bakre bromsklossar - byte

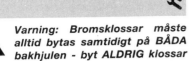

⚠ *Varning: Bromsklossar måste alltid bytas samtidigt på BÅDA bakhjulen - byt ALDRIG klossar på bara ena hjulet, det kan leda till ojämn bromsverkan. Damm alstrat av bromsslitage kan innehålla asbest som är en hälsorisk. Blås aldrig rent med tryckluft, inhalera inte dammet. ANVÄND INTE petroleumbaserade lösningsmedel vid rengöring av bromsar, använd endast bromsrengöring eller träsprit. LÅT INTE bromsolja, olja eller fett komma i kontakt med beläggen. Se även varningen i början av avsnitt 16 rörande bromsolja.*

1 Klossa framhjulen och ställ bakvagnen på pallbockar (se "Lyftning och stödpunkter"). Demontera bakhjulen.

2 Använd hammare och dorn, driv ut klossarnas stift och lyft undan antiskallerplattan **(se bild)**.

3 Dra ut inre och yttre klossar från oket **(se bild)**. Om de gamla klossarna ska användas igen, märk dem så att de kan sättas tillbaka på sina platser.

4 Borsta bort smuts och damm från ok och kolv men *andas inte in dammet, det är hälsovådligt*. Se efter om dammskydden runt kolvarna är skadade eller visar spår av oljeläckage. Om det senare påträffas ska oket renoveras enligt beskrivning i avsnitt 10. Se efter om antiskallerplattan är korroderad och byt den vid behov.

5 Om nya klossar ska monteras måste kolven tryckas in i loppet för att ge plats för den ökade klosstjockleken - gör detta med hjälp av en skruvtving. Notera att när kolven pressas tillbaka stiger nivån i huvudcylinderns oljebehållare och den kan möjligen svämma över. Undvik detta genom att sifonera ut lite bromsolja ur behållaren. Om bromsolja spills på kaross eller slangar eller andra delar i motorrummet ska detta spill omedelbart torkas upp.

6 Kontrollera före monteringen att klossar och skiva är rena. Om nya klossar monteras, dra av skyddspappret. Om de gamla klossarna sätts tillbaka, kontrollera att de hamnar på sina rätta platser.

7 Placera inre och yttre klossen i läge i oket, driv in övre stiftet.

8 Placera antiskallerplattan i läge och driv in nedre stiftet.

9 Upprepa på andra sidan.

10 Innan bilen ställs ned, kontrollera att nivån i huvudcylinderns oljebehållare är vid MAX-märket, fyll på med specificerad bromsolja efter behov (se "Veckokontroller"). Tryck ned bromspedalen några gånger så att klossarna sätter sig mot skivorna och kontrollera bromsoljenivån igen, fyll på efter behov.

11 Sätt på hjulen, ställ ned bilen. Dra hjulmuttrarna till angivet moment.

12 Ge bromsklossarna tid att slita in sig korrekt genom att om möjligt undvika hårda inbromsningar under de första 160 km.

10 Bakre bromsok - demontering, renovering och montering

Observera: *Innan arbetet påbörjas, se varningen i början av avsnitt 16 om risker med hydraulolja och varningen i början av avsnitt 9 om risker med asbestdamm.*

Demontering

1 Klossa framhjulen och ställ bakvagnen på pallbockar (se "Lyftning och stödpunkter"). Ta av aktuellt bakhjul.

2 Demontera bromsklossarna enligt beskrivning i avsnitt 9.

3 Montera en bromsslangklämmare på slangen till oket. Detta minimerar oljespillet under kommande arbete.

4 Lossa (men skruva inte ur helt) anslutningen på änden på slangens ok.

5 Skruva ur de två bultarna och dra av oket från skivan **(se bild)**.

6 Håll oket i ena handen och hindra bromsslangen från att vridas med den andra. Skruva loss oket från slangen utan att slangen

belastas. När oket är lossat, täck eller plugga öppna anslutningar så att de hålls rena.

Renovering

7 Sätt upp oket i en bänk och torka bort alla spår av smuts och damm, *undvik att andas in dammet eftersom detta är hälsovådligt*.

8 Tryck ut kolven ur loppet med svag tryckluft (exempelvis från en fotpump) in i okets hydraulanslutning. Om högtrycksslang används, reducera trycket så mycket som möjligt när kolven trycks ut. Undvik att skjuta ut den för snabbt eftersom detta skadar den. Eventuell kvarvarande hydraulolja följer med kolven ut.

9 Använd ett passande hakförsett redskap (exempelvis en virknål) och dra ur damm-'skydden ur spåren i kolven och kolvpackningen ur spåret i loppet. Se till att inte skada loppets yta eller kolven.

10 Rengör kolv och ok med träsprit och torka dem med en ren luddfri trasa. Kontrollera skicket på kolv och lopp vad gäller slitage, skador och korrosion. Om detta förekommer måste oket bytas.

11 Om delarna är i tillfredsställande skick måste en renoveringssats med nya packningar och dammskydd skaffas.

12 Smörj loppen och packningarna med ren bromsolja. Montera packningarna i loppen med enbart fingrarna (inga verktyg), för in dem i spåren och kontrollera att de inte är vridna.

13 Placera dammskydden över kolvarna så att innerkanterna greppar i kolvarnas spår. För in kolvarna i loppen. Tryck dem på plats och tryck samtidigt fast dammskydden på oket så att de sätter sig korrekt. Var ytterst noga med att inte vrida eller skada packningar och dammskydd vid monteringen.

Montering

14 Ta ut pluggarna och kontrollera att anslutningarna är rena, anslut oket till slangen i omvänd demonteringsordning, se till att slangen inte vrids eller belastas. Slanganslutningen kan dras åt helt när oket monterats.

15 Trä oket över skivan och skruva i de två bultarna, dra dem till angivet moment.

16 Nu kan bromsslangens anslutning dras åt helt. Kontrollera att slangen inte vidrör hjulhus eller fjädringsdelar.

17 Montera bromsklossarna enligt beskrivning i avsnitt 9.

18 Avlufta bromsarna enligt beskrivning i avsnitt 16. Om lämpliga åtgärder vidtagits för att minimera oljeförlust bör det endast vara nödvändigt att avlufta aktuell frambroms.

19 Sätt på hjulet, ställ ned bilen, dra hjulmuttrarna till angivet moment.

11 Bakre bromsskiva - kontroll demontering och montering

Observera: *Innan arbetet påbörjas, se varningen i början av avsnitt 9 om risker med asbestdamm.*

Kontroll

Observera: *Om en skiva kräver byte, ska BÅDA skivorna bytas (eller svarvas om) samtidigt för att ge jämn och konsekvent inbromsning. Nya klossar ska monteras.*

1 Klossa framhjulen och ställ bakvagnen på pallbockar (se *"Lyftning och stödpunkter"*). Ta av aktuellt bakhjul.

2 Demontera bromsklossarna enligt beskrivning i avsnitt 9, skruva ur de två okbultarna. Dra av oket från skivan och bind upp det så att slangen inte belastas.

3 Montera provisoriskt två hjulmuttrar diagonalt motsatt med de plana sidorna mot bromsskivan. Dra muttrarna stegvis så att skivan hålls stadigt.

4 Skrapa bort all rost från skivan. Snurra på skivan och undersök om den har repor, spår eller sprickor. Mät tjockleken på flera platser med mikrometer. Lätt slitage och grunda repor är normalt, men för mycket gör att skivan måste demonteras och svarvas om av en specialist eller bytas. Vid omsvarvning måste minimitjockleken hållas. Om skivan är sprucken måste den självklart bytas.

5 Använt mätklocka och mät kastet 10 mm från ytterkanten, det får inte överstiga angiven gräns, se *"Specifikationer"*. Utför mätningen genom att fixera mätutrustningen och snurra på skivan, anteckna variationerna **(se bild 4.4)**. Skillnaden mellan största och minsta mått är kastet.

> **HAYNES TiPS** *Om en mätklocka inte finns tillgänglig, kontrollera kastet genom att montera en fast pekare nära ytterkanten, i kontakt med skivan. Snurra på skivan och mät pekarens maximala förflyttning med bladmått.*

6 Om kastet överstiger specifikationerna, leta efter variationer i skivtjocklek enligt följande:

Märk skivan på åtta platser med 45° mellanrum och använd mikrometer till att mäta de åtta platserna 15 mm in från ytterkanten. Om skillnaderna i måtten överstiger specifikationerna ska skivan bytas.

Demontering

7 Med oket demonterat enligt föregående beskrivning, skruva ur de provisoriska hjulmuttrarna från paragraf 3.

8 Dra åt handbromsen för fullt och använd en Torxbit/mejsel och skruva ur den skruv som fäster skivan i navet och dra ut skivan. Om den sitter fast, knacka lätt på baksidan med en gummiklubba.

Montering

9 Montering sker i omvänd arbetsordning. Om nya skivor monteras, avlägsna först deras skyddslager. Fogytorna mellan skiva och nav ska vara helt rena, dra åt skruven rejält.

10 Montera oket och dra bultarna till angivet moment.

11 Montera de bakre bromsklossarna enligt beskrivning i avsnitt 9.

12 Sätt på hjulet, ställ ned bilen, dra hjulmuttrarna till angivet moment.

12 Huvudcylinder - demontering, renovering och montering

Observera: *Innan arbetet påbörjas, se varningen i början av avsnitt 16 om risker med hydraulolja.*

Demontering

1 Dra ur kontakten från nivåvakten i behållarens lock och avlägsna locket från behållaren. Observera att locket inte får vändas upp och ned. Töm behållaren med sifon eller pipett.

2 Märk bromsrör och anslutningar till huvudcylindern. Skruva ur anslutningsmuttrarna och

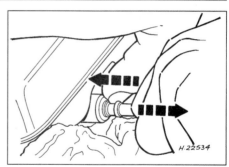

12.2 Lossa bromsreturrören från behållaren på ABS-modeller

koppla ur rören. På modeller med ABS, tryck ned klackarna i behållaren och dra loss rören **(se bild)**. Plugga eller tejpa över öppna anslutningar för att förhindra smutsintrång.

3 Skruva ur muttrarna och demontera huvudcylindern från servon.

Renovering

4 När huvudcylindern demonterats, töm ur och rengör den utvändigt.

5 Sätt upp huvudcylindern i ett skruvstycke med mjuka käftar.

6 Dra loss oljebehållaren från huvudcylinderns översida, vicka ut den ur tätningarna.

7 Ta ut behållarens tätningar från huvudcylinderns översida.

8 Ta ut låsringen ur spåret i inre porten på huvudcylinderns baksida.

9 Dra ut primärkolven ur baksidan tillsammans med distans, tätning och bricka.

10 Skaka ut sekundärkolven ur cylinder **(se bild)**.

11 För att ta isär primärkolven och demontera tätningen, skruva ur skruven och lossa fjädern. Bänd upp tätningens låsflikar med en skruvmejsel och demontera tätningen, anteckna monteringsriktningen för tätningen på kolven **(se bilder)**.

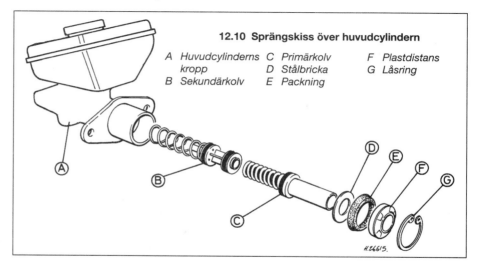

12.10 Sprängskiss över huvudcylindern

A Huvudcylinderns kropp
B Sekundärkolv
C Primärkolv
D Stålbricka
E Packning
F Plastdistans
G Låsring

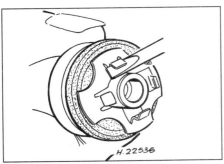

12.11a Bänd upp packningshållarens låsflikar på primärkolven

12 För isärtagning av sekundärkolven, dra loss fjädern (anteckna hur den är vänd), ta av packningshållaren från primärkolven och avlägsna packningen (anteckna monterings-vägen). Lossa packningen i andra änden av sekundärkolven, anteckna monteringsvägen **(se bild)**.

13 Tvätta samtliga cylinderkomponenter i träsprit eller ren bromsolja av specificerad typ. Använd inte någon annan typ av vätska.

14 Se efter om huvudcylindern har spår av större slitage eller skador. Djupa repor i loppet eller kolvytor medför att en ny huvudcylinder krävs.

15 Om cylindern är i godtagbart skick, skaffa en renoveringssats. När packningarna av-lägsnats måste de alltid bytas ut mot nya.

16 Kontrollera att alla delar är perfekt rena innan hopsättningen. Smörj in dem i ren bromsolja av angiven typ. *Låt inte fett, gammal bromsolja eller någon annan vätska komma i kontakt med delarna under hopsättningen.*

17 Hopsättning sker i omvänd arbetsordning. Se till att tätningarna är rättvända och att hållarna sitter fast.

18 Smörj kolvarna innan de sticks in i cylindern, vrid lite på dem när de förs in så kommer de lättare på plats.

19 När kolvarna är på plats, montera stål-brickan, ny packning och distans och säkra

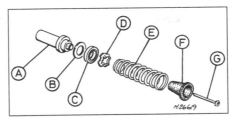

12.11b Primärkolvens delar

A Kolv   E Fjäder
B Shims   F Damask
C Packning   G Fästskruv
D Packningshållare

med låsringen. Kontrollera att låsringen är helt i ingrepp i spåret på cylinderns baksida.

Montering

20 Rengör huvudcylinderns fogytor innan den monteras.

21 Montering sker i omvänd arbetsordning. Kontrollera att vakuumservons tätning är på plats och dra huvudcylinderns muttrar till angivet moment. Avlufta systemet enligt beskrivning i avsnitt 16.

13 Bromspedal - demontering och montering

Demontering

1 Lossa batteriets jordledning (se kapitel 5A, avsnitt 1).

2 I bilen, dra förarsätet helt bakåt för maxi-malt arbetsutrymme.

3 Dra ur kontakten till bromsljusomkopplaren och vrid loss omkopplaren från fästet.

4 Ta ut låsringen från pedalens tvärlänk (där tillämpligt) **(se bild)**.

5 Ta ut låsringen från pedalens tvärlänkstag (där tillämpligt).

6 Tryck ut bromspedalens pivåtapp såpass ur stället att pedal och distanser kan avlägsnas.

7 Ta ut bussningarna på var sida om pedalen och byt dem vid behov **(se bild)**.

Montering

8 Innan montering, lägg på en liten klick molybdendisulfidfett på pedalens pivåtapp.

9 Montering sker i omvänd arbetsordning. Kontrollera att pedalbussningarna är korrekt placerade och att pedaltappens D-sektion finns i pedalställets högra stöd.

10 Avsluta med att montera bromsljus-omkopplaren, justera den enligt beskrivning i kapitel 12.

14 Tvärlänk, bromspedal till servo - demontering och montering

Demontering

1 Lossa batteriets jordledning (se kapitel 5A, avsnitt 1).

2 Demontera vakuumservon (avsnitt 17).

3 Vid behov och i förekommande fall, demontera luftrenarkomponenter enligt be-skrivning i relevant del av kapitel 4 för att komma åt tvärlänken bättre.

4 I bilen, avlägsna clipset som fäster bromspedalen vid tvärlänkens tryckstång (om monterad).

5 Låt en medhjälpare stötta tvärlänken (om befintlig; högerstyrd bil) i motorrummet. Vik tillbaka torpedplåtens klädsel i vardera fot-brunnen så att tvärlänkens muttrar blir åtkomliga. Skruva ur muttrarna på bägge sidorna och lyft ut tvärlänken från torped-plåten **(se bild)**.

6 Rengör länkens delar, undersök om buss-ningarna är slitna och byt efter behov.

Montering

7 Montering sker i omvänd arbetsordning. Se avsnitt 17 för montering av vakuumservon.

8 Avsluta med att avlufta bromsarna enligt beskrivning i avsnitt 16.

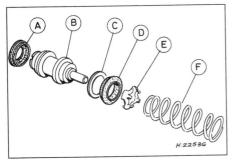

12.12 Sekundärkolvens delar

A Packning   D Packning
B Kolv   E Packningshållare
C Shims   F Fjäder

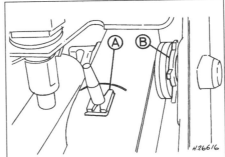

13.4 Låsring (A) för bromspedalens tvärlänk och låsring (B) som fäster bromspedalen vid tvärlänken (endast högerstyrda bilar)

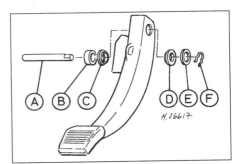

13.7 Bromspedalens delar

A Pivåtapp   D Bussning
B Distans   E Bricka
C Bussning   F Clips

15 Hydraulrör och slangar - byte

Observera: *Innan arbetet påbörjas, se varningen i början av avsnitt 16 om risker med hydraulolja.*

1 Om någon bromsledning ska lossas, minimera oljespillet genom att ta av locket till huvudcylinderns oljebehållare, placera en bit tunn plast över hålet och fäst den med gummiband. Slangar kan vid behov förseglas med en bromsslangklämma **(se bild).** Röranslutningar kan pluggas (om du är noga med att inte föra in smuts i systemet) eller förses med lock så snart de öppnats. Placera trasor under en anslutning som ska öppnas för att suga upp spillet.

2 Om en slang ska lossas, skruva först ur anslutningsmuttern på röret innan fjäderclipset avlägsnas. Beroende på okets tillverkare kan slangänden vara inskruvad i ett gängat hål eller så används en banjobult. Använd nya kopparbrickor på var sida om banjoanslutningen.

3 För urskruvande av anslutningsmuttrar är en bromsrörsnyckel i korrekt storlek att föredra, dessa finns att köpa i större tillbehörsbutiker. I annat fall kan en tätt passande blocknyckel användas, men om muttrarna sitter hårt eller är rostiga kan de runddras om nyckeln slinter. I så fall är ofta enda sättet att använde en självlåsande nyckel, men det medför att mutter och rör måste bytas vid monteringen. Rengör alltid en anslutning och omgivande ytor innan den öppnas. Om en del med mer än en anslutning lossas, anteckna noga hur anslutningarna är gjorda innan de öppnas.

4 Om ett bromsrör ska bytas kan ett nytt köpas från Fordhandlare, kapat till rätt längd och försett med flänsar och muttrar. Allt som då krävs är att böja det till rätt form enligt den gamla delen, innan det monteras. Alternativt kan de flesta tillbehörsbutiker tillverka bromsrör från satser, men detta kräver noggrann mätning av originalet, så att utbytesdelen får rätt längd. Det bästa är att ta med den gamla delen som mall.

14.5 Bromssystemets tvärlänk monterad på torpedplåten (endast högerstyrda bilar)

15.1 Bromsslangklämmare apterad för att minimera oljeförlusten

5 Innan monteringen, blås igenom den nya delen med torr tryckluft. Dra inte åt muttrarna för hårt. Det är inte nödvändigt att använda råstyrka för att få en tät fog.

6 Om slangar byts, kontrollera att rör och slangar är korrekt dragna utan veck eller vridningar och att de är placerade i de fästen/clips som finns till hands.

7 Efter monteringen ska systemet avluftas enligt beskrivning i avsnitt 16. Skölj bort all spill och leta efter läckor.

16 Hydraulsystem - avluftning

⚠️ *Varning: Hydraulolja är giftig. Skölj omedelbart bort med stora mängder vatten i händelse av hudkontakt, sök omedelbart läkarhjälp om hydraulolja sväljs eller kommer i ögonen. Vissa typer av hydraulolja är lättantändliga och kan antändas vid kontakt med heta komponenter. Vid arbete på ett hydraulsystem är det säkrast att förutsätta att oljan är lättantändlig och vidta samma åtgärder som vid bensinhantering. Hydraulolja är dessutom ett effektivt färgborttagningsmedel och angriper många plaster. Om den spills ska den spolas bort med enorma mängder vatten. Till sist, hydraulolja är hygroskopisk (den absorberar luftens fuktighet). Ju mer fukt oljan absorberar, dess lägre blir kokpunkten vilket leder till allvarlig förlust av effekt vid hård inbromsning. Gammal olja kan vara förorenad och oduglig. Vid byte eller påfyllning ska alltid anvisad typ användas, se till att den kommer från ett rent kärl som just öppnats.*

1 Ett hydraulsystem kan endast fungera som avsett om all luft försvunnit ur det, vilket uppnås genom att systemet avluftas.

2 Vid avluftning ska endast ren, färsk hydraulolja av rekommenderad typ användas. Återanvänd inte olja som tappats ur systemet. Se till att ha tillräckligt med olja innan arbetet påbörjas.

3 Om det finns någon möjlighet att fel typ av olja finns i systemet måste bromsarnas delar spolas ur helt med korrekt olja utan föroreningar och samtliga tätningar måste bytas.

4 Om systemet förlorat hydraulolja eller luft trängt in från en läcka, se till att åtgärda problemet innan du fortsätter.

5 Parkera bilen på plan mark, dra åt handbromsen. Stäng av motorn och (där tillämpligt) tryck ner bromspedalen ett flertal gånger för att upphäva vakuumet i servon.

6 Kontrollera att alla rör, slangar och avluftningsnipplar är säkert anslutna och åtdragna. Avlägsna all smuts från avluftningsnipplarnas närhet.

7 Skruva av locket från huvudcylinderns behållare och fyll på till MAX-linjen (se "Veckokontroller"). *Kom ihåg att alltid hålla nivån över MIN-linjen, i annat fall finns det risk för att mer luft kommer in i systemet.*

8 Det finns ett antal olika gör-det-själv satser för en person för avluftning av bromssystemet, att köpa från tillbehörsbutiker. Vi rekommenderar att en sådan sats används eftersom de i hög grad förenklar arbetet och minskar risken av att evakuerad olja och luft sugs tillbaka in i systemet. Om en sådan sats inte finns tillgänglig måste grundmetoden (med två personer) användas, den beskrivs i detalj nedan.

9 Om en sats används, förbered bilen enligt föregående och följ satstillverkarens instruktioner, proceduren kan variera något beroende på använd typ, generellt följer de beskrivningen nedan.

10 Oavsett metod måste samma ordningsföljd iakttagas (paragraferna 11 och 12) för att säkert evakuera all luft från systemet.

Ordningsföljd för avluftning

11 Om systemet bara delvis kopplats ur och lämpliga åtgärder vidtagits för att minimera oljeförlust ska det bara vara nödvändigt att avlufta den delen av systemet.

12 Om hela systemet ska avluftas ska arbetet utföras i följande ordning:

a) *Vänster framhjul*
b) *Höger bakhjul*
c) *Höger framhjul*
d) *Vänster bakhjul*

Avluftning - grundmetod (för två personer)

13 Skaffa en ren glasburk, en lagom lång slang av gummi eller plast som passar tätt på nippeln samt en ringnyckel som passar nippelns fattning. Dessutom behövs någon som hjälper till.

14 Ta av dammskyddet på den första nippeln. Trä nyckel och slang på nippeln och för ned andra slangänden i glasburken, häll i tillräckligt med hydraulolja för att täcka slangänden.

15 Försäkra dig om att nivån i huvudcylinderns oljebehållare hela tiden överstiger MIN-linjen.

16 Låt medhjälparen trampa bromsen i botten ett flertal gånger så att trycket byggs upp och håll sedan kvar bromsen i botten.

17 Medan pedaltrycket upprätthålles, skruva upp nippeln (cirka ett varv) och låt olja/luft strömma ut i burken. Medhjälparen ska hålla trycket på pedalen, ända ner till golvet vid behov och inte släppa förrän på kommando. När flödet stannar, dra åt nippeln, låt medhjälparen sakta släppa upp pedalen och kontrollera sedan nivån i oljebehållaren.

18 Upprepa stegen i paragraferna 16 och 17 till dess att oljan från nippeln är fri från luftbubblor. Om huvudcylindern dränerats och fyllts på och luften evakueras från första nippeln, låt det gå cirka 5 sekunder mellan cyklerna så att passagerna i huvudcylindern får tid att fyllas på.

19 När inga fler luftbubblor syns, dra åt nippeln väl, avlägsna nyckel och slang och montera dammskyddet (om tillämpligt). Dra inte åt nippeln för hårt.

20 Upprepa med resterande nipplar i ordningsföljd till dess att all luft evakuerats ur systemet och bromspedalen åter känns fast.

Avluftning - med envägsventil

21 Som namnet anger består dessa satser av en slanglängd med en envägsventil som förhindrar att evakuerad olja/luft sugs tillbaka in i systemet. Vissa satser har en genomskinlig behållare som kan placeras så att luftbubblorna lätt kan studeras vid slangänden.

22 Satsen monteras på nippeln som sedan öppnas (**se bild**). Gå till förarsätet och trampa ned bromspedalen med en mjuk, stadig rörelse och släpper upp den sakta. Detta upprepas till dess att den oljan är fri från luftbubblor.

23 Lägg märke till att dessa satser förenklar arbetet så mycket att det är lätt att glömma bort nivån i oljebehållaren. Se till att den alltid överstiger MIN-strecket.

Avluftning - med sats för trycksatt avluftning

24 Dessa drivs vanligen av lufttrycket i reservdäcket. Lägg dock märke till att det troligen krävs att detta tryck reduceras under normal nivå, se satstillverkarens medföljande instruktioner.

25 Genom att koppla en trycksatt oljefylld behållare till bromsoljans behållare utförs avluftning genom att nipplarna öppnas i tur och ordning så att oljan kan strömma ut till dess att den är bubbelfri.

26 Denna metod har fördelen av att den stora oljebehållaren skyddar mot luftintrång.

27 Trycksatt avluftning är speciellt effektiv för avluftning av "svåra" system och vid rutinbyte av all olja.

16.22 Avluftning av frambroms med sats innehållande envägsventil

Alla metoder

28 Efter avslutad avluftning och när pedalkänslan är fast, spola bort eventuellt spill och dra nipplarna väl och sätt på dammskydden.

29 Kontrollera nivån i huvudcylinderns behållare, fyll på vid behov.

30 Kassera all olja som tappats ur systemet, den duger inte att återanvändas.

31 Kontrollera bromspedalens känsla. Om den känns det minsta svampig finns det fortfarande luft i systemet, så mer avluftning krävs. Om fullständig avluftning inte uppnås efter ett rimligt antal avluftningsförsök kan detta bero på slitna tätningar i huvudcylindern.

17 Vakuumservo - testning, demontering och montering

Testning

1 För test av servofunktionen, tryck ned bromspedalen ett antal gånger för att häva vakuumet. Starta sedan motorn med bromspedalen hårt nedtryckt. När motorn startar ska det finnas ett märkbart givande i bromspedalen medan vakuumet byggs upp. Låt motorn gå i minst två minuter och stäng sedan av den. Om bromspedalen nu trycks ned ska det höras ett väsande från servon. Efter fyra - fem nedtrampningar hörs inget väsande längre och pedalen känns betydligt fastare.

18.2 Lossa vakuumslangen från servon

2 Innan du förutsätter att själva servon är defekt, kontrollera envägsventilen enligt beskrivning i nästa avsnitt.

Demontering

3 Se avsnitt 12 och demontera huvudcylindern.

4 Lossa vakuumslangen från envägsventilen genom att dra ut den. Om den sitter fast, bänd ut den med en skruvmejsel instucken under armbågsflänsen.

5 I bilen, för vänster framsäte maximalt bakåt och vik tillbaka fotbrunnsklädseln från torpedplåten så att servons två muttrar blir åtkomliga. Skruva ur muttrarna.

6 Skruva ur de fyra muttrar som fäster servon vid fästet.

7 Dra ut servon så att pinnbultarna går fria från fästen och vrid inre fästet åt sidan. Dra ut gaffelstiftet och lossa manöverstången från axeln. Avlägsna sedan servon.

8 Notera att servon inte kan tas isär för reparationer, om den är defekt måste den bytas.

Montering

9 Montering sker i omvänd arbetsordning. Se avsnitt 12 för montering av huvudcylindern.

18 Servons vakuumslang och envägsventil - demontering, testning och montering

Demontering

1 Tryck ner bromspedalen några gånger så att vakuumet upphävs.

2 Dra försiktigt loss vakuumslangen från servon (**se bild**). Om den sitter fast, bänd ut den med en skruvmejsel instucken under armbågsflänsen.

3 Lossa vakuumslangen från anslutningen på insugsröret. Beroende på fixtur (**se bild**), skruva ur muttern och dra ut slangen eller pressa slang och krage inåt, håll fast kragen och dra ut slangen.

4 Om slang eller fixturer är i dåligt skick måste de bytas.

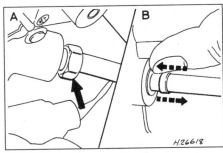

18.3 Lossa servoslangen från insugsröret

A Slang ansluten med mutter
B Slang ansluten med låskrage

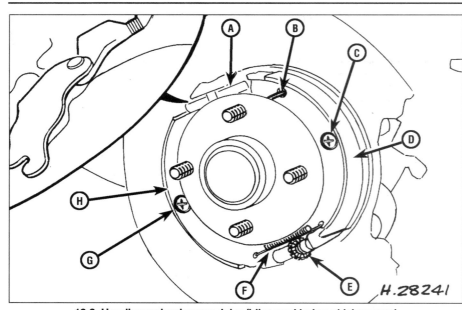

19.2 Handbromsbackarnas delar (bilar med bakre skivbromsar)

A Reläarm
B Övre dragfjäder
C Stabiliseringsfjäder
D Bromsback
E Justering
F Nedre dragfjäder
G Stabiliseringsfjäder
H Bromsback

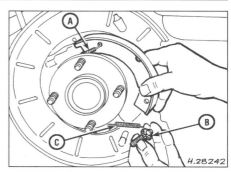

19.5 Handbromsens övre dragfjäder (A), justering (B) och nedre dragfjäder (C)

Testning av envägsventilen

5 Undersök om envägsventilen är sliten eller skadad och byt vid behov. Testa ventilen genom att blåsa genom slangen i bägge riktningarna. Luft ska bara strömma igenom när man blåser från servoänden.

Montering

6 Montering sker i omvänd arbetsordning. Om en ny envägsventil monteras, kontrollera att den är rättvänd.

---

19 Handbromsbackar (bilar med bakre skivbromsar) - byte

Observera: Innan arbetet påbörjas, se varningen i början av avsnitt 9 om risker med asbest.

1 Demontera bakre bromsskivan enligt beskrivning i avsnitt 11.
2 Notera noggrant monteringslägen för fjäder, justering och handbromsbackar **(se bild)**.
3 Lossa handbromsvajern från överföringsarmen, se avsnitt 22 vid behov.
4 Avlägsna backens stabiliseringsfjädrar genom att trycka ned dem och vrida 90°. Ta ut fjädrar och stift.
5 Dra isär backarnas nedre ändar så att justeringen lossnar och haka av nedre dragfjädern från bägge backarna **(se bild)**.
6 Lossa övre änden av backarna från handbromsvajerns överföringsarm, haka av övre dragfjädern och ta ut de två handbromsbackarna.

7 Byt handbromsbackarna om de är klart slitna eller på något sätt förorenade.
8 Rengör justeringen och sammanhörande delar.
9 Rengör skölden och lägg på lite temperaturbeständigt fett på backarnas kontaktytor.
10 Montering sker i omvänd arbetsordning.
11 Upprepa med den andra bakbromsen.
12 Avsluta med att justera handbromsarna enligt beskrivning i kapitel 1.

---

20 Handbromsspak - demontering och montering

Demontering

1 Klossa hjulen så att bilen står stilla.
2 Plocka ur framsätena enligt beskrivning i kapitel 11.

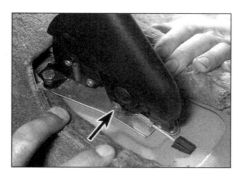

20.6 Handbromsens stift mellan primärvajer och spak samt clips (vid pilen)

3 Där tillämpligt, demontera mittkonsolen enligt beskrivning i kapitel 11.
4 Vik tillbaka mattan från området kring handbromsspaken så att den och fixturerna blir åtkomliga. Släpp upp handbromsen.
5 Dra ur kontakten till handbromsvarningsomkopplaren.
6 Lossa clipset och dra ut primärvajerns stift **(se bild)**.
7 Skruva ur de två bultarna och demontera handbromsspak och spridarplatta.

Montering

8 Montering sker i omvänd arbetsordning. Dra bultarna väl och avsluta med att kontrollera handbromsens justering enligt beskrivning i kapitel 1.

---

21 Handbromsens primärvajer - demontering och montering

Demontering

1 Lossa primärvajern från handbromsspaken enligt beskrivning i föregående avsnitt.
2 Klossa framhjulen och ställ bakvagnen på pallbockar (se "Lyftning och stödpunkter").
3 Där tillämpligt, demontera avgassystemet och värmeskölderna från bottenplattan så att primärvajerns anslutningar under bilen blir åtkomliga (se kapitel 4E).
4 Lossa det fjäderclips som säkrar stiftet och dra ut utjämnaren/vajerstiftet. Lossa utjämnaren från primärvajern **(se bild)**.
5 Lossa vajerstyrningen från bottenplattan och dra vajern bakåt.

Montering

6 Montering sker i omvänd arbetsordning. Se till att vajerstyrningen sitter fast i bottenplattan och smörj pivåtappen med rikligt mängd temperaturbeständigt fett.
7 Montera avgassystem och värmeskölder, se kapitel 4E (om tillämpligt).
8 Se kapitel 1 och justera handbromsen innan bilen ställs ned på marken.

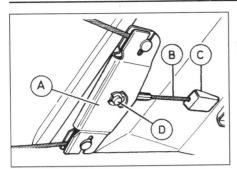

21.4 Handbromsvajerutjämningens delar

A Utjämnare
B Primärvajer
C Vajerstyrning
D Utjämnarstift och
   fjäderclips

22 Handbromsvajer -
demontering och montering

Demontering

1 Klossa framhjulen och ställ bakvagnen på pallbockar (se "Lyftning och stödpunkter). Släpp upp handbromsen helt och ta av bakhjulen.
2 Se föregående avsnitt och lossa primärvajern från utjämnaren.
3 Lossa höger/vänster vajer från utjämnaren (efter behov).
4 Avlägsna justeringens låsstift och fjäderclipset från vajerstyrningarna på aktuell sida och lossa dem från bottenplattan **(se bild)**.

Trumbromsade modeller

5 Demontera bromstrummor och backar enligt beskrivning i avsnitt 5 respektive 6.
6 Tryck ihop handbromsvajerns låsklackar och lossa vajern från skölden, dra sedan ut vajern. Lossa vajern från fästena på bottenplattan och avlägsna den från bilen **(se bilder)**.

Skivbromsade modeller

7 Lossa handbromsens returfjäder och vajeränden från överföringsarmen.
8 Ta ut den låsring som fäster handbromsvajerhöljet vid stödet och dra ut vajern.
9 Lossa vajern från fästena på bottenplattan och ta ut den ur bilen.

Montering

Alla modeller

10 Montering sker i omvänd arbetsordning. Där tillämpligt, se relevant avsnitt för beskrivning av montering av trummor och backar.
11 När vajern är monterad (men innan bakvagnen ställs ned), kontrollera och justera handbromsarna enligt beskrivning i kapitel 1.

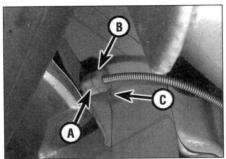

22.4 Handbromsvajerns justeringsmutter (A), låsmutter (B) och låssprint (C)

23 Bromstryckets reglerventiler -
demontering och montering

Observera: Innan arbetet påbörjas, se varningen i början av avsnitt 16 om risker med hydraulolja.

Demontering

1 Tryckregleringsventilerna finns i motorrummet på vänster innerskärm, eller inskruvade direkt i huvudcylinderns oljeutgångar **(se bild)**.
2 Minimera oljespillet genom att ta av locket till huvudcylinderns oljebehållare, placera en bit tunn plast över hålet och fäst den med gummiband. Lossa bromsrören från ventilerna. När rören lossats, tejpa över eller plugga dem för att förhindra smutsinträng och överdrivet spill.
3 Demontera en skärmmonterad enhet genom att skruva ur stödets mutter (i hjulhuset) och avlägsna enheten från bilen. Lossa ventilerna från fästet genom att dra ut clipsen.
4 Demontera cylindermonterade ventiler genom att skruva ur dem från cylinderkroppen.

Montering

5 Montering sker i omvänd arbetsordning.
6 Avsluta med att avlufta hela hydraulsystemet enligt beskrivning i avsnitt 16.

23.1 Bromstryckets reglerventiler monterade på innerskärmen

22.6a Tryck ihop handbromsvajerns låsklackar för att lossa vajern från bromsskölden

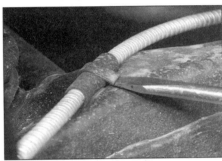

22.6b Lossa handbromsvajerns hölje från fästclipsen

24 Lättlastventil (van) -
demontering och montering

Observera: Innan arbetet påbörjas, se varningen i början av avsnitt 16 om risker med hydraulolja.

Demontering

1 För detta arbete måste bilen lyftas för åtkomst av bakre bottenplattan, men den ska fortfarande stå på hjulen. Ramper eller smörjgrop krävs därmed. Om bilen körs upp på ramper ska framhjulen klossas.
2 Lossa bromsrören från ventilen **(se bild)** och tappa ur oljan i ett kärl. I och med placeringen måste försiktighet iakttagas så att

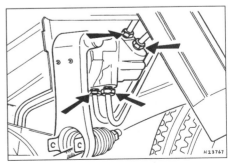

24.2 Bromsrörens anslutningar till lättlastventilen

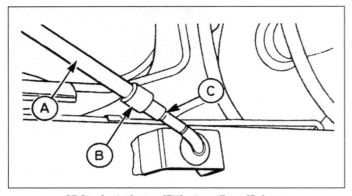

25.2a Justering av lättlastventilens länkage

A Distansrör   C Inställningsspår
B Gummitätning

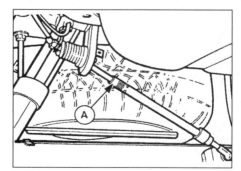

25.2b Justering av lättlastventilens länkage på en använd ventil.
Här visas justermuttern (A) och de plana urtagen (B) på stångens
ände

bromsolja inte spills på händerna - använd lämpliga skyddshandskar.
3 Lossa fjäderclipset från länkstaget vid axeländen. Dra ut brickan och ventilens länkstag från fästet på axeln, se dock till att inte lossa distansröret från länkstaget.
4 Axelfästets bussning måste bytas om den är sliten eller skadad.
5 Skruva ur de två bultarna och dra ut ventil och länkstag från fästet.

Montering

6 Där tillämpligt, montera en ny bussning i axelfästet.
7 Placera ventilen på fästet och skruva fast den.
8 Kontrollera att bromsrörens anslutningar är rena och anslut rören.
9 Smörj länkstagets axelbussningsände med lite universalfett. Montera staget i bussningen, montera brickan och säkra med fjäderclipset.
10 Avlufta bromssystemet enligt beskrivning i avsnitt 16. Om den gamla ventilen satts tillbaka, se till att den hålls helt öppen under avluftningen. Om en ny ventil monterats måste avluftningsclipset lämnas på plats till dess att systemet är helt avluftat och sedan ska clipset tas ut. Ventilen måste sedan justeras enligt beskrivning i nästa avsnitt.

25 Lättlastventil (van) - justering

1 För detta arbete måste bilen lyftas för att man ska komma ihåg bakre bottenplattan, men den ska fortfarande stå på hjulen. Ramper eller smörjgrop krävs därmed. Om bilen körs upp på ramper ska framhjulen klossas. Bilen ska vara olastad med högst halvfull tank.
2 För justering av en original lättlastventils länkage, greppa de plana ytorna i stagets ände så att det inte kan rotera och vrid justermuttern för att placera änden på gummitätningen inom inställningsspårets bredd **(se bilder)**.

3 För justering av en ny lättlastventil, vrid distansröret så att änden på gummitätningen placeras inom inställningsspårets bredd och krymp änden på distansröret över den gängade stångens plana delar (bredvid den räfflade sektionen) **(se bild)**.

26 Låsningsfria bromsar (ABS) - allmän information

Modeller före 1996

Ett Teves Mk.IV ABS-system finns monterat på vissa modeller i serien. Systemet arbetar tillsammans med det vanliga bromssystemet men omfattar också en hydraulenhet, en ABS-modul, en hjulhastighetsgivare på varje framhjulsnav samt en kombinerad pedal-lägesgivar-/bromsljusbrytarenhet.

Den hydrauliska enheten består av en tvåkrets elektrisk pump och ett ventilblock med två kanaler, med en inlopps- och en utloppssolenoidventil per kanal.

ABS-modulen sitter i motorrummet och den har fyra huvudfunktioner: att styra ABS-systemet; att övervaka de två framhjulens rotationshastighet; att övervaka de elektriska komponenterna i systemet, samt att tillhandahålla feldiagnos av systemet. ABS-modulens elektriska funktioner övervakas hela tiden av två mikroprocessorer och dessa kontrollerar också regelbundet de solenoid-manövrerade ventilerna med hjälp av en testpuls när systemet är i gång. Modulen kontrollerar signalerna från systemets givare för att kunna ge en feldiagnos. Om ett fel uppstår i ABS-systemet tänds en varnings-lampa på instrumentpanelen som lyser till dess att tändningen stängs av. Ett fel representeras av en tvåsiffrig kod som lagras i modulens minne. En felkodsläsare eller liknande systemtestare behövs för att avläsa koderna, så om ett fel indikeras måste bilen tas till en Fordverkstad för analys.

ABS-systemet fungerar enligt följande. Under normal bromsning appliceras tryck från

bromspedalen på huvudcylindern via servo-enhetens tryckstång. Servoenhetens tryck-stång agerar direkt på tryckkolven i huvudcylindern. Det ökade hydraultrycket gör att den mellersta kolven flyttas i cylindern och det ökade trycket framför kolven flödar genom de öppna inloppssolenoidventilerna i hydraul-enhetens ventilblock, till bromsoken och hjulcylindrarna. Utloppssolenoidventilerna i ventilblocket förblir stängda.

Hjulhastighetsgivarna övervakar hela tiden framhjulens hastighet genom att generera en elektrisk signal när hjulen roterar. Denna information överförs till ABS-modulen som därmed kan avgöra hjulens hastighet, acceleration eller retardation. Modulen jämför de erhållna signalerna från framhjulen och om den upptäcker att något hjul håller på att låsa, skickas en signal till hydraulenheten som reglerar bromstrycket i hydraulkretsen för relevant hjul.

ABS-systemets reglering av hydraultrycket utförs i tre faser; bibehållande av tryck, tryckreducering och tryckökning. I fasen där trycket bibehålls, för att förhindra att ytterligare tryck byggs upp i den övervakade kretsen, stängs inloppsventilen i hydraul-enheten och utloppsventilen förblir också stängd. Trycket kan nu inte ökas i kretsen genom ytterligare tryck på bromspedalen.

Om hjulhastighetsgivarnas signaler indikerar att hjulrotationen nu har stabiliserats,

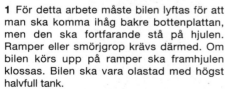

25.3 Lättlastventilens justering för en ny
ventil, här visas krymppunkten (A)

sätter ABS-modulen igång tryckökningsfasen, vilket tillåter att inbromsningen fortsätter. Om hjullåsning fortfarande upptäcks efter bibehållningsfasen, sätter modulen igång tryckreduceringsfasen.

Kontrollerad bromsmanövrering kan erhållas med hjälp av en tryckreduceringsfas eller följa en bibehållninsfas. Inloppsventilen stängs, eller förblir stängd och utloppsventilen öppnas. Så länge utloppsventilen är öppen, flödar bromsvätskan tillbaka in i huvudcylinderns behållare.

Om bromspedalen börjar krypa ner under en tryckreduceringsfas, skickas en signal till ABS-modulen från den kombinerade pedalgivaren/bromsljusbrytaren som sitter på bromspedalens fästbygel. När denna signal upptäcks, aktiverar ABS-modulen den elektriska pumpen på hydraulenheten. Hydraulvätska pumpas från huvudcylinderns behållare tillbaka in i bromskretsen, vilket tvingar tillbaka huvudcylinderkolven (och bromspedalen). När modulen känner av att pedalen har återgått till utgångsläget stängs pumpen av.

Tryckökningsfasen sätts igång när hjulrotationen har stabiliserats. Utloppsventilen stängs och inloppsventilen öppnas. Bromstrycket från huvudcylindern flödar genom inloppsventilen till relevant bromsok/hjulcylinder vilket gör att inbromsning kan fortsätta.

Hela den här ABS-cykeln inträffar fyra till tio gånger per sekund för varje hjul, och detta försäkrar maximal bromseffekt och kontroll när ABS-systemet är igång.

Bakhjulen har inga hjulhastighetsgivare, men förhindras att låsa (under alla bromsförhållanden) med hjälp av en belastningsfördelande ventil i vardera kretsen. Dessa ventiler sitter i ett gemensamt hus och aktiveras via en arm som är ansluten till bakaxeln. Den belastningsfördelande ventilen kontrolleras och justeras före leverans med ett speciellt verktyg. Efterföljande justeringar eller kontroller måste utföras av en Fordverkstad.

1996 års modeller och framåt

Teves 20-I ABS-system som är monterat på senare modeller är en totalt omarbetad version av originalsystemet, med ett antal skillnader i hydraulenheten och ABS-modulens programvara. Från och med 1998 kan systemet även omfatta ett antispinnsystem (TCS).

Som med den tidigare versionen, arbetar det här ABS-systemet tillsammans med det vanliga bromssystemet, men omfattar även en hydraulenhet, en ABS-modul och en hjulhastighetsgivare på varje hjul (totalt 4 stycken). ABS-modulens funktion är i stort sett samma som på det tidigare systemet, men för att hålla antalet externa elektriska anslutningar till ett minimum och göra systemet mer pålitligt, har man nu integrerat modulen med hydraulenheten.

Hydraulenheten består av en elektrisk motor som aktiverar en pump med excentrisk

drivning och två radiella kolvar, inlopps- och utloppssolenoidventiler, tryckackumulatorer och pulsdämpare. Enheten styr det hydraultryck som appliceras på bromsen för vart och ett av de fyra hjulen. Returpumpen slås på när ABS-systemet är aktiverat och den för tillbaka hydraulvätskan som tappats av under tryckreduceringsfasen till bromskretsen.

ABS-systemet fungerar enligt följande. Under normal bromsning appliceras tryck från bromspedalen på huvudcylindern av vakuumservons tryckstång. Tryckstången agerar direkt på tryckkolven i huvudcylindern, som trycksätter hydraulvätskan i bromsrören till den hydrauliska styrenheten. Både inlopps- och utloppsventilen förblir i "viloläget" (inloppsventilen öppen och utloppsventilen stängd). Hydrauliskt tryck överförs till varje bromsok eller hjulcylinder och på så sätt aktiveras bromsarna. När bromspedalen släpps upp, öppnas en envägsventil som gör att hydraultrycket i kretsen minskar snabbt.

ABS-modulen övervakar hela tiden hjulens hastighet via de signaler den får från hjulhastighetsgivarna. Om modulen upptäcker att ett eller fler hjul håller på att låsa, sätter ABS-funktionen i gång i tre faser: bibehållande av tryck, tryckreducering och tryckökning. Eftersom systemet arbetar individuellt på varje hjul, kan hjulen vara i olika faser vid samma tidpunkt.

I bibehållandefasen, som förhindrar att ytterligare hydraultryck byggs upp i den kontrollerade kretsen, stänger ABS-modulen inloppsventilen och håller också utloppsventilen stängd. Hydraulvätskeröret från huvudcylindern till bromsoket eller hjulcylindern är stängt, och hydraulvätskan i den kontrollerade kretsen hålls under ett konstant tryck. Trycket kan nu inte ökas i den kretsen av ytterligare tryck på bromspedalen.

Om hjulhastighetsgivarnas signaler indikerar att hjulrotationen nu har stabiliserats, sätter ABS-modulen igång tryckökningsfasen, vilket gör att inbromsningen kan fortsätta. Om hjullåsning fortfarande upptäcks efter bibehållningsfasen, inleder modulen tryckreduceringsfasen.

I tryckreduceringsfasen förblir inloppsventilen stängd och utloppsventilen öppnas i en serie korta aktiveringspulser. Trycket i den aktuella kretsen minskas snabbt allteftersom

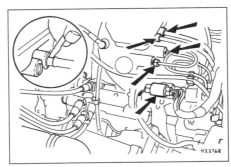

27.3 Lossa hydraulanslutningarna och kontakten (vid pilarna)

vätskan flödar från bromsoket eller hjulcylindern in i tryckackumulatorn. Samtidigt aktiverar ABS-modulen den elektriska motorn som sätter igång returpumpen. Hydraulvätskan pumpas sedan tillbaka till huvudcylinderns trycksida. Denna process skapar en pulserande rörelse som kan kännas i bromspedalen, men som reduceras av pulsdämparen.

Tryckökningsfasen sätts igång efter det att hjulrotationen har stabiliserats. Inlopps- och utloppsventilerna återgår till sina utgångslägen (inloppsventilen öppen och utloppsventilen stängd), vilket åter öppnar hydraulvätskeröret från huvudcylindern till bromsoket eller hjulcylindern. Hydraultryck återupptas vilket återställer bromsens funktion. Efter en liten stund genomförs en kort bibehållningsfas igen och ABS-modulen växlar fortsättningsvis mellan tryckökning och -bibehållning tills hjulet har saktat ned tillräckligt mycket för att tryckreducering ska behövas igen.

Hela ABS-cykeln inträffar 4 till 10 gånger per sekund för varje hjul och detta garanterar maximal bromseffekt och kontroll när ABS-systemet är igång.

Om systemet också omfattar antispinnsystem, sker i själva verket en omvänd procedur. När ABS-modulen känner av att ett eller båda framhjulen roterar snabbare än referensvärdet, läggs bromsen an på relevant hjul för att minska rotationshastigheten.

För att förhindra att bakhjulen låser, innehåller ABS-modulen ytterligare programvara för reglering av bakbromsarnas hydraultryck under normal (ej ABS-reglerad) bromsning. Eftersom bakbromsarnas hydraultryck styrs av ABS-modulen och hydraulenheten, behövs inte längre de mekaniska belastningsfördelande ventilerna som användes i det tidigare systemet.

27 Låsningsfria bromsar (ABS) – demontering och montering av komponenter

Hydraulenhet

Modeller före 1996

1 Koppla loss batteriets jordkabel (negativ) (se kapitel 5A, avsnitt 1).

2 Ta bort påfyllningslocket från huvudcylinderns behållare (notera att locket inte får vändas upp och ned). Behållaren ska nu tömmas med hjälp av en hävert eller liknande.

3 Märk upp varje bromsrör och dess anslutning till huvudcylindern, skruva sedan loss anslutningsmuttrarna och koppla loss rören **(se bild)**. När vätskereturrören kopplas loss från behållaren, tryck i hållklacken i behållaren och dra loss röret. Plugga igen anslutningarna och tejpa över rörändarna för att förhindra att damm och smuts kommer in i systemet.

4 Koppla loss kablagets multikontakt intill hydraulenheten.

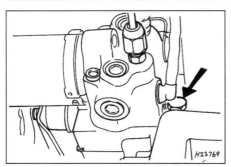

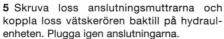

27.6 Placering för bulten till ABS-enheten på fästet

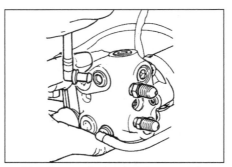

27.7 Lossa oljereturledningarna från ABS-enheten

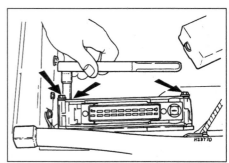

27.19 Placeringen för ABS-modulens fästbultar (vid pilarna)

5 Skruva loss anslutningsmuttrarna och koppla loss vätskerören baktill på hydraulenheten. Plugga igen anslutningarna.
6 Skruva loss fästmuttern som håller multikontaktens fästbygel, och muttern och bulten som håller hydraulenheten till fästbygeln (se bild). Ta loss hydraulenheten från bygeln och ta bort den från bilen.
7 Bänd loss och koppla loss vätskereturrören från hydraulenheten (se bild). Plugga igen anslutningarna och tejpa över rörändarna för att förhindra att damm och smuts kommer in i systemet.
8 Ta bort pluggarna från anslutningarna när rören ska sättas tillbaka. Montera i omvänd ordning mot demonteringen. Notera åtdragningsmomenten för muttern och bulten mellan hydraulenheten och fästbygeln. Se till att alla anslutningar är rena och fästs ordentligt.
9 Avsluta med att lufta systemet enligt beskrivningen i avsnitt 16. Undersök om hydraulrörsanslutningarna vid huvudcylindern/hydraulenheten visar tecken på läckage.

1996 års modeller och framåt

10 Koppla loss batteriets jordkabel (negativ) (se kapitel 5A, avsnitt 1).
11 Ta bort påfyllningslocket från huvudcylinderns behållare (notera att locket inte får vändas upp och ned). Behållaren måste nu tömmas med en hävert eller liknande.
12 Märk upp varje bromsrör och dess anslutning till hydraulenheten, skruva sedan loss anslutningsmuttrarna och ta bort rören. Plugga igen anslutningarna och tejpa över rörändarna för att förhindra att smuts och damm kommer in i systemet.
13 Koppla loss multikontakten från ABS-modulen, på sidan av hydraulenheten.
14 Skruva loss de tre bultarna och ta bort hydraulenheten från motorrummet.
15 Montera i omvänd ordning. Se till att alla anslutnigar är rena och fästs ordentligt.
16 Avsluta med att lufta systemet enligt

beskrivningen i avsnitt 16. Undersök om hydraulrörsanslutningarna vid hydraulenheten visar tecken på läckage.

ABS-modul

Modeller före 1996

17 Koppla loss batteriets jordkabel (negativ) (se kapitel 5A, avsnitt 1).
18 Modulen sitter mitt emot batteriet, baktill i motorrummet. Vrid fästklämman ur vägen och koppla loss multikontakten från modulen.
19 Skruva loss och ta bort de tre fästbultarna och ta bort modulen från bilen (se bild).
20 Montera i omvänd ordning mot demonteringen, men var särskilt försiktig när multikontakten kopplas in.

1996 års modeller och framåt

21 ABS-modulen på senare modeller är en integrerad del av hydraulenheten och den kan inte demonteras separat.

Främre hjulhastighetsgivare

22 En ABS hjulhastighetsgivare sitter monterad på den främre spindelhållaren på varje sida. För att demontera en givare, dra åt handbromsen, lyft upp framvagnen och stötta den på pallbockar så att framhjulen är fria från marken.
23 Frigör givarens kabel från klämman och lossa den från kabelhärvan. Skruva loss fästbulten och ta loss givaren från spindelhållaren. Ta bort givaren och kabeln från bilen.
24 Om givaren ska bytas ut, se till att den har en kabel av rätt längd (på modeller med krängningshämmare är kabeln längre).
25 Montera i omvänd ordning mot demonteringen. När givaren förs på plats, se till att fogytorna är rena, utan spår av olja och fett. Mata kabeln genom hjulhuset och fäst den med klämman/-orna. Säkra med eventuella kabelband. När givaren är på plats, vrid ratten från sida till sida till fullt utslag för att kontrollera att inte givarens kabel tar i några styrnings- eller fjädringskomponenter. Sänk sedan ner bilen på marken.

Bakre hjulhastighetsgivare

26 Bakre hjulhastighetsgivare finns endast på 1996 års modeller och framåt, som är utrustade med Teves 20-I ABS-system.
27 Demontering och montering sker på i stort sett samma sätt som för framhjulshastighetsgivaren, förutom att den bakre givaren är fastskruvad i bromsskölden istället för i spindelhållaren.

Främre hjulhastighetsgivarens ring

28 Se kapitel 10 för information, demontera spindelhållaren, demontera sedan hjulnavet från spindelhållaren.
29 Där så är tillämpligt, skruva loss och ta bort fästbultarna mellan givarringen och navet, ta sedan loss ringen från navet. I vissa fall är givarringen inpressad i navet och det behövs då ett lämpligt verktyg för att dra ur den.
30 Montering sker i omvänd ordning mot demonteringen. Se till att givarens och navets fogytor är rena. Se relevanta avsnitt i kapitel 10 för information om montering av navet och spindelhållaren.

Bakre hjulhastighetsgivarens ring

31 Demontera den bakre bromstrumman/navet enligt beskrivningen i kapitel 10, avsnitt 10.
32 Givarringen är presspassad på navet och man behöver ett avdragningsverktyg för att ta bort den.
33 Pressa in den nya givarringen i navet, montera sedan navet/trumman enligt beskrivningen i kapitel 10, avsnitt 10.

Belastningfördelande ventil

34 Vi rekommenderar inte att man demonterar den belastningsfördelande ventilen, eftersom man behöver ett speciellt återställningsverktyg för att justera ventilen när den monteras tillbaka. Demontering och montering av den här ventilen bör därför överlåtas till en lämpligt utrustad Ford-verkstad.

Kapitel 10
Fjädring och styrning

Innehåll

Svårighetsgrader

Enkelt, passar novisen med lite erfarenhet		Ganska enkelt, passar nybörjaren med viss erfarenhet		Ganska svårt, passar kompetent hemmekaniker		Svårt, passar hemmekaniker med erfarenhet		Mycket svårt, för professionell mekaniker	

Specifikationer

Hjulinställning och styrvinklar

Framhjulens toe-inställning (alla modeler):
Tolerans innan justering krävs .... 0,5 mm toe-ut till 4,5 mm toe-in (0°05' toe-ut till 0°45' toe-in)
Justeringsinställning (vid behov) .... 2,0 mm toe-in ± 1,0 mm (0°20' toe-in ± 0°10')

Hjul

Hjultyper och storlekar (beroende på modell):
Stål .... 13 x 5, 13 x 5 (förstärkt van), 14 x 6 eller 15 x 6
Lättmetall .... 13 x 5, 14 x 6 eller 15 x 6

Däck

Däckstorlekar (beroende på modell) .... 155R 13 78T, 165R 13-C, 165R 13-T, 165R13-REINF, 175/70R 13 82T, 175/70R 13 82H, 185/50R 14H/V, 185/60R 14 82H, 185/60R 14 V, 195/50R 15 V, 195/55R 15V

Däckstryck .... se "Veckokontroller"

Åtdragningsmoment   Nm

Framfjädringen

Navmutter:

M20 x 1,5 (23-splines drivaxel)	220
M22 x 1,5 (25-splines drivaxel)	235

Klammerbult, bärarmskulled till spindelhållare 54

Bärarmens bultar till monteringsramen (dras med
bilen stående på hjulen):

Steg 1	50
Steg 2	Lossa helt
Steg 3	50
Steg 4	Vinkeldra ytterligare 90°

Krängningshämmarlänk till fjäderben	50
Krängningshämmarlänk till krängningshämmare	50
Klammerbultar, krängningshämmare till monteringsram	24
Monteringsramens fästbultar	85
Övre fjädringsfästets mutter	46
Muttern till fjäderbenets kolvstångs övre fjädersäte	58
Klammerbult, fjäderben till spindelhållare	85

Bakfjädring (kombikupé, sedan och kombi)

Baknavslagrets mutter	260
Bultar, axelns främre fäste	50
Bultar/muttrar* axelns främre bussning/pivåhållare	120
Övre fjäderbensmuttrar (kombikupé och sedan)	35
Fjäderbenets nedre fäste (kombikupé och sedan)	120
Fjäderbenets övre genomgående bult (kombikupé och sedan)	50
Övre stötdämparfäste (kombi)	50
Nedre stötdämparfäste (kombi)	69

*Momentet ska mätas på bultskallen (inte muttern)

Bakfjädring (van)

Baknavslagrets mutter	260
Övre stötdämparfäste	50
Nedre stötdämparfäste	68
Stötdämparfäste till kaross	35
U-bultens muttrar, axel/fjäder	41
Främre fjäderfästets bult	84
Bakre schacklets övre pinnbult/mutter	50
Bakre schacklets nedre bult	84

Styrning (utan servo)

Rattens bult till rattstången	50
Bultar, styrväxel till monteringsram	84
Rattstångens fästmuttrar	25
Klammerbult, rattstång till pinjongaxel	25
Styrstagsändens kulled till spindelhållarens arm	28
Styrstagsändens kulled till styrstagets låsmutter	63
Styrstag till kuggstång	79
Genomgående bult för justerbar styrning	7

Styrning (med servo)

Rattens bult till rattstången 50

Bultar, styrväxel till monteringsram:

Steg 1	15
Steg 2	Vinkeldra ytterligare 90°

Rattstångens fästmuttrar	25
Klammerbult, rattstång till pinjongaxel	25
Styrstagsändens kulled till spindelhållarens arm	28
Styrstagsändens kulled till styrstagets låsmutter	63
Styrstag till kuggstång	79
Genomgående bult för justerbar styrning	7
Servopumpens bultar	25
Servopumpens remskivebultar	25
Tryckslang till pump	28

Hjulmuttrar

Alla modeller 85

1 Allmän information

Den oberoende framfjädringen är av typen MacPherson fjäderben och består bl a av spiralfjädrar och teleskopiska stötdämpare. Fjäderbenen är monterade i nederänden på spindelhållare och dessa är i sin tur kopplade till bärarmarna med kulleder. Välutrustade modeller har en krängningshämmare ansluten till monteringsramen och bärarmarna med gummibussningsförsedda länkstag.

Alla modeller utom van har en semi-oberoende bakfjädring av bärarmstyp, som inkluderar ett torsionsstag. Denna balk i form av ett inverterat V ger en begränsad flexibilitet i sidled, vilket ger vardera bakhjulet en viss oberoende rörelseförmåga samtidigt som bakaxelns spårning och camber bibehålles. Axeln är monterad med gummibussningar i fäste på bottenplattan. Vardera fästet har konisk infattning för precis uppriktning av bakaxeln. Det är viktigt att komma ihåg att bilen aldrig får lyftas baktill med domkraft under axelbalken. Själva axelbalken är underhållsfri men bärarmsbussningarna kan vid behov bytas.

Bakre fjäderbenen på kombikupé och sedan liknar de som används i framvagnen, den kombinerade stötdämparen och spiral-fjädern är monterad mellan fjäderbenstornet i bagageutrymmet och bärarmen, innanför axeltappen. Kombiversionen har spiralfjädern separat från stötdämparen, mellan botten-plattan och bärarmen.

Vanmodellens bakfjädring består av en tvärgående axel som bärs upp av en enkel bladfjäder på var sida. Teleskopiska stöt-dämpare används för att styra rörelser i höjdled.

En kuggstångsstyrning med variabel utväxling är monterad tillsammans med en vanlig rattstång och tvådelad axel. Styrväxeln är fastbultad på främre monteringsramen. Vissa modeller har en ratt som kan justeras i höjdled och servostyrning finns tillgänglig.

2 Främre spindelhållare - demontering och montering

Demontering

1 Demontera fälgdekoren på relevant sida så att navmuttern blir åtkomlig. Använd passande dorn och knacka upp stakningen på muttern, lossa sedan muttern.
2 Klossa bakhjulen och ställ framvagnen på pallbockar (se "Lyftning och stödpunkter"). Ta av tillämpligt framhjul.
3 Skruva ur bulten och lossa bromsslang och fäste från fjäderbenet (se bild).
4 Skruva ur okhållarbultarna, dra ut oket och häng upp det så att bromsslangen inte sträcks. Lossa i förekommande fall ABS-givaren och ledningen från spindelhållaren.

5 Dra ut sprinten från styrstagsändens kulled, skruva ur muttern och lossa staget från spindelhållaren med en kulledsavdragare, se till att inte skada kulledens tätning.
6 Anteckna monteringsvägen och skruva ur klammerbulten i bärarmens kulled till spindel-hållaren. Bänd upp leden och lossa den från spindelhållaren (se bilder). Se till att inte skada kulledens tätning vid delningen.
7 Skruva ur bromsskivans skruv och avlägsna bromsskivan från navet.
8 Skruva ur navmuttern och brickan. En ny mutter krävs vid monteringen.
9 Anteckna monteringsriktningen och skruva ur bulten mellan fjäderben och spindelhållare. Öppna klammern och lossa spindeln från fjäderbenet. Knacka vid behov ned spindel-hållaren för att sära de två delarna (se bilder).
10 Montera en avdragare på spindelhållaren och dra av den från drivaxeln. När drivaxeln går fri, bind upp den under hjulhuset. Detta förhindrar att den hänger så att knuten vrids för mycket.

Montering

11 Montering sker i omvänd arbetsordning, lägg dock märke till följande:
a) Se till att alla fogytor, speciellt de mellan skiva och nav är rena innan montering.
b) Smörj navets splines med molybden-disulfidfett, se till att inte rubba nav-lagren när drivaxeln monteras genom navet.

2.3 Lossa bromsslangen från främre fjäderbenet

2.6a Skruva ur klammerbult och mutter mellan bärarm och spindel

2.6b Bänd upp leden . . .

2.6c . . . och lossa bärarmens kulled från spindeln

2.9a Skruva ur klammerbulten mellan fjäderbenet och spindelhållaren . . .

2.9b . . . och sära spindelhållaren från fjäderbenet

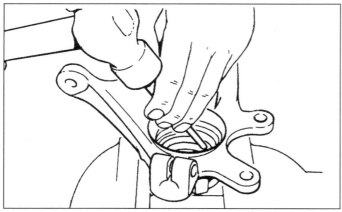

3.4 Knacka loss navlagrets yttre bana från spindelhållaren med ett dorn

3.6 Användning av hemtillverkade redskap för montering av det yttre lagret på spindelhållaren

A Stålrör   C Lager   E Plan bricka
B Spindelhållare   D Stålrör   F Gängad bult

c) Dra alla muttrar och bultar till angivet moment. Använd ny sprint för att säkra muttern till styrstagsändens kulled. När bärarmens kulled till spindelhållaren ansluts, se till att klammerbulten greppar helt i spåret och förhindrar att bulten vrids när muttern dras åt.

d) När den nya navmuttern dragits till angivet moment, staka ned mutterflänsen i spåret i drivaxelns ände.

3 Främre navlager (23 splines) - byte

Observera: De främre navlagren ska endast demonteras om de ska bytas. Demonteringen förstör lagren. Före isärtagning, observera att det krävs en navlageravdragare och en uppsättning rör i olika diametrar och helst en press. Såvida inte dessa verktyg är tillgängliga ska byte av navlagren överlåtas till en Fordverkstad. Under inga förhållanden får lagren knackas på plats eftersom detta förstör dem. På ABS-modeller, var försiktig vid lagrets demontering och montering så att givarringen inte skadas.

Demontering

1 Demontera spindelhållaren enligt beskrivning i avsnitt 2.
2 Navet måste nu avlägsnas från inre lagerbanorna. Det bästa är att använda en press, men det går att driva ut lagret med ett rör i passande kaliber.
3 En del av inre lagerbanan kommer att vara kvar i navet, den avlägsnas med avdragare.
4 Använd ett lämpligt dorn, knacka på yttre lagerbanan på diametralt motsatta punkter och avlägsna den från spindelhållaren **(se bild)**. Låt inte lagret vinklas när det dras ur huset, i annat fall fastnar det och kan skada

loppet. Spån eller grader i lagersätet förhindrar att det nya lagret sätter sig korrekt.
5 Rengör lagersäte och nav mycket noga innan hopsättningen.

Montering

6 Pressa den nya yttre lagerbanan på plats i spindeln med ett metallrör som har en något mindre diameter än ytterbanan. Lägg inte tryck på innerbanan. Alternativt kan en lång gängstav eller bult och stora plana brickor användas för att dra lagret på plats **(se bild)**. Montera det nya innerlagret på samma sätt.
7 Stötta innerbanan med ett rör och tryck på navet på lagret.
8 Kontrollera att navet snurrar fritt på lagren och montera spindelhållaren enligt beskrivning i avsnitt 2.

4 Främre navlager (25 splines) - byte

Observera: De främre navlagren ska endast demonteras om de ska bytas. Demonteringen förstör lagren. Innan isärtagning, observera att det krävs en navlageravdragare och en uppsättning rör i olika diametrar och helst en press. Såvida inte dessa verktyg är tillgängliga ska byte av navlagren överlåtas till en Fordverkstad. Under inga förhållanden får lagren knackas på plats eftersom detta förstör dem. På ABS-modeller, var försiktig vid lagrets demontering och montering så att givarringen inte skadas.

Demontering

1 Demontera spindelhållaren enligt beskrivning i avsnitt 2.
2 Navet måste nu avlägsnas från inre lagerbanorna. Det bästa är att använda en press, men det går att driva ut lagret med ett rör i passande kaliber.

3 En del av inre lagerbanan kommer att vara kvar i navet, den avlägsnas med avdragare.
4 Dra ut lagerhållarens låsring med en låsringstång och driv ut yttre lagerbanan från spindelhållaren. Låt inte lagret vinklas när det dras ur huset, i annat fall fastnar det och kan skada loppet. Spån eller grader i lagersätet förhindrar att det nya lagret sätter sig korrekt. Vid behov, stick in den gamla lagerbanan för att underlätta demonteringen av lagret.
5 Rengör lagersäte och nav mycket noga innan hopsättningen.

Montering

6 Pressa den nya yttre lagerbanan på plats i spindeln med ett metallrör som har en något mindre diameter än ytterbanan. Lägg inte tryck på innerbanan. Alternativt kan en lång gängstav eller bult och stora plana brickor användas för att dra lagret på plats **(se bild 3.6)**.
7 Säkra lagret i spindelhållaren med låsringen.
8 Stötta innerbanan met ett rör och tryck in navet helt i lagret.
9 Kontrollera att navet snurrar fritt på lagren och montera spindelhållaren enligt beskrivning i avsnitt 2.

5 Främre fjäderben - demontering och montering

Demontering

1 Klossa bakhjulen och ställ framvagnen på pallbockar (se "Lyftning och stödpunkter"). Ta av tillämpligt framhjul.
2 Öppna och stötta motorhuven. Bänd loss skyddshuven från fjäderbenets övre fästmutter och lossa, *men skruva inte ur* den centrala fästmuttern. När muttern lossas, håll mot på fjäderbenets kolvstång med en

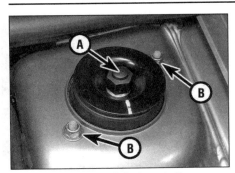

5.2a Främre fjäderbenets övre fäste visande skyddshuven över muttern (A) och fjäderbenets fästmuttrar i karossen (B)

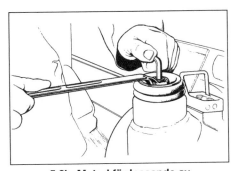

5.2b Metod för lossande av fjäderbenets övre fäste

insexnyckel så att stången inte vrids när muttern lossas **(se bilder)**.

3 Lossa främre bromsslangen från fästet på fjäderbenet.

4 I förekommande fall, skruva loss krängningshämmarens länkstång från fjäderbenet.

5 Skruva ur klammerbulten mellan fjäderbenet och spindelhållaren.

6 Anteckna monteringsriktningen och skruva ur klammerbulten mellan bärarmens kulled och spindelhållaren. Bänd upp fogen med ett stort plant redskap och lossa kulleden från spindelhållaren. Se till att inte skada kulledens tätning vid delandet.

7 Bänd upp fogen mellan spindelhållare och fjäderben och sära hållaren från fjäderbenet. Knacka vid behov loss hållaren med en mjuk klubba.

8 Stötta fjäderbenets vikt underifrån och skruva ur de två muttrar som fäster det i tornet på översidan. Sänk ned fjäderbenet och avlägsna det från bilen.

Montering

9 Montering sker i omvänd arbetsordning. Dra alla bultarna till angivet moment. När bärarmens kulled ansluts till spindelhållaren, se till att klammerbulten greppar helt i spåret och förhindrar att bulten vrids när muttern dras åt.

---

6 Främre fjäderben - isärtagning, undersökning och hopsättning

Varning: En passande fjäderhoptryckare måste skaffas. Justerbara spiralfjäderhoptryckare finns lättillgängliga och rekommenderas för detta arbete. Varje försök att demontera fjädern utan ett sådant verktyg leder troligtvis till skador på bilen eller dig själv.

Isärtagning

1 När fjäderbenet lyfts ut, avlägsna all smuts och sätt upp det vertikalt i ett skruvstycke.

2 Montera fjäderhoptryckaren (se till att ingreppet är korrekt) och tryck ihop fjädern till dess att allt tryck är borta från övre fästet **(se bild)**.

3 Håll mot kolvstången med insexnyckel och skruva ut muttern med en ringnyckel.

4 Dra ut koppen, övre fästet, lagret och fjädersätet samt damask och stoppklack **(se bild)**.

5 Fjäderben och spiralfjäder kan nu säras. Om en ny fjäder eller nytt fjäderben ska monteras måste nu originalfjäderns spänning försiktigt släppas upp. Om fjädern ska återanvändas kan den lämnas hoptryckt.

6.2 Fords specialverktyg för hoptryckande av främre fjäderbenets spiralfjäder

Undersökning

6 Med isärtaget fjäderben, undersök alla komponenter vad gäller slitage och skador. Kontrollera att lagret inte kärvar. Byt delar efter behov.

7 Kontrollera att fjäderbenet inte läcker. Kontrollera att kolvstången inte är gropig och att stötdämparhuset inte är skadat eller att bulthålen är förstorade. Testa stötdämparen genom att dra kolven genom ett helt slag och sedan korta slag om 50 till 100 mm. I bägge fallen ska motståndet vara jämnt och kontinuerligt. Om motståndet är ryckigt, ojämnt eller om det finns synliga tecken på slitage eller skada ska stötdämparen bytas.

Hopsättning

8 Hopsättning sker i omvänd arbetsordning, försäkra dig om att spiralfjäderns

---

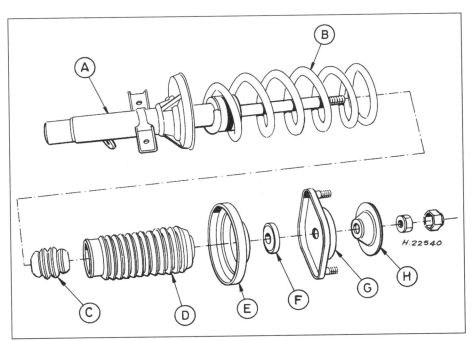

6.4 Främre fjäderbens delar

A Ben	C Stoppklack	E Övre fjädersäte	G Övre hållare
B Fjäder	D Damask	F Lager	H Övre monteringsskål

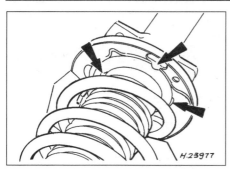

6.8a Fjäderns placering i nedre sätet

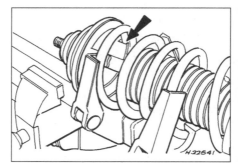

6.8b Fjäderändens placering i övre sätet

7.3 Krängningshämmarens fäste i monteringsramen

ändar är korrekt placerade i bägge fjäder-sätena **(se bilder)**. Kontrollera att lagret är korrekt monterat på kolvstångsätet. Dra övre muttern till angivet moment.

7 Främre krängningshämmare - demontering och montering

Demontering

1 Demontera den främre monteringsramen enligt beskrivning i avsnitt 9. Om endast krängningshämmarens bussningar ska bytas ut, kan detta göras utan att monteringsramen och krängningshämmaren demonteras.
2 Skruva loss fästmuttrarna eller bultarna och ta bort krängningshämmarens fästbyglar från monteringsramen på var sida, dra sedan bort krängningshämmaren från monteringsramen.
3 Undersök om krängningshämmaren är skadad och om bussningarna är slitna eller skadade. Bussningarna kan bytas ut utan att själva krängningshämmaren demonteras – bussningarna är delade. Om fästena mellan krängningshämmaren och monteringsramen kopplas loss, kan bussningarna öppnas och bändas loss, och nya monteras **(se bild)**. Smörj de nya bussningarna med gummifett innan de monteras. Om länkstagens bussningar behöver bytas ut måste nya länkstag monteras.

Montering

4 Montering sker i omvänd ordning. Dra åt fästmuttrarna/-bultarna till specificerat åtdragningsmoment.

8 Främre bärarm - demontering och montering

Demontering

1 Klossa bakhjulen och ställ framvagnen på pallbockar (se *"Lyftning och stödpunkter"*). Ta av tillämpligt framhjul.
2 Anteckna monteringsriktningen och skruva ur klammerbulten mellan bärarmens kulled

och spindelhållaren. Bänd upp fogen med ett stort plant redskap och lossa kulleden från spindelhållaren. Se till att inte skada kulledens tätning vid delandet.
3 Skruva ur monteringsramens inre bultar och dra ut bärarmen från den **(se bild)**.
4 Om kulleden och/eller innerfästets buss-ningar är i dåligt skick måste hela bärarmen bytas. Bärarmen måste även bytas om den skadats strukturellt.

Montering

5 Montering sker i omvänd arbetsordning, lägg dock märke till följande:
a) *När bärarmen monteras på monteringsramen måste bultarna stickas in från undersidan och fingerdras, till dess att bilen står på marken.*
b) *När bärarmens kulled monteras på spindelhållaren, se till att klammer-bulten greppar helt i spåret och att bulten inte kan vridas när muttern dras åt.*
c) *Dra bärarmens bultar till monterings-ramen med angivet moment när bilen står på marken. Bultarna måste dras åt i visad ordningsföljd.*

9 Monteringsram - demontering och montering

Demontering

1 Klossa bakhjulen och ställ framvagnen på pallbockar (se *"Lyftning och stödpunkter"*). Ta av framhjulen.
2 Lossa batteriets jordledning (se kapitel 5A, avsnitt 1).
3 Montera en motorstödstång (eller lyft och sling) som bär upp hela vikten av drivpaketet när monteringsramen demonteras (som vid demontering och montering av drivpaketet).
4 Centrera styrningen rakt fram, arbeta i bilen och skruva ur klammerbulten mellan rattstång och pinjongaxel.
5 Skruva ur motorfästenas bultar från mon-teringsramen **(se bild)**.

8.3 Bärarmens bultar (vid pilarna) till monteringsramen

6 Där tillämpligt, dra ut syresensorns kontakt, skruva ur muttrarna och lossa nedåtgående röret (se kapitel 4E). Demontera värmesköldar efter behov, så att växlingslänkarna blir åtkomliga.
7 Lossa växlingslänkaget från växellådan (se kapitel 7A eller 7B).
8 Dra ur sprintarna och skruva loss styr-stagsändarnas kulledsmuttrar på var sida och sära vardera kulleden från spindelhållaren med en kulledsavdragare.
9 Anteckna monteringsriktningen och skruva ur klammerbulten mellan bärarmens kulled och spindelhållaren. Bänd upp fogen med ett stort plant redskap och lossa kulleden från spindelhållaren. Se till att inte skada kulledens tätning vid delandet.

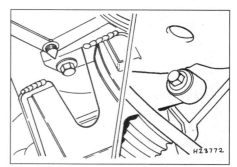

9.5 Placering för motorfästbultar på monteringsramen

9.12a Anslutning mellan länkstag och fjäderben

9.12b Länkens anslutning till stången

9.14 Placeringen för monteringsramens bultar (vid pilarna)

10 Skruva ur bulten och lossa höger motor-stödstag från monteringsramen.
11 Skruva ur den andra motorfästbulten.
12 Där så är tillämpligt, skruva loss fäst-muttrarna och lossa krängningshämmarens länkstag från fjäderbenet och krängnings-hämmaren, på båda sidor **(se bilder)**.
13 Lossa i förekommande fall servo-styrningens slangar från stryrväxeln (se av-snitt 24).
14 Placera lämplig stöttning under mon-teringsramen och skruva ur de åtta bultarna från de platser som visas **(se bild)**. Sänk stöttningen och dra ut monteringsramen. När den sänks, lossa styrningens pinjongaxel från rattstången.
15 När monteringsramen sänkts ned kan styrväxel, bärarmar och (i förekommande fall) krängningshämmare demonteras från den efter behov.
16 Om monteringsramen och/eller samman-hörande delar skadats eller är i dåligt skick ska de bytas ut.

Montering

17 Montering sker i omvänd arbetsordning, lägg dock märke till följande:
  a) *Kontrollera innan hopsättningen att alla monteringsytor är rena.*
  b) *När monteringsramen lyfts i läge, se till att styrstiften greppar i hålen i bottenplattan och koppla styrningens pinjongaxel till rattstången. Kontrollera att de olika bulthålen är uppriktade och stick in alla bultar löst innan de dras angivet moment.*

  c) *När bärarmskulleden kopplas till spindelhållaren, se till att klammerbulten greppar helt i spåret och hindrar bulten från att vridas när muttern dras åt.*
  d) *Dra alla muttrar och bultar till angivna moment. Använd nya låssprintar för att säkra muttrarna i styrstagsändarnas kulleder.*
  e) *Avsluta med att kontrollera framhjulens toe-inställning (se avsnitt 28).*

10 Bakre navlager - byte

Trumbromsade modeller

1 Klossa framhjulen och ställ bakvagnen på pallbockar (se *"Lyftning och stödpunkter"*). Demontera aktuellt bakhjul.
2 På modeller före 1996, lossa handbromsen. På 1996 års modeller och framåt, lossa handbromsspakens damask för att komma åt justermuttern på sidan av spaken och ge vajern så mycket slack som möjligt. Om bromstrumman sitter fast på backarna, ta bort gummipluggen på bromsskölderns insida, stick in en lämplig skruvmejsel och frigör självjusteringen genom att haka loss spärren från klon.
3 På vissa modeller kan bromstrumman demonteras separat från navet om så önskas. Ta bort trummans fästskruv (om tillämpligt) och dra loss trumman från navet.
4 Lossa yttre fetthuven från mitten av navet

(se bild). Huven deformeras vid demont-eringen, så en ny måste användas vid monteringen.
5 Skruva loss och ta bort navmuttern, men notera att på modeller före 1996 följer gäng-riktningen bilens sida – högergäng på höger sida och vänstergäng på vänster sida **(se bild)**. *En vänstergänga skruvas loss medurs.* Navmuttrarna på 1996 års modeller och framåt är båda högergängade.
6 Dra loss bromstrumman/navet från bak-axeltappens spindel **(se bild)**.

Skivbromsade modeller

7 Klossa framhjulen och ställ upp bakvagnen på pallbockar (se "Lyftning och stödpunkter"). Demontera aktuellt bakhjul.
8 Se kapitel 9 och demontera de bakre bromsklossarna.
9 Se kapitel 9, skruva loss bromsokets två fästbultar och dra av oket från bromsskivan. Bind upp oket med ett snöre eller en vajer, men sträck inte bromsslangen.
10 Skruva loss bromsskivans fästskruv och dra loss skivan från bromsbackarna och navet.
11 Lossa den yttre fetthuven från navets mitt. Huven deformeras vid demonteringen, så en ny måste användas vid monteringen.
12 Skruva loss och ta bort navmuttern, men notera att på modeller före 1996 följer gängriktningen bilens sida – högergäng på höger sida, vänstergäng på vänster sida. *En vänstergänga skruvas loss medurs.* Navmuttrarna på 1996 års modeller och framåt är båda högergängade.

10.4 Lossa yttre fetthuven från baknavets centrum . . .

10.5 . . . skruva ur navmuttern . . .

10.6 . . . och dra ut bromstrumman

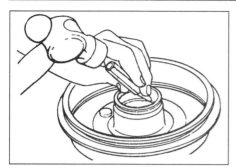

10.16 Använd dorn och driv ut lagerskålarna från baknavet

11.3 Bakre fjäderbenets fäste på kombikupé och sedan

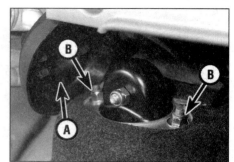

11.4 Bakre fjäderbenets övre fäste på kombikupé och sedan visande skyddshuven (A) och muttrarna (B)

13 Dra loss navet från bakaxeltappens spindel.

Alla modeller

14 Använd en skruvmejsel och bänd ut fettpackningen från navets mitt. Se till att inte skada packningssätets yta.

15 Ta ut inre och yttre lagerkonor från navet.

16 Driv ut lagerskålarna ur navet med en dorn. Knacka på diagonalt motsatta punkter på skålen varannan gång så att den förblir i rät vinkel (se bild). Låt inte skålarna luta i sätena eftersom detta kan orsaka grader som förhindrar att de nya lagren sätter sig korrekt vid monteringen.

17 Rengör säte och spindel noga innan hopsättningen.

18 Vid hopsättningen, knacka de nya lagerskålarna på plats med ett rör vars diameter är något mindre än lagerskålens ytterdiameter. Se till att skålarna sätts in rätvinkligt och fäst ansatserna i navet.

19 Packa den inre lagerkonan med fett och sätt in den i sin skål i navet.

20 Montera fettpackningen genom att först smörja innerläppen och sedan lätt knacka fast den med trämellanlägg. Se till att packningen är rättvänd.

21 Packa den yttre lagerkonan med fett och placera den i sin skål.

22 Trumman/navet eller enbart navet (beroende på modell) kan nu monteras på axelspindeln. Innan montering, kontrollera först att friktionsytan i trumman är fri från fett och olja. Placera trumman/navet på plats och skruva på muttern. Dra den till angivet moment samtidigt som navet snurras så att lagren sätter sig korrekt.

23 Knacka försiktigt fetthuven på plats, gradvis runt kanten till dess att den är helt i läge.

24 På modeller med skivbromsar eller separata bromstrummor, montera skivan eller trumman och säkra med fästskruven (om tillämpligt).

25 På modeller med skivbromsar, montera oket och dra åt fästbultarna till angivet moment. Se kapitel 9 och montera de bakre bromsklossarna.

Modeller före 1996

26 Sätt tillbaka gummipluggen på bromsskölden och trampa ned bromspedalen hårt några gånger för att justera bromsarna. Kontrollera att bakbromsarna inte kärvar när bromspedalen släpps upp. Montera hjulet, sänk ned bilen och dra åt hjulmuttrarna till angivet moment.

Modeller från 1996 och framåt

27 Sätt tillbaka gummipluggen på bromsskölden. Justera handbromsvajern enligt beskrivning i kapitel 1 och trampa ned bromspedalen hårt några gånger för att justera bromsarna. Kontrollera att bakbromsarna inte kärvar när bromspedalen släpps upp. Montera hjulet, sänk ned bilen och dra åt hjulmuttrarna till angivet moment.

11 Bakre fjäderben (kombikupé och sedan) - demontering och montering

Demontering

1 Klossa framhjulen och ställ bakvagnen på pallbockar (se "Lyftning och stödpunkter"). Demontera innerskärmen.

2 På ABS-utrustade bilar, skruva ur muttern och lossa fördelningsventilens länk (om monterad) från axelbalken.

3 Skruva ur bulten mellan fjäderbenet och axeln (se bild).

4 Lossa skyddshuven från övre stötdämparfästet i bagageutrymmet (se bild).

5 Skruva ur de två muttrarna och lossa fjäderbenet från övre fästet. Skruva inte ur den centrala övre fästbulten.

6 Dra ut fjäderbenet från bilen.

Montering

7 Montering sker i omvänd arbetsordning, lägg dock märke till följande:

a) Med fjäderbenet på plats i övre fästet, dra muttrarna till angivet moment.

b) När fjäderbenet ansluts till nedre fästet, fingerdra bulten och ställ ned bilen på hjulen innan bulten slutdras till angivet moment.

12 Bakre fjäderben (kombikupé och sedan) - isärtagning, undersökning och hopsättning

Varning: *En passande fjäderhoptryckare måste införskaffas. Justerbara spiralfjäderhoptryckare finns att köpa och de rekommenderas för detta arbete. Varje försök att demontera fjädern utan ett sådant verktyg leder troligtvis till skador på bilen eller dig själv.*

Isärtagning

1 När fjäderbenet lyfts ut, avlägsna all smuts och sätt upp det i ett skruvstycke.

2 Montera fjäderhoptryckaren (se till att ingreppet är korrekt) och tryck ihop fjädern till dess att allt tryck är borta från övre fästet.

3 Skruva ur övre fästets genomgående bult och mutter (se bild).

4 Dra ut övre monteringsskålen och fjädersätet.

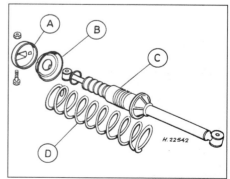

12.3 Delar till bakre fjäderben monterade på kombikupé och sedan

A Övre fästskål   C Fjäderben
B Fjädersäte   D Fjäder

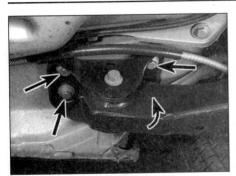

**13.5 Bakaxelns främre fästbultar
(vid pilarna)**

5 Fjäderben och spiralfjäder kan nu säras. Om en ny fjäder eller nytt fjäderben ska monteras måste nu originalfjäderns spänning försiktigt släppas upp. Om fjädern ska återanvändas kan den lämnas hoptryckt.

Undersökning

6 Med isärtaget fjäderben, undersök alla komponenter vad gäller slitage och skador. Kontrollera att lagret inte kärvar. Byt delar efter behov.

7 Kontrollera att fjäderbenet inte läcker. Kontrollera att kolvstången inte är gropig och att stötdämparhuset inte är skadat eller att bulthålen är förstorade. Testa stötdämparen genom att dra kolven genom ett helt slag och sedan korta slag om 50 till 100 mm. I bägge fallen ska motståndet vara jämnt och kontinuerligt. Om motståndet är ryckigt, ojämnt eller om det finns synliga tecken på slitage eller skada ska stötdämparen bytas.

Hopsättning

8 Montering sker i omvänd arbetsordning, lägg dock märke till följande:

a) *När fjädern placeras över fjäderbenet och fjädersätena, skålen och genomgående bulten monterats, dra bulten till angivet moment.*

b) *När hopsatt, kontrollera att spiralfjäderändarna greppar korrekt i sina säten innan fjäderhoptryckaren släpps upp.*

13 Bakaxel (kombikupé, sedan och kombi) - demontering och montering

Demontering

1 Klossa framhjulen och ställ bakvagnen på pallbockar (se *"Lyftning och stödpunkter"*). Demontera bakhjulen.

2 Se kapitel 9 och lossa handbromsvajerns utjämnare från primärvajern. Lossa det ej justerbara vajerclipset och vajern från bottenplattan.

3 Lossa bakbromsarnas slangar från bromsrörsanslutningarna. Kläm ihop slangarna innan de lossas för att minimera spill och intrång av luft i hydrauliken (se kapitel 9).

4 På ABS-utrustade modeller, skruva ur muttern och lossa ABS-fördelningsventilen (om monterad) från axelbalken. Koppla inte ut fördelningsventilen (se kapitel 9).

Kombikupé och sedan

5 Stötta axelbalken med domkrafter eller pallbockar (men lyft den inte) och skruva ur fästbultarna på var sida **(se bild)**.

6 Skruva ur fjäderbenens fästbultar till axelbalken på var sida.

7 Kontrollera att alla sammanhörande anslutningar är lossade, sänk ned balken och avlägsna den från bilens undersida.

8 Om torsionsstaget skadats måste det bytas. Se kapitel 9 och demontera bakbromsarna från axeln. Skruva ur pivåbulten för att demontera främre fästet från axeln.

Kombi

9 Placera en domkraft under spiralfjäderfästet på bärarmen (inte under axelbalken) på var sida och lyft såpass att bärarmarnas vikt precis tas upp.

10 Skruva ur stötdämparbultarna från bärarmsanslutningarna på var sida.

11 Sänk långsamt bärarmsdomkrafterna så mycket att spiralfjädrarnas tryck släpper.

12 När fjädrarna är helt avlastade, dra ut dem från placeringen mellan bärarmarna och karossen. När de avlägsnas, märk deras placering och monteringsriktning så att de kan sättas tillbaka på sina rätta platser.

13 Placera domkrafter eller pallbockar så att axelbalkens vikt bärs upp, utan att lyftas, och skruva ur fästbultarna på var sida.

14 Kontrollera att alla sammanhörande anslutningar är lossade, sänk ned balken och avlägsna den från bilens undersida.

15 Om torsionsstaget skadats måste det bytas. Se kapitel 9 och demontera bakbromsarna från axeln. Skruva ur pivåbulten för att demontera främre fästet från axeln.

Montering

Alla modeller

16 Montering sker i omvänd arbetsordning, lägg dock märke till följande:

a) *Anslut först axeln till golvfästena och dra bultarna till angivet moment.*

b) *På kombikupé och sedan, anslut axeln till fjäderbenen, men slutdra inte bultarna förrän bilen står med hjulen på marken.*

c) *På kombimodeller, när spiralfjädrarna monteras mellan karossen och bärarmarna, se till att de är rättvända och att ändarna sitter mot stoppen. När spiralfjädrarna är korrekt placerade, höj domkrafterna under bärarmarna och anslut stötdämparna på var sida.*

d) *Se till att alla bromsledningsanslutningar är rena innan de kopplas, se relevanta avsnitt i kapitel 9 för detaljer, avlufta bromsarna och anslut och justera handbromsvajern.*

e) *När bilen står på marken, dra fjädringsfästena till angivna moment.*

14 Bakaxelns bussningar (kombikupé, sedan och kombi) - byte

1 Klossa framhjulen och ställ bakvagnen på pallbockar (se *"Lyftning och stödpunkter"*).

2 Placera ett lämpligt stöd (helst justerbart) under torsionsstaget så att det kan ta upp axelns (inte bilens) vikt.

3 Skruva ur muttrar och pivåbultar, sänk ned bakaxeln så att bussningar går fria från fästen. Se till att bromsrören inte vrids eller sträcks - lossa vid behov bromsledningarna (se kapitel 9).

4 Använd ett lämpligt grovt stålrör, diverse plana brickor, lång bult och mutter och dra ut bussningen ur axelarmen.

5 Rengör bussningssätet, smörj det och den nya bussningen med tvålvatten innan monteringen.

6 Placera den nya bussningen på plats med stålrör, brickor, bult och mutter som vid urdragningen. Se till att bussningens fläns är på utsidan och dra den på plats så att läppen greppar.

7 Lyft axeln så att bussningsloppen är i linje med bulthålen i fästena och stick in pivåbultarna. Skruva på, men slutdra inte muttrarna till pivåbultarna i detta skede.

8 Anslut vid behov bromsledningarna och avlufta systemet enligt beskrivning i kapitel 9.

9 Ställ ned bilen, dra muttrarna till bakaxelns pivåbultar till angivet moment.

15 Bakre stötdämpare (kombi och van) - demontering, testning och montering

Demontering

1 Klossa framhjulen och ställ bakvagnen på pallbockar (se *"Lyftning och stödpunkter"*). Ta av tillämpligt bakhjul.

2 På kombimodeller, placera en domkraft under spiralfjäderfästet (inte axelbalken) och lyft så mycket att fjädringens vikt bärs upp.

15.3 Bakre stötdämparens fäste i axeln (kombi)

15.4 Bakre stötdämparens övre fäste (kombi)

3 Skruva ur nedre stötdämparbulten **(se bild)**.
4 På kombimodeller, skruva ur stötdämparens övre fästmuttrar på karossens undersida (underifrån) och dra ut stötdämparen **(se bild)**.
5 På vanmodeller, skruva ur de fyra bultarna från övre stötdämparfästet **(se bild)**. Avlägsna stötdämpare och övre fäste. Lossa stötdämparen från övre fästet genom att skruva ur muttern, dra ut den genomgående bulten och dra ut stötdämparen ur fästet.

Testning

6 Placera stötdämparens nedre del i ett skruvstycke och undersök gummifästenas skick. Kontrollera att stötdämparen inte läcker. Kontrollera att kolvstången inte är gropig och att huset inte är skadat eller att bulthålen är förstorade. Testa stötdämparen genom att dra kolven genom ett helt slag och sedan korta slag om 50 till 100 mm. I bägge fallen ska motståndet vara jämnt och kontinuerligt. Om motståndet är ryckigt, ojämnt eller om det finns synliga tecken på slitage eller skada ska stötdämparen bytas.

Montering

7 Montering sker i omvänd arbetsordning. Dra muttrarna och bultarna till angivet moment (om angivet) och ställ ned bilen.

16 Bakre spiralfjäder (kombi) - demontering och montering

Demontering

1 Klossa framhjulen och ställ bakvagnen på pallbockar (se "Lyftning och stödpunkter"). Demontera bakhjulen.
2 Placera en domkraft under spiralfjäderfästet på bärarmen (inte under axelbalken) på var sida och lyft såpass att bärarmarnas vikt precis tas upp.

3 Skruva ur nedre stötdämparbultarna på var sida.
4 Sänk långsamt ned domkrafterna så att bärarmarna sjunker till det läge där fjädertrycket släpper. Kontrollera att bromsledningar och handbromsvajer inte överbelastas, Vid behov, koppla ur dem enligt beskrivning i kapitel 9.
5 När fjädrarna är obelastade, dra ut dem och märk deras monteringsriktning och placering så att de, om tillämpligt, kan sättas tillbaka på sina platser.

Montering

6 Montering sker i omvänd arbetsordning, lägg dock märke till följande:

a) *När spiralfjädrarna monteras mellan karossen och bärarmarna, se till att de är rättvända och att ändarna sitter mot stoppen.*

b) *När spiralfjädrarna är korrekt placerade, höj domkrafterna under bärarmarna och anslut stötdämparna på var sida.*

c) *Dra bultarna till angivna moment.*

d) *Om handbromsvajrar/bromsledningar kopplats ur, se kapitel 9 för anslutning och avluftning av bromsarna.*

17 Bakre bladfjäder, schackel och bussningar (van) - demontering, kontroll och montering

Demontering

1 Klossa framhjulen och ställ bakvagnen på pallbockar (se "Lyftning och stödpunkter"). Ta av aktuellt bakhjul.
2 Placera en domkraft under bakaxeln och lyft så att axelns vikt bärs upp och avlastar främre och bakre fjädersätena.
3 Skruva ur nedre stötdämparbulten och lossa stötdämparen från fästet.
4 Skruva ur U-bultarna mellan fjädern och axeln. Avlägsna plattan och gummistoppet från fjäderns översida.
5 Skruva loss bult och mutter från bakfjäderns schackel **(se bild)**.
6 Skruva ur bulten eller muttern (efter tillämplighet) från främre fästet. Dra ut bulten (notera den plana brickan under bultskallen) och sänk ned bakaxeln så mycket att fjädern kan dras ut.

Kontroll

7 Om fjäderfästenas schackelbultar är märkbart slitna måste de bytas. Om fjäderns

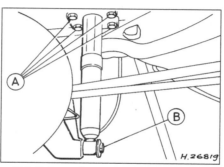

15.5 Bakre stötdämparens övre (A) och nedre (B) fästen på skåpmodeller

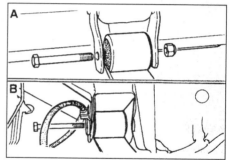

17.5 Bladfjäderns bakre (A) och främre (B) bultar

bussningar är slitna och i behov av byte kan de dras ut med bult och bricka. Nya bussningar kan pressas på plats med skruvstycke eller press.

8 Vid behov kan bakre fjäderschacklet avlägsnas genom att muttern skruvas ur och inre schackelplattan samt yttre schackelplattan komplett med pinnbult avlägsnas. De övre bussningarna av delad typ måste bytas om de är slitna.

Montering

9 Montera bakre schacklet och inled med att fingerdra bult och mutter.

10 Placera fjädern över axeln, rikta upp främre hålet med fästet och stick in bulten, fingerdra bulten (och i förekommande fall) muttern i detta skede.

11 Rikta upp bakre hålet med schacklet och fingerdra bult och mutter.

12 Placera platta och stoppklack på fjäderns ovansida över axeln, montera U-bultarna och dra åt muttrarna. Domkraften under axeln kan höjas för montering av U-fästena.

13 Montera stötdämparen på bakaxeln och dra de olika förbanden till respektive angivna moment.

14 Sätt på hjulet och ställ ned bilen.

---

18 Bakaxel (van) - demontering och montering

Demontering

1 Klossa framhjulen och ställ bakvagnen på pallbockar (se *"Lyftning och stödpunkter"*). Demontera bakhjulen.

2 Placera en domkraft centralt (eller ännu bättre en på var sida om mitten) under axelbalken och lyft så att axelns - men inte bilens - vikt bärs upp.

3 Kläm ihop hydraulslangarna till lättlastventilen för att förhindra onödigt spill och intrång av smuts och luft i hydrauliken, lossa hydraulanslutningarna till lättlastventilen, avlägsna clipsen.

4 Se kapitel 9 och demontera bromstrumma/nav samt bromssköldarna på var sida om axeln. Bromssköldarna kan lämnas på axeln men det krävs dock att hjulcylinderns bromsledning kopplas ur och att handbromsvajrarna hakas av från bromssköldarna. När enheterna demonteras, märk upp höger- och vänstersida. Observera att sidorna inte är identiska, de får inte förväxlas eftersom detta leder till felaktig montering.

5 Skruva loss nedre stötdämparbultarna och dra ut dem ur axeln.

6 Skruva loss U-bultarna och sänk ned bakaxeln, ta därefter bort den från bilens undersida.

Montering

7 Montering sker i omvänd arbetsordning, lägg dock märke till följande:

a) *Anslut axeln till fjädern, montera U-bultarna och stötdämparna på bägge sidorna, dra sedan bultarna till angivet moment.*

b) *Se tillämpliga avsnitt i kapitel 9, montera bromssköld och bromsar, se till att delarna monteras på rätt sida.*

c) *Kontrollera att alla bromslednings-anslutningar är rena innan de kopplas. Se tillämpliga avsnitt i kapitel 9 för beskrivning av anslutning och avluftning. Anslut handbromsvajrarna. Handbromsvajerjusteringen beskrivs i kapitel 1.*

---

19 Ratt - demontering och montering

Demontering

Modeller utan krockkudde

1 Lossa batteriets jordledning (se kapitel 5A, avsnitt 1).

2 Vrid på tändningsnyckeln så att rattlåset öppnar, ställ framhjulen rakt fram. Med centrerad styrning bör ratten vara placerad som visat **(se bild)**. Vrid tändningsnyckeln till läget "OFF".

3 Bänd ut signalhornskudden **(se bild)**.

4 Lossa inre signalhornskudden **(se bild)**, notera anslutningarna och lossa ledningarna från stiften (dessa är av olika storlek för att underlätta montering). När ledningarna är lösa, dra ut inre hornkudden. När den dras ut, lägg märke till att den har en riktningspil som pekar uppåt när ratten är ställd rakt fram.

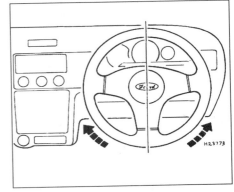

19.2 Rattens uppriktning, centrerad med en tolerans om 30° på var sida om vertikalplanet

19.3 Avlägsna yttre signalhornskudden från rattnavet

19.4 Lossa inre signalhornskudden och dra ur kontakten

19.5a Skruva ur rattnavsbulten . . .

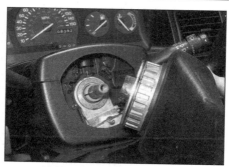

19.5b . . . och dra loss ratten

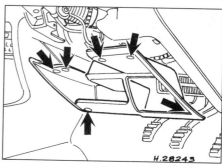

19.12 Skruva ur skruvarna (vid pilarna) och dra ut nedre instrumentbrädespanelen från rattstångens undersida

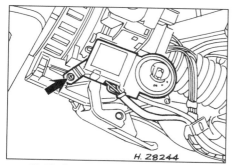

19.13 Skruva ur skruven (vid pilen) och dra ut stöldskyddet från tändningslåsets trumma

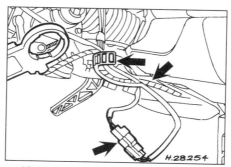

19.14 Lossa rattstångens kabelhärva och kontakt som visat

5 Skruva ur rattnavsbulten och dra av ratten från rattstången **(se bilder)**.

HAYNES TiPS *Om ratten sitter hårt fast, knacka upp den nära centrum med handflatan eller vicka den i sidled samtidigt som du drar av den från splinesen.*

Modeller med krockkudde

Varning: Hantera krockkudden med extrem försiktighet; som förebyggande åtgärd mot person-skador, håll den alltid med höljet vänt från kroppen. Om du är tveksam vad gäller arbeten med krockkudden och styr-kretsarna, rådfråga en Fordverkstad eller annan kvalificerad specialist.

6 Lossa batteriets jordledning (se kapitel 5A, avsnitt 1).

Varning: Innan du fortsätter, vänta minst 15 minuter som en försiktighetsåtgärd mot oavsiktlig utlösning. Detta garanterar att sparad energi i reservkondensatorn ur-laddas.

7 Skruva ur de två skruvarna och avlägsna övre rattstångskåpan.
8 Vrid ratten efter behov så att krockkudde-modulens bultar blir åtkomliga på rattens baksida. Skruva ur ena bulten, vrid ratten och

skruva ur den andra bulten när den blir åtkomlig.
9 Dra ut modulen så mycket från ratten att kontakten blir åtkomlig. Viss kraft kan vara nödvändig för att lossa modulen från rattekerfästena.
10 Dra ur kontakten på modulens baksida och avlägsna modulen från bilen.

Varning: Placera modulen på ett säkert ställe med mekanismen nedåt som skydd mot oavsiktlig utlösning.

11 Skruva ur de fyra skruvarna och avlägsna nedre rattstångskåpan.
12 Skruva ur skruvarna, dra ut nedre instru-mentbrädespanelen under rattstången **(se bild)**.
13 Där tillämpligt, skruva ur skruven och dra ut det passiva stöldskyddet (PATS) ur trumman till tändnings/rattlåset **(se bild)**.

20.3a Avlägsna övre . . .

14 Lossa rattstångens kabelhärva från clipsen och koppla loss kontakten till krockkudden kabelhärva **(se bild)**.
15 Ställ framhjulen rakt fram och dra ut tändningsnyckeln så att rattlåset aktiveras.
16 Skruva ur rattnavsbulten, stick in tändningsnyckeln och vrid den till läge "I", dra av ratten.

Montering

Alla modeller

17 Montering sker i omvänd arbetsordning. Se till att blinkersspaken är i frånslaget läge (mitten) så att den inte skadas av rattens flik när ratten trycks på rattstången. Se till att ratten är centrerad. Vrid tändningsnyckeln till läge "I" (upplåst ratt). Dra rattnavsbulten till angivet moment.

---

20 Rattstång - demontering och montering

Demontering

1 Lossa batteriets jordledning (se kapitel 5A, avsnitt 1).
2 Demontera ratten enligt beskrivning i föregående avsnitt.
3 Skruva ur skruvarna och avlägsna ratt-stångskåporna **(se bilder)**.

20.3b . . . och nedre rattstångskåporna

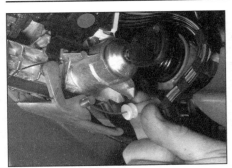

20.6 Haka av huvlåsvajern från spaken

21.3 Öppna rattlåset

22.2 Styrväxelns damasker och clips (vid pilarna)

4 Se kapitel 12 och avlägsna flerfunktionsspaken från rattstången.
5 Koppla ur tändningens kontakt och lossa ledningen från kabelhärvan.
6 Haka av huvlåsvajern från spaken och avlägsna spaken från rattstången **(se bild)**.
7 Skruva ur den klammerbult som fäster rattstången vid pinjongaxeln.
8 Lossa nedre rattstångsmuttrarna och skruva ur de övre. Dra ut rattstången ur bilen.

Montering

9 Montering sker i omvänd arbetsordning, lägg dock märke till följande:

a) *Dra bultarna till sina respektive moment.*

b) *Kontrollera att styrningen är centrerad med hjulen rakt fram innan ratten monteras enligt beskrivning i avsnitt 19.*

c) *Montera ratten innan rattstången fästs vid pinjongaxeln med klammerbulten.*

d) *Kontrollera att alla elektriska kontakter är väl utförda, avsluta med att kontrollera att styrning, signalhorn och rattstångsspakar fungerar korrekt.*

21 Rattstång - isärtagning och hopsättning

Isärtagning

1 Demontera rattstången enligt föregående beskrivning och sätt upp den i ett skruvstycke med mjuka käftar.
2 Avlägsna övre trycklagrets spelring från rattstången och dra ut rattstångsaxeln ut röret.
3 Stick in tändningsnyckeln och vrid den till "I". Tryck sedan ned plungern i trummans sida med en stång eller skruvmejsel och dra i nyckeln så att låset följer med ut ur rattstången **(se bild)**.
4 Dra ut fjädern från rattstångsaxeln.
5 Lossa övre och nedre trycklagren från rattstångsröret och tändningslåshuset.

6 Lossa rattstångens höjdjustering (om monterad) genom att skruva ur bulten och låsmuttern, demontera handtaget och låsplattorna samt avlägsna justeringen från rattstången.
7 Om någon del av rattstången (i synnerhet knutarna) är för slitna eller om någon del är skadad måste rattstången bytas eftersom den inte kan repareras.

Hopsättning

8 Hopsättning sker i omvänd arbetsordning, lägg dock märke till följande:

a) *När höjdjusteringen monteras, täck den genomgående bultens gängor med gänglåsmassa och placera handtaget i låst läge. Dra åt bult och mutter rejält.*

b) *Var noggrann vid monteringen av nedre trycklagret i rattstångsröret och övre lagret till tändningslåshuset.*

c) *När tändningslåset monteras, se till att nyckeln är vriden till "I". När låset monteras i trumman kan det bli nödvändigt att rucka något på nyckeln så att husets drivning grepparhelt i låstrumman.*

d) *När rattstångsaxeln ansluts till röret, se till att övre trycklagrets spelring monteras med den koniska änden mot lagret.*

22 Styrväxelns damasker - byte

1 Avlägsna styrstagsändens kulled och låsmutter från styrstaget (se avsnitt 27).
2 Lossa clipsen och dra av damasken från styrväxeln och styrstaget **(se bild)**.
3 Skrapa bort allt fett från den gamla damasken och lägg på det på styrstagets innerknut. Torka rent på damaskanläggningsytorna på styrväxeln och styrstaget.
4 Trä på den nya damasken på styrväxeln och styrstaget, dra åt clips.
5 Montera styrstagsändens kulled enligt beskrivning i avsnitt 27.

23 Styrväxel (utan servo) - demontering och montering

Demontering

1 Lossa batteriets jordledning (se kapitel 5A, avsnitt 1).
2 Se avsnitt 9 och avlägsna monteringsramen från bilen. Notera att en fullständig demontering kanske inte behövs om ramen sänks försiktigt för att ge utrymme att lossa och dra ut styrväxeln.
3 Skruva ur styrväxelns två bultar och dra ut styrväxeln ur bilen **(se bilder)**.

23.3a Styrväxelns bult (vid pilen) till monteringsramens högra sida

23.3b Styrväxelns bult (vid pilen) till monteringsramens vänstra sida

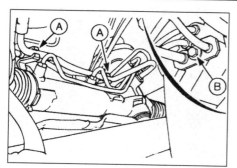

24.4 Servostyrväxel och hydraulanslutningar

A Hydraulrörets styrclips
B Bult till ventilens klammerplatta

Montering

4 Montering sker i omvänd arbetsordning, dra bultarna till angivet moment.
5 Se avsnitt 9 för monteringsramens fastsättande på bilen.

24 Styrväxel (med servo) - demontering och montering

Demontering

1 Lossa batteriets jordledning (se kapitel 5A, avsnitt 1).
2 Se avsnitt 9 och följ beskrivningarna i paragraferna 1 till 12, fortsätt sedan på följande sätt:
3 Skruva ur skruvarna och lossa clipsen för servostyrningens rör till styrväxeln.
4 Placera ett lämpligt kärl under hydraulanslutningarna. Skruva ur den bult som fäster hydraulventilens klammerplatta vid ventilhuset på kuggstången och lossa rören från ventilhuset. Dra ut rören ur styrväxeln och tappa ur oljan i kärlet **(se bild)**.

5 Plugga öppna hydraulanslutningar för att förhindra onödigt spill och smutsintrång. Nya o-ringar krävs när tryck- och returslangarna ansluts igen.
6 Placera domkrafter eller klossar under monteringsramen för att stötta den och skruva ur de åtta bultarna **(se bild 9.14)**. Sänk stöttningen och dra ut ramen. När den sänks, lossa styrväxelns axel från rattstången. Notera att en fullständig demontering kanske inte behövs om ramen sänks försiktigt för att ge utrymme att lossa och dra ut styrväxeln.
7 Skruva ur styrväxelns två bultar och dra ut styrväxeln ur bilen.

Montering

8 Montering sker i omvänd arbetsordning, dra bultarna till angivet moment.
9 Se avsnitt 9 och sätt tillbaka monteringsramen i bilen. När den är löst på plats, dra ut pluggarna ut hydraulanslutningarna och kontrollera att dessa är rena. Använd nya o-ringar och koppla hydrauliken till styrväxeln. Kontrollera att anslutningarna är goda och montera styrväxel och ram enligt beskrivning i avsnitt 9.
10 Avsluta med att fylla på olja i servostyrningen och avlufta systemet enligt beskrivning i avsnitt 26. Leta efter läckor och avsluta med att kontrollera framhjulets toe-inställning (se avsnitt 28).

25 Servopump - demontering och montering

Demontering

1 Lossa batteriets jordledning (se kapitel 5A, avsnitt 1).
2 Skruva i förekommande fall ur de två bultarna och avlägsna övre drivremsskyddet från pumpens översida **(se bild)**.
3 Dra åt handbromsen och ställ framvagnen på pallbockar.

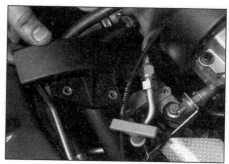

25.2 Lossa i förekommande fall övre drivremsskyddet från servopumpens översida

4 Skruva ur skruvarna och avlägsna nedre drivremsskyddet från bottenplattan.
5 Slacka drivremsspänningen genom att vrida spänningsjusteringsbulten medsols. Anteckna drivremmens dragning runt remskivorna och lossa remmen från servopumpens remskiva.
6 Placera ett lämpligt kärl under servopumpen och lossa slangarna från pumpen **(se bild)**. När slangarna lossas, låt oljan i dem (och pumpen) rinna ut i kärlet. Plugga de öppna hålen för att förhindra smutsintrång och reducera spillet.
7 Stick in en 9 mm insexnyckel i pumpens drivspindelcentrum så att det inte kan rotera och skruva ur de tre remskivebultarna. Dra av remskivan från pumpen.
8 Skruva ur de fyra bultar som visas **(se bild)** och avlägsna pumpen från bilen.

Montering

9 Montering sker i omvänd arbetsordning, dra muttrar och bultar till angivna moment. Ta ur pluggarna och kontrollera att rören inte stör kringliggande delar.
10 Se kapitel 1 och montera drivremmen.
11 Avsluta med att fylla på specificerad olja i servostyrningen, till MAX-märket, avlufta systemet enligt beskrivning i avsnitt 26. Leta

25.6 Servopump och slanganslutningar på motorn CVH

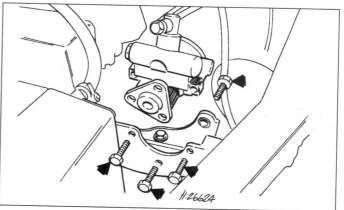

25.8 Servopump och fästbultar

efter spår av oljeläckor från slangar och anslutningar.

26 Servostyrning - avluftning

1 Detta krävs normalt endast om någon del av hydrauliken kopplats ur.
2 Se "Veckokontroller", skruva loss behållarens lock och fyll på med specificerad olja till MAX-märket.
3 Starta motorn, låt den gå på tomgång och för ratten mellan fulla utslag fyra gånger så att luften pressas ut och fyll på olja långsamt så att det inte bildas bubblor.
4 Stäng av motorn, kontrollera oljenivån och fyll på efter behov. Avsluta med att kontrollera om det finns oljeläckor i slangar eller anslutningar. Om sådana påträffas ska de omedelbart åtgärdas.

27 Styrstagsändens kulled - demontering och montering

Demontering

1 Dra åt handbromsen, ställ framvagnen på pallbockar och ta av tillämpligt framhjul.
2 Lossa styrstagsändens kulledslåsmutter på styrstaget ett kvarts varv (se bild). Håll fast kulleden med en nyckel på de plana ytorna, så att den inte vrids.
3 Dra ut sprinten och lossa fästmuttern. Om kulleden ska bytas ska muttern skruvas ur helt. Om kulleden ska användas igen ska muttern först lossas ett par varv och lämnas på plats för att skydda gängorna när leden säras från spindelhållaren. Lossa ledens konarm från spindelhållaren med en kul-

ledsavdragare som visat (se bild). Om leden ska användas igen, se till att inte skada dammskyddet när avdragaren används.
4 Räkna antalet synliga gängor på styrstagets innerdel och skriv upp antalet.
5 Skruva loss kulleden från styrstaget, räkna det antalet varv som behövs.

Montering

6 Skruva på kulleden på styrstaget med det antal varv som behövdes för loss-skruvandet, till dess att kulleden precis berör låsmuttern. Dra åt låsmuttern medan kulleden hålls fast.
7 Låt kulledens konarm greppa i spindelhållaren, skruva på låsmuttern till angivet moment.

> **HAYNES TiPS** Om kulledens pinne vrids när låsmuttern dras åt, tryck ned kulledens översida med en grov stång. Pinnen är konisk och låser därmed vilket förhindrar att den vrids när muttern dras åt.

8 Sätt på hjulet och ställ ned bilen.
9 Avsluta med att kontrollera framhjulens toe-inställning (se avsnitt 28).

28 Hjulinställning och styrvinklar - allmän information

Allmänt

1 En bils geometri för styrning och fjädring definieras med fyra grundinställningar - alla vinklar anges i grader (toe-inställningar anges också som mått). De relevanta inställningarna är camber- och casterinställning, styraxelns

lutning och toe-inställning. Med undantag för framhjulens toe-inställning kan dessa inställningar inte justeras.

Framhjulens toe-inställning - kontroll och justering

2 I och med den speciella mätutrustning som krävs för en precis kontroll av hjulinställningen och de kunskaper som krävs för att använda denna utrustning korrekt är det bäst att överlåta kontroll och justering åt en Ford-verkstad eller specialist. De flesta däcks-verkstäder har numera en avancerad mätutrustning. Följande är avsett som en guide ifall ägaren själv vill utföra en kontroll:
3 Framhjulens toe-inställning kontrolleras genom att avståndet mellan främre och bakre insidorna av fälgarna mäts upp. Tolkar finns att köpa i tillbehörsbutiker. Justering utförs genom att skruva in eller ut styrstagen ur kullederna för att ändra effektiv längd på styrstagen.
4 För **precist** resultat **måste** bilen hålla tjänstevikt, d.v.s. utan last men med full tank.
5 Innan arbetet inleds, kontrollera däckens lufttryck och slitage, navlagrens skick, rattspelet och framfjädringens skick (se kapitel 1). Åtgärda alla påträffade defekter.
6 Parkera bilen på plan mark, kontrollera att hjulen pekar rakt fram, gunga på fram- och bakvagnen så att fjädringen sätter sig, lossa handbromsen, rulla bilen en meter bakåt och sedan framåt igen så att alla belastningar i fjädring och styrning släpper.
7 Mät avståndet mellan fälgarnas framkanter respektive bakkanter. Dra det mindre värdet från det större och kontrollera att resultatet ligger inom specifikationerna.
8 Om justering krävs, dra åt handbromsen och ställ framvagnen på pallbockar (se "Lyftning och stödpunkter"). Ge fullt rattutslag åt vänster, anteckna antalet synliga gängor på höger styrstag. Ge sedan fullt rattutslag åt

27.2 Styrstagsändens kulled visande låsmuttern (A), mothållsytorna (B) och låsmutter samt sprint (C) för kulledens infästning i spindelhållaren

27.3 Kulledsavdragaren i läge. Observera att muttern ska lämnas löst på plats för att skydda gängen om leden ska användas igen

höger och anteckna antalet synliga gängor på väster styrstag. Om samma antal gängor syns på bägge sidorna ska efterföljande justering göras med lika mycket på var sida. Om fler gängor är synliga på ena sidan måste detta kompenseras vid juste-ringen. **Observera:** *Det är ytterst viktigt att samma antal gängor syns på båda sidorna efter justeringen.*

9 Rengör först styrstagsändarna, om de är korroderade, lägg på inträngande rostolja innan justeringen påbörjas. Lossa vid behov damaskens yttre clips och skala damasken bakåt, lägg på fett på damaskens insida så att damasken löper fritt utan att vridas eller belastas när styrstaget vrids.

10 Använd stållinjal och rits eller liknande till att märka upp relationerna mellan styrstagen och de respektive kullederna, lossa sedan låsmuttrarna helt med mothåll på styrstagen.

11 Ändra styrstagens längd, tänk på vad som sades i paragraf 8. Skruva styrstagen in i eller ut ur kullederna. Att korta styrstagen (skruva in dem) minskar toe-in och ökar toe-ut.

12 När inställningen är rätt, håll i styrstagen och dra åt låsmuttrarna till styrstagsändarnas kulleder. Räkna antalet synliga gängor för att kontrollera styrstagens längd. Om gängantalet inte stämmer överens är justeringen inte likformig, vilket leder till problem med däck-has i kurvor och rattekrarna är inte längre horisontella när hjulen pekar rakt fram.

13 Om styrstagen är lika långa, ställ ned bilen och kontrollera toe-inställningen, justera om vid behov. När inställningen är korrekt, dra åt låsmuttrarna i styrstagsändarnas kulleder rejält. Se till att damaskerna sitter korrekt och att de inte är vridna eller sträckta. Fäst dem med nya clips (där nödvändigt).

Kapitel 11
Kaross och detaljer

Innehåll

Svårighetsgrader

Enkelt, passar novisen med lite erfarenhet	Ganska enkelt, passar nybörjaren med viss erfarenhet	Ganska svårt, passar kompetent hemmekaniker	Svårt, passar hemmekaniker med erfarenhet	Mycket svårt, för professionell mekaniker

Specifikationer

Motoriserad sufflett - cabriolet

Oljetyp i sufflettens hydraulsystem . . . .   ESSO UNIVIS J26

Åtdragningsmoment

	Nm
Framsätesskena till golv	25
Säkerhetsbältens ankarbultar	38
Fästbult till nedre säkerhetsbältesankarskena	38
Höjdjusteringsbult för främre säkerhetsbälte	35
Muttrar, främre sätesskena till ram	25
Motorhuvens gångjärnsbultar	10
Motorhuvens låsbultar	10
Bakluckans gångjärnsbultar	24
Bultar, bakluckans låsplatta	10
Bakluckans låsbultar	10
Bagageluckans gångjärnsbultar	24
Bultar, bagageluckans låsplatta	10
Bagageluckans låsbultar	10

1 Allmän information

Kaross och bottenplatta på samtliga modeller är en svetsad stålkonstruktion, som innehåller progressiva stötupptagande zoner fram och bak med en styv central säkerhetscell. Karosstyperna i utbudet är många och inkluderar 3- och 5-dörrars kombikupé, 4-dörras sedan, 5-dörrars kombi, 2-dörrars cabriolet samt van.

Alla nya bilar har ett flerstegs rostskydd. Detta inkluderar zinkfosfat på vissa plåtdelar, vaxinsprutning i balkar och vax och PVC på bottenplattan.

Rullbälten är monterade på samtliga modeller och från och med 1994 års modell är främre säkerhetsbältesfästena monterade på automatiska mekaniska spännare. I händelse av en allvarlig frontalkrock utlöser en fjädermassagivare en spiralfjäder som drar ned spännet och stramar åt säkerhetsbältet. En utlöst spännare kan inte spännas om och ska därmed bytas. Senare modeller kan vara utrustade med pyrotekniska spännare. Dessa aktiveras av krockkuddens modul och stramar åt främre bältena via en liten sprängladdning i bältesspännarmekanismen.

Centrallås är antingen standard eller tillval på samtliga modeller. Där dubbla lås är monterade kopplas låsmekanismen ur (om systemet används) från inre dörrhandtagen, vilket gör det omöjligt att öppna någon dörr eller bak/bagagelucka inifrån bilen. Det medför att även om en tjuv bryter upp en sidoruta går det fortfarande inte att öppna dörren med inre låshandtaget.

2 Underhåll - kaross och bottenplatta

Karosseriets allmänna skick är en av de faktorer som väsentligt påverkar bilens värde. Underhållet är enkelt men måste vara regelbundet. Underlåtenheter, speciellt efter smärre skador, kan snabbt leda till värre skador och dyra reparationer. Det är även viktigt att hålla ett öga på de delar som inte är direkt synliga, exempelvis underredet, under hjulhusen och de nedre delarna av motorrummet.

Det grundläggande underhållet av karossen är tvättning - helst med stora mängder vatten från en slang. Detta tar bort smuts som fastnat på bilen. Det är väsentligt att spola av dessa på ett sätt som förhindrar att lacken skadas. Hjulhus och underrede kräver tvätt på samma sätt, så att ansamlad lera tas bort.

Denna behåller fukt och tenderar att uppmuntra rostangrepp. Paradoxalt nog är den bästa tidpunkten för tvätt av underrede och hjulhus när det regnar eftersom leran då är blöt och mjuk. Vid körning i mycket våt väderlek spolas vanligen underredet av automatiskt vilket ger ett tillfälle för inspektion.

Periodvis, med undantag för bilar med vaxade underreden, är det en god idé att rengöra hela undersidan med ångtvätt, inklusive motorrummet, så att en grundlig kontroll kan utföras för att se efter vilka småreparationer som behövs. Ångtvätt finns på många bensinstationer och verkstäder och behövs för att ta bort ansamlingar av oljeblandad smuts som ibland kan bli tjock i vissa utrymmen. Om ångtvätt inte finns tillgänglig finns det ett par utmärkta avfettningsmedel som kan strykas på med borste, så att smutsen sedan kan spolas bort. Lägg märke till att dessa metoder inte ska användas på bilar med vaxade underreden, eftersom de tar bort vaxet. Bilar med vaxade underreden ska ses över årligen, helst på senhösten. Underredet tvättas då av så att skador i vaxbestrykningen kan hittas och åtgärdas. Det bästa är att lägga på ett helt, nytt lager vax före varje vinter. Det är även värt att överväga att spruta in vaxbaserat skydd i dörrpaneler, trösklar, balkar och liknande som ett extra rostskydd där tillverkaren inte redan åtgärdat den saken.

Efter det att lacken tvättats, torka av den med sämskskinn så att den får en fin yta. Ett lager med genomskinligt skyddsvax ger förbättrat skydd mot kemiska föroreningar i luften. Om lacken mattats eller oxiderats kan ett kombinerat tvätt- och polermedel återställa glansen. Detta kräver lite ansträngning men sådan mattning orsakas vanligen av slarv med regelbundenheten i tvättning. Metallic-lacker kräver extra försiktighet och speciella slipmedelsfria rengörings/polermedel krävs för att inte skada ytan. Kontrollera alltid att dräneringshål och rör i dörrar och ventilation är helt öppna så att vatten kan rinna ut. Kromade ytor ska behandlas som lackerade. Glasytor hålls fria från smutshinnor med hjälp av glasvättmedel. Vax eller andra medel för polering av lack eller krom ska inte användas på glas.

3 Underhåll - klädsel och mattor

Mattorna ska borstas eller dammsugas med jämna mellanrum så att de hålls rena. Om de är svårt nedsmutsade ska de tas ut ur bilen för skrubbning. Se i så fall till att de är helt torra innan de sätts tillbaka i bilen. Säten och

dekorpaneler kan hållas rena med avtorkning med fuktig trasa och speciella rengöringsmedel. Om de smutsas ned (vilket ofta kan vara mer synligt i ljusa inredningar) kan lite flytande tvättmedel och en mjuk nagelborste användas till att skrubba ut smutsen ur materialet. Glöm inte takets insida, håll det rent på samma sätt som klädseln. När flytande rengöringsmedel används inne i en bil ska de tvättade ytorna inte överfuktas. För mycket fukt kan komma in i sömmar och stoppning och där framkalla fläckar, störande dofter och till och med röta.

Observera: Om bilens insida oavsiktligt blöts ned är det värt besväret att torka ur den ordentligt, speciellt vad gäller mattor.

⚠ **Varning: Lämna inte oljedrivna eller elektriska element påslagna i bilen.**

4 Mindre karosskador - reparation

Reparation av mindre skråmor i karossen

Om en skråma är mycket ytlig och inte trängt ned till karossmetallen är reparationen mycket enkel att utföra. Gnugga det skadade området helt lätt med lackrenoveringsmedel eller en mycket finkornig slippasta så att lös lack tas bort från skråman och det omgivande området befrias från vax. Skölj med rent vatten.

Lägg på bättringslack på skråman med en fin pensel. Lägg på i många tunna lager till dess att ytan i skråman är i jämnhöjd med den omgivande lacken. Låt den nya lacken härda i minst två veckor och blanda sedan in den med omgivningen genom att gnugga hela området kring skråman med lackrenoveringsmedel eller en mycket finkornig slippasta. Avsluta med en vaxpolering.

I de fall en skråma gått ned till karossmetallen och denna börjat rosta krävs en annan teknik. Ta bort lös rost från botten av skråman med ett vasst föremål och lägg sedan på rostskyddsfärg så att framtida rostbildning förhindras. Fyll sedan upp skråman med spackelmassa och en spackel av gummi eller nylon. Vid behov kan spacklet tunnas ut med thinner så att det blir mycket tunt vilket är idealiskt för smala skråmor. Innan spacklet härdar, linda ett stycke mjuk bomullstrasa runt fingertoppen. Doppa fingret i thinner och stryk snabbt över spackelytan i skråman. Detta ser till att ytan på spackelmassan har små hål. Lacka sedan över skråman enligt tidigare anvisningar.

Reparation av bucklor i karossen

När en djup buckla uppstått i bilens kaross blir den första uppgiften att räta ut bucklan såpass att den i det närmaste återtar sin ursprungliga form. Det finns ingen orsak att försöka att helt återställa formen i och med att metallen i det skadade området sträckt sig vid skadans uppkomst. Detta betyder att metallen aldrig helt kan återfå sitt gamla utseende. Det är bättre att försöka ta bucklans nivå upp till ca 3 mm under den omgivande karossens nivå. I de fall bucklan är mycket grund är det inte värt besväret att räta ut den. Om undersidan av bucklan är åtkomlig kan den knackas ut med en träklubba eller plasthammare. Vid knackningen ska mothåll användas på plåtens utsida så att inte större delar "knackas ut".

Skulle bucklan finnas i en del av karossen som har dubbel plåt eller något annat som gör den oåtkomlig från insidan krävs en annan teknik. Borra ett flertal hål genom metallen i bucklan - speciellt i de djupare delarna. Skruva sedan in långa plåtskruvar precis så långt att de får ett fast grepp i metallen. Dra sedan ut bucklan genom att dra i skruvskallarna med en tång.

Nästa steg är att ta bort lacken från det skadade området och ca 3 cm av den omgivande friska plåten. Detta görs enklast med stålborste eller slipskiva monterad på borrmaskin, men kan även göras för hand med slippapper. Fullborda förberedelserna för spacklingen genom att repa den nakna plåten med en skruvmejsel eller filspets, eller genom att borra små hål i det område som ska spacklas, så att den fäster bättre.

Fullborda arbetet enligt anvisningarna för spackling och omlackering.

Reparation av rosthål och revor i karossen

Ta bort lacken från det drabbade området och ca 30 mm av den omgivande friska plåten med en sliptrissa eller stålborste monterad i en borrmaskin. Om detta inte finns tillgängligt kan ett antal ark slippapper göra jobbet lika effektivt. När lacken är borttagen kan du mer exakt uppskatta rostskadans omfattning och därmed avgöra om hela panelen (där möjligt) ska bytas ut eller om rostskadan ska repareras. Nya plåtdelar är inte så dyra som de flesta tror och det är ofta snabbare och ger bättre resultat med plåtbyte än försök till reparation av större rostskador.

Ta bort all dekor från det drabbade området, utom den som styr den ursprungliga formen av det drabbade området, exempelvis lyktsarger. Ta sedan bort lös eller rostig metall med plåtsax eller bågfil. Knacka kanterna något inåt så att du får en grop för spacklingsmassan.

Borsta av det drabbade området med en stålborste så att rostdamm tas bort från ytan av den kvarvarande metallen. Måla det drabbade området med rostskyddsfärg, om möjligt även på baksidan.

Innan spacklingen kan ske måste hålet blockeras på något sätt. Detta kan göras med nät av plast eller aluminium eller med aluminiumtejp.

Nät av plast eller aluminium eller glasfiberväv är i regel det bästa materialet för ett stort hål. Skär ut en bit som är ungefär lika stor som det hål som ska fyllas och placera det i hålet så att kanterna finns under nivån för den omgivande plåten. Ett antal klickar spackelmassa runt hålet fäster materialet på plats.

Aluminiumtejp kan användas till små eller mycket smala hål. Dra av en bit från rullen och klipp den till ungefärlig storlek och dra bort täckpapperet (om sådant finns) och fäst tejpen över hålet. Flera remsor kan läggas bredvid varandra om bredden på en inte räcker till. Knacka ned tejpkanterna med ett skruvmejselhandtag eller liknande så att tejpen fäster ordentligt på metallen.

Karosserireparationer - spackling och lackering

Innan du följer anvisningarna i detta avsnitt, läs de föregående om reparationer.

Många typer av spackelmassa förekommer. Generellt sett är de som består av grundmassa och härdare bäst vid denna typ av reparationer. Vissa av dem kan användas direkt från förpackningen. En bred och följsam spackel av nylon eller gummi är ett ovärderligt verktyg för att skapa en väl formad spackling med en fin yta.

Blanda lite massa och härdare på en skiva av exempelvis kartong eller masonit. Mät härdaren noga - följ tillverkarens instruktioner. I annat fall härdar spacklingen för snabbt eller för långsamt. Bred upp massan på det förberedda området med spackeln, dra spackeln över massan så att rätt form och en jämn yta uppstår. Så snart en någorlunda korrekt form finns ska du inte arbeta mer med massan. Om du håller på för länge blir massan kletig och börjar fastna på spackeln. Fortsätt lägga på tunna lager med ca 20 minuters mellanrum till dess att massan är något högre än den omgivande plåten.

När massan härdat kan överskottet tas bort med hyvel eller fil och sedan slipas ned med gradvis finkornigare papper. Börja med nr 40 och avsluta med nr 400 våt- och torrpapper. Linda alltid papperet runt en slipkloss, i annat fall blir inte den slipade ytan plan. Vid slutpoleringen med torr och våtpapper ska detta nu och då sköljas med vatten. Detta skapar en mycket slät yta på massan i slutskedet.

I detta läge ska bucklan vara omgiven av en ring med ren plåt som i sin tur omges av en lätt ruggad kant av frisk lack. Skölj av reparationsområdet med rent vatten till dess att allt slipdamm försvunnit.

Spruta ett tunt lager grundfärg på hela reparationsområdet. Detta avslöjar mindre ytfel i spacklingen. Laga dessa med ny massa eller filler och slipa ut ytan igen. Massa kan tunnas ut med thinner så att den blir mer lämpad för riktigt små gropar. Upprepa denna sprutning och reparation till dess att du är nöjd med spackelytan och den ruggade lacken. Rengör reparationsytan med rent vatten och låt den torka.

Reparationsytan är nu klar för lackering. Färgsprutning måste utföras i en atmosfär som är varm, torr, stillastående och dammfri. Detta kan skapas inomhus om du har tillgång till ett större arbetsområde, men om du är tvungen att arbeta utomhus måste du vara noga med valet av dag. Om du arbetar inomhus ska du spola av golvet med vatten eftersom detta binder damm som annars skulle vara i luften. Om reparationsytan är begränsad till en panel ska de omgivande maskas av. Detta minskar effekten av en mindre missanpassning mellan färgerna. Dekorer och detaljer (kromlister, handtag med mera) ska även de maskas av. Använd riktig maskeringstejp och ett flertal lager tidningspapper till detta.

Innan du börjar spruta ska burken skaka mycket ordentligt. Spruta på en provbit, exempelvis konservburk, till dess att du kan tekniken. Täck sedan arbetsytan med ett tjockt lager grundfärg, uppbyggt av flera tunna skikt. Polera sedan grundfärgens yta med nr 400 våt- och torrpapper till dess att den är slät. Medan detta utförs ska ytan hållas våt och våt- och torrpapperet periodvis sköljas i vatten. Låt torka innan mer färg läggs på.

Spruta på ytan och bygg upp tjocklek med flera tunna lager färg. Börja spruta i mitten och arbeta utåt med enstaka sidledes rörelser till dess att hela reparationsytan och ca 50 mm av den omgivande lackeringen täckts. Ta bort maskeringen 10 - 15 minuter efter sista färglagret sprutats på.

Låt den nya lacken härda i minst två veckor innan en lackrenoverare eller mycket fin slippasta används till att blanda in den nya lackens kanter i den gamla. Avsluta med vax.

Plastdelar

Med den ökade användningen av plast i karossdelar, exempelvis stötfångare, spoilers, kjolar och i vissa fall större paneler, blir reparationer av allvarligare slag på sådana delar ofta en fråga om att överlämna dessa till specialister eller att byta delen i fråga. Gör-det-själv-reparationer av sådana skador är inte rimliga beroende på kostnaden för den specialutrustning och de speciella material som krävs. Principen för dessa reparationer är att en skåra tas upp längs med skadan med en roterande rasp i en borrmaskin. Den skadade delen svetsas sedan ihop med en varmluftspistol och en plaststav i skåran. Plastöverskott tas bort och ytan slipas ned. Det är viktigt att rätt typ av plastlod används i och med att plasttypen i karossdelar kan variera, exempelvis PCB, ABS eller PPP.

Skador av mindre allvarlig natur (skrapningar, små sprickor) kan lagas av hemmamekaniker med en tvåkomponents epoxymassa. Den blandas i lika delar och används på liknande sätt som spackelmassa på plåt. Epoxyn härdar i regel inom 30 minuter och kan sedan slipas och målas.

Om ägaren byter en komplett del själv eller reparerat med epoxymassa dyker problemet med målning upp. Svårigheten är att hitta en färg som är kompatibel med den plast som används. En gång i tiden kunde inte någon universalfärg användas i och med det breda utbudet av plaster i karossdelar. Generellt sett fastnar inte standardfärger på plast och gummi. Numera finns det dock satser för plastlackering att köpa. Dessa består i princip av förprimer, grundfärg och färglager. Kom-

pletta instruktioner finns i satserna, men grundmetoden är att först lägga på förprimern på aktuell del och låta den torka i 30 minuter innan grundfärgen läggs på. Denna ska torka ca en timme innan det speciella färglagret läggs på. Resultatet blir en korrekt färgad del där lacken kan flexa med materialet. Det senare är en egenskap som standardfärger vanligtvis saknar.

5 Större karosskador - reparation

Större krock- eller rostskador som kräver byte och insvetsning av större paneler ska endast repareras av en Fordverkstad eller annan kompetent specialist. Om det är frågan om en allvarlig krockskada krävs uppriktningsriggar för att utföra sådana arbeten med framgång. Förvridna delar kan även orsaka stora belastningar på komponenter i styrning och fjädring och i synnerhet däcken med ett förtida haveri som följd.

6 Stötfångare - demontering och montering

Demontering

Främre stötfångare (före 1996 års modell)

1 Demontera kylargrillen enligt beskrivning i avsnitt 38.
2 Klossa bakhjulen och ställ framvagnen på pallbockar (se "Lyftning och stödpunkter").
3 Lossa de sex fixturerna och två clipsen, demontera stänkskyddet från undersidan av bilens front. De sex fixturerna kan antingen

vara clips eller plastskruvar som kan lossas/skruvas ur, eller popnitar som måste borras ut.
4 Skruva ur stötfångarens två skruvar till stänkskärmen på var baksida (se bild).
5 Skruva ur de fyra muttrar (två på var sida) som fäster stötfångaren vid fronten (se bild).
6 Koppla i förekommande fall ur ledningarna till stötfångarmonterade lampor.
7 Ta hjälp av någon och dra stötfångaren framåt från bilen.

Främre stötfångare (från och med 1996 års modell)

8 Demontera kylargrillen enligt beskrivning i avsnitt 38.
9 Bind upp kylaren vid främre panelen så att den inte är i vägen för kommande arbeten.
10 Klossa bakhjulen och ställ framvagnen på pallbockar (se "Lyftning och stödpunkter").
11 Skruva ur de fem skruvarna på var sida och avlägsna innerskärmarnas förlängare.
12 Lossa slangen från högra kylarfästet.
13 Skruva ur de två bultarna på var sida och avlägsna vänster och höger kylarfästen.
14 Skruva ur de två skruvar på var sida som fäster stötfångarkanterna vid hjulhusen.
15 Dra i förekommande fall ur kontakterna till stötfångarmonterade lampor.
16 Skruva ur de stötfångarmuttrar (två per sida) som fäster stötfångaren vid bilens front.
17 Använd en medhjälpare och dra stötfångaren framåt från bilen.

Bakre stötfångare (ett stycke)

18 Lossa nummerskyltsbelysningens glödlampa, dra ur kontakten och avlägsna lampan.
19 Skruva ur de två skruvar som fäster stötfångarens främre kanter vid hjulhuset på var sida (se bild).
20 Avlägsna i förekommande fall bakre klädselpanelen i bagageutrymmet för att komma åt stötfångarens fästmuttrar.

6.4 Främre stötfångarens fästskruvar

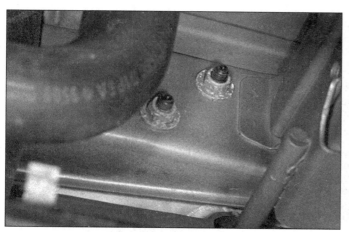

6.5 Främre stötfångarens fästmuttrar

6.19 Bakre stötfångarens fästskruvar

6.21a Bakre stötfångarens fästmuttrar (kombikupé och sedan)

6.21b Bakre (övre) stötfångarens fästmutter (kombi)

ritade konturerna, ändra läge efter behov för att få fram ett jämnbrett avstånd runt om. Justera bakkantens höjd genom att flytta den på gångjärnen. Justera framkantens höjd genom att flytta på låset, se avsnitt 9 och vrid gummiklackarna på främre tvärbalken så att de stöttar huven.
8 Se till att brick-, lednings- och jordanslutningarna görs korrekt. Avsluta med att kontrollera att vindrutespolarens fungerar.

6.21c Bakre (nedre) stötfångarens fästmutter (kombi)

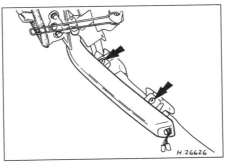

6.23 Placeringen för bakre kvartsstötfångarens skruvar (vid pilarna)

21 Skruva ur stötfångarmuttrarna från vardera sidan på bakre panelen **(se bilder)**. På vissa modeller är muttrarna åtkomliga från bilens undersida, på andra inifrån bagageutrymmet sedan tillämplig klädsel avlägsnats. Använd en medhjälpare och dra ut stötfångaren bakåt från bilen.

Bakre kvartsstötfångare

22 Greppa bakom stötfångaren, tryck ihop nummerskyltsbelysningens clips, dra ut lampan från stötfångaren. Dra ur kontakten och avlägsna lampan.
23 Från ovansidan, mellan stötfångaren och bakre panelen, skruva ur de två Torxskruvarna och demontera kvartsstötfångaren **(se bild)**.

Montering

24 Montering sker i omvänd arbetsordning. Kontrollera stötfångarens uppriktning innan fixturerna slutdras. På bakre stötfångaren, avsluta med att kontrollera nummerskyltsbelysningen.

7 Motorhuv - demontering, montering och justering

Demontering

1 Öppna motorhuven och stötta den i öppet läge med staget.

2 Öppna fästena och demontera isoleringspanelen från huvens undersida.
3 Lossa vindrutespolarslangen från munstycket och clipsen i huven och gångjärnet.
4 Skruva ur skruven, lossa jordledningen från huven nära vänster gångjärn. Dra i förekommande fall ur kontakten till spolarens värmare.
5 För korrekt uppriktning av motorhuven vid montering, rita upp gångjärnens konturer med en mjuk penna och lossa de två gångjärnsbultarna på var sida.
6 Ta hjälp av någon och demontera staget, skruva ur de fyra bultarna och lyft av huven.

Montering och justering

7 Montering sker i omvänd arbetsordning. Placera gångjärnen innanför de upp-

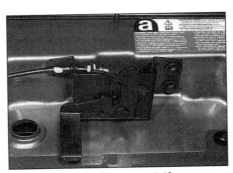

8.1 Huvlåsvajer och lås

8 Huvlåsvajer - demontering och montering

Demontering

1 Med öppen huv, lossa vajern från styrspåret och haka av nippeln från låset **(se bild)**.
2 I bilen, skruva ur de fyra skruvarna och sänk nedre rattstångskåpan.
3 Haka av vajerns nippel från handtaget, dra vajern genom torpedplåten (notera dragningen) och avlägsna den från motorrummet **(se bild)**.

Montering

4 Montering sker i omvänd arbetsordning. Avsluta med att kontrollera att huvlås och handtag fungerar som de ska.

9 Huvlås - demontering och montering

Demontering

1 Med öppen huv, lossa vajern från styrspåret och haka av nippeln från låset.
2 Skruva ur de tre skruvarna och avlägsna låset från bilen.

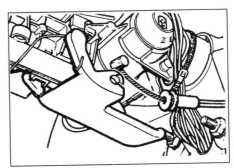

8.3 Lossa vajern från huvlåshandtaget på rattstången

Montering

3 Montering sker i omvänd arbetsordning, justera låshöjden så att huven är i jämnhöjd med skärmarna och att den stänger ordentligt utan övervåld. Justera vid behov låsets läge så att det greppar korrekt.

10 Dörrklädsel - demontering och montering

Demontering

Före 1996 års modell

1 På modeller med manuella fönsterhis-sar, stäng fönstret helt, lossa fjäder-clipset och dra ut handtaget. Clipset kan lossas genom att en ren trasa sticks in mellan handtaget och dörrklädseln och sedan dras ut mot clipsets öppna ändar så att spänningen släpper samtidigt som handtaget dras av från fönsterhissens splines **(se bilder)**.

2 Lossa dekorhuven från dörrhandtaget, se till att inte bryta av clipset, skruva ur skruvarna och avlägsna handtaget **(se bilder)**.

3 Skruva ur skruvarna från inre dörrhandtagets infattning och dra loss handtaget **(se bilder)**.

4 Skruva ur dörrklädselns skruvar **(se bild)**, lyft panelen så att den lossnar från överkantens clips (utmed fönsterkanten) och dra ut panelen.

5 Om så behövs (och om befintligt) kan dörrfacket lossas från klädseln genom att de tre skruvarna skruvas ur, en av dem sitter på insidan och riktad utåt. Om en askkopp är monterad i klädseln kan den försiktigt bändas loss. Om dörrens inre låshandtag eller andra interna dörrdelar ska undersökas eller demonteras, dra först loss infattningen från låshandtaget och avlägsna isoleringsarket från dörren enligt följande:

6 Tillträde till dörrens inre delar sker genom att isoleringen försiktigt dras loss från inre fästet och isoleringsarket skalas av. För att undvika skador på arket, skär loss fästremsan i takt med att arket skalas bakåt, bort från dörren. Undvik att beröra fästremsan med händerna eftersom hudens oljor inverkar negativt på vidhäftningsegenskaperna **(se bilder)**.

10.1a Lossa hissens fästclips som visat . . .

10.1b . . . och dra ut den manuella fönsterhissens vev

10.2a Ta av locket från dörrhandtaget . . .

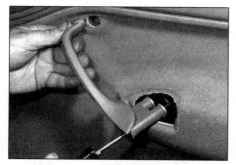
10.2b . . . och skruva ur skruvarna

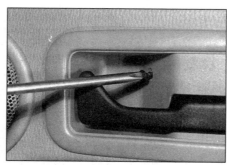
10.3a Skruva ur skruven . . .

10.3b . . . och dra ut infattningen

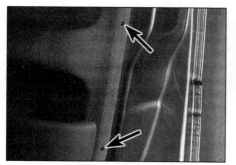
10.4 Dörrklädselns skruvar (vid pilarna)

10.6a Avlägsna isoleringen runt inre dörrlåshandtaget

10.6b Skär genom klistret för att avlägsna isoleringsarket

11.2 Dra loss dörrens tätningslist

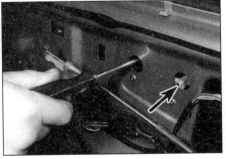

11.3 Skruva ur fönsterhissens skruvar genom de öppningar som visas

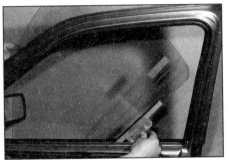

11.4 Urlyftning av fönsterruta

Från och med 1996 års modell

7 Bänd ut locket från urtaget i dörrhandtaget och skruva ur skruven under locket.

8 På modeller med manuella fönsterhissar, stäng fönstret helt, notera vevens läge, lossa clipset och dra ut handtaget. Clipset kan lossas genom att en ren trasa sticks in mellan handtaget och dörrklädseln och sedan dras ut mot clipsets öppna ändar så att spänningen släpper samtidigt som handtaget dras av från fönsterhissens splines.

9 Skruva ur skruvarna från inre dörrhandtagets infattning och dra loss handtaget.

10 Peta i förekommande fall ut huvarna och skruva ur de åtta skruvar som fäster dörrklädseln.

11 Lyft på panelen så att den lossnar från överkanten och dra ut den.

12 Tillträde till dörrens inre delar fås genom att isoleringen försiktigt dras loss från inre fästet och att isoleringsarket skalas av. För att undvika skador på arket, skär loss fästremsan i takt med att arket skalas bakåt, bort från dörren. Undvik att beröra fästremsan med händerna eftersom hudens oljor inverkar negativt på vidhäftningsegenskaperna

Montering

13 Montering sker i omvänd arbetsordning, lägg på lämpligt klister på dörrpanelen vid behov innan isoleringsarket monteras. När dörrklädseln monteras, kontrollera dörrlåsets och fönsterhissens funktioner (där tillämpligt).

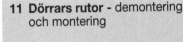

Demontering

Framdörrens glasruta (kombikupé, sedan, kombi och van)

1 Avlägsna dörrklädsel och isoleringsark från dörren (avsnitt 10).

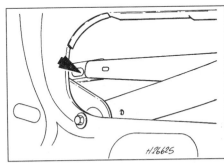

11.9 Placering för den lilla skenans bult (vid pilen) i framdörren på en cabriolet

2 Dra ut inre och yttre tätningslister från nederdelen av rutans öppning i dörren **(se bild)**.

3 Hissa upp rutan och låt en medhjälpare hålla rutan ordentligt på plats medan du skruvar ur fönsterhissens fästskruvar genom öppningen i dörrens innersida **(se bild)**.

4 Sänk ned hissen, luta rutan efter behov och dra ut den från dörren **(se bild)**.

Framdörrens glasruta (cabriolet)

5 Demontera dörrklädsel och isoleringsark enligt beskrivning i avsnitt 10.

6 Veva ned rutan i dörren och dra av inre och yttre tätningslister från fönsteröppningens nederkant.

7 Skruva ur de tre skruvarna, dra delvis ut dörrhögtalaren så att ledningarna till den kan lossas och avlägsna sedan högtalaren.

8 Skruva ur dörrspegelns skruv, avlägsna dekoren och dra ut spegelns kontakt.

9 Veva ned rutan i dörren och skruva ur den lilla skenans bult **(se bild)**.

10 Veva upp rutan, skruva ur den stora skenans bultar, stötta fönsterhissen och skruva ur de tre fästbultarna till fönsterhissen **(se bild)**.

11 Sänk ned hissen och dra ur kontakterna från den.

12 För rutan bakåt så att den lossnar från främre styrskenan och för den försiktigt utåt. Dra försiktigt rutan uppåt så att den lossnar

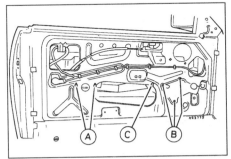

11.10 Fönsterhissens bultar i framdörr på cabriolet

A Stora skenans bultar
B Hissens fästbultar
C Lilla skenans bult

från den stora sliden och samtidigt bort från dörrspegeln, avlägsna rutan från dörren.

Montering

13 Montering sker i omvänd arbetsordning, lägg dock märke till följande:

a) *Gör på följande sätt på cabriolet-modeller när rutan skall sänkas ned vid monteringen i dörren: Skruva i fästbultarna löst. Stäng rutan för att kontrollera att den sitter på rätt sätt. Skruva åt glidbultarna ordentligt.*

b) *I tillämpliga fall, se till att dörrens kabelhärva går fri från ruta och hissmekanism samt att anslutningarna är väl utförda.*

c) *När rutan monteras, kontrollera att den fungerar innan isolering och klädsel monteras.*

Demontering

1 Öppna taket och lyft ur baksätets sits.

2 Se avsnitt 34 och demontera bakre kvartsklädselpanelen.

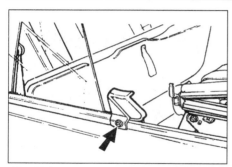

12.4 Takramstolpens nedre tätnings skruv (vid pilen) på cabriolet

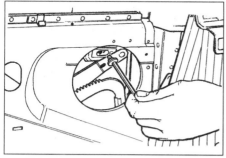

12.8 Skruva ur den ansatsförsedda bulten som fäster hissarmen vid stödskenan på cabriolet

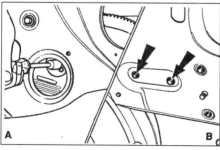

12.9 Kvartsrutans justerbultar på cabriolet
A Höjdjustering   B Justering i längsled

3 Där tillämpligt, skruva ur högtalarens fästskruvar, dra ut högtalaren något, dra ur kontakterna och avlägsna högtalaren.
4 Skruva ur skruven, ta ut skålbrickan och lossa nedre tätningen i takramens huvudstolpe **(se bild)**.
5 Avlägsna yttre och inre tätningslister.
6 Skala försiktigt av isoleringsarket. För att undvika skador på arket, skär loss fästremsan i takt med att arket skalas bakåt, bort från dörren. Undvik att beröra fästremsan med händerna eftersom hudens oljor inverkar negativt på vidhäftningsegenskaperna.
7 Anslut fönsterhissen, hissa ned rutan helt och dra ut hissarmen ur skenan.
8 Hissa upp rutan och skruva ur den ansatsbult som fäster hissarmen i skenan **(se bild)**. Luta och lyft ut rutan ur bilen.

Montering

9 Montering sker i omvänd arbetsordning, lägg dock märke till följande:
a) *När rutan sänks på plats och hissarmsbulten monterats, justera rutans position genom att lossa justerbultarna efter behov. Dra åt dem när justeringarna är gjorda* **(se bild)**.
b) *Där tillämpligt, kontrollera att kabelhärvorna går fria från ruta och hissmekanism, samt kontrollera att anslutningarna är väl gjorda.*
c) *När rutan monterats, kontrollera att den fungerar obehindrat innan isoleringsark och klädsel monteras.*

13 Bakre kvartsrutans hiss (cabriolet) - demontering och montering

Demontering

1 Demontera bakre kvartsrutan enligt beskrivning i föregående avsnitt.
2 På modeller med elektriska fönsterhissar, dra ur kontakten från hissmotorn.
3 Skruva ur hissarmens fästbultar.
4 Skruva ur hissens tre bultar (till höger om armens bultar) och dra ut hissen ur nedre sidopanelens öppning.

Montering

5 Montering sker i omvänd arbetsordning. Se till att ledningarna ansluts väl och kontrollera hissens funktion innan rutan monteras. Se avsnitt 12 för montering av rutan.

14 Fönsterhiss - demontering och montering

Demontering

1 Demontera dörrklädsel och isoleringsark enligt beskrivning i avsnitt 10.
2 Placera rutan i dörren så att styrskenan kan lossas från hissen. Koppla ur kula och hylsa(or) (två per framdörr, en per bakdörr) och sänk ned rutan till dörrens botten.
3 Hissen är fäst med ett antal popnitar; 7 för framdörr och 4 för bakdörr. Borra ur nitarna, lossa hissen och dra ut den ur nedre öppningen **(se bild)**.

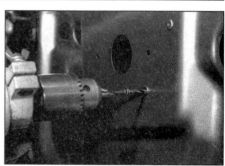

14.3 Urborrning av fönsterhissens nitar

Montering

4 Montering sker i omvänd arbetsordning. Skaffa korrekt antal popnitar och fäst hissen vid dörren. Kontrollera att fönsterhissen fungerar innan dörrklädseln monteras.

15 Dörrlås, låscylinder och handtag - demontering och montering

Demontering

1 Demontera dörrklädsel och isoleringsark enligt beskrivning i avsnitt 10. Följ beskrivningen i tillämpliga paragrafer. På cabrioletmodeller från och med 1993 måste dörrens ruta avlägsnas enligt beskrivning i avsnitt 11, så att dörrlåsets delar kan bli åtkomliga.

Dörrlåsets trumma

2 Om befintliga, skruva ur de två skruvarna och demontera låstrummans sköld. Dra ur trummans clips, lossa manöverstången och ta ut låstrumman **(se bilder)**.

Dörrlås

3 Demontera låstrumman enligt beskrivningen ovan.
4 På modeller med centrallås, dra ur låsmotorns kontakter (anslutna till och demonterade med låset).

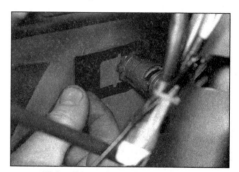

15.2a Dra ut inre fästclipset . . .

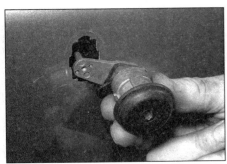

15.2b . . . och dra ut låstrumman ur dörren

15.6 Dörrlåsets skruvar

15.8a Dra ut dörrlåshandtaget . . .

15.8b . . . och dörrlåset, med vajer

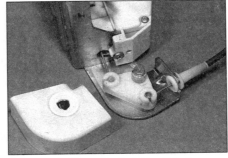

15.8c Avlägsna locket för att haka av vajern från låset

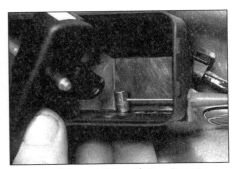

15.10a Lossa det inre låshandtaget . . .

15.10b . . . och haka av vajern från huset

15.11a Ytterhandtagets skruvar

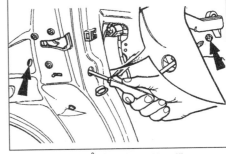

15.11b Åtkomstpunkter för ytterhandtagets skruvar i bakdörren

5 Skruva ur inre dörrlåshandtagets skruv.
6 Skruva ur de tre (fyra på cabrioletmodeller från och med 1993) låsskruvarna **(se bild)**.
7 Demontera rutans bakre styrning (endast bakdörrar).
8 Dra loss inre låshandtaget från dörren och dra ut låset med fjärrstyrningens inre upplåsare och ledning. Vid behov kan manövervajern till inre låshandtaget lossas från låset genom att locket avlägsnas, vajerhöljet dras ut från låset och vajern hakas av från låsets manöverpivå **(se bilder)**.
9 På modeller med centrallås, skruva ur de två skruvarna och lossa låset från manövermotorn.

Inre låshandtaget

10 Dra loss inre handtaget och haka av manövervajern från handtagets hölje **(se bilder)**.

Yttre dörrlåshandtaget

11 Skruva ur de två skruvarna, haka av staget från armen och dra ut handtaget **(se bild)**. Notera att det på bakdörrarna krävs att blindpluggen i dörrens bakkant måste tas ut för att någon av handtagets skruvar ska bli åtkomlig **(se bild)**.

Montering

12 Montering sker i omvänd arbetsordning. Kontrollera att lås och sammanhörande komponenter fungerar som de ska innan dörrklädseln monteras. Kontrollera att lås-

plattan går in centralt i låset när dörren stängs. Lossa den vid behov med en Torxnyckel, flytta den och dra fast igen.

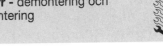

16 Dörr - demontering och montering

Demontering

1 Öppna dörren helt och dra ur kontakten **(se bild)**.
2 Koppla ur dörrstoppet genom att skruva ur Torx-skruven på dörrstolpen **(se bild)**.
3 Stötta dörren på träklossar.

16.1 Dra ur kontakten

16.2 Skruven till dörrstoppet (vid pilen)

16.4 Gångjärnstappens bult (vid pilen)

4 Skruva ur bulten ur vardera dörrens gång-järnstappar **(se bild)**, lyft sedan av dörren från gångjärnen.

Montering

5 Montering sker i omvänd arbetsordning. Kontrollera att låsplattan går in centralt i låset när dörren stängs. Lossa den vid behov med en Torx-nyckel, flytta den och dra fast igen.

17 Yttre backspegel och glas - demontering och montering

Demontering

1 Om spegelglaset ska avlägsnas, stick in ett tunt platt redskap mellan glaset och huset och bänd loss det. Dra i förekommande fall ur kontakterna på spegelns baksida **(se bilder)**.
2 För demontering av spegeln, avlägsna först dörrklädseln enligt beskrivning i avsnitt 10.
3 Skruva ur dörrspegeldekorens skruv och avlägsna dekoren **(se bild)**.
4 Lossa styrenheten från dekoren, dra i före-kommande fall ur justeringens kontakt.
5 Stötta spegeln, skruva ur de tre skruvarna och avlägsna spegeln från dörren.
6 Vid behov kan motorn avlägsnas genom att de tre skruvarna skruvas ur **(se bild)**.

Montering

7 Montering sker i omvänd arbetsordning. Kontrollera att justeringen fungerar korrekt.

18 Inre backspegeln - demontering och montering

Demontering

1 Använd en bit metrev och skär upp klist-ringen mellan spegelfoten och rutan. Låt en medhjälpare stötta och avlägsna spegeln när den släpper.
2 Om originalspegeln ska återanvändas, rengör foten noga med träsprit och luddfri trasa. Låt alkoholen avdunsta under en minut. Rengör vindrutans svarta remsa på samma sätt.

Montering

3 När spegeln monteras är det viktigt att spegelfoten, vindrutans svarta remsa och klisterremsan inte berörs eller förorenas på något sätt - dålig vidhäftning blir annars resultatet.
4 När spegeln monteras bör temperaturen i bilen vara runt 20°C. Även om detta inte är kritiskt är det värt besväret att se till att bilens insida är så varm och torr som möjligt.
5 När kontaktytorna är helt rena, dra av skyddstejpen från klisterremsans ena sida och tryck fast den rejält på spegelfoten.
6 Om spegeln monteras på en ny vindruta måste skyddstejpen först avlägsnas från vindrutans svarta remsa.
7 Värm spegelfoten och klisterremsan under cirka 30 sekunder till 50 - 70°C. Skala av skyddstejpen från klisterremsans andra sida på spegelfoten, rikta upp spegeln och vind-rutans svarta remsa, tryck fast spegelfoten rejält på plats. Håll spegelfoten tryckt mot vindrutan i minst 2 minuter för maximal vidhäftning.
8 Vänta minst 30 minuter innan spegelns läge justeras.

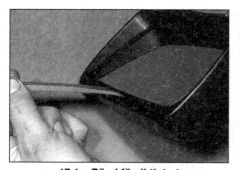

17.1a Bänd försiktigt ut ytterbackspegelns glas ...

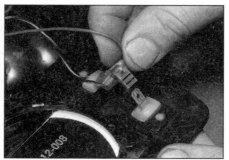

17.1b ... och dra i förekommande fall ur kontakterna

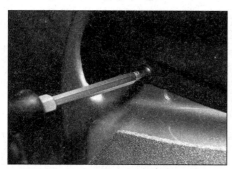

17.3 Skruva ur skruven och demontera spegelns dekor

17.6 Spegelns motor och fästskruvar (vid pilarna)

19 Bagagelucka - demontering, montering och justering

Demontering

1 Öppna bagageluckan och märk upp gångjärnens läge med en mjuk penna.

2 Där tillämpligt, dra ur centrallåsets kontakt och jordledning från bagageluckan **(se bild)**. Knyt fast en passande snörstump på ledningens ände och dra ut ledningen från luckan. Lossa snöret och lämna det på plats. Snöret används till att dra ledningen korrekt vid monteringen.

3 Placera trasor under bagageluckans hörn som skydd mot lackskador.

4 Ta hjälp av någon och skruva ur fästbultarna och lyft av bagageluckan från bilen.

Montering och justering

5 Montering sker i omvänd arbetsordning. Kontrollera att luckan är korrekt uppriktad mot karossen med jämnstort spel runt hela omkretsen. Justering utförs genom att gångjärnsbultarna lossas och luckan förs runt i de förstorade hålen. Kontrollera att låsplattan går in i mitten av låset när luckan stängs, lossa den vid behov och flytta runt den i de förstorade hålen.

20 Bagageluckans lås - demontering och montering

Demontering

Låstrumma

1 Öppna bagageluckan, skruva ur fästskruven till trummans låsclips och dra ur clipset.

2 Lossa trumman från manöverstången och dra ut låset från bagageluckan.

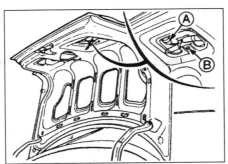

19.2 Kontakten (A) och jordanslutningen (B) i bagageluckan

Lås

3 Öppna bagageluckan och demontera låstrumman (se ovan).

4 Skruva ur de tre skruvarna och dra ut låset ur bagageluckan.

Låsplatta och manövrering

5 Öppna bagageluckan, skruva ur de två skruvarna och avlägsna dekoren från bagageutrymmets bakre kant.

6 Märk låsplattans konturer med en mjuk penna som monteringsanvisning. Skruva ur de två Torx-skruvarna och avlägsna låsplattan/manövreringen. Haka av vajern från manövreringen.

Manövervajer

7 Avlägsna låsplatta/manövrering enligt ovan och haka loss vajern.

8 Avlägsna sparkpanelerna under fram- och bakdörrarna på förarsidan. Vik tillbaka mattan från bagageluckelåsets handtag.

9 Dra ut vajerhöljet från spåret i fästplattan och haka av vajern från manöverarmen.

10 Avlägsna några klädselpaneler från bilens bakdel på berörd sida så att vajerdragningen blottas. Där den passerar hålrum ska en passande snörstump knytas fast i vajern innan den dras ur. Lossa snöret från vajern och lämna det på plats som styrning vid monteringen.

Montering

11 Montering sker i omvänd arbetsordning. När låset monteras, kontrollera att låsplattan går in centralt i låset när luckan stängs, lossa vid behov skruvarna och flytta den.

21 Baklucka - demontering, montering och justering

Demontering

1 Öppna bakluckan, skruva ur de sju skruvarna och avlägsna klädseln från bakluckan.

2 Märk upp gångjärnens läge på bakluckan med en mjuk penna som monteringshjälp.

3 Dra ur pluggen så att spolarmunstycke blir åtkomligt, lossa slangen från munstycket. Knyt fast en passande stark snörstump i slangänden som styrning vid monteringen. Lossa muffen på vänster sida, dra ut slagen från bakluckan. Lossa snöret från slangen och lämna det i bakluckan.

4 Lossa i befintliga fall centrallåsets kontakt och jordledning från bakluckan **(se bild)**. Knyt fast en passande stark snörstump i ledningsänden som monteringshjälp. Lirka ut muffen på höger sida och dra ut centrallåsets ledningar ur bakluckan. Lossa snöret från ledningen och lämna det i bakluckan.

5 Låt en medhjälpare stötta bakluckan i öppet läge, öppna låsclipsen i stöttornas kulleder och avlägsna stöttorna från var sida om bakluckan.

6 Skruva ur gångjärnsbultarna och lyft av bakluckan från bilen **(se bild)**.

Montering och justering

7 Montering sker i omvänd arbetsordning, kontrollera att luckan är korrekt uppriktad mot karossen med jämnstort spel runt hela omkretsen. Justering utförs genom att gångjärnsbultarna lossas och luckan förs runt i de förstorade hålen. Bakre höjden justeras

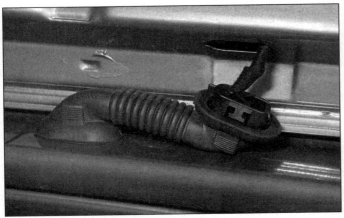

21.4 Dra ut bakluckans kontakt

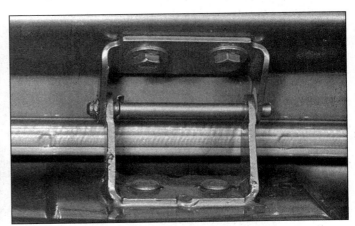

21.6 Bakluckans gångjärn och bultar

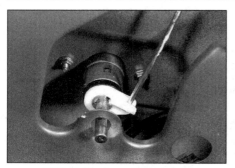

23.2 Bakluckans låstrumma, manöverstång och muttrar

23.5 Skruva ur bakluckelåsets tre skruvar

23.6 Skruvarna till bakluckans låsplatta och upplåsare

med vridning på stoppklackarna av gummi till önskad höjd. Kontrollera att låsplattan går in i mitten av låset när luckan stängs, lossa den vid behov och flytta runt den i de förstorade hålen.

22 Bakluckans stötta - demontering och montering

Demontering

1 Stötta bakluckan i öppet läge. Om bägge stöttorna avlägsnas måste den stöttas på annat sätt.
2 Lossa stöttorna genom att dra ur fjäderclipsen i var ände, dra av dem från kulfästena.

Montering

3 Montering sker i omvänd arbetsordning, observera att stöttans kolvände ska vara nedåt.

23 Bakluckans lås - demontering och montering

Demontering

Låstrumma

1 Öppna bakluckan, skruva ur de sju skruvarna och avlägsna klädseln från bakdelen av bagageutrymmet.
2 Beroende på typ, skruva ur låstrummeclipsets skruv eller de två muttrarna **(se bild)**.
3 Haka loss manöverstången och avlägsna låstrumman.

Lås

4 Öppna bakluckan och demontera låstrumman enligt beskrivningen ovan.
5 Skruva ur de tre Torx-skruvarna och dra ut låset. Lossa i förekommande fall kontakten från låset **(se bild)**.

Låsplatta och upplåsningsmekanism

6 Använd mjuk penna och märk upp låsplattans konturer som monteringsanvisning.

Skruva ur de två Torx-skruvarna (och i förekommande fall jordanslutningen) och demontera platta och upplåsning. Haka av vajern från upplåsningsmekanismen **(se bild)**.

Manövervajer

7 Avlägsna låsplatta/manövrering enligt ovan och haka loss vajern.
8 Avlägsna sparkpanelerna under fram- och bakdörrarna på förarsidan. Vik tillbaka mattan från bakluckelåsets handtag.
9 Dra ut vajerhöljet från spåret i fästplattan och haka av vajern från manöverarmen.
10 Avlägsna lämplig klädel från bilens bakdel på aktuell sida så att vajern blottas.

> **HAYNES TiPS** Där en ledning eller vajer måste dras genom håligheter i karossen, knyt fast en passande snörstump på ledningens/vajerns ände och dra ut den. Lossa snöret och lämna det på plats. Snöret används till att dra ledningen/vajern korrekt vid monteringen.

Montering

11 Montering sker i omvänd arbetsordning. Kontrollera att låsplattan går in i mitten av låset när luckan stängs, lossa den vid behov och flytta runt den i de förstorade hålen.

24 Centrallåsets styrmodul - demontering och montering

Demontering

1 Lossa batteriets jordledning (se kapitel 5A, avsnitt 1).
2 Demontera förarfotbrunnens sidoklädsel enligt beskrivning i avsnitt 34.
3 Dra ut centrallåsmodulen från fästet och dra ur kontakterna från den **(se bild)**.

Montering

4 Montering sker i omvänd arbetsordning. Avsluta med att kontrollera att systemet fungerar som det ska.

24.3 Placeringen för centrallåsets styrmodul

25 Vindruta och fasta rutor - demontering och montering

Demontering

Vindruta, bakre kvartsruta och bakruta

1 Vindruta, bakre kvartsruta och bakruta är limmade på plats med speciallim. Det krävs specialverktyg och speciella kemikalier för att skära loss gamla rutor och montera nya. Dessa arbeten ska överlåtas till en Ford-verkstad eller specialist på byten av limmade rutor.

Bakre rutor - vanmodeller

2 Från insidan av aktuell dörr, använd ett trubbigt redskap och tryck ned tätningslisten under rutans ram, med början från översidan. Låt en medhjälpare stötta rutan från utsidan vid arbetet.
3 När tätningslisten är loss, lyft ut rutan ur dörren.

Bakruta - cabriolet

4 Dra ur kontakten för bakrutans uppvärmning och dra ut ledningen från tätningslisten.
5 Låt en medhjälpare stötta rutan från utsidan, använd skyddshandskar och pressa ut rutan ur ramen. Se till att inte använda för stor

kraft så att suffletten eller ramen överbelastas när rutan pressas ut.
6 Avlägsna rutans tätningslist.

Montering

7 Rengör rutan och öppningen. Bensin eller alkoholbaserade lösningsmedel får inte användas eftersom de angriper tätningslisten.
8 Montera tätningslisten på rutan, för in ett snöre i listens spår så att ändarna sticker ut från rutans nederdel med en överlappning om cirka 150 mm.
9 Placera rutan i hålet, dra in snörändarna i bilen. Låt medhjälparen hålla rutan på plats.
10 Dra sakta i ena snöränden (i rät vinkel mot rutan, mot rutans centrum) så att tätningslistens läpp glider över öppningens sarg. Samtidigt ska medhjälpare trycka på rutans utsida. När snöret når övre mitten på rutan, dra ut det andra snöret så att resten av listen monteras.
11 Koppla in bakrutevärmens kontakt och tryck in den under tätningslisten (cabriolet).

26 Tätningslister i dörr och baklucka - demontering och montering

Demontering

1 För demontering av tätningslisten från öppningens sarg, greppa i skarven och dra loss den.

Montering

2 Kontrollera först att kontaktytorna mellan list och sarg är rena. Kontrollera sargens skick och åtgärda efter behov.
3 Montera tätningslisten genom att på ett ungefär placera ändarna mitt i nederkanten av aktuell öppning, men pressa inte på den på flänsen ännu. Fortsätt enligt följande beroende på typ av list.

Dörrlist

4 När det gäller en dörrlist, börja med att trycka fast hörnen. Kontrollera att avstånden mellan kontaktpunkterna är sådana att listen passar smidigt och tryck fast hela listen med början från överkanten och arbeta nedåt utmed sidorna och avsluta vid skarven i underkanten. Kontrollera att listen är korrekt monterad och täta skarven med lämplig massa för att stoppa kapillärt vattenläckage.
5 Stäng dörren och kontrollera passformen. Justera vid behov genom att flytta låsplattan.

Bakluckans tätningslist

6 Placera listens ändar så att de är centrerade inom 300 mm från bakluckans låsplatta. En ny tätningslist måste mätas upp och kapas till rätt längd. Tryck fast listen på

flänsen för hand. Kontrollera att den inte vrids och stäng bakluckan för att kontrollera passformen. Justering av låsplattans och stoppklackarnas lägen kan komma att behövas för godtagbar passform och tätning.

27 Dekor och emblem - demontering och montering

Demontering

1 Stick in en bit metrev mellan berörd del/ emblem och skär upp limningen till panelen.
2 Avlägsna alla spår av lim från panelen med träsprit och låt monteringsplatsen torka.

Montering

3 Skala av skyddstejpen från den nya delens baksida och tryck fast delen på panelen, var noga med att inte beröra limmet. Väl på plats, tryck fast delen med handen och håll kvar en stund för maximalt fäste.

28 Takskydd (van) - demontering och montering

Demontering

1 Lossa och lyft takskyddet från takets framkant och dra ut det ur styrskenan i taket.
2 Rengör kontaktytorna mellan skydd och skena innan monteringen.

Montering

3 Placera skyddet i skenan, kontrollera uppriktningen och tryck fast det med handflatan.

29 Taklucka - kontroll och justering
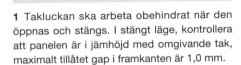

1 Takluckan ska arbeta obehindrat när den öppnas och stängs. I stängt läge, kontrollera att panelen är i jämhöjd med omgivande tak, maximalt tillåtet gap i framkanten är 1,0 mm.
2 Om justering krävs, öppna solskyddet och skruva ur de tre nedre skruvarna mellan ram och glaspanel (se bild). Dra tillbaka nedre ramen in i taket.
3 Lossa mittre och främre skruvarna, justera glaspanelens läge så att framkanten sitter bredvid takpanelen och dra åt fästskruvarna (se bild).
4 Dra nedre ramen framåt och avsluta med att skruva i fästskruvarna.

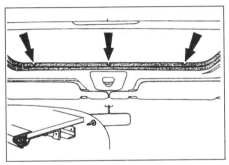

29.2 Skruvar (vid pilarna) i panelen till takluckans nedre ram och glas

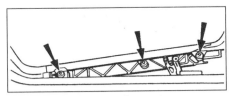

29.3 Skruva ur dessa skruvar (vid pilarna) för justering av takluckans glaspanel

30 Taklucka - demontering och montering

Demontering

1 Öppna solskyddet och skruva ur de tre nedre skruvarna mellan ram och glaspanel.
2 Skruva ur de glidskeneskruvarna från takpanelen och tryck ut panelen, avlägsna den från bilen. Låt en medhjälpare lyfta panelen ovanifrån för att undvika att skada panelen och/eller omgivande tak.

Montering

3 Montering sker i omvänd arbetsordning. När panelen är på plats, justera den enligt beskrivning i föregående avsnitt.

31 Takluckans tätningslist - demontering och montering

Demontering

1 Veva upp takluckan i lutat öppet läge, fatta tag i tätningslisten och dra loss den från takpanelens fläns.
2 Rengör kontaktytorna mellan panel och list (om den ska återanvändas) före monteringen.

Montering

3 Montering sker i omvänd arbetsordning. Se till att listens skarv är i mitten av panelens bakre kant.

32 Säten -
demontering och montering

Demontering

Framsäte

⚠️ *Varning: På bilar med mekanisk bältesförspänning, var försiktig vid arbete med framsäten eftersom spännaren innehåller en kraftig fjäder som kan orsaka skador vid okontrollerad utlösning. Spännaren ska låsas med ett transportclips som finns att köpa hos Fordhandlare (se bild 32.2). Vi rekommenderar å det starkaste att du rådfrågar Ford om korrekt användning av transportclipset och alla säkerhetsaspekter innan du påbörjar arbetet.*

⚠️ *Varning: På bilar med pyroteknisk bältesförspänning, lossa batteriets jordledning (se kapitel 5A, avsnitt 1) och vänta minst två minuter innan du fortsätter.*

1 På senare modeller, dra loss klädseln från sätets fot bredvid dörröppningen.
2 På bilar med mekanisk bältesförspänning, montera transportclipset (se bild). På bilar med pyroteknisk bältesförspänning, dra ur kontakten bakom den nyss demonterade klädseln.
3 Dra sätet så långt fram det går och skruva loss de bakre fästbultarna (en på yttre skenan och två på inre) (se bilder). På vissa modeller måste klädseln lossas för att bultarna ska bli åtkomliga
4 Dra sätet maximalt bakåt, skruva ur de främre bultarna på var sida (se bild). Lyft ut sätet ur bilen.

Baksätets sits

5 Ta ut blindpluggarna och skruva loss sätesgångjärnens fästskruvar på var sida (se bild). Lyft ut sitsen ur bilen.

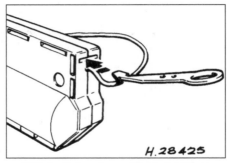

32.2 Instickande av säkerhetsbältets transportclips (tidig typ visad) för att spärra den mekaniska bältesförspännaren

Baksätets ryggstöd (kombikupé, sedan och kombi)

6 Fäll fram sitsen och vik ned ryggstödet. Skruva ur gångjärnens fästskruvar på var sida och lyft ut ryggstödet ur bilen (se bild).

Baksätets ryggstöd (cabriolet)

7 Lyft på sitsen och skruva ur säkerhetsbältenas nedre ankarbultar till rullarna.
8 Skruva ur de skruvar (en på varje sida) som fäster ryggstödets överdel.
9 Vrid ned ryggstödet (lossgörningsknapp i bagageutrymmet), dra av skyddet och skruva ur de två skruvar på var sida som fäster överdelen.
10 Lossa säkerhetsbältets styrning från ryggstödets överdel, lyft på ryggstödet och trä bältesrullens nedre ankarplatta genom ryggstödet så att detta kan lyftas ur bilen.
11 Skruva ur de bultar som fäster ryggstödets nederdel vid sidogångjärnen och lyft ut ryggstödets nederdel.

Montering

12 Montering sker i omvänd arbetsordning. Där tillämpligt, dra säkerhetsbältenas ankarbultar till angivna moment.

32.3a Framsätesskenans bakre yttre fästbult

32.3b Framsätesskenans bakre inre fästbultar

32.4 Framsätesskenans främre fästbult

32.5 Baksätessitsens fästskruv (sedan)

32.6 Skruvar till gångjärn mellan ryggstöd och säte

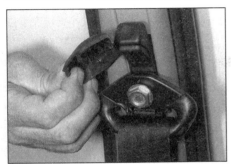

33.5 Lyft övre locket för åtkomst av säkerhetsbältets övre ankarbult

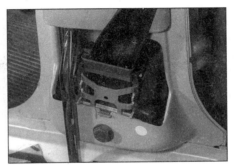

33.9 Rullen med fästbult

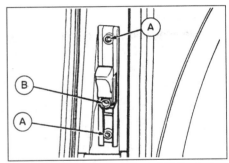

33.12 Bultarna (A) för bältets höjdjustering och ankarplattans bult (B)

33 Säkerhetsbälten - demontering och montering

Demontering

Observera: *Säkerhetsbälten och sammanhörande delar som utsatts för en krock måste bytas mot nya.*

Främre säkerhetsbälte (3-dörrars kombikupé och cabriolet)

1 Lossa övre locket och skruva ur framsätesbältets övre ankarplattsbult. Avlägsna platta och distans.
2 Skruva ur fästskenans bult, vrid skenan mot mitten av bilen, dra ut den ur fästet och dra av bältet från skenan.
3 Avlägsna bakre kvartsklädseln, på cabriolet, skruva ur de två skruvarna och avlägsna bältesstyrningen.
4 Skruva ur den bult som håller fast rullen och lyft ut rulle och bälte.

Främre säkerhetsbälte (5-dörrars kombikupé, sedan, kombi och van)

5 Lossa locket, skruva ur frambältets övre ankarbult. Avlägsna platta och distans **(se bild)**.
6 Skruva ur bulten till nedre ankarplattan.
7 Avlägsna klädseln från mitten av B-stolpen genom att dra ut tätningslisten, skruva ur de två skruvarna och dra loss klädseln från panelen samtidigt som klämmorna lossas (om sådana finns).
8 Skruva ur de sex skruvar som fäster plattan, dra ut remmen och avlägsna plattan.
9 Skruva ur bulten och lossa rullen från mittstolpen **(se bild)**.

Främre säkerhetsbältes höjdjustering

10 Lossa locket och skruva ur framsätesbältets övre ankarbult. Avlägsna platta och distans.

11 Avlägsna klädseln från mitten av B-stolpen genom att dra ut tätningslisten, skruva ur de två skruvarna och dra loss klädseln från panelen samtidigt som klämmorna lossas (om sådana finns).
12 Skruva ur bultarna och demontera höjdjusteringen **(se bild)**.

Främre säkerhetsbältesfästen

⚠️ **Varning: På bilar med mekanisk eller pyroteknisk bältesförspänning ska allt arbete med spännena överlåtas till en Fordverkstad. Följande beskrivning är endast tillämpbar på modeller UTAN förspänningsanordning.**

13 Demontera relevant framsäte enligt beskrivning i avsnitt 32.
14 Skruva ur fästbulten och dra ut spännet från sätets sida.

Bakre säkerhetsbälte (3-dörrars kombikupé)

15 Lossa locket och skruva ur framsätesbältets övre ankarbult. Avlägsna platta och distans.
16 Skruva ur fästskenans bult, vrid skenan mot mitten av bilen, dra ut den ur fästet och dra av bältet från skenan.
17 Lyft upp baksätets sits för åtkomst, skruva ur bulten och avlägsna mittenbältets ankarplatta/fäste **(se bild)**.

18 Skruva ur rullens nedre ankarplattsbult.
19 Skruva ur den övre ankarplattsbulten och lossa platta och distans från C-stolpen.
20 Vrid ner ryggstödet och skruva ur de två Torx-skruvar som fäster ryggstödet.
21 Avlägsna klädseln från mitten av B-stolpen genom att dra ut tätningslisten, skruva ur de två skruvarna och dra loss klädseln från panelen samtidigt som (om befintliga) klämmorna lossas.
22 Demontera bakre kvartspanelen (avsnitt 34).
23 Demontera C-stolpens klädsel enligt beskrivning i avsnitt 34.
24 Skruva ur de tre Torx-bultarna och lossa ryggstödets spärrbygel.
25 Skruva ur rullens bult och dra ut rullen komplett med bälte.

Bakre säkerhetsbälte (5-dörrars kombikupé)

26 Lyft upp baksätets sits för åtkomst, skruva ur bulten och avlägsna mittenbältets ankarplatta/fäste.
27 Skruva ur nedre ankarplattsbulten.
28 Ta av locket och skruva loss ankarplattan och distansen från C-stolpen **(se bild)**.
29 Vrid ner ryggstödet och skruva ur de två Torx-skruvar som fäster ryggstödets spärr.
30 Demontera klädseln från C-stolpen enligt beskrivning i avsnitt 34.
31 Skruva ur de tre Torx-bultarna och lossa ryggstödets spärrbygel.

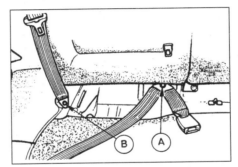

33.17 Baksätets bältesankarplatta för mittspännet (A) och rullbältet (B)

33.28 Bakre säkerhetsbältets övre ankarbult

33.46 Fästet för baksätets ryggstöd (kombi)

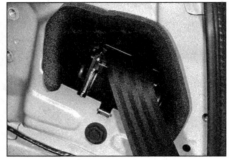

33.47 Bältesrulle (kombi)

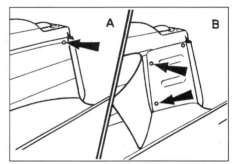

33.51 Placeringen för skruvarna i bakre ryggstödets överdel (cabriolet)

32 Skruva ur rullens bult och dra ut rullen komplett med bälte.

Bakre säkerhetsbälten (sedan)

33 Lyft upp baksätets sits för åtkomst, skruva ur bulten och avlägsna mittenbältets ankarplatta/fäste.
34 Skruva ur nedre ankarplattsbulten.
35 Ta av locket och skruva loss ankarplattan och distansen från C-stolpen.
36 Vrid ned ryggstödet, demontera klädseln från C-stolpen enligt beskrivning i avsnitt 34.
37 Skruva ur muttern och demontera ryggstödsspärrens knopp från fästet i bagageutrymmet. Dra av vajern från clipset på bagageutrymmets undersida.
38 Skruva ur de två Torx-skruvar som fäster ryggstödets spärr.
39 Skruva ur de tre Torx-bultarna och lossa ryggstödets spärrbygel.
40 Skruva ur rullens bult och dra ut rullen komplett med bälte.

Bakre säkerhetsbälten (kombi)

41 Lyft upp baksätets sits för åtkomst, skruva ur bulten och avlägsna mittenbältets ankarplatta/fäste.
42 Skruva ur nedre ankarplattsbulten.
43 Ta av locket och skruva loss ankarplattan och distansen från C-stolpen.
44 Vrid ner ryggstödet och skruva ur de två Torx-skruvar som fäster ryggstödets spärr.
45 Avlägsna klädseln från C- och D-stolparna samt bagageutrymmet enligt beskrivning i avsnitt 34.
46 Skruva ur de tre Torx-bultarna och lossa ryggstödets spärrbygel. **(se bild)**.
47 Skruva ur bulten och demontera rullen/bältet **(se bild)**.

Bakre säkerhetsbälten (cabriolet)

48 Lyft upp baksätets sits för att komma åt bättre, skruva ur bulten och avlägsna mittenbältets ankarplatta/fäste.
49 Skruva ur nedre ankarplattsbulten. För demontering av mittre höftbältet, avlägsna nedre spännet och dubbelspännet.
50 Skruva ur nedre ankarplattsbulten.
51 Lossa spärren i bagageutrymmet, fäll ned ryggstödet. Dra av skyddet från ryggstödets baksida för åtkomst av övre delen. Skruva ur de två skruvarna på var sida **(se bild)**. Demontera bältesstyrningen från ryggstödets översida.
52 Lyft på ryggstödet, trä igenom ankarplattan och avlägsna ryggstödet.
53 Skruva ur bulten och demontera rullen/bältet.

Montering

54 På samtliga modeller sker montering i omvänd arbetsordning. Dra alla förband till angivet moment och kontrollera att allt fungerar tillfredsställande.

34 Klädsel - demontering och montering

Demontering

A-stolpens klädsel

1 Dra loss tätningslisten från A-stolpens fläns. Skruva ur skruven, lossa clipsen och dra av klädseln från stolpen.

B-stolpen

2 Dra loss tätningslisten från flänsen. Ta av locket, skruva loss och avlägsna övre ankarplattsbulten och distansen.
3 På 5-dörrars modeller, skruva ur de två skruvar som fäster stolpens klädsel.
4 Dra loss B-stolpens klädsel (den sitter med plastklämmor).

C-stolpens klädsel (kombikupé)

5 Fäll fram baksätets sits och vik ned ryggstödet.

6 Där monterade, skruva ur de tre skruvarna, dra ut högtalaren och koppla ur ledningarna. Avlägsna inte själva högtalaren.
7 Skruva ur de två Torx-skruvarna och demontera ryggstödets spärr. Lossa även skyddet över bakre stötdämparfästet (strax bakom spärren).
8 Skruva ur baksätets nedre ankarplattsbult.
9 Ta av locket och skruva loss övre ankarplattan och distansen.
10 Dra av tätningslisten från dörrens fläns.
11 På 3-dörrars modeller, demontera bakre kvartspanelens klädsel enligt beskrivning längre fram i detta avsnitt.
12 Skruva ur skruvarna och dra loss klädseln från stolpen, mata igenom bältet och ankarplattan. Notera att ett lock måste avlägsnas för att man ska komma åt den bakre skruven.

C-stolpens klädsel (sedan)

13 Fäll fram sätet och vik ned ryggstödet.
14 Avlägsna bakre bagagehyllan (se paragraferna 22 till 24 nedan).
15 Skruva ur nedre ankarplattsbulten.
16 Ta av locket och skruva loss övre ankarplattan och distansen.
17 Skruva ur de två skruvarna från C-stolpen. Dra av dörrens tätningslist och dra av stolpens klädsel, mata igenom bältet i takt med att klädseln dras av.

C-stolpens klädsel (kombi)

18 Fäll fram sätet och vik ned ryggstödet.
19 Ta av locket och skruva loss övre ankarplattan och distansen.
20 Dra försiktigt loss klädseln från C-stolpen.

D-stolpens klädsel

21 Lossa klädseln från D-stolpens clips och avlägsna klädseln.

Bakre bagagehylla (sedan)

22 Fäll ned ryggstödet. Om monterade, avlägsna högtalarna från bagagehyllan.

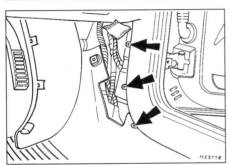

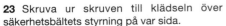

34.30 Placering för låsflikarna (vid pilarna) till främre fotbrunnens sidoklädsel

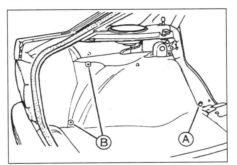

34.36a Clips (A) och skruvar (B) för fästande av bagageutrymmets klädsel - kombikupé

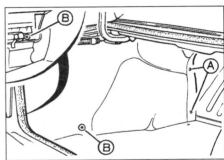

34.36b Clips (A) och skruvar (B) för fästande av bagageutrymmets klädsel - sedan

23 Skruva ur skruven till klädseln över säkerhetsbältets styrning på var sida.
24 Skruva ur bagagehyllans tre skruvar, lyft panelen i framkanten så att den lossnar från plastclipsen och lyft ut den ur bilen.

Bakre kvartspanelens klädsel

25 Lossa främre säkerhetsbältet från övre och nedre ankarpunkterna enligt beskrivning i avsnitt 33.
26 Avlägsna B-stolpens klädsel enligt beskrivning tidigare i detta avsnitt.
27 Skruva ur plattans två skruvar och lyft undan plattan från panelen.
28 Fäll fram baksätets sits och ryggstöd, lossa ramen till bältesstyrningen från panelen.
29 Skruva ur skruvarna på panelens baksida. Lossa kvartspanelen från B-stolpen på anvisade platser och dra ut panelen. När den dras ut, avlägsna bälte och ankare genom panelens urtag.

Främre fotbrunnens sidoklädsel

30 Vrid plastclipset på panelens framsida 90° för att lossa främre fästet och lirka loss panelen från de tre bakre fästflikarna **(se bild)**.

Platta

31 Demontera fotbrunnens sidoklädsel enligt beskrivningen ovan.
32 Dra loss dörrtätningslisten från tröskelflänsen.
33 På 5-dörrars kombikupé, sedan, kombi och van, skruva ur skruven i B-stolpens nederdel (just ovanför plattans urtag för säkerhets-bältet).
34 Skruva ur plattans sex skruvar och mata i tillämpliga fall bältet genom och dra ut plattan.

Bagageutrymmets klädsel (kombikupé och sedan)

35 Fäll fram ryggstöd(en), på kombikupé, lossa skyddet över bakfjädringens övre fäste.
36 Lossa panelens clips med lämpligt platt redskap **(se bilder)**.
37 Skruva ur klädselns två skruvar med stora brickor och avlägsna klädselpanelen.

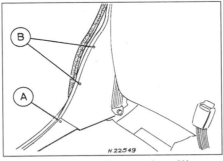

34.38 Bakre plattans skruv (A) och främre klädselskruvarna (B) i bagageutrymmet (kombi)

Bagageutrymmets klädsel (kombi)

38 Lyft baksätets sits, skruva ur plattans skruv på baksidan och skruva ur klädselpanelens två skruvar **(se bild)**.
39 Fäll ned ryggstödet, lossa övre skyddet och skruva ur bakre säkerhetsbältets övre ankarplattsbult, avlägsna platta och distans.
40 Skruva ur de två Torx-skruvarna och avlägsna ryggstödets spärr.
41 Lossa och avlägsna C-stolpens klädsel.
42 Lossa och avlägsna även D-stolpens klädsel.
43 Skruva ur skruven som fäster klädseln vid C-stolpen och skruvarna som fäster bagageutrymmets klädsel vid D-stolpen **(se bild)**.
44 Skruva ur de tre skruvar som fäster klädseln vid golvet och den skruv som fäster den vid bakre tvärbalken.
45 Lyft av klädselpanelen så att den släpper från sidopanelen och dra ut den.

Avdelarpanel (van)

46 Från panelens framsida, skruva ur de tre bultarna till tvärbalken på nedre kanten.
47 Från panelens baksida, skruva ur de två bultarna på var sida till B-stolpen och dra ut panelen.

Solskydd

48 Lossa skyddet från clipset, skruva ur de två skruvarna vid upphängningsfästet och lyft av skyddet. Öppna luckan så att skruven

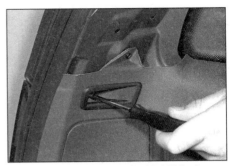

34.43 Urskruvande av sidoklädselns skruvar (kombi)

blottas, skruva ur skruven och avlägsna clipset.

Kurvhandtag

49 Vik tillbaka flikarna i handtagets ändar så att skruvarna blottas. Skruva ur skruvarna och avlägsna handtaget.

Montering

50 Montering sker i omvänd arbetsordning. Se till att eventuella elektriska anslutningar är väl gjorda. Dra säkerhetsbältenas fixturer till angivna moment och avsluta med att kontrollera att säkerhetsbältena fungerar korrekt.

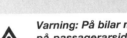

35 Instrumentbräda - demontering och montering

 Varning: På bilar med krockkudde på passagerarsidan, rådfråga en Fordverkstad om säkerhetsaspekterna innan instrumentbrädan demonteras.

Demontering

Före 1996 års modell

1 Lossa batteriets jordledning.
2 Se kapitel 10 och demontera ratten.

**35.5 Demontering av sido-
ventilationsmunstyckets på förarsidan**

**35.8a Dra loss tätningslisten
så att de yttre skruvarna
till instrumentbrädan blir åtkomliga**

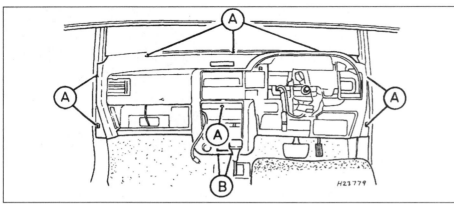

**35.8b Placeringen för instrumentbrädans skruvar (A) (endast skruv)
och (B) (skruv och brickor)**

3 Skruva ur de två övre och fyra nedre skruvarna, avlägsna bägge rattstångskåporna.
4 Se tillämpliga kapitel och demontera följande föremål relaterade till instrumentbrädan:
  a) Rattstångens flerfunktionsomkopplare (kapitel 12).
  b) Instrumentpanel (kapitel 12).
  c) Chokevajer, om befintlig (kapitel 4A).
  d) Reglage och panel för värme/ventilation (kapitel 3).
  e) Cigarettändare och askkopp (kapitel 12).
  f) Radio/bandspelare (kapitel 12).
  g) Klocka (kapitel 12).
5 Skruva ur de två skruvarna, demontera sidomunstycket från instrumentbrädans förarsida. När det dras ut, lossa eventuella ledningsanslutningar från panelmonterade omkopplare (se bild).
6 Skruva ur de två gångjärnsbultarna från handskfacksluckan och avlägsna luckan. Skruva ur de två skruvarna till låset och lyft ut det. Dra ur kontakten till glödlampshållaren/strömbrytaren.
7 Avlägsna fotbrunnsbelysningen på instrumentbrädans sidor, om monterad (kapitel 12).
8 Dra loss tätningslisten från dörröppningens framkant på var sida så att de yttre skruvarna

blir åtkomliga. Skruva ur skruvarna från anvisade platser (se bilder).
9 Ta hjälp av någon och lyft ut instrumentbrädan. När den dras ut, anteckna dragningen på de vajrar som är anslutna, lossa kabelbanden och lyft ut instrumentbrädan ur bilen.
10 Instrumentbrädans sammanhörande komponenter kan vid behov skruvas loss.

Från och med 1996 års modell
11 Lossa batteriets jordledning (se kapitel 5A, avsnitt 1).
12 Se kapitel 10 och demontera ratten.
13 Skruva ur skruven och dra ut rattstångens flerfunktionsomkopplare. Dra ur kontakten och lossa clipsen.
14 Dra ur de tre kontakterna på baksidan av den löstagbara instrumentbrädespanelen.
15 Avlägsna fotbrunnsbelysningen från bägge sidorna av instrumentpanelens nedre del.
16 Se kapitel 12 och demontera radion/bandspelaren.
17 Demontera fotbrunnens sidoklädsel på förarsidan genom att vrida clipset på framsidan 90°, dra ut panelen från de tre flikarna i bakre kanten.

18 Dra av tätningslisterna i dörröppningarnas framkanter. Skruva ur de två skruvarna och lossa plattans övre del från instrumentbrädans undersida. Skruva ur skruvarna och avlägsna A-stolpens klädsel på bägge sidorna.
19 Skruva ur den nedre bulten och lossa jordledningen från panelen under instrumentbrädan på förarsidan.
20 Dra ut säkringsdosan från sin plats under instrumentbrädan. Dra ur de tre kontakterna från reläpanelen på säkringsdosans översida.
21 Dra ur de två kontakterna bredvid förarsidans torpedplåtspanel.
22 Lossa manövervajrarna på vänster och höger sida av värmaren.
23 Demontera mittkonsolen enligt beskrivning i avsnitt 36.
24 Avlägsna huvarna över de tre skruvarna utmed instrumentbrädans överkant nära vindrutan. Skruva ur skruvarna.
25 Lirka ut blindpluggen från överkanten av radioöppningen under värmereglagen och skruva ur den blottade skruven.
26 Skruva ur resterande skruvar från instrumentbrädans sidor och under askkoppsfacket.
27 Lossa hastighetsmätarvajern från clipset på torpedplåten i motorrummet.
28 För växelspaken bakåt och lirka ut instrumentbrädan. När det finns utrymme, lossa hastighetsmätarvajern från instrumentpanelen och kontakten från krockkuddemodulen.
29 Ta hjälp av någon och lirka loss instrumentbrädan från rattstången, dra ut den från förarsidan.

Montering
30 Montering sker i omvänd arbetsordning. Kontrollera att alla ledningar och vajrar dras korrekt och ansluts väl. Se tillämpliga kapitel för montering av sammanhörande komponenter.
31 När instrumentbrädan är helt monterad, koppla in batteriet och kontrollera att de olika omkopplarna fungerar på rätt sätt.

36 Mittkonsol - demontering och montering

Demontering

Kort konsol (manuell växellåda) - före 1996 års modell
1 Skruva loss växelspakens knopp, lossa damask och infattning och dra av dem.
2 Skruva ur de fyra skruvarna och avlägsna konsolen (se bild).

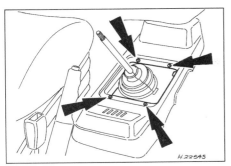

**36.2 Skruvar (vid pilarna)
för kort mittkonsol**

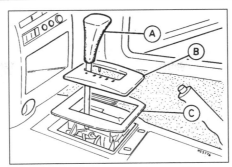

**36.5 Växelväljarens knopp (A),
indikatorpanel (B) och panelens
infattning (C)**

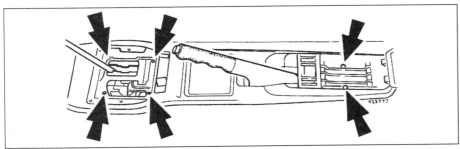

**36.7 Placeringen (vid pilarna) för den långa mittkonsolens mutter och skruvar -
konsol med automatväxellåda visad**

Lång konsol (manuell och automatisk växellåda) - modell före 1996

3 Lossa batteriets jordledning (se kapitel 5A, avsnitt 1).
4 På modeller med manuell växellåda, skruva loss växelspaksknoppen, lossa damask och infattning och dra av dem från växelspaken.
5 På modeller med automatväxellåda, lägg in "P". Skruva loss växelväljarknoppen, bänd loss indikatorpanelen och infattningen **(se bild)**.
6 På modeller med elektriska fönsterhissar eller elmanövrerat bagageutrymmeslås, peta ut omkopplarna och dra ur kontakterna.
7 Skruva ur konsolens fyra muttrar och två skruvar **(se bild)**.
8 Dra åt handbromsen så hårt du kan och lirka ut konsolen över handbromsspaken och växelväljaren. Om det inte finns nog utrymme, slacka handbromsjusteringen, se kapitel 1.

Lång konsol (manuell och automatisk växellåda) - från och med 1996 års modell

9 Lossa batteriets jordledning (se kapitel 5A, avsnitt 1).
10 På modeller med manuell växellåda, skruva loss växelspaksknoppen, lossa damask och infattning och dra av dem från växelspaken.
11 På modeller med automatväxellåda, lägg in "P". Skruva loss växelväljarknoppen, bänd loss indikatorpanelen och infattningen.
12 Tryck ut omkopplarna (om monterade)

från konsolens undersida, dra ut kontakterna och avlägsna enheten.
13 Lossa handbromsspakens infattning från konsolen och dra av infattning och damask.
14 Skruva ur de fyra muttrarna och demontera golvdamask och platta. Ta vara på o-ringen.
15 Öppna förvaringsfackets lock på konsolens bakdel och skruva ur skruven i fackets golv. På modeller utan fack, peta upp huven och skruva ur den blottade skruven.
16 Dra åt handbromsen så hårt du kan, lyft konsolens bakkant och dra den bakåt från instrumentbrädan. Om det inte finns nog utrymme, slacka handbromsjusteringen (se kapitel 1).
17 Lyft av konsolen från handbromsspak och växelväljare, avlägsna den från bilen.

Montering

18 Montering sker i omvänd arbetsordning. Om handbromsjusteringen slackades, kontrollera då justeringen enligt beskrivning i kapitel 1.

37 Innerskärmar i hjulhus -
demontering och montering

Demontering

1 Dra åt handbromsen, lossa hjulmuttrarna på aktuell sida. Ställ framvagnen på pallbockar (se "Lyftning och stödpunkter"). Ta av hjulet.
2 Skruva ur de sju Torx-skruvarna **(se bild)**.
3 Tryck in innerskärmen på översidan så att den lossnar och dra ut den ur bilen.

Montering

4 Montering sker i omvänd arbetsordning. Dra hjulmuttrarna till angivna moment.

38 Kylargrill -
demontering och montering

Demontering

Modeller före 1993

1 Lyft och stötta motorhuven. Skruva ur de fyra skruvarna i grillens överkant och lyft ut grillen så att den släpper från styrhylsorna på var sida i nederkanten **(se bild)**.

1993 till 1996 års modell

2 Lyft och stötta motorhuven. Skruva ur de tre muttrar som fäster grillen vid huvens insida, lyft ut grillen.

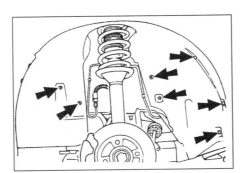

**37.2 Placering (vid pilarna)
för innerskärmens skruvar**

**38.1 Urskruvande av kylargrillens skruv -
modeller före 1993**

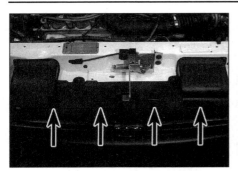

38.3 Fästskruvar (vid pilarna) för överkantens vindavvisare - från och med 1996 års modell

38.4 Kylargrillens sidoskruv (vid pilen) - från och med 1996 års modell

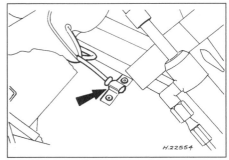

39.4 Den motoriserade sufflettens fästen för fjäderstaget

Från och med 1996 års modell

3 Lyft och stötta motorhuven. Skruva ur skruvarna i överkanten, lossa klackarna på överkanten och sidorna och avlägsna vind-avvisaren **(se bild)**.
4 Skruva ur de två skruvarna (en per sida) och avlägsna grillen **(se bild)**.

Montering

5 Montering sker i omvänd arbetsordning.

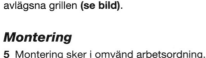

39 Motoriserad sufflett (cabriolet) - demontering och montering

Observera: *Följande beskrivning gäller demontering och montering av suffletten. Demontering, reparation och montering av sufflettens ram, isolering och innertak är specialistarbeten som ska överlåtas till en Fordverkstad eller specialist på bilinredningar.*

Demontering

1 Öppna taket och avlägsna baksätets sits genom att bända ut blindpluggarna och skruva loss sitsens gångjärnsskruvar på bägge sidorna.
2 Demontera bakre kvartspanelen enligt beskrivning i avsnitt 34.
3 Lyft på taket så mycket att bakre bagage-hyllan blir åtkomlig.
4 Lossa fjäderstaget från fästena på var sida **(se bild)**.
5 Skruva ur fjäderns låsskruvar på var sida.
6 Lossa fjädern från sätet i andra änden på var sida.
7 Lossa ledningen från den uppvärmda bakrutans kontakter.
8 Skruva ur gångjärnens dämparbultar på var sida **(se bild)** och öppna taket helt.
9 Lossa hydraulstagets fästclips, skruva ur de tre bultarna från fästena **(se bild)**.
10 Använd en medhjälpare och lyft av suffletten från bilen. Dra den framåt så att bakänden släpper och lyft försiktigt.

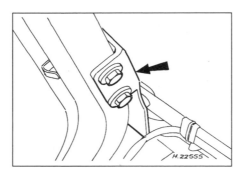

39.8 Den motoriserade sufflettens gångjärnsdämpare (vid pilen)

Montering

11 Montering sker i omvänd arbetsordning. När suffletten är monterad, kontrollera funktionen innan bakre kvartspanelen och sitsen monteras.

40 Motoriserad sufflett (cabriolet) - demontering och montering av slangar samt systemets avluftning

Demontering av slangar

1 Öppna bagageluckan och sänk ned

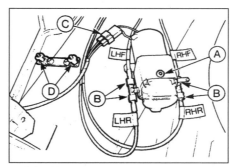

40.2a Hydraulslanganslutningar till den motoriserade sufflettens pump

A Påfyllningsplugg
B Slanganslutningar och märkning
C Pumpens kontakt
D Pumpens fäste

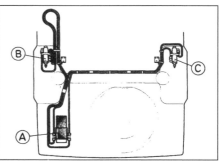

39.9 Den motoriserade sufflettens hydraulkolv
A Fästclips   B Bultar

suffletten. Avlägsna relevanta paneler för åtkomst av pump (i bagageutrymmets vänstra sida) och hydraulkolv (bakom kvartspanelen) på aktuell sida.
2 Om mer än en slang ska lossas ska slangar och anslutningar märkas upp så att de inte förväxlas vid hopsättningen **(se bilder)**.
3 Lossa oljepåfyllningspluggen för att tryck-utjämna systemet.
4 Lossa slangen(arna) från styrflikarna på karossen och den tejp som fäster den vid kolven och andra slangar. Lossa slangens pumpanslutning. Observera att det troligen kan komma att krävas att pumpen lossas och

40.2b Den motoriserade sufflettens manöverdelar och dragning av hydraulslangar

A Hydraulpump
B Hydraulkolv (vänster)
C Hydraulkolv (höger)

delvis avlägsnas enligt beskrivning i avsnitt 42 så att en slang på pumpens vänster sida kan lossas. Fånga upp allt spill av hydraulolja i ett lämpligt kärl och plugga öppningar så att smutsintrång förhindras. Suffletten får inte höjas med urkopplade hydraulledningar eftersom kvarvarande olja då sprutar ut.

Montering av slang

5 Montering sker i omvänd arbetsordning. När slangarna anslutits, fyll på och avlufta systemet enligt följande:

Avluftning

6 Avlägsna påfyllningspluggen från pumpen. Fyll på med specificerad olja (se *"Specifikationer"*) upp till MAX-märket och skruva fast pluggen löst. Skruva upp förbigångskranen med 90 till 180° (max) och höj och sänk suffletten en gång. Kontrollera oljenivån i pumpen, fyll på efter behov, dra åt förbigångskranen och skruva åt pluggen **(se bild)**.
7 Vrid tändningsnyckeln till läge "I" och stäng och öppna suffletten fem gånger med motorn. Efter detta ska suffletten fungera mjukt i bägge riktningarna och pumpmotorn ska höras arbeta konstant.
8 Med öppen sufflett, kontrollera pumpens oljenivå och fyll på efter behov.

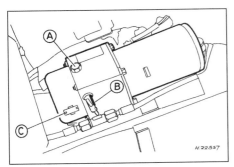

40.6 Den motoriserade sufflettens hydraulpump

A Påfyllningsplugg   C Oljenivåns
B Förbigångskran   MAX-märke

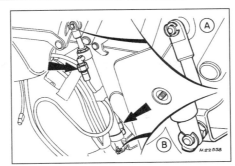

41.4 Den motoriserade sufflettens hydraulkolvsanslutningar visande övre (A) och nedre (B) låsringar

41 Dämpare/hydraulkolv till motoriserad sufflett (cabriolet) - demontering och montering

Demontering

1 Fäll ned suffletten och avlägsna vänstra panelen i bagageutrymmet så att hydraulpumpen blir åtkomlig.
2 Tryckutjämna hydrauliken genom att skruva loss pumpens påfyllningsplugg.
3 Avlägsna kvartspanelen från aktuell sida enligt beskrivning i avsnitt 34.
4 Märk slangar och anslutningar till kolven som monteringshjälp **(se bild)**.
5 Ta ut kolvens låsringar i var ände från fästena i bilen. Nedre fästet har större låsring.
6 Lossa slanganslutningarna från kolven och dra ut den, håll kolv och anslutningar över ett lämpligt kärl, lossa slangarna och dränera oljan innan kolven avlägsnas. Plugga alla öppningar så att mer spill och smutsintrång förhindras. Suffletten får inte höjas med urkopplade hydraulledningar eftersom kvarvarande olja då sprutar ut.

Montering

7 Montering sker i omvänd arbetsordning. När kolven monterats och slangarna anslutits, fyll på och avlufta systemet enligt beskrivning

i föregående avsnitt innan kvartspanelen (avsnitt 34) och pumppanelen i bagageutrymmet monteras.

42 Drivmotor och pump till motoriserad sufflett (cabriolet) - demontering och montering

Demontering

1 Lossa batteriets jordledning (se kapitel 5A, avsnitt 1).
2 Öppna bagageluckan och avlägsna vänster panel för åtkomst av pumpen/motorn.
3 Skruva upp förbigångskranen 90 till 180° **(se bild 40.6)**.
4 Sänk suffletten manuellt och släpp ut allt resttryck genom att lossa pluggen på pumpen.
5 Dra åt plugg och kran. Dra ur pumpmotorns kontakt.
6 Märk slangar och anslutningar för undvikande av förväxling vid monteringen **(se bild 40.2a)**.
7 Skruva ur pumpens muttrar och dra ut pumpen en bit. Placera ett lämpligt kärl (eller trasor) under och öppna hydraulanslutningarna. Plugga öppna hål för att undvika mer spill och smutsintrång. Plocka ut pumpen. Suffletten får inte höjas med urkopplade hydraulledningar eftersom kvarvarande olja då sprutar ut.

Montering

8 Rengör slanganslutningarna och anslut slangarna, dra bara åt med fingrarna i detta skede.
9 Koppla in pumpmotorn, placera pumpen på plats och skruva fast den. Kontrollera att slangarna inte är vridna eller belastade och skruva åt deras anslutningar.
10 Fyll på pumpen med angiven olja och avlufta systemet enligt beskrivning i avsnitt 40.
11 Koppla in batteriet.

Kapitel 12
Karossens elsystem

Innehåll

Svårighetsgrader

Enkelt, passar novisen med lite erfarenhet	**Ganska enkelt,** passar nybörjaren med viss erfarenhet	**Ganska svårt,** passar kompetent hemmekaniker	**Svårt,** passar hemmekaniker med erfarenhet	**Mycket svårt,** för professionell mekaniker

Specifikationer

Säkringar (i säkringsdosan) - modeller före 1996

Observera: Säkringars klassning och kretsar kan ändras från år till år. Se bilens handbok eller fråga en Fordhandlare om information om just din bil.

Nr	Ampere	Skyddade kretsar	Nr	Ampere	Skyddade kretsar
1	25	Uppvärmd bakruta, elbackspeglar	17	-	-
2	30	ABS-system	18	15	Vänster helljus och vänster extraljus
3	10	Syresensor	19*	20	Centrallås, stöldlarm, elbackspeglar
4	15	Höger helljus och extraljus	19**	3	ABS-modul
5	20	Bränslepump	20	15	Signalhorn
6	10	Höger parkeringsljus	21	15	Innerbelysning, klocka, radio, cigarettändare
7	10	Vänster parkeringsljus	22	30	Elektriska fönsterhissar
8	10	Bakre dimljus	23	30	Strålkastarspolarsystem
9	30	Kylarfläkt	24	10	Höger halvljus
10	10	Vänster halvljus	25	3	EEC IV motorstyrningssystem
11	15	Främre dimljus	26	5	Uppvärmda framsäten
12	10	Blinkers, backljus	27	10	Bromsljus
13	20	Torkarmotor, spolarpump	28	10	Luftkonditionering
14	20	Värmefläkt	29**	20	Centrallås, stöldlarm
15	30	ABS			
16	3	Uppvärmd vindruta			

* Tidiga modeller
** senare modeller

Säkringar (i säkringsdosan) - 1996 och 1997 års modeller

Obs: *Säkringars klassning och kretsar kan ändras från år till år. Se bilens handbok eller fråga en Fordhandlare om information om just din bil.*

Nr	Ampere	Skyddade kretsar
1	10	Bakre dimljus
2	-	-
3	10	Höger parkeringsljus
4	-	-
5	15	Vänster helljus
6	10	Höger helljus, höger extraljus
7	3	EEC IV motorstyrningssystem
8	10	Vänster parkeringsljus
9	30	ABS
10	30	Strålkastarspolare
11	10	Instrumentbelysning och varningslampor
12	7.5	Krockkudde
13	20	Kallstartsventil, motorstyrningssystem, bränsleavstängning
14	10	Syresensor
15	10	Vänster halvljus
16	20	Tändspole
17	10	Höger halvljus
18	30	Elektriska fönsterhissar och taklucka
19	-	-
20	25	Värmefläkt
21	3	ABS-modul
22	30	Kylarfläkt
23	15	Uppvärmda framsäten
24	20	Torkarmotor, spolarpump
25	30	ABS
26	10	Blinkers, backljus
27	25	Uppvärmd bakruta, elbackspeglar
28	15	Signalhorn, varningsblinkers
29	15	Innerbelysning, klocka, radio, cigarettändare
30	20	Centrallås, eljusterade säten
31	15	Främre dimljus
32	15	Luftkonditionering
33	20	Bränslepump
34	15	Uppvärmda spolarmunstycken, bromsljus

Säkringar (i säkringsdosan) - 1998 års modeller och framåt

Obs: *Säkringars klassning och kretsar kan ändras från år till år. Se bilens handbok eller fråga en Fordhandlare om information om just din bil.*

Nr	Ampere	Skyddade kretsar
1	30	Startmotorsolenoid
2	25	Värmefläkt, luftkonditioneringskompressorns koppling
3	15	Strålkastaromkopplare
4	10	Höger parkeringsljus
5	15	Vänster helljus
6	15	Höger helljus
7	10	Vänster parkeringsljus, extra ljus
8	7,5	EEC IV/V motorstyrningssystem
9	20	ABS-system
10	30	Strålkastarspolarsystem
11	7,5	Krockkudde
12	10	Belysning och varningslampor, strålkastaromkopplare
13	-	-
14	15	Bränslepump
15	10	Syresensor
16	20	Kallstartventil, motorstyrningssystem
17	15	Uppvärmda framsäten
18	15	Ljudanläggning
19	30	Elfönsterhissar, taklucka
20	30	Kylarens/luftkonditioneringens kylfläkt
21	7,5	ABS-modul
22	20	Tändspole
23	25	Bakre elfönsterhissar
24	30	ABS-system
25	20	Torkarmotor, spolarpump
26	10	Körriktningsvisare, backljus

27	25	....	Uppvärmd bakruta, elstyrda backspeglar
28	15	....	Signalhorn, varningsblinkers
29	15	....	Innerbelysning, klocka, radio, cigarettändare
30	10	....	Vänster halvljus
31	10	....	Höger halvljus
32	15	....	Främre dimljus
33	20	....	Elstyrda säten
34	15	....	Uppvärmda spolarmunstycken, bromsljus
35*	20	....	Centrallås

*Extra säkring sitter på utsidan av säkringsdosan.

Extra säkringar (i motorrummet) - alla modeller

Obs: Säkringars klassning och kretsar kan ändras från år till år. Se bilens handbok eller fråga en Fordhandlare om information om just din bil.

Nr	Ampere		Skyddade kretsar
A	80	....	Matarledningar till huvudsäkringsdosan
B	60	....	Matarledningar till huvudsäkringsdosan
C	60	....	Matarledningar till huvudsäkringsdosan
D	40/50	....	Kylarens/luftkonditioneringens kylfläkt, relä
E	50	....	Uppvärmd vind-/bakruta, relä

Reläer (före 1996 års modell)

Nr	Färg		Krets
R1	Grå	....	Uppvärmd vindruta
R2	Röd	....	Vindrutetorkarens pausreglage
R3	Grå	....	Uppvärmd bakruta
R4	Mörkgrön	....	ABS-system
R5	Lila	....	ABS-pump
R6	Vit/Gul	....	Helljus
R7	Orange	....	Bakre torkarens pausreglage
R8	Grön/Röd/Gul	....	CFi fördröjningsrelä eller EFi matningsrelä eller EEC IV matningsrelä
R9	Brun	....	Bränslepump
10	Brun	....	Magnetisk koppling (luftkonditionering)
11	Grön	....	Luftkonditioneringssystem
12	Brun	....	Motorgången
13	-		
14	-		
15	-		
16	(tidiga modeller) -		
16	(senare modeller) Lila	....	Bränslepump
17	Gul	....	Innerbelysningens fördröjning
18	Grön	....	Elfönsterhissar
19	Grå	....	Bakre dimljus (modul)
20	Reserv		
21	-/Vit	....	Strömskena/främre dimljus (modul)
22	Blå	....	Strålkastarspolare
23	Vit	....	Halvljus
24	-/Röd eller Gul	....	Strömskena/automatväxellåda/larm
25	Vit	....	Främre dimljus
26	Svart	....	Rattlås/tändningslås
27	-		

Reläer (1996 och 1997 års modeller)

Nr	Färg		Krets
R1	Svart	....	Tändningslås
R2	Brun	....	Bränsleinsprutning, motorstyrning
R3	Brun	....	Bränslepump
R4	Brun	....	Magnetkoppling (luftkonditionering)
R5	Grå	....	Timer för uppvärmd bakruta/backspeglar
R6	Röd	....	Vindrutetorkarnas pausreglage
R7	Orange	....	Bakrutetorkarens pausreglage
R8	Brun	....	Halvljus
R9	Brun	....	Helljus
R10	Brun	....	Helljus (endast högerstyrda modeller)
R11	Gul	....	Innerbelysningens fördröjning
R12	Grå	....	Bakre dimljus
R13	Gul	....	Startspärr
R14	Vit	....	Främre dimljusreglage

Reläer (1996 och 1997 års modeller) (forts)

Nr	Färg	Krets
R15	Brun	Främre dimljusets matning
R16	Blå	Strålkastarspolning
R17	Blå	Luftkonditionering
R18	-	
R19	-	
R20	-	
R21	Lila	ABS-system
R22	Mörkgrön	ABS-system

Reläer (1998 års modeller och framåt)

Nr	Färg	Krets
R1	Svart	Tändningslås
R2	Brun	Bränsleinsprutning, motorstyrning
R3	Brun	Bränslepump
R4	Brun	Magnetkoppling (luftkonditionering)
R5	Grå	Timer uppvärmda backspeglar/bakruta
R6	Röd	Vindrutetorkarfördröjningens reglage
R7	Orange	Bakrutetorkarfördröjningens reglage
R8	Brun	Halvljus
R9	Brun	Helljus
R10	-	
R11	Gul	Innerbelysningens fördörjning
R12	-	
R13	Grön	Startspärr
R14	Vit	Ljudsignal "lysen på"
R15	Brun	Främre dimljus
R16	Blå	Strålkastarspolarsystem
R17	Blå/Brun	Luftkonditioneringssystem
R18	-	
R19	Brun	Bakre dimljus
R20	-	
R21	-	
R22	Vit	Stöldskyddslarm

Glödlampor

	Styrka (W)
Strålkastare (halogen H4)	60/55
Parkeringsljus	5
Främre blinkers	21
Sidoblinkers	5
Baklyse (kombikupé/sedan)	5
Bromsljus (kombikupé/sedan)	21
Bromsljus/bakljus (kombi/van)	21/5
Högt monterat bromsljus	5
Backljus	21
Bakre blinkers	21
Bakre dimljus	21
Nummerskyltsbelysning (kombikupé/sedan/kombi)	10
Nummerskyltsbelysning (van)	5
Instrumentpanelens varningslampor	1,3
Varningsblinkersknappens lampa	1,3
Instrumentpanelsbelysning	2,6
Klockbelysning	1,2
Cigarettändarbelysning	1,4
Handskfacksbelysning	10
Bagageutrymmesbelysning	10
Innerbelysning	10

Åtdragningsmoment

	Nm
Torkarmotor (original) till fäste	10
Torkarmotor (ny) till fäste	12
Torkarmotorfäste till torpedplåt (eller baklucka)	7
Torkarmotorarm till spindel, mutter	24
Torkararmsmutter	20
Signalhornets fästmuttrar	30

1 Allmän information och föreskrifter

Allmän information

Elsystemet är av typen 12 volt negativ jord. Ström till belysning och eldriven utrustning ges av ett batteri av typen bly/syra som laddas av den motordrivna växelströms-generatorn.

Detta kapitel tar upp reparation och underhåll av olika elektriska komponenter som inte hör samman med motorn. Informa-tion om batteri, tändning generator och startmotor finns i kapitel 5A och B.

Innan något arbete utförs på elsystemets komponenter, kom ihåg att alltid koppla loss batteriets negativa kabel (jord) först, för att undvika kortslutningar och/eller brand. Om en radio/kassettbandspelare med säkerhetskod är monterad, se informationen i referens-kapitlet längst bak i boken innan batteriet kopplas loss.

Föreskrifter

⚠️ **Varning: Innan något arbete utförs på elsystemet, läs igenom föreskrifterna i "Säkerheten främst!" i början av denna handbok och i kapitel 5A, avsnitt 1.**

⚠️ **Varning: Senare modeller är utrustade med krockkudde/-ar. Vid arbete på elsystemet, se föreskrifterna i avsnitt 29 för att undvika risk för personskador.**

2 Elektrisk felsökning - allmän information

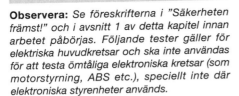

Observera: *Se föreskrifterna i "Säkerheten främst!" och i avsnitt 1 av detta kapitel innan arbetet påbörjas. Följande tester gäller för elektriska huvudkretsar och ska inte användas för att testa ömtåliga elektroniska kretsar (som motorstyrning, ABS etc.), speciellt inte där elektroniska styrenheter används.*

Allmänt

1 En typisk elektrisk krets består av en elektrisk komponent, varje omkopplare, relä, motor, säkring, smältsäkring eller kretsbrytare som hör till denna komponent, samt ledningar och kontakter mellan komponenten och batteri och kaross. Som hjälp att spåra problem i elektriska kretsar finns kopp-lingsscheman i slutet av detta kapitel.

2 Innan du försöker ställa diagnos på ett elfel, studera först relevant kopplingsschema så att du vet vilka komponenter berörd krets innehåller. Möjliga felkällor kan spåras genom att man ser efter om andra komponenter relaterade till kretsen fungerar korrekt. Om

flera kretsar eller komponenter ger problem samtidigt är det troligt att orsaken ligger i en delad jordanslutning eller säkring.

3 Elproblem har ofta mycket enkla orsaker, som lösa eller korroderade anslutningar, jordfel, en trasig säkring eller smälttråd eller ett defekt relä. Undersök alla säkringar, ledningar och anslutningar i den problematiska kretsen innan du börjar testa komponenterna. Använd relevant kopplings-schema för att avgöra vilka anslutningar som bör undersökas för att man ska hitta felet

4 De grundläggande verktygen för elektrisk felsökning inkluderar kretsprovare eller voltmätare (en 12 volts glödlampa med testkablar kan användas i vissa tester); en kontinuitetsmätare; en ohmmätare (för mätning av motstånd); ett batteri och en uppsättning testkablar samt en över-bryggningsledning med säkring eller kretsbrytare för förbikoppling av misstänkta ledningar eller delar. Innan du försöker hitta ett fel med instrument, läs kopplingsschemat så att du lättare hittar anslutningspunkter.

5 För att spåra intermittenta fel (vanligen orsakade av en dålig eller smutsig kontakt eller skadad isolering), kan man utföra ett "vicktest" på kablaget. Detta innebär helt enkelt att man vickar på ledningarna för hand för att se om felet uppträder när ledningarna rubbas. Det är då ofta möjligt att spåra ett fel till en specifik del av en kabelhärva. Denna testmetod kan användas tillsammans med de övriga som beskrivs i följande stycken.

6 Förutom dåliga anslutningar uppträder två grundläggande fel i elektriska kretsar - kretsbrott och kortslutning.

7 Ett kretsbrott orsakas av ett brott någonstans i kretsen, som stoppar ström-flödet. Ett kretsbrott gör att komponenten inte fungerar, men bränner inte kretsens säkring.

8 Kortslutningar orsakas vanligen av defekt isolering, där en strömförande ledning kommer i kontakt med en annan ledning eller en jordad del som karossen. Detta gör att strömmen i kretsen tar en annan väg ("genväg"), vanligtvis till jord. En kortslutning bränner normalt kretsens säkring.

Att hitta ett kretsbrott

9 Testa för kretsbrott genom att ansluta minusledningen på en voltmätare eller ena ledningen på en kretsprovare till batteriets minuspol eller känd god jord.

10 Anslut den andra ledningen till den krets som ska testas, helst närmast batteriet eller säkringen.

11 Slå på kretsen, och kom ihåg att vissa kretsar bara är strömförande när tändnings-låset är i ett visst läge.

12 Om spänning finns (anges av att glödlampan tänds eller genom voltmätar-avläsning) innebär det att denna del av kretsen är felfri.

13 Kontrollera resten av kretsen sektionsvis på samma sätt.

14 När en punkt nås där spänning saknas måste problemet finnas mellan den punkten och senaste testpunkt med spänning. De flesta problem beror på brutna, korroderade eller lösa anslutningar.

Att hitta en kortslutning

15 Sök efter eventuell kortslutning genom att först koppla från strömförbrukare från kretsen (förbrukare är de komponenter som drar ström från kretsen, exempelvis glödlampor, motorer, värmeelement, etc).

16 Ta ut kretsens säkring och anslut krets-provaren/voltmätaren till säkringsanslut-ningarna.

17 Slå på kretsen, kom ihåg att vissa bara är strömförande med tändningsnyckeln i ett visst läge.

18 Om spänning finns (anges av att glöd-lampan tänds eller genom voltmätaravläsning) indikerar detta en kortslutning.

19 Om spänning saknas men säkringen bränner med ansluten förbrukare, tyder detta på att strömförbrukaren är defekt.

Att spåra ett jordfel

20 Batteriets minuspol är ansluten till jord (metallen i motor/växellåda och kaross), och de flesta system är dragna så att de bara tar emot positiv matning. Strömmen återvänder via karossens metall. Detta innebär att komponentfästet och karossen utgör en del av kretsen. Lösa eller korroderade fästen kan därmed orsaka ett antal elektriska fel, från totalt kretshaveri till förbryllande partiella fel. Lampors ljus kan försvagas (i synnerhet om en annan aktiv krets delar jorden), motorer (torkare eller kylfläkt) kan gå långsamt och funktionen i en krets kan påverka en annan. Mellan vissa delar används en jordfläta, exempelvis motor/växellåda och kaross, vanligen där gummibussningar förhindrar direkt metallkontakt.

21 Kontrollera om en komponent är godtagbart jordad genom att koppla ur batteriet (se kapitel 5A, avsnitt 1) och ansluta ena ledningen från en ohmmätare till en känd god jord. Anslut den andra ledningen till den jordanslutning eller ledning som ska testas. Motståndet ska vara noll; om inte, kontrollera anslutningen enligt följande.

22 Om en jordanslutning misstänks vara defekt, ta isär den och rengör ned till metallen på både kaross och stift eller komponentens kontaktyta. Var noga med att ta bort alla spår av smuts och korrosion, skrapa sedan bort eventuell färg så att ren metallkontakt uppstår. Vid hopsättningen, dra åt förbanden ordentligt, och om ett ledningsstift skruvas fast, använd en tandbricka mellan stiftet och karossen för att skapa god metallkontakt. När kontakterna ansluts, förhindra framtida korrosion med ett lager vaselin eller silikon-

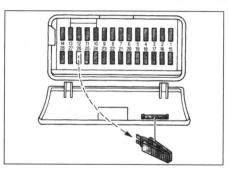

3.1 En säkring tas ut med den medföljande pincetten

3.4 Ytterligare huvudsäkringar framför batteriet

3.6 Reläernas placering på undersidan av säkringsblocket

baserat fett, eller genom att regelbundet spraya på tändningstätning eller fukt-avvisande smörjmedel.

3 Säkringar och reläer -
allmän information

Observera: *Det är viktigt att komma ihåg att tändningen och relevant krets måste vara avstängda innan en säkring (eller ett relä) byts ut. Stöldskyddet måste också avaktiveras och batteriets jordledning lossas. Vid bortkoppling av batteriet, se kapitel 5A, avsnitt 1.*

1 Dosan med de flesta säkringar och reläer finns under instrumentbrädan på förarsidan. Man kommer åt säkringarna genom att lossa täckkåpan. Säkringarnas placering är numrerade - se listan i specifikationerna i början av detta kapitel för en kontroll av vilka kretsar som skyddas av vilka säkringar. En plastpincett finns på lockets insida för byte av säkringar **(se bild)**.
2 Ta ut en säkring genom att dra ut den med pincetten. Dra sedan ut säkringen sidledes från pincetten. Tråden i säkringen är tydligt synlig och den är bruten om säkringen är bränd.
3 Ersätt alltid en bränd säkring med en med samma klassning. Byt aldrig ut en säkring mer än en gång utan att spåra felkällan. Säkringens klass (ampere) är stämplad på ovansidan.
4 Ytterligare säkringar finns i en dosa framför batteriet. Öppna täcklocket för att komma åt

säkringarna **(se bild)**. Dessa säkringar är bokstavsmärkta - se specifikationerna i början av detta kapitel för information om vilka kretsar dessa säkringar skyddar. För att säkringarna A, B och C ska kunna tas ut måste dosan först demonteras. D och E kan plockas ut från sina socklar. Om någon av dessa säkringar går måste berörda kretsar omedelbart kontrolleras och åtgärdas innan en ny säkring monteras. Överlåt vid behov detta till en Fordverkstad eller kompetent bilelektriker.
5 Med undantag för blinkersreläet och i förekommande fall reläerna till den motoriserade suffletten, finns övriga reläer monterade på baksidan av säkringsdosan inne i bilen. För att undersöka ett av dessa reläer, koppla ur batteriet, lyft på dosans lock och lossa dosan. Skruva ur de sex skruvarna och lossa den nedre instrumentbrädespanelen på förarsidan. Dra ut blocket med säkringar och reläer.
6 Reläerna kan dras ut ur sina socklar **(se bild)**.
7 Blinkersreläet sitter vid flerfunktionsomkopplarens fot. Det blir åtkomligt om den nedre rattstångskåpan demonteras. Reläet kan sedan dras ut ur sockeln i omkopplarens fot **(se bild)**.
8 Den motoriserade suffletten har fyra reläer. Reläerna I och II (samt termobrytaren) finns bakom A-stolpen på förarsidan, reläerna III och IV (med en 15 amp säkring) finns i bagageutrymmets vänstra del bredvid hydraulpumpen. Demontera relevant klädsel

och eventuella tillhörande delar för att komma åt reläerna (se kapitel 11).
9 Om ett relästyrt system slutar fungera och reläet misstänks vara orsaken, lyssna på reläet när kretsen aktiveras. Om reläet fungerar ska det höras ett klick när det beläggs med spänning. Om reläet är OK finns felet i komponenterna eller ledningarna. Om reläet inte beläggs med spänning får det inte matnings- eller styrspänning, eller så är reläet defekt.

4 Omkopplare -
demontera och montering

Tändningslås

1 Lossa batteriets jordledning (se kapitel 5A, avsnitt 1).
2 Skruva loss de två övre och de fyra nedre fästskruvarna och demontera rattstångskåporna.
3 Om monterat, skruva ur skruven och lyft ut PATS (Passive Anti-Theft System) sändaremottagare ur rattlåscylindern.
4 Stick in nyckeln och vrid den till läge "I". Tryck in tändningslåsets två klackar och dra ut det ur rattlåset **(se bilder)**.
5 Skruva ur de sex skruvarna och lossa den nedre instrumentbrädespanelen på förarsidan. Lossa sedan säkringsdosan och dra ut tändningslåsets kontakt från dosan. Lossa ledningen från clipsen och ta bort låset.
6 Montering sker i omvänd arbetsordning.

3.7 Demontering av blinkersreläet

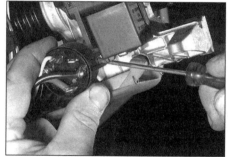

4.4a Tryck in låsklackarna . . .

4.4b . . . och dra ut tändningslåset

4.9a Skruva ur skruven . . .

4.9b . . . lyft ut omkopplaren och dra ur kontakten

4.14 Demontering av omkopplare på instrumentbrädan

När tändningslåset monteras i rattlåset måste trummans drivaxel riktas upp mot låsets axel när det trycks på plats. Avsluta med att kontrollera tändningslåsets funktion.

Rattstångens flerfunktionsomkopplare

7 Demontera ratten enligt beskrivning i kapitel 10.
8 Skruva loss de två övre och de fyra nedre fästskruvarna och demontera rattstångskåporna.
9 Skruva loss skruven och dra upp omkopplaren från rattstången, dra ur kontakten och lossa kabelbandsclipsen **(se bilder)**.
10 Lossa blinkers-/varningsblinkersreläet och blinkersomkopplaren från enheten.
11 Montering sker med omvänd arbetsordning. Se kapitel 10 för montering av ratten.

Instrumentbrädans omkopplare

12 Lossa batteriets jordledning (se kapitel 5A, avsnitt 1).
13 Omkopplarna på instrumentbrädan och tillhörande paneler hålls på plats med clips av plast eller metall. I vissa fall går det att lossa omkopplaren från panelen genom att bända ut den med en liten skruvmejsel som sticks in mellan panelen och omkopplaren. Ta dock inte i för hårt när denna metod används.

> **Om en omkopplare inte lossar lätt, demontera den berörda sektionen av instrumentbrädan eller en angränsande panel eller komponent, så att baksidan blir åtkomlig. Tryck sedan ihop clipsen så att omkopplaren enkelt kommer ut.**

14 När omkopplaren lossats och delvis dragits ut, dra ur kontakten och ta bort omkopplaren **(se bild)**.
15 Montering sker i omvänd arbetsordning.

Innerbelysningens omkopplare

16 Lossa batteriets jordledning (se kapitel 5A, avsnitt 1).
17 Öppna dörren, skruva ur skruven och dra ut omkopplaren från dörrstolpen. Dra ut

4.22 Demontering av bagageutrymmets kontaktplatta från bakre panelen

ledningen något och knyt fast ett snöre på den, så att ledningen kan dras ut om den ramlar ned i stolpen.
18 Dra ur kontakten från omkopplaren.
19 Montering sker i omvänd arbetsordning.

Bagageutrymmets kontaktplatta

20 Lossa batteriets jordledning (se kapitel 5A, avsnitt 1).
21 Öppna bakluckan, skruva ur de två skruvarna och avlägsna klädseln så att plattans baksida blir åtkomlig.
22 Lossa sidoclipset med en tunn skruvmejsel och tryck ut kontaktplattan **(se bild)**.
23 Dra ur kontakterna och ta bort plattan.
24 Montering sker i omvänd arbetsordning.

Bagageutrymmets omkopplare

25 Lossa batteriets jordledning (se kapitel 5A, avsnitt 1).

4.27 Bakluckans kontaktenhet

26 Öppna bakluckan och avlägsna klädseln.
27 Arbeta genom öppningen i bakluckan, använd en tunn skruvmejsel och tryck in omkopplarens clips, dra ut omkopplaren från panelen **(se bild)**.
28 Dra ur kontakterna och ta bort omkopplaren.
29 Montering sker i omvänd arbetsordning. Kontrollera att kontakterna är rena. Avsluta med att kontrollera funktionen för bakre torkare, innerbelysning, uppvärmd bakruta samt bakluckans upplåsning/centrallås.

Handbromsvarningens omkopplare (modeller före 1996)

30 Lossa batteriets jordledning (se kapitel 5A, avsnitt 1).
31 Se kapitel 11, demontera vänster säte och mittkonsolen.
32 Dra ur kontakten från handbromsvarningsomkopplaren, skruva ur de två skruvarna och lyft ut omkopplaren **(se bild)**.
33 Montering sker i omvänd arbetsordning. Kontrollera omkopplarens funktion innan konsol och säte monteras.

Handbromsvarningens omkopplare (från och med 1996 års modell)

34 Lossa batteriets jordledning (se kapitel 5A, avsnitt 1).
35 Lyft upp damask och infattning från handbromsspaken.

4.32 Omkopplaren till handbromsvarningslampan

4.39 Placeringen för bromsljusomkopplaren

4.40 Demontering av bromsljusomkopplaren

4.49 Demontering av omkopplaren till värmefläktens motor

36 Dra ur kontakten, skruva ur skruven och avlägsna omkopplaren från spaken.
37 Montering sker i omvänd arbetsordning.

Bromsljusomkopplare

38 Lossa batteriets jordledning (se kapitel 5A, avsnitt 1).
39 Bromsljusomkopplaren är monterad på bromspedalstället **(se bild)**.
40 Dra ur kontakten och vrid omkopplaren 90°, dra ut den ur fästet **(se bild)**.
41 Stick in omkopplaren i spåret i pedalstället.
42 Stötta bromspedalen i viloläge, tryck ned omkopplaren så att plungern är helt inne.
43 Vrid omkopplaren 40° för att backa den 1,0 mm och låsa den i läge.
44 Anslut kontakten och batteriet, kontrollera att omkopplaren fungerar som den ska.

Omkopplare för värmefläktens motor (modeller före 1996)

45 Lossa batteriets jordledning (se kapitel 5A, avsnitt 1).
46 Dra ur knopparna till de tre reglagen för värme/frisk luft och fläkt/luftkonditionering.
47 Skruva ur instrumentinfattningens två skruvar och ta bort infattningen.
48 Skruva ur de fyra skruvarna och lyft ut värmepanelen. Dra ur kontakten till panelens glödlampa.
49 Tryck ihop omkopplarens flikar och dra ut kontakten från omkopplaren **(se bild)**.
50 Montering sker i omvänd arbetsordning.

Omkopplare för värmefläktens motor (från och med 1996 års modell)

51 Lossa batteriets jordledning (se kapitel 5A, avsnitt 1).
52 Skruva ur de två skruvarna och ta bort den övre rattstångskåpan.
53 Skruva även ur de fyra skruvarna och ta bort den nedre rattstångskåpan.
54 Se kapitel 10 och demontera ratten.
55 Dra ur knopparna till de tre reglagen för värme/frisk luft och fläkt/luftkonditionering.
56 Skruva ur de två skruvarna på instrumentpanelsinfattningen och dra ut infattningen. Dra sedan ur kontakterna och avlägsna den helt.
57 Tryck ihop omkopplarens flikar och dra ut kontakten från omkopplaren.

58 Montering sker i omvänd arbetsordning.

Reglage för elektriska fönsterhissar

59 Lossa batteriets jordledning (se kapitel 5A, avsnitt 1).
60 På bilar före 1996 års modell, stick in en tunn skruvmejsel mellan reglaget och konsolen och bänd ut reglaget. Om det inte genast släpper, använd inte kraft, demontera istället mittkonsolen (se kapitel 11) och lossa reglaget från undersidan.
61 På 1996 års modell och senare, lyft upp damask och infattning från växelspakens fot.
62 Dra ur kontakten och avlägsna reglaget.
63 Montering sker i omvänd arbetsordning, kontrollera reglagets funktion.

Reglage för eljusterade backspeglar

64 Lossa batteriets jordledning (se kapitel 5A, avsnitt 1).
65 Bänd ut reglaget med en tunn skruvmejsel, använd skydd mellan skruvmejseln och huset så att inget skadas.
66 Dra ur kontakten och avlägsna reglaget.
67 Montering sker i omvänd arbetsordning, justera spegeln, kontrollera reglagets funktion.

Strålkastarnas justeringsomkopplare

68 Se avsnitt 9.

Sufflettens omkopplare (cabriolet)

68 Denna demonteras som reglage för fönsterhissar, se paragraferna 59 till 63 ovan.

5.1 Från och med 1996 års modell, ta av kåpan på strålkastarens baksida

Startspärr (automatväxellåda)

69 Lossa batteriets jordledning (se kapitel 5A, avsnitt 1).
70 Startspärren är placerad på växellådshuset och hindrar att motorn startar med växelväljaren i annat läge än "P" eller "N". Den blir åtkomlig när framvagnen ställs på pallbockar (se "Lyftning och stödpunkter").
71 Dra ur kontakten och skruva loss spärren, med O-ring, från växellådan. Ta reda på spillet när spärren dras ut och plugga hålet i växellådan för att stoppa mer spill.
72 Montering sker i omvänd arbetsordning. Använd ny O-ring, dra fast spärren rejält. Kontrollera att kontakten är väl ansluten. Avsluta med att kontrollera att motorn endast kan starta med växelväljaren i läge "P" eller "N".

5 Glödlampor (ytterbelysning) - byte

Observera: Kontrollera att all yttre belysning är släckt innan kontakten till någon glödlampa dras ur. Strålkastare och parkeringsljus är åtkomliga inifrån motorrummet. Om en nyss använd glödlampa just slocknat är den fortfarande mycket het, speciellt om det rör sig om strålkastarna.

Strålkastare

1 På 1996 års modell och framåt, lossa fjäderclipset och ta bort kåpan **(se bild)**.

5.2a Strålkastarglödlampans kontakt på modeller före 1996 . . .

5.2b ... och på modeller från och med 1996 (vid pilen)

5.2c Ta bort skyddskåpan av gummi på årsmodeller före 1996 ...

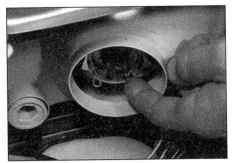

5.3 ... tryck ihop clipsen ...

5.4 ... och dra ut strålkastarglödlampan

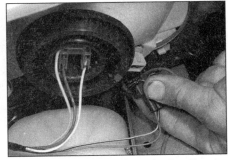

5.8 Dra ur kontakten till parkeringsljusets glödlampa – modeller före 1996

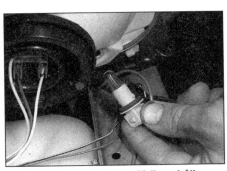

5.9 Parkeringsljusets glödlamshållare

2 Dra ur kontakten från strålkastarens bakre del på aktuell sida. På bilar före 1996 års modell, peta loss skyddshuven från strålkastarens baksida **(se bilder)**.
3 Tryck ihop glödlampans clips och vrid undan dem **(se bild)**.
Varning: Berör inte glödlampsglaset med fingrarna - om det av misstag berörs ska glödlampan rengöras med träsprit.
4 Dra ut glödlampan ur strålkastaren **(se bild)**.
5 Montering sker i omvänd arbetsordning. Se till att flikarna på glödlampsfoten placeras korrekt i linsen.
6 Kontrollera strålkastarjusteringen enligt beskrivning i avsnitt 8.

Främre parkeringsljus

Alla modeller utom XR3i

7 Från och med 1996 års modell, lossa fjäderclipset och ta bort kåpan från strålkastaren.
8 Före 1996 års modell, tryck ihop clipset och dra ut kontakten till parkeringsljuset **(se bild)**.
9 Dra ut parkeringsljusets glödlampshållare från strålkastarens baksida **(se bild)**.
10 Dra ut glödlampan ur glödlampshållaren.
11 Montering sker i omvänd arbetsordning. Kontrollera parkeringsljusets funktion.

XR3i

12 Haka av fjädern från parkeringsljusets baksida och dra det framåt för att lossa det.
13 Dra loss glödlampshållaren ur parkeringsljuset (dra inte i ledningen).
14 Tryck in glödlampan och vrid ut den ur hållaren.
15 Montering sker i omvänd arbetsordning. När lampan sätts på plats, låt flikarna greppa i urtagen i strålkastaren. Avsluta med att kontrollera parkeringsljusets funktion.

Främre blinkers

Alla modeller före 1996 utom XR3i

16 Haka av fjädern från blinkersens baksida, för den framåt så att den lossar **(se bild)**.
17 Dra ut glödlampshållaren från blinkersen (dra inte i ledningen).
18 Tryck ned glödlampan och vrid ut den ur hållaren **(se bild)**.
19 Montering sker med omvänd arbetsordning. När lampan sätts på plats, låt flikarna greppa i urtagen i strålkastaren **(se bild)**. Avsluta med att kontrollera funktionen.

Från och med 1996 års modell

20 Vrid blinkersens glödlampshållare motsols och dra ut den ur strålkastaren.
21 Tryck in glödlampan och vrid ut den ur hållaren.

5.16 Främre blinkersens fästfjäder

5.18 Byte av främre blinkersglödlampa på årsmodeller före 1996

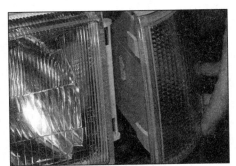

5.19 Låt flikarna greppa i styrspåren när främre blinkers monteras

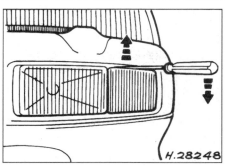

5.23 Bänd loss blinkersen med en skruvmejsel - XR3i

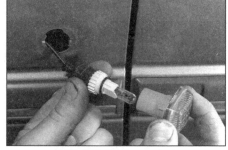

5.30 Sidoblinkersenhet

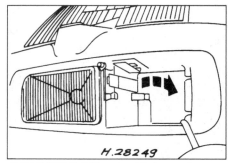

5.37 På XR3i, böj undan blinkersenhetens fästfjäderclips och dra ut dimljuset på fjäderclipssidan

22 Montering sker med omvänd arbetsordning. Avsluta med att kontrollera funktionen.

XR3i

23 Stick in en liten skruvmejsel mellan överkanten av blinkersen och stötfångaren, lyft upp clipset (se bild).
24 Dra ut blinkersen ur stötfångaren.
25 Vrid loss glödlampshållaren från blinkersens baksida.
26 Dra ut den gamla glödlampan och sätt dit en ny.
27 Styr in blinkersen i stötfångaren så att clipset greppar.
28 Kontrollera att blinkersen fungerar.

Sidoblinkers

29 Bänd försiktigt ut blinkersen ur stänkskärmen, se till att inte skada lacken.
30 Dra ut glödlampa och ledning och ta loss glödlampan (se bild).
31 Montering sker i omvänd arbetsordning, kontrollera funktionen.

Främre dimljus

Från och med 1996 års modell

32 Under stötfångaren, avlägsna skyddshuven från dimljusets baksida.
33 Tryck ut clipset och avlägsna glödlampans hållare och lampan.
34 Dra ur kontakten och avlägsna glödlampan.

35 Montering sker i omvänd arbetsordning, kontrollera att allt fungerar.

XR3i

36 Dra ut främre blinkersen enligt tidigare beskrivning.
37 Vrid undan blinkersens fjäderclips och lirka ut dimljuset från clipsets sida, dra det framåt (se bild).
38 Lossa glödlampshållaren och ta ut glödlampan.
39 Montering sker med omvänd arbetsordning. Avsluta med att kontrollera dimljusets funktion.

Baklykta

Kombikupé och sedan

40 På bilar före 1993 års modell. arbeta i bagageutrymmet och tryck in låsflikarna (nedsänkta i glödlampshållarens baksida) på aktuell sida mot mitten, dra ut glödlampshållaren. På modeller från 1993 t.o.m. 1995, lossa de två clipsen och ta bort baklyktans klädselpanel. Dra ur kontakten, tryck glödlampshållaren uppåt och dra loss den (se bilder). Från och med 1996 års modell, tryck in låsflikarna på glödlampshållarens baksida mot mitten och dra loss glödlampshållaren.
41 Tryck in aktuell glödlampa och vrid loss den från hållaren (se bild).
42 Montering sker i omvänd arbetsordning. Tryck in hållaren så att den snäpper fast, anslut kontakten där så är tillämpligt. Avsluta med att kontrollera att baklyktan fungerar.

5.40a Demontering av baklyktans glödlampshållare på sedan och kombikupé, modeller före 1993

Kombi

43 Vik undan klädseln på aktuell sida så att lyktan blir åtkomlig inifrån bagageutrymmet. Tryck ned låsfliken, lyft något på hållaren och dra ut den (se bild).
44 Tryck in aktuell glödlampa och vrid loss den från hållaren.
45 Montering sker med omvänd arbetsordning. Montera hållaren genom att först skjuta den nedre änden på plats och sedan trycka den övre änden på plats så att den snäpper i läge. Avsluta med att kontrollera baklyktans funktion.

Van

46 På aktuell sida baktill i bilen, vrid rätt glödlampshållaren motsols och dra ut den.

5.40b På årsmodeller från 1993 till 1995, tryck glödlampshållarens låstunga (vid pilen) uppåt och dra ut glödlampshållaren

5.41 Demontering av glödlampa från glödlampshållaren

5.43 Demontering av baklyktan på kombi

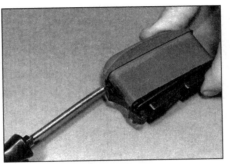

5.49 Demontering av nummerskyltsbelysningen från bakre stötfångaren - kombi

5.51a Öppna clipset . . .

5.51b . . . och lossa nummerskyltslampan från glödlampshållaren

47 Tryck in glödlampan och vrid loss den från hållaren.
48 Montering sker i omvänd arbetsordning. Avsluta med att kontrollera att baklyktan fungerar.

Nummerskyltsbelysning

49 Bänd loss nummerskyltsbelysningen från den bakre stötfångaren **(se bild)**.
50 Dra ur kontakten och jordanslutningen.
51 På kombikupé, sedan och kombi, öppna plastclipset och dra ut glödlampshållaren, tryck sedan in glödlampan och vrid loss den från hållaren **(se bilder)**.
52 På skåpbilar, vrid glödlampshållaren motsols, dra ut den och ta ut glödlampan.
53 Montering sker i omvänd arbetsordning. Avsluta med att kontrollera lampans funktion.

Bakre dimljus (från och med 1993 års modell)

54 Med bakluckan öppen, lossa kåpan från innerpanelen för att komma åt glödlampshållaren.
55 Vrid glödlampshållaren motsols, dra ut den och ta ut glödlampan.
56 Montering sker i omvänd arbetsordning. Avsluta med att kontrollera lampans funktion.

Högt monterat bromsljus

Alla modeller utom Cabriolet

57 På kombikupé och kombi, öppna bakluckan. På sedan, stig in i det bakre passagerarutrymmet.
58 Skruva loss de två fästskruvarna och dra ut bromsljusenheten från sin plats.
59 Fäll enhetens kanter utåt för att lossa glödlampshållaren och reflektorn. Lossa de fyra styrflikarna och ta loss reflektorn från glödlampshållaren.
60 Dra loss relevana glödlampor från lamphållaren.
61 Montera de nya glödlamporna och bromsljusenheten i omvänd ordning mot demonteringen. Avsluta med att kontrollera att bromsljuset fungerar.

Cabriolet

62 Inne i bagageutrymmet, lossa fästena och dra loss ljusenheten från sin plats.

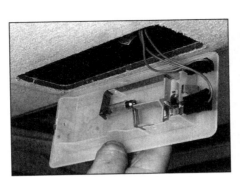

6.1 Demontering av innerbelysningen i taket

63 Vrid relevant glödlampshållare motsols och dra ut den, dra sedan ut glödlampan.
64 Montera den nya glödlampan och glödlampshållaren i omvänd ordning. Avsluta med att kontrollera att bromsljuset fungerar.

---

6 Glödlampor (innerbelysning) - byte

Innerbelysning

1 Bänd ut lampan med en liten flat skruvmejsel **(se bild)**.
2 Lossa glödlampan från fjäderfästena.
3 Montering sker i omvänd arbetsordning. Kontrollera fjäderfästenas spänning, böj dem vid behov så att de har fullgod kontakt med glödlampans ändar.

Bagageutrymmets belysning

4 Bänd ut lampan **(se bild)**. På senare modeller, vrid glödlampshållaren motsols och dra ut den.
5 Dra ut glödlampan ur hållaren.
6 Montering sker i omvänd arbetsordning.

Instrumentpanelens belysning och varningslampor

7 Demontera instrumentpanelen enligt beskrivning i avsnitt 10.
8 Vrid glödlampshållaren ett kvarts varv så att

6.4 Bagageutrymmets lampa demonterad för byte av glödlampa

ansatserna riktas upp mot urtagen, dra ut den och dra ut glödlampan ur hållaren **(se bild)**.
9 Montering sker i omvänd arbetsordning.

Värmereglagepanelens belysning

Modeller före 1996

10 Skruva ur de två skruvarna från övre kanten och dra ut instrumentpanelens infattning.
11 Lossa de tre värmereglageknopprna och skruva ur skruvarna från reglagepanelen. Dra ut panelen så mycket att glödlamporna på baksidan blir åtkomliga **(se bild på nästa sida)**.
12 Vrid loss glödlamporna motsols.
13 Montering sker i omvänd arbetsordning. Avsluta med att kontrollera att allt fungerar.

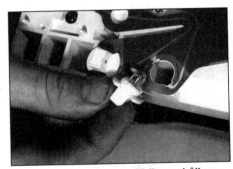

6.8 Demontering av glödlampshållare från instrumentpanelen

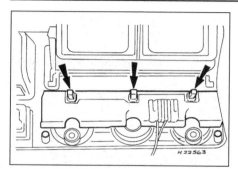

6.11 Placering (vid pilarna) för värmereglagebelysningens glödlampor

6.25 Demontering av handskfackets glödlampshållare/omkopplare

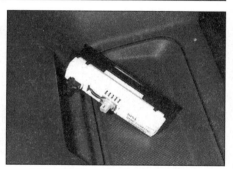

6.29 Glödlampshållarens fäste på klockans baksida

Modeller från och med 1996

14 Lossa batteriets jordledning (se kapitel 5A, avsnitt 1).

15 Skruva ur de två skruvarna och ta bort den övre rattstångskåpan.

16 Skruva även ur de fyra skruvarna och ta bort den nedre rattstångskåpan.

17 Se kapitel 10 och demontera ratten.

18 Lossa de tre värmereglageknopprna.

19 Skruva ur de två skruvarna under överkanten på instrumentpanelens infattning. Lossa infattningen från clipsen (två upptill, fyra nedtill och ett på den sida som är längst bort från ratten). Använd en skruvmejsel och lägg emellan en skyddande trasa eller liknande när clipsen lossas, så att inte infattning eller instrumentbräda skadas. Dra ut infattningen och dra ur kontakterna.

20 Vrid loss glödlamporna motsols.

21 Montering sker i omvänd arbetsordning, avsluta med att kontrollera att allt fungerar tillfredsställande.

Växelväljarens belysning (automatväxellåda)

22 Bänd ut locket över spakens kvadrant (se till att inte repa konsolen) och dra ut glödlampshållaren under växelväljarens lägesvisare, vrid sedan loss glödlampan från hållaren.

23 Montering sker i omvänd arbetsordning.

Handskfackets belysning

24 Öppna handskfacket, skruva ur de två skruvarna och dra ut lampan/omkopplaren.

25 Lossa lampan och vrid ut glödlampan ur hållaren **(se bild)**.

26 Montering sker i omvänd arbetsordning.

Indikator för varningsblinkers

27 Dra av omkopplarens hölje och dra ut glödlampan.

28 Montering sker i omvänd arbetsordning. Avsluta med att kontrollera indikatorns funktion.

Klockans belysning

Modeller före 1996

29 Koppla hakarna på en låsringstång i de två hålen på undersidan av klockans infattning som visat och dra försiktigt ut klockan ur instrumentbrädan. Vrid loss glödlampshållaren och dra ut den från klockans baksida så att glödlampan kan bytas **(se bild)**.

30 Montering sker i omvänd arbetsordning.

Från och med 1996 års modeller

31 Demontera instrumentpanelens infattning, se beskrivning i paragraferna 14 till 19 ovan.

32 Vrid ut relevant glödlampshållare motsols och ta ut glödlampan från hållaren.

33 Montering sker i omvänd arbetsordning. Avsluta med att kontrollera att belysningen fungerar.

Cigarettändarens belysning

34 Demontera tändaren enligt beskrivning i avsnitt 13.

35 På modeller före 1996, dra ut belysningsringen från instrumentbrädan och ta bort glödlampan.

36 Från och med 1996 års modell, ta bort glödlampshållaren från tändarhuset och dra ut glödlampan från hållaren.

37 Montering sker i omvänd arbetsordning. Avsluta med att kontrollera funktionen.

7 Ytterbelysning - demontering och montering

1 Lossa batteriets jordledning (se kapitel 5A, avsnitt 1) innan någon lampa demonteras.

Strålkastare

Modeller före 1996

2 Öppna och stötta huven. På modeller före 1993, skruva ur de fyra skruvarna i grillens överkant och lyft undan panelen. På XR3i modeller från 1993 och senare, skruva ur de fyra skruvarna, lossa de två clipsen och lyft undan plastfästet ovanför kylaren.

3 Demontera främre blinkers enligt beskrivning längre fram i detta avsnitt.

4 Dra ur kontakterna från strålkastare och parkeringsljus på baksidan av aktuell enhet.

5 Arbeta genom blinkerslampans öppning och skruva ur strålkastarens nedre skruv samt de två övre skruvarna från visade platser **(se bild)**. På senare modeller finns det en extra fästskruv. Dra ut strålkastaren.

6 Om en ny strålkastare ska monteras, ta bort strålkastarens och parkeringsljusets glödlampor/hållare och flytta över dem till den nya enheten enligt beskrivning i avsnitt 5. Strålkastarnas delar är i övrigt inte utbytbara.

7 Montering sker i omvänd arbetsordning. När strålkastaren monteras, se till att styrstiftet hamnar i urtaget och notera arrangemanget av isoleringsbrickor på fästskruvarna **(se bilder)**. Sätt strålkastaren löst på plats, montera blinkersen provisoriskt och kontrollera att gapet mellan strålkastare och blinkers är jämnt. Dra åt strålkastarens övre skruvar, ta ut blinkersen och skruva fast den nedre strålkastarskruven.

8 När strålkastare och blinkers är på plats och inkopplade, kontrollera deras funktion innan grillen monteras.

9 Avsluta med att justera strålkastarinställningen enligt beskrivning i avsnitt 8.

7.5 Strålkastarens fästskruvar (vid pilarna)

7.7a Strålkastarens styrstift

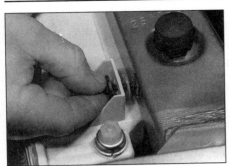

7.7b Strålkastarens fästskruv, här visas brickorna

7.40 Baklyktans lins med fästmuttrar

8.2 Strålkastarens justerskruvar (vid pilarna)

Från och med 1996 års modell

10 Demontera kylargrill och främre stötfångare enligt beskrivning i kapitel 11.
11 Skruva ur de tre skruvar som fäster strålkastaren i karossen.
12 Dra ut styrtapparna ur fästplattan.
13 Dra ur kontakterna på baksidan och lyft undan strålkastaren.
14 Montering sker med omvänd arbetsordning. Avsluta med att kontrollera funktionen och justera strålkastarna enligt beskrivning i avsnitt 8.

Främre blinkers

Alla modeller före 1996 utom XR3i

15 Haka av fjädern från blinkersens baksida **(se bild 5.16)**.
16 Lossa blinkersen genom att dra den framåt.
17 Vrid loss glödlampshållaren från blinkersens baksida.
18 Ta bort blinkersen från bilen.
19 Montering sker i omvänd arbetsordning. Avsluta med att kontrollera funktionen.

XR3i

20 Stick in en liten skruvmejsel mellan lampans överkant och stötfångaren, lyft upp clipset.
21 Dra ut blinkersen från stötfångaren.
22 Vrid loss glödlampshållaren från blinkersens baksida.
23 Montering sker i omvänd arbetsordning. Avsluta med att kontrollera att allt fungerar tillfredsställande.

Från och med 1996 års modell

24 På modeller från och med 1996 är blinkers inbyggda i strålkastarna. Se paragraf 10 till 14.

Främre parkeringsljus (XR3i)

25 Haka av fjädern från parkeringsljusets insida.
26 Dra ut parkeringsljuset rakt framåt.
27 Vrid loss glödlampshållaren från parkeringsljusets baksida.
28 Ta bort enheten från bilen.
29 Montering sker i omvänd arbetsordning. Avsluta med att kontrollera funktionen.

Främre dimljus (XR3i)

30 Stick in en skruvmejsel mellan blinkersöverkanten och stötfångaren, lyft upp clipset.
31 Dra ut blinkersen från stötfångaren.
32 Vrid loss glödlampshållaren från blinkersens baksida.
33 Vrid blinkersens fästclips bakåt, lirka ut dimljuset från fjäderclipssidan, dra det framåt.
34 Lossa glödlampshållaren och ta bort enheten.
35 Montering sker i omvänd arbetsordning. Avsluta med att kontrollera att dimljuset fungerar som det ska.

Sidoblinkers

36 Stötta huven i öppet läge. Dra ur blinkersledningens kontakt på torpedplåten och knyt fast ett snöre i den ledning som går till sidoblinkersen. Snöret fungerar som styrning genom karossens kanaler vid monteringen.
37 Vrid lampan medsols så att den lossnar och dra ut den. När kontakten och snöret dras igenom, knyt upp och lämna snöret på plats.
38 Montering sker i omvänd arbetsordning. Knyt fast ledningen i snöret och dra ledningen på plats. Lossa snöret och anslut kontakten på torpedplåten. Avsluta med att kontrollera att allt fungerar.

Baklykta

39 I bagageutrymmet, lossa glödlampshållaren från aktuell sida, se beskrivning i avsnitt 5.
40 Skruva ur muttrarna och dra ut baklyktans lins från bilens bakände **(se bild)**.
41 Byt tätningen om den är i dåligt skick. Montering sker i omvänd arbetsordning, avsluta med att kontrollera funktionen.

Nummerskyltsbelysning

42 Lossa nummerskyltsbelysningen från den bakre stötfångaren och dra ur kontakten.
43 Montering sker i omvänd arbetsordning.

Bakre dimljus (från och med 1993 års modell)

44 Öppna bakluckan, skruva ur de tio skruvarna och dra ut bakluckans klädsel.
45 Dra ur glödlampshållarens kontakt, skruva ur muttern och ta ut dimljuset.

46 Montering sker i omvänd arbetsordning.

Högt monterat bromsljus

47 Demontering och montering beskrivs som en del av glödlampsbyte i avsnitt 5.

8 Strålkastarinställning - allmän information

1 Exakt justering av strålkastarna kan bara utföras med optisk specialutrustning. Detta arbete ska därför överlåtas till en Ford-verkstad eller annan specialist med nödvändig utrustning.
2 För information, sitter justerskruvarna ovanpå strålkastarenheten. Den yttre skruven justerar ljusstrålens horisontalläge och den inre vertikalläget **(se bild)**.
3 Senare modeller kan vara utrustade med en elektrisk strålkastarjusterare, som används till att ställa in ljusstrålens vertikalläge när bilen är tungt lastad. En omkopplare finns då på instrumentbrädan. Omkopplaren ska ställas in enligt följande, beroende på hur tungt bilen är lastad. Observera att högre omkopplarlägen kan behövas om bilen drar en släp.

Kombikupé, kombi och sedan

Läge 0 Passagerare i ett eller båda framsätena, bagageutrymmet tomt.
Läge 1.5 Passagerare i ett eller båda framsätena, upp till 100 kg last i bagageutrymmet.
Läge 1.5 Passagerare i både fram- och baksätena, upp till 30 kg last i bagageutrymmet.
Läge 2.5 Passagerare i alla säten, bagageutrymmet fullastat.
Läge 3.5 Endast föraren i bilen, bagageutrymmet fullastat.

Van

Läge 0 Passagerare i ett eller båda framsätena, bagageutrymmet tomt eller lastat med upp till 100 kg.
Läge 3.5 Endast föraren i bilen, bagageutrymmet fullastat.

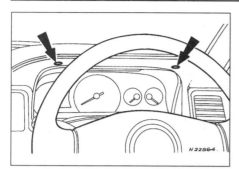

10.3 Placering (vid pilarna) för instrument-panelsinfattningens fästskruvar

10.4a Instrumentpanelens fästskruvar (vid pilarna) på årsmodeller före 1996

10.4b Dra ur kontakterna från instrumentpanelen

9 Strålkastarjusteringens komponenter – demontering och monterng

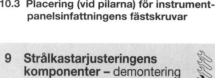

Allmänt

1 Se avsnitt 8.

Justeringsomkopplare

Demontering

2 Demontera instrumentpanelens infattning enligt beskrivning i avsnitt 10.
3 Tryck in fästflikarna på omkopplarens sidor och tryck ut omkopplaren från sin plats.

Montering

4 Montering sker i omvänd ordning.

Justermotor

Demontering

5 Demontera relevant strålkastare enligt beskrivning i avsnitt 7.
6 Koppla loss kontaktdonet från juster-motorn.
7 Rotera justermotorn för att lossa den från strålkastaren. Dra ut motorn och lossa motorns kulled från justerarmen. Var försiktig, armen kan lätt gå sönder.
8 Demontera motorn.

Montering

9 Haka i motorns kulled med strålkastarens justerarm tills den hörs klicka på plats. Sätt tillbaka motorn i strålkastaren och rotera motorn för att låsa den på plats.
10 Montera strålkastaren enligt beskrivning i avsnitt 7.

10 Instrumentpanel - demontering och montering

Demontering

Modeller före 1996

1 Lossa batteriets jordledning (se kapitel 5A, avsnitt 1).
2 Även om det inte är absolut nödvändigt att demontera ratten för att lyfta ut instrument-panelen, ger detta mycket bättre arbets-utrymme, speciellt om hastighetsmätarvajern ska lossa/kopplas in eller när kontakterna ska dras ut på baksidan. Se kapitel 10 för demontering och montering av ratten.
3 Skruva ur de två skruvarna under infatt-ningens överkant, dra ut infattningen och lossa den från styrclipsen på var sida och i nederkanten **(se bild)**.
4 Skruva ur instrumentpanelens fyra skruvar

och dra ut panelen så mycket att kontakterna och hastighetsmätarvajern kan kopplas ur från baksidan **(se bilder)**. Notera att det kan bli nödvändigt att mata igenom hastighets-mätarvajern från motorrummet för att panelen ska kunna dras tillbaka tillräckligt. Var försiktig vid hantering av instrumentpanelen och förvara den på en skyddad plats när den blivit urlyft. Om en varvräknare är monterad ska panelen inte läggas någon längre tid med framsidan nedåt eftersom silikonvätskan då kan rinna ut.

Från och med 1996 års modell

5 Lossa batteriets jordledning (se kapitel 5A, avsnitt 1).
6 Skruva ur de två skruvarna och ta bort den övre rattstångskåpan.
7 Skruva även ur de fyra skruvarna och ta bort den nedre rattstångskåpan.
8 Se kapitel 10 och demontera ratten.
9 Dra ur knopparna till de tre reglagen för värme/frisk luft och fläkt/luftkonditionering.
10 Skruva ur de två skruvarna från under-sidan på instrumentpanelsinfattningens överkant. Lossa infattningen från clipsen, använd skruvmejsel och en skyddande trasa eller liknande när clipsen lossas, så att inte infattning eller instrumentbräda skadas. **(se bilder)**. Dra ut infattningen och dra ur kontakterna.

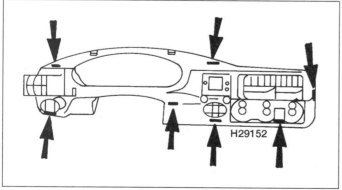

10.10a Från och med 1996 års modell, lossa instrumentpanelsinfattningens clips (vid pilarna) . . .

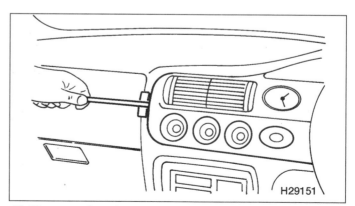

10.10b . . . med en skruvmejsel. Skydda omgivande panel genom att lägga en hopvikt trasa eller liknande emellan

11 Skruva ur instrumentpanelens fyra skruvar, dra ut panelen så mycket att kontakterna och hastighetsmätarvajern kan kopplas ur från baksidan. Notera att det kan bli nödvändigt att mata igenom hastighetsmätarvajern från motorrummet för att panelen ska kunna dras tillbaka tillräckligt. Var försiktig vid hanteringen av instrumentpanelen och förvara den på en skyddad plats efter demonteringen. Om en varvräknare är monterad ska panelen inte läggas någon längre tid med framsidan nedåt, eftersom silikonvätskan då kan rinna ut.

Montering

12 Montering sker i omvänd arbetsordning. Avsluta med att kontrollera alla funktioner.

11 Instrumentpanelens komponenter - demontering och montering

Demontering – modeller före 1996

1 Demontera instrumentpanelen enligt beskrivning i avsnitt 10. Som tidigare sagts, var mycket försiktig vid hantering av instrumentpanelen.

Kretskort

2 Vrid loss och ta ut alla glödlampor/hållare från instrumentpanelens baksida (se bild).
3 Lossa försiktigt kontakten från panelens baksida. Dra ut kretskortet genom att lossa det från stiften och terminalerna på panelens baksida.

Hastighetsmätare

4 Dra ut trippmätarens nollställningsknopp, lossa de fyra clipsen, dra ut de två glödlamporna och panelens infattning. Dra ut hastighetsmätaren (se bild).

Varvräknare

5 Dra ut trippmätarens nollställningsknopp, lossa clipsen, dra ut glödlampor/infattning.
6 Var ytterst försiktig, lossa kretskortet från terminalerna och ta bort varvräknaren. Lägg inte ned mätartavlan på dess framsida eftersom silikonvätskan då kan rinna ut.

Bränsle-/temperaturmätare

7 Dra ut trippmätarens nollställningsknopp, lossa clipsen, dra ut glödlampor/infattning.
8 Var ytterst försiktig, lossa kretskortet från terminalerna. Skruva ur de två skruvarna och plocka ut bränsle-/temperaturmätaren från panelen (se bild).

Demontering (från och med 1996 års modell)

9 Demontera instrumentpanelen enligt beskrivning i avsnitt 9. Som sagt, var försiktig.
10 Vrid loss instrumentbelysningens två glödlampor/hållare från panelens översida.
11 Lossa de fyra klackarna och avlägsna instrumentpanelens glas.

Varvräknare

12 Skruva ur de två skruvarna och lyft ut varvräknaren.

Bränsle-/temperaturmätare

13 Skruva ur de två skruvarna och lyft ut den kombinerade bränsle- och temperaturmätaren.

Hastighetsmätare

14 Lossa fästena och dra ut hastighetsmätaren ur panelen.

Kretskort

15 Avlägsna alla glödlampor/hållare från instrumentpanelens baksida.
16 Avlägsna de två kontakterna från panelens baksida. Lossa alla stift från panelen och dra ut kretskortet. Vid behov kan stiften avlägsnas från kretskortet sedan detta demonterats.

Montering

17 Montering sker i omvänd arbetsordning.

12 Hastighetsmätarvajer - demontering och montering

Demontering

1 Demontera instrumentpanelen (avsnitt 10).
2 Skruva ur hastighetsmätarvajern från pinjongen/hastighetsgivaren på växellådan.

3 Lossa kabelbanden och clipsen i motorrummet, dra ut vajerns muff ur torpedplåten.
4 Notera vajerns dragning inför monteringen. Dra ut vajern i motorrummet och ta ut den ur bilen.

Montering

5 Montering sker i omvänd arbetsordning. Se till att vajern dras korrekt, fästs med relevanta clips och kabelband samt att muffen placeras korrekt i torpedplåten.

13 Cigarettändare - demontering och montering

Demontering (modeller före 1996)

1 Lossa batteriets jordledning (se kapitel 5A, avsnitt 1).
2 Skruva ur de två skruvarna och ta bort förvaringsfacket ovanför cigarettändaren.
3 Stick in handen i förvaringsfackets hål och dra ut cigarettändarens kontakt.
4 Dra ut tändaren, stick sedan in en tunn skruvmejsel och peta ut glödlampshållarens hus ur tändarhuset.
5 Tryck på tändarhusets baksida så att det lossnar från belysningsringen.
6 Vid behov kan belysningsringen dras loss från instrumentbrädan.

Demontering (från och med 1996 års modell)

7 Lossa batteriets jordledning (se kapitel 5A, avsnitt 1).
8 Ta bort förvaringsfacket ovanför cigarettändaren genom att dra det rakt ut.
9 Stick in handen i förvaringsfackets hål och dra ut cigarettändarens kontakt.
10 Dra ut tändaren, tryck in askkoppen på sidorna för att lossa fästflikarna och dra ut askkopps-/tändarenheten från instrumentbrädan.
11 Demontera glödlampshållarhuset ur tändarhuset och tryck loss tändarhuset bakifrån, så att det lossnar från askkoppen.
12 Lossa spärrarna på sidan och dra ut tändarhuset ur belysningsringen.

11.2 Instrumentpanelens baksida

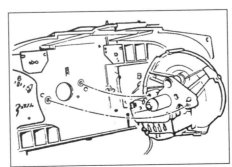

11.4 Demontering av hastighetsmätaren från instrumentpanelen

11.8 Demontering av bränsle-/temperaturmätaren från panelen

Montering

13 Montering sker i omvänd arbetsordning. På bilar före 1996 års modell, koppla glödlampshållaren till belysningsringen innan ringen monteras.

14 Klocka - demontering och montering

Demontering

1 Lossa batteriets jordledning (se kapitel 5A, avsnitt 1).
2 På årsmodeller före 1996, arbeta enligt beskrivning i avsnitt 6, paragraf 29 och lossa klockan från instrumentbrädan. Dra ur kontakten på klockans baksida.
3 På bilar från och med 1996 års modell, demontera instrumentpanelens infattning enligt beskrivning i avsnitt 6, paragraferna 14 till 19. Skruva ur de tre skruvarna och ta ut klockan från instrumentpanelens infattning.

Montering

4 Montering sker i omvänd arbetsordning. Avsluta med att ställa klockan.

15 Signalhorn - demontering och montering

Demontering

1 Signalhornet(-en) är placerade på främre tvärpanelen bakom stötfångaren. För demontering, dra först åt handbromsen och ställ framvagnen på pallbockar (se "Lyftning och stödpunkter").
2 Dra ur signalhornskontakterna.
3 Skruva ur signalhornsfästmuttern och ta bort signalhornet(-en) från bilen.

Montering

4 Montering sker i omvänd arbetsordning.

16.2 Vindrutetorkararmens fästmutter

16 Torkararmar - demontering och montering

Demontering

1 Parkera torkarna i normalt viloläge, märk bladpositionen på rutan med vaxkrita eller maskeringstejp.
2 Lyft upp plasthuven i torkararmens fot och lossa muttern ett eller två varv **(se bild)**.
3 Lyft torkararmen och lossa den från spindelkonan genom att vicka den i sidled.
4 Skruva ur muttern helt och dra loss torkararmen från spindeln.

Montering

5 Montering sker i omvänd arbetsordning. Se till att armen monteras i det läge som markerades på rutan.

17 Vindrutetorkarmotor och länkar - demontering och montering

Demontering

Torkarmotor

1 Kör torkarmotorn och stäng av den så att den återgår till viloläget.

2 Lossa batteriets jordledning (se kapitel 5A, avsnitt 1).
3 Skruva loss muttern som fäster länkarmen vid motorspindeln **(se bild)**. Lossa torkararmen från spindeln.
4 Skruva loss de tre torkarmotorbultarna och för motorn åt sidan från fästet.
5 Dra ur torkarmotorns kontakt, dra ut motorn och ta bort isoleringshöljet.

Länksystem

6 Demontera vindrutetorkararmar och blad från pivåerna enligt beskrivning i avsnitt 16.
7 Lossa batteriets jordledning (se kapitel 5A, avsnitt 1). För länkarna till ett läge där kullederna är åtkomliga och sära länkar från kulleder med en blocknyckel som brytjärn **(se bilder)**.
8 Ta bort pivåbussningarnas gummitätningar. Om kulstiftens ytor skadats måste pivåaxel och/eller motor bytas. Gummitätningarna ska alltid bytas mot nya vid monteringen.

Montering

9 Montering sker i omvänd arbetsordning. Smörj pivåbussningarna och tätningarna vid hopsättningen. När länkarmen ansluts till motorns spindel, se till att armens klack greppar i spåret i motorspindelns kona. Avsluta med att kontrollera att allt fungerar.

18 Vindrutetorkarmotorns pivåaxel - demontering och montering

Demontering

1 Kör torkarmotorn och stäng sedan av den så att den återgår till viloläget.
2 Lossa batteriets jordledning (se kapitel 5A, avsnitt 1).
3 Demontera vindrutetorkararmarna enligt beskrivning i avsnitt 16.
4 Demontera vindrutegrillen, den är fäst med sex plastskruvar och två krysskruvar under plastlock **(se bild)**.

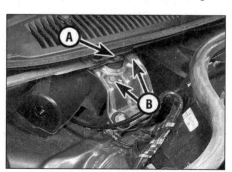

17.3 Vindrutetorkarmotor med länkarmens anslutning till spindeln (A) och två av bultarna som fäster motorn i fästet (B)

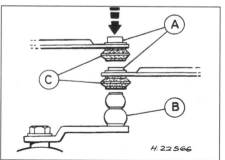

17.7a Kulledsanslutning mellan vindrutetorkarlänk och motor

A Pivåbussning   C Gummitätning
B Torkarmotorarm

17.7b Anslutning mellan vindrutetorkarlänk och pivåaxel

A Pivåbussning   C Pivåaxel
B Gummitätning

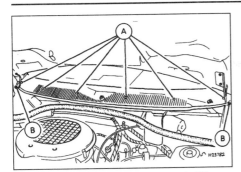

18.4 Skruva ur plastskruvarna (A) och krysskruvarna (B) för demontering av vindrutegrillen

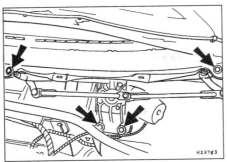

18.5 Placering (vid pilarna) för torkarmotorfästets bultar

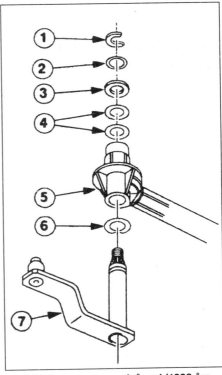

18.7 Komponenter i torkarens pivåaxel (modeller före 1996)

A Huv
B Låsring
C Bricka (1,8 mm)
D Bricka (0,15 mm)
E Bussning
F Fjäderbricka
G Pivåaxel

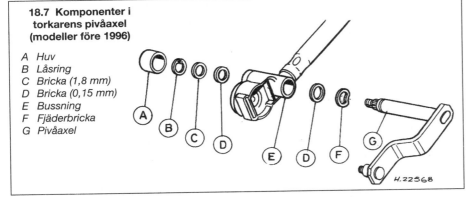

18.8 Torkararmens pivåaxel (1996 års modeller och framåt)

1 Låsring	5 Bussning
2 Bricka (1,8 mm)	6 Fjäderbricka
3 Tätningsring	7 Pivåaxel
4 Brickor (0,15 mm)	

5 Skruva ur torkarmotorfästets fyra bultar och ta bort torkarmotorfästet **(se bild)**. Dra ur kontakten när motorfästet dras ut.
6 Bänd loss länken från pivåaxeln med en passande blocknyckel.
7 På modeller före 1996, dra loss pivåaxelns huv ur huset, ta ut låsringen, dra av de två brickorna och ta bort pivåaxeln. Den tunna brickan och fjäderbrickan kan sedan demonteras från axeln **(se bild)**.
8 På modeller från och med 1996, lossa låsringen och ta bort brickan och tätningsringen. Ta därefter bort de två tunna brickorna och ta loss pivåaxeln. Fjäderbrickan kan sedan tas bort från axeln **(se bild)**.

Montering

9 Montering sker i omvänd arbetsordning. Smörj pivåaxel, bussningar och tätningar vid hopsättningen. När länkarmen ansluts till motorspindeln, se till att armens klack greppar i spåret på spindelkonan. Avsluta med att kontrollera att allt fungerar.

19 Bakrutetorkarmotor - demontering och montering

Demontering

1 Starta och stäng av torkaren så att den intar viloläge. Observera att motorn endast kan köras med stängd baklucka eftersom de fjäderbelastade kontaktstiften måste beröra kontaktplattorna.
2 Lossa batteriets jordledning (se kapitel 5A, avsnitt 1).
3 Demontera torkararmen enligt beskrivning i avsnitt 16.
4 Skruva loss muttern från spindelhusets utstick genom bakluckan.
5 Skruva ur de åtta plastskruvarna (tidiga modeller) eller de tio skruvarna (senare modeller) och demontera klädseln från bakluckans insida.
6 Koppla ur jordledning och kontakt från torkarmotorn.
7 Skruva loss torkarenheten från bakluckans insida **(se bilder)**.

8 Vid behov kan motorn säras från fästet genom att de tre bultarna skruvas ur. Vid isärtagningen, anteckna placeringarna för brickor och isolatorer.

Montering

9 Montering sker i omvänd arbetsordning. När torkararmen monteras ska viloläget vara korrekt inställt. På kombikupé ska avståndet från den punkt där armen möter torkarbladets centrum till bakrutans underkant vara 90 ± 5 mm. På kombi ska detta avstånd vara 75 ± 5 mm.

19.7a Bakluckans torkarmotor och fästbultar (vid pilarna) på kombikupé

19.7b Bakluckans torkarmotor och fästbultar (vid pilarna) på kombi

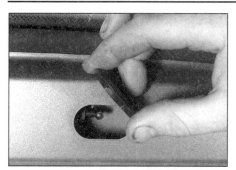

20.9 Ta bort täcklocket för att komma åt bakluckans spolarmunstycke

20.10 Demontering av spolarmunstycke

20 Spolsystem - demontering och montering

Demontering

Spolarpump

1 För demontering av pumpen från behållaren, sug först ut all resterande vätska med en hävert eller liknande, lossa slangarna och dra ut pumpens kontakt. Pumpen kan dras eller bändas ut ur behållaren.

Behållare och pump

2 För demontering av spolvätskebehållare och pump, skruva ur behållarens fästbult i motorrummet.
3 Se kapitel 11 och demontera vänstra hjulhusets innerskärm.
4 Dra ur pumpens kontakt, nivåvaktens kontakt (om monterad) och pumpslangarna från behållaren. Tappa ur resterande vätska från pumpen/behållaren i ett lämpligt kärl.
5 Skruva ur behållarens två bultar under hjulhuset och ta bort behållaren/pumpen från bilen.
6 Vid behov, dra eller bänd loss pumpen från behållaren.

Slangar

7 Slangsystemet till vindrutespolningen är konstruerat i sektioner med nylonkopplingar där så krävs. Detta innebär att individuella slangsektioner kan bytas om så behövs. Det är lätt att komma åt slangarna i motorrummet, men isoleringen på huvens insida måste tas ut för att man ska komma åt slangarna/anslutningarna till munstyckena.
8 Den främre spolvätskebehållaren försörjer även bakluckans spolare via en slang genom håligheterna i vänster karossida.

Spolarmunstycken för vind-/bakruta

9 Dessa är fästa vid karosspanelerna med låsklackar integrerade i munstyckets skaft. För demontering av ett munstycke, ta först bort isoleringen på motorhuvens undersida eller relevant klädselpanel/täcklock (beroende på typ) för bakrutespolare **(se bild)**.
10 Använd en lämplig spetstång och tryck

ihop munstyckets låsklackar, vrid munstycket ett kvarts varv och dra ut det ur sitt hål **(se bild)**. När munstycket är utdraget kan slangen lossas. För att undvika att slangen faller ner i karossen när munstycket tas bort, tejpa fast slangen vid karossen.

Strålkastarnas spolarmunstycken

11 Lossa huven från munstycket under strålkastaren.
12 Dra ut munstycket, med fäste, från stötfångarens undersida och lossa slangen.

Montering

13 Montering sker i omvänd arbetsordning. Byt alltid tätningsbrickan mellan pump och behållare och se till att alla anslutningar är väl utförda. När pumpslangarna ansluts, se till att slangen med vit tejp kopplas till pumpens vita anslutning.
14 Avsluta med att fylla på spolvätskebehållaren (se "Veckokontroller") och kontrollera spolarfunktionen. Vid behov, justera munstyckena genom att sticka in en nål och rikta strålen mot rutans överdel.

21 Radio/kassettbandspelare - demontering och montering

Demontering

1 Lossa batteriets jordledning (se kapitel 5A, avsnitt 1).
2 För att radions fästclips ska kunna lossas måste man sticka in u-formade stavar i hålen på var sida **(se bild)**. Det bästa är att införskaffa speciella verktyg från en bilradiospecialist, eftersom dessa har urtag som snäpper ordentligt på plats så att radion kan dras ut. Dra enheten rakt ut, annars kan den fastna. Om radion är svår att dra ut, demontera kassettfacket eller i förekommande fall CD-spelaren under radion och stick in handen genom öppningen så att radion kan lirkas ut bakifrån. Från och med 1993 är det på vissa modeller nödvändigt att först ta bort de två sidoinfattningarna med ett speciellt Fordverktyg, så att hålen för demonteringsverktyget blottas.

3 När radion är delvis utdragen, koppla ur ledningarna för spänning, jord, antenn och högtalare. Om tillämpligt, demontera även plaststöden från enhetens baksida.

Montering

4 Montering sker i omvänd arbetsordning. När ledningarna på baksidan anslutits, pressa in radion så att clipsen greppar. Aktivera enheten med korrekt kod enligt tillverkarens anvisningar.

22 CD-spelare - demontering och montering

Demontering och montering av denna enhet liknar ovanstående beskrivning, men skruva inte ur infattningens skruvar ovanför CD-spelaren.

23 CD-växlare - demontering och montering

Demontering

1 Demontera det främre passagerarsätet enligt beskrivning i kapitel 11.
2 Skruva loss de tre skruvarna på var sida som håller CD-växlaren till fästena.
3 Koppla loss kontaktdonet och ta loss CD-växlaren.

Montering

4 Montering sker i omvänd ordning mot demonteringen.

24 Högtalare - demontering och montering

Demontering

Dörrmonterad högtalare

1 Ta bort klädseln från aktuell dörr enligt beskrivning i kapitel 11. Skruva ur högtalarens skruvar, dra ut den från dörren och dra ur

21.2 Demontering av radio/bandspelare

24.1 Demontering av dörrmonterad högtalare

kontakterna **(se bild)**. Observera att högtalaren inte får lossas från sin infattning.

Högtalare i bakre kvartspanel (cabriolet)

2 Fäll ned suffletten. Om den är manuellt manövrerad, lås den i nedfällt läge, dra sedan loss knoppen på manöverarmen.
3 Demontera kvartsrutans hiss eller omkopplare (beroende på typ) och ta bort klädseln enligt beskrivning i kapitel 11. Skruva ur de tre skruvarna och dra ut högtalaren, dra sedan ur kontakterna. Observera att högtalaren inte får lossas från sin infattning.

Högtalare på bakre bagagehyllan (sedan)

4 Dra ur högtalarens kontakt, lossa (men skruva inte loss helt) fästbulten, så att högtalaren kan dras ut, och lämna fäste och bult på plats i högtalarurtaget **(se bild)**.

Högtalare på bakre bagagehyllan (kombikupé)

5 Skruva ur de tre skruvarna, sänk ned högtalaren och dra ur kontakterna **(se bild)**. Observera att högtalaren inte får lossas från sin infattning.

Högtalare monterad i bagageutrymmets klädsel (kombi)

6 Ta bort klädseln enligt beskrivning i kapitel 11 för att komma åt högtalaren.

7 Skruva ur de tre skruvarna, dra ut högtalaren och dra ur kontakterna **(se bild)**. Observera att högtalaren inte får lossas från sin infattning.

Montering

8 Montering sker i omvänd arbetsordning.

25 Radioantenn - demontering och montering

Demontering

Manuell antenn (kombikupé, sedan och kombi)

1 Lossa batteriets jordledning (se kapitel 5A, avsnitt 1).
2 Ta försiktigt bort skyddet från öppningen i innertaket under antennen. På modeller med taklucka, ta bort handtaget (manuell typ) och huvarna över takkonsolens två fästskruvar. Skruva ur skruvarna och dra ut konsolen bakåt från clipsen. Om så är tillämpligt, dra ur kontakterna, ta sedan bort konsolen.
3 Arbeta genom öppningen i innertaket, skruva ur skruven, dra ut antennen och lossa kabelfästet från taket.

Manuell antenn (cabriolet)

4 Öppna bagageluckan, lossa stöttan från vänster panel, skruva ur de två skruvarna och ta loss bagageutrymmets sidoklädsel.
5 Demontera antennmasten, skruva loss kragens mutter, ta bort distansen och den övre tätningsbrickan.
6 I bagageutrymmet, skruva loss ledningen och ta loss antennen.

Elektrisk antenn (cabriolet)

7 Öppna bagageluckan, lossa stöttan från vänster panel, skruva ur de två skruvarna och ta loss bagageutrymmets sidoklädsel.
8 Skruva ur antennens övre fästmutter, ta bort infattningen och tätningsbrickan.
9 På sidan i bagageutrymmet, skruva ur den

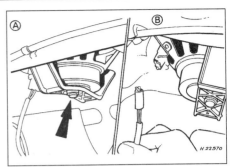

24.4 Bult (A) och kontakt (B) till högtalare på bakre bagagehyllan (sedan)

självgängande skruv som fäster det nedre antennfästet.
10 Skruva loss den räfflade muttern, lossa antennen från foten, koppla ur ledning och antennkabel och dra ut antennen från bilen.

Montering

11 Montering sker i omvänd arbetsordning. Kontrollera att kontaktytorna mellan karosspanelen och antennen är rena innan antennen monteras på plats.

26 Förstärkare - demontering och montering

Demontering

1 En förstärkare finns på modeller utrustade med Premium Sound System och den sitter mellan handskfacket och torpedplåten.
2 För att demontera förstärkaren, skruva ur skruven och sänk ned enheten komplett med fästet, och dra ur kontakterna. Vid behov kan förstärkaren lossas från fästet genom att de fyra Torx-skruvarna skruvas ur.

Montering

3 Montering sker i omvänd arbetsordning.

24.5 Högtalare monterad i bakre bagagehyllan (kombikupé)

24.7 Högtalare monterad i bagageutrymmet (kombi)

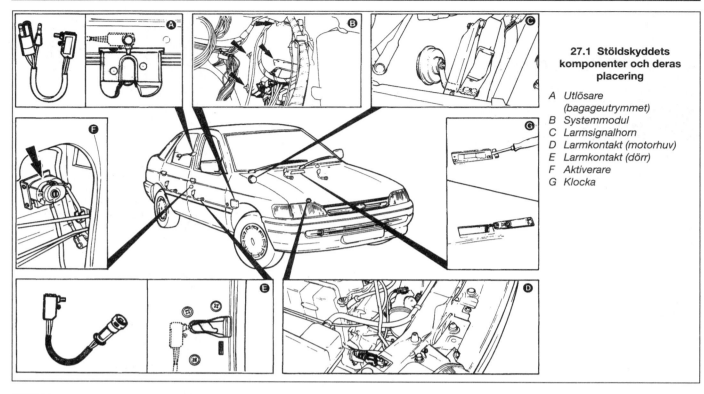

27.1 Stöldskyddets komponenter och deras placering

A Utlösare
   (bagageutrymmet)
B Systemmodul
C Larmsignalhorn
D Larmkontakt (motorhuv)
E Larmkontakt (dörr)
F Aktiverare
G Klocka

27 Stöldskydd - allmän information

Stöldlarm

1 Detta system bidrar till ökad stöldskydds-säkerhet **(se bild)**. När systemet är aktiverat utlöses larmet om inbrott görs i bilen via en dörr, motorhuven eller bagage-/bakluckan. Larmet löser även ut om tändningen slås på eller radion/bandspelaren kopplas ur medan larmsystemet är aktiverat.

2 Systemet aktiveras/stängs av när en av framdörrarna låses/låses upp med nyckeln. Systemet aktiverar alla dörrar, motorhuv och bak-/bagagelucka när en dörr låses individuellt (eller om centrallås finns - när detta aktiveras). Dessutom är tändningen/startmotorn spärrad när systemet är aktiverat.

3 En extra skyddsfunktion är att även om batteriet kan kopplas ur med aktiverat larm, så fortsätter larmet att vara aktivt så snart batteriet kopplas in igen. På grund av detta är det viktigt att se till att larmet är urkopplat när batteriet kopplas ur för exempelvis arbete med bilen.

4 I systemet finns en diagnostik som gör att en Fordmekaniker snabbt kan hitta systemfel.

Passivt stöldskydd (PATS)

5 Från och med 1994 års modell finns ett passivt stöldskydd monterat. Detta system, som är helt fristående från standardlarmet, består av en startspärr som hindrar motorn från att starta, såvida inte en specifik kod, in-programmerad i tändningsnyckeln, identifi-eras av PATS-enheten.

6 PATS-enheten, som är monterad runt tändningslåset, avkodar en signal från nyckeln när den vrids från läge "O" till läge "II". Om kodsignalen matchar den som finns i minnet i PATS-enheten startar motorn. Om signalen inte känns igen går motorn runt på start-motorn, men vägrar att starta.

28 Stöldskyddets komponenter - demontering och montering

Demontering

1 Innan någon del av larmsystemet kopplas ur, se till att systemet är avstängt, lossa sedan batteriets jordledning (se kapitel 5A, avsnitt 1).

Dörrlåsomkopplare

2 Demontera klädsel och isoleringsark från dörren enligt beskrivning i kapitel 11. På senare modeller, skruva ur de två skruvarna och ta bort dörrlåsets sköld.

3 Dra ur kontakten från larmomkopplaren i dörren **(se bild)**.

4 Släpp upp låstungan, dra ut omkopplaren ur dörrlåsets cylinder och ta bort den.

Givare för öppet dörrlås

5 Demontera klädsel och isoleringsark från dörren - se kapitel 11.

6 Dra ur kontakten från givaren för öppet dörrlås.

7 Demontera dörrlåset enligt beskrivning i kapitel 11.

8 Lossa clipset och givaren från dörrlåset. Clipset bryts troligtvis av när givaren lossas och måste i så fall ersättas vid monteringen.

Givare för öppen bak-/bagagelucka

9 Skruva ur skruvarna och ta bort klädseln från bak- /bagageluckan.

10 Dra ur kabelhärvans kontakt, se kapitel 11 och ta loss låset från bak-/bagageluckan.

11 Lossa clipset och givaren från låset. Clipset bryts troligtvis av när givaren lossas och måste i så fall ersättas vid monteringen.

Motorhuvens larmgivare

12 Grip tag i givarens fläns och dra ut den ur hålet i främre tvärbalken **(se bild)**.

13 Dra ur kontakten och ta loss givaren.

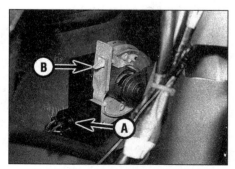

28.3 Dörrlåsomkopplarens kontakt (A) och låstunga (B)

28.12 Demontering av huvlåsets givare (stöldskydd)

Larmets signalhorn (modeller före 1994)

14 Om bilen har ABS, demontera ABS-modulen enligt beskrivning i kapitel 9.
15 Dra ur hornets kontakt, skruva ur bultarna och ta bort hornet komplett med fästet.

Larmets signalhorn (från och med 1994 års modell)

16 Ta loss klädseln från C-stolpen och vänstra sidan i bagageutrymmet.
17 Skruva ur hornets bult och lyft av enheten från de två hakarna.
18 Dra ur kontakten och ta loss hornet.

Larmets modul

19 Demontera sidosparkpanelen i förarens fotbrunn.
20 Dra ur modulens kontakt, lossa modulen från de fyra clipsen och ta bort den.

PATS sändaremottagare

21 Skruva loss de två övre och de fyra nedre skruvarna och demontera rattstångskåporna.
22 Skruva ur de fem skruvarna och dra ut den nedre instrumentbrädespanelen under rattstången.
23 Skruva ur skruven och dra ut sändaremottagaren från tändningslåsets cylinder (**se bild**).
24 Lossa kabelhärvan från clipsen på rattstången, följ härvan under instrumentbrädan och dra ut kontakten. Ta bort sändaremottagaren från bilen.

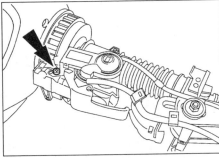

28.23 Skruva ur skruven (vid pilen) och dra ut PATS sändaremottagare ur ratt-/tändningslåsets cylinder

PATS-modul

25 Se kapitel 11 och demontera instrumentbrädan.
26 Dra ur kontakten från PATS-modulen, den sitter på torpedplåten på passagerarsidan.
27 Dra loss modulen nedåt ur fästet.

Montering

28 Montering av respektive delar sker i omvänd arbetsordning. Se till att alla clips sitter ordentligt, att kabelhärvan är korrekt dragen och att kontakterna är väl anslutna. Kontrollera sedan att allt fungerar.

---

29 Krockkuddar - allmän information, föreskrifter och avaktivering av systemet

Allmän information

Alla modeller från och med 1994 har en krockkudde på förarsidan, som vid en krock ska skydda föraren från allvarliga skador på huvudet och överkroppen. En krockkudde för passagerarsidan finns också som tillval. Den kombinerade sensor- och elektronikenheten för krockkudden (-kuddarna) sitter bredvid rattstången inne i bilen och den omfattar: reservkondensator, krocksensor, mätare för hastighetsminskning, säkerhetssensor, integrerad krets och mikroprocessor. Krock-kuddarna blåses upp av gasgeneratorer, vilka tvingar ut kuddarna från sina platser i ratten respektive instrumentbrädan på passagerarsidan. En "klockfjäder" försäkrar god elektrisk kontakt med förarsidans krockkudde hela tiden - när ratten vrids åt båda hållen viras fjädern ut och ihop.

Föreskrifter

⚠️ **Varning: Följande föreskrifter MÅSTE följas vid arbete på en bil med krockkudde, för att risken för personskador ska undvikas.**

Allmänna föreskrifter

a) Koppla inte loss batteriet medan motorn går.
b) Innan något arbete utförs i närheten av krockkudden, demontering av någon av krockkuddens komponenter eller någon typ av svetsning utförs på bilen, avaktivera systemet enligt beskrivningen nedan.
c) Försök inte testa någon av krockkuddens kretsar med någon typ av testutrustning.
d) Om krockkuddens varningslampa tänds, eller om ett fel av någon annan anledning misstänks, kontakta en Fordverkstad på en gång. Försök inte hitta felet själv eller ta isär någon av komponenterna.

Föreskrifter för hantering av krockkudden

a) Transportera krockkudden för sig själv, med själva kudden vänd uppåt.

b) Lägg aldrig armarna runt krockkudden.
c) Bär krockkudden nära kroppen, med själva kudden vänd utåt.
d) Tappa inte krockkudden eller utsätt den för stötar.
e) Försök inte ta isär krockkudden.
f) Anslut inte någon typ av elektrisk utrustning till någon del av krockkudden.

Föreskrifter för förvaring av krockkudden

a) Förvara krockkudden i ett skåp med själva kudden vänd uppåt.
b) Utsätt aldrig krockkudden för temperaturer över 80°C.
c) Utsätt aldrig krockkudden för öppna lågor.
d) Försök inte kassera krockkudden på egen hand - kontakta en Fordåterförsäljare.
e) Montera aldrig tillbaka en krockkudde som är defekt eller skadad.

Avaktivering av krockkuddesystemet

Systemet måste avaktiveras enligt följande innan något arbete utförs på krockkudden eller i dess närhet.
a) Slå av tändningen.
b) Ta ut startnyckeln.
c) Slå av all elektrisk utrustning
d) Koppla loss batteriets jordledning.
e) Isolera änden av batteriets jordledning och batteriets negativa pol för att förhindra kontakt.
f) Vänta i minst 15 minuter innan något arbete utförs.

---

30 Krockkuddar - demontering och montering av komponenter

⚠️ **Varning: Läs föreskrifterna i avsnitt 29 innan något arbete utförs på krockkudden eller dess komponenter.**

Förarsidans krockkudde

Demontering

1 Avaktivera systemet enligt beskrivningen i avsnitt 29.
2 Skruva loss de två skruvarna och ta bort den övre rattstångskåpan.
3 Vrid ratten efter behov så att en av krockkuddens fästbultar blir åtkomlig från rattens baksida. Skruva loss bulten, vrid sedan ratten igen tills den andra bulten kan nås och skruva loss denna.
4 Dra ut krockkudden från ratten så långt att kablagets kontakt kan nås (**se bild**). Det kan behövas lite extra kraft till att lossa enheten från hållarna på rattens ekrar.
5 Koppla loss kontakten från enhetens baksida och ta bort den från bilen.

Montering

6 Montering sker i omvänd ordning.

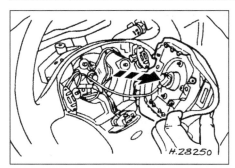

30.4 Dra ut krockkuddens modul ur rattnavet

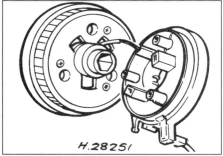

30.33 Demontering av krockkuddens klockfjäder från ratten

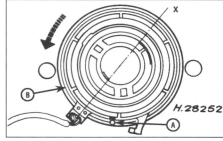

30.38 Centrering av klockfjädern. Tryck ned låsstiftet (A) och vrid den yttre rotorn (B) motsols ("X" är positionen för blinkersens återkallningskam i relation till fjäderns kontakt - se texten)

Passagerarsidans krockkudde

Demontering (modeller före 1996)

7 Avaktivera systemet (se avsnitt 29).
8 Öppna handskfacket och skruva loss de tre skruvarna upptill i handskfacksöppningen.
9 Demontera luftventilerna i mitten och på passagerarsidan enligt beskrivning i kapitel 3.
10 Arbeta genom ventilernas öppningar, lossa fästmuttrarna till krockkuddens infattning och dra ut infattningen och krockkudden från instrumentbrädan.
11 Koppla loss de två kontakterna från krockkuddens baksida och lossa kablaget från fästbygeln.
12 Skruva loss de två bultarna på var sida och de två bultarna i mitten och ta bort fästbyglarna från krockkuddens infattning.
13 Ta bort krockkudden från infattningen.

Montering

14 Montering sker i omvänd ordning. Se till att dra kablaget rätt väg.

Demontering (från och med 1996 års modeller)

15 Avaktivera systemet (se avsnitt 29).
16 Demontera instrumentbrädan enligt beskrivning i kapitel 11.
17 Öppna handskfacket och lossa de två skruvarna till krockkuddens infattning upptill i handskfackets öppning.
18 Skruva loss de fyra muttrarna som håller krockkuddens fästbyglar till instrumentbrädan.
19 Skruva loss de två fästskruvarna och dra försiktigt loss infattningen och krockkudden från instrumentbrädan. Koppla loss de två kontakterna från krockkuddens baksida och ta bort enheten från instrumentbrädan. Observera att på senare modeller finns det bara en kontakt.
20 Skruva loss de två skruvarna och ta bort luftventilen från krockkuddens infattning.
21 Skruva loss de två skruvarna på var sida och ta bort vänster och höger fästbygel från krockkudden och infattningen.
22 Skruva loss de två kvarvarande skruvarna och dra ut krockkudden från infattningen.

Montering

23 Montering sker i omvänd ordning. Se till att dra kablaget rätt väg.

Krockkuddens styrmodul

Demontering

24 Avaktivera systemet enligt beskrivning i avsnitt 29.
25 Skruva loss de sex skruvarna och ta loss den nedre instrumentbrädespanelen under rattstången.
26 Demontera instrumentpanelen enligt beskrivning i avsnitt 9.
27 Stötta modulen och skruva loss fästbultarna.
28 Koppla loss kontaktdonet från modulen, genom att trycka låsflikarna uppåt och vrida fästbandet. Ta bort modulen från bilen.

Montering

29 Montering sker i omvänd ordning.

Krockkuddens klockfjäder

Demontering

30 Avaktivera systemet enligt beskrivning i avsnitt 29.
31 Demontera ratten enligt beskrivning i kapitel 10.
22 Lossa ledningarna från de två signalhornsstiften i rattnavet.
33 Skruva ur de tre skruvarna och ta ut klockfjädern/släpringen ur ratten **(se bild)**. När enheten dras ut, anteckna genom vilken öppning i ratten krockkuddens ledning är dragen, för att underlätta monteringen.

Montering

34 Lägg på lite molybdendisulfidfett på signalhornets släpringar.
35 Placera klockfjädern/släpringen på ratten och skruva fast dem.
36 Anslut signalhornsledningarna till stiften.
37 Klockfjädern måste nu centreras enligt följande:
38 Tryck in låsstiftet, vrid klockfjäderns yttre rotor så långt det går motsols så att den är spänd **(se bild)**.
39 Vrid sedan den yttre rotorn cirka 3,75 varv medsols och släpp upp låsstiftet. Kontrollera att stiftet greppar när det släpps upp.
40 Kontrollera att blinkersåterkallningskammen sitter rätt (som visat) i förhållande till klockfjäderns kontakt **(se bild 30.38)**.
41 Montera ratten enligt beskrivning i kapitel 10.

31 Extra varningssystem - allmän information och byte av delar

Allmän information

1 Ett extra varningssystem finns som tillval på vissa modeller. På modeller före 1996 har systemet tre funktioner; varning för låg bränslenivå, varning för låg spolarvätskenivå samt varning för tänd belysning med avslagen tändning och öppen förardörr. Från och med 1996 års modell har systemet endast två funktioner; varning för tänd belysning med avslagen tändning och öppen förardörr samt varning för öppen dörr (om ett stöldlarm är monterat).
2 Varning för låg nivå av bränsle- och spolarvätska ges med varningslampor i instrumentpanelen och varning för tänd belysning med avslagen tändning ges med en summer.
3 Varningslamporna aktiveras av flottörer som övervakar nivåerna. Bränsleflottören är integrerad i bränslemätarens givare och tänder varningslampan när bränslemängden understiger 10 liter. Spolarvätskeflottören finns i behållarens lock och består av en magnet som manövrerar en brytare i behållarens sida. När nivån sjunker under brytaren aktiverar magneten på flottören brytaren som tänder varningslampan.
4 Varningssummern för tänd belysning med avslagen tändning och öppen förardörr aktiveras av förardörrens innerbelysnings-omkopplare, om dörren öppnas med avslagen tändning och tänd belysning. På modeller före 1996 styrs systemet av en styrmodul placerad ovanför säkringsdosan under instrumentbrädan. Denna modul avger även varningssignalen för tänd belysning med avslagen tändning och öppen förardörr. Från och med 1996 års modell avges larmsignalen av en reläsummer som sitter under instrumentbrädan, antingen ovanför säkringsdosan eller på själva huvudsäkringsblocket. Varningslampan för öppen dörr styrs av stöldlarms-modulen.

Byte av komponenter

Varningslampor

5 Beskrivningen av byte av glödlampor ges i avsnitt 6.

Bränslenivåflottör (modeller före 1996)

6 Flottören är en del av nivågivaren - demontering och montering beskrivs i kapitel 4.

Brytare för låg spolarvätskenivå (modeller före 1996)

7 Demontera vindrutespolarens vätskebehållare enligt beskrivning i avsnitt 20.

8 Dra ut brytaren från behållarens sida genom att bända mot själva brytaren.
9 Vid montering, kontrollera att tätningsmuffen är korrekt monterad på behållaren och tryck in brytaren på plats.
10 Montera spolvätskebehållaren enligt beskrivning i avsnitt 20.

Styrmodul/reläsummer

11 Lossa batteriets jordledning (se kapitel 5A, avsnitt 1).
12 Skruva ur de sex skruvarna och ta bort instrumentbrädespanelen under rattstången.

På senare modeller, koppla loss innerbelysningen och eventuellt annat kablage som är fäst på panelen.
13 På modeller före 1998, lossa styrmodulen och koppla loss kontaktdonet. På 1998 års modeller och framåt, demontera reläsummern från reläplattan (se *Specifikationer* och avsnitt 3 för ytterligare information).
14 Montering sker i omvänd arbetsordning.

Komponentförteckning - modeller före 1995

1 ABS hydraulisk styrenhet
2 ABS hydraulmotor
3 ABS modul
4 ABS pumprelä
5 ABS systemrelä
6 Lufttempgivare
7 Generator
8 Förstärkare
9 Stöldskydd "larm på" indikator
10 Motorhuvskontakt stöldskydd
11 Dörrlåskontakt stöldskydd vänster
12 Dörrlåskontakt stöldskydd höger
13 Dörrkontakt stöldskydd vänster fram
14 Dörrkontakt stöldskydd vänster bak
15 Dörrkontakt stöldskydd höger fram
16 Dörrkontakt stöldskydd höger bak
17 Stöldskydd signalhorn
18 Stöldskyddsmodul
19 Bakluckekontakt stöldskydd
20 Startspärrkontakt automatväxellåda
21 Automatväxelrelä
22 Växelväljarbelysning automatväxellåda
23 Batteri
24 Kanisteravluftningssolenoid
25 Centralmotor vänster fram
26 Centralmotor vänster bak
27 Centralmotor höger fram
28 Centralmotor höger bak
29 CFi strömfördröjningsrelä
30 Chokekontakt
31 Cigarettändare
32 Klocka
33 CO-justeringspotentiometer
34 Kylvätsketempgivare
35 Lyöfläktmotor
36 Kylfläktkontakt
37 Vevaxellägesgivare
38 Används ej
39 Används ej
40 Halvljusrelä
41 Blinkersrelä
42 Blinkers vänster
43 Blinkers höger
44 Sidoblinkers vänster
45 Sidoblinkers höger
46 E-DIS modul
47 EEC IV modul
48 EFi strömfördröjningsrelä
49 Kontakt eldörrspegelreglage
50 Eldörrspegel vänster
51 Eldörrspegel höger
52 Kontakt elfönsterhissreglage vänster

53 Kontakt elfönsterhissreglage höger
54 Elfönsterhissmotor vänster
55 Elfönsterhissmotor höger
56 Elfönsterhissrelä
57 Relä för motorgående
58 Motortempgivare
59 ESC 2 tändningsmodul
60 ESCP 1 tändningsmodul
61 ESCP 2 tändningsmodul
62 Dimljus vänster fram
63 Dimljus höger fram
64 Dimljusrelä fram
65 Dimljuskontakt fram
66 Dimljuskontakt bak
67 Fotbrunnsbelysning vänster
68 Fotbrunnsbelysning höger
69 Bränslemätargivare
70 Bränsleinsprutare
71 Bränslepump
72 Bränslepumprelä
73 Bränsleavstängningssolenoid
74 Handskfacksbelysning/kontakt
75 Kontakt varningslampa handbroms
76 Strålkastarenhet vänster
77 Strålkastarenhet höger
78 Strålkastarspolarrelä
79 Uppvärms bakruta
80 Relä för uppvärmd balkruta
81 Kontakt för uppvärmd bakruta
82 Uppvärmt spolarmunstycke vänster
83 Uppvärmt spolarmunstycke höger
84 Uppvärmd vindruta
85 Relä för uppvärmd vindrutedefroster
86 Relä för uppvärmd vindruta
87 Kontakt för uppvärmd vindruta
88 Värmefläktsmotor
89 Värmefläktskontakt
90 Belysning värmefläktkontakt
91 Signalhorn
92 Tomgångshastighetssolenoid
93 Tändspole
94 Tändningsrelä
95 Tändningslås
96 Strypventil
97 Förkopplingsmotstånd
98 Instrumentpanel
99 Fördröjningsrelä innerbelysning
100 Innerbelysning dörrkontakt vänster fram
101 Innerbelysning dörrkontakt vänster bak
102 Innerbelysning dörrkontakt höger fram
103 Innerbelysning dörrkontakt höger bak
104 Innerbelysning/kontakt

105 Lambdasond
106 Lyktenhet vänster bak
107 Lyktenhet höger bak
108 Länk (endast manuell växellåda utan larm)
109 Länk (endast modeller med manuell växellåda)
110 Länk (endast modeller utan larm)
111 Länk (endast modeller utan fördröjd bakrutespolare/torkare)
112 Givare låg bromsvätskenivå
113 Belysning bagagelucka
114 Kontakt belysning bagagelucka
115 Helljusrelä
116 MAP sensor
117 Maxi-säkringsdosa
118 Multifunktionskontakt
119 Nummerplåtsbelysning
120 Oljetryckskontakt
121 Strömfördröjningsrelä
122 Radiobellysning
123 Enhet radio/kassettbandspelare
124 Backljuskontakt
125 Tändstift
126 Högtalare vänster fram
127 Högtalare vänster bak
128 Högtalare höger fram
129 Högtalare höger bak
130 Hastighetsgivare
131 Startmotor
132 Bromsljuskontakt
133 Bromsljuskontakt/ABS givare på pedal
134 Avstörning
135 Frikopplingsmotor baklucka
136 Frikopplingskontakt baklucka
137 Trottelstyrningsmotor
138 Trottellägesgivare
139 Spolarpump ruta fram/bak
140 Spolarpump strålkastare
141 Fördröjt torkarrelä fram
142 Fördröjt torlarrelä bak
143 Torkarmotor fram
144 Torkarmotor bak
145 ABS givare på vänster hjul
146 ABS givare på höger hjul
147 Luftventil
148 Kamaxellägesgivare
149 Luftintagsventil
150 Tryckkontakt styrservo
151 Luftflödesgivare

1. Varje schema är indelat i numrerade kretsar beroende på dess funktion.
   Ex:Schema 10: Typiskt schema för innerbelysning
2. Komponenterna är arrangerade i relation till en plan översikt över bilen.
3. Vissa komponenter kan finnas med på mer än ett kopplingsschema och deras placering anges i kodform i komponentförteckningen. Om en komponent exempelvis har referens 2/A1 betyder det att den finns på schema nr 2, inom ruta A1.
4. Komplicerade komponenter ser på scheman ut som lådor och visas tydligare nedan under "Förstoring av komponenter 98 och 118".
5. Matningsledningar är röda (svarta när de har kontakt) och jordledningar på alla scheman är bruna.
6. Parenteser visar hur kretsen kan vara ansluten på mer än ett sätt.
7. Alla komponenter finns inte på samtliga modeller.

CENTRAL ELDOSA

SÄKRING	AMPERE	KRETS
1	30	Uppvärmd bakruta och elektriska speglar
2	30	Låsningsfritt bromssystem
3	10	Lambdasond
4	15	Helljus höger
5	20	Bränslepump
6	10	Parkeringsljus vänster, instrumentbelysning
7	10	Parkeringsljus höger
8	10	Dimljus bak
9	30	Kylfläkt
10	10	Halvljus vänster
11	15	Dimljus fram
12	10	Blinkers, backljus
13	20	Torkarmotor, spolarpump
14	20	Värmefläkt
15	30	Låsningsfritt bromssystem
16	3	Defroster vindruta
17	3	Defrosterrelä vindruta
18	15	Helljus vänster
19	20	Centrallås, stöldalarm
20	15	Signalhorn, varningsblinkers
21	15	Innerbelysning, cigarettändare, radio, klocka
22	30	Elfönsterhissar
24	10	Halvljus höger
25	3	EEC IV modul
27	10	Bromsljus, uppvärmda spolarmunstycken

MAXI-SÄKRINGSDOSA

SÄKRING	AMPERE	KRETS
A	80	Central eldosa
B	60	Central eldosa
C	60	Central eldosa
D	50	Kylfläktsmotor
E	50	Uppvärmd vindruta
F	50	Glödstiftsrelä (diesel)

FÖRSTORING AV KOMPONENTERNA 98 OCH 118

a = Varningslampa generator
b = Indikeringslampa handbroms
c = Varningslampa helljus
d = Instrumentbelysning
e = Bränslemätare
f = Temperaturmätare
g = Oljetryckslampa
h = Hastighetsmätare
i = Spänningsstabilisator
j = Varningslampa ABS
k = Indikeringslampa choke
l = Indikeringslampa vänster blinkers
m = Indikeringslampa höger blinkers

FÖRKLARING TILL INSTRUMENTPANEL (KOMPONENT 98)

FÖRKLARING TILL SYMBOLERNA

STICKKONTAKT	
JORD	
GLÖDLAMPA	
DIOD	
SÄKRING	
LÖDSTÄLLE	S1012

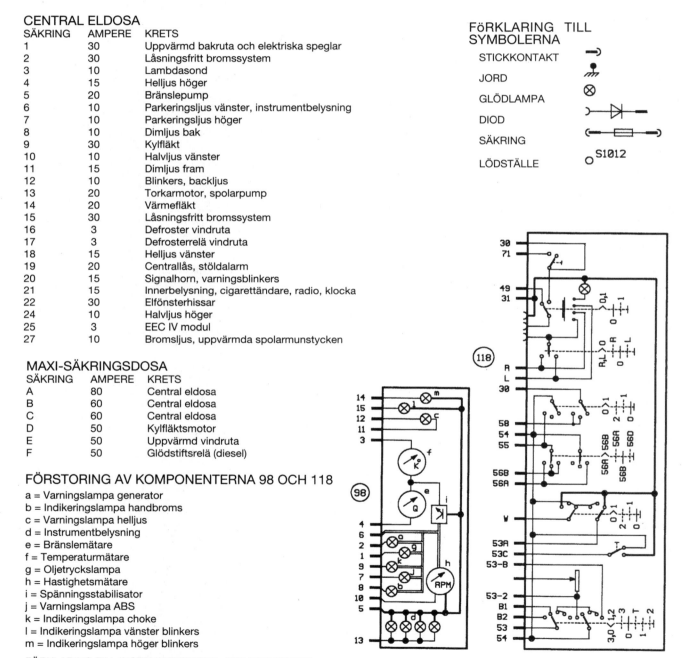

H24080

T.M.MARKE

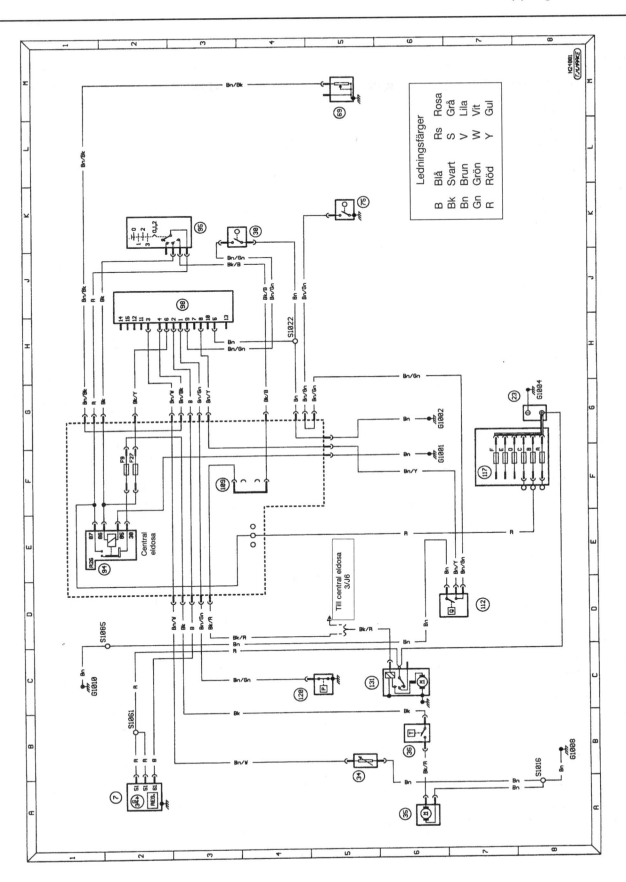

Kopplingschema 1: Typiskt schema för start, laddning, kylfläkt, varningslampor och visare - före 1995 års modell

Ledningsfärger

B	Blå	Rs	Rosa
Bk	Svart	S	Grå
Bn	Brun	V	Lila
Gn	Grön	W	Vit
R	Röd	Y	Gul

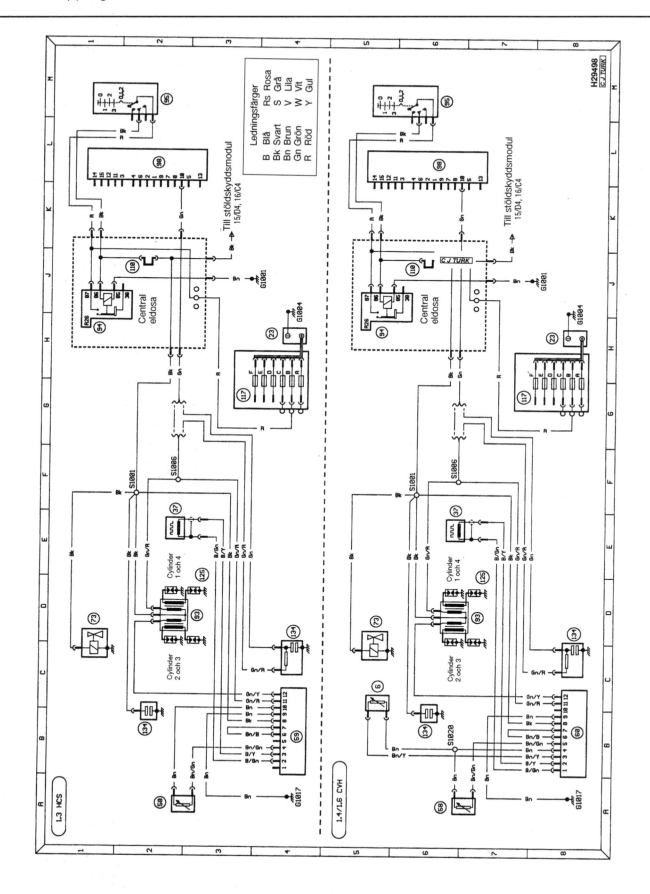

Kopplingsschema 2: Typisk tändningskretsvariation (samtliga förgasarmotorer med manuell växellåda) - före 1995 års modell

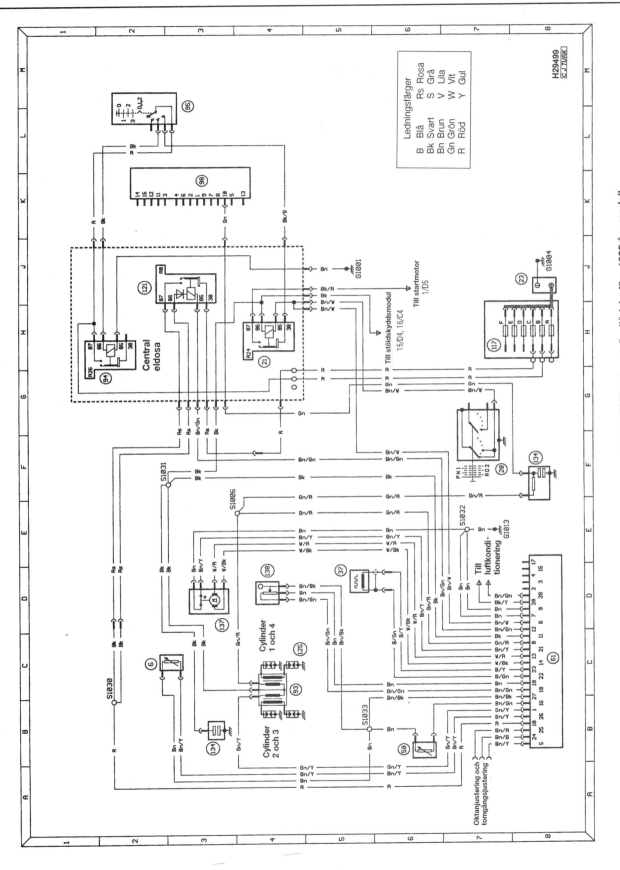

Kopplingsschema 3: Typisk tändningskretsvariation (1.6 CVH automatväxellåda) - före 1995 års modell

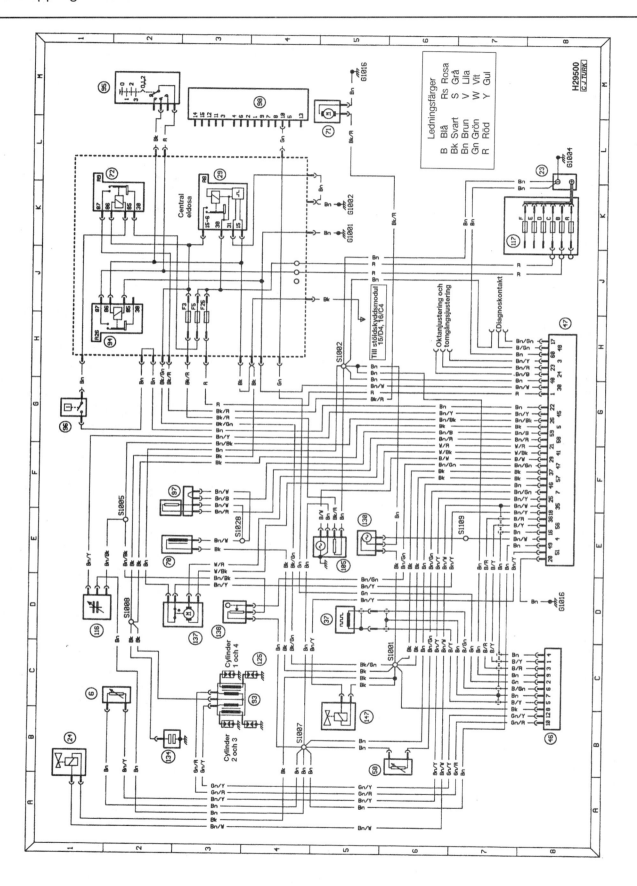

Kopplingsschema 4: Typisk 1.3 CFi bränsleinsprutning och tändning - före 1995 års modell

Ledningsfärger

B Blå   Rs Rosa
Bk Svart   S Grå
Bn Brun   V Lila
Gn Grön   W Vit
R Röd   Y Gul

H29500
CJTURK

Kopplingsschema 5: Typisk 1.4 CFi bränsleinsprutning och tändning - före 1995 års modell

Ledningsfärger
B	Blå	Rs	Rosa
Bk	Svart	S	Grå
Bn	Brun	V	Lila
Gn	Grön	W	Vit
R	Röd	Y	Gul

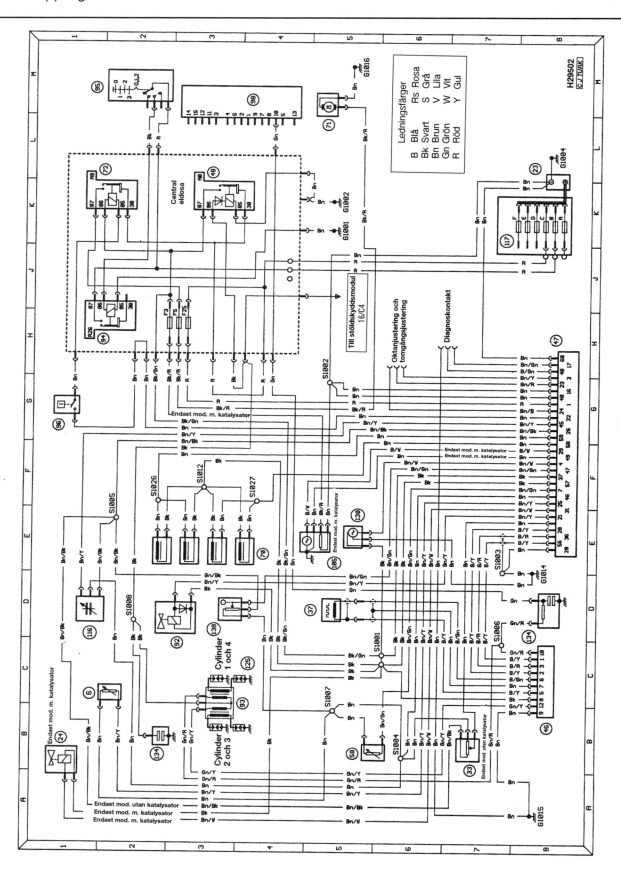

Kopplingsschema 6: Typisk 1.6 EFi bränsleinsprutning och tändning - före 1995 års modell

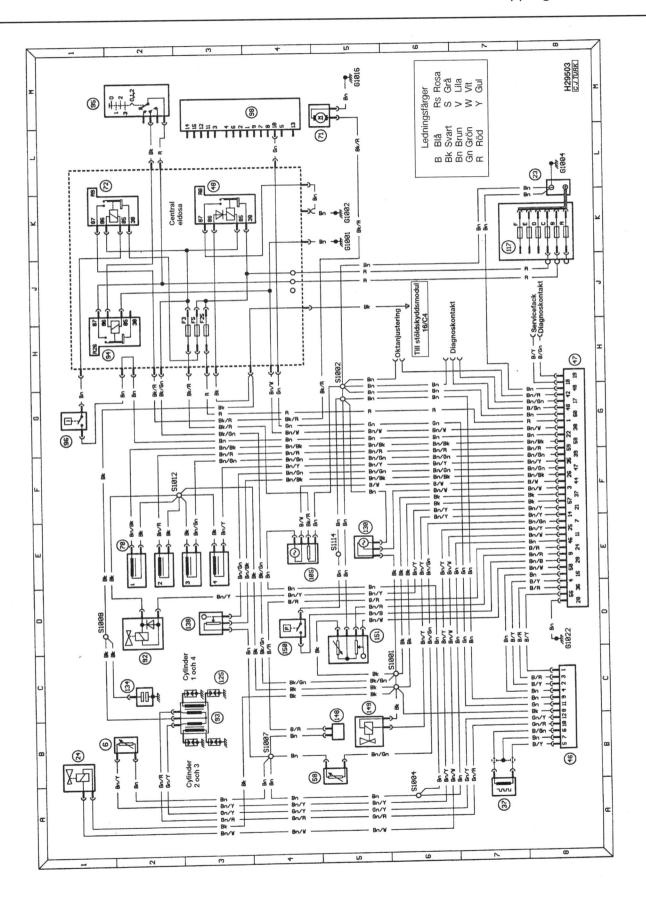

Kopplingsschema 7: Typisk Zetec (16V) bränsleinsprutning och tändning - före 1995 års modell

Kopplingsschema 8: Typisk ytterbelysning - strålkastare/parkeringsljus, back/bromsljus - före 1995 års modell

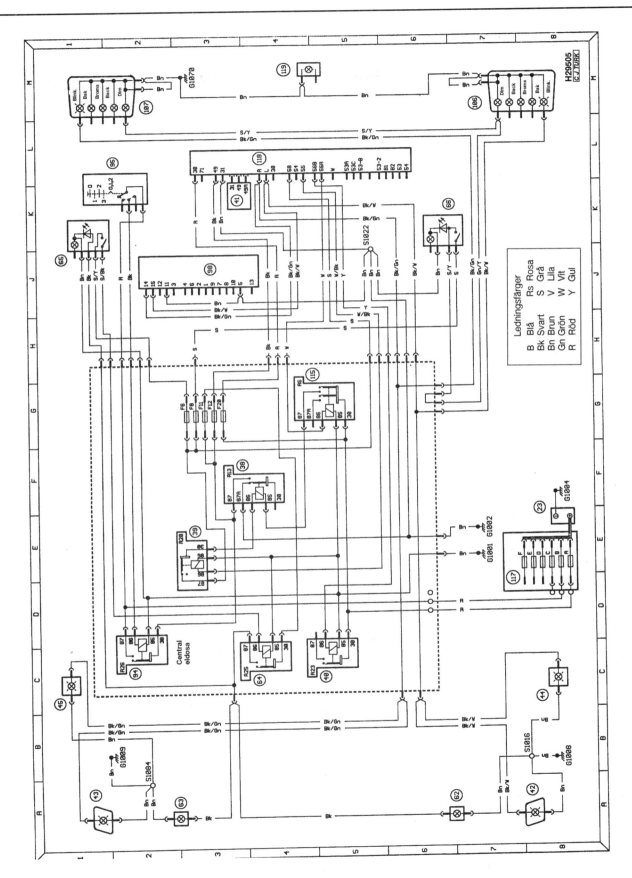

Kopplingsschema 9: Typisk ytterbelysning - dimljus och blinkers - före 1995 års modell

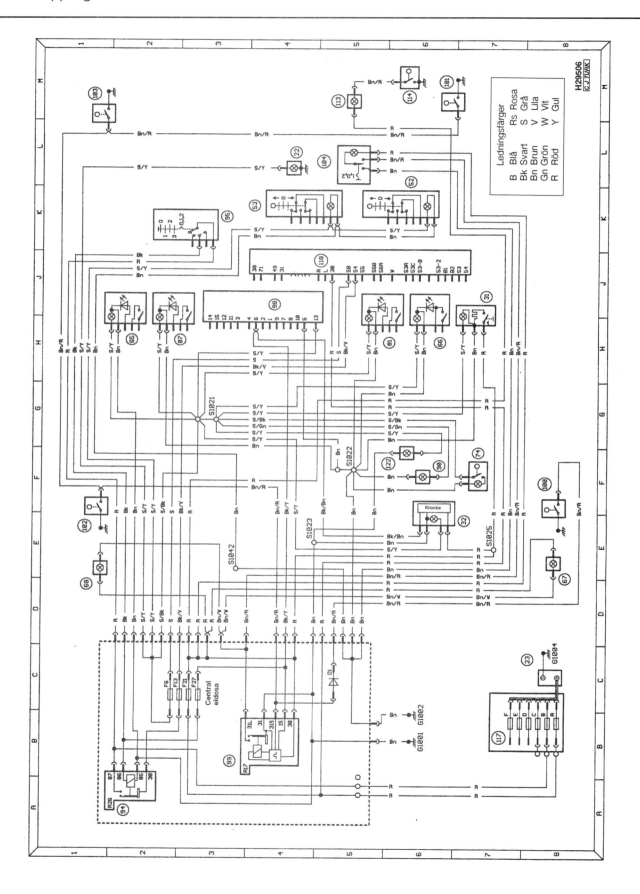

Kopplingsschema 10: Typisk innerbelysning - före 1995 års modell

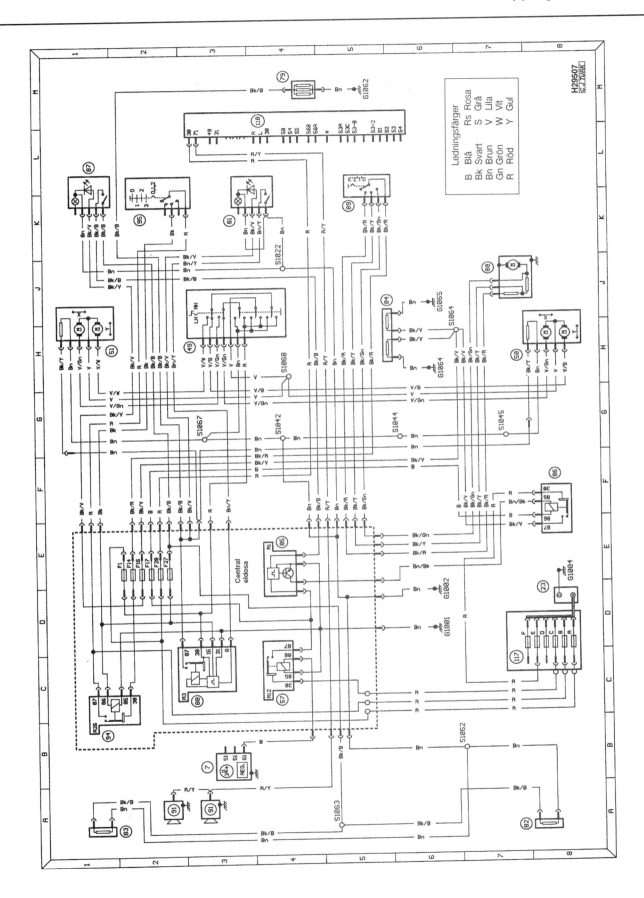

Kopplingsschema 11: Typschema för signalhorn, värmefläkt, uppvärmda speglar och rutor - före 1995 års modell

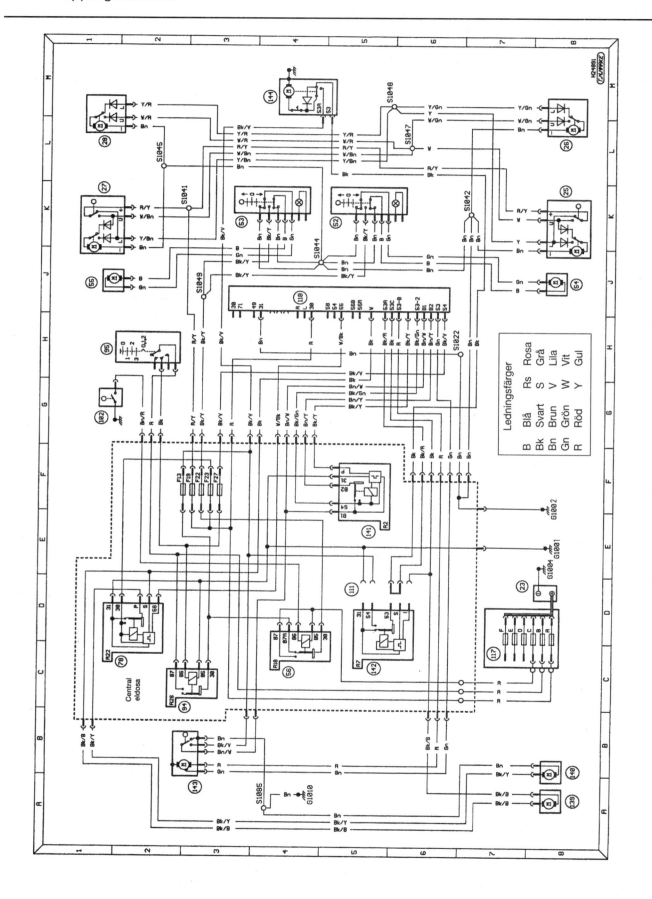

Kopplingsschema 12: Typschema för spolare/torkare och elektriska fönsterhissar före 1995 års modell

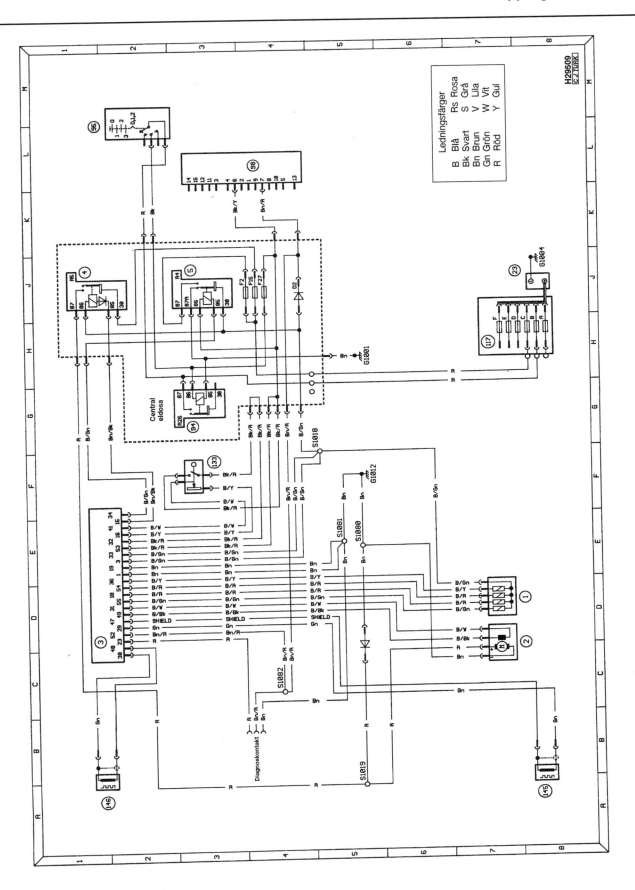

Kopplingsschema 13: Typschema låsningsfritt bromssystem (ABS) - före 1995 års modell

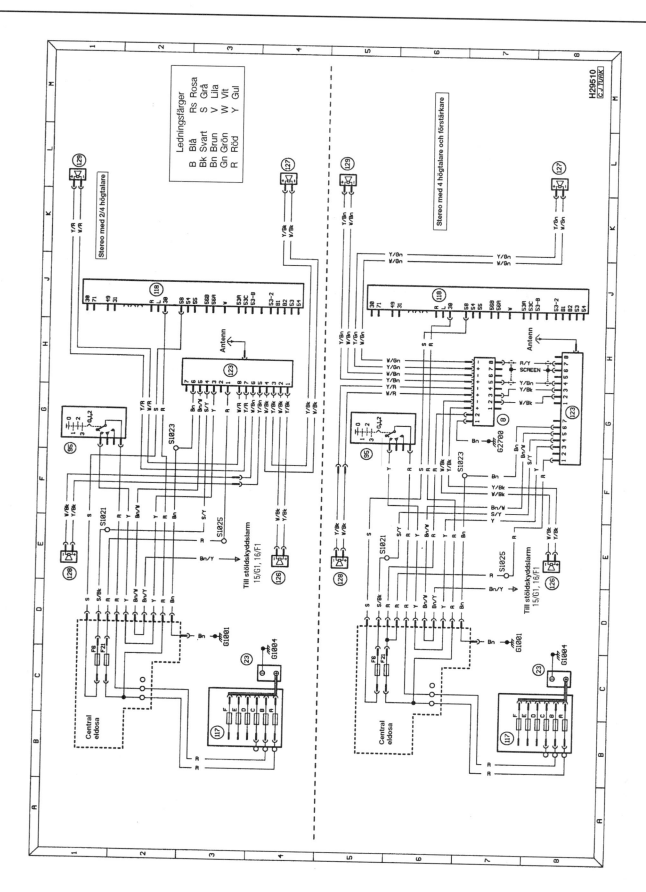

Kopplingsschema 14: Typschema radio/bandspelare - före 1995 års modell

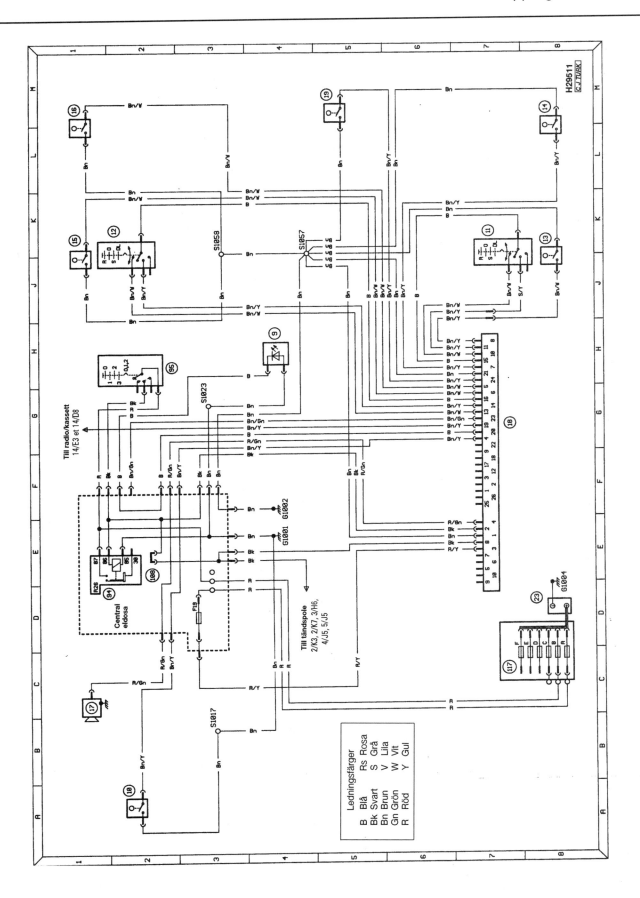

Kopplingsschema 15: Typschema stöldlarm (modeller utan centrallås) - före 1995 års modell

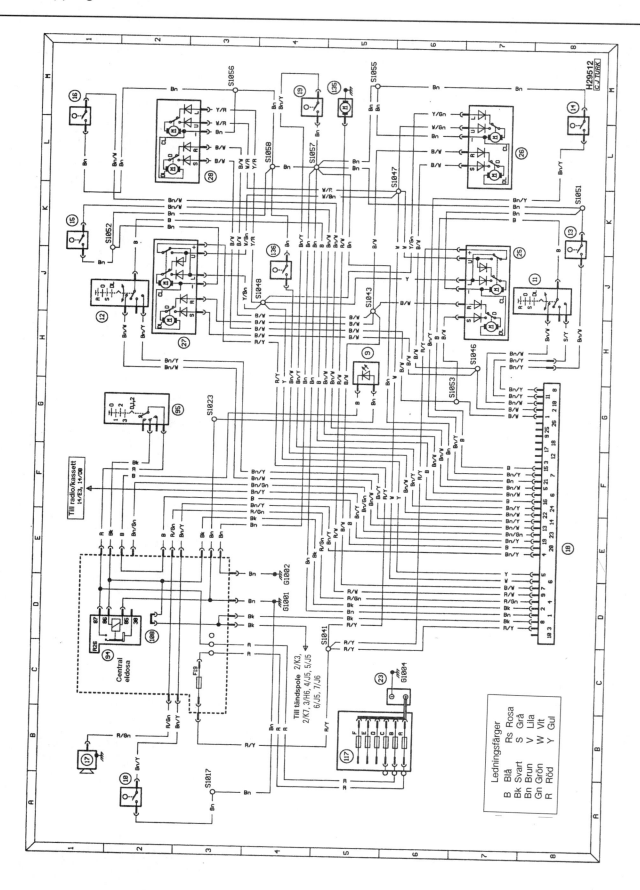

Kopplingsschema 16: Typschema stöldlarm (modeller med centrallås) - före 1995 års modell

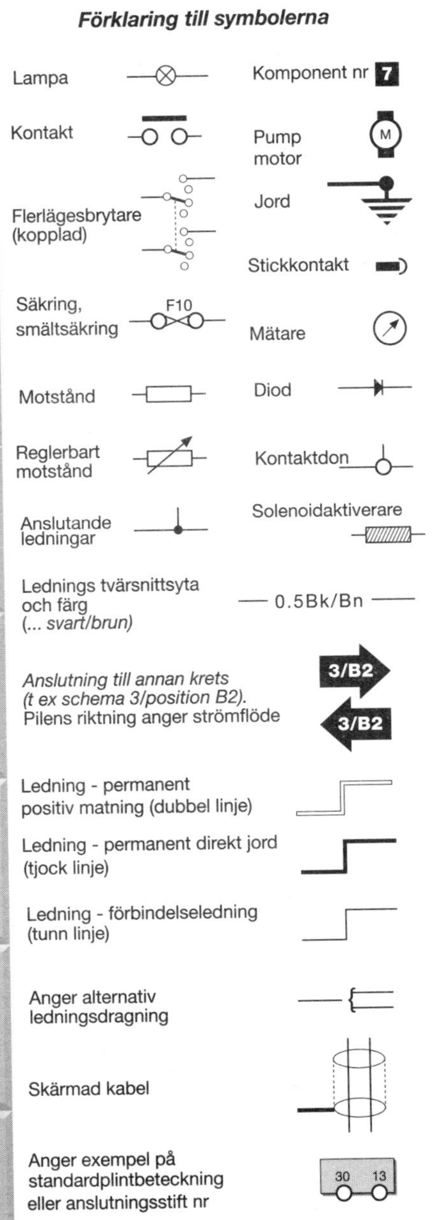

Förklaring till symbolerna

	Lampa
	Kontakt
	Flerlägesbrytare (kopplad)
	Säkring, smältsäkring
	Motstånd
	Reglerbart motstånd
	Anslutande ledningar
—— 0.5Bk/Bn	Lednings tvärsnittsyta och färg (... svart/brun)
3/B2	Anslutning till annan krets (t ex schema 3/position B2). Pilens riktning anger strömflöde
	Ledning - permanent positiv matning (dubbel linje)
	Ledning - permanent direkt jord (tjock linje)
	Ledning - förbindelseledning (tunn linje)
	Anger alternativ ledningsdragning
	Skärmad kabel
30 13	Anger exempel på standardplintbeteckning eller anslutningsstift nr

Komponent nr **7**

Pump motor

Jord

Stickkontakt

Mätare

Diod

Kontaktdon

Solenoidaktiverare

Central säkringsdosa (i passagerarutrymme)

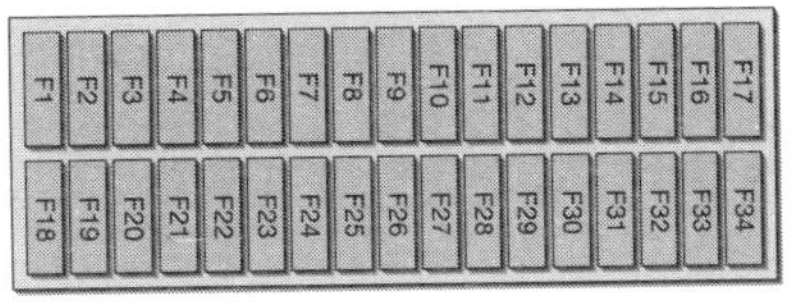

F17 F34
F16 F33
F15 F32
F14 F31
F13 F30
F12 F29
F11 F28
F10 F27
F9   F26
F8   F25
F7   F24
F6   F23
F5   F22
F4   F21
F3   F20
F2   F19
F1   F18

Central säkringsdosa

Säkring	Ampere	Skyddad krets
F1	10	Dimljus bak
F2	-	
F3	10	Sidoljus höger
F5	15	Helljus vänster
F6	15	Helljus höger, extraljus
F7	3	Bränsleinsprutningsmodul
F8	10	Sidoljus höger
F9	30	Låsningsfria bromsar
F10	30	Strålkastarspolarsystem
F11	10	Indikeringslampor
F12	7.5	Airbag
F13	20	Kallstartventil, motorstyrningssystem, bränsleavstängning
F14	10	Syresensor
F15	10	Halvljus vänster
F16	20	Tändspole
F17	20	Halvljus höger
F18	30	Elfönsterhissar och taklucka
F20	25	Värmefläkt
F21	3	Låsningsfri bromsmodul
F22	30	Kylfläkt
F23	15	Uppvärmda säten
F24	20	Torkarmotor, spolarpump
F25	30	Låsningsfritt bromssystem
F26	10	Blinkers och backljus
F27	25	Uppvärmd bakruta och uppvärmda speglar
F28	15	Signalhorn, varningsblinkers
F29	15	Innerbelysning, cigarettändare, klocka, radio
F30	20	Centrallås, elstyrda säten
F31	15	Dimljus fram
F32	15	Luftkonditionering, magnetisk koppling
F33	20	Bränslepump
F34	15	Uppvärmda spolarmunstycken, bromsljus

Extra säkringsdosa (i motorutrymme)

FA
FB
FC
FD
FE
FF

Extra säkringsdosa

Säkring	Ampere	Skyddad krets
FA	80	Matning till central säkringsdosa
FB	60	Matning till central säkringsdosa
FC	60	Matning till central säkringsdosa
FD	40/50	Motorkylfläkt
FE	50	Uppvärmd vindruta
FF	50	Glödstift – diesel

Jordpunkter

G1001	Höger A stolpe
G1002	Höger A stolpe
G1004	På vänster sida av motorns torpedplåt
G1008	Motorrummets främre vänstra sida
G1009	Motorrummets främre högra sida
G1010	På motorns torpedplåt
G1012	Motorrummets högra sida
G1017	På motorn
G1019	Motorrummets främre högra sida
G1020	Motorrummets främre vänstra sida
G1022	Vänster A stolpe
G1024	På vänster sida i bagageutrymmet
G1025	Bakom instrumentbrädan
G1028	Bakom instrumentbrädan (cabriolet)
G1046	Under höger baklyktan
G1047	Under mittkonsol
G1050	På bakluckan (kombi)
G1063	Höger C stolpe (cabriolet, 4 dörrars sedan) eller i bakluckan (kombi)
G1070	Bakändan på fordonet
G1072	Höger C stolpe (van)
G1076	Höger C stolpe
G1078	Höger sida av instrumentbrädan
G1100	A stolpe passagerarsidan

Schema 1: Förklaringar till kopplingsscheman - modeller efter 1995

H29513

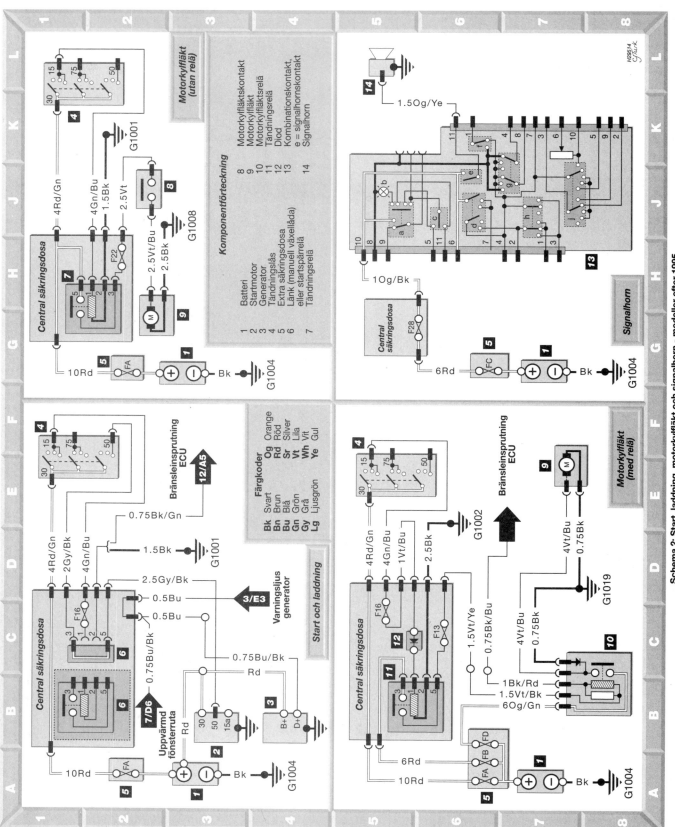

Komponentförteckning

1	Batteri
2	Startmotor
3	Generator
4	Tändningslås
5	Extra säkringsdosa
6	Länk (manuell växellåda) eller startspärrelä
7	Tändningsrelä
8	Motorkylfläktskontakt
9	Motorkylfläkt
10	Motorkylfläktsrelä
11	Tändningsrelä
12	Diod
13	Kombinationskontakt, e = signalhornskontakt
14	Signalhorn

Färgkoder

Bk	Svart	Og	Orange
Bn	Brun	Rd	Röd
Bu	Blå	Sr	Silver
Gn	Grön	Vt	Lila
Gy	Grå	Wh	Vit
Lg	Ljusgrön	Ye	Gul

Motorkylfläkt (utan relä)

Central säkringsdosa

Signalhorn

Bränsleinsprutning ECU

Start och laddning

Uppvärmd fönsterruta

Varningsljus generator

Motorkylfläkt (med relä)

Central säkringsdosa

Schema 2: Start, laddning, motorkylfläkt och signalhorn - modeller efter 1995

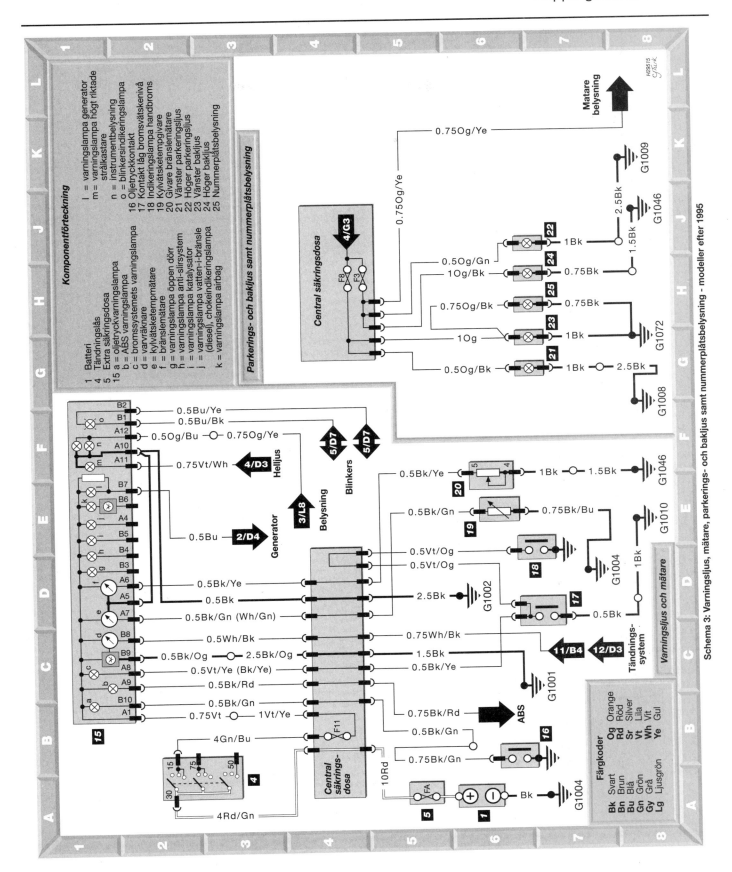

Schema 3: Varningsljus, mätare, parkerings- och bakljus samt nummerplåtsbelysning - modeller efter 1995

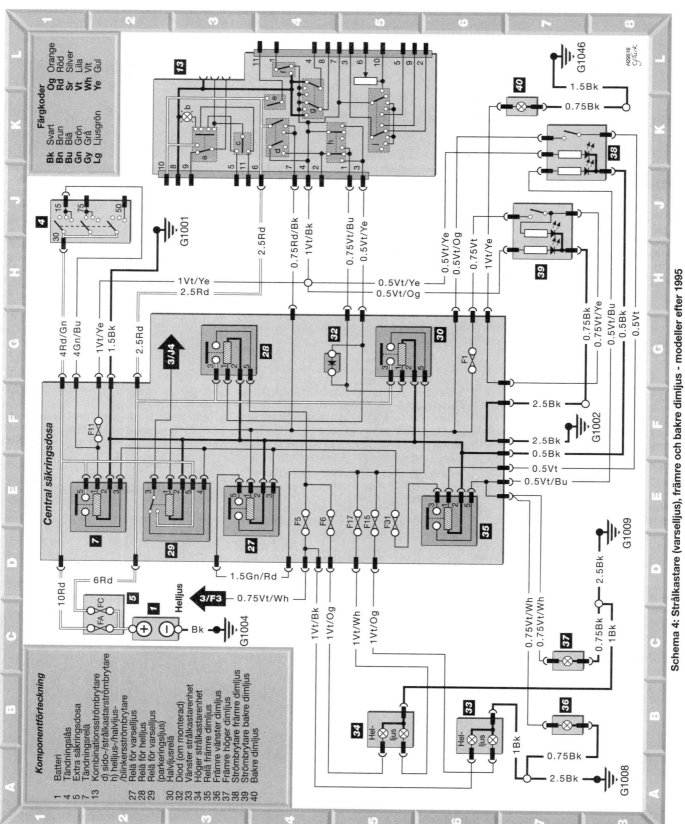

Schema 4: Strålkastare (varselljus), främre och bakre dimljus - modeller efter 1995

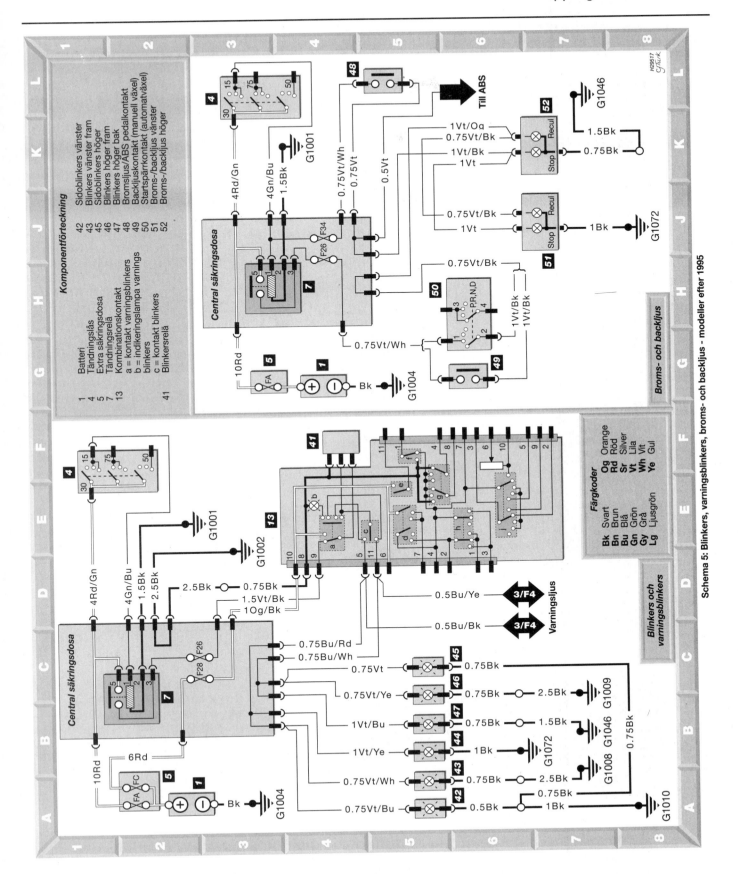

Schema 5: Blinkers, varningsblinkers, broms- och backljus - modeller efter 1995

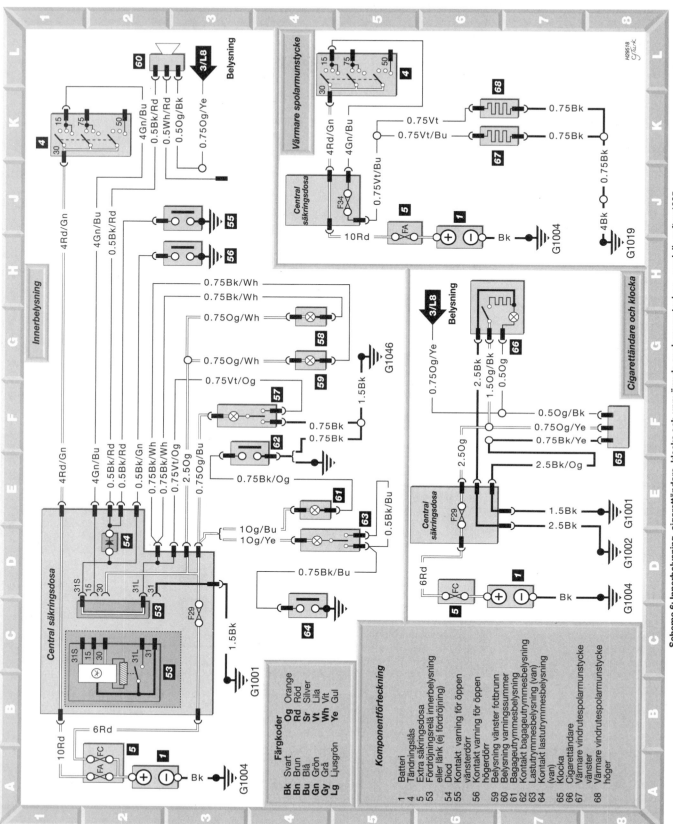

Schema 6: Innerbelysning, cigarettändare, klocka och uppvärmda spolarmunstycken - modeller efter 1995

Färgkoder

Bk	Svart	**Og**	Orange
Bn	Brun	**Rd**	Röd
Bu	Blå	**Sr**	Silver
Gn	Grön	**Vt**	Lila
Gy	Grå	**Wh**	Vit
Lg	Ljusgrön	**Ye**	Gul

Komponentförteckning

1 Batteri
4 Tändningslås
5 Extra säkringsdosa
53 Fördröjningsrelä innerbelysning eller länk (ej fördröjning)
54 Diod
55 Kontakt varning för öppen vänsterdörr
56 Kontakt varning för öppen högerdörr
59 Belysning vänster fotbrunn
60 Belysning varningssummer
61 Bagageutrymmesbelysning
62 Bagageutrymmesbelysning (van)
63 Lastutrymmesbelysning (van)
64 Kontakt lastutrymmesbelysning (van)
65 Klocka
66 Cigarettändare
67 Värmare vindrutespolarmunstycke vänster
68 Värmare vindrutespolarmunstycke höger

Innerbelysning

Belysning

Värmare spolarmunstycke

Cigarettändare och klocka

Central säkringsdosa

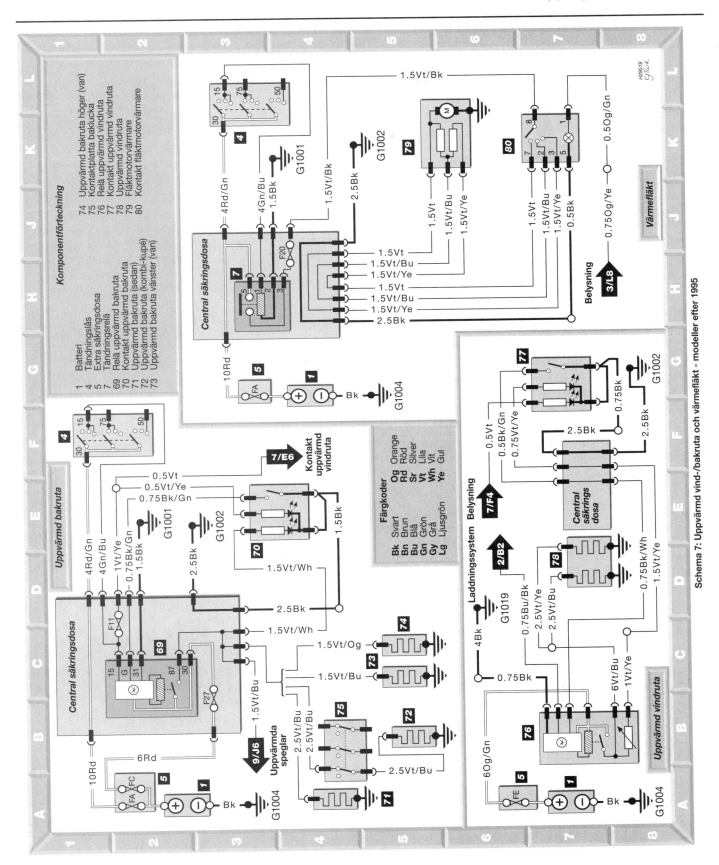

Schema 7: Uppvärmd vind-/bakruta och värmefläkt - modeller efter 1995

Komponentförteckning

1 Batteri
4 Tändningslås
5 Extra säkringsdosa
6 Tändningsrelä
69 Relä uppvärmd bakruta
70 Kontakt uppvärmd bakruta
71 Uppvärmd bakruta (sedan)
72 Uppvärmd bakruta (kombi-kupé)
73 Uppvärmd bakruta vänster (van)
74 Uppvärmd bakruta höger (van)
75 Kontaktplatta baklucka
76 Relä uppvärmd vindruta
77 Kontakt uppvärmd vindruta
78 Uppvärmd vindruta
79 Fläktmotorvärmare
80 Kontakt fläktmotorvärmare

Färgkoder

Bk	Svart	Og	Orange
Bn	Brun	Rd	Röd
Bu	Blå	Sr	Silver
Gn	Grön	Vt	Lila
Gy	Grå	Wh	Vit
Lg	Ljusgrön	Ye	Gul

Värmefläkt

Uppvärmd bakruta

Uppvärmd vindruta

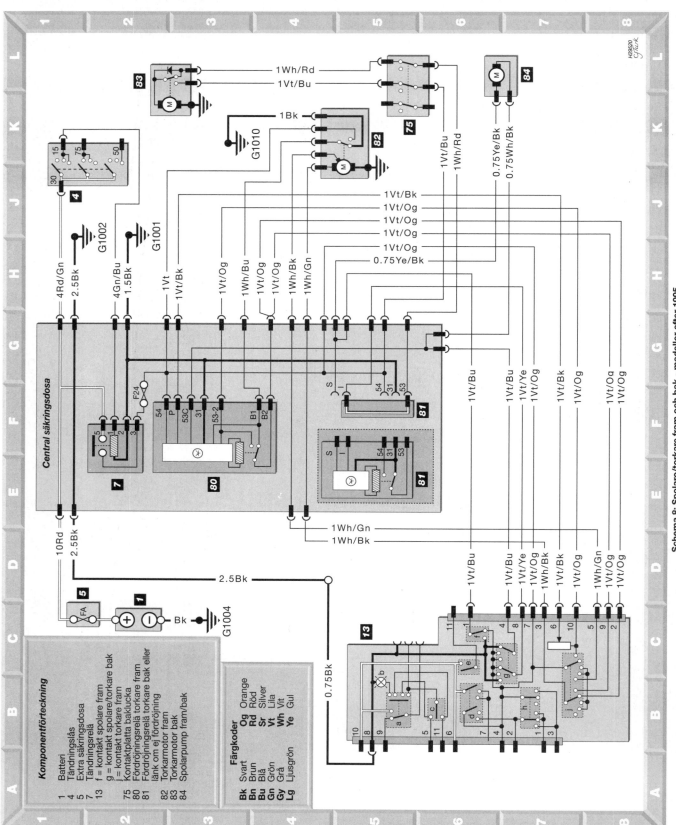

Schema 8: Spolare/torkare fram och bak - modeller efter 1995

Komponentförteckning

	Batteri
1	Tändningslås
4	Extra säkringsdosa
5	Tändningsrelä
7	f = kontakt spolare fram
13	g = kontakt spolare/torkare bak
	f = kontakt torkare fram
	Kontaktplatta baklucka
	Fördröjningsrelä torkare fram
	Fördröjningsrelä torkare bak eller
	länk om ej fördröjning
75	Torkarmotor fram
80	Torkarmotor bak
81	Spolarpump fram/bak
82	
83	
84	

Färgkoder

Bk	Svart	Og	Orange
Bn	Brun	Rd	Röd
Bu	Blå	Sr	Silver
Gn	Grön	Vt	Lila
Gy	Grå	Wh	Vit
Lg	Ljusgrön	Ye	Gul

Central säkringsdosa

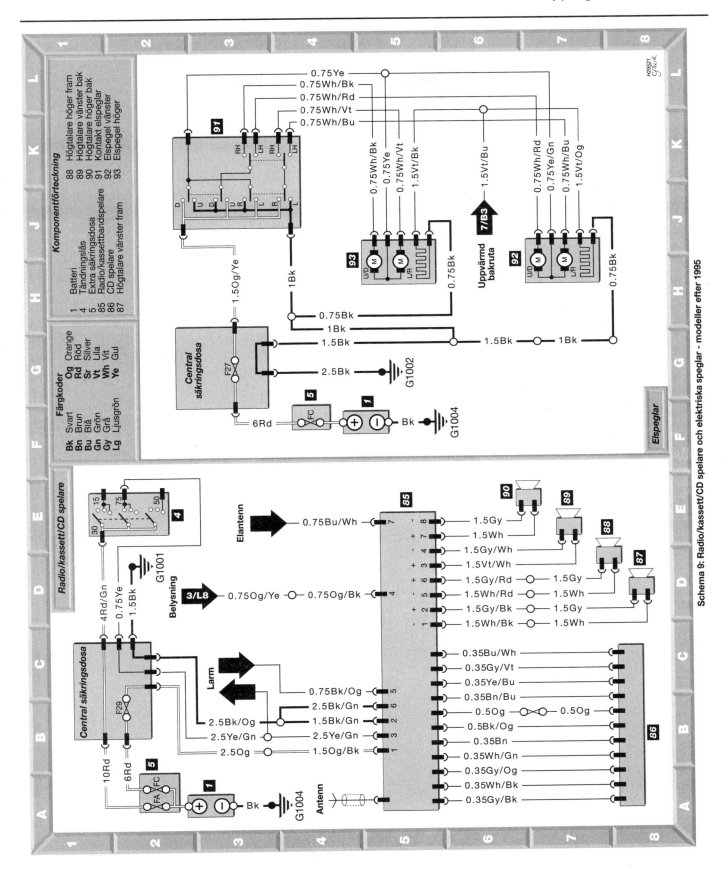

Schema 9: Radio/kassett/CD spelare och elektriska speglar - modeller efter 1995

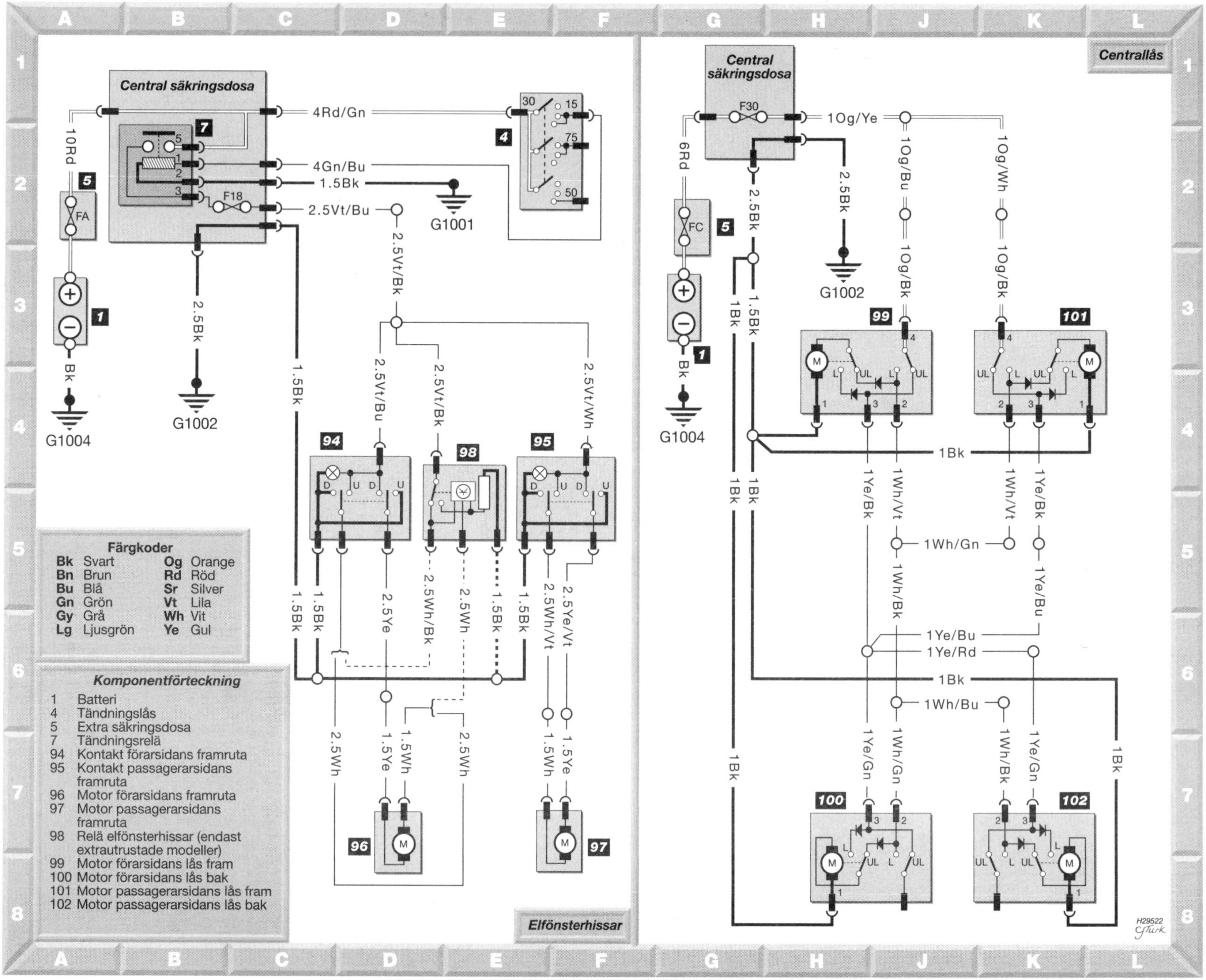

Schema 10: Elfönsterhissar och centrallås

Centrallås

Elfönsterhissar

H29522

Färgkoder

Bk	Svart	Og	Orange
Bn	Brun	Rd	Röd
Bu	Blå	Sr	Silver
Gn	Grön	Vt	Lila
Gy	Grå	Wh	Vit
Lg	Ljusgrön	Ye	Gul

Komponentförteckning

1 Batteri
4 Tändningslås
5 Extra säkringsdosa
7 Tändningsrelä
94 Kontakt förarsidans framruta
95 Kontakt passagerarsidans framruta
96 Motor förarsidans framruta
97 Motor passagerarsidans framruta
98 Relä elfönsterhissar (endast extrautrustade modeller)
99 Motor förarsidans lås fram
100 Motor förarsidans lås bak
101 Motor passagerarsidans lås fram
102 Motor passagerarsidans lås bak

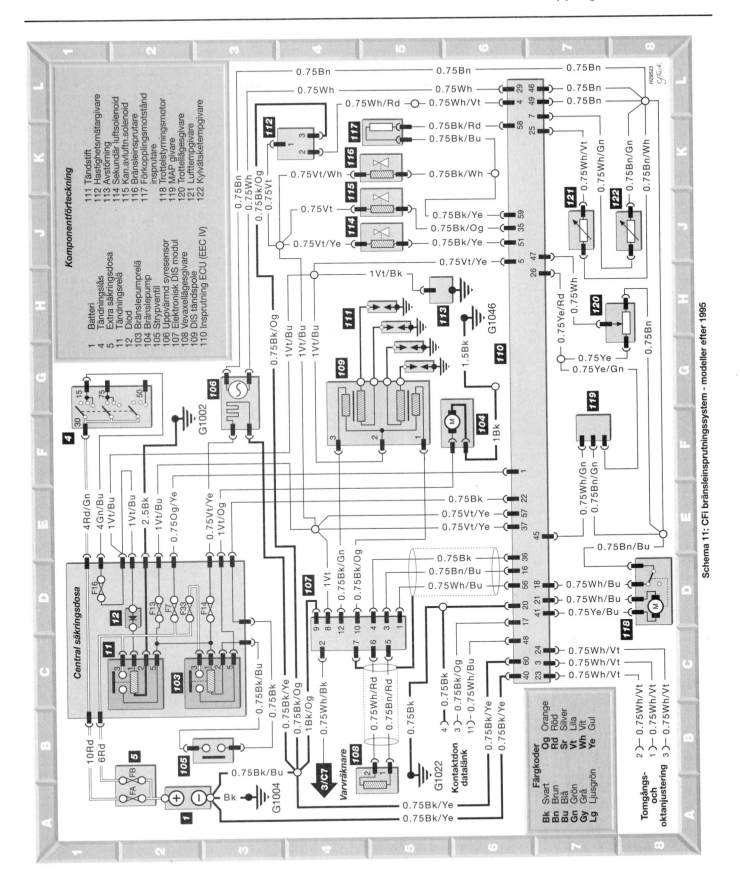

Komponentförteckning

1 Batteri
5 Tändningslås
11 Extra säkringsdosa
12 Tändningsrelä
103 Diod
104 Bränslepumprelä
105 Bränslepump
106 Strypventil
107 Uppvärmd syresensor
108 Elektronisk DIS modul
109 Vevaxellägesgivare
110 DIS tändspole
110 Insprutning ECU (EEC IV)

111 Tändstift
112 Hastighetsmätargivare
113 Avstörning
114 Sekundär luftsolenoid
115 Kan.avluftn.solenoid
116 Bränsleinsprutare
117 Förkopplingsmotstånd insprutare
118 Trottelstyrningsmotor
119 MAP givare
120 Trottellägesgivare
121 Lufttempgivare
122 Kylvätsketempgivare

Central säkringsdosa

Färgkoder
Bk Svart   Og Orange
Bn Brun   Rd Röd
Bu Blå   Sr Silver
Gn Grön   Vt Lila
Gy Grå   Wh Vit
Lg Ljusgrön   Ye Gul

Tomgångs- och oktanjustering

Schema 11: CFi bränsleinsprutningssystem - modeller efter 1995

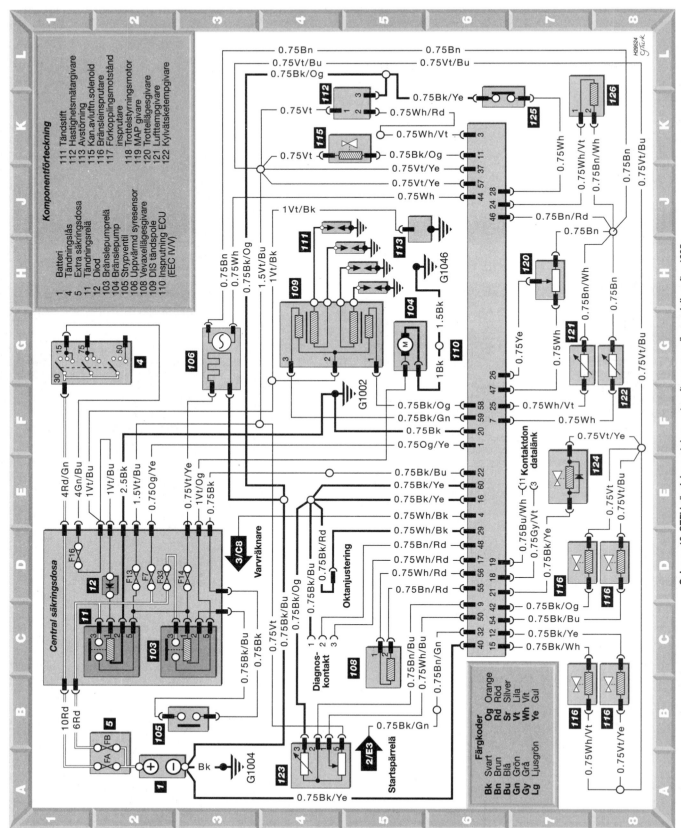

Schema 12: SEFi bränsleinsprutningssystem (typexempel) - modeller efter 1995

Mått och vikter

Observera: *Alla siffror är ungefärliga och kan variera med modell. Se tillverkarens data för exakta värden.*

Mått

Total längd:
  Escort kombikupé/cabriolet . . . . .4 036 mm
  Escort kombi . . . . .4 268 mm
  Escort van . . . . .4 256 mm
  Escort/Orion sedan . . . . .4 229 mm
Total bredd - inklusive backspeglar . . . . .1 875 mm
Total höjd (utan last):
  Escort kombikupé/cabriolet . . . . .1 395 mm
  Escort kombi . . . . .1 409 mm
  Escort van . . . . .1 625 mm
  Escort/Orion sedan . . . . .1 395 mm
Hjulbas:
  Alla modeller utom Escort van . . . . .2 525 mm
  Escort van . . . . .2 598 mm
Främre spårvidd . . . . .1 440 mm
Bakre spårvidd:
  Alla modeller utom Escort van . . . . .1 439 till 1 462 mm*
  Escort van . . . . .1 436 mm
Beroende på typ av bakbromsar/specifikation.

Vikt

Tjänstevikt*:
  Escort 3-dörrars kombikupé . . . . .901 till 1 006 kg
  Escort 5-dörrars kombikupé . . . . .921 till 1 026 kg
  Escort cabriolet . . . . .1 117 kg
  Escort kombi . . . . .976 till 1 041 kg
  Escort/Orion 4-dörrars sedan . . . . .1 006 till 1 021 kg
  Escort van . . . . .975 till 1 010 kg
Maximal bruttovikt:
  Escort 3-dörrars kombikupé . . . . .1 350 till 1 450 kg
  Escort 5-dörrars kombikupé . . . . .1 375 till 1 475 kg
  Escort cabriolet . . . . .1 525 kg
  Escort kombi . . . . .1 425 till 1 525 kg
  Escort/Orion 4-dörrars sedan . . . . .1 425 till 1 500 kg
  Escort van . . . . .575 till 1 800 kg
Maximal last på takräcke . . . . .75 kg
Maximal bogseringsvikt . . .Rådfråga din Fordhandlare vad gäller
                   vikter och regler rörande förväntade
                   stigningar och höjder över havet.
Exakt tjänstevikt varierar beroende på modellutförande - se typskylten.

Reservdelar finns att köpa från ett antal olika ställen, till exempel hos Fordhandlare, tillbehörsbutiker och grossister. Bilens olika identifikationsnummer måste uppges för att man garanterat ska få rätt delar (se sid REF•4). Ta om möjligt med den gamla delen för säker identifiering. Många delar, t.ex. startmotor och generator, finns att få som fabriksrenoverade utbytesdelar – alla delar som returneras måste naturligtvis vara rena.

Vårt råd när det gäller reservdelsinköp är följande:

Auktoriserade Fordhandlare

Detta är det bästa inköpsstället för reservdelar som är specifika för just din bil och inte allmänt tillgängliga (märken, klädsel etc.). Det är även det enda stället där man bör köpa reservdelar om bilen fortfarande är under garanti.

Tillbehörsbutiker

Dessa är ofta bra ställen för inköp av underhållsmaterial (olje-, luft- och bränslefilter, tändstift, glödlampor, drivremmar, oljor, fett, bättringslack etc). Tillbehör av detta slag som säljs av välkända butiker håller samma standard som de som används av biltillverkaren

Förutom reservdelar säljer dessa butiker också verktyg och allmänna tillbehör, de har ofta bra öppettider, tar mindre betalt och ligger ofta på bekvämt avstånd. Vissa tillbehörsbutiker säljer reservdelar rakt över disk.

Grossister

Bra grossister lagerhåller alla viktigare delar som slits relativt snabbt och kan ibland tillhandahålla delar som krävs för större renoveringar (exempelvis bromstätningar, hydrauldelar, lagerskålar, kolvar, ventiler etc.). I vissa fall kan de också ta hand om större arbeten som omborrning av motorblocket, omslipning av vevaxlar etc.

Specialister på däck och avgassystem

Dessa kan vara oberoende återförsäljare eller ingå i större kedjor. De har ofta konkurrenskraftiga priser jämfört med märkesverkstäder, men det lönar sig att jämföra priser hos flera försäljare. Vid kontroll av priser, fråga också exakt vad som ingår - ofta ingår t.ex. inte ventiler och balansering vid inköp av ett nytt däck.

Andra källor

Var misstänksam när det gäller delar som säljs på loppmarknader och liknande. De är inte alltid av dålig kvalitet, men det finns knappast någon chans att få upprättelse om de skulle visa sig vara otillfredsställande. När det gäller säkerhetskritiska delar som bromsklossar, innebär detta inte bara en ekonomisk risk utan även risk för olyckor.

Begagnade delar från en bilskrot kan i vissa fall vara bra inköp men dessa kräver erfarenhet.

Lyftning och stödpunkter

Den domkraft som följer med bilens verktygslåda ska endast användas för hjulbyte - se "Hjulbyte" i början av denna handbok. Vid alla andra arbeten ska bilen lyftas med en hydraulisk domkraft och alltid stöttas med pallbockar under lyftpunkterna. **(se bilder).** Observera att bilen aldrig får lyftas med en domkraft under bakaxelbalken.

Bilens maxvikt får inte överskridas vid lyft/stöttning. Lyft aldrig bilen under bakaxeln.

Arbeta ALDRIG under, kring, eller nära en bil annat än om den är stöttad med pallbockar på minst två punkter.

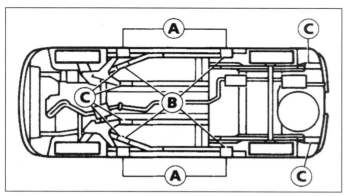

Lyftpunkter på bilens bottenplatta - samtliga modeller utom van

A   Lyftpunkter för den hjulbytesdomkraft som medföljer bilen
B   Lyftpunkter för garagedomkraft
C   Stödpunkter för pallbockar eller garagedomkrafter - domkrafter får endast användas under punkterna B och C

Lyftpunkter på bilens bottenplatta - van

A   Lyftpunkter för den hjulbytesdomkraft som medföljer bilen
B   Lyftpunkter för garagedomkraft
C   Stödpunkter för pallbockar eller garagedomkrafter - domkrafter får endast användas under punkterna B och C

När service, reparationer och renoveringar utförs på en bil eller bildel bör följande beskrivningar och instruktioner följas. Detta för att reparationen ska utföras så effektivt och fackmannamässigt som möjligt.

Tätningsytor och packningar

Vid isärtagande av delar vid deras tätningsytor ska dessa aldrig bändas isär med skruvmejsel eller liknande. Detta kan orsaka allvarliga skador som resulterar i oljeläckage, kylvätskeläckage etc. efter montering. Delarna tas vanligen isär genom att man knackar längs fogen med en mjuk klubba. Lägg dock märke till att denna metod kanske inte är lämplig i de fall styrstift används för exakt placering av delar.

Där en packning används mellan två ytor måste den bytas vid ihopsättning. Såvida inte annat anges i den aktuella arbetsbeskrivningen ska den monteras torr. Se till att tätningsytorna är rena och torra och att alla spår av den gamla packningen är borttagna. Vid rengöring av en tätningsyta ska sådana verktyg användas som inte skadar den. Små grader och repor tas bort med bryne eller en finskuren fil.

Rensa gängade hål med piprensare och håll dem fria från tätningsmedel då sådant används, såvida inte annat direkt specificeras.

Se till att alla öppningar, hål och kanaler är rena och blås ur dem, helst med tryckluft.

Oljetätningar

Oljetätningar kan tas ut genom att de bänds ut med en bred spårskruvmejsel eller liknande. Alternativt kan ett antal självgängande skruvar dras in i tätningen och användas som dragpunkter för en tång, så att den kan dras rakt ut.

När en oljetätning tas bort från sin plats, ensam eller som en del av en enhet, ska den alltid kasseras och bytas ut mot en ny.

Tätningsläpparna är tunna och skadas lätt och de tätar inte annat än om kontaktytan är fullständigt ren och oskadad. Om den ursprungliga tätningsytan på delen inte kan återställas till perfekt skick och tillverkaren inte gett utrymme för en viss omplacering av tätningen på kontaktytan, måste delen i fråga bytas ut.

Skydda tätningsläpparna från ytor som kan skada dem under monteringen. Använd tejp eller konisk hylsa där så är möjligt. Smörj läpparna med olja innan monteringen. Om oljetätningen har dubbla läppar ska utrymmet mellan dessa fyllas med fett.

Såvida inte annat anges ska oljetätningar monteras med tätningsläpparna mot det smörjmedel som de ska täta för.

Använd en rörformad dorn eller en träbit i lämplig storlek till att knacka tätningarna på plats. Om sätet är försedd med skuldra, driv tätningen mot den. Om sätet saknar skuldra bör tätningen monteras så att den går jäms med sätets yta (såvida inte annat uttryckligen anges).

Skruvgängor och infästningar

Muttrar, bultar och skruvar som kärvar är ett vanligt förekommande problem när en komponent har börjat rosta. Bruk av rostupplösningsolja och andra krypsmörjmedel löser ofta detta om man dränker in delen som kärvar en stund innan man försöker lossa den. Slagskruvmejsel kan ibland lossa envist fastsittande infästningar när de används tillsammans med rätt mejselhuvud eller hylsa. Om inget av detta fungerar kan försiktig värmning eller i värsta fall bågfil eller mutterspräckare användas.

Pinnbultar tas vanligen ut genom att två muttrar låses vid varandra på den gängade delen och att en blocknyckel sedan vrider den undre muttern så att pinnbulten kan skruvas ut. Bultar som brutits av under fästytan kan ibland avlägsnas med en lämplig bultutdragare. Se alltid till att gängade bottenhål är helt fria från olja, fett, vatten eller andra vätskor innan bulten monteras. Underlåtenhet att göra detta kan spräcka den del som skruven dras in i, tack vare det hydrauliska tryck som uppstår när en bult dras in i ett vätskefyllt hål

Vid åtdragning av en kronmutter där en saxsprint ska monteras ska muttern dras till specificerat moment om sådant anges, och därefter dras till nästa sprinthål. Lossa inte muttern för att passa in saxsprinten, såvida inte detta förfarande särskilt anges i anvisningarna.

Vid kontroll eller omdragning av mutter eller bult till ett specificerat åtdragningsmoment, ska muttern eller bulten lossas ett kvarts varv och sedan dras åt till angivet moment. Detta ska dock inte göras när vinkelåtdragning använts.

För vissa gängade infästningar, speciellt topplocksbultar/muttrar anges inte åtdragningsmoment för de sista stegen. Istället anges en vinkel för åtdragning. Vanligtvis anges ett relativt lågt åtdragningsmoment för bultar/muttrar som dras i specificerad turordning. Detta följs sedan av ett eller flera steg åtdragning med specificerade vinklar.

Låsmuttrar, låsbleck och brickor

Varje infästning som kommer att rotera mot en komponent eller en kåpa under åtdragningen ska alltid ha en bricka mellan åtdragningsdelen och kontaktytan.

Fjäderbrickor ska alltid bytas ut när de använts till att låsa viktiga delar som exempelvis lageröverfall. Låsbleck som viks över för att låsa bult eller mutter ska alltid bytas ut vid ihopsättning.

Självlåsande muttrar kan återanvändas på mindre viktiga detaljer, under förutsättning att motstånd känns vid dragning över gängen. Kom dock ihåg att självlåsande muttrar förlorar låseffekt med tiden och därför alltid bör bytas ut som en rutinåtgärd.

Saxsprintar ska alltid bytas mot nya i rätt storlek för hålet.

När gänglåsmedel påträffas på gängor på en komponent som ska återanvändas bör man göra ren den med en stålborste och lösningsmedel. Applicera nytt gänglåsningsmedel vid montering.

Specialverktyg

Vissa arbeten i denna handbok förutsätter användning av specialverktyg som pressar, avdragare, fjäderkompressorer med mera. Där så är möjligt beskrivs lämpliga lättillgängliga alternativ till tillverkarens specialverktyg och hur dessa används. I vissa fall, där inga alternativ finns, har det varit nödvändigt att använda tillverkarens specialverktyg. Detta har gjorts av säkerhetsskäl, likväl som för att reparationerna ska utföras så effektivt och bra som möjligt. Såvida du inte är mycket kunnig och har stora kunskaper om det arbetsmoment som beskrivs, ska du aldrig försöka använda annat än specialverktyg när sådana anges i anvisningarna. Det föreligger inte bara stor risk för personskador, utan kostbara skador kan också uppstå på komponenterna.

Miljöhänsyn

Vid sluthantering av förbrukad motorolja, bromsvätska, frostskydd etc. ska all vederbörlig hänsyn tas för att skydda miljön. Ingen av ovan nämnda vätskor får hällas ut i avloppet eller direkt ned på marken. Kommunernas avfallshantering har kapacitet för hantering av miljöfarligt avfall liksom vissa verkstäder. Om inga av dessa finns tillgängliga i din närhet, fråga hälsoskyddskontoret i din kommun om råd.

I och med de allt strängare miljöskyddslagarna beträffande utsläpp av miljöfarliga ämnen från motorfordon har alltfler bilar numera justersäkringar monterade på de mest avgörande justeringspunkterna för bränslesystemet. Dessa är i första hand avsedda att förhindra okvalificerade personer från att justera bränsle/luftblandningen och därmed riskerar en ökning av giftiga utsläpp. Om sådana justersäkringar påträffas under service eller reparationsarbete ska de, närhelst möjligt, bytas eller sättas tillbaka i enlighet med tillverkarens rekommendationer eller aktuell lagstiftning.

Inom biltillverkning sker modifieringar av modeller fortlöpande, men det är endast de större modelländringarna som publiceras. Reservdelskataloger och listor sammanställs på numerisk bas, så bilens identifikationsnummer är viktiga för att man ska få tag i rätt reservdelar. Lämna därför alltid så mycket information som möjligt vid beställning av reservdelar. Ange modell, tillverkningsår, chassinummer och motornummer om så behövs.

Bilens *märkplåt* är placerad på främre tvärbalken i motorrummet (se bild). Förutom annan information innehåller den chassinummer, maximal fordonsvikt och koder för lack och inredning.

Chassinumret finns på märkplåten. Det finns även instansat i en grop i golvet till höger om förarsätet och kan avläsas sedan locket lyfts (se bild). På vissa modeller finns numret även på en plåtflik som är synlig i vindrutans nedre vänstra hörn.

Karossnummer och färgkoder finns även de angivna på märkplåten.

Motornumret är placerat olika beroende på motortyp. På motorerna HCS och Endura-E är det instansat på blockets främre vänstra sida nära växellådan (vänt mot kylaren) (se bild). På motorerna CVH och PTE beror motornumrets placering på monterad utrustning, men finns på motorns avgassida, antingen nära kamremmen eller växellådan (se bild). På motorerna Zetec och Zetec-E finns numret på blockets framsida vid startmotorn eller på topplocket strax ovanför termostathuset (se bilder).

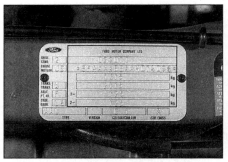

Bilens märkplåt

Chassinumret inetsat i golvet till höger om förarsätet

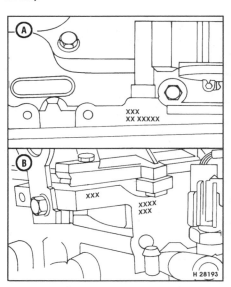

Motornumrets placering på motorerna Zetec och Zetec-E är (A) på blockets framsida i jämhöjd med startmotorn eller (B) på topplocket strax ovanför termostaten

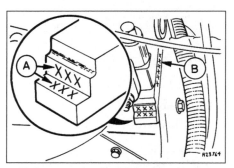

Motornumrets placering på motorerna HCS och Endura-E
A   *Motorkod (sidan eller övre ytan)*
B   *Serienummer*

Motornumrets placering på motorerna CVH och PTE är antingen (A) på höger sida eller (B) på vänster sida beroende på modell och utrustning

Stöldskydd för radio/bandspelare

Ljudanläggningen monterad i din Ford kan vara försedd med en stöldskyddskod. Om strömkällan till en sådan enhet bryts aktiveras stöldskyddet. Även om strömkällan återansluts omedelbart efteråt kommer ljud-anläggningen inte att fungera förrän korrekt kod angetts. Om du inte känner till rätt kod för ljudanläggningen ska du **inte** koppla ur batteriet eller ta ut radion/band-spelaren ur bilen.

Ange korrekt kod genom att följa instruktionerna i anläggningens eller bilens handbok.

Om fel kod anges spärras enheten så att den inte kan användas.

Om detta inträffar, eller om koden tappas/glöms bort, rådfråga en Fordverkstad.

Inledning

En uppsättning bra verktyg är ett grundläggande krav för var och en som överväger att underhålla och reparera ett motorfordon. För de ägare som saknar sådana kan inköpet av dessa bli en märkbar utgift, som dock uppvägs till en viss del av de besparingar som görs i och med det egna arbetet. Om de anskaffade verktygen uppfyller grundläggande säkerhets- och kvalitetskrav kommer de att hålla i många år och visa sig vara en värdefull investering.

För att hjälpa bilägaren att avgöra vilka verktyg som behövs för att utföra de arbeten som beskrivs i denna handbok har vi sammanställt tre listor med följande rubriker: Underhåll och mindre reparationer, Reparation och renovering samt Specialverktyg. Nybörjaren bör starta med det första sortimentet och begränsa sig till enklare arbeten på fordonet. Allt eftersom erfarenhet och själv-förtroende växer kan man sedan prova svårare uppgifter och köpa fler verktyg när och om det behövs. På detta sätt kan den grundläggande verktygssatsen med tiden utvidgas till en reparations- och renoveringssats utan några större enskilda kontantutlägg. Den erfarne hemmamekanikern har redan en verktygssats som räcker till de flesta reparationer och renoveringar och kommer att välja verktyg från specialkategorin när han känner att utgiften är berättigad för den användning verktyget kan ha.

Underhåll och mindre reparationer

Verktygen i den här listan ska betraktas som ett minimum av vad som behövs för rutinmässigt underhåll, service och mindre reparationsarbeten. Vi rekommenderar att man köper blocknycklar (ring i ena änden och öppen i den andra), även om de är dyrare än de med öppen ände, eftersom man får båda sorternas fördelar.

- ☐ Blocknycklar - 8, 9, 10, 11, 12, 13, 14, 15, 17 och 19 mm
- ☐ Skiftnyckel - 35 mm gap (ca.)
- ☐ Tändstiftsnyckel (med gummifoder)
- ☐ Verktyg för justering av tändstiftens elektrodavstånd
- ☐ Sats med bladmått
- ☐ Nyckel för avluftning av bromsar
- ☐ Skruvmejslar:
  Spårmejsel - 100 mm lång x 6 mm diameter
  Stjärnmejsel - 100 mm lång x 6 mm diameter
- ☐ Kombinationstång
- ☐ Bågfil (liten)
- ☐ Däckpump
- ☐ Däcktrycksmätare
- ☐ Oljekanna
- ☐ Verktyg för demontering av oljefilter
- ☐ Fin slipduk
- ☐ Stålborste (liten)
- ☐ Tratt (medelstor)

Reparation och renovering

Dessa verktyg är ovärderliga för alla som utför större reparationer på ett motorfordon och tillkommer till de som angivits för Underhåll och mindre reparationer. I denna lista ingår en grundläggande sats hylsor. Även om dessa är dyra, är de oumbärliga i och med sin mångsidighet - speciellt om satsen innehåller olika typer av drivenheter. Vi rekommenderar 1/2-tums fattning på hylsorna eftersom de flesta momentnycklar har denna fattning.

Verktygen i denna lista kan ibland behöva kompletteras med verktyg från listan för Specialverktyg.

- ☐ Hylsor, dimensioner enligt föregående lista (se bild)
- ☐ Spärrskaft med vändbar riktning (för användning med hylsor) (se bild)
- ☐ Förlängare, 250 mm (för användning med hylsor)
- ☐ Universalknut (för användning med hylsor)
- ☐ Momentnyckel (för användning med hylsor)
- ☐ Självlåsande tänger
- ☐ Kulhammare
- ☐ Mjuk klubba (plast/aluminium eller gummi)
- ☐ Skruvmejslar:
  Spårmejsel - en lång och kraftig, en kort (knubbig) och en smal (elektrikertyp)
  Stjärnmejsel - en lång och kraftig och en kort (knubbig)
- ☐ Tänger:
  Spetsnostång/plattång
  Sidavbitare (elektrikertyp)
  Låsringstång (inre och yttre)
- ☐ Huggmejsel - 25 mm
- ☐ Ritspets
- ☐ Skrapa
- ☐ Körnare
- ☐ Purr
- ☐ Bågfil
- ☐ Bromsslangklämma
- ☐ Avluftningssats för bromsar/koppling
- ☐ Urval av borrar
- ☐ Ställinjal
- ☐ Insexnycklar (inkl Torxtyp/med splines) (se bild)
- ☐ Sats med filar

Hylsor och spärrskaft

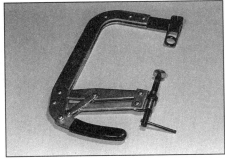

Ventilfjäderkompressor (ventilbåge)

Bits med splines

Kolvringskompressor

Centreringsverktyg för koppling

☐ Stor stålborste
☐ Pallbockar
☐ Domkraft (garagedomkraft eller en stabil pelarmodell)
☐ Arbetslampa med förlängningssladd

Specialverktyg

Verktygen i denna lista är de som inte används regelbundet, är dyra i inköp eller som måste användas enligt tillverkarens anvisningar. Det är bara om du relativt ofta kommer att utföra tämligen svåra jobb som många av dessa verktyg är lönsamma att köpa. Du kan också överväga att gå samman med någon vän (eller gå med i en motorklubb) och göra ett gemensamt inköp, hyra eller låna verktyg om så är möjligt.

Följande lista upptar endast verktyg och instrument som är allmänt tillgängliga och inte sådana som framställs av biltillverkaren speciellt för auktoriserade verkstäder. Ibland nämns dock sådana verktyg i texten. I allmänhet anges en alternativ metod att utföra arbetet utan specialverktyg. Ibland finns emellertid inget alternativ till tillverkarens specialverktyg. När så är fallet och relevant verktyg inte kan köpas, hyras eller lånas har du inget annat val än att lämna bilen till en auktoriserad verkstad.

☐ Ventilfjäderkompressor *(se bild)*
☐ Ventilslipningsverktyg
☐ Kolvringskompressor *(se bild)*
☐ Verktyg för demontering/montering av kolvringar
☐ Honingsverktyg
☐ Kulledsavdragare
☐ Spiralfjäderkompressor (där tillämplig)
☐ Nav/lageravdragare, två/tre ben
☐ Slagskruvmejsel
☐ Mikrometer och/eller skjutmått *(se bild)*
☐ Indikatorklocka *(se bild)*
☐ Stroboskoplampa *(se bild)*
☐ Kamvinkelmätare/varvräknare
☐ Multimeter
☐ Kompressionsmätare *(se bild)*
☐ Handmanövrerad vakuumpump och mätare
☐ Centreringsverktyg för koppling *(se bild)*
☐ Verktyg för demontering av bromsbackarnas fjäderskålar
☐ Sats för montering/demontering av bussningar och lager
☐ Bultutdragare *(se bild)*
☐ Gängningssats
☐ Lyftblock
☐ Garagedomkraft

Inköp av verktyg

När det gäller inköp av verktyg är det i regel bättre att vända sig till en specialist som har ett större sortiment än t ex tillbehörsbutiker och bensinmackar. Tillbehörsbutiker och andra försäljningsställen kan dock erbjuda utmärkta verktyg till låga priser, så det kan löna sig att söka.

Det finns gott om bra verktyg till låga priser, men se till att verktygen uppfyller grundläggande krav på funktion och säkerhet. Fråga gärna någon kunnig person om råd före inköpet.

Vård och underhåll av verktyg

Efter inköp av ett antal verktyg är det nödvändigt att hålla verktygen rena och i fullgott skick. Efter användning, rengör alltid verktygen innan de läggs undan. Låt dem inte ligga framme sedan de använts. En enkel upphängningsanordning på väggen för t ex skruvmejslar och tänger är en bra idé. Nycklar och hylsor bör förvaras i metalllådor. Mätinstrument av skilda slag ska förvaras på platser där de inte kan komma till skada eller börja rosta.

Lägg ner lite omsorg på de verktyg som används. Hammarhuvuden får märken och skruvmejslar slits i spetsen med tiden. Lite polering med slippapper eller en fil återställer snabbt sådana verktyg i gott skick igen

Arbetsutrymmen

När man diskuterar verktyg får man inte glömma själva arbetsplatsen. Om mer än rutinunderhåll ska utföras bör man skaffa en lämplig arbetsplats.

Vi är medvetna om att många bilägare/hemmamekaniker under vissa omständigheter tvingas att lyfta ur motor eller liknande utan tillgång till garage eller verkstad. Men när detta är gjort ska det fortsatta arbetet göras inomhus.

Närhelst möjligt ska isärtagning ske på ren, plan arbetsbänk eller ett bord med passande arbetshöjd.

En arbetsbänk behöver ett skruvstycke. En käftöppning om 100 mm räcker väl till för de flesta arbeten. Som tidigare sagts, ett rent och torrt förvaringsutrymme krävs för verktyg liksom för smörjmedel, rengöringsmedel, bättringslack (som också måste förvaras frostfritt) och liknande.

Ett annat verktyg som kan behövas och som har en mycket bred användning är en elektrisk borrmaskin med en chuckstorlek om minst 8 mm. Denna, tillsammans med en sats spiralborrar, är i praktiken oumbärlig vid montering av tillbehör.

Sist, men inte minst, ha alltid ett förråd med gamla tidningar och rena luddfria trasor tillgängliga och håll arbetsplatsen så ren som möjligt.

Mikrometerset

Indikatorklocka med magnetstativ

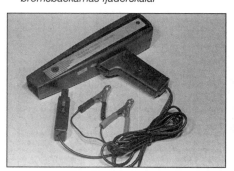

Stroboskoplampa

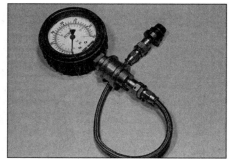

Kompressionsmätare

Bultutdragare

Det här avsnittet är till för att hjälpa dig att klara bilbesiktningen. Det är naturligtvis inte möjligt att undersöka ditt fordon lika grundligt som en professionell besiktare, men genom att göra följande kontroller kan du identifiera problemområden och ha en möjlighet att korrigera eventuella fel innan du lämnar bilen till besiktning. Om bilen underhålls och servas regelbundet borde besiktningen inte innebära några större problem.

I besiktningsprogrammet ingår kontroll av nio huvudsystem – stommen, hjulsystemet, drivsystemet, bromssystemet, styrsystemet, karosseriet, kommunikationssystemet, instrumentering och slutligen övriga anordningar (släpvagnskoppling etc).

Kontrollerna som här beskrivs har baserats på Svensk Bilprovnings krav aktuella vid tiden för tryckning. Kraven ändras dock kontinuerligt och särskilt miljöbestämmelserna blir allt strängare.

Kontrollerna har delats in under följande fem rubriker:

1 Kontroller som utförs från förarsätet

2 Kontroller som utförs med bilen på marken

3 Kontroller som utförs med bilen upphissad och med fria hjul

4 Kontroller på bilens avgassystem

5 Körtest

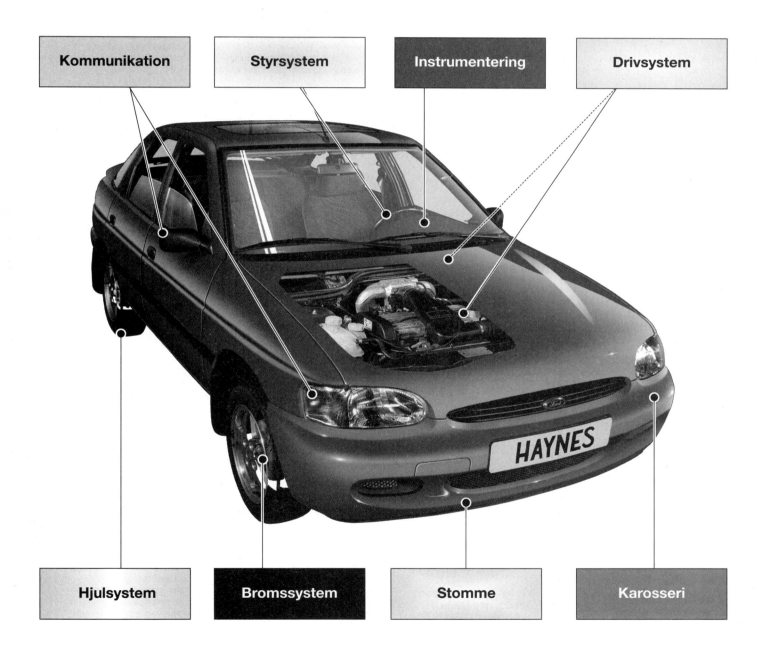

Kommunikation   Styrsystem   Instrumentering   Drivsystem

Hjulsystem   Bromssystem   Stomme   Karosseri

Besiktningsprogrammet

Vanliga personbilar kontrollbesiktigas första gången efter tre år, andra gången två år senare och därefter varje år. Åldern på bilen räknas från det att den tas i bruk, oberoende av årsmodell, och den måste genomgå besiktning inom fem månader.

Tiden på året då fordonet kallas till besiktning bestäms av sista siffran i registreringsnumret, enligt tabellen nedan.

Slutsiffra	Besiktningsperiod
1	november t.o.m. mars
2	december t.o.m. april
3	januari t.o.m. maj
4	februari t.o.m. juni
5	mars t.o.m. juli
6	juni t.o.m. oktober
7	juli t.o.m. november
8	augusti t.o.m. december
9	september t.o.m. januari
0	oktober t.o.m. februari

Om fordonet har ändrats, byggts om eller om särskild utrustning har monterats eller demonterats, måste du som fordonsägare göra en registreringsbesiktning inom en månad. I vissa fall räcker det med en begränsad registreringsbesiktning, t.ex. för draganordning, taklucka, taxiutrustning etc.

Efter besiktningen

Nedan visas de system och komponenter som kontrolleras och bedöms av besiktaren på Svensk Bilprovning. Efter besiktningen erhåller du ett protokoll där eventuella anmärkningar noterats.

Har du fått en 2x i protokollet (man kan ha max 3 st 2x) behöver du inte ombesiktiga bilen, men är skyldig att själv åtgärda felet snarast möjligt. Om du inte åtgärdar felen utan återkommer till Svensk Bilprovning året därpå med samma fel, blir dessa automatiskt 2:or som då måste ombesiktigas. Har du en eller flera 2x som ej är åtgärdade och du blir intagen i en flygande besiktning av polisen blir dessa automatiskt 2:or som måste ombesiktigas. I detta läge får du även böta.

Om du har fått en tvåa i protokollet är fordonet alltså inte godkänt. Felet ska åtgärdas och bilen ombesiktigas inom en månad.

En trea innebär att fordonet har så stora brister att det anses mycket trafikfarligt. Körförbud inträder omedelbart.

Kommunikation

- Vindrutetorkare
- Vindrutespolare
- Backspegel
- Strålkastarinställning
- Strålkastare
- Signalhorn
- Sidoblinkers
- Parkeringsljus fram
  bak
- Blinkers
- Bromsljus
- Reflex
- Nummerplåts-
  belysning
- Övrigt

Vanliga anmärkningar:
Felaktig ljusbild
Skadad strålkastare
Ej fungerande parkeringsljus
Ej fungerande bromsljus

Drivsystem

- Avgasrening, EGR-
  system
- Avgasrening
- Bränslesystem
- Avgassystem
- Avgaser (CO, HC)
- Kraftöverföring
- Drivknut
- Elförsörjning
- Batteri
- Övrigt

Vanliga anmärkningar:
Höga halter av CO
Höga halter av HC
Läckage i avgassystemet
Ej fungerande EGR-ventil
Skadade drivknutsdamasker

Styrsystem

- Styrled
- Styrväxel
- Hjälpstyrarm
- Övrigt

Vanliga anmärkningar:
Glapp i styrleder
Skadade styrväxeldamasker

Instrumentering

- Hastighetsmätare
- Taxameter
- Varningslampor
- Övrigt

Hjulsystem

- Däck
- Stötdämpare
- Hjullager
- Spindelleder
- Länkarm fram
  bak
- Fjäder
- Fjädersäte
- Övrigt

Vanliga anmärkningar:
Glapp i spindelleder
Utslitna däck
Dåliga stötdämpare
Rostskadade fjädersäten
Brustna fjädrar
Rostskadade länkarms-
  infästningar

Bromssystem

- Fotbroms fram
  bak
  rörelseres.
- Bromsrör
- Bromsslang
- Handbroms
- Övrigt

Vanliga anmärkningar:
Otillräcklig bromsverkan på
  handbromsen
Ojämn bromsverkan på
  fotbromsen
Anliggande bromsar på
  fotbromsen
Rostskadade bromsrör
Skadade bromsslangar

Karosseri

- Dörr
- Skärm
- Vindruta
- Säkerhetsbälten
- Lastutrymme
- Övrigt

Vanliga anmärkningar:
Skadad vindruta
Vassa kanter

Stomme

- Sidobalk
- Tvärbalk
- Golv
- Hjulhus
- Övrigt

Vanliga anmärkningar:
Rostskador i sidobalkar, golv
och hjulhus

1 Kontroller som utförs från förarsätet

Handbroms

☐ Kontrollera att handbromsen fungerar ordentligt utan för stort spel i spaken. För stort spel tyder på att bromsen eller bromsvajern är felaktigt justerad.
☐ Kontrollera att handbromsen inte kan läggas ur genom att spaken förs åt sidan. Kontrollera även att handbromsspaken är ordentligt monterad.

Fotbroms

☐ Tryck ner bromspedalen och kontrollera att den inte sjunker ner mot golvet, vilket tyder på fel på huvudcylindern. Släpp pedalen, vänta ett par sekunder och tryck sedan ner den igen. Om pedalen tar långt ner är det nödvändigt att justera eller reparera bromsarna. Om pedalen känns "svampig" finns det luft i bromssystemet som då måste luftas.

☐ Kontrollera att bromspedalen sitter fast ordentligt och att den är i bra skick. Kontrollera även om det finns tecken på oljeläckage på bromspedalen, golvet eller mattan eftersom det kan betyda att packningen i huvudcylindern är trasig.
☐ Om bilen har bromsservo kontrolleras denna genom att man upprepade gånger trycker ner bromspedalen och sedan startar motorn med pedalen nertryckt. När motorn startar skall pedalen sjunka något. Om inte kan vakuumslangen eller själva servoenheten vara trasig.

Ratt och rattstång

☐ Känn efter att ratten sitter fast. Undersök om det finns några sprickor i ratten eller om några delar på den sitter löst.

☐ Rör på ratten uppåt, neråt och i sidled. Fortsätt att röra på ratten samtidigt som du vrider lite på den från vänster till höger.
☐ Kontrollera att ratten sitter fast ordentligt på rattstången vilket annars kan tyda på slitage eller att fästmuttern sitter löst. Om ratten går att röra onaturligt kan det tyda på att rattstångens bärlager eller kopplingar är slitna.

Rutor och backspeglar

☐ Vindrutan måste vara fri från sprickor och andra skador som kan vara irriterande eller hindra sikten i förarens synfält. Sikten får inte heller hindras av t.ex. ett färgat eller reflekterande skikt. Samma regler gäller även för de främre sidorutorna.
☐ Backspeglarna måste sitta fast ordentligt och vara hela och ställbara.

Säkerhetsbälten och säten

Observera: *Kom ihåg att alla säkerhetsbälten måste kontrolleras - både fram och bak.*
☐ Kontrollera att säkerhetsbältena inte är slitna, fransiga eller trasiga i väven och att alla låsmekanismer och rullmekanismer fungerar obehindrat. Se även till att alla infästningar till säkerhetsbältena sitter säkert.

☐ Framsätena måste vara ordentligt fastsatta och om de är fällbara måste de vara låsbara i uppfällt läge.

Dörrar

☐ Framdörrarna måste gå att öppna och stänga från både ut- och insidan och de måste gå ordentligt i lås när de är stängda. Gångjärnen ska sitta säkert och inte glappa eller kärva onormalt.

2 Kontroller som utförs med bilen på marken

Registreringsskyltar

☐ Registreringsskyltarna måste vara väl synliga och lätta att läsa av, d v s om bilen är mycket smutsig kan det ge en anmärkning.

Elektrisk utrustning

☐ Slå på tändningen och kontrollera att signalhornet fungerar och att det avger en jämn ton.
☐ Kontrollera vindrutetorkarna och vindrutespolningen. Svephastigheten får inte vara extremt låg, svepytan får inte vara för liten och torkarnas viloläge ska inte vara inom förarens synfält. Byt ut gamla och skadade torkarblad.

☐ Kontrollera att strålkastarna fungerar och att de är rätt inställda. Reflektorerna får inte vara skadade, lampglasen måste vara hela och lamporna måste vara ordentligt fastsatta. Kontrollera även att bromsljusen fungerar och att det inte krävs högt pedaltryck för att tända dem. (Om du inte har någon medhjälpare kan du kontrollera bromsljusen genom att backa upp bilen mot en garageport, vägg eller liknande reflekterande yta.)
☐ Kontrollera att blinkers och varningsblinkers fungerar och att de blinkar i normal hastighet. Parkeringsljus och bromsljus får inte påverkas av blinkers. Om de påverkas beror detta oftast på jordfel. Se också till att alla övriga lampor på bilen är hela och fungerar som de ska och att t.ex. extraljus inte är placerade så att de skymmer föreskriven belysning.
☐ Se även till att batteri, elledningar, reläer och liknande sitter fast ordentligt och att det inte föreligger någon risk för kortslutning

Fotbroms

☐ Undersök huvudbromscylindern, bromsrören och servoenheten. Leta efter läckage, rost och andra skador.

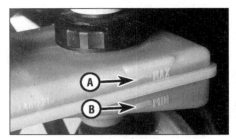

☐ Bromsvätskebehållaren måste sitta fast ordentligt och vätskenivån skall vara mellan max- (A) och min- (B) markeringarna.

☐ Undersök båda främre bromsslangarna efter sprickor och förslitningar. Vrid på ratten till fullt rattutslag och se till att bromsslangarna inte tar i någon del av styrningen eller upphängningen. Tryck sedan ner bromspedalen och se till att det inte finns några läckor eller blåsor på slangarna under tryck.

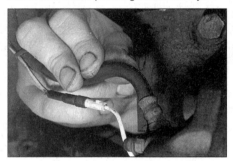

Styrning

☐ Be någon vrida på ratten så att hjulen vrids något. Kontrollera att det inte är för stort spel mellan rattutslaget och styrväxeln vilket kan tyda på att rattstångslederna, kopplingen mellan rattstången och styrväxeln eller själva styrväxeln är sliten eller glappar.

☐ Vrid sedan ratten kraftfullt åt båda hållen så att hjulen vrids något. Undersök då alla damasker, styrleder, länksystem, rörkopplingar och anslutningar/fästen. Byt ut alla delar som verkar utslitna eller skadade. På bilar med servostyrning skall servopumpen, drivremmen och slangarna kontrolleras.

Stötdämpare

☐ Tryck ned hörnen på bilen i tur och ordning och släpp upp. Bilen skall gunga upp och sedan gå tillbaka till ursprungsläget. Om bilen

fortsätter att gunga är stötdämparna dåliga. Stötdämpare som kärvar påtagligt gör också att bilen inte klarar besiktningen. (Observera att stötdämpare kan saknas på vissa fjädersystem.)

☐ Kontrollera också att bilen står rakt och ungefär i rätt höjd.

Avgassystem

☐ Starta motorn medan någon håller en trasa över avgasröret och kontrollera sedan att avgassystemet inte läcker. Reparera eller byt ut de delar som läcker.

Kaross

☐ Skador eller korrosion/rost som utgörs av vassa eller i övrigt farliga kanter med risk för personskada medför vanligtvis att bilen måste repareras och ombesiktas. Det får inte heller finnas delar som sitter påtagligt löst.

☐ Det är inte tillåtet att ha utskjutande detaljer och anordningar med olämplig utformning eller placering (prydnadsföremål, antennfästen, viltfångare och liknande).

☐ Kontrollera att huvlås och säkerhetsspärr fungerar och att gångjärnen inte sitter löst eller på något vis är skadade.

☐ Se också till att stänkskydden täcker däckens slitbana i sidled.

---

3 Kontroller som utförs med bilen upphissad och med fria hjul

Lyft upp både fram- och bakvagnen och ställ bilen på pallbockar. Placera pallbockarna så att de inte tar i fjäderupphängningen. Se till att hjulen inte tar i marken och att de går att vrida till fullt rattutslag. Om du har begränsad utrustning går det naturligtvis bra att lyfta upp en ände i taget.

Styrsystem

☐ Be någon vrida på ratten till fullt rattutslag. Kontrollera att alla delar i styrningen går mjukt och att ingen del av styrsystemet tar i någonstans.

☐ Undersök kuggstångsdamaskerna så att de inte är skadade eller att metallklämmorna glappar. Om bilen är utrustad med servostyrning ska slangar, rör och kopplingar kontrolleras så att de inte är skadade eller

läcker. Kontrollera också att styrningen inte är onormalt trög eller kärvar. Undersök länkarmar, krängningshämmare, styrstag och styrleder och leta efter glapp och rost.

☐ Se även till att ingen saxpinne eller liknande låsmekanism saknas och att det inte finns gravrost i närheten av någon av styrmekanismens fästpunkter.

Upphängning och hjullager

☐ Börja vid höger framhjul. Ta tag på sidorna av hjulet och skaka det kraftigt. Se till att det inte glappar vid hjullager, spindelleder eller vid upphängningens infästningar och leder.

☐ Ta nu tag upptill och nedtill på hjulet och upprepa ovanstående. Snurra på hjulet och undersök hjullagret angående missljud och glapp.

☐ Om du misstänker att det är för stort spel vid en komponent led kan man kontrollera detta genom att använda en stor skruvmejsel eller liknande och bända mellan infästningen och komponentens fäste. Detta visar om det är bussningen, fästskruven eller själva infästningen som är sliten (bulthålen kan ofta bli uttänjda).

☐ Kontrollera alla fyra hjulen.

Fjädrar och stötdämpare

☐ Undersök fjäderbenen (där så är tillämpligt) angående större läckor, korrosion eller skador i godset. Kontrollera också att fästena sitter säkert.

☐ Om bilen har spiralfjädrar, kontrollera att dessa sitter korrekt i fjädersätena och att de inte är utmattade, rostiga, spruckna eller av.

☐ Om bilen har bladfjädrar, kontrollera att alla bladen är hela, att axeln är ordentligt fastsatt mot fjädrarna och att fjäderöglorna, bussningarna och upphängningarna inte är slitna.

☐ Liknande kontroll utförs på bilar som har annan typ av upphängning såsom torsionfjädrar, hydraulisk fjädring etc. Se till att alla infästningar och anslutningar är säkra och inte utslitna, rostiga eller skadade och att den hydrauliska fjädringen inte läcker olja eller på annat sätt är skadad.

☐ Kontrollera att stötdämparna inte läcker och att de är hela och oskadade i övrigt samt se till att bussningar och fästen inte är utslitna.

Drivning

☐ Snurra på varje hjul i tur och ordning. Kontrollera att driv-/kardanknutar inte är lösa, glappa, spruckna eller skadade. Kontrollera också att skyddsbälgarna är intakta och att driv-/kardanaxlar är ordentligt fastsatta, raka och oskadade. Se även till att inga andra detaljer i kraftöverföringen är glappa, lösa, skadade eller slitna.

Bromssystem

☐ Om det är möjligt utan isärtagning, kontrollera hur bromsklossar och bromsskivor ser ut. Se till att friktionsmaterialet på bromsbeläggen (A) inte är slitet under 2 mm och att broms-skivorna (B) inte är spruckna, gropiga, repiga eller utslitna.

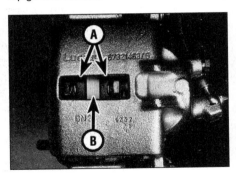

☐ Undersök alla bromsrör under bilen och bromsslangarna bak. Leta efter rost, skavning och övriga skador på ledningarna och efter tecken på blåsor under tryck, skavning, sprickor och förslitning på slangarna. (Det kan vara enklare att upptäcka eventuella sprickor på en slang om den böjs något.)

☐ Leta efter tecken på läckage vid bromsoken och på bromsskölderna. Reparera eller byt ut delar som läcker.

☐ Snurra sakta på varje hjul medan någon trycker ned och släpper upp bromspedalen. Se till att bromsen fungerar och inte ligger an när pedalen inte är nedtryckt.

☐ Undersök handbromsmekanismen och kontrollera att vajern inte har fransat sig, är av eller väldigt rostig eller att länksystemet är utslitet eller glappar. Se till att handbromsen fungerar på båda hjulen och inte ligger an när den läggs ur.

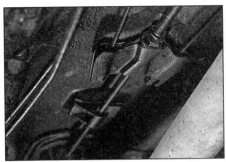

☐ Det är inte möjligt att prova bromsverkan utan specialutrustning, men man kan göra ett körtest och prova att bilen inte drar åt något håll vid en kraftig inbromsning.

Bränsle- och avgassystem

☐ Undersök bränsletanken (inklusive tanklock och påfyllningshals), fastsättning, bränsleledningar, slangar och anslutningar. Alla delar måste sitta fast ordentligt och får inte läcka.

☐ Granska avgassystemet i hela dess längd beträffande skadade, avbrutna eller saknade upphängningar. Kontrollera systemets skick beträffande rost och se till att rörklämmorna är säkert monterade. Svarta sotavlagringar på avgassystemet tyder på ett annalkande läckage.

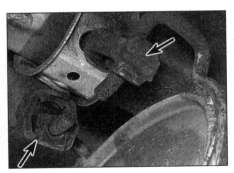

Hjul och däck

☐ Undersök i tur och ordning däcksidorna och slitbanorna på alla däcken. Kontrollera att det inte finns några skärskador, revor eller bulor och att korden inte syns p g a utslitning eller skador. Kontrollera att däcket är korrekt monterat på fälgen och att hjulet inte är deformerat eller skadat.

☐ Se till att det är rätt storlek på däcken för bilen, att det är samma storlek och däcktyp på samma axel och att det är rätt lufttryck i däcken. Se också till att inte ha dubbade och odubbade däck blandat. (Dubbade däck får användas under vinterhalvåret, från 1 oktober till första måndagen efter påsk.)

☐ Kontrollera mönsterdjupet på däcken – minsta tillåtna mönsterdjup är 1,6 mm. Onormalt däckslitage kan tyda på felaktig framhjulsinställning.

Korrosion

☐ Undersök alla bilens bärande delar efter rost. (Bärande delar innefattar underrede, tröskellådor, tvärbalkar, stolpar och all upphängning, styrsystemet, bromssystemet samt bältesinfästningarna.) Rost som avsevärt har reducerat tjockleken på en bärande yta medför troligtvis en tvåa i besiktningsprotokollet. Sådana skador kan ofta vara svåra att reparera själv.

☐ Var extra noga med att kontrollera att inte rost har gjort det möjligt för avgaser att tränga in i kupén. Om så är fallet kommer fordonet ovillkorligen inte att klara besiktningen och dessutom utgör det en stor trafik- och hälsofara för dig och dina passagerare.

---

4 Kontroller som utförs på bilens avgassystem

Bensindrivna modeller

☐ Starta motorn och låt den bli varm. Se till att tändningen är rätt inställd, att luftfiltret är rent och att motorn går bra i övrigt.

☐ Varva först upp motorn till ca 2500 varv/min och håll den där i ca 20 sekunder. Låt den sedan gå ner till tomgång och iaktta avgasutsläppen från avgasröret. Om tomgången är onaturligt hög eller om tät blå eller klart synlig svart rök kommer ut med avgaserna i mer än 5 sekunder så kommer bilen antagligen inte att klara besiktningen. I regel tyder blå rök på att motorn är sliten och förbränner olja medan svart rök tyder på att motorn inte förbränner bränslet ordentligt (smutsigt luftfilter eller annat förgasar- eller bränslesystemfel).

☐ Vad som då behövs är ett instrument som kan mäta koloxid (CO) och kolväten (HC). Om du inte har möjlighet att låna eller hyra ett dylikt instrument kan du få hjälp med det på en verkstad för en mindre kostnad.

CO- och HC-utsläpp

☐ För närvarande är högsta tillåtna gräns-värde för CO- och HC-utsläpp för bilar av års-modell 1989 och senare (d v s bilar med kata-lysator enligt lag) 0,5% CO och 100 ppm HC.

På tidigare årsmodeller testas endast CO-halten och följande gränsvärden gäller:

årsmodell 1985-88	3,5% CO
årsmodell 1971-84	4,5% CO
årsmodell -1970	5,5% CO.

Bilar av årsmodell 1987-88 med frivilligt monterad katalysator bedöms enligt 1989 års komponentkrav men 1985 års utsläppskrav.

☐ Om CO-halten inte kan reduceras tillräckligt för att klara besiktningen (och bränsle- och tändningssystemet är i bra skick i övrigt) ligger problemet antagligen hos förgasaren/bränsle-insprutningsystemet eller katalysatorn (om monterad).

☐ Höga halter av HC kan orsakas av att motorn förbränner olja men troligare är att motorn inte förbränner bränslet ordentligt.

Dieseldrivna modeller

☐ Det enda testet för avgasutsläpp på diesel-drivna bilar är att man mäter röktätheten. Testet innebär att man varvar motorn kraftigt upprepade gånger.

Observera: *Det är oerhört viktigt att motorn är rätt inställd innan provet genomförs.*

☐ Mycket rök kan orsakas av ett smutsigt luftfilter. Om luftfiltret inte är smutsigt men bilen ändå avger mycket rök kan det vara nödvändigt att söka experthjälp för att hitta orsaken.

5 Körtest

☐ Slutligen, provkör bilen. Var extra upp-märksam på eventuella missljud, vibrationer och liknande.

☐ Om bilen har automatväxellåda, kontrollera att den endast går att starta i lägena P och N. Om bilen går att starta i andra växellägen måste växelväljarmekanismen justeras.

☐ Kontrollera också att hastighetsmätaren fungerar och inte är missvisande.

☐ Se till att ingen extrautrustning i kupén, t ex biltelefon och liknande, är placerad så att den vid en eventuell kollision innebär ökad risk för personskada.

☐ Gör en hastig inbromsning och kontrollera att bilen inte drar åt något håll. Om kraftiga vibrationer känns vid inbromsning kan det tyda på att bromsskivorna är skeva och bör bytas eller fräsas om. (Inte att förväxlas med de låsningsfria bromsarnas karakteristiska vibrationer.)

☐ Om vibrationer känns vid acceleration, hastighetsminskning, vid vissa hastigheter eller hela tiden, kan det tyda på att drivknutar eller drivaxlar är slitna eller defekta, att hjulen eller däcken är felaktiga eller skadade, att hjulen är obalanserade eller att styrleder, upphängningens leder, bussningar eller andra komponenter är slitna.

Motor

- [ ] Motorn går inte runt vid startförsök
- [ ] Motorn går runt men startar inte
- [ ] Motorn svårstartad när den är kall
- [ ] Motorn svårstartad när den är varm
- [ ] Missljud eller kärvhet i startmotorn vid ingrepp
- [ ] Motorn startar men stannar omedelbart
- [ ] Ojämn tomgång
- [ ] Misständning vid tomgång
- [ ] Misständning vid alla varvtal
- [ ] Motorn tjuvstannar
- [ ] Motorn tvekar vid acceleration
- [ ] Kraftlöshet
- [ ] Motorn baktänder
- [ ] Oljetryckslampan tänds när motorn går
- [ ] Motorn glödtänder
- [ ] Missljud

Kylsystem

- [ ] Överhettning
- [ ] Överkylning
- [ ] Yttre kylvätskeläckage
- [ ] Inre kylvätskeläckage
- [ ] Korrosion

Bränsle- och avgassystem

- [ ] Förhöjd bränsleförbrukning
- [ ] Bränsleläckage och/eller bränslelukt
- [ ] För mycket ljud eller rök från avgassystemet

Koppling

- [ ] Pedalen går i golvet - inget eller ytterst litet motstånd
- [ ] Ingen frikoppling (det går ej att lägga i växlar)
- [ ] Kopplingen slirar (motorvarvet ökar men inte hastigheten)
- [ ] Skakningar vid frikoppling
- [ ] Missljud när kopplingspedalen trycks ned eller släpps upp

Manuell växellåda

- [ ] Missljud i friläge med gående motor
- [ ] Missljud med en speciell växel ilagd
- [ ] Svårt att lägga i växlar
- [ ] Växlar hoppar ur
- [ ] Vibration
- [ ] Oljeläckage

Automatväxellåda

- [ ] Oljeläckage
- [ ] Oljan är brun eller luktar bränt
- [ ] Allmänna svårigheter att välja växel
- [ ] Ingen kickdown med gaspedalen i botten
- [ ] Motorn startar inte i något läge, eller startar i andra lägen än P eller N
- [ ] Slir, ryckiga växlingar, missljud eller avsaknad av drivkraft framåt eller bakåt

Drivaxlar

- [ ] Klick eller knack vid svängar (långsamma med full rattutslag)
- [ ] Vibrationer vid acceleration eller inbromsning

Bromsar

- [ ] Bilen drar åt ena sidan vid inbromsning
- [ ] Missljud (slipljud eller högtonigt gnissel) vid inbromsning
- [ ] För lång bromspedalväg
- [ ] Bromspedalens rörelse känns svampig vid inbromsning
- [ ] För stor pedalkraft krävs för att stoppa bilen
- [ ] Skakningar i bromspedal eller ratt vid inbromsning
- [ ] Bromsarna hänger sig
- [ ] Bakhjulen låser vid normal inbromsning

Fjädring och styrning

- [ ] Bilen drar åt ena sidan
- [ ] Hjulwobbel och vibrationer
- [ ] För mycket krängning/nigning vid kurvtagning och/eller inbromsning
- [ ] Allmän instabilitet
- [ ] För trög styrning
- [ ] För stort glapp i styrningen
- [ ] Brist på servoeffekt
- [ ] Förhöjt däckslitage

Elsystem

- [ ] Batteriet håller bara laddningen ett par dagar
- [ ] Laddningslampan förblir tänd när motorn går
- [ ] Laddningslampan tänds inte
- [ ] Lysen tänds inte
- [ ] Instrumentavläsningar felaktiga eller ryckiga
- [ ] Signalhornet fungerar dåligt eller inte alls
- [ ] Torkare
- [ ] Spolare
- [ ] Elektriska fönsterhissar
- [ ] Centrallås

Inledning

De fordonsägare som utför underhåll med rekommenderade intervall kommer inte att behöva använda denna del av handboken ofta. Moderna bildelar är så pålitliga att om de kontrolleras eller byts med rekommenderade mellanrum är plötsliga haverier tämligen sällsynta. Fel uppstår vanligen inte plötsligt, de utvecklas med tiden. Speciellt större mekaniska haverier föregås vanligen av karakteristiska symptom under hundra- eller tusentals kilometer. De komponenter som vanligen havererar utan föregående varning är i regel små och lätta att ha med i bilen.

All felsökning börjar med att man avgör var sökandet ska inledas. Ibland är detta självklart, men ibland krävs lite detektivarbete. Den ägare som gör ett halvdussin lösryckta justeringar eller delbyten kanske åtgärdar felet (eller undanröjer symptomen) men är inte klokare

om felet återkommer och kommer därför i slutänden att spendera mer tid och pengar än nödvändigt. Ett lugnt och metodiskt tillväga-gångssätt är därför bättre i det långa loppet. Ta alltid hänsyn till varningstecken eller onormala funktioner som uppmärksammats före haveriet - kraftförlust, höga/låga mätaravläsningar, ovanliga lukter - och kom ihåg att trasiga säkringar och tändstift kanske bara är symptom på ett underliggande fel.

Följande sidor ger en enkel guide till de mer vanligt förekommande problem som kan uppstå med bilen. Problemen och deras möjliga orsaker grupperas under rubriker för olika komponenter eller system som Motor, Kylsystem, etc. Det kapitel som tar upp detta problem visas inom parentes. Oavsett fel finns vissa grundläggande principer, dessa är följande:

Bekräfta felet. Detta innebär helt enkelt att se till att du vet vilka symptomen är innan du börjar arbeta. Detta är särskilt viktigt om du undersöker ett fel för någon annans räkning, och denne kanske inte beskrivit felet korrekt.

Förbise inte det självklara. Exempelvis, om bilen inte startar, finns det verkligen bränsle i tanken? (Ta inte någon annans ord för givet på denna punkt, lita inte heller på bränslemätaren!) Om ett elektriskt fel indikeras, leta efter lösa kontakter och trasiga ledningar innan du plockar fram testutrustningen.

Åtgärda felet, undanröj inte bara symptomen. Att byta ett urladdat batteri mot ett fulladdat tar dig från vägkanten, men om orsaken inte åtgärdas kommer det nya batteriet också snart att vara urladdat. Ett byte av nedoljade tändstift till nya gör att bilen rullar vidare, men orsaken till nedsmutsningen (om annan än fel värmetal på stiften) måste fastställas och åtgärdas.

Ta inte någonting för givet. Glöm inte att "nya" delar också kan vara defekta (speciellt om de skakat runt i bagageutrymmet i flera månader). Utelämna inte komponenter vid felsökning bara därför att de är nya eller nyligen monterade. När du väl hittar ett "svårt" fel kommer du troligen att inse att alla ledtrådar fanns där redan från början.

Motor

Motorn går inte runt vid startförsök

- [ ] Batteripoler lösa eller korroderade ("Veckokontroller").
- [ ] Batteriet urladdat eller defekt (kapitel 5A).
- [ ] Brutna, lösa eller urkopplade ledningar i startmotorkretsen (kapitel 5A).
- [ ] Defekt solenoid eller kontakt (kapitel 5A).
- [ ] Defekt startmotor (kapitel 5A).
- [ ] Startmotorns pinjong eller kuggkransen har lösa eller brutna kuggar (kapitel 2A, 2B, 2C eller 5A).
- [ ] Motorns jordledning bruten eller urkopplad (kapitel 5A).
- [ ] Automatväxellådans väljare i annat läge än P eller N eller växelväljarens givare defekt kapitel 7B).

Motorn går runt men startar inte

- [ ] Tom tank
- [ ] Batteriet urladdat (motorn snurrar långsamt) (kapitel 5A).
- [ ] Batteripoler lösa eller korroderade ("Veckokontroller").
- [ ] Delar i tändningen fuktiga eller skadade (kapitel 1 och 5B).
- [ ] Brutna, lösa eller urkopplade ledningar i tändningskretsen (kapitel 1 och 5B).
- [ ] Slitna, defekta eller feljusterade tändstift (kapitel 1).
- [ ] Större mekaniskt haveri (exempelvis kamdrivningen) (kapitel 2A, 2B eller 2C).

Motorn svårstartad när den är kall

- [ ] Urladdat batteri (kapitel 5A).
- [ ] Batteripoler lösa eller korroderade ("Veckokontroller").
- [ ] Slitna, defekta eller feljusterade tändstift (kapitel 1).
- [ ] Annat fel i tändsystemet (kapitel 1 och 5B).
- [ ] Defekt motorstyrning (kapitel 1, 4 eller 5B).
- [ ] Låg kompression (kapitel 2A, 2B eller 2C).

Motorn svårstartad när den är varm

- [ ] Igensatt luftfilter (kapitel 1).
- [ ] Defekt motorstyrning (kapitel 1, 4 eller 5B).
- [ ] Låg kompression (kapitel 2A, 2B eller 2C).
- [ ] Defekt(a) hydrauliska ventillyftare (kapitel 2B eller 2C).

Missljud eller kärvhet i startmotorn vid ingrepp

- [ ] Startmotorns pinjong eller kuggkransen har lösa eller brutna kuggar (kapitel 2A, 2B, 2C eller 5A).
- [ ] Startmotorbultar lösa eller saknas (kapitel 5A).
- [ ] Startmotorns interna delar slitna eller skadade (kapitel 5A).

Motorn startar men stannar omedelbart

- [ ] Lösa eller defekta anslutningar i tändningskretsen (kapitel 1 och 5B).
- [ ] Defekt motorstyrning (kapitel 1, 4 eller 5B).
- [ ] Vakuumläcka i insugsrör (kapitel 1 eller 4).

Ojämn tomgång

- [ ] Defekt motorstyrning (kapitel 1, 4 eller 5B).
- [ ] Igensatt luftfilter (kapitel 1).
- [ ] Vakuumläcka i insugsrör eller sammanhörande slangar (kapitel 1 eller 4).
- [ ] Slitna, defekta eller feljusterade tändstift (kapitel 1).
- [ ] Fel ventilspel (kapitel 2A).
- [ ] Defekt(a) hydrauliska ventillyftare (kapitel 2B eller 2C).
- [ ] Ojämn eller låg kompression (kapitel 2A, 2B eller 2C).
- [ ] Slitna kamlober (kapitel 2A, 2B eller 2C).
- [ ] Slitage i kamkedja och drev (kapitel 2A).
- [ ] Kamremmen felspänd (kapitel 2B eller 2C).

Misständning vid tomgång

- [ ] Slitna, defekta eller feljusterade tändstift (kapitel 1).
- [ ] Defekta tändkablar (kapitel 1).
- [ ] Defekt motorstyrning (kapitel 1, 4 eller 5B).
- [ ] Vakuumläcka i insugsrör eller sammanhörande slangar (kapitel 1 eller 4).
- [ ] Fel ventilspel (kapitel 2A).
- [ ] Defekt(a) hydrauliska ventillyftare (kapitel 2B eller 2C).
- [ ] Ojämn eller låg kompression (kapitel 2A, 2B eller 2C).
- [ ] Lös, läckande eller trasig slang i vevhusventilationen (kapitel 1 och 4E).

Misständningar vid alla varvtal

- [ ] Igensatt bränslefilter (kapitel 1).
- [ ] Defekt bränslepump eller lågt matningstryck (kapitel 4).
- [ ] Tankventilering blockerad eller igensatta bränsleledningar (kapitel 4).
- [ ] Vakuumläcka i insugsrör eller sammanhörande slangar (kapitel 1 eller 4).
- [ ] Slitna, defekta eller feljusterade tändstift (kapitel 1).
- [ ] Defekta tändkablar (kapitel 1).
- [ ] Defekt tändspole (kapitel 5B).
- [ ] Defekt motorstyrning (kapitel 1, 4 eller 5B).
- [ ] Ojämn eller låg kompression (kapitel 2A, 2B eller 2C).

Motorn tvekar vid acceleration

- [ ] Slitna, defekta eller feljusterade tändstift (kapitel 1).
- [ ] Defekt motorstyrning (kapitel 1, 4 eller 5B).
- [ ] Vakuumläcka i insugsrör eller sammanhörande slangar (kapitel 1, 4 och 6).

Motorn tjuvstannar

- [ ] Defekt motorstyrning (kapitel 1, 4, 5 och 6).
- [ ] Vakuumläcka i insugsrör eller sammanhörande slangar (kapitel 1 eller 4).
- [ ] Igensatt bränslefilter (kapitel 1).
- [ ] Defekt bränslepump eller lågt matningstryck (kapitel 4).
- [ ] Tankventilering blockerad eller igensatta bränsleledningar (kapitel 4).

Motor (fortsättning)

Kraftlöshet

- ☐ Defekt motorstyrning (kapitel 1, 4 eller 5B).
- ☐ Kamkedja/kamrem felmonterad eller feljusterad (kapitel 2A, 2B eller 2C).
- ☐ Igensatt bränslefilter (kapitel 1).
- ☐ Defekt bränslepump eller lågt matningstryck (kapitel 4).
- ☐ Ojämn eller låg kompression (kapitel 2A, 2B eller 2C).
- ☐ Slitna, defekta eller feljusterade tändstift (kapitel 1).
- ☐ Vakuumläcka i insugsrör eller sammanhörande slangar (kapitel 1 eller 4).
- ☐ Bromsarna hängda (kapitel 1 och 9).
- ☐ Kopplingen slirar (kapitel 6).
- ☐ Oljenivå i automatväxellåda ej korrekt (kapitel 1).

Motorn baktänder

- ☐ Defekt motorstyrning (kapitel 1, 4 eller 5B).
- ☐ Kamkedja/kamrem felmonterad eller feljusterad (kapitel 2A, 2B eller 2C).
- ☐ Vakuumläcka i insugsrör eller sammanhörande slangar (kapitel 1 eller 4).

Oljetryckslampan tänds när motorn går

- ☐ Låg oljenivå eller fel oljetyp ("Veckokontroller").
- ☐ Defekt oljetrycksvakt (kapitel 2A, 2B eller 2C).
- ☐ Slitage i motorlager och/eller oljepump (kapitel 2A, 2B eller 2C).
- ☐ Motorn överhettar (kapitel 3).
- ☐ Defekt oljeövertrycksventil (kapitel 2A, 2B eller 2C).
- ☐ Oljeupptagningens sil igensatt (kapitel 2A, 2B eller 2C).

Motorn glödtänder

- ☐ För hög tomgång (kapitel 4).
- ☐ Defekt motorstyrning (kapitel 1, 4 eller 5B).
- ☐ För mycket sot i motorn (kapitel 2A, 2B eller 2C).
- ☐ Hög arbetstemperatur (kapitel 3).

Missljud från motorn

Förtändning (spikning) eller knack under acceleration eller belastning

- ☐ Fel oktantal (kapitel 4).
- ☐ Vakuumläcka i insugsrör eller sammanhörande slangar (kapitel 1 eller 4).
- ☐ För mycket sot i motorn (kapitel 2A, 2B eller 2C).

Visslingar eller suckar

- ☐ Läckande packning till insugsrör (kapitel 4).
- ☐ Läckande grenrörspackning eller mellan grenrör och nedåtgående rör (kapitel 4E).
- ☐ Läckande vakuumslang (kapitel 1, 4 eller 9).
- ☐ Blåst topplockspackning (kapitel 2A, 2B eller 2C).

Knack eller skaller

- ☐ Fel ventilspel (kapitel 2A).
- ☐ Defekt(a) hydrauliska ventillyftare (kapitel 2B eller 2C).
- ☐ Slitage i ventiler eller på kamaxel (kapitel 2A, 2B, 2C eller 2D).
- ☐ Sliten kamkedja/kamrem eller spännare (kapitel 2A, 2B eller 2C).
- ☐ Defekt hjälpaggregat (vattenpump, generator, etc.) (kapitel 3 och 5A).

Knack eller slag

- ☐ Slitna storändslager (regelbundna hårda knack, eventuellt minskande under belastning) (kapitel 2D).
- ☐ Slitna ramlager (muller och knack, eventuellt ökande under belastning) (kapitel 2D).
- ☐ Kolvslammer (mest märkbart med kall motor) (kapitel 2D).
- ☐ Defekt hjälpaggregat (vattenpump, generator, etc.) (kapitel 3 och 5A).

Kylsystem

Överhettning

- ☐ För lite kylvätska ("Veckokontroller").
- ☐ Defekt termostat (kapitel 3).
- ☐ Igensatt kylare eller grill (kapitel 3).
- ☐ Kylfläkt(ar) eller temperaturgivare defekt (kapitel 3).
- ☐ Defekt motorstyrning (kapitel 1, 4 eller 5B).
- ☐ Defekt trycklock (kapitel 3).
- ☐ Drivremmen sliten eller slirar (kapitel 1).
- ☐ Defekt temperaturgivare (kapitel 3).
- ☐ Luftbubbla i kylsystemet (kapitel 1).

Överkylning

- ☐ Defekt termostat (kapitel 3).
- ☐ Defekt temperaturgivare (kapitel 3).

Yttre kylvätskeläckage

- ☐ Skadade slangar eller slangklämmor (kapitel 1).
- ☐ Kylare eller värmeelement läcker (kapitel 3).
- ☐ Defekt trycklock (kapitel 3).
- ☐ Vattenpumpens packning läcker (kapitel 3).
- ☐ Kokning på grund av överhettning (kapitel 3).
- ☐ Frostplugg läcker (kapitel 2D).

Inre kylvätskeläckage

- ☐ Läckande topplockspackning (kapitel 2A, 2B eller 2C).
- ☐ Spricka i topplock eller cylinderlopp (kapitel 2D).

Korrosion

- ☐ Ej tillräckligt ofta dränerat och urspolat (kapitel 1).
- ☐ Fel kylvätskeblandning eller olämplig typ av kylvätska ("Veckokontroller" och kapitel 1).

Bränsle- och avgassystem

Förhöjd bränsleförbrukning

- [ ] Slösaktig körstil eller svåra förhållanden.
- [ ] Igensatt luftfilter (kapitel 1).
- [ ] Defekt motorstyrning (kapitel 1, 4 eller 5B).
- [ ] För lågt lufttryck i däcken ("Veckokontroller").

Bränsleläckage och/eller bränslelukt

- [ ] Skador eller korrosion på tank, ledningar eller anslutningar (kapitel 1).
- [ ] Läckage i kolkanister och/eller anslutningar (kapitel 4E).

För mycket ljud eller rök från avgassystemet

- [ ] Läckande avgassystem eller grenrörsanslutningar (kapitel 1 eller 4E).
- [ ] Läckande, korroderade eller skadade ljuddämpare eller rör (kapitel 1 eller 4E).
- [ ] Brustna fästen som orsakar kontakt med bottenplatta eller fjädring (kapitel 1 eller 4E).

Koppling

Pedalen går i golvet - inget eller ytterst litet motstånd

- [ ] Brusten kopplingsvajer (kapitel 6).
- [ ] Defekt självjustering av kopplingen (kapitel 6).
- [ ] Kopplingspedalens spel feljusterat (kapitel 1).
- [ ] Defekt urtrampningslager eller gaffel (kapitel 6).
- [ ] Brusten tallriksfjäder i kopplingens tryckplatta (kapitel 6).

Ingen frikoppling (det går ej att lägga i växlar)

- [ ] Defekt självjustering av kopplingen (kapitel 6).
- [ ] Kopplingspedalens spel feljusterat (kapitel 1).
- [ ] Lamellen fastnat på splinesen på ingående växellådsaxel (kapitel 6).
- [ ] Lamellen fastnat på svänghjul eller tryckplatta (kapitel 6).
- [ ] Felmonterad tryckplatta (kapitel 6).
- [ ] Urtrampningsmekanismen sliten eller felmonterad (kapitel 6).

Kopplingen slirar (motorns varvtal ökar men inte bilens hastighet)

- [ ] Defekt självjustering av kopplingen (kapitel 6).

- [ ] Kopplingspedalens spel feljusterat (kapitel 1).
- [ ] Utslitna lamellbelägg (kapitel 6).
- [ ] Lamellbelägg förorenade med olja eller fett (kapitel 6).
- [ ] Defekt tryckplatta eller svag tallriksfjäder (kapitel 6).

Skakningar vid frikoppling

- [ ] Lamellbelägg förorenade med olja eller fett (kapitel 6).
- [ ] Utslitna lamellbelägg (kapitel 6).
- [ ] Kopplingsvajern fransig eller i beknip (kapitel 6).
- [ ] Defekt eller skev tryckplatta eller tallriksfjäder (kapitel 6).
- [ ] Slitna eller lösa fästen till motor eller växellåda (kapitel 2A, 2B eller 2C).
- [ ] Slitage på splines i lamellnav eller ingående axel (kapitel 6).

Missljud när kopplingspedalen trycks ned eller släpps upp

- [ ] Slitet urtrampningslager (kapitel 6).
- [ ] Slitna eller torra pedalbussningar (kapitel 6).
- [ ] Felmonterad tryckplatta (kapitel 6).
- [ ] Tryckplattans tallriksfjäder brusten (kapitel 6).
- [ ] Brustna lamelldämparfjädrar (kapitel 6).

Manuell växellåda

Missljud i friläge med gående motor

- [ ] Slitage i ingående axelns lager (missljud med uppsläppt men inte nedtryckt kopplingspedal) (kapitel 7A).*
- [ ] Slitet urtrampningslager (missljud med nedtryckt pedal, möjligen minskande när pedalen släpps upp) (kapitel 6).

Missljud med en speciell växel ilagd

- [ ] Slitna eller skadade kuggar på växellådsdreven (kapitel 7A).*

Svårt att lägga i växlar

- [ ] Defekt koppling (kapitel 6).
- [ ] Slitna eller skadade växellänkar (kapitel 7A).
- [ ] Feljusterade växellänkar (kapitel 7A).
- [ ] Sliten synkronisering (kapitel 7A).*

Växlar hoppar ur

- [ ] Slitna eller skadade växellänkar (kapitel 7A).
- [ ] Feljusterade växellänkar (kapitel 7A).

- [ ] Sliten synkronisering (kapitel 7A).*
- [ ] Slitna väljargafflar (kapitel 7A).*

Vibration

- [ ] Oljebrist (kapitel 1).
- [ ] Slitna lager (kapitel 7A).*

Smörjmedelsläckage

- [ ] Läckande oljetätning på differentialsidan (kapitel 7A).
- [ ] Läckande kåpfog (kapitel 7A).*
- [ ] Läckande oljetätning på ingående axeln (kapitel 7A).*
- [ ] Läckande oljetätning på väljaraxeln (kapitel 7A).
- [ ] Läckande o-ring i hastighetsmätardrivningens pinjong (kapitel 7A).

* Även om nödvändiga åtgärder för beskrivna symptom är bortom vad en hemmamekaniker klarar av är informationen ovan en hjälp att spåra felkällan, så att ägare kan beskriva dem för en yrkesmekaniker.

Automatväxellåda

Observera: *I och med att en automatväxellåda är synnerligen komplex är det svårt för en hemmamekaniker att ställa korrekt diagnos och underhålla denna enhet. Andra problem än de som tas upp nedan ska tas till en Fordverkstad eller specialist på automatväxellådor.*

Oljeläckage

☐ Automatväxellådsolja är vanligen mörkröd. Läckor ska inte förväxlas med motorolja som lätt kan blåsas på lådan av fartvinden.

☐ Spåra läckan genom att först avlägsna all smuts från växellådshuset och omgivande delar med avfettningsmedel eller ångtvätt. Kör bilen långsamt så att fartvinden inte blåser oljan för långt från läckan. Ställ sedan bilen på pallbockar och leta efter läckan. Vanliga platser för läckor är:

a) *Automatväxellådesumpen (kapitel 1 och 7B).*
b) *Mätstickans rör (kapitel 1 och 7B).*
c) *Oljekylningens rör och anslutningar (kapitel 7B).*
d) *O-ringen till hastighetsmätarens drivpinjong.*
e) *Differentialoljetätningarna (kapitel 7B).*

Oljan är brun eller luktar bränt

☐ Låg oljenivå eller dags för oljebyte (kapitel 1).

Allmänna svårigheter att välja växel

☐ Kapitel 7B tar upp kontroll och justering av automatlådans väljarvajer. Följande vanliga problem kan vara orsakade av en feljusterad vajer:

a) *Motorn startar med växelväljaren i andra lägen än P eller N.*
b) *Indikatorn på växelväljaren pekar på ett annat läge än det som är ilagt.*
c) *Bilen flyttar sig med växelväljaren i P eller N.*
d) *Dåliga eller oregelbundna växlingar.*
   Se kapitel 7B för justering av väljarvajern.

Ingen kickdown med gaspedalen i botten

☐ Låg oljenivå (kapitel 1).
☐ Feljusterad väljarvajer (kapitel 7B).
☐ Defekt motorstyrning (kapitel 1, 4 eller 5B).

Motorn startar inte i något läge eller startar med växelväljaren i andra lägen än P eller N

☐ Feljusterad lägesgivare för växelväljaren (kapitel 7B).
☐ Feljusterad väljarvajer (kapitel 7B).

Slir, ryckiga växlingar, missljud eller avsaknad av drivkraft framåt eller bakåt

☐ Ovanstående problem kan ha många orsaker men en hemmamekaniker ska bara bekymra sig om en av dem - låg oljenivå. Innan bilen tas till verkstad, kontrollera oljans nivå och skick enligt beskrivning i kapitel 1. Justera nivån efter behov eller byt olja och filter om så behövs. Om problemet kvarstår krävs yrkeshjälp.

Drivaxlar

Klick eller knack vid svängar (låg fart med fullt rattutslag)

☐ Brist på smörjning i drivknuten (kapitel 8).
☐ Sliten yttre drivknut (kapitel 8).

Vibrationer vid acceleration eller inbromsning

☐ Sliten inre drivknut (kapitel 8).
☐ Böjd eller vriden drivaxel (kapitel 8).

Bromsar

Observera: *Innan du förutsätter ett bromsproblem, kontrollera däckens skick och lufttryck, framvagnsinställningen samt att bilen inte är belastad så att viktfördelningen är ojämn. Förutom kontroll av alla anslutningar för rör och slangar, ska fel i ABS-systemet tas till en Fordverkstad.*

Bilen drar åt ena sidan vid inbromsning

☐ Slitna, defekta, skadade eller förorenade klossar/backar på en sida (kapitel 1).
☐ Skurna eller delvis skurna främre eller bakre bromsok/hjulcylinderkolvar (kapitel 9).
☐ Olika friktionsmaterial monterade på vänstra och högra sidorna (kapitel 1).
☐ Lösa bultar till ok (kapitel 9).
☐ Lösa bultar till sköld (kapitel 9).
☐ Slitna eller skadade delar i fjädring eller styrning (kapitel 10).

Missljud (slipljud eller högtonigt gnissel) vid inbromsning

☐ Friktionsmaterial nedslitet till metallstödet (kapitel 1).
☐ Korrosion på skiva eller trumma. Detta kan framträda om bilen stått stilla en tid (kapitel 1).

För lång pedalväg

☐ Självjusteringen för bromsarna fungerar inte (kapitel 9).
☐ Defekt huvudcylinder (kapitel 9).
☐ Luft i hydrauliken (kapitel 9).

Bromspedalens rörelse känns svampig vid nedtryckning

☐ Luft i hydrauliken (kapitel 9).
☐ Defekt bromsslang (kapitel 9).
☐ Huvudcylinderns muttrar lösa (kapitel 9).
☐ Defekt huvudcylinder (kapitel 9).

Bromsar (fortsättning)

För stor pedalkraft krävs för att stoppa bilen
- [ ] Defekt vakuumservo (kapitel 9).
- [ ] Urkopplad, defekt eller ej fastsatt vakuumservoslang (kapitel 9).
- [ ] Defekt primär- eller sekundärkrets (kapitel 9).
- [ ] Skuret ok eller hjulcylinderkolv (kapitel 9).
- [ ] Felmonterade klossar eller backar (kapitel 9).
- [ ] Fel typ/klass av klossar eller backar monterade (kapitel 1).
- [ ] Förorenade klossar/backar (kapitel 1).

Skakningar i bromspedal eller ratt vid inbromsning
- [ ] För stort kast/skevhet i skivor/trummor (kapitel 9).
- [ ] Slitage på kloss eller back (kapitel 1).
- [ ] Bultar till ok eller sköld lösa (kapitel 9).
- [ ] Slitage i fjädrings- eller styrningsdelar eller fästen (kapitel 10).

Bromsarna hänger sig
- [ ] Skuret ok eller hjulcylinderkolv (kapitel 9).
- [ ] Defekt handbroms (kapitel 9).
- [ ] Defekt huvudcylinder (kapitel 9).

Bakhjulen låser vid normal inbromsning
- [ ] Förorenade bromsbelägg bak (kapitel 1).
- [ ] Defekt bromstrycksregulator (kapitel 9).

Fjädring och styrning

Observera: *Innan diagnos ställs att fjädring eller styrning är defekt, kontrollera att inte problemet beror på fel lufttryck i däcken, blandning av däckstyper eller hängda bromsar.*

Bilen drar åt ena sidan
- [ ] Defekt däck (kapitel 1).
- [ ] För stort slitage i fjädring eller styrning (kapitel 10).
- [ ] Felaktig framvagnsinställning (kapitel 10).
- [ ] Krockskada i styrning eller fjädring (kapitel 10).

Hjulwobbel och vibrationer
- [ ] Framhjulen obalanserade (vibration känns huvudsakligen i ratten) (kapitel 1).
- [ ] Bakhjulen obalanserade (vibration känns i hela bilen) (kapitel 1).
- [ ] Fälgar skadade eller skeva (kapitel 1).
- [ ] Defekt däck ("Veckokontroller").
- [ ] Slitage i styrningens eller fjädringens leder, bussningar eller delar (kapitel 10).
- [ ] Lösa hjulmuttrar (kapitel 1).
- [ ] Slitage i drivknut eller lös drivaxelmutter (största vibrationerna under belastning) (kapitel 8).

För mycket krängning/nigning vid kurvtagning och/eller inbromsning
- [ ] Defekta stötdämpare (kapitel 10).
- [ ] Brusten eller svag spiral/bladfjäder och/eller fjädringsdel (kapitel 10).
- [ ] Slitage eller skada på krängningshämmare eller fästen (kapitel 10).

Allmän instabilitet
- [ ] Felaktig framvagnsinställning (kapitel 10).
- [ ] Slitage i styrningens eller fjädringens leder, bussningar eller delar (kapitel 10). .
- [ ] Obalanserade hjul ("Veckokontroller").
- [ ] Defekt däck ("Veckokontroller").
- [ ] Lösa hjulmuttrar (kapitel 1).
- [ ] Defekta stötdämpare (kapitel 10).

För trög styrning
- [ ] Brist på smörjning i styrningen (kapitel 10).
- [ ] Skuren kulled i styrstagsände eller fjädring (kapitel 10).
- [ ] Brusten eller slirande drivrem (kapitel 1).
- [ ] Felaktig framvagnsinställning (kapitel 10).

- [ ] Styrningens kuggstång eller rattstången böjd eller skadad (kapitel 10).

För stort glapp i styrningen
- [ ] Slitage i universalknut eller flexikoppling (kapitel 10).
- [ ] Slitage i styrstagsändarnas kulleder (kapitel 10).
- [ ] Sliten styrväxel (kapitel 10).
- [ ] Slitage i styrningens eller fjädringens leder, bussningar eller delar (kapitel 10).

Brist på servoeffekt
- [ ] Brusten eller slirande drivrem (kapitel 1).
- [ ] Fel oljenivå i styrservon (kapitel 1).
- [ ] Igensatt slang till styrservon (kapitel 10).
- [ ] Defekt servopump (kapitel 10).
- [ ] Defekt styrväxel (kapitel 10).

Förhöjt däcksslitage

Däck slitna på inner- eller ytterkanter
- [ ] För lågt lufttryck i däcken (slitage på båda kanterna) ("Veckokontroller").
- [ ] Fel camber- eller castervinkel (slitage bara på ena kanten) (kapitel 10).
- [ ] Slitage i styrningens eller fjädringens leder, bussningar eller delar (kapitel 10).
- [ ] För hård kurvtagning.
- [ ] Krockskador.

Däcksmönster har fransiga kanter
- [ ] Felaktig toe-inställning (kapitel 10).

Däck slitna i mitten
- [ ] För högt lufttryck i däcken ("Veckokontroller").

Däck slitna på inner och ytterkanter
- [ ] För lågt lufttryck i däcken ("Veckokontroller").

Ojämnt slitna däck
- [ ] Obalanserade hjul ("Veckokontroller").
- [ ] För stort kast på fälg eller däck (kapitel 1).
- [ ] Slitna stötdämpare (kapitel 10).
- [ ] Defekt däck ("Veckokontroller").

Elsystem

Observera: *För problem med start, se felen listade under "Motorn" tidigare i detta avsnitt.*

Batteriet håller laddningen bara ett par dagar

- [ ] Intern batteridefekt (kapitel 5A).
- [ ] Låg elektrolytnivå (kapitel 1).
- [ ] Batteripoler lösa eller korroderade (*"Veckokontroller"*).
- [ ] Drivrem sliten eller feljusterad (kapitel 1).
- [ ] Generatorn ger inte korrekt utmatning (kapitel 5A).
- [ ] Generator eller spänningsregulator defekt (kapitel 5A).
- [ ] Kortslutning ger kontinuerlig urladdning av batteriet (kapitel 5A och 12).

Laddningslampan förblir tänd när motorn går

- [ ] Drivremmen brusten, sliten eller feljusterad (kapitel 1).
- [ ] Generatorns borstar slitna, har fastnat eller är smutsiga (kapitel 5A).
- [ ] Generatorns borstfjädrar svaga eller brustna (kapitel 5A).
- [ ] Internt fel i generator eller spänningsregulator (kapitel 5A).
- [ ] Bruten, urkopplad eller lös ledning i laddningskretsen (kapitel 5A).

Laddningslampan tänds inte

- [ ] Brunnen glödlampa (kapitel 12).
- [ ] Bruten, urkopplad eller lös ledning i varningslampans krets (kapitel 5A och 12).
- [ ] Generatorn defekt (kapitel 5A).

Lysen tänds inte

- [ ] Brunnen glödlampa (kapitel 12).
- [ ] Korrosion på glödlampa eller sockel (kapitel 12).
- [ ] Bränd säkring (kapitel 12).
- [ ] Defekt relä (kapitel 12).
- [ ] Bruten, urkopplad eller lös ledning (kapitel 12).
- [ ] Defekt omkopplare (kapitel 12).

Instrumentavläsningar felaktiga eller ryckiga

Instrumentavläsningar ökar med motorvarvet
- [ ] Defekt spänningsregulator (kapitel 12).

Mätare ger inget utslag
- [ ] Defekt givare (kapitel 3 eller 4A, 4B, 4C, eller 4D).
- [ ] Bruten krets (kapitel 12).
- [ ] Defekt mätare (kapitel 12).

Bränsle- eller temperaturmätare ger kontinuerligt maximalt utslag
- [ ] Defekt givare (kapitel 3 eller 4A, 4B, 4C, eller 4D).
- [ ] Kortslutning (kapitel 12).
- [ ] Defekt mätare (kapitel 12).

Signalhornet fungerar dåligt eller inte alls

Signalhornet fungerar inte
- [ ] Bränd säkring (kapitel 12).
- [ ] Ledning eller anslutning lös, bruten eller urkopplad (kapitel 12).
- [ ] Defekt signalhorn (kapitel 12).

Signalhornet fungerar med pulserade eller otillfredsställande ljud
- [ ] Glappkontakt (kapitel 12).
- [ ] Löst signalhornsfäste (kapitel 12).
- [ ] Defekt signalhorn (kapitel 12).

Signalhornet avger konstant signal
- [ ] Signalhornsknappen fastnat eller är jordad (kapitel 12).
- [ ] Ledning till signalhornet jordad (kapitel 12).

Torkare

Torkare fungerar dåligt eller inte alls
- [ ] Torkarbladen har fastnat på rutan eller skurna länkar (kapitel 12).
- [ ] Bränd säkring (kapitel 12).
- [ ] Ledning eller anslutning lös, bruten eller urkopplad (kapitel 12).
- [ ] Defekt relä (kapitel 12).
- [ ] Defekt torkarmotor (kapitel 12).

Torkarbladen sveper fel del av rutan
- [ ] Torkararmarna felmonterade på spindlarna (kapitel 1).
- [ ] För stort slitage i torkarlänkarna (kapitel 1).
- [ ] Fästen till torkarmotor eller länkar lösa (kapitel 12).

Torkarbladen rengör inte effektivt
- [ ] Utslitna torkarblad (*"Veckokontroller"*).
- [ ] Torkararmens fjäder brusten eller skurna armtappar (kapitel 1).
- [ ] För lite tvättmedel i spolarvätskan för effektiv rengöring (*"Veckokontroller"*).

Spolare

Ett eller flera munstycken fungerar inte
- [ ] Igensatt munstycke (*"Veckokontroller"* eller kapitel 1).
- [ ] Urkopplad, veckad eller igensatt spolarslang (kapitel 1).
- [ ] För lite spolarvätska (*"Veckokontroller"*).

Spolarpumpen fungerar inte
- [ ] Bruten eller urkopplad ledning eller kontakt (kapitel 12).
- [ ] Bränd säkring (kapitel 12).
- [ ] Defekt omkopplare (kapitel 12).
- [ ] Defekt pump (kapitel 12).

Spolarpumpen går en stund innan vätska sprutar
- [ ] Defekt envägsventil i matarslangen (kapitel 12).

Elektriska fönsterhissar

Rutan rör sig bara i en riktning
- [ ] Defekt omkopplare (kapitel 12).

Rutan rör sig långsamt
- [ ] Feljusterade styrrännor (kapitel 11).
- [ ] Hissen skuren, skadad eller i behov av smörjning (kapitel 11).
- [ ] Delar i dörr eller klädsel stör hissens funktion (kapitel 11).
- [ ] Defekt motor (kapitel 12).

Ruta rör sig inte
- [ ] Feljusterade styrrännor (kapitel 11).
- [ ] Bränd säkring (kapitel 12).
- [ ] Defekt relä (kapitel 12).
- [ ] Bruten eller urkopplad ledning eller kontakt (kapitel 12).
- [ ] Defekt motor (kapitel 12).

Centrallås

Totalt systemhaveri
- [ ] Bränd säkring (kapitel 12).
- [ ] Defekt relä (kapitel 12).
- [ ] Bruten eller urkopplad ledning eller kontakt (kapitel 12).

Låser men låser inte upp eller tvärtom
- [ ] Defekt huvudbrytare (kapitel 11).
- [ ] Brutna eller urkopplade manöverstänger (kapitel 11).
- [ ] Defekt relä (kapitel 12).

En låsmotor fungerar inte
- [ ] Bruten eller urkopplad ledning eller kontakt (kapitel 12).
- [ ] Defekt motor (kapitel 11).
- [ ] Brutna, kärvande eller urkopplade manöverstänger (kapitel 11).
- [ ] Defekt dörrlås (kapitel 11).

A

ABS (Anti-lock brake system) Låsningsfria bromsar. Ett system, vanligen elektroniskt styrt, som känner av påbörjande låsning av hjul vid inbromsning och lättar på hydraultrycket på hjul som ska till att låsa.

Air bag (krockkudde) En uppblåsbar kudde dold i ratten (på förarsidan) eller instrumentbrädan eller handskfacket (på passagerarsidan) Vid kollision blåses kuddarna upp vilket hindrar att förare och framsätespassagerare kastas in i ratt eller vindruta.

Ampere (A) En måttenhet för elektrisk ström. 1 A är den ström som produceras av 1 volt gående genom ett motstånd om 1 ohm.

Anaerobisk tätning En massa som används som gänglås. Anaerobisk innebär att den inte kräver syre för att fungera.

Antikärvningsmedel En pasta som minskar risk för kärvning i infästningar som utsätts för höga temperaturer, som t.ex. skruvar och muttrar till avgasrenrör. Kallas även gängskydd.

Antikärvningsmedel

Asbest Ett naturligt fibröst material med stor värmetolerans som vanligen används i bromsbelägg. Asbest är en hälsorisk och damm som alstras i bromsar ska aldrig inandas eller sväljas.

Avgasgrenrör En del med flera passager genom vilka avgaserna lämnar förbränningskamrarna och går in i avgasröret.

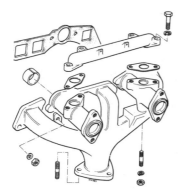

Avgasgrenrör

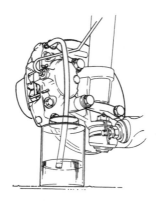

Avluftning av bromsarna

Avluftning av bromsar Avlägsnande av luft från hydrauliskt bromssystem.

Avluftningsnippel En ventil på ett bromsok, hydraulcylinder eller annan hydraulisk del som öppnas för att tappa ur luften i systemet.

Axel En stång som ett hjul roterar på, eller som roterar inuti ett hjul. Även en massiv balk som håller samman två hjul i bilens ena ände. En axel som även överför kraft till hjul kallas drivaxel.

Axialspel Rörelse i längdled mellan två delar. För vevaxeln är det den distans den kan röra sig framåt och bakåt i motorblocket.

B

Belastningskänslig fördelningsventil En styrventil i bromshydrauliken som fördelar bromseffekten, med hänsyn till bakaxelbelastningen.

Bladmått Ett tunt blad av härdat stål, slipat till exakt tjocklek, som används till att mäta spel mellan delar.

Bladmått

Bromsback Halvmåneformad hållare med fastsatt bromsbelägg som tvingar ut beläggen i kontakt med den roterande bromstrumman under inbromsning.

Bromsbelägg Det friktionsmaterial som kommer i kontakt med bromsskiva eller bromstrumma för att minska bilens hastighet. Beläggen är limmade eller nitade på bromsklossar eller bromsbackar.

Bromsklossar Utbytbara friktionsklossar som nyper i bromsskivan när pedalen trycks ned. Bromsklossar består av bromsbelägg som limmats eller nitats på en styv bottenplatta.

Bromsok Den icke roterande delen av en skivbromsanordning. Det grenslar skivan och håller bromsklossarna. Oket innehåller även de hydrauliska delar som tvingar klossarna att nypa skivan när pedalen trycks ned.

Bromsskiva Den del i en skivbromsanordning som roterar med hjulet.

Bromstrumma Den del i en trumbromsanordning som roterar med hjulet.

C

Caster I samband med hjulinställning, lutningen framåt eller bakåt av styrningens axialled. Caster är positiv när styrningens axialled lutar bakåt i överkanten.

CV-knut En typ av universalknut som upphäver vibrationer orsakade av att drivkraft förmedlas genom en vinkel.

D

Diagnostikkod Kodsiffror som kan tas fram genom att gå till diagnosläget i motorstyrningens centralenhet. Koden kan användas till att bestämma i vilken del av systemet en felfunktion kan förekomma.

Draghammare Ett speciellt verktyg som skruvas in i eller på annat sätt fästes vid en del som ska dras ut, exempelvis en axel. Ett tungt glidande handtag dras utmed verktygsaxeln mot ett stopp i änden vilket rycker avsedd del fri.

Drivaxel En roterande axel på endera sidan differentialen som ger kraft från slutväxeln till drivhjulen. Även varje axel som används att överföra rörelse.

Drivrem(mar) Rem(mar) som används till att driva tillbehörsutrustning som generator, vattenpump, servostyrning, luftkonditioneringskompressor mm, från vevaxelns remskiva.

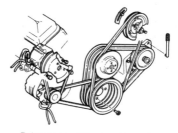

Drivremmar till extrautrustning

Dubbla överliggande kamaxlar (DOHC) En motor försedd med två överliggande kamaxlar, vanligen en för insugsventilerna och en för avgasventilerna.

E

EGR-ventil Avgasåtercirkulationsventil. En ventil som för in avgaser i insugsluften.

Elektrodavstånd Den distans en gnista har att överbrygga från centrumelektroden till sidoelektroden i ett tändstift.

Justering av elektrodavståndet

Elektronisk bränsleinsprutning (EFI) Ett datorstyrt system som fördelar bränsle till förbränningskamrarna via insprutare i varje insugsport i motorn.

Elektronisk styrenhet En dator som exempelvis styr tändning, bränsleinsprutning eller låsningsfria bromsar.

F

Finjustering En process där noggranna justeringar och byten av delar optimerar en motors prestanda.

Fjäderben Se MacPherson-ben.

Fläktkoppling En viskös drivkoppling som medger variabel kylarfläkthastighet i förhållande till motorhastigheten.

Frostplugg En skiv- eller koppformad metallbricka som monterats i ett hål i en gjutning där kärnan avlägsnats.

Frostskydd Ett ämne, vanligen etylenglykol, som blandas med vatten och fylls i bilens kylsystem för att förhindra att kylvätskan fryser vintertid. Frostskyddet innehåller även kemikalier som förhindrar korrosion och rost och andra avlagringar som skulle kunna blockera kylare och kylkanaler och därmed minska effektiviteten.

Fördelningsventil En hydraulisk styrventil som begränsar trycket till bakbromsarna vid panikbromsning så att hjulen inte låser sig.

Förgasare En enhet som blandar bränsle med luft till korrekta proportioner för önskad effekt från en gnistantänd förbränningsmotor.

G

Generator En del i det elektriska systemet som förvandlar mekanisk energi från drivremmen till elektrisk energi som laddar batteriet, som i sin tur driver startsystem, tändning och elektrisk utrustning.

Glidlager Den krökta ytan på en axel eller i ett lopp, eller den del monterad i endera, som medger rörelse mellan dem med ett minimum av slitage och friktion.

Gängskydd Ett täckmedel som minskar risken för gängskärning i bultförband som utsätts för stor hetta, exempelvis grenrörets bultar och muttrar. Kallas även antikärvningsmedel.

H

Handbroms Ett bromssystem som är oberoende av huvudbromsarnas hydraulikkrets. Kan användas till att stoppa bilen om huvudbromsarna slås ut, eller till att hålla bilen stilla utan att bromspedalen trycks ned. Den består vanligen av en spak som aktiverar främre eller bakre bromsar mekaniskt via vajrar och länkar. Kallas även parkeringsbroms.

Harmonibalanserare En enhet avsedd att minska fjädring eller vridande vibrationer i vevaxeln. Kan vara integrerad i vevaxelns remskiva. Även kallad vibrationsdämpare.

Hjälpstart Start av motorn på en bil med urladdat eller svagt batteri genom koppling av startkablar mellan det svaga batteriet och ett laddat hjälpbatteri.

Honare Ett slipverktyg för korrigering av smärre ojämnheter eller diameterskillnader i ett cylinderlopp.

Hydraulisk ventiltryckare En mekanism som använder hydrauliskt tryck från motorns smörjsystem till att upprätthålla noll ventilspel (konstant kontakt med både kamlob och ventilskaft). Justeras automatiskt för variation i ventilskaftslängder. Minskar även ventilljudet.

I

Insexnyckel En sexkantig nyckel som passar i ett försänkt sexkantigt hål.

Insugsrör Rör eller kåpa med kanaler genom vilka bränsle/luftblandningen leds till insugsportarna.

K

Kamaxel En roterande axel på vilken en serie lober trycker ned ventilerna. En kamaxel kan drivas med drev, kedja eller tandrem med kugghjul.

Kamkedja En kedja som driver kamaxeln.

Kamrem En tandrem som driver kamaxeln. Allvarliga motorskador kan uppstå om kamremmen brister vid körning.

Kanister En behållare i avdunstningsbegränsningen, innehåller aktivt kol för att fånga upp bensinångor från bränslesystemet.

Kanister

Kardanaxel Ett långt rör med universalknutar i bägge ändar som överför kraft från växellådan till differentialen på bilar med motorn fram och drivande bakhjul.

Kast Hur mycket ett hjul eller drev slår i sidled vid rotering. Det spel en axel roterar med. Orundhet i en roterande del.

Katalysator En ljuddämparliknande enhet i avgassystemet som omvandlar vissa föroreningar till mindre hälsovådliga substanser.

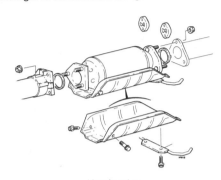

Katalysator

Kompression Minskning i volym och ökning av tryck och värme hos en gas, orsakas av att den kläms in i ett mindre utrymme.

Kompressionsförhållande Skillnaden i cylinderns volymer mellan kolvens ändlägen.

Kopplingsschema En ritning över komponenter och ledningar i ett fordons elsystem som använder standardiserade symboler.

Krockkudde (Airbag) En uppblåsbar kudde dold i ratten (på förarsidan) eller instrumentbrädan eller handskfacket (på passagerarsidan) Vid kollision blåses kuddarna upp vilket hindrar att förare och framsätespassagerare kastas in i ratt eller vindruta.

Krokodilklämma Ett långkäftat fjäderbelastat clips med ingreppande tänder som används till tillfälliga elektriska kopplingar.

Kronmutter En mutter som vagt liknar kreneleringen på en slottsmur. Används tillsammans med saxsprint för att låsa bultförband extra väl.

Krysskruv Se Phillips-skruv

Kronmutter

Kugghjul Ett hjul med tänder eller utskott på omkretsen, formade för att greppa in i en kedja eller rem.

Kuggstångsstyrning Ett styrsystem där en pinjong i rattstångens ände går i ingrepp med en kuggstång. När ratten vrids, vrids även pinjongen vilket flyttar kuggstången till höger eller vänster. Denna rörelse överförs via styrstagen till hjulets styrleder.

Kullager Ett friktionsmotverkande lager som består av härdade inner- och ytterbanor och har härdade stålkulor mellan banorna.

Kylare En värmeväxlare som använder flytande kylmedium, kylt av fartvinden/fläkten till att minska temperaturen på kylvätskan i en förbränningsmotors kylsystem.

Kylmedia Varje substans som används till värmeöverföring i en anläggning för luftkonditionering. R-12 har länge varit det huvudsakliga kylmediet men tillverkare har nyligen börjat använda R-134a, en CFC-fri substans som anses vara mindre skadlig för ozonet i den övre atmosfären.

L

Lager Den böjda ytan på en axel eller i ett lopp, eller den del som monterad i någon av dessa tillåter rörelse mellan dem med minimal slitage och friktion.

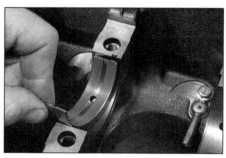
Lager

Lambdasond En enhet i motorns grenrör som känner av syrehalten i avgaserna och omvandlar denna information till elektricitet som bär information till styrelektroniken. Även kalla syresensor.

Luftfilter Filtret i luftrenaren, vanligen tillverkat av veckat papper. Kräver byte med regelbundna intervaller.

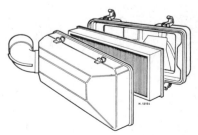
Luftfilter

Luftrenare En kåpa av plast eller metall, innehållande ett filter som tar undan damm och smuts från luft som sugs in i motorn.

Låsbricka En typ av bricka konstruerad för att förhindra att en ansluten mutter lossnar.

Låsmutter En mutter som låser en justermutter, eller annan gängad del, på plats. Exempelvis används låsmutter till att hålla justermuttern på vipparmen i läge.

Låsring Ett ringformat clips som förhindrar längsgående rörelser av cylindriska delar och axlar. En invändig låsring monteras i en skåra i ett hölje, en yttre låsring monteras i en utvändig skåra på en cylindrisk del som exempelvis en axel eller tapp.

M

MacPherson-ben Ett system för framhjulsfjädring uppfunnet av Earle MacPherson vid Ford i England. I sin ursprungliga version skapas den nedre bärarmen av en enkel lateral länk till krängningshämmaren. Ett fjäderben - en integrerad spiralfjäder och stötdämpare - finns monterad mellan karossen och styrknogen. Många moderna MacPherson-ben använder en vanlig nedre A-arm och inte krängningshämmaren som nedre fäste.

Markör En remsa med en andra färg i en ledningsisolering för att skilja ledningar åt.

Motor med överliggande kamaxel (OHC) En motor där kamaxeln finns i topplocket.

Motorstyrning Ett datorstyrt system som integrerat styr bränsle och tändning.

Multimätare Ett elektriskt testinstrument som mäter spänning, strömstyrka och motstånd.

Mätare En instrumentpanelvisare som används till att ange motortillstånd. En mätare med en rörlig pekare på en tavla eller skala är analog. En mätare som visar siffror är digital.

N

NOx Kväveoxider. En vanlig giftig förorening utsläppt av förbränningsmotorer vid högre temperaturer.

O

O-ring En typ av tätningsring gjord av ett speciellt gummiliknande material. O-ringen fungerar så att den trycks ihop i en skåra och därmed utgör tätningen.

O-ring

Ohm Enhet för elektriskt motstånd. 1 volt genom ett motstånd av 1 ohm ger en strömstyrka om 1 ampere.

Ohmmätare Ett instrument för uppmätning av elektriskt motstånd.

P

Packning Mjukt material - vanligen kork, papp, asbest eller mjuk metall - som monteras mellan två metallytor för att erhålla god tätning. Exempelvis tätar topplockspackningen fogen mellan motorblocket och topplocket.

Packning

Phillips-skruv En typ av skruv med ett korsspår, istället för ett rakt, för motsvarande skruvmejsel. Vanligen kallad krysskruv.

Plastigage En tunn plasttråd, tillgänglig i olika storlekar, som används till att mäta toleranser. Exempelvis så läggs en remsa Plastigage tvärs över en lagertapp. Delarna sätts ihop och tas isär. Bredden på den klämda remsan anger spelrummet mellan lager och tapp.

Plastigage

R

Rotor I en fördelare, den roterande enhet inuti fördelardosan som kopplar samman centrumelektroden med de yttre kontakterna vartefter den roterar, så att högspänningen från tändspolens sekundärlindning leds till rätt tändstift. Även den del av generatorn som roterar inuti statorn. Även de roterande delarna av ett turboaggregat, inkluderande kompressorhjulet, axeln och turbinhjulet.

S

Sealed-beam strålkastare En äldre typ av strålkastare som integrerar reflektor, lins och glödtrådar till en hermetiskt försluten enhet. När glödtråden går av eller linsen spricker byts hela enheten.

Shims Tunn distansbricka, vanligen använd till att justera inbördes lägen mellan två delar. Exempelvis sticks shims in i eller under ventiltryckarhylsor för att justera ventilspelet. Spelet justeras genom byte till shims av annan tjocklek.

Skivbroms En bromskonstruktion med en roterande skiva som kläms mellan bromsklossar. Den friktion som uppstår omvandlar bilens rörelseenergi till värme.

Skjutmått Ett precisionsmätinstrument som mäter inre och yttre dimensioner. Inte riktigt lika exakt som en mikrometer men lättare att använda.

Smältsäkring Ett kretsskydd som består av en ledare omgiven av värmetålig isolering. Ledaren är tunnare än den ledning den skyddar och är därmed den svagaste länken i kretsen. Till skillnad från en bränd säkring måste vanligen en smältsäkring skäras bort från ledningen vid byte.

Spel Den sträcka en del färdas innan något inträffar. "Luften" i ett länksystem eller ett montage mellan första ansatsen av kraft och verklig rörelse. Exempel, den sträcka bromspedalen färdas innan kolvarna i huvudcylindern rör på sig. Även utrymmet mellan två delar, exempelvis kolv och cylinderlopp.

Spiralfjäder En spiral av elastiskt stål som förekommer i olika storlekar på många platser i en bil, bland annat i fjädringen och ventilerna i topplocket.

Startspärr På bilar med automatväxellåda förhindrar denna kontakt att motorn startas annat än om växelväljaren är i N eller P.

Storändslager Lagret i den ände av vevstaken som är kopplad till vevaxeln.

Svetsning Olika processer som används för att sammanfoga metallföremål genom att hetta upp dem till smältning och sammanföra dem.

Svänghjul Ett tungt roterande hjul vars energi tas upp och sparas via moment. På bilar finns svänghjulet monterat på vevaxeln för att utjämna kraftpulserna från arbetstakterna.

Syresensor En enhet i motorns grenrör som känner av syrehalten i avgaserna och omvandlar denna information till elektricitet som bär information till styrelektroniken. Även kalla Lambdasond.

Säkring En elektrisk enhet som skyddar en krets mot överbelastning. En typisk säkring innehåller en mjuk metallbit kalibrerad att smälta vid en förbestämd strömstyrka, angiven i ampere, och därmed bryta kretsen.

T

Termostat En värmestyrd ventil som reglerar kylvätskans flöde mellan blocket och kylaren vilket håller motorn vid optimal arbetstemperatur. En termostat används även i vissa luftrenare där temperaturen är reglerad.

Toe-in Den distans som framhjulens framkanter är närmare varandra än bak-kanterna. På bakhjulsdrivna bilar specificeras vanligen ett litet toe-in för att hålla framhjulen parallella på vägen, genom att motverka de krafter som annars tenderar att vilja dra isär framhjulen.

Toe-ut Den distans som framhjulens bakkanter är närmare varandra än framkanterna. På bilar med framhjulsdrift specificeras vanligen ett litet toe-ut.

Toppventilsmotor (OHV) En motortyp där ventilerna finns i topplocket medan kamaxeln finns i motorblocket.

Torpedplåten Den isolerade avbalkningen mellan motorn och passagerarutrymmet.

Trumbroms En bromsanordning där en trumformad metallcylinder monteras inuti ett hjul. När bromspedalen trycks ned pressas böjda bromsbackar försedda med bromsbelägg mot trummans insida så att bilen saktar in eller stannar.

Trumbroms, montage

Turboaggregat En roterande enhet, driven av avgastrycket, som komprimerar insugsluften. Används vanligen till att öka motoreffekten från en given cylindervolym, men kan även primäranvändas till att minska avgasutsläpp.

Tändföljd Turordning i vilken cylindrarnas arbetstakter sker, börjar med nr 1.

Tändläge Det ögonblick då tändstiftet ger gnista. Anges vanligen som antalet vevaxelgrader för kolvens övre dödpunkt.

Tätningsmassa Vätska eller pasta som används att täta fogar. Används ibland tillsammans med en packning.

U

Universalknut En koppling med dubbla pivåer som överför kraft från en drivande till en driven axel genom en vinkel. En universalknut består av två Y-formade ok och en korsformig del kallad spindeln.

Urtrampningslager Det lager i kopplingen som flyttas inåt till frigöringsarmen när kopplingspedalen trycks ned för frikoppling.

V

Ventil En enhet som startar, stoppar eller styr ett flöde av vätska, gas, vakuum eller löst material via en rörlig del som öppnas, stängs eller delvis maskerar en eller flera portar eller kanaler. En ventil är även den rörliga delen av en sådan anordning.

Ventilspel Spelet mellan ventilskaftets övre ände och ventiltryckaren. Spelet mäts med stängd ventil.

Ventiltryckare En cylindrisk del som överför rörelsen från kammen till ventilskaftet, antingen direkt eller via stötstång och vipparm. Även kallad kamsläpa eller kamföljare.

Vevaxel Den roterande axel som går längs med vevhuset och är försedd med utstickande vevtappar på vilka vevstakarna är monterade.

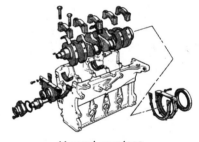

Vevaxel, montage

Vevhus Den nedre delen av ett motorblock där vevaxeln roterar.

Vibrationsdämpare En enhet som är avsedd att minska fjädring eller vridande vibrationer i vevaxeln. Enheten kan vara integrerad i vevaxelns remskiva. Kallas även harmonibalanserare.

Vipparm En arm som gungar på en axel eller tapp. I en toppventilsmotor överför vipparmen stötstångens uppåtgående rörelse till en nedåtgående rörelse som öppnar ventilen.

Viskositet Tjockleken av en vätska eller dess flödesmotstånd.

Volt Enhet för elektrisk spänning i en krets 1 volt genom ett motstånd av 1 ohm ger en strömstyrka om 1 ampere.

Observera: *Referenserna i registret anges i formen "kapitelnummer"•"sidnummer"*

Reparationshandböcker för bilar

Reparationshandböcker på svenska

Titel	Bok nr.
AUDI 100 & 200 (82 - 90)	SV3214
Audi 100 & A6 (maj 91 - maj 97)	SV3531
Audi A4 (95 - Feb 00)	SV3717
BMW 3-Series 98 - 03	SV4783
BMW 3- & 5-serier (81 - 91)	SV3263
BMW 5-Serie (96 - 03)	SV4360
CHEVROLET & GMC Van (68 - 95)	SV3298
FORD Escort & Orion (90 - 00)	SV3389
Ford Escort (80 - 90)	SV3091
Ford Focus (01 - 04)	SV4607
Ford Mondeo (93 - 99)	SV3353
Ford Scorpio (85 - 94)	SV3039
Ford Sierra (82 - 93)	SV3038
MERCEDES-BENZ 124-serien (85 - 93)	SV3299
Mercedes-Benz 190, 190E & 190D (83 - 93)	SV3391
OPEL Astra (91 - 98)	SV3715
Opel Kadett (84 - 91)	SV3069
Opel Omega & Senator (86 - 94)	SV3262
Opel Vectra (88 - 95)	SV3264
Opel Vectra (95 - 98)	SV3592
SAAB 9-3 (98 - 02)	SV4615
Saab 9-3 (0 - 06)	SV4756
Saab 9-5 (97 - 04)	SV4171
Saab 90, 99 & 900 (79 - 93)	SV3037
Saab 900 (okt 93 - 98)	SV3532
Saab 9000 (85 - 98)	SV3072
SKODA Octavia (98 - 04)	SV4387
Skoda Fabia (00 - 06)	SV4789
TOYOTA Corolla (97 - 02)	SV4738
VOLVO 240, 242, 244 & 245 (74 - 93)	SV3034
Volvo 340, 343, 345 & 360 (76 - 91)	SV3041
Volvo 440, 460 & 480 (87 - 97)	SV3066
Volvo 740, 745 & 760 (82 - 92)	SV3035
Volvo 850 (92 - 96)	SV3213
Volvo 940 (91 - 96)	SV3208
Volvo S40 & V40 (96 - 04)	SV3585
Volvo S40 & V50 (04 - 07)	SV4757
Volvo S60 (01 - 08)	SV4794
Volvo S70, V70 & C70 (96 - 99)	SV3590
Volvo V70 & S80 (98 - 05)	SV4370
VW Golf & Jetta II (84 - 92)	SV3036
VW Golf III & Vento (92 - 98)	SV3244
VW Golf IV & Bora (98 - 00)	SV3781
VW Passat (88 - 96)	SV3393
VW Passat (dec 00 - maj 05)	SV4764
VW Passat (dec 96 - nov 00)	SV3943
VW Transporter (82 - 90)	SV3392

TechBooks på svenska

Bilens elektriska och elektroniska system	SV3361
Bilens felkodssystem: Handbok för avläsning och diagnostik	SV3534
Bilens kaross - underhåll och reparationer	SV4763
Bilens Luftkonditioneringssystem	SV3791
Bilens motorstyrning och bränsleinsprutningssystem	SV3390
Dieselmotorn - servicehandbok	SV3533
Haynes Reparationshandbok för små motorer	SV4274

Service and Repair Manuals

ALFA ROMEO Alfasud/Sprint (74 - 88) up to F *	0292
Alfa Romeo Alfetta (73 - 87) up to E *	0531
AUDI 80, 90 & Coupe Petrol (79 - Nov 88) up to F	0605
Audi 80, 90 & Coupe Petrol (Oct 86 - 90) D to H	1491
Audi 100 & 200 Petrol (Oct 82 - 90) up to H	0907
Audi 100 & A6 Petrol & Diesel (May 91 - May 97) H to P	3504
Audi A3 Petrol & Diesel (96 - May 03) P to 03	4253
Audi A4 Petrol & Diesel (95 - 00) M to X	3575
Audi A4 Petrol & Diesel (01 - 04) X to 54	4609
AUSTIN A35 & A40 (56 - 67) up to F *	0118
Austin/MG/Rover Maestro 1.3 & 1.6 Petrol (83 - 95) up to M	0922
Austin/MG Metro (80 - May 90) up to G	0718
Austin/MG/Rover Montego 1.3 & 1.6 Petrol (84 - 94) A to L	1066
Austin/MG/Rover Montego 2.0 Petrol (84 - 95) A to M	1067
Mini (59 - 69) up to H *	0527
Mini (69 - 01) up to X	0646
Austin/Rover 2.0 litre Diesel Engine (86 - 93) C to L	1857
Austin Healey 100/6 & 3000 (56 - 68) up to G *	0049
BEDFORD CF Petrol (69 - 87) up to E	0163

Titel	Bok nr.
Bedford/Vauxhall Rascal & Suzuki Supercarry (86 - Oct 94) C to M	3015
BMW 316, 320 & 320i (4-cyl) (75 - Feb 83) up to Y *	0276
BMW 320, 320i, 323i & 325i (6-cyl) (Oct 77 - Sept 87) up to E	0815
BMW 3- & 5-Series Petrol (81 - 91) up to J	1948
BMW 3-Series Petrol (Apr 91 - 99) H to V	3210
BMW 3-Series Petrol (Sept 98 - 03) S to 53	4067
BMW 520i & 525e (Oct 81 - June 88) up to E	1560
BMW 525, 528 & 528i (73 - Sept 81) up to X *	0632
BMW 5-Series 6-cyl Petrol (April 96 - Aug 03) N to 03	4151
BMW 1500, 1502, 1600, 1602, 2000 & 2002 (59 - 77) up to S *	0240
CHRYSLER PT Cruiser Petrol (00 - 03) W to 53	4058
CITROËN 2CV, Ami & Dyane (67 - 90) up to H	0196
Citroën AX Petrol & Diesel (87 - 97) D to P	3014
Citroën Berlingo & Peugeot Partner Petrol & Diesel (96 - 05) P to 55	4281
Citroën BX Petrol (83 - 94) A to L	0908
Citroën C15 Van Petrol & Diesel (89 - Oct 98) F to S	3509
Citroën C3 Petrol & Diesel (02 - 05) 51 to 05	4197
Citroën C5 Petrol & Diesel (01 - 08) Y to 08	4745
Citroën CX Petrol (75 - 88) up to F	0528
Citroën Saxo Petrol & Diesel (96 - 04) N to 54	3506
Citroën Visa Petrol (79 - 88) up to F	0620
Citroën Xantia Petrol & Diesel (93 - 01) K to Y	3082
Citroën XM Petrol & Diesel (89 - 00) G to X	3451
Citroën Xsara Petrol & Diesel (97 - Sept 00) R to W	3751
Citroën Xsara Picasso Petrol & Diesel (00 - 02) W to 52	3944
Citroen Xsara Picasso (03-08)	4784
Citroën ZX Diesel (91 - 98) J to S	1922
Citroën ZX Petrol (91 - 98) H to S	1881
Citroën 1.7 & 1.9 litre Diesel Engine (84 - 96) A to N	1379
FIAT 126 (73 - 87) up to E *	0305
Fiat 500 (57 - 73) up to M *	0090
Fiat Bravo & Brava Petrol (95 - 00) N to W	3572
Fiat Cinquecento (93 - 98) K to R	3501
Fiat Panda (81 - 95) up to M	0793
Fiat Punto Petrol & Diesel (94 - Oct 99) L to V	3251
Fiat Punto Petrol (Oct 99 - July 03) V to 03	4066
Fiat Punto Petrol (03-07) 03 to 07	4746
Fiat Regata Petrol (84 - 88) A to F	1167
Fiat Tipo Petrol (88 - 91) E to J	1625
Fiat Uno Petrol (83 - 95) up to M	0923
Fiat X1/9 (74 - 89) up to G *	0273
FORD Anglia (59 - 68) up to G *	0001
Ford Capri II (& III) 1.6 & 2.0 (74 - 87) up to E *	0283
Ford Capri II (& III) 2.8 & 3.0 V6 (74 - 87) up to E	1309
Ford Cortina Mk I & Corsair 1500 ('62 - '66) up to D*	0214
Ford Cortina Mk III 1300 & 1600 (70 - 76) up to P *	0070
Ford Escort Mk I 1100 & 1300 (68 - 74) up to N *	0171
Ford Escort Mk I Mexico, RS 1600 & RS 2000 (70 - 74) up to N *	0139
Ford Escort Mk II Mexico, RS 1800 & RS 2000 (75 - 80) up to W *	0735
Ford Escort (75 - Aug 80) up to V *	0280
Ford Escort Petrol (Sept 80 - Sept 90) up to H	0686
Ford Escort & Orion Petrol (Sept 90 - 00) H to X	1737
Ford Escort & Orion Diesel (Sept 90 - 00) H to X	4081
Ford Fiesta (76 - Aug 83) up to Y	0334
Ford Fiesta Petrol (Aug 83 - Feb 89) A to F	1030
Ford Fiesta Petrol (Feb 89 - Oct 95) F to N	1595
Ford Fiesta Petrol & Diesel (Oct 95 - Mar 02) N to 02	3397
Ford Fiesta Petrol & Diesel (Apr 02 - 07) 02 to 57	4170
Ford Focus Petrol & Diesel (98 - 01) S to V	3759
Ford Focus Petrol & Diesel (Oct 01 - 05) 51 to 05	4167
Ford Galaxy Petrol & Diesel (95 - Aug 00) M to W	3984
Ford Granada Petrol (Sept 77 - Feb 85) up to B *	0481
Ford Granada & Scorpio Petrol (Mar 85 - 94) B to M	1245
Ford Ka (96 - 02) P to 52	3570
Ford Mondeo Petrol (93 - Sept 00) K to X	1923
Ford Mondeo Petrol & Diesel (Oct 00 - Jul 03) X to 03	3990
Ford Mondeo Petrol & Diesel (July 03 - 07) 03 to 56	4619
Ford Mondeo Diesel (93 - 96) L to N	3465
Ford Orion Petrol (83 - Sept 90) up to H	1009
Ford Sierra 4-cyl Petrol (82 - 93) up to K	0903
Ford Sierra V6 Petrol (82 - 91) up to J	0904
Ford Transit Petrol (Mk 2) (78 - Jan 86) up to C	0719
Ford Transit Petrol (Mk 3) (Feb 86 - 89) C to G	1468
Ford Transit Diesel (Feb 86 - 99) C to T	3019
Ford Transit Diesel (00-06)	4775
Ford 1.6 & 1.8 litre Diesel Engine (84 - 96) A to N	1172
Ford 2.1, 2.3 & 2.5 litre Diesel Engine (77 - 90) up to H	1606
FREIGHT ROVER Sherpa Petrol (74 - 87) up to E	0463

Titel	Bok nr.
HILLMAN Avenger (70 - 82) up to Y	0037
Hillman Imp (63 - 76) up to R *	0022
HONDA Civic (Feb 84 - Oct 87) A to E	1226
Honda Civic (Nov 91 - 96) J to N	3199
Honda Civic Petrol (Mar 95 - 00) M to X	4050
Honda Civic Petrol & Diesel (01 - 05) X to 55	4611
Honda CR-V Petrol & Diesel (01-06)	4747
Honda Jazz (01 - Feb 08) 51 - 57	4735
HYUNDAI Pony (85 - 94) C to M	3398
JAGUAR E Type (61 - 72) up to L *	0140
Jaguar MkI & II, 240 & 340 (55 - 69) up to H *	0098
Jaguar XJ6, XJ & Sovereign; Daimler Sovereign (68 - Oct 86) up to D	0242
Jaguar XJ6 & Sovereign (Oct 86 - Sept 94) D to M	3261
Jaguar XJ12, XJS & Sovereign; Daimler Double Six (72 - 88) up to F	0478
JEEP Cherokee Petrol (93 - 96) K to N	1943
LADA 1200, 1300, 1500 & 1600 (74 - 91) up to J	0413
Lada Samara (87 - 91) D to J	1610
LAND ROVER 90, 110 & Defender Diesel (83 - 07) up to 56	3017
Land Rover Discovery Petrol & Diesel (89 - 98) G to S	3016
Land Rover Discovery Diesel (Nov 98 - Jul 04) S to 04	4606
Land Rover Freelander Petrol & Diesel (97 - Sept 03) R to 53	3929
Land Rover Freelander Petrol & Diesel (Oct 03 - Oct 06) 53 to 56	4623
Land Rover Series IIA & III Diesel (58 - 85) up to C	0529
Land Rover Series II, IIA & III 4-cyl Petrol (58 - 85) up to C	0314
MAZDA 323 (Mar 81 - Oct 89) up to G	1608
Mazda 323 (Oct 89 - 98) G to R	3455
Mazda 626 (May 83 - Sept 87) up to E	0929
Mazda B1600, B1800 & B2000 Pick-up Petrol (72 - 88) up to F	0267
Mazda RX-7 (79 - 85) up to C *	0460
MERCEDES-BENZ 190, 190E & 190D Petrol & Diesel (83 - 93) A to L	3450
Mercedes-Benz 200D, 240D, 240TD, 300D & 300TD 123 Series Diesel (Oct 76 - 85)	1114
Mercedes-Benz 250 & 280 (68 - 72) up to L *	0346
Mercedes-Benz 250 & 280 123 Series Petrol (Oct 76 - 84) up to B *	0677
Mercedes-Benz 124 Series Petrol & Diesel (85 - Aug 93) C to K	3253
Mercedes-Benz A-Class Petrol & Diesel (98-04) S to 54)	4748
Mercedes-Benz C-Class Petrol & Diesel (93 - Aug 00) L to W	3511
Mercedes-Benz C-Class (00-06)	4780
MGA (55 - 62) *	0475
MGB (62 - 80) up to W	0111
MG Midget & Austin-Healey Sprite (58 - 80) up to W *	0265
MINI Petrol (July 01 - 05) Y to 05	4273
MITSUBISHI Shogun & L200 Pick-Ups Petrol (83 - 94) up to M	1944
MORRIS Ital 1.3 (80 - 84) up to B	0705
Morris Minor 1000 (56 - 71) up to K	0024
NISSAN Almera Petrol (95 - Feb 00) N to V	4053
Nissan Almera & Tino Petrol (Feb 00 - 07) V to 56	4612
Nissan Bluebird (May 84 - Mar 86) A to C	1223
Nissan Bluebird Petrol (Mar 86 - 90) C to H	1473
Nissan Cherry (Sept 82 - 86) up to D	1031
Nissan Micra (83 - Jan 93) up to K	0931
Nissan Micra (93 - 02) K to 52	3254
Nissan Micra Petrol (03-07) 52 to 57	4734
Nissan Primera Petrol (90 - Aug 99) H to T	1851
Nissan Stanza (82 - 86) up to D	0824
Nissan Sunny Petrol (May 82 - Oct 86) up to D	0895
Nissan Sunny Petrol (Oct 86 - Mar 91) D to H	1378
Nissan Sunny Petrol (Apr 91 - 95) H to N	3219
OPEL Ascona & Manta (B Series) (Sept 75 - 88) up to F *	0316
Opel Ascona Petrol (81 - 88)	3215
Opel Astra Petrol (Oct 91 - Feb 98)	3156
Opel Corsa Petrol (83 - Mar 93)	3160
Opel Corsa Petrol (Mar 93 - 97)	3159
Opel Kadett Petrol (Nov 79 - Oct 84) up to B	0634
Opel Kadett Petrol (Oct 84 - Oct 91)	3196
Opel Omega & Senator Petrol (Nov 86 - 94)	3157
Opel Rekord Petrol (Feb 78 - Oct 86) up to D	0543
Opel Vectra Petrol (Oct 88 - Oct 95)	3158

Titel	Bok nr.
PEUGEOT 106 Petrol & Diesel (91 - 04) J to 53	1882
Peugeot 205 Petrol (83 - 97) A to P	0932
Peugeot 206 Petrol & Diesel (98 - 01) S to X	3757
Peugeot 206 Petrol & Diesel (02 - 06) 51 to 06	4613
Peugeot 306 Petrol & Diesel (93 - 02) K to 02	3073
Peugeot 307 Petrol & Diesel (01 - 04) Y to 54	4147
Peugeot 309 Petrol (86 - 93) C to K	1266
Peugeot 405 Petrol (88 - 97) E to P	1559
Peugeot 405 Diesel (88 - 97) E to P	3198
Peugeot 406 Petrol & Diesel (96 - Mar 99) N to T	3394
Peugeot 406 Petrol & Diesel (Mar 99 - 02) T to 52	3982
Peugeot 505 Petrol (79 - 89) up to G	0762
Peugeot 1.7/1.8 & 1.9 litre Diesel Engine (82 - 96) up to N	0950
Peugeot 2.0, 2.1, 2.3 & 2.5 litre Diesel Engines (74 - 90) up to H	1607
PORSCHE 911 (65 - 85) up to C	0264
Porsche 924 & 924 Turbo (76 - 85) up to C	0397
PROTON (89 - 97) F to P	3255
RANGE ROVER V8 Petrol (70 - Oct 92) up to K	0606
RELIANT Robin & Kitten (73 - 83) up to A *	0436
RENAULT 4 (61 - 86) up to D *	0072
Renault 5 Petrol (Feb 85 - 96) B to N	1219
Renault 9 & 11 Petrol (82 - 89) up to F	0822
Renault 18 Petrol (79 - 86) up to D	0598
Renault 19 Petrol (89 - 96) F to N	1646
Renault 19 Diesel (89 - 96) F to N	1946
Renault 21 Petrol (86 - 94) C to M	1397
Renault 25 Petrol & Diesel (84 - 92) B to K	1228
Renault Clio Petrol (91 - May 98) H to R	1853
Renault Clio Diesel (91 - June 96) H to N	3031
Renault Clio Petrol & Diesel (May 98 - May 01) R to Y	3906
Renault Clio Petrol & Diesel (June '01 - '05) Y to 55	4168
Renault Espace Petrol & Diesel (85 - 96) C to N	3197
Renault Laguna Petrol & Diesel (94 - 00) L to W	3252
Renault Laguna Petrol & Diesel (Feb 01 - Feb 05) X to 54	4283
Renault Mégane & Scénic Petrol & Diesel (96 - 99) N to T	3395
Renault Mégane & Scénic Petrol & Diesel (Apr 99 - 02) T to 52	3916
Renault Megane Petrol & Diesel (Oct 02 - 05) 52 to 55	4284
Renault Scenic Petrol & Diesel (Sept 03 - 06) 53 to 06	4297
ROVER 213 & 216 (84 - 89) A to G	1116
Rover 214 & 414 Petrol (89 - 96) G to N	1689
Rover 216 & 416 Petrol (89 - 96) G to N	1830
Rover 211, 214, 216, 218 & 220 Petrol & Diesel (Dec 95 - 99) N to V	3399
Rover 25 & MG ZR Petrol & Diesel (Oct 99 - 04) V to 54	4145
Rover 414, 416 & 420 Petrol & Diesel (May 95 - 98) M to R	3453
Rover 45 / MG ZS Petrol & Diesel (99 - 05) V to 55	4384
Rover 618, 620 & 623 Petrol (93 - 97) K to P	3257
Rover 75 / MG ZT Petrol & Diesel (99 - 06) S to 06	4292
Rover 820, 825 & 827 Petrol (86 - 95) D to N	1380
Rover 3500 (76 - 87) up to E *	0365
Rover Metro, 111 & 114 Petrol (May 90 - 98) G to S	1711
SAAB 95 & 96 (66 - 76) up to R *	0198
Saab 90, 99 & 900 (79 - Oct 93) up to L	0765
Saab 900 (Oct 93 - 98) L to R	3512
Saab 9000 (4-cyl) (85 - 98) C to S	1686
Saab 9-3 Petrol & Diesel (98 - Aug 02) R to 02	4614
Saab 9-3 Petrol & Diesel (02-07) 52 to 57	4749
Saab 9-5 4-cyl Petrol (97 - 04) R to 54	4156
SEAT Ibiza & Cordoba Petrol & Diesel (Oct 93 - Oct 99) L to V	3571
Seat Ibiza & Malaga Petrol (85 - 92) B to K	1609
SKODA Estelle (77 - 89) up to G	0604
Skoda Fabia Petrol & Diesel (00 - 06) W to 06	4376
Skoda Favorit (89 - 96) F to N	1801
Skoda Felicia Petrol & Diesel (95 - 01) M to X	3505
Skoda Octavia Petrol & Diesel (98 - Apr 04) R to 04	4285
SUBARU 1600 & 1800 (Nov 79 - 90) up to H *	0995
SUNBEAM Alpine, Rapier & H120 (67 - 74) up to N *	0051
SUZUKI SJ Series, Samurai & Vitara (4-cyl) Petrol (82 - 97) up to P	1942
Suzuki Supercarry & Bedford/Vauxhall Rascal (86 - Oct 94) C to M	3015
TALBOT Alpine, Solara, Minx & Rapier (75 - 86) up to D	0337

Titel	Bok nr.
Talbot Horizon Petrol (78 - 86) up to D	0473
Talbot Samba (82 - 86) up to D	0823
TOYOTA Avensis Petrol (98 - Jan 03) R to 52	4264
Toyota Carina E Petrol (May 92 - 97) J to P	3256
Toyota Corolla (80 - 85) up to C	0683
Toyota Corolla (Sept 83 - Sept 87) A to E	1024
Toyota Corolla (Sept 87 - Aug 92) E to K	1683
Toyota Corolla Petrol (Aug 92 - 97) K to P	3259
Toyota Corolla Petrol (July 97 - Feb 02) P to 51	4286
Toyota Hi-Ace & Hi-Lux Petrol (69 - Oct 83) up to A	0304
Toyota RAV4 Petrol & Diesel (94-06) L to 55	4750
Toyota Yaris Petrol (99 - 05) T to 05	4265
TRIUMPH GT6 & Vitesse (62 - 74) up to N *	0112
Triumph Herald (59 - 71) up to K *	0010
Triumph Spitfire (62 - 81) up to X	0113
Triumph Stag (70 - 78) up to T *	0441
Triumph TR2, TR3, TR3A, TR4 & TR4A (52 - 67) up to F *	0028
Triumph TR5 & 6 (67 - 75) up to P *	0031
Triumph TR7 (75 - 82) up to Y *	0322
VAUXHALL Astra Petrol (80 - Oct 84) up to B	0635
Vauxhall Astra & Belmont Petrol (Oct 84 - Oct 91) B to J	1136
Vauxhall Astra Petrol (Oct 91 - Feb 98) J to R	1832
Vauxhall/Opel Astra & Zafira Petrol (Feb 98 - Apr 04) R to 04	3758
Vauxhall/Opel Astra & Zafira Diesel (Feb 98 - Apr 04) R to 04	3797
Vauxhall/Opel Astra Petrol (04 - 08)	4732
Vauxhall/Opel Astra Diesel (04 - 08)	4733
Vauxhall/Opel Calibra (90 - 98) G to S	3502
Vauxhall Carlton Petrol (Oct 78 - Oct 86) up to D	0480
Vauxhall Carlton & Senator Petrol (Nov 86 - 94) D to L	1469
Vauxhall Cavalier Petrol (81 - Oct 88) up to F	0812
Vauxhall Cavalier Petrol (Oct 88 - 95) F to N	1570
Vauxhall Chevette (75 - 84) up to B	0285
Vauxhall/Opel Corsa Diesel (Mar 93 - Oct 00) K to X	4087
Vauxhall Corsa Petrol (Mar 93 - 97) K to R	1985
Vauxhall Corsa Petrol (Apr 97 - Oct 00) P to X	3921
Vauxhall/Opel Corsa Petrol & Diesel (Oct 00 - Sept 03) X to 53	4079
Vauxhall/Opel Corsa Petrol & Diesel (Oct 03 - Aug 06) 53 to 06	4617
Vauxhall/Opel Frontera Petrol & Diesel (91 - Sept 98) J to S	3454
Vauxhall Nova Petrol (83 - 93) up to K	0909
Vauxhall/Opel Omega Petrol (94 - 99) L to T	3510
Vauxhall/Opel Vectra Petrol & Diesel (95 - Feb 99) N to S	3396
Vauxhall/Opel Vectra Petrol & Diesel (Mar 99 - May 02) T to 02	3930
Vauxhall/Opel Vectra Petrol & Diesel (June 02 - Sept 05) 02 to 55	4618
Vauxhall/Opel 1.5, 1.6 & 1.7 litre Diesel Engine (82 - 96) up to N	1222
VW 411 & 412 (68 - 75) up to P *	0091
VW Beetle 1200 (54 - 77) up to S	0036
VW Beetle 1300 & 1500 (65 - 75) up to P	0039
VW 1302 & 1302S (70 - 72) up to L *	0110
VW Beetle 1303, 1303S & GT (72 - 75) up to P	0159
VW Beetle Petrol & Diesel (Apr 99 - 07) T to 57	3798
VW Golf & Jetta Mk 1 Petrol 1.1 & 1.3 (74 - 84) up to A	0716
VW Golf, Jetta & Scirocco Mk 1 Petrol 1.5, 1.6 & 1.8 (74 - 84) up to A	0726
VW Golf & Jetta Mk 1 Diesel (78 - 84) up to A	0451
VW Golf & Jetta Mk 2 Petrol (Mar 84 - Feb 92) A to J	1081
VW Golf & Vento Petrol & Diesel (Feb 92 - Mar 98) J to R	3097
VW Golf & Bora Petrol & Diesel (April 98 - 00) R to X	3727
VW Golf & Bora 4-cyl Petrol & Diesel (01 - 03) X to 53	4169
VW Golf & Jetta Petrol & Diesel (04 - 07) 53 to 07	4610
VW LT Petrol Vans & Light Trucks (76 - 87) up to E	0637
VW Passat & Santana Petrol (Sept 81 - May 88) up to E	0814
VW Passat 4-cyl Petrol & Diesel (May 88 - 96) E to P	3498
VW Passat 4-cyl Petrol & Diesel (Dec 96 - Nov 00) P to X	3917
VW Passat Petrol & Diesel (Dec 00 - May 05) X to 05	4279
VW Polo & Derby (76 - Jan 82) up to X	0335
VW Polo (82 - Oct 90) up to H	0813

Titel	Bok nr.
VW Polo Petrol (Nov 90 - Aug 94) H to L	3245
VW Polo Hatchback Petrol & Diesel (94 - 99) M to S	3500
VW Polo Hatchback Petrol (00 - Jan 02) V to 51	4150
VW Polo Petrol & Diesel (02 - May 05) 51 to 05	4608
VW Scirocco (82 - 90) up to H *	1224
VW Transporter 1600 (68 - 79) up to V	0082
VW Transporter 1700, 1800 & 2000 (72 - 79) up to V *	0226
VW Transporter (air-cooled) Petrol (79 - 82) up to Y *	0638
VW Transporter (water-cooled) Petrol (82 - 90) up to H	3452
VW Type 3 (63 - 73) up to M *	0084
VOLVO 120 & 130 Series (& P1800) (61 - 73) up to M *	0203
Volvo 142, 144 & 145 (66 - 74) up to N *	0129
Volvo 240 Series Petrol (74 - 93) up to K	0270
Volvo 262, 264 & 260/265 (75 - 85) up to C *	0400
Volvo 340, 343, 345 & 360 (76 - 91) up to J	0715
Volvo 440, 460 & 480 Petrol (87 - 97) D to P	1691
Volvo 740 & 760 Petrol (82 - 91) up to J	1258
Volvo 850 Petrol (92 - 96) J to P	3260
Volvo 940 petrol (90 - 98) H to R	3249
Volvo S40 & V40 Petrol (96 - Mar 04) N to 04	3569
Volvo S40 & V50 Petrol & Diesel (Mar 04 - Jun 07) 04 to 07	4731
Volvo S60 Petrol & Diesel (01-08)	4793
Volvo S70, V70 & C70 Petrol & Diesel (96 - 99) P to V	3573
Volvo V70 / S80 Petrol & Diesel (98 - 05) S to 55	4263

DIY Manual Series

The Haynes Air Conditioning Manual	4192
The Haynes Car Electrical Systems Manual	4251
The Haynes Manual on Bodywork	4198
The Haynes Manual on Brakes	4178
The Haynes Manual on Carburettors	4177
The Haynes Manual on Diesel Engines	4174
The Haynes Manual on Engine Management	4199
The Haynes Manual on Fault Codes	4175
The Haynes Manual on Practical Electrical Systems	4267
The Haynes Manual on Small Engines	4250
The Haynes Manual on Welding	4176

USA Automotive Repair Manuals

ACURA Integra '86-'89 & Legend '86-'90	12020
Acura Integra '90-'93 & Legend '91-'95	12021
AMC Gremlin, Sprint & Hornet '70-'83	14020
AMC/Renault Alliance & Encore '83-'87	14025
AUDI 4000 '80-'87	15020
Audi 5000 '77-'83	15025
Audi 5000 '84-'88	15026
BMW 3 & 5 Series '82-'92	18020
BMW 3-Series, Including Z3 '92-'98	18021
BMW 3-series, including Z4 '99-'05	18022
BMW 320i '75-'83	18025
BMW 1500 & 2002 '59-'77	18050
BUICK Century '97-'05	19010
Buick/Olds/Pontiac Full-Size (FWD) '85-'05	19020
Buick/Olds/Pontiac Full-Size (RWD) '70-'90	19025
Buick Regal '74-'87	19030
CADILLAC Rear Wheel Drive '70-'93	21030
CHEVROLET Astro & GMC Safari Mini Van '85-'03	24010
Chevrolet Camaro '70-'81	24015
Chevrolet Camaro '82-'92	24016
Chevrolet Camaro/Pontiac Firebird '93-'02	24017
Chevrolet Chevelle '69-'87	24020
Chevrolet Chevette '76-'87	24024
Chevrolet Colorado & GMC Canyon '04-'06	24027
Chevrolet Corsica & Beretta '87-'96	24032
Chevrolet Corvette '68-'82	24040
Chevrolet Corvette '84-'96	24041
Chevrolet Full Size Sedans '69-'90	24045
Chevrolet Impala SS & Buick Roadmaster '91-'96	24046
Chevrolet Lumina & Monte Carlo '95-'05	24048
Chevrolet Luv Pick-up '72-'82	24050
Chevrolet Monte Carlo '70-'88	24055
Chevrolet Nova '69-'79	24059
Chevrolet Nova & Geo Prizm (FWD) '85-'92	24060
Chevrolet & GMC Pick-up '67-'87	24064
Chevrolet & GMC Pick-up '88-'98; C/K Classic '99-'00	24065
Chevrolet Silverado '99-'06	24066
Chevrolet S10 & GMC S15 '82-'93	24070
Chevrolet S-10 '94-'04	24071
Chevrolet TrailBlazer & GMC Envoy '02-'03	24072

*Classic reprint

Titel	Bok nr.
Chevrolet Sprint & Geo Metro '85-'01	24075
Chevrolet Vans '68-'96	24080
Chevrolet & GMC Full-size Vans '96-'05	24081
CHRYSLER Cirrus/Dodge Stratus/Ply. Breeze '94-'00	25015
Chrysler Full-Size (FWD) '88-'93	25020
Chrysler LH Series '93-'97	25025
Chrysler LHS, Concorde, 300M & Dodge Intrepid '98-'03	25026
Chrysler 300, Dodge Charger & Magnum '05-'07	25027
Chrysler Mid-Size Sedans (FWD) '82-'95	25030
Chrysler PT Cruiser '01-'03	25035
Chrysler Sebring & Dodge Avenger '95-'05	25040
DATSUN 200SX '77-'79	28004
Datsun 200SX '80-'83	28005
Datsun B-210 '73-'78	28007
Datsun 210 '79-'82	28009
Datsun 240Z, 260Z, & 280Z '70-'78	28012
Datsun 280ZX '79-'83	28014
Datsun 310 '78-'82	28016
Datsun 510 & PL521 Pick-up '68-'73	28018
Datsun 510 '78-'81	28020
Datsun 620 Pick-up '73-'79	28022
Datsun 810/Maxima '77-'84	28025
DODGE Aries & Plymouth Reliant '81-'89	30008
Dodge & Plymouth Mini Vans '84-'95	30010
Dodge & Plymouth Mini Vans '96-'02	30011
Dodge Challenger & Ply. Sapporo '78-'83	30012
Dodge Caravan, Chrysler Voyager/Town & Country '03-'06	30013
Dodge Colt & Plymouth Champ '78-'87	30016
Dodge Dakota Pick-up '87-'96	30020
Dodge Durango '98-'99 & Dakota '97-'99	30021
Dodge Durango '00-'04 & Dakota Pick-ups '00-'04	30022
Dodge Durango '04-'06 & Dakota Pick-ups '05-'06	30023
Dodge Dart/Plymouth Valiant '67-'76	30025
Dodge Daytona & Chrysler Laser '84-'89	30030
Dodge/Plymouth Neon '95-'99	30034
Dodge Omni/Plymouth Horizon '78-'90	30035
Dodge Neon '00-'05	30036
Dodge Full-Size Pick-up '74-'93	30040
Dodge Pick-Ups '94-'01	30041
Dodge Pick-Ups '02-'05	30042
Dodge D50 Pick-up & Raider '79-'93	30045
Dodge/Plymouth/Chrysler Full-Size (RWD) '71-'89	30050
Dodge Shadow & Plymouth Sundance '87-'94	30055
Dodge Spirit & Plymouth Acclaim '89-'95	30060
Dodge & Plymouth Vans '71-'03	30065
FIAT 124 Sport/Spider '68-'78	34010
Fiat X1/ 9 '74-'80	34025
FORD Aerostar Mini Van '86-'97	36004
Ford Contour & Mercury Mystique '95-'00	36006
Ford Courier Pick-up '72-'82	36008
Ford Crown Victoria '88-'06	36012
Ford Escort & Mercury Lynx '81-'90	36016
Ford Escort '91-'00	36020
Ford Escape & Mazda Tribute '01-'03	36022
Ford Explorer '91-'01, Explorer Sport thru '03, Sport Trac thru '05	36024
Ford Explorer & Mercury Mountaineer '02-'06	36025
Ford Fairmont & Mercury Zephyr '78-'83	36028
Ford Festiva & Aspire '88-'97	36030
Ford Fiesta '77-'80	36032
Ford Focus '00-'05	36034
Ford & Mercury Full Size Sedans '75-'87	36036
Ford & Mercury Mid-Size Sedans '75-'86	36044
Ford Mustang V8 '64 1/2 - '73	36048
Ford Mustang II '74-'78	36049
Ford Mustang/Mercury Capri '79-'93	36050
Ford Mustang '94 - '04	36051
Ford Mustang '05-'07	36052
Ford Pick-ups & Bronco '73-'79	36054
Ford Pick-ups & Bronco '80-'96	36058
Ford Pick-ups, Expedition & Lincoln Navigator '97-'03	36059
Ford Super Duty Pick-up & Excursion '99-'06	36060
Ford Pick-ups, Full-size F-150 '04-'06	36061
Ford Pinto & Mercury Bobcat '75-'80	36062
Ford Probe '89-'92	36066
Ford Ranger & Bronco II '83-'92	36070
Ford Ranger & Mazda Pick-ups '93-'05	36071
Ford Taurus & Mercury Sable '86-'95	36074
Ford Taurus & Mercury Sable '96-'05	36075
Ford Tempo & Mercury Topaz '84-'94	36078
Ford T-bird & Mercury Cougar '83-'88	36082
Ford Thunderbird & Mercury Cougar '89-'97	36086
Ford Full-Size Vans '69-'91	36090
Ford Full-Size Vans '92-'05	36094
Ford Windstar '95-'03	36097

Titel	Bok nr.
GM: Century, Celebrity, Ciera, Cutlass Cruiser, 6000 '82-'96	38005
GM: Regal, Lumina, Grand Prix, Cutlass Supreme '88-'05	38010
GM: Skyhawk, Cimarron, Cavalier, Firenza, J-2000, Sunbird '82-'94	38015
GM: Chevrolet Cavalier & Pontiac Sunfire '95-'04	38016
GM: Chevrolet Cobalt & Pontiac G5 '05-'07	38017
GM: Skylark, Citation, Omega, Phoenix '80-'85	38020
GM: Skylark, Somerset, Achieva, Calais, Grand Am '85-'98	38025
GM: Malibu, Alero, Cutlass & Grand Am '97-'03	38026
GM: Chevrolet Malibu '04-'07	38027
GM: Eldorado, Seville, Deville, Riviera, Toronado '71-'85	38030
GM: Eldorado, Seville, Deville, Riviera & Toronado '86-'93	38031
GM: Cadillac DeVille '94-'05 & Seville '92-'04	38032
GM: Lumina APV, Silhouette, Trans Sport '90-'96	38035
GM: Venture, Silhouette, Trans Sport, Montana '97-05	38036
GEO Storm '90-'93	40030
HONDA Accord CVCC '76-'83	42010
Honda Accord '84-'89	42011
Honda Accord '90-'93	42012
Honda Accord '94-'97	42013
Honda Accord '98 - '02	42014
Honda Accord '03-'05	42015
Honda Civic 1200 '73-'79	42020
Honda Civic 1300 & 1500 cc CVCC '80-'83	42021
Honda Civic 1500 CVCC '75-'79	42022
Honda Civic '84-'90	42023
Honda Civic '92-'95	42024
Honda Civic '96-'00, CR-V '97-'01 & Acura Integra '94-'00	42025
Honda Civic '01-'04 and CR-V '02-'04	42026
Honda Odyssey '99-'04	42035
Honda All Pilot models (03-07)	42037
Honda Prelude CVCC '79-'89	42040
HYUNDAI Elantra '96-'01	43010
Hyundai Excel & Accent '86-'98	43015
ISUZU Rodeo, Amigo '89-'02	47017
Isuzu Trooper '84-'91 & Pick-up '81-'93	47020
JAGUAR XJ6 '68-'86	49010
Jaguar XJ6 '88-'94	49011
JEEP Cherokee, Wagoneer, Comanche '84-'01	50010
Jeep CJ '49-'86	50020
Jeep Grand Cherokee '93-'04	50025
Jeep Liberty '02-'04	50035
Jeep Wagoneer/J-Series '72-'91	50029
Jeep Wrangler '87-'03	50030
KIA Sephia & Spectra '94-'04	54070
LINCOLN Town Car '70-'05	59010
MAZDA GLC (RWD) '77-'83	61010
Mazda GLC (FWD) '81-'85	61011
Mazda 323 & Protegé '90-'00	61015
Mazda MX-5 Miata '90-'97	61016
Mazda MPV Van '89-'94	61020
Mazda Pick-ups '72-'93	61030
Mazda RX7 Rotary '79-'85	61035
Mazda RX-7 '86-'91	61036
Mazda 626 (RWD) '79-'82	61040
Mazda 626 & MX-6 (FWD) '83-'92	61041
Mazda 626, MX-6 & Ford Probe '93-'01	61042
MERCEDES BENZ Diesel 123 '76-'85	63012
Mercedes Benz 190 Series '84-'88	63015
Mercedes Benz 230, 250, & 280 '68-'72	63020
Mercedes Benz 280 (123 Series) '77-'81	63025
Mercedes Benz 350 & 450 '71-'80	63030
MERCURY Villager & Nissan Quest '93-'01	64200
MGB (4cyl.) '62-'80	66010
MG Midget & Austin-Healy Sprite '58-'80	66015
MITSUBISHI Cordia, Tredia, Galant, Precis & Mirage '83-'93	68020
Mitsubishi Eclipse, Laser, Talon '90-'94	68030
Mitsubishi Eclipse & Eagle Talon '95-'01	68031
Mitsubishi Galant '94-'03	68035
Mitsubishi Pick-up & Montero '83-'96	68040
NISSAN 300ZX '84-'89	72010
Nissan Altima '93-'04	72015
Nissan Maxima '85-'92	72020
Nissan Maxima '93-'04	72021
Nissan/Datsun Pick-up '80-'97, Pathfinder '87-'95	72030
Nissan Frontier Pick-up '98-'04, Pathfinder '96-'04 & Xterra '00-'04	72031
Nissan Pulsar '83-'86	72040
Nissan Sentra '82-'94	72050
Nissan Sentra & 200SX '95-'04	72051
Nissan Stanza '82-'90	72060
OLDSMOBILE Cutlass '74-'88	73015
PONTIAC Fiero '84-'88	79008
Pontiac Firebird V8 '70-'81	79018

Titel	Bok nr.
Pontiac Firebird '82-'92	79019
Pontiac Mid-size Rear-wheel Drive '70-'87	79040
PORSCHE 911 '65-'89	80020
Porsche 914 '69-'76	80025
Porsche 924 '76-'82	80030
Porsche 924S & 944 '83-'89	80035
SAAB 900 '79-'88	84010
SATURN S-series '91-'02	87010
Saturn Ion '03-'07	87011
Saturn L-Series '00-'04	87020
SUBARU 1100, 1300, 1400, & 1600 '71-'79	89002
Subaru 1600 & 1800 '80-'94	89003
Subaru Legacy '90-'99	89100
Subaru Legacy & Forester '00-'06	89101
SUZUKI Samurai, Sidekick '86-'01	90010
TOYOTA Camry '83-'91	92005
Toyota Camry & Avalon '92-'96	92006
Toyota Camry, Avalon, Solara, Lexus ES 300 '97-'01	92007
Toyota Camry, Avalon, Solara, Lexus ES 300/330 '02-'05	92008
Toyota Celica '71-'85	92015
Toyota Celica (FWD) '86-'99	92020
Toyota Supra '79-'92	92025
Toyota Corolla '75-'79	92030
Toyota Corolla (RWD) '80-'87	92032
Toyota Corolla (FWD) '84-'92	92035
Toyota Corolla & Geo/Chevrolet Prizm '93-'02	92036
Toyota Corolla '03-'05	92037
Toyota Corolla Tercel '80-'82	92040
Toyota Corona '74-'82	92045
Toyota Cressida '78-'82	92050
Toyota Highlander & Lexus RX-300/330 '99-'06	92095
Toyota Hi-Lux Pick-up '69-'78	92070
Toyota Land Cruiser FJ40, 43, 45, 55 & 60 '68-'82	92055
Toyota Land Cruiser FJ60, 62, 80 & FZJ80 '80-'96	92056
Toyota MR-2 '85-'87	92065
Toyota Previa Van '91-'95	92080
Toyota Pick-up '79-'95	92075
Toyota RAV4 '96-'02	92082
Toyota Sienna '98-'02	92090
Toyota Prius (01-07)	92081
Toyota Tacoma '95-'04, 4Runner '96-'02, T100 '93-'98	92076
Toyota Tercel '87-'94	92085
Toyota Tundra & Sequoia '00-'05	92078
TRIUMPH Spitfire '62-'81	94007
Triumph TR7 '75-'81	94010
VW Beetle & Karmann Ghia '54-'79	96008
VW New Beetle '98-'00	96009
VW Dasher '74 thru '81	96012
VW Rabbit, Jetta (Gas) '75-'92	96016
VW Golf & Jetta '93-'98	96017
VW Golf & Jetta '99-'02	96018
VW Rabbit, Jetta, (Diesel) '77-'84	96020
VW Passat '98-'01 & Audi A4 '96-'01	96023
VW Transporter 1600 '68-'79	96030
VW Transporter 1700, 1800, & 2000 '72-'79	96035
VW Type 3 1500 & 1600 '63-'73	96040
VW Vanagon Air - Cooled '80-'83	96045
Volvo 120 & 130 Series & 1800 '61-'73	97010
Volvo 140 '66-'74	97015
Volvo 240 Series '76-'93	97020
Volvo 740 & 760 Series '82-'88	97040

USA Techbooks

Titel	Bok nr.
Automotive Computer Codes	10205
OBD-II (96 on) Engine Management Systems	10206
Fuel Injection Manual (86-99)	10220
Holley Carburettor Manual	10225
Rochester Carburettor Manual	10230
Weber/Zenith Stromberg/SU Carburettor Manual	10240
Chevrolet Engine Overhaul Manual	10305
Chrysler Engine Overhaul Manual	10310
GM and Ford Diesel Engine Repair Manual	10330
Suspension, Steering and Driveline Manual	10345
Ford Automatic Transmission Overhaul Manual	10355
General Motors Automatic Transmission Overhaul Manual	10360
Automotive Detailing Manual	10415
Automotive Heating & Air Conditioning Manual	10425
Automotive Reference Manual & Illustrated Automotive Dictionary	10430
Used Car Buying Guide	10440

* Classic reprint

Motorcycle Service and Repair Manuals

Titel	Bok nr.
APRILIA RS50 (99 - 06) & RS125 (93 - 06)	4298
Aprilia RSV1000 Mille (98 - 03)	♦ 4255
Aprilia SR50	4755
BMW 2-valve Twins (70 - 96)	♦ 0249
BMW F650	♦ 4761
BMW K100 & 75 2-valve Models (83 - 96)	♦ 1373
BMW R850, 1100 & 1150 4-valve Twins (93 - 04)	♦ 3466
BMW R1200 (04 - 06)	♦ 4598
BSA Bantam (48 - 71)	0117
BSA Unit Singles (58 - 72)	0127
BSA Pre-unit Singles (54 - 61)	0326
BSA A7 & A10 Twins (47 - 62)	0121
BSA A50 & A65 Twins (62 - 73)	0155
Chinese Scooters	4768
DUCATI 600, 620, 750 and 900 2-valve V-Twins (91 - 05)	♦ 3290
Ducati MK III & Desmo Singles (69 - 76)	♦ 0445
Ducati 748, 916 & 996 4-valve V-Twins (94 - 01)	♦ 3756
GILERA Runner, DNA, Ice & SKP/Stalker (97 - 07)	4163
HARLEY-DAVIDSON Sportsters (70 - 08)	♦ 2534
Harley-Davidson Shovelhead and Evolution Big Twins (70 - 99)	♦ 2536
Harley-Davidson Twin Cam 88 (99 - 03)	♦ 2478
HONDA NB, ND, NP & NS50 Melody (81 - 85)	◊ 0622
Honda NE/NB50 Vision & SA50 Vision Met-in (85 - 95)	◊ 1278
Honda MB, MBX, MT & MTX50 (80 - 93)	0731
Honda C50, C70 & C90 (67 - 03)	0324
Honda XR80/100R & CRF80/100F (85 - 04)	2218
Honda XL/XR 80, 100, 125, 185 & 200 2-valve Models (78 - 87)	0566
Honda H100 & H100S Singles (80 - 92)	0734
Honda CB/CD125T & CM125C Twins (77 - 88)	◊ 0571
Honda CG125 (76 - 07)	◊ 0433
Honda NS125 (86 - 93)	3056
Honda CBR125R (04 - 07)	4620
Honda MBX/MTX125 & MTX200 (83 - 93)	◊ 1132
Honda CD/CM185 200T & CM250C 2-valve Twins (77 - 85)	0572
Honda XL/XR 250 & 500 (78 - 84)	0567
Honda XR250L, XR250R & XR400R (86 - 03)	2219
Honda CB250 & CB400N Super Dreams (78 - 84)	◊ 0540
Honda CR Motocross Bikes (86 - 01)	2222
Honda CRF250 & CRF450 (02 - 06)	2630
Honda CBR400RR Fours (88 - 99)	◊ ♦ 3552
Honda VFR400 (NC30) & RVF400 (NC35) V-Fours (89 - 98)	◊ ♦ 3496
Honda CB500 (93 - 02) & CBF500 03 - 08	♦ 3753
Honda CB400 & CB550 Fours (73 - 77)	0262
Honda CX/GL500 & 650 V-Twins (78 - 86)	0442
Honda CBX550 Four (82 - 86)	◊ 0940
Honda XL600R & XR600R (83 - 08)	♦ 2183
Honda XL600/650V Transalp & XRV750 Africa Twin (87 to 07)	♦ 3919
Honda CBR600F1 & 1000F Fours (87 - 96)	♦ 1730
Honda CBR600F2 & F3 Fours (91 - 98)	♦ 2070
Honda CBR600F4 (99 - 06)	♦ 3911
Honda CB600F Hornet & CBF600 (98 - 06)	◊ ♦ 3915
Honda CBR600RR (03 - 06)	♦ 4590
Honda CB650 sohc Fours (78 - 84)	0665
Honda NTV600 Revere, NTV650 and NT650V Deauville (88 - 05)	◊ ♦ 3243
Honda Shadow VT600 & 750 (USA) (88 - 03)	2312
Honda CB750 sohc Four (69 - 79)	0131
Honda V45/65 Sabre & Magna (82 - 88)	0820
Honda VFR750 & 700 V-Fours (86 - 97)	♦ 2101
Honda VFR800 V-Fours (97 - 01)	♦ 3703
Honda VFR800 V-Tec V-Fours (02 - 05)	♦ 4196
Honda CB750 & CB900 dohc Fours (78 - 84)	0535
Honda VTR1000 (FireStorm, Super Hawk) & XL1000V (Varadero) (97 - 08)	♦ 3744
Honda CBR900RR FireBlade (92 - 99)	♦ 2161
Honda CBR900RR FireBlade (00 - 03)	♦ 4060
Honda CBR1000RR Fireblade (04 - 07)	♦ 4604
Honda CBR1100XX Super Blackbird (97 - 07)	♦ 3901
Honda ST1100 Pan European V-Fours (90 - 02)	♦ 3384

Titel	Bok nr.
Honda Shadow VT1100 (USA) (85 - 98)	2313
Honda GL1000 Gold Wing (75 - 79)	0309
Honda GL1100 Gold Wing (79 - 81)	0669
Honda Gold Wing 1200 (USA) (84 - 87)	2199
Honda Gold Wing 1500 (USA) (88 - 00)	2225
KAWASAKI AE/AR 50 & 80 (81 - 95)	1007
Kawasaki KC, KE & KH100 (75 - 99)	1371
Kawasaki KMX125 & 200 (86 - 02)	◊ 3046
Kawasaki 250, 350 & 400 Triples (72 - 79)	0134
Kawasaki 400 & 440 Twins (74 - 81)	0281
Kawasaki 400, 500 & 550 Fours (79 - 91)	0910
Kawasaki EN450 & 500 Twins (Ltd/Vulcan) (85 - 07)	2053
Kawasaki EX500 (GPZ500S) & ER500 (ER-5) (87 - 08)	♦ 2052
Kawasaki ZX600 (ZZ-R600 & Ninja ZX-6) (90 - 06)	2146
Kawasaki ZX-6R Ninja Fours (95 - 02)	♦ 3541
Kawasaki ZX-6R (03 - 06)	♦ 4742
Kawasaki ZX600 (GPZ600R, GPX600R, Ninja 600R & RX) & ZX750 (GPX750R, Ninja 750R)	♦ 1780
Kawasaki 650 Four (76 - 78)	0373
Kawasaki Vulcan 700/750 & 800 (85 - 04)	♦ 2457
Kawasaki 750 Air-cooled Fours (80 - 91)	0574
Kawasaki ZR550 & 750 Zephyr Fours (90 - 97)	♦ 3382
Kawasaki Z750 & Z1000 (03 - 08)	♦ 4762
Kawasaki ZX750 (Ninja ZX-7 & ZXR750) Fours (89 - 96)	♦ 2054
Kawasaki Ninja ZX-7R & ZX-9R (94 - 04)	♦ 3721
Kawasaki 900 & 1000 Fours (73 - 77)	0222
Kawasaki ZX900, 1000 & 1100 Liquid-cooled Fours (83 - 97)	♦ 1681
KTM EXC Enduro & SX Motocross (00 - 07)	♦ 4629
MOTO GUZZI 750, 850 & 1000 V-Twins (74 - 78)	0339
MZ ETZ Models (81 - 95)	♦ 1680
NORTON 500, 600, 650 & 750 Twins (57 - 70)	0187
Norton Commando (68 - 77)	0125
PEUGEOT Speedfight, Trekker & Vivacity Scooters (96 - 08)	◊ 3920
PIAGGIO (Vespa) Scooters (91 - 06)	◊ 3492
SUZUKI GT, ZR & TS50 (77 - 90)	◊ 0799
Suzuki TS50X (84 - 00)	◊ 1599
Suzuki 100, 125, 185 & 250 Air-cooled Trail bikes (79 - 89)	0797
Suzuki GP100 & 125 Singles (78 - 93)	◊ 0576
Suzuki GS, GN, GZ & DR125 Singles (82 - 05)	◊ 0888
Suzuki 250 & 350 Twins (68 - 78)	0120
Suzuki GT250X7, GT200X5 & SB200 Twins (78 - 83)	◊ 0469
Suzuki GS/GSX250, 400 & 450 Twins (79 - 85)	0736
Suzuki GS500 Twin (89 - 06)	♦ 3238
Suzuki GS550 (77 - 82) & GS750 Fours (76 - 79)	0363
Suzuki GS/GSX550 4-valve Fours (83 - 88)	1133
Suzuki SV650 & SV650S (99 - 08)	♦ 3912
Suzuki GSX-R600 & 750 (96 - 00)	♦ 3553
Suzuki GSX-R600 (01 - 03), GSX-R750 (00 - 03) & GSX-R1000 (01 - 02)	♦ 3986
Suzuki GSX-R600/750 (04 - 05) & GSX-R1000 (03 - 06)	♦ 4382
Suzuki GSF600, 650 & 1200 Bandit Fours (95 - 06)	♦ 3367
Suzuki Intruder, Marauder, Volusia & Boulevard (85 - 06)	♦ 2618
Suzuki GS850 Fours (78 - 88)	0536
Suzuki GS1000 Four (77 - 79)	0484
Suzuki GS-R750, GSX-R1100 (85 - 92), GSX600F, GSX750F, GSX1100F (Katana) Fours	♦ 2055
Suzuki GSX600/750F & GSX750 (98 - 02)	♦ 3987
Suzuki GS/GSX1000, 1100 & 1150 4-valve Fours (79 - 88)	0737
Suzuki TL1000S/R & DL1000 V-Strom (97 - 04)	♦ 4083
Suzuki GSF650/1250 (05 - 09)	♦ 4798
Suzuki GSX1300R Hayabusa (99 - 04)	♦ 4184
Suzuki GSX1400 (02 - 07)	♦ 4758
TRIUMPH Tiger Cub & Terrier (52 - 68)	0414
Triumph 350 & 500 Unit Twins (58 - 73)	0137
Triumph Pre-Unit Twins (47 - 62)	0251
Triumph 650 & 750 2-valve Unit Twins (63 - 83)	0122
Triumph Trident & BSA Rocket 3 (69 - 75)	0136
Triumph Bonneville (01 - 07)	♦ 4364
Triumph Daytona, Speed Triple, Sprint & Tiger (97 - 05)	♦ 3755
Triumph Triples and Fours (carburettor engines) (91 - 04)	♦ 2162

Titel	Bok nr.
VESPA P/PX125, 150 & 200 Scooters (78 - 06)	0707
Vespa Scooters (59 - 78)	0126
YAMAHA DT50 & 80 Trail Bikes (78 - 95)	◊ 0800
Yamaha T50 & 80 Townmate (83 - 95)	◊ 1247
Yamaha YB100 Singles (73 - 91)	◊ 0474
Yamaha RS/RXS100 & 125 Singles (74 - 95)	0331
Yamaha RD & DT125LC (82 - 95)	◊ 0887
Yamaha TZR125 (87 - 93) & DT125R (88 - 07)	◊ 1655
Yamaha TY50, 80, 125 & 175 (74 - 84)	◊ 0464
Yamaha XT & SR125 (82 - 03)	◊ 1021
Yamaha YBR125	4797
Yamaha Trail Bikes (81 - 00)	2350
Yamaha 2-stroke Motocross Bikes 1986 - 2006	2662
Yamaha YZ & WR 4-stroke Motocross Bikes (98 - 08)	2689
Yamaha 250 & 350 Twins (70 - 79)	0040
Yamaha XS250, 360 & 400 sohc Twins (75 - 84)	0378
Yamaha RD250 & 350LC Twins (80 - 82)	0803
Yamaha RD350 YPVS Twins (83 - 95)	1158
Yamaha RD400 Twin (75 - 79)	0333
Yamaha XT, TT & SR500 Singles (75 - 83)	0342
Yamaha XZ550 Vision V-Twins (82 - 85)	0821
Yamaha FJ, FZ, XJ & YX600 Radian (84 - 92)	2100
Yamaha XJ600S (Diversion, Seca II) & XJ600N Fours (92 - 03)	♦ 2145
Yamaha YZF600R Thundercat & FZS600 Fazer (96 - 03)	♦ 3702
Yamaha FZ-6 Fazer (04 - 07)	♦ 4751
Yamaha YZF-R6 (99 - 02)	♦ 3900
Yamaha YZF-R6 (03 - 05)	♦ 4601
Yamaha 650 Twins (70 - 83)	0341
Yamaha XJ650 & 750 Fours (80 - 84)	0738
Yamaha XS750 & 850 Triples (76 - 85)	0340
Yamaha TDM850, TRX850 & XTZ750 (89 - 99)	◊ ♦ 3540
Yamaha YZF750R & YZF1000R Thunderace (93 - 00)	♦ 3720
Yamaha FZR600, 750 & 1000 Fours (87 - 96)	♦ 2056
Yamaha XV (Virago) V-Twins (81 - 03)	♦ 0802
Yamaha XVS650 & 1100 Drag Star/V-Star (97 - 05)	♦ 4195
Yamaha XJ900F Fours (83 - 94)	♦ 3239
Yamaha XJ900S Diversion (94 - 01)	♦ 3739
Yamaha YZF-R1 (98 - 03)	♦ 3754
Yamaha YZF-R1 (04 - 06)	♦ 4605
Yamaha FZS1000 Fazer (01 - 05)	♦ 4287
Yamaha FJ1100 & 1200 Fours (84 - 96)	♦ 2057
Yamaha XJR1200 & 1300 (95 - 06)	♦ 3981
Yamaha V-Max	♦ 4072
ATVs	
Honda ATC70, 90, 110, 185 & 200 (71 - 85)	0565
Honda Rancher, Recon & TRX250EX ATVs	2553
Honda TRX300 Shaft Drive ATVs (88 - 00)	2125
Honda Foreman (95 - 07)	2465
Honda TRX300EX, TRX400EX & TRX450R/ER ATVs (93 - 06)	2318
Kawasaki Bayou 220/250/300 & Prairie 300 ATVs (86 - 03)	2351
Polaris ATVs (85 - 97)	2302
Polaris ATVs (98 - 06)	2508
Yamaha YFS200 Blaster ATV (88 - 06)	2317
Yamaha YFB250 Timberwolf ATVs (92 - 00)	2217
Yamaha YFM350 (ER and Big Bear) ATVs (87 - 03)	2126
Yamaha Banshee and Warrior ATVs (87 - 03)	2314
Yamaha Kodiak and Grizzly ATVs (93 - 05)	2567
ATV Basics	10450
TECHBOOK SERIES	
Twist and Go (automatic transmission) Scooters Service and Repair Manual	4082
Motorcycle Basics TechBook (2nd Edition)	3515
Motorcycle Electrical TechBook (3rd Edition)	3471
Motorcycle Fuel Systems TechBook	3514
Motorcycle Maintenance TechBook	4071
Motorcycle Modifying	4272
Motorcycle Workshop Practice TechBook (2nd Edition)	3470

◊ = not available in the USA ♦ = Superbike

HOUSE AND GARDEN	
Home Extension Manual	H4357
The Victorian House Manual	H4213
The 1930s House Manual	H4214
Washing Machine Manual (4th Edition)	H4348
Dishwasher Manual	H4555
Lawnmower Manual (3rd Edition)	L7337
Washerdrier & Tumbledrier Manual	L7328
Loft Conversion Manual	H4446
Home Buying & Selling	H4535
Garden Buildings Manual	H4352
The Eco-House Manual	H4405

Home Grown Vegetable Manual	H4649
Food Manual	H4512
CYCLING	
The London Cycle Guide	L7320
The Mountain Bike Book (2nd edn)	L4673
Birmingham & the Black Country Cycle Rides	H4007
Bristol & Bath Cycle Rides	H4025
Manchester Cycle Rides	H4026
Racing Bike Book (3rd Edition)	H4341
The Bike Book (5th Edition)	H4421
OUTDOOR LEISURE	
Build Your Own Motorcaravan	H4221

The Caravan Handbook	L7801
The Caravan Manual (4th Edition)	H4678
The Motorcaravan Manual (2nd Edition)	H4047
Motorcaravanning Handbook	H4428
Camping Manual	H4319
Sailing Boat Manual	H4484
Motor Boat Manual	H4513
Sailing Boat Manual	H4484
OUTDOOR LEISURE	
Fender Stratocaster	H4321
Gibson Les Paul	H4478
Piano Manual	H4485